重庆市出版专项资金资助项目

黄希庭心理学文集⑤

中国心理健康服务体系建构

黄希庭 著

西南大学出版社
SWUP
国家一级出版社 全国百佳图书出版单位

图书在版编目(CIP)数据

黄希庭心理学文集：全十卷 / 黄希庭著. -- 重庆：西南大学出版社, 2021.10
ISBN 978-7-5697-0994-0

Ⅰ. ①黄… Ⅱ. ①黄… Ⅲ. ①心理学—文集 Ⅳ. ①B84-53

中国版本图书馆CIP数据核字(2021)第146884号

黄希庭心理学文集(全十卷)第五卷

中国心理健康服务体系建构

ZHONGGUO XINLI JIANKANG FUWU TIXI JIANGOU

黄希庭 著

出 版 人：张发钧
总 策 划：周 松 郑持军
责任编辑：杜珍辉 钟孝钢
特邀编辑：刘培朵
责任校对：赖晓玥
装帧设计：观止堂_未 氓
排 版：吕书田
出版发行：西南大学出版社(原西南师范大学出版社)
地址：重庆市北碚区天生路2号
邮编：400715 市场营销部电话：023-68868624
网址：http://www.xdcbs.com
印 刷：重庆新金雅迪艺术印刷有限公司
幅面尺寸：185mm×260mm
印 张：36.25
插 页：4
字 数：754千字
版 次：2021年10月 第1版
印 次：2021年10月 第1次印刷
书 号：ISBN 978-7-5697-0994-0

定 价(全十卷)：2680.00元

黄希庭（摄于2009年）

西南大学资深教授，1937年生于浙江台州温岭。曾任中国心理学会第七、八届副理事长兼心理学教学工作委员会主任，国务院学位委员会第五届心理学学科评议组召集人，全国博士后管理委员会第六届专家组成员及教育学组召集人，教育部高等学校心理学教学指导委员会副主任，教育部长江学者评审专家组成员及教育学科组召集人。在中国开创了时间心理学、健全人格养成教育、中国特色社区心理学研究，出版了一系列高等学校心理学的优秀教材和教学参考书。曾荣获“国家级有突出贡献的中青年专家”（1992）、“首届国家级教学名师奖”（2003）、“全国先进工作者”（2005）、“重庆直辖10年建设功臣”（2007）、“新中国成立60周年重庆杰出贡献英模”（2009）、“全国优秀科技工作者”（2010）、“中国心理学会终身成就奖”（2011）、“全国教书育人楷模”（2012）、“当代教育名家”（2017）等荣誉及荣誉称号。

·2012 年 9 月，黄希庭教授荣获“全国教书育人楷模”称号。

·2012 年，西南大学党政领导欢迎黄希庭教授载誉归来。

· 2003 年，黄希庭与夫人孙承惠游览江西井冈山。

· 2005 年，黄希庭与夫人孙承惠游览美国新墨西哥州火山口。

·1986 年全家福。

·1995 年 8 月，黄希庭夫妇与女儿游览河北秦皇岛老龙头。

·1995 年全家福。

·1998 年 5 月，夫人孙承惠与其兄嫂。

·2005 年，黄希庭教授给本科生讲课。

·2006 年 3 月 24 日，黄希庭教授与学生在散步中教学。

·2000 年 10 月 22 日，黄希庭教授在他发起的首届新世纪中国心理学与西部大开发学术研讨会上讲话。

·2001 年 1 月 10 日，黄希庭教授教学成果鉴定会在北京召开。

总 序

我生于浙江台州温岭。我的启蒙小学是村里的鲸山小学,小学毕业后因家境困难失学一年在家干农活。初一我在离家较近的大溪中学读书。从初二开始我一直就读于温岭中学;考大学填升学志愿时,我的班主任李子英老师鼓励我向巴甫洛夫学习,报考北大心理专业。1956年9月开学那天上午,北京大学哲学系心理专业主任孙国华教授在迎新会上以"不卑不亢"为主题,教导我们做人做事都应遵循这一原则,他的教导深深地印刻在我的心里。1964年我被北京大学录取为研究生,师从沈迺璋教授;我的最大收获是学会了无师自通,并养成了终身学习和终身锻炼身体的习惯。在1961年至1964年的三年里,我在西南师范学院担任张增杰先生的助教,耳濡目染其教学的态度和技能,这为我当教师打好了基础。1977年,十年浩劫的"文化大革命"已经结束,但心理学教学并未解禁。我被校方聘为自然辩证法授课教师。

自1978年我开始讲授普通心理学,此后讲授过公共课心理学、现代心理学流派、青年心理学、心理学教学法等本科课程,还讲授过人格心理学、认知心理学、教育心理学、心理学研究方法等专题课,主持完成了40多项国家级和省部级研究课题。下面扼要地谈谈我在心理学四个领域里的教学和研究的点滴心得。

一、我与普通心理学的结缘

1978年,我开始一边撰写讲义,一边为教育系一年级学生讲授普通心理学,后经两次修改的这本讲义以《普通心理学》之名由甘肃人民出版社于1982年出版,当时读者对该书的反映较好。1984年,人民教育出版社资深编辑戚长福先生主动向我约稿。于是我重新撰写了一本《心理学导论》。这本《心理学导论》1991年5月由人民教育出版社出版。它是根据国家教委1985年武汉文科教材会议推荐的高校心理学专业、教育系有关专业的要求而撰写的普通心理学教材;后经修订,于2007年人民教育出版社出版了它的第二版。

我在普通心理学教学中特别注重以下四个环节:一是培养学生的辩证唯物主义的心理观,即用事实来论证心理是脑的机能,是客观现实的主观反映。既反对以化约的方式来解释复杂心理现象的还原论,也反对把心理现象视为与大脑活动毫不相干的副现象论;既反对把复杂的心理和行为视为对客观现实的机械反映的理论,也反对把心理和行为看作与客观现实毫不相干的唯心论;力求从当代心理学的多种取向整合的角度以事实来论证辩证唯物主义的心理观。二是在教学中既注重基础知识的传授,也重视系统分析观的传授;既重视学生记忆能力的培养,也注意他们思维能力的培养;同时注重帮助学生养成勤奋、严谨、创新、求实的品质。三是在教学中尽量引导学生学以致用,把学到的知识应用到自己的生活实际中去,使学生感受到学习心理学确实会促进自己健康成长。四是编译教学参考书以扩大学生的学习视野。我组织翻译出版了戴维·迈尔斯著《心理学(第七版)》(人民邮电出版社2006年版),《心理学与我们》(人民邮电出版社2008年版),主编了《简明心理学辞典》(安徽人民出版社2004年版),等等。

值得提及的是我在讲授普通心理学时十分注重联系实际。例如,在讲解“注意”时我提出以下一些问题,引导学生学以致用。

·课前预习时,勾出教材中的重点难点,为什么记笔记和听课的效率会明显提高?(注意指向重点难点,对教材的理解深刻了)

·为什么有些人能做到认认真真学习,痛痛快快玩耍?(全神贯注,目标管理,学习效率提高了)

·为什么专心学习时觉得时间过得快,无所事事或注意力涣散时觉得时间过得慢?(注意指向的对象不同所导致)

·为什么注重体育锻炼、睡眠充足的人比不进行体育锻炼、经常失眠的人学习效率要高?(学习需要注意资源的付出,前者有足够的注意资源,后者可能缺少足够的注意资源)

·在寝室里读书与在教室和图书馆里读书,效果为什么大不相同?(环境氛围不同,注意力受干扰的程度也不同)

·为什么读书时眼到、嘴到、手到、耳到、心到,效率会显著提高?(多种感官协同活动更有助于注意力集中)

我认为，普通心理学的其他章节也可以提出类似的问题，这样做既能引导学生学以致用又能活跃课堂学习氛围。在普通心理学的教学中，我除了对学生为人为学进行引导之外，还要求学生树立终身学习的理念。在教学之余，我常叮嘱他们要努力学好马克思主义哲学、中国哲学概论、高等数学和英语。

二、我与时间心理学的结缘

算起来，我与时间心理学的结缘迄今已经有65个年头了。记得1957年，程乃颐先生给我们班讲授普通心理学，他讲到人们对时间往往容易产生错觉。当时我觉得很新奇，很想设计一个实验进行研究。到了工作岗位上，我还一直在思考有关时间心理的研究：

·什么是时间？我们能从心理学的角度进行研究吗？

·为什么有的时间过得很快？有的时间过得很慢？

·所有心理活动都有时间参与，时间无始无终，我们该怎样加以研究呢？

·我们没有专门的时间感受器，但我们为什么能觉知到时间呢？

·为什么人们对待时间的态度是如此的不同？……

通过阅读文献，设计研究，我和我的学生们曾做过许多时间心理学的研究，例如：时间的无意识加工(unconscious processing of time)或时间的内隐加工(implicit processing of time)。我们的研究表明，内隐时间表征具有方向性、顺序性、连续性和认知不可渗透性；时间修饰词和汉字字组顺序蕴含着内隐时间信息，在对时间修饰词的概念加工时会自动激活其内隐时间属性表征，内隐时间顺序表征受知觉表征系统的支配也具有自动加工和提取的特点。我们还探讨过时序知觉中意识和无意识的贡献，以及不同动态条件下的内隐时间特征及时间信息自动加工与控制加工的电生理学指标。

时间知觉(time perception)是指个体对时间的“直接”反映。但时间瞬息即逝，时间知觉依赖于同质刺激的自发组织，即在大约3秒的限度内把一些相继事件知觉为相对同时的一个单元，即知觉到的现在(perceived present)，包括对时间持续性和顺序性的知觉。我们研究过刺激的感觉通道性质(包括拓扑性质的变化)、复杂度、强度、呈现时间的长短以及人格因素、刺激的空间特征等对时间知觉的影响，得到了不少有趣的结果；探讨过时序知觉的重复启动效应，时序知觉的中枢计时与分布计时，以及多感觉整合的时间再校准；还用事件相关电位初步探讨了时间知觉的神经加工及其相关脑区的激活状况。

时间估计(time estimation)也称时间判断(time judgment)，是指个体依据主观经验对客观时间的持续性和顺序性的认知，可以用多种方法(例如比较法、产生法、估计法、再现法、等级评定法、ERP方法等)进行时间估计(包括时距或时序估计)实验。所有这些时间估计方法都会产生误差，即使是短时距估计也是如此。我们研究过时距估计中的锚定效应、重复刺激效应、标量效应、注意效应、视听通道效应以及回溯式时距估计的一些特点；发现了不同年龄段儿童时间估计准确性与利用时间标尺有关，儿童越幼小，越倾向利用空间关系来估计时间，Kappa效应越明显。

对长于5秒的刺激序列的时间认知称为时间记忆(time memory)。时间记忆包括对时距、时点和时序这三种时间信息的记忆。时间记忆可以以钟点、日期等确切的线索为参照，但大多数时间记忆实验是以某个事件的时间线索而实现的，没有任何明确的言语编码形式，仅依靠有关事件对时间信息进行编码、保持和提取。个体对时间的记忆与计时工具测量出来的时间通常是不一致的。我们曾探究过回溯式时间记忆、预期式时间记忆以及时间性前瞻记忆的某些特点：用新闻片段和公众性新闻事件为实验材料，考查了回溯式时间记忆表征的特点，发现老年人回溯式时间记忆能力下降可能是与大脑中的海马功能衰退导致信息加工速度减慢和情节记忆加工能力衰减相关。还对预期式的时点、时距和时序信息在长时记忆中的表征特点做过研究，结果发现时间记忆既有层次网络的特征也有线性结构的特征；还探讨过时间性前瞻记忆与事件性前瞻记忆具有不同的认知机制问题。此外，我们还对时间记忆的层次网络模型和变化分割模型做过实验。

我们在整合国内外一系列研究成果的基础上，于1999年的一篇论文中提出了一个理论构想——时间认知的分段综合模型(range-synthetic model of temporal cognition)。时间无始无终而又瞬息即逝，时间与人类的生活形影不离且时间就是生命，我们是怎样来把握时间的呢？一个合理的答案是人类采用分段式来把握时间。最有力的证据是人发明了各种时间标尺(如毫秒、秒、分、小时、日、周、月、年、期、纪等)并用它们来标记时间。个体心理世界的各种成分是普遍联系、相互作用的，虽然时间与人生形影不离但人却没有专门的时间感受器，人类总是凭借经验综合各种因素来认知时间。人类对不同时距具有不同的表征，我们的许多研究都表明，无论对于哪一种时距的认知均受多种因素(例如事件的数量与结构，通道性质和特点，时距、时序和时点的性质，注意资源，编码方式，提取策略，实验指标，以及个体的时间信念、情绪、人格特征、疾病等)的影响；不仅如此，还受心理的其他成分如动机、兴趣、爱好、价值观等影响。人类时间认知的分段综合模型能很好地解释爱因斯坦的时间相对性问题，他说："把你的手放在很热的炉子上一分钟，感觉起来好像一小时；而坐在一位漂亮姑娘身边整整一个小时，感觉起来却像一分钟。"用心理学家的话来说，这就是给感受打上了不同的时间标尺之故。我和我的团队做了许多实验来论证时间认知的分段综合模型，结果表明人类的时间认知确实具有分段性和综合性的特点。这是我们研究时间认知的一个主要收获。

我们既关注人们时间认知上的共同性，也关注人们时间人格上的差异性。时间给每个人以相同的机会,但每个人对于时间的感受、把握、管理、使用和爱惜却是不同的,人们在时间上的这些稳定的个体差异,我们称之为时间人格上的差异。时间人格(time personality)就是个人对待时间的方式。人们对待时间的方式有许多差异。时间最公平,它给勤奋的人留下智慧和力量,而给懒惰的人留下空虚和懊恼;时间瞬息即逝,有的人总是在检查自己对时间抓得紧不紧,而有的人总是白白消耗时光还埋怨时间过得太慢;平庸者坐失良机,智慧者能抓住良机并且能创造良机。凡此种种实例,到处可见。

从1997年开始我们对时间人格的研究主要集中在下列三个方面:(1)时间管理倾向研究。在深入实际调查的基础上我们编制了由时间价值感、时间监控观及时间效能感三个指标构成的“青少年时间管理倾向量表”,该量表的信效度均符合心理测量学的要求,还探讨过青少年的时间管理倾向与学业成绩、个人能力、自我观念、工作成就的关系。(2)时间洞察力研究。时间洞察力是指个体对于时间的认知、体验和行动的一种人格特质,它既具有能力的性质(由认知加工、时间管理和决策等构成),也具有动力的性质(由价值观、责任感、义务感、荣誉感、事业心等构成)。人生从过去、经现在、向着未来,时间洞察力还包含过去时间洞察力、现在时间洞察力与未来时间洞察力,其中所含的认知、情感和行动倾向成分也不相同;其中有些属于状态时间洞察力(state time perspective),有些则属于特质时间洞察力(trait time perspective),后者才是时间维度上的人格特质。我们从我国的实际出发探讨过时间洞察力的结构成分,编制过两个(过去、未来)时间洞察力量表。(3)不同自我同一性状态下的时间洞察力研究。我们考查了不同自我同一性状态下的被试在其过去、现在和未来的时间体验上的差异;还探讨过时间自我评价的理论意义和实践意义。

我们在时间人格领域还有许多问题需要进一步深入探讨:

(1)时间管理倾向、时间洞察力、时间自我同一性的实质是什么?其核心指标是什么?怎样区分状态时间洞察力与特质时间洞察力?

(2)时间洞察力是先天的还是后天的?

(3)时间自我同一性的稳定性与变异性有怎样的关系?

(4)时间管理就是自我管理,那么我们怎样来塑造自己的时间人格呢?

三、我与人格心理学的结缘

我曾给大学生做过几次人格心理学的专题讲座。张春兴先生邀我参加他主持的“世纪心理学丛书”撰写,我很乐意接受《人格心理学》的撰写工作。接受此任务后用什么框架来建构全书使我很是纠结。当时教科书的结构大多是理论范型取向,由于交书稿时间的限制,我便采用了人格理论范型取向加人格研究专题的方式来撰写《人格心理学》(1998年由台北东华书局出版,2002年由杭州浙江教育出版社出版)。

我的《人格心理学》虽然已经完成,但内心并不满意。怎样撰写一本中国特色的人格心理学著作呢?这成了我久久难以释怀的难题。在学习《论语》的过程中我终于找到了答案:孔子推崇的君子人生便是我要寻找的人格样板。君子人生格调也就是君子人格。孔子所推崇的君子人格都是从知、情、意、行的整体角度提出来的。例如,"子谓子产:'有君子之道四焉:其行己也恭,其事上也敬,其养民也惠,其使民也义。'"(《公冶长》)子曰:"君子成人之美,不成人之恶;小人反是。"(《颜渊》)子曰:"君子矜而不争,群而不党。"(《卫灵公》)司马牛问君子,子曰:"君子不忧不惧。"曰:"不忧不惧,斯谓之君子已乎?"曰:"内省不疚,夫何忧何惧?"(《颜渊》)《论语》中孔子推崇的君子人格就包含了人生追求、人生态度、人生智慧和人生修养。我做了初步的归纳,今后如果要撰写中国特色的人格心理学著作,我将按这四个部分加以构建。

(一)君子的人生追求

人生追求(life purpose)也称人生目标、人生抱负,是个人内心的动力坐标,指个人以积极的行动来争取某个目标的达成,因而具有方向性和持久性。君子的人生追求是仁、义、忠、恕。

1.仁、义

子曰:"君子道者三……仁者不忧,知者不惑,勇者不惧。"(《宪问》)又说:"君子去仁,恶乎成名?君子无终食之间违仁,造次必于是,颠沛必于是。"(《里仁》)"樊迟问仁。子曰:'爱人。'"(《颜渊》)爱人有各种表现:爱护、同情、怜悯、体谅、厚道、忍让、慈爱、友善、善良、报恩等。仁是爱人的态度。

子曰:"君子喻于义,小人喻于利。"(《里仁》)子曰:"君子义以为上,君子有勇而无义为乱,小人有勇而无义为盗。"(《阳货》)子曰:"君子之于天下也,无适也,无莫也,义之与比。"(《里仁》)子曰:"君子义以为质,礼以行之,孙以出之,信以成之。君子哉!"(《卫灵公》)孔子认为义的本质是实行仁,是对原则的态度。

2.忠、恕

《论语·颜渊》篇记载:"仲弓问仁。子曰:'……己所不欲,勿施于人。'"又说:"己欲立而立人,己欲达而达人。"(《雍也》)推己及人的肯定方面是"尽己为人",孔子称之为"忠";而推己及人的否定方面是"己所不欲,勿施于人",孔子称之为"恕"。"子曰:'参乎!吾道一以贯之。'曾子曰:'唯。'子出。门人问曰:'何谓也?'曾子曰:'夫子之道,忠恕而已矣。'"(《里仁》)忠恕之道就是行仁道。

"忠"的对象有多种,除了忠于君,如"君使臣以礼,臣事君以忠"(《八佾》),还有忠于人，如“居处恭，执事敬，与人忠”(《子路》)；忠于长上，如“孝慈则忠”(《为政》)；忠于朋友，如“子贡问友，子曰：‘忠告而善道之……’”(《颜渊》)；忠于职守，如“子张问曰：‘令尹子文三仕为令尹，无喜色；三已之，无愠色，旧令尹之政，必以告新令尹。何如？’子曰：‘忠矣！’”(《公冶长》)。

(二)君子的人生态度

人生态度(life attitude)是指对人生所持的举止心情，它是一种具有持久性和一致性的倾向，这种倾向是与对人生目的的理解相联系的。通常人生态度包含认知、情感和行为倾向三种成分。君子的人生态度如下：

1.知命而行

子曰：“不知命，无以为君子也。”(《尧曰》)孔子说的“命”就是内心的使命感。子曰：“君子有三畏，畏天命，畏大人，畏圣人之言。小人不知天命而不畏也，狎大人，侮圣人之言。”(《季氏》)孔子的人生态度坚定不移，具有“知其不可而为之”的献身精神。

2.践行仁道

子曰：“唯仁者能好人，能恶人。”(《里仁》) 又曰：“我未见好仁者，恶不仁者，好仁者无以尚之，恶不仁者，其为仁矣。”(《里仁》)

子贡问：“乡人皆好之，何如？”子曰：“未可也。”“乡人皆恶之，何如？”子曰：“未可也，不如乡人之善者好之，其不善者恶之。”(《子路》)

君子好善恶恶而践行仁道。

3.言行一致

子曰：“君子耻其言而过其行。”(《宪问》)又曰：“……故君子名之必可言也，言之必可行也。君子于其言，无所苟而已矣！”(《子路》)

4.心怀宽广

子曰：“君子坦荡荡，小人长戚戚。”(《述而》)子曰：“富与贵，是人之所欲也；不以其道得之，不处也。贫与贱，是人之所恶也；不以其道得之，不去也。君子去仁，恶乎成名？君子无终食之间违仁，造次必于是，颠沛必于是。”(《里仁》)讲求安贫乐道，心安神泰。

(三)君子的人生智慧

人生智慧(life wisdom)是对人生的独特的理性思考，也是对人生的持久的创造性的智力活动。君子的人生智慧有哪些特点呢？

1.行中庸

子曰：“中庸之为德也，其至矣乎！民鲜久矣。”(《雍也》)在《中庸》中，仲尼曰：“君子中庸，小人反中庸。君子之中庸也，君子而时中；小人之中庸也，小人而无忌惮也。”

2.尊理性

“樊迟问知(智)。子曰:‘务民之义,敬鬼神而远之,可谓知(智)矣。’”(《雍也》)。《论语》中谈仁很多,谈智较少。但“知”与“智”的含义有相似之处。子曰:“知者不惑”(《宪问》),“择不处仁,焉得知”(《里仁》)。这里的知都有明智、智慧、理性的意思。《中庸》列出的三达德,智甚至排在首位,居仁之首,说明孔学是十分重视智慧、理性的,但孔学的智慧既不是技术思维,也不是聪明计算,更谈不上是探求科学的手段,而是一种修德从善的理性思考。

(四)君子的人生修养

人生修养(moral upbringing of life)指养成正确对待自己人生的行为方式,人生修养即修身。在《论语》中孔子关于君子修身的论述很多,下面择其要者而述之。

1.好学

子曰:“君子食无求饱,居无求安,敏于事而慎于言,就有道而正焉,可谓好学也已。”(《学而》)子曰:“有颜回者好学,不迁怒,不贰过。不幸短命死矣,今也则亡,未闻好学者也。”(《雍也》)

子曰:“由也!女闻六言六蔽矣乎?”对曰:“未也。”“居!吾语女。好仁不好学,其弊也愚;好知不好学,其蔽也荡;好信不好学,其蔽也贼;好直不好学,其蔽也绞;好勇不好学,其蔽也乱;好刚不好学,其蔽也狂。”(《阳货》)好学是君子必须具备的人格特征,在仁、知、信、直、勇、刚的形成中起着重要作用。同时,孔子还指出好学才能增长才干。子曰:“小子何莫学夫诗?诗,可以兴,可以观,可以群,可以怨。迩之事父,远之事君;多识于鸟兽草木之名。”(《阳货》)孔子还强调:“君子病无能焉,不病人之不己知也。”(《卫灵公》)

2.自省

子曰:“见贤思齐焉,见不贤而内自省也。”(《里仁》)

子曰:“君子有九思:视思明,听思聪,色思温,貌思恭,言思忠,事思敬,疑思问,忿思难,见得思义。”(《季氏》)又说:“君子有三戒:少之时,血气未定,戒之在色;及其壮也,血气方刚,戒之在斗;及其老也,血气既衰,戒之在得。”(《季氏》)曾子曰:“吾日三省吾身——为人谋而不忠乎?与朋友交而不信乎?传不习乎?”(《学而》)因此,“躬自厚而薄责于人”(《卫灵公》)便成了修身之方。

3.谨言敏行

子曰:“巧言令色,鲜矣仁。”(《学而》)“巧言、令色、足恭,左丘明耻之,丘亦耻之。”(《公冶长》)子曰:“君子耻其言而过其行。”(《宪问》)子曰:“先行其言,而后从之。”(《为政》)又曰:“古者言之不出,耻躬之不逮也。”(《里仁》)君子“敏于事而慎于言”(《学而》),“君子欲讷于言而敏于行”(《里仁》)。“子曰:‘能行五者于天下为仁矣。’……‘恭、宽、信、敏、惠。恭则不侮,宽则得众,信则人任焉,敏则有功,惠则足以使人。’”(《阳货》)

孔子虽然没有在《论语》中提出“修身”的概念,但却提过与之相类似的,如“克己”“修己”“正身”“求诸己”“自省”“自讼”等概念,十分重视人生修养。

2000年底,我在大学生中做过一个开放式问卷调查:“你认为什么样的行为是心理健康者的特征性行为?依据你的看法,请写出5至10条。”收回问卷49份,提出的特征性行为共计393条,经内容分析可以看出当代大学生对心理健康的追求大多已超出了心理是否有疾病的标准。他们所追求的心理健康标准更高,可以将大学生的心理健康期盼概括为:

对世界抱开放态度,乐于学习和工作,不断吸取新经验;

以正面的眼光看待他人,有良好的人际关系和团队精神;

以正面的态度看待自己,能自知、自尊、自我悦纳;

以正面的态度看待现在和未来,追求现实且高尚的生活目标;

以正面的态度对待挫折,能调控情绪,心境良好。

综合孔子推崇的君子人格以及西方心理学家关于健康人格的理论和当代大学生对最佳的心理健康者的期盼,我提出了健全人格理论(perfect personality theory)。我认为,当代大多数大学生所追求的理想人格或优秀人格就是源自孔子推崇的君子人格。心理健康是一个连续体,连续体的一端是最差的心理健康状态,即心理疾病或心理障碍,而它的另一端是最佳的心理和行为状态,即健全人格。健全人格是个人最佳的心理和行为的有机结合,是当代大学生所期盼的人格,也是当代的君子人格。

健全人格是一个动态系统,它是由许多心理成分组成的复杂组织,其中最主要的是三个具有独立功能的成分。这三个成分可以用三个同心圆来表示,其中最核心的是正确的价值观。价值观是每个人区分好坏、美丑、对错的信念系统,它通常是充满情感的,不仅引导人们追求自己的理想,而且还决定着人生中的种种选择。健全人格的第二层次是积极的自我观,即个人积极主动地面对自己的人生,包含自爱、自立、自信、自省和自强等。健全人格的第三层次是追求未来梦想的优良品格,属于相对表层的要素,如好学、有责任心、肯实干、宽恕、同理心、互助合作、心境平和以及勇气、节俭等品格。上述这三类心理成分也就是健全人格的三个子系统,它们又是相互关联、相互影响的。我们还对健全人格系统的稳定性和可变性做过一些研究。

四、我与应用心理学的结缘

虽然我主要从事基础心理学的教学和研究,但对心理学的应用也一直十分重视。

因为我认为一门学科是否有生命力，它的影响力大小，在很大程度上取决于该学科对社会的贡献。中国心理学研究，不仅应当对学科的理论建设有更大的贡献，还应该更多地参与解决社会中的各种实际问题。无论是基础理论抑或是社会实用问题，我们都应努力进行探究。

2005年，由我担任首席专家的教育部哲学社会科学重大研究课题攻关项目“中国心理健康服务体系现状及对策研究”获得批准(批准号:05JZD00031)。我们用了五年时间完成该项目，在全国取样五万余份，其最终成果《中国心理健康服务体系建构》约50万字，内容包括第一编心理健康服务的理论基础(含三章)，第二编需求方分析(含四章)，第三编服务方分析(含三章)，第四编心理健康服务的影响因素(含三章)，第五编心理健康服务的效果与对策(含四章)，总计五编十七章构成。

20世纪初期，西方心理健康服务的理论和方法传入中国，但在我国古代典籍中早已有心理健康服务的理论和方法。例如在理论方面，孔子(前551—前479年)的仁学，倡导忠以克己，恕以待人，“知其不可而为之”的处世态度;《老子》是战国时期道家的一部经典著作，除了有其论述的修身养性之道外，还包含有丰富的辩证法思想，如以柔克刚、以弱胜强、祸福相倚、物极必反、要从反面入手才能取得正面结果等等。浩如烟海的我国儒释道经典著作无疑可以成为中国特色心理健康服务的理论根基。

关于维护心理健康的方法，我最近学习了早在春秋战国时期成书的《黄帝内经》，感慨很多。《黄帝内经》不仅是中医学的理论基础，而且在心理治疗方面也有许多独到的见解，很值得我们研究。

例如，《黄帝内经·素问》中阴阳应象大论篇和五运行大论篇都指出:“怒伤肝，悲胜怒”，“喜伤心，怒胜喜”，“思伤脾，怒胜思”，“忧伤肺，喜胜忧”，“恐伤肾，思胜恐”，这说明“情志相胜”的基本原理，即有意识地采用一种情志活动，去控制、调节因另外一种情志而引起的疾病，从而达到治疗心身疾病的目的。脏象五行学说把人的情志分为怒、喜、思、悲、恐五类，并用五行学说来表示它们的联系，但我们也不能机械地照搬五行相克之说，因为某种疾病可能是由某种情志之偏而导致的，也可能是多种原因造成的。例如情绪表达要适度，不可过度，“悲哀动中者，竭绝而失生。喜乐者，神惮散而不藏。愁忧者，气闭塞而不行。盛怒者，迷惑而不治。恐惧者，神荡惮而不收”(《灵枢·本神》)。对于过度的情绪，医家则设法加以制止。例如，一般而言，喜对身体有益，但喜乐过度，就会导致喜极气散不能收藏。《素问·举痛论》提出“恐则精却”“恐则气下”，以治疗喜乐过度而导致的精神疾患。

又例如，《素问·移情变气论篇》说:“闭户塞牖，系之病者，数问其情，以从其意。得神者昌，失神者亡。”即是说，关好门窗，向病人详细询问病情，使他愿意如实地说出病情。经过问诊并参考色脉之后，便可作出判断：如果病人面色光华，脉息和平，这叫"得神"，预后良好；如果病人面色无华，脉不应时，这叫"失神"，预后不佳。也就是说，在进行言语开导时，医生必须取得患者的信任，在安静无干扰的环境下以严肃、亲切的态度对待患者。这既有利于让患者诉说病痛，具有心理疏导之功效，同时也能使患者提升战胜疾病的信心。《灵枢·师传》中还说："岐伯曰：人之情，莫不恶死而乐生。告之以其败，语之以其善，导之以其所便，开之以其所苦。虽有无道之人，恶有不听者乎？"岐伯说，人之常情，没有不怕死的，人们都喜爱活着。告诉他哪些对人有害处，哪些对人有好处，用适宜的方法指导他，解开他心中的苦痛。即使是不懂道理的人，难道会不听劝告吗？这正是心理疏导的精髓。医生通过阐述、解释、鼓励、安慰、保证、暗示等方法晓之以理、动之以情、喻之以例，这种开导式心理治疗对患者是很有帮助的。

从2013年起，我和陈红教授开始筹划和推进社区心理学专业委员会的建立。2014年10月10日，中国心理学会常务理事会批准筹建社区心理学专业委员会。2015年9月，中国心理学会社区心理学专业委员会（筹）首届学术会议在苏州大学召开。同年10月，在中国心理学会十一届八次常务理事会上，与会的常委们以全票通过社区心理学专业委员会（筹）的转正申请。社区心理学专业委员会挂靠西南大学心理学部，第一届主任是陈红，副主任包括马建青、王振宏、赵俊峰、刘电芝、夏凌翔（兼任秘书长，2016年底改由吕厚超担任），标志着我国制度化的社区心理学正式建立。至今，中国心理学会社区心理学专业委员会已成功举办六届学术年会。社区心理学正在我国蓬勃兴起，重庆、江苏、北京、上海、天津、湖南等地先后建立了研究机构，并开展了大量关于社区心理学的研究和实践工作。2017年11月2日，中国社区心理学服务与研究中心（China Community Psychology Service and Research Center）在西南大学举行揭牌仪式，首个中国社区心理学服务与研究中心正式成立。

为了扩大学术影响力，促进社区心理学的研究和交流，2014年12月社区心理学专业委员会（筹）决定主办《社区心理学研究》集刊，并成立了以我为主编，陈红、韩世辉（后由苏彦捷担任）、马建青、毕重增（常务）为副主编的首届编委会，至今已出版了10卷；2021年4月被南京大学中国社会科学评价中心认定该刊为CSSCI（2021—2022）收录集刊。在中国心理学会社区心理学专委会成立初期，以我为顾问，陈红教授为主任，联合二十余位心理学家翻译出版了《社区心理学译丛》（共10本）。由我任主编，毕重增、苏彦捷、陈红任副主编的《社区心理学导论》教材即将在人民教育出版社付梓出版，全书涵盖了中国特色社区心理学的观点和方法、社区氛围与社区价值观、社区亚群体心理、社区应用心理以及社区心理学的未来方向等部分。我们决心把心理学的成果写在社区千家万户的心坎里，努力构建中国特色社区心理学的话语体系。

实事求是是中国特色社区心理学生存和发展的命脉。我们要到社区中去研究，把仁爱、正义、文明、和谐、诚信作为中国特色社区心理学的理论基础。这五项价值原则不仅符合新时代的社区建设的要求，而且它源自中华传统文化的核心价值观（仁、义、礼、智、信），已经根植在中国人的内心，潜移默化地影响着我们的思维模式、情感倾向和行事风格，有助于中华优秀文化传统在我国社区的传承和弘扬。社区五价值理论（five-values theory of community psychology）弘扬了人性的真善美，鞭挞了假恶丑，为居民健全人格的养成及和谐幸福社区的建设提供理论支撑。心怀着服务国家富强、民族复兴、人民幸福安康的愿望，我相信中国特色社区心理学必定有大的发展，在理论建设和践行服务等方面取得辉煌的成绩。

心理学是一门探寻心迹、理解人生、点燃心灵真善美的学问。我热爱心理学，心理学成了我生命的一部分；它给了我欢乐和满足，也使我迷茫和焦虑。我从事心理学教学和研究61年的心得体会对于后来者少走些弯路可能是有益的。

是为序。

黄希庭 谨识

2021年5月于西南大学心理学部

序 言

本书是教育部哲学社会科学研究重大课题攻关项目“中国心理健康服务体系现状及对策研究”(项目编号05JZD00031)最终成果,整个项目由我主持。它整合了西南大学、北京大学、华中师范大学等全国数十所高校的科研力量,合同医疗、教育、社区等各部门,在全国取样5万余人,历经5年时间完成的。

心理健康服务体系(mental health service system)是由专业机构和人员遵循心理健康规律向社会成员所提供的心理促进工作,以及围绕此工作的投资、教育培训、管理监督等所组成的系统。我国现行的心理健康服务模式主要分为医学、教育、社会三种。医学模式是新中国起步最早、最先得到认可的一种心理健康服务形式。在医学卫生系统中,最早是各种精神卫生中心、综合医院精神病科提供精神障碍的治疗和康复服务。大致于1980年代初期,医疗机构中的心理咨询门诊开始出现。近几年综合医院心理咨询机构发展迅速,卫生部(现国家卫生健康委员会)将建立心理咨询门诊作为考核综合医院工作的内容,三级甲等医院大都设立心理咨询门诊。医疗系统的心理健康服务主要以精神障碍或心身疾病患者为对象,从业人员大多为医学专业背景,多有处方权且常常使用药物,咨询形式带有较浓的临床色彩。教育模式起步于1980年代中期,最初是在高校,后扩展至中小学。随着学生素质教育的推进,学校心理咨询受到越来越普遍的重视。教育系统的心理健康服务以学生的发展性心理咨询为主,从事咨询或辅导者多是教师。社会模式起步相对较晚,且地区差异很大,但近年来有迅速发展之势。目前社会上开办的各种心理咨询机构，尽管从业人员大多经过一定的培训，但其运行机制实质上是工商认证，以致从业者水平良莠不齐，人员构成鱼龙混杂，运作方式随意性大，专业化程度低。研究和完善我国的心理健康服务体系，必须要处理好下列几个关键问题：

一、心理健康服务的技术体系

心理健康服务的技术体系是心理健康服务的直接内涵，包括服务目标、理论、方法和内容，是心理健康服务体系建设的基础，也是该体系最为专业化的部分。但是，我国现有的心理健康服务技术体系与社会民众对心理健康服务的需求不相适应。

三种模式的服务目标各有侧重。医学模式主要是通过药物和精神治疗使患者恢复心理健康；教育模式的根本目的是促进学生的健康成长和增强其社会适应能力，更好地开发学生的心理潜能；社会模式看重短期疗效，以缓和情绪性心理困扰为主。目前，我国在服务目标方面重治疗轻发展，无论何种服务模式，对发展性目标均重视不够。

服务理论基本上是引进和模仿西方理论。引进的理论可分为五大类：精神分析理论、行为主义理论、人本主义理论、认知心理学理论、系统家庭治疗理论。进行引进再创造的理论较少，钟友彬创立的中国式心理分析疗法可算是其中的一例。在心理健康服务理论上的引进和模仿，对于我国心理服务的理论研究和实践工作的起步和展开是必要的，但是，原创性中国化理论的缺位不利于我国心理健康服务的发展。

服务方法主要有：认知领悟疗法、意象对话技术、系统脱敏法、冲击疗法（满灌疗法）、厌恶疗法、格式塔疗法、森田疗法、生物反馈法、认知行为疗法、家庭疗法、心理剧疗法、生物医学治疗等，基本上是引进和模仿外国的技术。虽然方法不少，但真正为业界常用和擅长的方法屈指可数，例如，学校心理咨询就主要采用认知疗法和行为疗法。

服务内容主要包括：通过心理测量，帮助人们了解自我；提供心理学知识，帮助人们增强社会适应能力、提高心理素质；为个体成长发展中遇到的人际关系紧张、情绪困扰、工作压力、社会适应不良、婚姻家庭关系等问题提供咨询；对各类心理障碍如癔症、恐怖症、抑郁性神经症、疑病症以及各类异常心理进行治疗；针对特殊群体的特殊心理问题提供各种康复服务和促进人们心理健康的服务。

心理咨询和心理治疗依赖于真诚和直接的交流。中国人与西方人在信念、价值观、生活方式、宗教信仰、对性的态度、家庭结构以及习惯化的非言语表达方式等方面都有很大的差别，因此，我们不能直接硬搬西方心理健康服务的理论和方法，而应当着力发展适合我国国情的科学系统的心理健康服务的理论和方法（包括心理测量工具的中国化)。这是中国心理健康服务体系建设中的长期而艰巨的研究任务,需要我国几代心理学家的努力工作才能完成。

二、心理健康服务的服务主体

目前,我国从事心理健康服务的机构有综合医院的心理科、精神科、神经科、康复科,以及精神卫生中心,高等院校、中学的心理辅导中心,社区服务机构的心理健康咨询中心,个人私营的心理服务机构,以及单位自己组建的心理服务机构等。

我国现有的心理健康服务队伍,人员构成比较复杂,有医生、教师、思想政治教育辅导员,还有居委会成员,妇联工作人员,电台、电视台工作人员,其他背景和身份的业余爱好者,只有部分心理咨询机构聘请了心理学专家或专门的心理工作者。

总的来看,我国现有的心理健康服务人员专业素养参差不齐,人数不够,专职不多,咨询时间和年咨询量不够,与社会需求不成比例。按照指令性要求建立的心理服务机构和人员体系比较正规,但是提供的服务范围相对狭窄,心理健康教育方法比较单一。而私立服务机构和人员呈现鱼龙混杂局面,心理咨询员缺乏系统专业的学习训练,缺乏实践经验,更有甚者,有些机构和从业人员根本没有执业资格。由于心理服务工作的特殊性,从业人员的素质对求助者的心理有着重要影响,不合格的心理服务人员可能会加重求助者的心理障碍,所以必须要加强对从业人员的培训和管理。

三、心理健康服务的教育培训

专业化是心理健康服务的发展方向,相关的学历教育承担着知识与技能传承的使命。回应此需求,目前开办心理学专业的高校越来越多。这些专业的教学计划,相对重视科学训练,而对临床训练重视不够,只有少量侧重临床心理学与心理治疗的专业教学计划。而且医学院校重视的是精神病学而不是临床心理学。少数院校已设精神卫生系,但心理治疗的内容偏少,高校心理学系的心理咨询课程和技能训练也不足,心理健康服务教育体系的建设明显滞后。在培养目标和培养方向方面,高校各心理学系(院)培养的本科生,主要在中小学担任心理健康教育课的教师,同时兼任各中小学心理辅导中心的辅导员;而硕士生、博士生主要在各高校担任心理学教学和心理咨询工作。只有少数高校心理学系针对企业或医院的心理健康服务培养人才,远远不能满足社会对心理健康服务的需求。人才短缺及培育机制不健全成为目前阻碍我国心理咨询职业化重要因素。

非学历培训是心理健康服务专业人员职业发展不可缺少的组成部分。除了承担继续教育的功能，非学历培训目前也是培养从业人员的重要渠道。非学历培训在短时间内培养了大量从业人员的同时，也给专业化带来了问题。如培训机构的资质鉴定环节相当薄弱，既没有明确的标准和考评程序，也没有合适的评审机构，造成商业化倾向突出、培训机构混杂，整体专业水准不高，降低了受训人员的专业素质。有鉴于此，国家和有关部门对心理健康服务的教育与培训管理进行了加强。如2001年国家劳动和社会保障部委托中国心理卫生协会组织心理卫生领域的专家，制定颁布了《心理咨询师国家职业标准(试行)》，规定从事心理咨询业的人员须持证上岗；并联合中国心理卫生协会和中国心理学会共同组建全国心理咨询职业资格培训鉴定工作指导委员会，负责在全国开展统一的职业培训和职业资格鉴定工作。2002年，卫生部根据本系统的情况提出"心理治疗师"专业技术称号，并委托有关人员编写了心理治疗学专业的考试指南。这些举措为心理咨询工作的专业化和职业化奠定了基础。

总的来看，我国的心理健康服务的教育与培训还没有形成多层次、系列化、正规学历教育与继续教育相结合的体系。如何使专业发展与社会需求和心理健康服务发展相融合，是摆在心理健康服务体系建设面前的一项重要任务。应当尽快建立政府组织、部门各负其责，全社会共同参与的运行机制。

四、心理健康服务的管理监督

精神卫生立法是心理健康服务健康有序发展的根本保障。①在立法规范方面，我国精神卫生立法小组成立于1985年。2004年国务院办公厅转发的卫生部等七部门《关于进一步加强精神卫生工作的指导意见》中指出，要"依法保护精神疾病患者的合法权益"，"加快精神卫生国家立法进程"。对比已有超过100个国家实施了精神卫生法，我国除了上述"指导意见"和某些省市的地方法规，还没有出台国家性的专门法规，应当继续推动立法进程。②职业伦理规范方面，我国高等医学院校和卫生系统开展了医德教育，部分医院成立了专门的医院伦理委员会，卫生部颁布了"医务人员医德规范及实施办法"(卫生部1988第40号文)，各省市结合本地实际也颁布有相应的医德规范。但我国目前尚无针对心理咨询与治疗的道德规范要求，而且由于心理咨询与治疗职业、方法和手段的特殊性，仅仅以医德规范作为心理咨询与治疗的伦理学守则是远远不够的。相对欧美各国心理学会对其会员制定的伦理准则，以及专业学会对违背职业伦理的行为具有的处罚权或开除权，我国心理咨询与治疗从业专业伦理基本处于真空状态。③医患纠纷和医疗事故，无论是政府部门还是行业学会都没有设置专门机构来判定心理服务者的职业操守和解决心理健康服务纠纷。借鉴有关国家设立精神卫生法庭、精神卫生署和精神卫生代表委员会等机构的做法,健全服务规范监督,是目前行业自律建设的迫切任务。

从精神卫生服务的管理体制看,我国是“四驾马车”的体制:卫生部门设立的精神卫生服务机构是精神卫生服务的主体,提供面向全体居民的预防、治疗和康复服务;公安部门主要承担对危及社会治安的精神病人的收容和治疗康复工作;民政部门举办的精神病福利机构主要服务于无法定抚养人和赡养人、无劳动能力、无生活来源的精神病人(简称三无病人)和复员退伍军人中的精神病人以及特困精神病患者;中残联则致力于精神残疾人群的社会康复服务。但精神卫生行政管理机构的部门所有和条块分割弱化了精神卫生服务体系的服务能力,影响到现有资源有效利用和整合,应当把精神卫生工作独立地作为一个组织机构进行管理。

国外心理治疗师与咨询师一般是由行业学会进行管理的。行业学会有相应配套的行业准入标准、培训机构认证标准、内部管理体系和自我监控机制,可以决定从业人员和培训机构资格,并对行业进行有效的内部监控和自我管理,做到行业内部自律。在欧美,专业培训机构的认证体系比较完善,咨询员的资格认证制度包括两个层次:第一个层次是认证咨询员培养机构和培养课程,第二个层次是认证某个申请者是否达到了咨询员的特定标准。对培养机构和课程的资质鉴定主要由行业协会负责,对个人的开业资格进行认证则既有官方的也有行业的。目前,我国的心理健康服务行业积极开展学术科研与交流合作及科普活动,并进行相关的学习培训与指导监督工作。然而,缺乏规范化与专业化管理是亟待解决的问题,心理健康服务行业无权对培训机构和从业人员进行资格认证和监督管理。而且,各个行业学会之间不能有效沟通和整合,缺乏行业的统一领导,也缺乏行业职业伦理规范的制定和监管,不利于心理健康服务行业的规范化和专业化。我国目前对从业人员的资格认证主要是政府的相关部门,如卫生部、劳动和社会保障部、人事部等。劳动和社会保障部已经实施了“心理咨询师”执业执照制,卫生部开展了“心理治疗师”专业技术资格的系列职称评定,现在人事部与卫生部正在建设“心理保健师”的行业资质论证体系。这些资格认证有助于规范心理健康服务,但其本身也存在着有待完善或发展的问题。首先,缺乏有效监管。缺乏对培训机构的资质认定和培训工作的有效监管,咨询员的准入条件过低,导致获得资格证书的人员素质良莠不齐;其次,缺乏更新机制,资格认证制度没有时间限制;再次,缺乏督导体制和规范。

目前我国心理健康服务工作实施的是以政府投资为主体的多渠道、多方位、多层次投入体系。具体来说,就是政府投入是精神卫生工作发展的基本保障,在政策和资金上给予精神卫生工作必要的支持和倾斜，并适度增加对精神卫生工作的投入。同时多渠道、多方位、多层次筹措资金，鼓励单位、团体、个人和社会福利事业等资助精神卫生工作。如，设立贫困精神疾病患者的医疗和救助专项经费、慈善基金、残疾人就业保障金等资助精神卫生事业发展。但是，投入体系还存在一些问题：首先，投入不足；其次，由于实行“分灶吃饭”的财政体制，省、市、县、乡级精神病医院财政补助占医院总收入比重逐级下降，其结果是越需要财政补贴的低收入患者获得的补贴越少，凸显了这种财政补助制度的缺陷。目前，世界上许多国家已经形成比较完备的投入体系，通过政府资助、社会救济、医疗保险和个人资助等途径来保障心理健康服务有效投入，而且对于民间的心理健康服务机构也进行鼓励和资助，值得我们借鉴。

总体上看，我国心理健康服务体系已经有了一定程度的发展，服务体系已具雏形。在快速发展的同时，我国心理健康服务体系的各要素、各环节也面临着严峻的挑战：技术体系不成熟；从业机构庞杂、设施较差；从业人员总量少，专业素质偏低；相应的从业人员培训、认证和监管，从业机构的资质与监管，以及相关管理职能等均未理顺，难以适应当前我国社会和民众对心理健康服务的需求。由于体制上的原因，医疗、教育、社会三种模式各行其是，成为当前困扰我国心理健康服务体系建设的一个瓶颈。我们应当根据我国国情，通过扎实的研究和细致的工作，努力建构科学的、系统的、中国化的心理健康服务体系。

黄希庭谨识
2011年9月于西南大学有容斋

目录

第一编　心理健康服务的理论基础

第一章　心理健康的性质

心理健康是个人生存的重要内容，它对个人的发展和一生的幸福具有决定性的作用。改革开放以来，随着现代科技与社会文化的迅速发展、生活节奏的加快，心理健康问题已经越来越受到社会各界的普遍关注。与此同时，促进心理健康有关的服务问题也日益受到人们的重视。2008年1月，卫生部、教育部等多部委联合发布《全国精神卫生工作体系发展指导纲要(2008年—2015年)》，该纲要指出："精神卫生工作关系到广大人民群众身心健康和社会稳定，对保障社会经济发展、构建社会主义和谐社会具有重要意义。"(卫生部等，2008)根据世界卫生组织的调查，在很多国家，由于缺乏必要的心理卫生服务以及较差的服务条件，患者很难得到所需要的心理咨询和心理治疗服务。心理健康服务是心理卫生工作的一个重要组成部分，其发展状况对心理卫生工作的开展和服务质量，对社会和谐和经济持续发展具有举足轻重的作用。但心理健康服务在不同文化中有着不同的理论建构，这为建立和发展我国的心理健康服务体系提供了发展空间和研究方向。如何理解心理健康，我国心理健康服务的历史发展如何，怎样划分心理健康服务的类型，对于这些问题，我们还存在诸多的疑虑和困惑。本篇希望在这些方面有所帮助。

第一节　对心理健康的理解

一、什么是心理健康

世界卫生组织(World Health Organization，WHO)对"健康"(health)作出了明确的界定，并指出了心理健康是健康不可或缺的一部分(WHO，2001)。在欧、美等国家，健康心理学已经成为热门学科，而在我国也出现了诸多版本的健康心理学。但对于"心理健康"的理解，在不同的文化和领域中有不同的解释，从代表性定义中，可以看到随着社会经济和科技文化的进步，人类对"心理健康"认识的发展和进步。

(一)对健康的理解

谈到健康，人们传统上只关注生理健康。例如《现代汉语词典》中的"健康"定义是

“(人体)发育良好,机理正常,有健全的心理和社会适应能力”。这种对健康的理解一直是人们中的主导观念。其实,人体是一个复杂的系统,健康和疾病是由多种因素而不是由单一的因素引起的。Engel发表一篇著名文献,提出健康和疾病是生物、心理和社会因素交互作用后呈现的状态,即生物心理社会模型(biopsychosocial model),认为影响人类健康的因素大致可分为生物、心理和社会三方面的因素:(1)生物因素,主要包括基因、病毒、细菌及结构缺陷;(2)心理因素,主要包括认知(如对健康的期望)、情绪(如对疾病的恐惧)、意志(如对吸烟、饮酒、锻炼或饮酒的控制力);(3)社会因素,主要包括行为的社会规范(如对吸烟的社会准则)、行为改变的压力(如同伴团体的期望、父母的压力)、健康的社会价值(如对健康重要性的认识)和社会环境如社会经济地位、文化、阶层、职业等(Engel,1977)。总之,个人的健康和疾病是多种因素交互作用的结果,个人的健康包含生物健康、心理健康和社会健康。

(二)心理健康的各种说法

心理健康(mental health)是众多学者热切关注的问题,他们从各自关注的不同角度和层面对心理健康进行了多种解释。比较有代表性的有以下几种:

1929年,在美国召开的第三次儿童健康及保护会议指出,所谓心理健康是指个人在适应过程中,能发挥其最高的智能并获得满足、感觉愉快的心理状态,同时在社会中能谨慎其行为,并有敢于面对现实人生的能力(郑日昌,高翔,刘视湘,2008)。

1948年,世界卫生组织在其宪章中明确指出,健康不仅仅是指身体没有疾病,而且还包括完整身体、心理状态和完善的社会适应能力(WHO,1948)。

1951年,世界卫生组织指出:“心理健康是指个体与他人和谐相处的能力,以及参与自身所处的社会和自然环境变革或为其作出积极贡献的能力。”(WHO,1951)

《简明不列颠百科全书》(1985)将心理健康解释为个体心理在本身及环境条件许可范围内所能达到的最佳功能状态,而不是绝对的十全十美。

林崇德、杨治良、黄希庭主编的《心理学大辞典》(2003)将心理健康解释为个体的心理状态(如一般适应能力、人格的健全状况等)保持正常或良好水平,且自我内部(如自我意识、自我控制、自我体验等)以及自我与环境之间保持和谐一致的良好状态。

2001年,世界卫生组织对心理健康做了新的解释,指出心理健康是一种幸福感(well-being)状态,在这种状态中,个体能够意识到其能力,能够应对正常的生活压力,能够高效率地工作,对其所处的社会能做出贡献(WHO,2001)。

不少学者从心理健康的标准来描述心理健康。如心理学家马斯洛(Maslow)和密特尔曼(Mitelman)提出了心理健康的十一条标准:有适度的安全感;能适度地自我评价;有适度的自发性与感应性；与现实环境保持良好的接触；能适度地接受个人需要；有自知之明；保持人格的完整与和谐；有切合实际的生活目的；有从经验中学习的能力；在团体中能与他人建立和谐的关系；在不违背团体的原则下能保持自己的个性（朱敬先，1992）。Donnelly、Eburne、Kittleson指出心理健康的特性包括以下十条：对生活充满积极观念；对生活有现实的期望与进取方式；对情绪能有效管理；有良好的人际关系；既不完全依赖他人又能从他人处获得帮助；无不良嗜好；精神正常；有有效的应对技巧；能做到诚实自尊；能客观、现实、准确地看世界（Donnelly，Eburne，Kittleson，2001）。台湾学者黄坚厚认为，心理健康者具有四条标准：乐于工作；能与他人建立和谐的关系；对本身有一定程度的了解；和现实环境有良好的接触（黄坚厚，1976）。

（三）我们对心理健康的理解

1.对现有解释的分析

从以上对心理健康概念的梳理中，可以看出，人们对心理健康的认识既有一致性也存在差异性。

一致性主要表现在两个方面：

一是强调积极高效的心理状态，持这种观点的人把心理健康看作个人心理特质各成分（智力、情绪、幸福感、意志、人际关系等）的最佳展现，及其相互之间的和谐一致，这是从发展的视角对心理健康作出的解释。诚然，只要个人的心理特质各成分得到充分发展，且彼此相互协调一致，其心理一定是健康的，但这种观点也存在一些疑问。如心理健康究竟包括哪些特质成分？各特质成分最佳状态的具体表现是什么？能不能达到这一最佳状态？或者达不到最佳状态心理就不健康吗？目前的解释中对这些问题的描述是模糊的，实践上很难操作。

二是强调能力倾向，持这种观点的人把心理健康看作个人发展自己潜能，实现幸福感，保持与他人、社会、环境和谐的手段或条件，具有这种能力的人，就能有效应付各种心理压力，保持身心愉快，这是从适应视角对心理健康作出的解释。个人要保持心理健康，需要一些技术方法、原理和相关知识的指导。良好的心理健康是个人、家庭、社区与国家的重要资源，对个人生活质量、家庭和睦、社会和谐和国家稳定至关重要。但这种观点同样也存在质疑，如这种能力或资源究竟指什么？心理健康是否仅仅如此？

人们对心理健康认识的差异性主要表现在两个方面：

一是心理健康的关注点不同。从心理健康概念的发展中看到，一些学者从个人行为是否符合社会规范来解释心理健康；一些学者从超现实的理想状态来描述心理健康；一些学者从身心发展水平来解释心理健康；有的学者从适应与调节的角度来界定心理健康;有的学者强调自我在心理健康中的作用;还有学者从心理健康的标准或维度来描述心理健康。不管是哪种观点,都有一定合理性,从某一个侧面对心理健康作了描述,但存在一个严重问题,从一个方面界定心理健康是不全面,不准确、不系统的。即便在某一个方面的概念理解,也存在一定的问题,如符合社会规范的人,心理不一定健康,心理不健康的人,未必不符合社会规范。因为不同时间、不同地点、面对不同对象时,人们的评判标准可能不同。因为社会体制与历史文化差异,在一个社会中属于正常的行为到另一个社会可能就变为不正常。如在西方社会中,可以大胆谈论性的问题,可以在公共场合接吻,这些行为在当地都被认为是正常的,但在东方社会,这些行为可能会被认为是不健康的。

二是心理健康研究取向存在差异。从以上对心理健康的各种表述中,我们可以看出,学者们在界定心理健康时存在两种不同的研究取向。一种是个人取向的心理健康,另一种是社会取向的心理健康。西方学者多遵从个人取向,这可能与文化背景有关。他们在心理健康的描述中更看重个人潜能的发展、个人自主性和幸福感的展现、自我的和谐等。东方学者遵从社会取向,受传统文化的影响,东方学者在描述心理健康时更看重个人与自然、个人与社会以及个人身心的和谐统一。人是社会的人,社会是人的社会,二者是不可分割的,因此,孤立地从个人或社会取向对心理健康进行界定都是不准确的。

有研究者提出,“心理健康是个体内部协调与外部适应相统一的良好状态”(刘艳,1996)。但良好状态如何衡量?或者只有达到这种良好状态才是心理健康吗?根据上述分析,心理健康的界定似乎远没有如此简单。

2.本书对心理健康的理解

通过以上分析,国内外学者从各种不同的方面对心理健康进行了多种描述,反映了心理健康这一概念的复杂性以及人们对其本质理解的差异性。这些差异和多种多样的视角有助于我们系统理解心理健康。心理学的研究认为,人的心理现象是一个复杂的系统,任何系统都可以作多种描述(黄希庭,2002,2007),因此我们从系统论的观点对心理健康作如下理解。

(1)心理健康是一个复杂的系统,可以从不同的方面进行描述。根据我们的理解,本书倾向于采用三分法对心理健康进行描述,即心理健康泛指个体生理、心理、社会的健康状态。对这一界定,可以从以下两个方面理解。

第一,生理健康是心理健康的一部分,这里的生理健康是指个体脑结构和机能的健全。心理是脑的一种机能,是人脑对客观事物的主观反映,个体的心理是先天与后天共同作用的结果。如果个体脑结构和机能发生变异,其心理也必然发生变化。例如,大脑联合区受损，会引发失用症、失语症等多种异常行为（费尔德曼，2008）。这也是目前从事健康心理学研究方向的学者十分关注个体躯体疾病与心理关系的原因之一。因此生理健康是心理健康的一个重要属性。

第二，心理和社会的健康是心理健康的两个不可或缺的属性。个体生理健康并不意味着心理就一定健康。实际生活中，多数人具有正常的脑结构和机能，但仍然会存在焦虑、抑郁和人际关系不适等心理健康问题。因此本书认为心理健康包括生理、心理和社会三个方面的健康，已有的有关心理健康维度的描述，几乎都可以归属在这三个方面中。

（2）心理健康是一个连续体。作为连续体有两个特征：其一，心理健康是一个动态变化的连续体。根据史密斯（Smith）的健康—疾病连续体理论（health-illness continuum）和亚健康的理论，连续体并非严格的两个极端（健康与疾病），而是在一个最差心理健康状态（心理疾病或心理障碍）—亚健康状态（非疾病非健康）—最佳心理健康状态（健全人格）之间交错变化的连续体状态，而且这三种状态之间很难画一条明确的界线（Smith，1981）。在个体的生活实践中，构成心理的各个成分是活动的，它们总是呈现一种相对稳态而绝对地处于动态过程中（黄希庭，1987）。心理健康也是如此，它具有动态变化的特性，不是达到最佳才算健康，也并非达到最佳状态后就不会遭遇心理健康问题。例如：智力发展存在各种差异，并不是只有发展最好的才是健康的。在实际生活中，最佳心理健康（健全人格）和最差心理健康状态（心理疾病）的人是比较少的，多数人是处于心理健康与心理疾病之间的某种心理亚健康状态。

其二，这种连续体状态是个体的生理、心理、社会三个方面的相对健康状态，并非最佳状态才是心理健康。只要个体对自己的生理、心理和社会三个方面具有合理的认知（思维方式）、恰当的情绪、正当的行为等，以及这三个方面之间相对和谐一致，我们就认为个体是心理健康的。我们抛弃了一些学者对心理健康描述的最佳表现取向，例如，如果一个人做了心理健康测查，并不是所有项目得分都为最高才算心理健康，只要其所得分数在规定的范围内，就认为其心理是健康的，并不能因为其中一项不合格，就断然认定其心理不健康。因此，健康的心理状态是生理、心理和社会等各方面特征的相互协调的相对和谐与统一状态，当然这并不排斥各方面都是最佳展现的理想情况。

（3）心理健康或心理卫生（mental hygiene）已经成为一门促进心理健康与防治心理疾病的学科。其研究内容包括提升心理健康水平和防治心理疾病的原理、方法和措施等等。主要有以下几个方面：

第一，探讨心理健康的评价标准。围绕心理健康的结构和标准，结合国内外学者对其含义的理解，从有关的心理健康的理论和心理健康的评价指标出发，探讨心理健康的概念、心理健康的具体表现以及心理健康的类型。

第二,研究促进心理健康的主要因素。从促进心理健康的心理学层面出发,探讨影响心理健康的主要因素,特别是健全人格、自我观念、生活方式、适应、生活满意度、压力管理、情绪调节、思维方式等与心理健康维护的关系。

第三,普及维护心理健康知识。从我国民众的心理健康的需求出发,研究维护心理健康的原理、方法,推广哪些心理健康知识,以及如何普及等。例如,焦虑的各种心理防御机制、它们的表现形式,以及它们在维护民众心理健康中的意义。

第四,诊断预防精神疾病。从国家的有关精神卫生政策出发,结合我国心理健康的实际,探讨有关精神疾病、人格障碍的发生率、诊断标准、预防措施、康复的有效方法,以及有关的服务途径问题。

心理健康作为一门学科,其涉及内容相当广泛,包括生理、心理、社会、家庭、学校等方面的内容,因此,在研究心理健康时,需要借助其他学科,如医学(包括精神医学和一般医学)、心理学、社会学、教育学、优生学和人类学等的有关知识、理论和方法,并进行跨学科整合,提高研究的有效性。

二、心理健康的标准

分析心理健康概念,可以看出心理健康是高度复杂的系统,要判断一个人的心理是否健康,比较困难。有的学者是从适应的角度来判定(朱敬先,2002);有的从行为规范的视角来判定;有的学者从主观经验的标准来判定(Jahoda,1958)。概括分类,判断一个人是否心理健康具有以下几个标准:

(一)常模标准(统计学标准)

统计学标准的逻辑是通过大量心理特征的测量获得一个常模,把个体在该心理特征上获得的测验分数与常模进行比较。如果该测验分数与常模或平均数相近,在统计学上不存在显著差异,可以判定该个体的心理是正常的或健康的;反之,如果偏离常模或平均数过大,达到统计学的显著性水平,就认为该个体的心理是异常的或存在一定程度的心理健康问题。例如多数人在面临考试时会有一定程度的焦虑,但不会影响正常的应试行为,不过如果某人过分担心,头脑不清,睡眠不好,出现呕吐、恶心等,而在没有面临考试时却没有这些症状,我们就据此判定该人存在较为严重的考试焦虑症心理问题。

(二)社会行为规范标准

社会行为规范标准的逻辑是把一个人的某种行为表现与相应的社会行为规范(或

群体行为规范)进行比较。如果某人的行为表现符合该文化背景下的社会行为规范,得到社会认可,就判定其心理是健康的;反之,如果该行为表现不符合社会行为规范,特别是违背了社会行为规范,造成不良影响(除去社会历史的原因外),就判定其心理或多或少存在某些心理障碍。社会学家波孟(Boehm)就是从社会行为规范的标准来界定心理健康的(郑日昌等,2008)。例如某人违反交通规则,经常闯红灯,在繁华的闹市区飙车,给他人行走带来安全隐患,就可以判定这个人可能存在一定的心理障碍。

(三)生活适应标准

生活适应标准的逻辑是把一个人在生活中表现出来的行为与其所处的环境进行比较,如果该行为适应所处环境,就判定其心理是正常的或健康的;如果个体的行为与其所处的环境不适应,就判定其可能存在一定的心理障碍。心理学家English和精神病学者门宁格(Menninger)都认为心理健康是个体对周围的环境作良好的适应(朱敬先,2002)。这里的适应包括生活自理状况,与他人进行交往和沟通的状况,日常烦心事的应对,对自我同一性的认识,对社会伦理道德、制度法规的认识等。例如个体在面对挫折时,不是以积极、辩证的态度应对,而是采取抱怨、逃避、退缩的不良应对方式,据此我们就认为其与所处的环境不相适应,可能产生一定的心理问题。

(四)个人经验标准

个人经验标准的逻辑是把个体的某些行为表现与个人的主观感受进行比较。如果个体的行为表现并没有使个体感受到明显的焦虑、紧张、郁闷或身体不适,就可以判定其心理是健康的;反之,就可能存在一定的心理问题。社会心理学家Jahoda就是从个人的主观经验标准来描述心理健康的(Jahoda,1958)。例如个体在团体面前明显感到胸闷、呼吸不畅、头晕、紧张得说不出话,而在其他场合又没有此症状,就可以判定其心理是不正常的或不健康的。

(五)心理特征集标准

心理特征集标准的逻辑是把个体的心理表现与某位专家提出的心理健康标准进行比较。如果该心理表现符合这些标准,就认为其心理是健康的;反之,就可能存在心理异常。例如人格心理学家Allport提出的心理健康六标准(郑日昌等,2008),心理学家Masalow和Mitelman提出的心理健康十一条标准(朱敬先,1992),Donnelly等提出的心理健康十标准(Donnelly等,2001),健全人格标准等(黄希庭,2002)。黄希庭从健全人格的角度提出了心理健康者应具有积极的自我观念、对现实的正确知觉能力、热爱生活，乐于学习和工作、能冷静面对现在，吸取过去经验，策划未来、能真实地感受自己的情绪，恰当地调控自己的情绪等(黄希庭，2008)。

从以上分析中可以看出，人们对心理健康标准的认识存在一定的差异性，并没有达成一致的认可。这说明心理健康的标准也是一个复杂的系统，可以从不同的角度进行多种描述，因此我们应当采用系统论的观点来理解心理健康的标准问题。第一，心理健康的标准具有多维性。可以从不同的维度进行分析。例如，可以从常模标准、生理标准、行为标准、适应标准、健全人格标准等多个维度进行系统分析。第二，心理健康的标准具有差异性。不同年龄阶段的个体具有不同的心理健康标准和应对心理健康问题的方式，以及不同的职业群体会面临不同的心理健康问题。例如，中小学生的心理健康问题可能更多是学习和情绪问题，成年人的心理健康问题可能更多是家庭、社会和职业适应问题，因此在判定他们的心理健康水平时应该依据不同的标准。第三，心理健康的标准具有相对性。虽然心理健康者具有诸多特征，但并非具备了所有标准才算心理健康。现实生活中，要找到一个绝对符合某种心理健康标准的人几乎不可能，就像在生活中要找到一个完全没有躯体疾病的"绝对健康"者非常困难一样。心理健康的标准和内容给我们提供了相对的、可以比较的工具，指明了提升心理健康水平的可操作的、可努力的方向。第四，心理健康标准具有动态性。当我们发现自己的行为有些不符合既定标准时，没有必要恐慌，只要提高自我保健意识，及时调整，就能不断地提升自己的心理健康水平，达到动态平衡的心理状态。

三、心理健康的重要性

健康是人类生存和发展的最基本条件，心理健康是现代人健康不可分割的重要方面。随着人们社会生活压力不断增加和人们心理问题的日益增多，心理健康的重要性日益受到人们的普遍关注，现代人普遍认识到心理健康在个人发展和社会和谐中具有重要的地位和作用。

(一)心理健康与个人发展

对社会而言，时代变迁与社会发展，给心理健康体系构建提出迫切要求。随着现代生活节奏的加快、周围环境的变迁和科学技术的进步，现代人面临着越来越多的压力，改变了个体的行为模式，同时也危及人们的心理健康，导致人们对心理健康服务的需求越来越普遍。2003年WHO的报告指出，全球多达4.5亿人有心理或行为失调问题，每年约有100万人自杀，在6大导致残疾的病因中有4项（抑郁、酗酒失调、精神分裂、双极失调）起因于神经心理失调；在心理失调治疗的需求与可用资源之间存在鸿沟。在具有良好卫生医疗系统的发达国家，44%到70%心理失调的病人没有得到治疗；在发展中国家，这一数字更为惊人，接近90%（WHO，2003）。在我国，心理健康问题大有愈演愈烈之势，采用SCL-90对全国16所高校的5 280名大学生的调查表明，大学生中约有22.4%的人存在心理障碍。其中，44.1%的大学生有一项超标，超标最多的有9项（黄希庭，郑涌，1999）。对北京的23所高校5 220名大学生的心理健康水平的调查表明，大学生中存在中度以上心理卫生问题的占16.5%（樊富珉，2002）。根据台湾流行病学资料，在台湾地区18岁以上的人口中，任何时期都有15%—20%的人有各种精神病而需要医疗服务（朱敬先，2002；胡海国等，1986）。这些研究表明，心理健康问题已成为危害人们健康发展的重要因素，从国家发展角度来说，国民心理健康问题必须得到重视。

对个人而言，养成健全人格和达成心理和谐是个人幸福的重要体现。心理健康水平提升活动，可有效改变个人的行为，使其拥有更加积极和谐的人生。发达国家研究表明，生活技能训练可以有效地预防毒品滥用、青少年怀孕、攻击行为，改善其学业表现，改善其心理健康状况（WHO，1997）。为听力丧失的老年人提供助听工具显著地改善了他们的社会与情绪机能，增强了他们的交流技能、认知技能和改善了他们的抑郁状况（Mulrow等，1990）。学校中积极的心理环境，如友好的、有回报的、支持性的氛围，支持合作学习和主动学习，减少暴力行为等，能够对学生的心理健康和幸福感产生积极的影响（WHO，2003）。对学生群体进行全面的心理干预可以获得积极的心理健康结果。一个心理健康的人，其个性和潜能会得到更充分的发展，会有更多的正向自我体验，也越容易获得个人成功和实现个人价值；而一个心理不健康的人，会有更多的负面自我体验，其个性和潜能的发展就会受阻，成功的机会变少，个人价值很难实现。一个自立、自信、自尊、自强、正直、乐观，有诚信、爱心、信念和毅力的人，就能以辩证的态度对待世界、他人、自己，过去、现在和未来，顺境和逆境，愉快地享受人生（黄希庭，2010）。自我满意度高的人，其自我价值感也高（魏俊彪、胡春博，2008）。因此心理健康在个人发展中起着重要作用，也说明开展科学有效的心理健康服务对个人成长是十分必要和必需的。

（二）心理健康与社会和谐

由于个人行为模式的改变会给他人和社会发展带来一定的不稳定性，世界各国普遍认识到了心理健康对社会发展的重要性。据2003年WHO的报告，心理问题给国家的经济发展带来了严重的负担，在发达国家中，心理失调问题所造成的损失据估计约占GNP的3%到4%，在未来20年内，心理失调产生的财政负担预期有显著增长；心理失调治疗的需求与现实的可用服务资源之间存在较大差距,使得社会问题和不稳定情况加剧。在发达国家,心理健康问题造成了35%到45%的旷工(WHO,2003)。有研究表明,工作特点会导致或加剧心理问题(如职业焦虑、抑郁、无助等),导致胃肠功能紊乱、心血管疾病、肌肉骨骼疾病,从而造成社会与经济负担(Price,Kompier,2004)。WHO收集的数据显示,很多国家精神卫生可用资源与精神疾病所导致的负担之间存在很大的差距(WHO,2001)。在我国,中国社科院等发布的《社会心态蓝皮书》指出,不同年龄段的群体的主观幸福感呈“倒U”形,“90后”主观幸福感较低,“40后”和“00后”相对较高。2008年卫生部等多部委联合发布的《全国精神卫生工作体系发展指导纲要(2008年—2015年)》指出,精神卫生工作关系到广大人民群众身心健康和社会稳定,对保障社会经济发展、构建社会主义和谐社会具有重要意义(卫生部等,2008)。

人与人之间的和谐是社会和谐发展的基础。建设社会主义和谐社会需要的是德、智、体、美、劳等各方面协调发展的人,即拥有和谐内心世界的人,而德、智、体、美、劳正常发展正是心理健康的重要体现。一个心理健康的人,会与他人保持融洽的关系,更积极地面对生活压力,并主动地适应多变的社会环境,得到更多的社会支持,对社会发展的贡献更大,个人的社会价值也更高。有研究表明,和谐的社会健康状况更好,死亡率更低(Kawachi,Kennedy,1997)。

促进心理健康的干预措施可以有效地改善心理健康状况,从而促进社会、经济的发展和人际关系的和谐。对母亲健康状况的干预可以改善亲子关系(WHO,2004);有研究者曾进行了一个长达25年的家庭访问计划个案研究,该项目试图通过安排护士在孕期及婴儿期的家访计划来改善低收入家庭中母亲和儿童的心理健康与发展水平,结果该项目成功地改善了父母对子女的照顾,减少了家庭暴力(Olds,2002);在老年人群中,特别是在老年妇女中,开展心理健康促进活动,如在压力情境中提供陪伴、乐趣和支持,可有效降低其孤独感和解决其抑郁问题,增加其社会支持和提升其人际和谐程度。总之,从政策与社会层面加大对心理健康的投资,提升整个社会的心理健康水平,可以有效地维护社会稳定,促进社会发展。

第二节 心理健康的影响因素

心理健康服务一个重要目标是整合各种资源来提升个人的心理健康水平。为此,就必须弄清楚那些决定心理健康状况的影响因素,即可以改善或恶化个人或群体心理健康状态的那些因素。不同的学者各自从不同的角度对这一问题进行了多种多样的解释,形成了多种观点,如遗传观、生物观、心理观、社会文化观等,这些观点都从某一个方面来阐述其对心理健康的影响。随着科技进步、人类认识的深化,以及健康心理学的兴起,学者们开始关注各种因素之间的综合作用对心理健康的影响,如生物心理社会观等的探索,了解到心理健康是多种因素共同起作用的结果。

一、遗传观

遗传是个体从其父母辈的遗传基因中获得的生理和行为特征。遗传观强调遗传因素对个体身心发展具有重要影响。遗传因素对个体发展的作用问题,是一个长期争论的重大问题。古希腊学者希波克拉底(Hippocrates)是第一个试图解释遗传现象的学者,提出子代之所以具有亲代的特性,是因为子代集中了代表亲代各部分的微小元素。中国古代的庄子也注意到了遗传现象,认为"万物皆种也,以不同形相禅"(《中国大百科全书(光盘版)·教育卷·遗传与心理发展条目》,2000)。对遗传学做出重大贡献的是19世纪的奥地利植物学家孟德尔(Mendel),他通过杂交实验说明了生物性状是由遗传因子传递的(World Book Encyclopedia,2005)。在教育心理学领域,对遗传学做出突出贡献的是英国人类学家弗朗西斯·高尔顿(Francis Galton),他用家谱调查法说明了个体的聪明才智和心理发展是由遗传而来的(《中国大百科全书(光盘版)·教育卷·遗传与心理发展条目》,2000)。

现代的科学研究已经表明,遗传不仅在身体结构、形态、神经系统等方面具有决定性的影响,而且在心理发展上也是一个极为重要的因素。遗传因素与心理异常的关系的研究主要集中在医学和精神病学领域,主要通过家谱调查、双生子比较研究和染色体研究等方法,揭示了遗传因素在心理异常中的作用。例如,先天性的严重缺陷,主要是由不正常的基因或染色体造成的,如苯丙酮尿症、唐氏综合征都会导致孩子智力低下(Whater,White,Hall,MacDonald,2002;Roizen,Patterson,2003)。博格曼(Bergeman)等的研究表明,遗传因素对人格障碍的影响较大(Bergeman,Chipur,Plomin,Pedersen,1993)。乔治(George)等指出,同卵双生子的强迫症患者具有较高的同病率。精神分裂症的发病率在一般人群中的比例为3‰,而精神分裂症患者的血亲患病比例显著高于一般人(George,Trimble,Ring,1993)。蒋湘玲等指出,患有精神分裂症的病人,其同胞兄弟的患病率为7%—15%,如果父母中一方患病,其子女患病率为16%,假如父母双方均为精神分裂症患者,其子女患病率为40%—60%;而周期性的躁郁症,一般人的患病率为4‰,异卵双生子的患病率为26.3%,同卵双生子为95.7%(蒋湘玲,郭敏)。

从以上分析中可以看出,遗传因素与个体心理发展和心理异常存在密切的关系,特别是一个人的躯体、智力、气质、神经系统的活动特点，人格障碍等受遗传因素的影响较明显。需要明确的是，遗传因素究竟在多大程度上决定了个体的心理发展，还没有确切的结论。多数学者认为，具体的人格特质中确实包含一定的遗传成分，但影响人格的发展的其他因素还未明确。如研究表明，拥有较长序列的多巴胺D4受体基因比那些没有该基因的个体更可能是刺激寻求者，但这只能解释个体在刺激寻求上10%的变异（Angier，1996）。前述研究也说明了遗传只是解释了个体心理异常的一部分变异，还有一些变异是由其他因素造成的。克洛宁格（Cloninger）也指出，精神分裂症很可能是由于多个基因以及环境因素的非线性相互作用导致大脑发育异常和功能出现障碍引起的（Cloninger，1994）。因此，过分强调或过分忽视遗传因素对心理发展的作用的观点都是不正确的，要辩证地看待遗传因素在个体心理发展中的作用。

二、生物观

生物观认为人类和动物的心理与行为都是内部的生理、化学及其他过程的结果。个体的心理活动和行为变化都有其一定的生理基础，生物观就是研究那些导致个体心理和行为发生变化的生物学（生理学）因素，主要是探讨神经系统、内分泌系统等对心理和行为的影响。最早研究使用“生理心理学”一词的是19世纪德国心理学家威廉·冯特（Wilhelm Wundt），他在《生理心理学原理》一书中提出，生理心理学的任务就是研究人的“身体生活过程”和“心理生活过程”之间的关系（《中国大百科全书（光盘版）·心理学卷·生理心理学条目》，2000）。此后，随着现代科学技术的发展，特别是脑成像技术的出现，人们对脑与心理活动的关系有了更为深刻的认识和突破。

现代科学研究发现，个体的生理变化会影响其心理活动，比如脑震荡、脑挫伤、严重的生理机能障碍等，都可以导致意识障碍、言语障碍、人格障碍、情绪暴躁、易怒、自制力减弱等心理异常表现。

（1）神经系统损伤影响心理健康。大脑联合区受损或人为损伤都会引起个体行为的异常变化，如失语症（Macmillan，2000；Faroqi-Shah，2003）。有研究表明，工作记忆的中央执行系统损坏可能会导致记忆机能障碍，而病因可能与体内的β淀粉的制造有关（Selkoe，2002）。有些研究指出，精神分裂症患者的大脑结构与正常人存在差异，他们的脑内海马体开始皱缩，脑室扩大。

（2）神经内分泌系统紊乱阻碍心理正常发展（Bartzokis，Nuechterlein，Lu，2003）。个体体内分泌的某些神经递质过多也会导致某些心理异常，例如，脑内多巴胺过多会引起精神分裂症和严重的心理障碍（Kaasinen，Rinne，2002）；5-羟色胺与多种不良行为，如抑郁、攻击、酗酒等存在显著关联(Maris,2002;Pert,2002)。

(3)心理异常或行为变化能引起生理改变。生物学变化与心理疾病和行为变化之间是一个相互影响的过程,某些心理异常或行为变化也会引起个体生理的变化。例如,酒精依赖综合征理论指出,长期饮酒会导致体内细胞层面发生变化及随后的依赖(奥格登,2007)。生物学因素既可能引起心理异常,也可能治疗某些疾病,例如,精神分裂症患者通过服用多巴胺受体拮抗剂可以缓解其某些症状(Baumerster,Francis,2002)。

三、心理观

心理观认为心理因素与健康、疾病存在密切的关系,而且在某些情况下是引起疾病或有害健康的重要原因。

越来越多的研究表明,(1)心理因素是引起心理异常的一个重要原因。精神病学家贝克(Beck)指出,抑郁的个体通常具有一些错误或扭曲的思维观念,他常用"不利于适应的想法(maladaptive thinking)"来解释人们体验到不愉快的认知根源(Edelman,2008);另一些学者指出,人们对于周围世界的不正确或消极的认知是导致他们产生心理障碍的主要原因(Frost,Steketee,2002;Newman,Leahy,Beck,2002);此外,吸烟和饮酒等不良行为的发生,也与认知因素有关,如吸烟是为了放松、交际、树立信心等,饮酒是为了缓解焦虑和紧张等(Edelman,2008)。(2)心理因素也可以引起生理疾病,如:一些研究指出,C型性格是引发癌症的重要危险因素(Edelman,2008;李小琳,2004);皇甫丽等研究发现,冠心病患者的心理健康水平与A型行为有关,也与个性的情绪稳定性因素有关(皇甫丽、张卫,2004);库珀(Cooper)等研究发现,当具备某种应对策略及人格范式的女性遇到压力而不能排解时,患癌症的概率会更高(Cooper,Fragher,1993)。

从以上分析可以看出,心理因素在维护心理健康中的作用也不容忽视。如个人有不合理的思维模式、不适宜的个性品质等,都会使自己感到紧张、压抑、焦虑、精力涣散、失控等,从而引起心理的异常,甚至导致生理疾病。但我们还必须明确,心理观也是从一个方面阐释了心理因素对心理健康的作用,而且心理因素与身体以及心理健康之间存在复杂的交互作用。例如,对工作不满意,可能引起抑郁情绪、饮酒和滥用药物,而这些又可能进一步导致交通事故,带来躯体的损伤和失业等问题(Walker,Moodie,Herrman,2004)。李敏等的研究发现,对军校医学学生进行情绪教育能显著提高其心理健康水平(李敏,胡华等,2002)。瑞安(Ryan)等也指出,人类基本需要的满足,是有助于培养个体主观的幸福和理性的幸福的。正所谓"水能载舟,亦能覆舟",我们要辩证地看待心理因素在维护和促进心理健康中的作用(Ryan,Deci,2000)。

四、社会文化观

社会文化观着重研究社会文化是如何影响个体的心理与行为健康的。个体的心理和行为是受一定的社会背景和社会文化制约的,处于不同文化中的个体往往会表现出不同的行为方式。例如,米德(Mead)和潘乃德(Benedict)在人类文化领域内最先开展了行为的比较文化研究,通过在萨摩亚群岛和新几内亚两个地方的两性心理特征的研究发现,不同的文化对人的行为所起的作用是不同的[《中国大百科全书(光盘版)·心理学卷》,2000]。从20世纪后半期开始,文化与人的心理和行为的关系受到了学者的普遍关注,并形成了三种比较成熟的研究模式:跨文化心理学、本土文化心理学和文化心理学。这些研究模式从不同的角度为我们提供了有关人类心理和行为的社会文化根源。

(1)跨文化心理学研究发现社会阶层对心理健康具有较大影响。社会阶层与心理健康之间的关系也得到了一些有价值的研究结果。社会最贫困阶层焦虑、抑郁、反社会人格障碍和精神分裂症(大部分诊断结果来自专业的心理健康服务机构)的流行程度显著高于其他阶层,但有一些疾病,如进食障碍、强迫型人格障碍等,在底层群体中的患病率更低(Pilgrim,2006)。邦德(Bond)的研究发现,处于非民主文化的个体,如经济发展落后、贫富差距过大等,会倾向于参与和支持攻击行为(Bond,2004)。帕特尔(Patel)等的研究发现,在任何国家,贫困人群都是易患精神疾病的,其原因可能与不安全感、绝望感、社会剧变、暴力威胁和躯体疾病等多种因素有关(Patel,Kleinman,2003)。

(2)本土文化心理学研究发现种族差异影响心理健康。一些关于种族差异的调查也指出了社会文化对心理健康的影响,科克兰(Cochrane)的研究发现,加勒比黑人的精神分裂症患病率比较高,尤其是年轻的男性;但是在抑郁症和自杀的比例上,加勒比黑人却比本土白人低(Cochrane,1977)。另外一项研究发现,年轻的男性加勒比黑人在安全机构和隔离的病房中所占的比例超出了一般水平(Fernando,Ndegwa,Wilson,1998)。

(3)文化心理学研究发现媒体文化显著影响心理健康。社会文化是心理健康的一个重要影响因素已经得到了一些研究的支持。例如,大众传媒在维持和增强个体的心理健康中往往起负面作用。Phelan等指出,媒体对暴力总是特别关注,暴力倾向正在被大众传媒扩大化,存在心理健康问题的人被描述得比50年前更为危险,这必然会加重人们的心理压力(Phelan,Link,Stueve,2000)。另一项研究也指出,大众媒体是非专业人员了解心理疾病信息的主要来源(Wahl,1995)。

与上述一些观点一样,社会文化观也是仅从一个方面来阐释其与心理健康的关系。由于心理健康的影响因素的复杂性和社会文化研究本身的局限性,使得社会文化与心理健康之间的关系仍不是很明确。例如,加勒比黑人的健康水平是否存在误诊的情况(Sashidharan,1993);在总结了爱尔兰人的一些研究资料后,布拉肯(Bracken)等指出,完全基于肤色的种族主义所引起的压力并无充足理由说明心理健康状态之间的差异(Bracken,Greenslade,Griffen,1998)。另外,心理障碍的跨文化研究结果是否是对文化的过度敏感造成的,还是基于文化的不同理解,例如焦虑在一种文化背景下可能被看作一种疾病,但在另一种文化中可能被看作一种存在状态,目前还需要研究(Fernando等,1998)。

五、家庭系统观

家庭是指由婚姻、血缘关系或收养关系而组成的社会生活的基本组织,是个体早期社会化的主要影响媒介。研究发现,家庭的各要素,如家庭关系、家庭结构、家庭教养方式、家庭经济地位等都对个体的心理和行为起着重要作用。例如,依恋对儿童心理和行为的发展具有重要影响,施耐德(Schneider)等对63个研究的元分析发现,59%的安全型依恋儿童具有良好的同伴关系,而非安全型依恋的儿童中只有41%同伴关系良好(Schneider,Atkinson,2001)。科尔曼(Colman)等的研究发现,依恋类型会影响儿童的解决问题能力,非安全型依恋的儿童会更多地寻求没必要的帮助,他们认为自己能力缺乏,在问题解决中遭受更多的挫折,进而形成较低的自我价值感(Colman,Thompson,2002)。

在家庭关系方面,兄弟姐妹间的关系也会影响家庭成员的心理健康水平,布洛迪(Brody)等研究发现,年龄大的儿童有能力照看弟妹的话,可以提高父母抚养孩子的自我效能感,增强其自尊并减少抑郁情绪,从而使他们更多地采用温暖、支持的抚养方式,促进亲子关系的良好发展(Brody,Kim,Murry,2003)。如果兄弟姊妹间常有破坏性的冲突,可能会导致年龄小的弟妹具有高水平的攻击性行为(Garcia,Shaw,Winslow,2000)。近来的研究也发现,兄弟姐妹间的矛盾冲突有可能与青少年后来(如两年后的)的焦虑、抑郁情绪以及犯罪行为相关,而且童年早期兄弟姐妹间的关系状况与青少年的心理适应有很高的关联(Stocker,Burwell,Briggs,2002)。一项研究还发现,家庭成员承担护理角色时会严重影响他们的生活,可导致职业的转变、内疚感、悲痛、成员关系的改变等(Legatt,2007),特别是患有慢性疾病的家庭成员会给其护理者带来负担,降低护理对象的身体与心理健康水平(Chang,Chiou,Chen,2010)。

在家庭结构方面,单亲家庭、寄养家庭都会对儿童的心理和行为发展产生影响。翟洪昌、史清敏、黄希庭研究发现,家庭结构健全的青少年学生自我价值感发展得最好,其次是离异家庭，再次是父母分居家庭，最差的是父母死亡的家庭(翟洪昌，史清敏，黄希庭，2000)。杜尼福(Dunifon)研究发现，在欧美国家中，单亲家庭(与母亲一起生活)与儿童幸福感的降低有关(Dunifon，Kowaleski-Jones，2002)；单亲家庭中母亲的教育与儿童的饮食习惯养成密切相关(Lee，Murry，Brod，Parker，2002)；还有的研究发现，单亲家庭会使女童在青春期早期更容易发怒，而男孩则刚好相反，会变得抑郁内向(Dworkin，Larson，2001)。而在寄养家庭方面，崔丽娟等研究发现，寄养儿童确实比福利院的儿童在社会适应、信任他人、自我宽容和亲社会行为方面表现更好(崔丽娟，杨志勇，2002)；另外一项研究发现，寄养家庭中的儿童生活满意度较高(崔丽娟，吴明证，2002)。

在家庭教养方式上，也有一些研究发现，不同的教养方式对儿童和青少年的心理和行为发展存在不同的影响。例如，威登(Vinden)的研究表明，美国亚裔母亲一般都是权威型的，其子女在思维理解任务的发展上要比美国英裔同龄儿童好，而美国英裔儿童的思维理解任务发展与权威型教养态度成负相关(Vinden，2001)。希尔(Hill)研究发现，教养方式对低收入家庭的儿童阅读水平的影响要远远大于高收入家庭儿童(Hill，2001)。利(Leigh)等研究发现，专制型教养方式同孩子的安全型依恋成正相关，而忽视型教养方式则同回避型依恋成正相关(Karavasilis，Doyle，Markiewicz，2003)。

在家庭经济地位方面，在家庭与个体心理发展的关系研究中，家庭社会经济地位也是研究者们非常关注的一个问题。许多研究认为家庭的社会经济地位对个体的发展的确有影响，其影响始自出生之前，并一直延续至成年阶段。例如，一项研究发现，个体在社会机能和心理健康方面的不良发展几乎都与较低的社会经济地位有关，低家庭社会经济地位的儿童比高家庭社会经济地位的儿童更容易在这些方面遇到发展性问题(Bradley，Corwyn，2002)。另外的研究也发现，在有效地获取有利于个体健康成长和发展的重要资源方面，低家庭社会经济地位的儿童远不及高家庭社会经济地位的儿童(Bornstein，Brandley，2003)。

从以上分析可以看出，家庭可能对个体心理和行为发展有较大影响，例如，家庭成员的积极作用会有助于患病成员的积极康复(McFarlane，Dushay，Deakins，Stastny，2000)。但不会是唯一的影响因素。此外，家庭因素对个体心理健康的作用也会因不同的文化背景和不同的个体而出现差异。同样的家庭关系、家庭结构、家庭教养方式等对不同的个体会产生不同的效果。在有些国家和地区，一夫多妻或一妻多夫的家庭结构对儿童的心理和行为影响较大，而对青少年的影响不大(Elbedour，Bart，Hektner，2007)。只有综合考虑家庭各因素对个体心理和行为发展的影响，才能更准确地预测个人的心理健康水平。

六、生物心理社会观

生物心理社会观强调健康与疾病是由生物因素、心理因素和社会文化因素等综合作用的结果，而非单一因素引起的。该观点的发起者是美国的医学家Engel，他指出大多数健康问题如果没有心理社会构架的话就很难进行解释。他在大量的研究中发现：许多医学检验只是显示了疾病的潜在可能性，而没有显示出疾病的存在，而且多数疾病的治疗仅仅通过医学手段很难收到较好的效果，必须综合考虑疾病的生物、心理和社会因素才能大大提高疾病的治疗效果，于是，他提出了一个不同于传统医学模式的新的临床医学观点，即健康与疾病的生物心理社会模型（biopsychosocial model）。该模型试图从生物因素、心理因素和社会因素等多个因素整合的视角来探讨影响健康或疾病的因素，抛弃单因素决定论，是目前阐释健康的影响因素比较合理的一种观点。但此观点偏重于那些影响健康或疾病的不利因素，忽略了促进健康的那些积极因素，如健康的生活方式、合理的思维模式等，没有从健全人格的视角探讨影响健康的因素。

从以上的分析可以看出，人们对健康的影响因素的理解已经从单一取向走向了整合取向。人们不再看重某一层面的因素与心理健康的关系，更多是从整体视角出发分析各因素及其相互关系对心理健康的综合作用。这与我们一贯的主张一致，即人的心理是一个复杂的、开放的、动态的、整体的系统。

第二章　心理健康服务的性质与目标

第一节　心理健康服务概述

一、心理健康服务的含义

第二次世界大战后心理健康服务取代了“精神病治疗服务”，但对其内涵的界定一直没有专门的阐述。心理健康服务说法不一，含义模糊。第一种理解是指提供心理健康服务的机构或组织，如精神病院、医院等的精神或心理科，心理咨询与治疗中心等；第二种理解是指心理健康服务的管理和研究机构，如美国心理健康服务中心（Center for Mental Health Services）、心理健康研究所（National Institute of Mental Health）、精神卫生机构等；第三种理解是指心理健康服务的内容，包括心理健康教育、心理咨询、心理素质教育等；第四种理解是指心理问题或精神障碍的治疗，如基础护理，对有心理障碍的罪犯进行拘禁或治疗（司法心理健康服务），抑郁症的治疗等；第五种理解是指心理健康服务人员，如精神病医师、临床心理学家、心理健康护士、心理咨询和心理治疗师以及心理健康社会工作者等（Pilgrim，2006）。

虽然人们对心理健康服务存在多种理解，但不管是服务机构，还是服务人员，都是为了个人心理健康状况的改善和心理健康水平的提升。在心理健康服务的众多理解中，存在一个核心问题，即心理健康服务的终极目的是继续保持和改善个人的心理健康状态，其他的理解都是为这一目的服务的。因此，采用心理健康服务体系来描述心理健康工作的范围就比较准确，既整合了各种观点，又突出了核心工作。把心理健康服务当作一种心理健康服务体系（mental health service system）理解时，指的是由专业机构和人员遵循心理健康规律向社会成员所提供的心理促进工作，以及围绕此工作的投资、教育培训、管理监督等所组成的系统（黄希庭，2007；姚萍，钱铭怡，2008）。

二、心理健康服务的体系

（一）心理健康服务的分类

根据心理健康连续体理论，心理健康可分为疾病、亚健康和健全人格三种状态，因此，心理健康服务就不是只针对处于心理疾病状态的人，而是为全社会普通群体提供必要的心理健康服务。因此心理健康服务可以做广义和狭义两种理解，广义的心理健康服务体系是指社会大众心理保健和精神医疗的服务体系；狭义的心理健康服务体系是指未达医疗程度的预防性服务工作。这也就是说，心理健康服务的对象是很广泛的，包括了所有的人类个体，不管是心智健全的，还是有心理障碍的，都应该得到应有的心理健康服务。因此从心理健康服务的目标来看，心理健康服务应该包括三种类型的服务：发展性服务、预防性服务和治疗性服务。

心理健康服务体系的这三项服务工作之间是相辅相成、密不可分、各有侧重的。例如，在服务对象上，发展性服务是向所有心智正常的个体提供心理健康服务，预防性服务偏重于处于亚健康状态的个体，而治疗性服务偏重于患有严重心理障碍或精神疾病的个体。在服务目标上，发展性服务主要目标是继续保持并增进个人的心理健康，预防性服务偏重于疏导，防止恶化；而治疗性服务偏重于复健。在服务方式上，发展性服务偏重于为大团体服务，主要有上课、演讲等手段；预防性服务偏重于个体或小团体服务，主要有会谈等手段；而治疗性服务偏重于个体服务，主要有药物治疗等手段。在服务人员方面，发展性服务主要是心理学家和教育家关注的一项工作，预防性服务主要是学校心理辅导人员、心理咨询人员和部分精神心理科人员等关注的工作，而治疗性服务是精神医学家和心理治疗家的工作。

（二）心理健康服务体系的现状研究

知其不足，然后才能进步，因此要想更好地开展心理健康服务工作，就必须要先对目前我国心理健康服务工作的现状有详细的调查研究。那究竟该从哪些方面考察我国心理健康服务的现状？综合考虑，我们认为针对心理健康服务体系现状的研究应该主要包括如下几个方面。

1.心理健康服务的现状分析

该部分内容主要指心理健康服务的需求与供给现状，包括需求方分析和服务方分析。需求方分析指的是分析大众对心理健康服务需求的状况，包括国民心理健康服务的整体需求状况、学生群体的心理健康服务需求状况、城市社区群体的心理健康服务需求状况和其他人群的心理健康服务需求状况等。其中，需求分析又包括主观需求和客观需求两个方面。心理健康服务的客观需求指的是民众没有觉察到的心理健康服务需求，能作为此方面的可操作的衡量指标有主观幸福感、人际和谐、社会和谐、压力、睡眠质量、生活质量、自杀率等。例如，Kessler等指出，青春期是青少年心理健康问题（如情绪障碍、焦虑障碍、饮食障碍等）的敏感期，如不及时提供心理协助，很容易引起心理异常（Kessler，Amminger，Aquilar-Gaxioka等，2007）。心理健康服务的主观需求分析是指民众知觉到的心理健康服务需求，这包括民众主观上是否真的需要心理健康服务以及需求的程度。每个人在成长过程中，都会或多或少地遇到一些心理问题，但这并不代表他是一个心理有问题的人，更不能代表他需要心理协助。一个人是否需要心理健康协助，除了客观需求外，更多依赖于主观需求。

心理健康服务的服务方分析是指分析提供心理健康协助的那些机构和人员状况。如何培养出合格的服务人员，有效地管理服务机构，以及监督服务的执行状况都需要深入的调查研究。有研究指出：虽然有很多机构提供心理健康服务，但民众的心理健康状况并没有得到明显的改善，这就提出了一个新的问题——是否这些机构真的提供了民众需要的心理健康协助。一些研究指出，很多存在心理健康问题的儿童实际上并没有得到相应的心理健康协助，或者相关机构提供的心理健康服务并没有满足他们的要求，特别是那些贫困、混合种族的儿童（Thompson，2005；Thompson，May，2006）。心理健康服务的机构状况是衡量我国心理健康服务质量的一个重要指标，值得深入调查分析。

此外，心理健康服务的效度问题需要说明。很多研究的有效结果都是在临床情景中，或是在控制好的条件下得到的（Vitiello 等，2006）。但在“真实的”情景中，那些在临床或控制条件下改善心理健康状况的手段和措施是否还能得到类似的效果，还缺乏实证性的研究证据（Stein 等，2003），而这些证据在发展性服务和预防性服务中至关重要。

2.心理健康服务的影响因素分析

心理健康服务的效果不仅仅和需求方与服务方相关，还受其他一些因素的影响，如社会文化、伦理与法律、政策、教育培训、互联网等。社会文化是影响心理健康服务的一个重要因素，那些种族人口较少，处于落后地区，处于不利社会地位的人群都有可能得不到他们需求的心理健康服务。如贫困人群（Haines 等，2003）、非裔美国儿童（Thompson，2005）、女童（Angold 等，2002）。相反，那些处于福利系统较好地位的人群更有可能得到相应的心理健康服务（Lyons，Rogers，2004）。

心理健康服务是一种特殊的心理协助服务，其服务对象本身就是心理相对脆弱的群体，这就要求服务方提供的协助不能伤害到需求方，这就必须依靠一定的伦理、法律和政策来加以保证。有研究者指出了可能影响心理治疗关系与效果的一些伦理学问题，如权力欲与支配欲、触摸、自作多情、依赖倾向、贪欲、色情等；同时，还列举了一些容易引起法律诉讼或严重伤害需求方的伦理问题，如保密、与性有关的不当行为、与生意有关的不当行为、自杀危机干预失误等（谭中岳等，2003）。在国家法律政策方面，英国对老年人的心理健康问题的关注对其他国家影响较大，曾就老年人的心理健康服务对《精神卫生条例》修改过多次（Eastman，2004；滕丽新等，2009）。

随着人类社会的发展和个体的不断成长，人们会面临很多新的问题，出现一些新的心理健康问题,这就需要服务方不断地进行业务的学习和经验的总结,需要一定的管理机构对他们进行资质认证等。在美国,心理健康服务的管理机构是美国心理健康服务中心。由美国心理学会(American Psychological Association)、美国精神病学会(American Psychiatric Association)、美国咨询协会(American Counseling Association)共同监管整个心理健康服务行业。其资格认证也相当严格,由行业协会负责,执业执照要定期更新,每年要完成规定的"继续教育"学分才能继续从业(徐华春,黄希庭,2007)。尤其是在临床心理学方面,要求更严格,分为博士和硕士两个水平,在博士水平上又按照不同的模式进行,如科学家—实践者模式等。在实践管理方面,职业心理学的实践管理主要靠政府,借助执照法实行(姚萍,钱铭怡,2008)。有关学历教育的权威性认证机构,主要有美国心理学会、州省心理学联合委员会。在美国和加拿大的一些州省,还实行本州省心理学委员会认证的教育培养计划(Hall,Hurley,2003)。

三、心理健康服务的使命

心智健全和心理和谐是社会发展和个人成长的基础条件。心理健康服务作为一项维护个人心智健全和增进心理和谐的工作,可唤起民众对心理健康的关注,使其寻求健康的生活方式,对提高整个民众的心理健康水平具有重要的积极作用。

(一)帮助树立全新的心理健康理念

社会变迁和价值观念的多元使民众面临更多的新问题、新冲突,人们对心理健康的理解和认识也在不断地深入和提高,传统的观念已经不能满足个体的需求。心理健康服务可以帮助我们树立更科学的心理健康理念,从整体健康的视角帮助全社会民众理解心理健康的本质,以及影响心理健康的因素,使个体明确心理健康与工作、生活和行为息息相关,是每个正常人都应该关注的事情,而不仅仅是心理有异常的人的需求。

(二)提供全时空、全方位的服务

心理健康服务不只限于心理咨询、心理治疗,它应该能为个体一生的健康提供全时空、全方位的协助。全时空中的"时"指的是心理健康服务时段包含了从幼儿、小学生、青少年,一直到中年、老年的整个人生发展阶段,对不同类型的个体,分别提供不同的心理协助服务,"空"指心理健康走进社会的各行各业。例如,儿童心理健康、青少年心理健康、成人心理健康、老年人心理健康、家庭心理健康、女性心理健康、学校心理健康、企业心理健康、监狱心理健康、医护人员心理健康、机关人员心理健康等。全方位指的是心理健康服务的方式和内容包含了发展性、预防性和治疗性的整个人生健康所需求的心理协助。

（三）健全人格和心理和谐的发展

心理健康服务的有效开展和普及，将提高个体的心理健康水平。一般来说，心理健康的个体较易获得心理和谐，养成健全人格。而心理和谐和人格健全的个体往往具有较高的成就感，工作效率高，生活质量高，积极情绪多于消极情绪，社会适应能力强，拥有更高的挫折容忍力，更容易稳妥地应付各种社会灾难和人生变故等。例如Tabone等的研究发现，在个体成长的早期（如儿童期）提供合适的心理健康服务协助，显著地降低了个体后期的问题行为（如攻击）（Tabone，Thompson，Wiley，2010）。

（四）促进创建稳定与和谐的社会

精神文明建设是创建稳定与和谐社会的基石，而心理健康服务是精神文明建设的重要组成部分。开展全时空全方位的心理健康服务，可提高整个民众的心理健康水平，提升整个民众的社会精神文明素质，从而增强社会稳定程度与促进和谐社会的创建。目前，影响社会稳定与和谐的因素既有社会方面的因素，也有经济方面的因素，还有心理健康方面的因素。自杀、攻击、情绪失控、群体性社会事件等都是影响社会稳定与和谐的心理方面的因素。心理健康在影响社会稳定与和谐中的作用越来越重要。我国2010年的政府工作报告指出，“我们所做的一切都是要让人民生活得更加幸福、更有尊严，让社会更加公正、更加和谐”；托尼克罗夫特（Thornicroft）等也指出，要增进整个民众的心理健康，一个基本策略就是社会各界共同关注心理健康，而不是变成纯粹的私人事务。这都强调了心理健康在社会发展与和谐中的作用，要求社会各部门重视整个民众的心理健康水平，也突显了开展心理健康服务的必要性和重要性（Thornicroft，Tansella，1999）。

第二节　发展性服务

一、发展性服务的目标

发展性服务（developmental services）是向所有心智正常的民众提供的一种心理健康服务，该服务的目标是帮助身心发展正常的每一位民众提高心理素质，塑造健全人格，加强自我修养，提高生活质量，增强承受挫折、适应社会的能力，以达到对每位公民各成长阶段心理健康条件的充实。其基本任务是继续保持并增进个人的心理健康，可以从两个方面进行理解：

第一，从个人内在方面来看，发展性服务应该使每位公民养成健全的人格，具有和谐的内心世界，以及提升个人的挫折容忍力（frustration tolerance），悦纳自我等。如前所述，个人人格健全和心理和谐是心理健康服务的终极目标，个人的心理健康与否，与个人的内心世界和人格健全具有密切关系。一个自立、自信、自尊、自强、正直、乐观，有诚信、爱心、信念和毅力的人，就能以辩证的态度对待世界、他人、自己，过去、现在和未来，顺境和逆境，愉快地享受人生，而这正是心理健康的重要标志之一。

第二，从个人外在方面来看，发展性服务应该使个人与周围的环境保持和谐关系。使每个人与周围的环境相协调，增强其社会适应能力也是心理健康服务的重要工作。个人心理健康与周围的环境密切相关。人格心理学指出，人格具有社会性，周围的环境和科技进步带来的种种压力都会改变个体的行为模式，同时也可能危及个人的健康（黄希庭，2002）。如果个人拥有健康的生活方式，行为方式得到社会、他人、家庭的支持，适应周围的环境等，个人就会拥有幸福感，也愿意采取积极的应对方式，这是心理健康的体现；反之，与周围的人发生冲突，有过度的压力，缺乏社会或家庭的支持等都会引起个体心理困惑，形成不适应状况，就容易造成心理障碍和精神病等。

二、发展性服务的发展历史

世界上第一个心理卫生组织"美国康涅狄格州心理卫生协会"在成立之初就明确了协会的工作目标是保持大众心理健康，预防心理疾病，改善精神病人的待遇等，但直到20世纪50年代前心理健康服务仍以患者为主要对象，并未广泛应用于普通人群来践行其"预防心理疾病"的成立宗旨。随着学校心理咨询范围的扩大，以及专业的心理服务机构的建立，心理健康服务逐渐面向普通大众开展普及性的心理健康教育和咨询，促进整个民众的心理正常发展（Gibson，2007）。但这个时期的发展性心理健康服务主要集中在学校，如大学的心理咨询中心、中小学的心理咨询室，分别针对大学生和青少年开展普及性心理健康教育。

20世纪70年代后，随着健康心理学、积极心理学的兴起，以及人本主义思想的影响，许多研究者发现，过去的心理健康偏重个体不健康的一面，忽视了积极健康的一面，尤其对人的适应能力缺乏重视。后来心理健康服务逐渐接受了发展性服务取向，综合运用心理学的理论和方法，以一般民众为服务对象，增强个体心理健康的维护，从而实践“发展先于预防，重于治疗”的原则。美国咨询协会（American Counseling Association，ACA）在1992年明确指出该会的工作重点，其奠基石是发展和预防两大任务，同时，还指出，该会的工作范围涵盖了人的一生，其服务范围不仅仅是处理人的病患，还关注和服务处在不同人生阶段的人，使其保持身心健康（Myers，1992）。

西方的心理分析思想在20世纪初就已经传入我国。

（1）萌芽期。1931年，我国学者吴南轩在中央大学心理学系首开“心理卫生”选修课程，面向所有大学生普及心理健康知识。中国心理卫生协会成立后，在增进民众的心理健康方面也做出了一些积极贡献，如成立心理卫生图书室，陈列书籍，供民众阅读，以及举办心理卫生讲演，培养心理卫生人才等（朱敬先，2002）。但这一时期的心理健康服务有限，不管是在理论、方法方面，还是在内容、服务方式方面，都还处于探索阶段。

（2）低谷期。此后，心理健康服务进入了一个低谷期，工作几度中断。

（3）发展期。直到20世纪80年代心理咨询事业才又重新启动，个别医院和高校开始出现心理咨询或治疗门诊。1985年，中国心理卫生协会再次成立，此后又陆续成立了心理咨询、儿童心理卫生、大学生心理卫生、特殊职业群体心理卫生等组织，系统地开展各项心理健康服务。心理卫生的基本任务有两项，一是提高民众的心理健康水平、社会适应能力和道德品质；二是预防心理疾病（陈学诗，2005）。从此，发展性心理健康服务成为心理卫生工作的重要目标。

（4）成熟期。目前，学校、医院、企业和社区等都设有专门的心理健康服务机构，由专业人员为普通民众提供心理健康服务；服务的内容涉及心理、身体、智能、自我形象、人生意义、人际关系、工作与事业、闲暇与健康活动、压力管理等全方面的发展（林孟平，2005）。

三、发展性服务的研究进展

发展性取向虽然已经成为心理健康服务的一个重要取向，但由于各种条件的限制，与其他两种服务比较，其发展仍是一个薄弱环节。近年来的研究主要关注大众的心理健康状况、心理健康教育的目标和内容、心理健康教育手段与方法以及人员的管理等。

（一）心理健康的内涵、标准及量表

发展性服务的一项工作是编制有效的测评工具。有效的测评工具对提升个体的心理健康水平至关重要。然而由于不同的学者和组织对心理健康内涵的理解有差异，心理健康的标准又依赖于心理健康的定义，所以大家对心理健康标准的看法也不尽相同

（见第一章）。一项研究指出，研究者对心理健康概念的界定缺乏思考，那么其提出的心理健康标准就没有依据，是模糊的（田宏碧，陈家麟，2003）。然而，这一问题在西方也存在，如一些学者指出，“心理健康”这个词直到最近仍然是模糊的，难以有效测量的，并没有得到政府和非政府组织的一致认可（Rogers，Pilgrim，2005；Keyes，2007）。但不可否认的是心理健康的标准是多维的，而且随着社会的发展和人们对心理健康认识的加深，其衡量标准也会更加复杂和多元。同时，心理健康的标准也并非恒定不变的，在个体的毕生发展过程中，生理、心理及所处的环境会发生某些重大变化，因而衡量个体的心理健康水平要以个体的毕生发展为主线，对个体不同时期的心理健康状况要采用不同的心理健康标准，即从个体毕生发展来看，并不存在恒定的心理健康标准理念（金勇、郭力平，1998）。

目前，国内外的研究者都对心理健康的测评问题进行了一些有价值的探索。在国外，比较常用的心理健康测评量表有《总体机能量表》（the global assessment of function scale，GAF）（Tseng，2001）、《大学生适应量表》（the college adjustment scales，CAS）等（Pinkney，1992）。国内用于测评个体心理健康水平的量表主要是采用国外编制的量表修订而成的，例如一项对《中国心理卫生杂志》发表的心理健康研究性文章的总结指出，研究中使用较多的量表有症状自评量表（SCL-90），其次是卡特尔人格因素测评量表（16PF）、艾森克人格问卷（EPQ）、明尼苏达多项个性测量表（MMPI）、焦虑自评量表（SAS）、抑郁自评量表（SDS）和生活事件调查问卷（LES）（刘欣，徐海波，2003）。与此同时，国内一些学者也编制了基于中国文化背景的心理健康测评工具。对约10年发表在《心理学报》《心理科学》《中国心理卫生杂志》等学术刊物上的心理健康问卷进行梳理后发现，国内自编量表逐年增多，而且内容和方法都在不断完善和扩展，主要涉及心理健康综合评鉴、情绪、自我、人格、人际适应、应对方式等几个方面数十种量表，但量表存在的问题也不少，如量表的信度、效度较低，自编量表有低水平重复现象，测量积极心理的量表较少（廖全明等，2007）。

（二）心理健康教育

目前，发展性服务的开展主要依托学校和社区的心理健康教育完成。1894年，法国比纳（Binet）编制了专门用于鉴别儿童智力发展水平的“比纳—西蒙智力量表”，开创了心理学应用于学校教育的先河，因此比纳被尊称为“世界学校心理健康教育之父”。“美国学校心理健康教育之父”则是威特默（Witmer），他于1896年在宾夕法尼亚大学开设心理诊所，为学习困难儿童提供心理服务。关于心理健康教育也存在多个不同的说法，如“心理教育”“心理健康教育”“心理辅导”“心理咨询”“心理卫生教育”等。严格来说，这些概念虽然差异不大，但其侧重点是不同的。

现代意义上的学校心理健康教育起源于美国，然后在欧洲等国迅速发展起来。但在20世纪80年代以前，美国心理健康教育的重点是针对个别有心理与行为问题的学生，后来才把心理健康教育的重点转移到全体学生身上，通过心理素质训练和心理健康教育活动来提升全体学生的心理健康水平（Evans等，2000）。随着健康心理学的发展，学校心理健康教育已经进入了蓬勃发展的时期，具体表现在以下几个方面。

1.国家、政府和有关组织重视

心理健康在国家和社会发展中的作用越来越重要，很多国家普遍重视整个国民的心理健康水平，并颁布和实施了一系列政策和措施来提升国民的心理健康水平。如在美国，早期设立未成年人法庭系统，给犯罪青少年提供心理健康服务，帮助他们重返社会（Pumariega等，2003）。美国卫生部于2001年正式出台《儿童心理健康国家行动议程》，规定美国儿童心理健康教育主要任务之一就是改善青少年的心理健康状况，并采用州立法的形式来支持学校心理健康教育工作。在管理机构上形成了一整套服务模式，如美国心理健康服务中心、美国心理学会、美国精神病学会、美国咨询协会、心理健康研究所等组织机构分别从事不同的心理健康服务工作（徐华春，黄希庭，2007）。在日本，政府在1949年专门设置“中央青少年问题协会”，呼吁社会关注青少年身心健康。从20世纪90年代开始，日本开始大规模地在学校里设置心理咨询室或心理辅导室，2000年开始在学校开设心理健康教育课程。在服务机构和管理方面，日本也设有专门的机构来管理从事心理健康服务的人员，如法人协会、产业心理咨询师协会（樊富珉，吉沅洪，2008）。英国对老年人的心理健康服务也十分重视，主要通过社区的有关心理健康服务机构来实施。如，在2001年，成立了专门负责老年人心理健康问题的国家老年人服务机构，以提高老年人的心理健康水平（Department of Health，2001）。此外，英国的老年人心理健康服务的体系框架比较完备，发展规划和目标比较清晰，服务机构和服务模式比较完善，服务内容也不断完善（Eastman，2004）。

在我国，国家和政府也十分重视国民的心理健康，先后颁布了一系列法律、法规和政策来维护民众的心理健康。如1990年国务院颁布《学校卫生工作条例》，1992年国家下发了《中小学生心理健康教育基本要求（试行）》，2001年教育部颁发《关于加强普通高等学校大学生心理健康教育工作的意见》，2004年教育部又颁发《中等职业学校学生心理健康教育指导纲要》，2008年中华人民共和国卫生部等多部委共同颁发《全国精神卫生工作体系发展指导纲要（2008年—2015年）》。

2.服务对象广，内容丰富

从心理健康教育的发展历史可以看出，心理健康教育的对象经历了从患者到正常人，从青少年到整个民众的全时空发展模式，服务对象已经扩大为身心发展正常的所有人。注重提高大众的心理健康水平是近来心理健康教育的一个发展趋势，心理健康教育的服务对象不局限在学校，已经扩大到社会、不同职业群体等领域(WHO，2004)。如在社区心理健康服务中提供的发展性服务内容可以分为为特殊人群服务的，主要关注生活中的问题如孕妇心理调适、新妈妈辅导、老年人心理咨询；为青少年心理健康教育服务的，如心理辅导、性教育。此外，还包括为一般人服务的，如压力应对、危机干预以及精神疾病康复后的健康促进和维护等(Karen，Frank，2003；Betdy，Josef，2006)。

在服务内容方面，发展性服务正在走向多样化和综合化。在世界各国，心理健康教育的服务内容存在较大差异，发展中国家相对比较单一，而发达国家日益呈现多样化和综合化。例如Keys等提出针对大学生应该提供多方位的、全面的心理健康服务，如开设心理辅导课程、进行心理测验、建立学生档案、开展心理咨询、进行辅导评估等，此外，还倡导学校、家庭和社区要协调工作(Keys等，1998)；日本大学生心理健康服务的内容包括学习发展、生活咨询、精神健康咨询、心理问题咨询等(Jimerson等，2007)；一项对我国中小学开展的发展性心理健康服务内容的调查发现，心理健康服务的内容比较全面，主要为一般心理健康知识教育、学习心理教育、抗挫折能力教育、健全人格教育、价值观教育和情感教育等(廖全明，2010)。

第三节　预防性服务

一、预防性服务的目标

预防性服务是对处于亚健康状态的民众提供相应的心理协助，这里的亚健康状态是指身心发展正常，但存在一定程度的心理异常(还未达到医疗程度的)状态。其目标是对健康个体遇到的心理和行为问题，如学习不良、人际冲突、睡眠不良、过多的烦心事等，做到早发现、早治疗、早复健、防止进一步恶化，以提高他们的工作、学习效率，融洽人际关系，使其学会自我心理调适，更好地处理与环境、社会之间的关系。从这里可以看出，预防性服务的目标偏重于疏导或适应，其基本任务是帮助个体有效应对所遇到的各种矛盾冲突，防止恶化，以保持心理健康。可以从以下两个方面进行理解。

从个人内在层面来看，预防性服务能够帮助个体处理内在的矛盾冲突，增强自我保健。随着社会结构、价值观念、生活节奏的变化，现代社会民众不可避免地会遇到其所带来的心理压力和心态失衡，加之整个社会还没有形成有效的心理治疗的运作机制，而发展性服务又有限，使得预防性服务成为维护和提升个体心理健康水平的重要举措。Burton等指出，如果提供适当的预防性服务，则会实现更有效的疾病预防、疾病的早期诊断，从而降低随后的服务需求（心理治疗或精神治疗），如住院病人服务（Burton等，1995）。

从个人外在层面来看，预防性服务能使个体在遭遇外在心理冲突时得到及时的协助，帮助他们适应所面临的工作、生活环境，保持最佳的心理健康状态。例如，Fan等的研究发现，给高血压患者提供预防性服务，能改善他们的生活风格，减少吸烟和酗酒等不良行为，从而提高健康水平（Fan等，2010）。在青少年中开展合作性学习，能有效改善心理不健康者的参与行为（Cavaleri等，2010）。

因此，不管是从内在层面还是外在层面来看，给处于亚健康的个体提供合适的预防性健康服务，都有助于健康问题的早诊断、早发现、早治疗，防止恶化。

二、预防性服务的发展历史

在心理健康服务中，预防性服务的开展主要集中在心理咨询领域，还有一部分集中在临床医学和心理辅导领域。咨询（counseling）一词源自于拉丁语“consultation”，含义为“协商、商讨”。而现在对“counseling”一词的译法有很多种，如“咨询”“心理咨询”“谘商”等，但含义基本一致，都指的是为来访者提供的服务工作，它们都属于咨询心理学（counseling psychology）的范畴。

现代心理咨询的起源是因为19世纪中后期的工业革命给人们生活带来的深刻影响。美国是心理咨询的发源地，也是心理咨询发展最成熟的国家。但在早期，心理咨询仅仅指职业辅导，而且把指导、心理治疗和心理咨询等概念等同使用（Goodyear等，1983；Aubrey，1983）。在20世纪30年代，威廉森（Williamson）创立了第一个心理咨询理论，即“以咨询者为中心”的咨询模式，这一模式在随后20年里的心理咨询实践中一直占据统治地位。此时期的心理咨询内容也超出了职业指导的范畴，延伸到教育领域。罗杰斯（Rogers）提出了“以人为中心”的咨询模式，对心理咨询产生了深刻的影响。第二次世界大战结束后，大量退伍军人涌进高校。随着职业观念的改变和对人的自由的重视，入学适应、就业等方面的适应性问题不断出现，美国退伍军人管理委员会为职业咨询者确定了一个新的名称——“咨询心理学家”，鼓励更多的人接受心理咨询和心理学培训，使心理咨询更加专业化和规范化（Nugent，1981）。20世纪50年代后，心理咨询又有迅猛发展，1946年美国心理学会设立咨询与指导分会，1951年更名为咨询心理学会，其目的是研究教育、就业和个人适应中的心理问题(Super,1955)。此后,心理咨询在世界各国蓬勃发展起来,并发展出了一系列心理咨询和治疗理论与方法,如人本主义咨询理论、行为主义咨询理论等。在社区心理健康方面,1963年,美国颁布了"社区心理健康中心法案",使心理咨询开始向社会渗透,职业化特征更加明显(Nugent,1981)。现在,西方的心理咨询已经出现了专业教育和资格标准化、心理咨询职业化、服务多样化、毕生发展化等特点(Herr,1985;Vanzandt,1990;Carter,1990)。

我国心理咨询起步较晚:台湾师范大学于1957年成立健康中心,后设立心理卫生辅导部门,提供心理健康服务;香港则在20世纪70年代中后期开始推行心理辅导等服务工作(陈麒,2006);中国大陆(内地)则在20世纪80年代后才开始陆续有人开展。目前,心理咨询已经触及各个领域,医院、学校、社区等都设有心理咨询与服务中心,为广大民众提供心理健康服务。除此之外,报刊、电视、互联网等大众媒体也纷纷开设心理咨询专栏和专题。《咨询心理学》(1987)和《中国心理分析:认识领悟心理疗法》(1988)等书的出版,从理论和实践两个方面,探讨了心理咨询和心理治疗的过程、形式、原则和方法。[(引自《中国大百科全书(光盘版)·心理学卷》)(2000年版)(健康心理学条目)]总的来说,中国的心理咨询服务已经逐步展开,但在许多方面还有待进一步完善,如政策、人员管理、服务内容等(黄希庭等,2007)。

三、预防性服务的研究进展

预防性服务已经成为心理健康服务的一项重要工作,但由于世界各国的情况不同,发展存在较大差异,西方发展相对较早,在各方面都较为成熟、系统,而我国发展较晚,在各方面有待进一步完善。近年来,预防性服务的研究主要集中在服务的理论与方法、服务的现状与影响因素、服务人员的教育和管理、服务效果等方面。

(一)预防性服务的理论与方法

预防性服务的理论模式与方法是从业人员在助人过程中所遵循的原理、方法,是指导预防性服务工作的基础,其形成和发展直接影响到预防性服务工作的开展和服务效果。目前有关预防性服务的理论和方法颇多,国外发展比较成熟,国内发展相对较弱,基本是借用国外成功的理论模式与方法。例如,傅荣曾对西方的心理咨询理论模式进行了梳理,指出西方比较常用的理论模式有特质指导模式、发展导向模式、教育导向模式、社会影响模式等八种理论模式(傅荣,1996)。谭贤政也曾介绍国外五大心理咨询理论:精神分析理论模式、以来访者为中心的咨询理论、行为主义咨询理论、认知—行为咨询理论和家庭系统心理咨询理论(谭贤政,2003)。虽然各学者所提出的理论模式不尽相同,但基本还是比较一致的,只是分类取向有所不同而已。我国从事心理咨询服务的从业者用于预防性服务的理论模式主要是基于国外的理论模式,本土化的较少(付艳芬等,2010),而近几年来在西方以及我国的心理咨询领域中则多流行以两种以上的咨询理论来提供服务的理论整合取向(Norcross,2005;Norcross等,2005;Norcross等,2002)。

不仅预防性服务的理论模式多种多样,可运用于预防性服务的方法也是多种多样的。例如,帕金森(Parkinson)等的研究发现,人们用于应对日常压力事件的方式有162种之多,具体可归为认知、行为、回避与投入等维度。近来一些学者通过干预实验发现,实现个人目标(Sheldon,2002)、反思(King,2001)、博爱、冥想练习等可有效唤起个体积极的情绪体验,从而维护心理健康。在我国,预防性服务也基本借鉴国外成熟的方法(尹可丽等,2009)。例如,我们的一项研究发现,我国用于维护心理健康服务的方法主要有认知领悟疗法、意象对话技术、系统脱敏法、生物反馈法、心理剧疗法等;本土的方法主要有音乐疗法、中医疗法等(黄希庭等,2007)。

(二)预防性服务的现状及影响因素

各国由于情况不同,在预防性服务的发展方面有很多差异。在西方,预防性服务的理论、技术方法、人员培训和管理、政策等方面都比较完善,因此问题相对较少。目前,关注较多的是预防性服务的执行度问题。例如,在美国,国家医疗组织建议对青少年提供定期预防性服务,但有研究指出,有些青少年并没有定期接受这些服务,尤其是生活在贫困地区的非裔青少年(Irwin等,2009),即便有些青少年去预防接待处,多数还是没有得到所谓的预防性健康服务,如冒险健康行为的咨询与辅导等(Mangione-Smith等,2007;Ma等,2005)。在我国,预防性服务的需求也在不断增长,但相应的服务却有待完善,我国的心理健康服务体系难以适应社会对心理健康服务的需求(黄希庭等,2007)。王军等人的一项调查显示,82.6%的社区居民期望在社区开设心理咨询服务点,半数以上的居民期望得到免费的心理咨询服务(王军等,2009)。

关于预防性服务的影响因素也是学者比较关心的一个重要问题。已有一些研究发现个人特点和家庭背景都会影响到预防性服务的开展(Wu,2003;Parente等,2005),此外,贫穷(Irwin等,2009)、空间距离(如服务提供点与需求者之间的距离)(Arcury等,2005)、种族歧视等也会影响到预防性服务的发展(Yu等,2002)。

(三)预防性服务从业人员的教育、管理

预防性服务工作的开展离不开相应的服务人员,随着民众对心理咨询服务的需求不断增加,对服务人员的要求也不断提高。目前,世界各国都非常重视心理健康服务人员的资质以及管理和培训问题。但各国的国情差异导致在人员的教育和管理体系上存

在差异。一般来说,发达国家在这方面要好于发展中国家。例如,在美国从事心理健康服务的人员的资格认定是十分严格的,要求其必须具有一定的硕士或博士学位,要有多年的工作经验,还要系统学过有关心理学课程(徐华春,黄希庭,2007);且资格的认定具有严格的标准和评审程序(还要定期更新)(姚萍,2006;江光荣,夏勉,2005);在日本,从事心理健康服务的专业人员的资格认定和培训还没有国家标准,主要由各专业学术团体认证,如临床心理士、大学心理咨询师、学校心理咨询师等(樊富珉,吉沅洪,2008);英国对心理健康从业人员的资格水平认证也非常严格,如规定工作者的最低资格条件:研究生以上学历,拥有教师资格证书,具有两年以上的儿童青少年教学经验,学过全日制硕士课程和具有一年实践经验等。其培训过程分为三个阶段:专业训练前的准备、专业训练与现场工作、高级专业训练(Jimerson等,2007)。在我国,从事心理健康服务的人员比较复杂,其资质要求和专业化程度还有待进一步提升。一项调查发现,我国心理健康从业人员督导情况堪忧,从来没有接受过专业人员督导的约为42%,没有心理督导的约为71.5%(梁毅等,2009)。另一项研究表明,上海市从事心理健康服务的人员中,专职从事心理健康咨询服务的仅占10.43%,其他为兼职者;而在培训方面,所有参加调查的人都受过心理咨询师班的培训,培训时间少于6个月的居多(贾颖婕等,2007)。

在服务机构方面,虽然可以说心理健康教育已经形成了一个医院—学校—社区的全方位发展架构(徐华春,黄希庭,2007;修慧兰等,2006),但在从业者的管理方面,国外的管理体制相对健全,而我国有待进一步提高。如在美国负责监管心理健康服务业和培训的机构就有美国心理学会、美国精神病学会和美国咨询协会等组织,而美国的心理健康服务中心和心理健康研究所则从事康复质量的提升和心理健康的促进研究。日本心理健康从业人员的培训机构分工明确,针对不同服务范围的人员开展不同的培训工作,如,民间机构长期从事心理咨询专业人员的培训,临床学会负责临床心理士的培训,学生相谈学会负责大学心理咨询师的培训等(樊富珉,吉沅洪,2008)。在澳大利亚,心理健康从业者资质认证主要由澳大利亚心理学会和心理学注册委员会联合组成的澳大利亚心理学家认证委员会负责。在我国,对心理健康从业人员的资质认证和管理比较复杂,缺乏有效和系统的管理。如调查发现,我国心理健康从业者的认证主要由政府的有关部门,如卫生部、劳动部和社会保障部等进行,但存在缺乏资质认定和培训的有效监督和管理,资格认证制度缺乏更新等问题(黄希庭等,2007)。教育领域相比医疗领域,在管理方面亟待提高。如调查发现,中学心理健康服务机构数量较少,同时教育领域的心理健康服务机构缺少监督和管理自主权,缺乏对专业人员的督导,缺乏伦理规范等(张智丰等,2009)。

（四）预防性服务的服务效果

预防性服务作为一项心理协助服务，最重要也是最被学术界关注的就是预防性服务质量，在心理咨询中这个服务质量反映了咨询效果。对咨询效果进行研究无疑具有重要的理论和实践意义：一方面，资格认证和学术资格并不完全等同于咨询服务人员的能力（Loesch，1988）；另一方面，研究咨询效果可以有效改善咨询方法，提供咨询实践的可行性信息，促进咨询职业的发展。目前，咨询效果有关研究主要集中在两个方面：咨询结果研究（Counseling Outcome Research）和咨询过程研究（Counseling Process Research）。前者是对咨询的结果或效果的研究，后者是研究咨询过程中的那些起作用的事件、条件、作用机制等。兰伯特（Lambert）等曾提出咨询效果研究的三个问题：一是心理咨询在总体上是否有效；二是哪些因素对咨询有效果；三是如果咨询有效，哪些因素还可以继续增强其效果（Lambert 等，1991）。很显然，第一个问题是属于咨询结果的研究，而第二、三个问题是属于咨询过程的研究。

在咨询结果的研究方面，很多研究都证实心理咨询是能够帮助个体减轻症状、改善人际关系、提高学业成绩的。例如，塞克斯顿（Sexton）的研究表明，心理咨询在总体上来说是有效的（Sexton，1996）。元分析研究表明，心理咨询对几乎所有的心理困扰都有积极的作用，而且，不同的治疗方法也都有大致相同的积极效果（Lambert 等，1996）。在过程研究方面，一些研究表明当事人变量、共同要素和特殊干预都影响咨询效果。例如，兰伯特（Lambert）等研究发现，当事人的求助动机、自我强度以及对问题的鉴别能力在很大程度上会影响咨询效果（Lambert，Anderson，1996）。咨询关系是共同要素中研究较多的方面，比如移情、工作同盟等都会影响治疗的过程和效果（夏勉，江光荣，2005）。特殊干预方面，有研究发现，行为主义的系统脱敏和暴露疗法对有些恐怖症治疗有效，如广场恐怖症、强迫症；而对有些效果不很明显，如社交恐怖（Emmelkamp，1994）。增强治疗效果方面，剂量研究是较多的主题，研究发现会谈次数与疗效呈正相关，对一般的心理困扰，8 次会谈至少有 52% 的当事人有显著进步，26—28 次会谈达到 75%，52 次达到 85%（Kopta，2003）。

由于咨询效果的研究有赖于研究的设计和效果的评鉴工具，因此，这方面的研究也受到研究者的关注。在研究设计方面，目前占主导地位的研究设计是随机化临床试验（randomized clinical trial）、剂量效果研究（dose-effect studies）和单个案设计，在每种设计中都有一些有针对性的研究（夏勉，江光荣，2005）。在咨询效果的评鉴工具方面，兰伯特（Lambert）和霍金斯（Hawkins）发现应用最多的量表是贝克抑郁量表（BDI）、状态—特征焦虑量表（STAI）、症状自评量表（SCL-90）、《洛克—沃勒斯婚姻调适量表（LWMAI）和明尼苏达多相人格量表（MMPI）（Lambert，Hawkins，2004）。当今美国心理咨询效果评估领域中广泛使用的自我报告工具之一是兰伯特(Lambert)等编制的心理咨询效果评估量表。该量表共45个条目,分困扰症状(symptom distress)、人际关系(interpersonal relations)和社会角色(social role)绩效三个分量表,我国已有其中文版,信效度都较好(李钰静,骆宏,2009;秦佑凤,胡姝婧,2008)。我国研究者在评价心理咨询效果时主要借用国外的量表,自己编制的量表也在增多。有研究发现,在评价咨询效果时使用较多的量表是症状自评量表(SCL-90)、Zung氏自评抑郁量表、汉密顿抑郁量表等,并在总结效果评鉴工具的基础上,提出了一个心理咨询效果评价的4维模型,认为心理咨询效果评价必须围绕当事人的变化回答四个核心问题:什么在变化? 谁报告变化? 用什么方法报告变化? 什么时间报告变化?(杨宏飞,2005)

第四节　治疗性服务

一、治疗性服务的目标

治疗性服务是对患有严重心理障碍或精神疾病的患者进行的一项康复性工作,其基本目标是针对达到医疗程度的心理障碍者或精神病患者开展精神康复治疗,减少或消除其精神或情绪障碍等方面的症状,解除其精神痛苦,防止慢性精神疾病导致残疾(废)和依赖,改善其工作、学习和生活等状况,恢复正常的心智和社会等功能,提高病患者的自我照料能力。如对抑郁症、反社会人格、精神分裂症等的诊断与康复治疗。由此可以看出,治疗性服务的目标偏重于治疗或复健,着重于解决问题。基本任务是帮助心理障碍者或精神病患者解除痛苦,恢复心理健康。可以从以下两个方面进行理解。

(一)从个人内在层面来看

治疗性服务能够帮助个体缓解内在的心理或精神痛苦,增强心理完好状态,最终解除心理疾患或精神障碍,恢复心理健康。许多研究表明,治疗性服务是可以改善患者的心理或精神症状的。例如,帕克(Parker)等的研究表明,认知行为疗法是可以有效降低患者的抑郁程度的(Parker等,2003)。患有长期非恶性疼痛的患者,听一段音乐后,比没有听音乐的个体,能显著减少疼痛、抑郁和无能,增强活力(Siedliecki,Good,2006)。一些研究发现,心理治疗能有效改善成年人(包括产后妇女、老年人)的心理或精神压抑(Cuijpers等,2008;Cuijpers等,2006;Lumley等,2004)。此外,治疗性服务还能有效改善患者的情绪状态,减少物质滥用等。

(二)从个人外在层面来看

治疗性服务能帮助个体缓解外在的心理或精神压力,增强社会适应能力。个体心理和精神障碍除了与个体自身的因素有关外,还与社会、环境等因素密切有关,而与此相应的治疗性服务能够有效减轻患者的外部压力,和谐人际关系,增强其生活适应能力。例如,越是被社会隔离或越是处于贫困地位的人,其健康状况可能越差(House等,1988)。社会关系越是良好的人,可能越健康,死亡率越低。很多研究表明:良好的健康状态与和谐的社会关系相关(Putnam,2001;Patel,Kleinman,2003)。一个元分析研究表明人际关系心理疗法能减轻患者的抑郁症状(de Mello等,2005)。

因此,不管是从个人内在层面,还是外在层面,给患者提供相应的治疗性服务,是能够有效减轻他们的心理或精神障碍,使其恢复健康的。

二、治疗性服务的发展历史

在心理健康服务中,治疗性服务的开展主要集中在临床心理学和心理治疗领域,因此该项服务主要依赖精神医学家和心理治疗家来开展相应的服务工作。

(一)国外心理健康治疗性服务的历史发展

1.原始治疗阶段

在西方,早在公元前4、5世纪,被称为西方"医学之父"的古希腊医生希波克拉底(Hippkrates)就认为人的心理异常是由体内四种不同的液体的失衡造成的,如抑郁可能是因为黑胆汁过多引起的(引自World Book Encyclopedia,2005)。莲花生大士(Padmasambhava)、阿维森纳(Avicenna)等则从宗教、巫术或医学视角来诊断和治疗某些心理疾病,这是原始的心理治疗(Benjamin,2007)。大约在公元前一世纪,一位古希腊医生阿斯克列皮阿德斯(Asclepiades)首次对慢性和急性心理疾病进行了区分,他还描述了一些有名的错觉、幻觉和幻想的特点,并解释这些特点可能会成为诊断的依据(Bootzin,Acocella,1988),他也是第一个使用"心理障碍"与"心理不健全"术语的人。

2.初级治疗阶段

在中世纪的基督教会控制下,心理异常或行为紊乱的人通常被认为是巫婆或魔鬼的象征,要么被烧死、吊死,要么被送进监狱或政府福利院。直到16世纪,欧洲的一些国家才为心理疾病者修建了专门的护理场所。18世纪中期的奥地利医师梅斯梅尔(Mesmer)的“动物磁性疗法”,19世纪英国医师布莱德(Braid)创造的催眠术(hypnotism),是专业心理治疗的初级形式[《中国大百科全书(光盘版)·心理学卷·健康心理学条目》,2000]。在19世纪后期,美国心理学家威特默(Witmer)在宾夕法尼亚大学成功治疗一个拼写有困难的学生,这段成功的经历很快促使其在1896年成立了世界上第一个“心理诊所”(致力于帮助学习失能的儿童)(Alessandri等,1995),他也因此被称为现代临床心理学之父。

3. 临床治疗阶段

19世纪末,奥地利精神病学家弗洛伊德(Freud)在维也纳创造了“谈话疗法”,标志着心理学开始科学地应用于临床领域,精神分析疗法正式掀起了心理治疗的第一次革命。此后,1907年威特默(Witmer)创立了心理治疗领域的第一本杂志《心理学临床》(The Psychological Clinic),并提出“临床心理学”这一术语,把其界定为通过观察或实验来研究个体,以促进个体发展为目的的学科(Compas,Gotlib,2002)。虽然有这些科学进步,心理疾病的治疗仍然被看作精神病学家和神经学家的事情。第一次世界大战爆发后,随着心理测验的发展(招募士兵的需要),对心理疾病的诊断和评估逐渐成为临床心理学的核心课程。在1917年,美国临床心理学会成立(American Association of Clinical Psychology),到1919年,美国心理学会分离出一个部门负责临床心理学的有关工作(Evans,1999)。1945年,美国心理学会才成立第12分会组织(临床心理学),此后,临床心理学家和协会组织就在其他国家发展起来。

4. 整合治疗阶段

第二次世界大战后,很多退伍士兵得了战后创伤压力障碍,很多医师和心理学家意识到单靠一种方法很难让患者恢复健康,于是心理疾病的治疗走向整合,心理和医学相结合的模式开始发展起来,这导致临床心理学发生重大变革(Routh,2000)。后来行为主义疗法和以来访者为中心的人本主义疗法开始盛行,导致了心理治疗的第二次和第三次革命。进入20世纪70年代以来,临床心理学获得了长足发展,据统计,在1974—1990年间,美国从事心理疾病的诊断和治疗工作的临床心理学家从20 000人猛增到63 000人(Menninger,Nemiah,2000)。

5. 健康维护阶段

与此同时,健康心理学作为最流行的职业也迅速发展起来,从事这一职业的多数是临床心理学家。此外,在心理健康的维护方面,临床心理学家也意识到与多元文化和不同人群有关的知识的重要性。在技术层面上,现在的科学家们已经能熟练利用正电子发射体层摄影(PET,positron emission tomography)和功能磁共振成像(fMRI,functional magnetic resonance imaging)等技术来研究个体的大脑,运用这些技术创造的影像能够显示很多心理疾病的神经基础,比如,脑的发展、结构或功能的问题导致的心理疾病。

(二)国内心理健康治疗性服务的历史发展

我国的心理治疗服务跟西方一样久远,但在服务水平方面与西方还存在较大的差距。在我国古代的很多医书中记载了不少的关于心理疾病的治疗思想和方法,如《黄帝内经》《千金方》等医书中都记载了心理疾病的治疗方法(杨鑫辉,1997,2000;王米渠,1986)。西方的精神分析治疗思想在20世纪初传入中国,但更多是作为一种思想而非治疗理论运用,临床界从事治疗的更是寥寥无几。随着抗战的爆发,中国的心理治疗的发展也被暂时中断,但也有不少人利用精神分析的观点分析一些由于战争导致的心理创伤(王文基,2004)。20世纪50年代,心理治疗得到了一定的发展,如《心理治疗三百例》一书中描述了一些治疗心理疾病的方法:领悟、说服教育等(黄嘉音,1951)。快速综合疗法曾取得过令人满意的效果(李崇培等,1958)。

80年代,心理治疗又获得了发展,弗洛伊德(Freud)思潮再次兴起,但仍停留在理论研讨上。90年代,心理治疗得到了政府的支持,发展较为迅速。例如,司法部公布,在中国60%多的监狱中开展心理咨询服务;2002年,卫生部号召全国的学校在学校内提供独立心理咨询房间;卫生部主办的“心理治疗师资格考试”和人事部主办的“心理保健专业人才培训”,更是有力地促进了心理治疗的发展。但与西方相比,仍存在一些不足,如受过严格的专业培训的心理治疗师、精神科医师、精神科护士很少,几乎没有合格的社会工作者;专业的服务机构较少,占人口70%的农村和小城镇人口得不到规范专业的心理服务;专业规范较差和专业话语权较少(许又新,赵旭东,1997)。

三、治疗性服务的研究进展

治疗性服务在发达国家发展相对完善,发展中国家较弱。近年来,治疗性服务的研究主要集中在治疗的理论与方法、心理疾病的病理学、心理疾病的诊断标准、心理治疗师的伦理、教育和管理、治疗性服务效果等方面。

(一)心理治疗的理论与方法

近二三十年,无论心理治疗理论还是治疗方法都取得了很多发展。据统计,目前的心理治疗理论和方法多达400多种(Corsini,2005;Gilliland,James,1998)。但在目前心理治疗实践领域中占主导地位的理论只有四种：心理动力学、人本主义、认知行为理论和系统或家庭治疗理论（Plante，2005；Gerrig，Zimbardo，2002）。心理动力学来源于弗洛伊德（Freud）的心理分析，其中心目标是把无意识变为有意识——让来访者意识到自己的基本内驱力和保持各种防御机制，其基本的分析方法是自由联想和移情，相关的理论包括自我心理学理论、目标关联理论（object relations theory）等（Gabbard，2005）人本主义是20世纪50年代发展起来的，主要基于罗杰斯（Rogers）的当事人中心疗法和存在主义心理学。罗杰斯（Rogers）认为来访者希望从咨询者那里得到和谐、无条件积极关注和移情（McMillan，2004）。人本主义者通过借助现象学、内省和第一人称的方法来获得对整个人的认识，而非人格的片段（Rowan，2001）。认知行为疗法来源于认知疗法和理性情绪行为疗法的结合。认知行为理论是基于我们如何思考（认知）、如何体验（情绪）和如何行动（行为）三者以复杂的方式相互联系和作用的思想而形成的，其基本的目标是发现和确认功能紊乱的方式，借助不同的方法帮助来访者掌握提高幸福感的方式（Beck等，2007）。常用的技术方法包括系统脱敏法、苏格拉底式提问法等。认知行为疗法的改进模型有辩证行为疗法（Dialectic Behavior Therapy）、内观认知疗法（Mindfulness-Based Cognitive Therapy）等。系统或家庭治疗理论提倡以夫妇或家庭为依托开展治疗性服务工作，强调家庭关系在心理健康中重要性。其核心观点是人际动力学，重点研究一个人的改变如何导致整个家庭系统的改变（Bitter，Corey，2001）。治疗目标包括改善人际交流状况、确立健康角色、阐述问题行为等。基本的治疗模式有结构性家庭治疗、系统家庭治疗、行为家庭治疗等。除了这四大心理治疗理论外，还有一些其他的较有影响的理论，例如，存在主义心理治疗（Van Deurzen，2002）、后现代主义心理学（Blatner，1997）、人际关系趋向（Boorstein，1996）、多元文化主义（Young，2005；Price，2008）、积极心理学等（Linley等，2006）。在我国，心理治疗服务业已有很大的发展，但调查发现，不论是心理治疗理论还是治疗方法，我国大都采用国外的理论和方法（付艳芬等，2010；尹可丽等，2009）。

从目前治疗性服务的理论与方法的发展趋势来看，不论是西方还是我国，随着人们对文化、性别、性取向等问题的进一步理解，大家普遍认识到，单一的理论与方法都不足以解释心理障碍的原因和心理治疗的疗效机制。临床心理学家开始关注各种取向的优缺点，并与其他领域的专家合作，如神经科学、生物学、精神病药理学等领域的专家。因此，一种整合的心理治疗理论取向开始形成，从事治疗性服务的专家开始学习各种治疗系统和有效的治疗方法，希望借此可以对任何心理障碍提供最有效的解决方法（Seligman等，2006）。这一点也与预防性服务的理论和方法的发展趋势相一致。

(二)心理障碍的病理学

任何一种心理障碍的产生都是有一定原因的。弄清楚心理障碍的病因就成为心理治疗师开展治疗性服务的首要环节。因此,心理障碍的病因学研究就成为治疗性服务不可缺少的重要组成部分。过去,对心理障碍的病因学探讨主要是通过主观推断和简单的相关研究进行的。例如,精神分裂症的生物学因素、家庭因素等都是借助相关研究得出的(也可见第一章第二节)(Tsuang,2000;Wearden等,2000;李波等,2005;Marteinsdottiri等,2001)。

新技术的发展,特别是PET和FMRI等脑成像技术的发展,使得科学家能够借助新技术探讨心理障碍的神经机制问题,比如,心理障碍与脑的发展、结构或功能异常等的关系。许多研究都表明,一些心理障碍与脑的结构或功能异常、神经递质有关。例如,神经生化研究发现,精神分裂症与多巴胺递质相对过多(同其他神经递质比)、活力过强或神经过于敏感有关(Lencer等,2000)。FMRI研究已经证明多达50%的精神分裂症病人,其脑室(脑髓液流过的脑结构)都有扩大(Degreef等,1992)。有研究表明,焦虑症可能与大脑皮质情绪控制功能的减弱,额叶、颞叶、基底节等部位的功能异常有关。研究者还推测在焦虑症患者中可能存在一个中枢神经系统的高度敏感的"恐惧通路",这个通路包括大脑皮质、扣带回、杏仁体、丘脑、海马、下丘脑以及臂旁核和水管周灰质等脑干结构(万黎等,2002;李春波等,2003)。对进食障碍患者的血尿测定研究发现,其下丘脑—垂体—肾上腺(HPA)轴功能异常突出,并提示这种异常可能与异常的进食态度及行为关系密切(张大荣等,1994),有关心理障碍的病因学探讨的更多研究可以参考《心理学与我们》一书中的第2、12、14章(也可以见第一章第二节)(罗伯特·费尔德曼,2008)。

在心理障碍的病因学研究上,一个普遍的趋势是不再坚持某种心理障碍是由某个单一因素引起的,而强调心理障碍是多种因素综合作用的结果。近年来,大家普遍接受的观点是由恩格尔(Engel)提出的健康的生物—心理—社会模型(Biopsychosocial Model)(Engel,1977;1980)。该模型强调人的疾病是由生物、心理和社会三个方面的因素综合作用的结果,即大家对心理障碍的病因学探讨开始走向整合。

(三)心理障碍的诊断标准

对很多精神医学家、心理治疗师和临床心理学家来说,一个很重要的专业问题是关于心理障碍的评判和诊断问题。据估计,大约有91%的心理学家在从事这一核心的临床实践活动(Groth-Marnat,2003)。评鉴的目的是深入了解和形成关于心理或行为问题的假设,主要的是获得有关心理问题的一般表现(不是诊断)。评判方法包括正式测验测量、会谈、回顾以往记录、临床观察、身体检查等(Plante,2005)。针对心理问题的评判工具,目前有几百种(但只有很少一部分具有较好的信度和效度),基本可以划分为以下几类。

1.智力和成绩测验

这些测验是用来考察个体的某种认知功能的,比如IQ(intelligence quotient),以便于与常模组进行比较。例如,WISC-IV(the Wechsler Intelligence Scale for Children-Fourth Edition)包括四个分量表:语言理解、知觉推理、加工速度和工作记忆,分别测量儿童的一般知识、口语技能、注意广度、逻辑思维、空间知觉、记忆等心理品质。有时一些心理健康服务从业者用WISC来诊断注意缺陷多动障碍和学习障碍(Kaplan,Saccuzzo,2005)。一些测验还可以用来准确地预测某种绩效,特别是学业成绩(Groth-Marnat,2003)。

2.人格测验

人格测验用于描述个体的行为、思维和情感模式。通常分为两类:客观测验和投射测验,前者如明尼苏达多项人格测验(MMPI,Minnesota Multiphasic Personality Inventory),后者如罗夏墨迹测验(Groth-Marnat,2003)。

3.神经心理学测验

该测验由一些特殊的设计任务构成,其目的是测量特殊脑结构或通路受损时的心理行为的变化程度。常用于评定影响神经认知功能的某种损伤或疾病发生后的心理损伤程度,或者用于比较不同组的神经心理能力。常用的神经心理学测验工具有MMSE(mini-mental state examination)(Folstein等,1975)、MoCA(montreal cognitive assessment)(Nasreddine等,2005)、ADAS-Cog(Alzheimer's disease assessment scale-cognitive section)(Jacovaa等,2007)、SCIP(severe cognitive impairment profile)(Peavy等,1996)、BNP(preliminary neuropsychological battery)(Cossa等,1999)、TST(test for severe impairment)(Albert,Cohen,1992)和SIB(severe impairment battery)(Saxton等,1992)等。

4.临床观察

临床心理学家常受训后观察收集某些数据。即使使用其他标准化的评判工具来评判个体的某种心理认知功能,临床会谈也是心理障碍评判的一个必需步骤,会谈的形式可以采用结构式,也可以采用非结构式。常用的会谈形式是心理状况检查,该会谈经常在神经类疾病治疗中作为治疗或进一步测验的测查工具。心理状况检查一般测查病人目前的一般印象和行为、情绪情感、知觉、态度、理解、记忆、洞察力和判断力等,其目的是了解病人的整体心理状态状况(Trzepacz,Baker,1993)。

在心理评判后,临床心理学家通常还要提供一个诊断印象。很多国家通常使用的诊断标准是国际疾病与相关健康问题统计分类(international statistical classification of diseases and related health problems, 10th revision)(ICD-10),而在美国,经常使用的诊断工具是精神障碍诊断与统计手册(diagnostic and statistical manual of mental disorders, DSM)。DSM由美国精神病协会(American Psychiatric Association)出版,第一版是于1952年出版的,DSM-IV曾被广泛使用(Schaffer, 1996)。不管是ICD-10,还是DSM-IV都借用了医学的概念或术语,并声称通过该工具的一系列标准是能够区分出心理障碍的类型的(Jablensky, 2009)。

除了这两个比较流行的心理障碍的诊断标准外,还有一些相对较新的模型,比如,空间模型(dimensional model),该模型参考了人的差异的实证性有效模型,例如人格的五因素模型(Widiger, Trull, 2007),还参考了心理模型(psychological model),该类模型具有更大的主观变化性(Mundt, Backenstrass, 2005)。这些模型的设计者都声称它们不依赖疾病的医学概念,还能提高诊断灵活性和提供更好的临床效用,当然,这些模型还需要进一步发展。许多临床心理学家并不趋向于诊断,而是应用临床处方(clinical formulation),即从临床评判中获得的信息的理论解释或概念化,是对心理障碍的原因和本质的假定,有助于疾病分类的临床诊断(Kinderman, Lobban, 2000)。

(四)心理治疗师的伦理、教育和管理

在临床心理学的职业伦理方面,很多国家强烈要求在临床心理学领域制定伦理道德规范,以约束心理治疗师的行为,保证治疗的无害性。美国心理学协会(APA)的资料显示,近80%的心理治疗师和咨询人员在提供服务的过程中涉及性、生意、不当泄密和自杀危机干预失误等伦理道德问题(谭中岳等,2003)。因此,心理治疗师的伦理道德问题已经成为治疗性服务的一个重要问题。在美国,APA的行为守则明确界定了临床心理学家的职业道德,当然,该行为守则也经常用来说明执照获得的基本要求。APA制定的临床心理学家行为守则通常比一般的法律规范有更高的标准,以指导临床心理学家如何负责任地工作,如何保护来访者,如何改善个体、组织和社会的关系(APA, 2003)。该行为守则适用于所有从事研究领域和实践领域的心理学家。

APA的行为守则的确立基于五个原则——仁慈与罪恶、诚实与责任、正直、公正、尊敬人权和尊严,并对一些问题进行了详细的阐述,例如胜任能力、人的关系、保密、宣传、保持纪录、培训、研究、评价和治疗等(APA, 2003)。

(五)治疗性服务效果

治疗性服务作为一项心理协助服务,发展至今,理论与技术方法等在不断完善,使得服务效果越来越受到大家的肯定。治疗性服务的目标就是更有效地改善患者的状

况，直至消除疾病，恢复健康。为了提高疗效，心理治疗已经出现了治疗短程化、理论和技术整合化、方法标准化和疗效评价客观化的发展趋势（程灶火，2000）。尽管有证据表明所有的主流心理治疗取向具有同等的效果（Reisner，2005），但在临床心理学的实践中，仍存在一些关于各种疗法的效果的争议（Lilienfeld等，2009），这实际上是研究证据与实践经验的关系问题，对临床心理学家来讲，他们可能更看重临床经验，据报道，美国的大多数临床心理实践者认为科学证据不如他们的个人临床经验重要（2009）。

根据研究的课题不同，治疗性服务效果研究主要集中在两个方面：治疗结果研究和治疗过程研究。前者考察的是治疗的结果如何，或者说研究治疗干预的有效性；后者考察的是治疗过程中治疗师和来访者之间会发生什么，或者哪些因素会对治疗效果产生影响。目前，研究者对心理治疗总体是否有效基本持相同的观点（有效），因此，更多的研究集中在探讨治疗过程中的影响因素，即治疗过程研究，正如海耶斯（Hayes）等所指出的，心理治疗效果的研究需要探明的问题是哪种疗法对哪种类型的来访者在何种情况下起作用，为什么起作用，以及是如何起作用的（Hayes等，2007）。

在治疗结果研究方面，已经有很多研究表明，心理治疗是有效的。例如史密斯（Smith）等对475篇采用治疗组和非治疗组对照设计的研究文献进行元分析后发现，心理干预（治疗）对几乎所有的心理困扰都有相当积极的效果（Smith，Glass，1977）。斯科特（Scott）等和拉姆（Lam）等发现对抑郁患者进行综合的认知行为干预，能有效减轻症状（Scott等，2001；Lam等，2003）。一个关于成人在童年时性滥用的心理治疗效果的元分析发现，心理治疗对不同症状的性滥用，都有积极的效果（Taylor，Harvey，2010）。一项综述研究发现，心理干预对儿童精神障碍的治疗产生了积极的影响，在治疗理论取向方面，认知行为理论产生的实际效果要好于领悟疗法（Insight-Oriented Therapies）（Pearsall，1997）。

在治疗过程研究方面，研究者考察了许多不同的变量，如治疗师的移情、来访者暴露、解释程度等（Elliott，1991），并发现这些变量对过程与结果之间的关系产生了积极的效应（Orlinsky等，1994）。泰勒（Taylor）等的元分析研究发现，不同的变量对治疗效果有不同的影响，如治疗特征（治疗类型、服务对象、会谈次数等）、样本特征（如年龄、性别、社会经济地位等）、测量特征（如信息来源等）都会对治疗结果产生不同程度的影响，尤其是治疗特征方面的变量，它们对治疗效果具有较好的作用。剂量效果模型（Dose-Effect Model）的研究发现，会谈次数会影响疗效，如在第8次会谈后，48%—58%的患者症状明显改善；第26次会谈后，75%的患者有显著进步；约一年的治疗后85%的患者症状显著改善或恢复正常（Howard等，1986）。兰伯特（Lambert）在综述有关心理治疗效果的实证研究后发现，对治疗效果起作用的因素有很多，包括治疗外因素（如患者的自我力量、环境事件影响等)、期望(如对治疗的信任等)、每种疗法的特殊技术和关系因素(如共情、理解和治疗联盟等),并粗略估计出它们对结果的效应比例为治疗外因素40%,期望15%,技术15%和关系因素30%(Lambert,1992)。经过多年的发展,心理治疗过程的研究主要集中在两个大的方面:心理治疗是从事于关系(也称联盟)研究,还是从事于技术研究(Barber,2009)。

但也有一些研究发现心理治疗的效果是很小的,甚至无效。例如一项综述研究发现,述情障碍(Alexithymia)对心理治疗的过程和结果的影响比较小(Ogrodniczuk等,2010)。摩尔(Mohr)的研究发现,有些患者在接受心理干预后出现病情恶化,该现象被称为消极后果(Mohr,1995)。薛德旺等的研究发现,社区精神分裂症患者自杀的75例中,51例(68%)曾寻求过精神科的心理协助,但其中仅有41例(55%)自杀前一个月内曾用过抗精神病药物和40例(53%)住过精神病院(薛德旺等,2003)。这些研究说明心理干预并不总是有效的。

在研究的方法方面,目前在心理治疗结果研究中采用较多的设计是随机临床试验(randomized clinical trial,RCT)(Westen等,2004)。常用的RCT设计有空白对照组设计、安慰剂对照设计等,而在比较和评估两种及两种以上治疗方法的疗效时采用较多的是多组对照设计(Erwin,2006)。除此之外的研究方法还有元分析方法(Smith,Glass,1977),剂量效果研究(Howard等,1986),消费者调查报告(Gary,1996)。治疗过程研究中采用较多的方法是质的方法。依据研究主题可以分为四类,第一类是言语特征分析,如言语的内容及对话等;第二类是探究规律分析,如发现和辨别规律的模式等;第三类是行动与背景意义的综合理解分析;第四类是反思研究(张日昇等,2008)。除此之外,还有相关研究设计、序列分析(Sequential Analysis)、治疗参量策略、RCT时间序列设计、多元统计模型等(Margison等,2000)。

在疗效的评价方面,有研究曾对1983—1988年发表在20种杂志上的相关论文进行分析,结果发现348个研究中共使用了1 430个不同量表(Froyd,Lambert,1989)。迈耶(Meier)等研究发现,研究中使用的量表约1/3是研究者自编或自己修订的(Meier,Davis,1990)。最早的效果评价模型是斯特鲁普(Strupp)和哈德利(Hadley)(1977)提出的"心理健康效果评价的三维模型",指出效果评价由社会、患者和心理健康专业人员三方构成(Strupp,Hadley,1977)。此后又有很多研究者提出了疗效评价模型,如罗森布拉特(Rosenblatt)等的效果评价三维模型(包括领域或内容、反映者和社会背景);McLellan和Durell提出从四个方面测量心理治疗效果:症状的减轻、健康和个人及社会功能的改进、治疗费用和公众健康与安全威胁的减少(McLellan,Durell,1996);多切蒂(Docherty)和斯特里特(Streeter)提出从七个方面进行测量:症状、社会/人际功能、工作功能、满意感、治疗的利用、健康状态/总体健康状况和与健康相关的生活质量(Docherty,Streeter,1996)。近期大家比较关注的一个热点是中介变量在疗效中的作用问题。中介变量连接治疗干预和治疗效果,治疗干预借助中介变量引起治疗症状改变。目前对中介变量比较一致的观点是中介变量出现在治疗过程中,且应早于症状变化,并和以后的症状改变紧密相关。考夫曼(Kaufman)等研究发现,治疗联盟与结果间不存在中介作用,而消极思维方式的改变与结果有关联(Kaufman等,2005);兰伯特(Lambert)认为治疗师变量通过影响治疗关系可解释治疗结果中30%的变异,而治疗师在第三次治疗后,如果能强化患者治疗动机,并保持良好的医患关系,治疗效果会大大提高(Lambert,2005)。但在中介变量的研究设计和选择统计方法方面,目前的研究还存在较大的分歧(Johansson,Høglend,2007)。

在我国,关于心理治疗效果的研究文献在逐年增多,但大部分都是理论研究,如对国外研究的综述(高洁清,张承芬,2008;李成齐,2006;秦旻,郑涌,2009;吴明霞等,2001)。实证研究多集中在治疗结果研究方面,最常见的是门诊心理治疗效果调查研究;其次是个案研究,如某种疗法对某个案的治疗过程及效果;再次是前瞻性的准实验研究,如单组心理治疗效果的前后测对比研究,而质量较高的RCT研究数量较少(侯志瑾等,2008;胡庆菊等,2006;崔维珍等,2004;马惠霞,2002)。在疗效方面,元分析研究表明我国心理门诊进行的心理干预具有中等的效果(施加平等,2008)。本书第五篇中会详细且介绍研究者所做的实证研究。

第五节　心理健康服务体系的目标

心理健康服务体系的目标是心理健康服务体系建设的预期结果,它要指明经过一定时段的建设后,我国心理健康服务体系所要达到的状态、所要具备的特征或所能完成的功能。心理健康服务体系目标的建构可为我国心理健康服务体系的建立和完善提供指引,也可为心理健康服务体系的管理和评估提供标准。实际上心理健康服务目标也是心理健康服务工作规划的重要组成部分或核心部分。本研究所述目标是心理健康服务目标,而不仅仅是精神卫生工作(精神障碍的预防、诊断、治疗、康复)的目标。本文中"心理健康服务"的含义比"精神卫生工作"的含义要宽,它包括精神障碍的躯体治疗、心理治疗、心理咨询、学校辅导、学校与社会的心理健康教育等各种心理助人活动。

本研究充分考虑了我国现有的与心理健康服务目标有关的文件精神,参考了国外心理健康服务目标的内容架构,并经专家讨论,初步拟定了我国心理健康服务体系的目标框架(图2-1):包括条件性目标、运行机制与管理目标、功能实现目标三大目标群。按其性质来说分别是前置性的目标、过程性的目标和结果性的目标,其中功能实现目标是最终要达到的根本目标。这一目标体系具有这样几个特点:(1)目标内容广泛涵盖了心理健康服务的各个方面,不限于精神障碍预防、治疗、康复方面的目标,也包括学校心理辅导、生涯辅导、人际冲突缓解、家庭心理问题解决、危机干预等方面的目标。(2)吸收了积极心理健康的理念,强调了提高国民的挫折容忍力、推行健康文明的生活方式、提高生活质量、增强生活幸福感等积极目标,使目标不仅具有预防性、重建性,而且具有发展性。(3)充分考虑到国民对心理健康服务的感受和需要,目标设置体现了人性化服务的观念。(4)注重服务质量的提高。强调心理健康服务不但要满足民众对心理健康服务的可获得性的要求,而且要满足民众对心理健康服务高质量的要求。

- (1)心理健康服务体系总目标
  - 条件性目标
    - (2)制度、法律、法规建设目标
    - (3)服务机构建设目标
    - (4)人员资格认定与培训提高目标
    - (5)科学研究和技术保证目标
  - 运行机制与管理目标
    - (6)服务体系运行目标
    - (7)服务机构内部协调目标
    - (8)政府领导、社会参与方面目标
    - (9)服务监督与评估目标
    - (10)服务信息的管理与应用目标
  - 功能实现目标
    - (11)提高国民对服务的满意度目标
    - (12)改善国民心理健康状况目标

图2-1 我国心理健康服务体系的目标框架

第三章　我国心理健康服务的理论现状

第一节　心理健康服务理论概述

心理健康服务理论是指心理健康服务活动中对已知的事实和经验结果的解释所提出的一般原则或相互关联的一般原则。它既是心理健康服务经验之总结，也是心理健康服务依据之原则。当代心理健康服务理论主要包括心理动力学理论、认知理论、行为主义理论、人本主义理论和整合主义理论等。心理健康服务理论是心理健康服务工作的基础，也是心理健康服务工作发展成熟的标志，因此，心理健康服务理论是构建心理健康服务体系的一项重要内容。心理健康服务理论要成为一种真正的理论不仅仅要符合以下所有条件——有用，定义清晰，通过批评性检验，同时还要具有完整的内在结构。心理健康服务理论具有三方面的功能：一是提供概念框架；二是提供了交流的语言；三是激发新的研究。

心理健康服务理论根据来源可分为3类：国外理论，即研究者所采用的理论、方法来自国外，我们未对其做任何修正，例如心理动力学理论、认知理论、行为主义理论等；本土化理论，即所采用的理论及方法来自国外，但在此基础上将之与中国的实际情况结合后产生的新理论与方法，例如认识领悟疗法、意象对话心理疗法等；本土理论，即所采用的理论或方法来自本土，为中国人自创，如中医心理疗法、中国道家认知疗法、心理疏导疗法等（尹可丽等，2009；付艳芬等，2010）。

心理健康服务理论可运用于心理咨询与治疗的实践中、心理健康教育的实践中，而心理咨询与治疗涉及面是最广的，既涉及预防性的、发展性的服务，也涉及治疗性服务，因而，本文主要基于心理咨询与治疗实践的视角来对心理健康服务理论进行研究。

一、国外理论进展

现代意义上的心理健康服务起源于欧洲和美国，并已发展了一个多世纪，而中国心理健康服务的新发展仅30年左右的时间，因此，了解欧美国家心理健康服务理论发展状况，对我国有借鉴意义。

1983年，诺克洛斯（Norcross）和普罗查斯卡（Prochaska）对美国479名临床心理学家的调查结果显示，在18个可能影响治疗实践的原因中，理论取向被认为是影响最大的（Norcross，Prochaska，1983）；超过95%的治疗师认为理论取向影响着治疗实践（Prochaska，Norcross，1983）。在他们所做的另一项对210名独立从业者的调查显示，近一半的被试（49%）认为他们的理论取向一直影响着他们的实践，而只有1%的人认为他们的取向“很少”或“从不”影响他们的实践（从不=0.5%，很少=0.5%，偶尔=3.1%，经常=46.9%，一直=49%）（Norcross，Prochaska，1993）。博格斯特（Bergaust）等在挪威的调查中也发现对待“好的心理治疗”态度中，理论取向、性别、个人疗法比临床经历要更重要（Bergaust等，1985）。一项调查也显示：不同取向的治疗师同样深信理论是非常重要的，他们认为理论取向至少在一定程度上重要（Larsson等，2009）。总之，有人认为理论取向会促进治疗实践，而另一些人甚至认为理论取向会干扰治疗实践。

尽管存在争论，但心理健康服务从业人员在心理健康服务工作中往往都会以某种理论来指导其实践。1976年，美国学者帕罗夫（Parolff）确定了130多种咨询理论与方法。柯尼西亚（Corsini）介绍了69种新的创新性心理治疗（Corsini，2001），2005年总数超过400种（Corsini，2005）。迄今为止，估计有500多种咨询理论，并且这个数字还在不断攀升（Ivey，Andrea，2008）。虽然这些理论中的大多数并没有获得多少人的支持，也没有多少研究来证实它们的有效性，却显示了在寻找方法以减轻人们的心理不适时心理治疗师们的创造性。

（一）美国的情况

1.20世纪60—70年代

1960年，凯利（Kelly）对美国心理学会临床心理学分会的1 024名会员的理论取向进行了调查，其中折衷/整合取向占36%，心理动力学35%，沙利文主义10%，行为主义8%，人本主义2%，罗杰斯主义4%（Kelly，1961）。加菲尔德（Garfield）和库次（Kurtz）对同一群体调查发现55%为折衷主义，16%为精神分析/心理动力学，10%为行为主义，7%为罗杰斯主义、人本主义及存在主义等（Garfield，Kurtz，1974）。可以看出，在20世纪六七十年代，折衷/整合理论是临床心理学家主要的理论取向，其次为心理动力学。

进一步调查显示，49%持折衷取向的临床心理学家曾经认可单一理论取向，绝大多数持精神分析取向（Garfield，Kurtz，1977）。同样，临床社会工作者也表现出这种从分析传统到折衷主义的转变（Jayaratne，1978）。同时加菲尔德（Garfield）和库次（Kurtz）的调查也发现最常见的理论取向的联合是行为与精神分析（25%），其次是行为与人本主义（11%），认知与行为（5%），人际关系与人本主义（3%）。行为主义是折衷/整合实践中使用最多的方式。

2.20世纪80年代

到了20世纪80年代,对美国心理健康服务人员理论取向的研究逐渐增多。对所持理论取向满意度的调查显示,绝大多数心理健康服务人员都很满意(Norcross, Prochaska, 1983; Prochaska, Norcross, 1983; Norcross, Wogan, 1983)。在一系列对美国心理学会成员的调查后发现,大多数调查中折衷主义依然是心理健康服务人员最主要的理论取向,有三分之一到近一半的人员选择了折衷主义(Norcross, Prochaska, 1983; Prochaska, Norcross, 1983; Norcross, Wogan, 1983; Smith, 1982; Wogan, Norcross, 1983);精神分析/心理动力学仍位居第二,所占比例从14.7%到30.05%(Norcross, Prochaska, 1983)。而在精神分析/心理动力学取向中,心理动力学(新弗洛伊德主义)所占的比例逐渐增多,而精神分析(正统弗洛伊德主义)逐渐减少,例如心理动力/精神分析的比例为8.5%/18%(Prochaska, Norcross, 1983),甚至2.2%/12.5%(Wogan, Norcross, 1983)。认知主义和行为主义有逐渐增多的趋势,存在主义显示出逐渐减少的趋势,具体研究如下。

1980年,诺克洛斯(Norcross)和沃根(Wogan)对心理学会29分会、32分会和行为治疗发展协会(The Association for Advancement of Behavior Therapy, AABT)的成员进行了理论取向的调查,结果显示29分会最主要的取向是折衷主义(44.2%),心理动力学(15.4%),存在(5.2%)和理性情绪(5.1%)。32分会最主要的取向是折衷主义(30.7%),存在(22.8%),人本(8.8%),心理动力学(6.1%)和以来访者为中心(4.4%)。超过80%的ABBT参与者认为他们是行为取向(68.8%)或折衷取向的(12.5%)(Norcross, Wogan, 1983)。

随后,普罗查斯卡(Prochaska)和诺克洛斯(Norcross)对29分会成员的调查发现,折衷主义者的人数占30.2%,心理动力学18.0%,精神分析学8.5%,认知主义8.3%,行为主义5.6%,存在主义4.4%,格式塔主义3.4%,人本主义4.1%,罗杰斯主义2.2%(Prochaska, Norcross, 1983)。而其210名独立从业者的理论取向中,折衷主义是最常见的选择,超过30%。心理动力学(14.3%)和精神分析(11.4%),二者结合起来共占了25.7%。认知主义和行为主义各占了5%以上,系统理论是3.3%(Norcross, Prochaska, 1983)。他们另一项对美国心理学会和12分会成员的调查发现,30.89%的成绩持折衷取向,30.05%指心理动力学取向,14.40%指学习理论/行为取向,6.26%认知,4.18%系统(Norcross, Prochaska, 1983)。

普罗查斯卡(Prochaska)和诺克洛斯(Norcross)的调查显示最常见的理论取向的联合是认知与行为(12%)、人本主义与认知(11%)、精神分析与认知(10%)。他们把折衷主义分为3种类型:非理论型(Atheoretical),整合而不局限于某一种理论方法;综合(Synthetic),整合各种当代的理论;技术折衷(Technical Eclectism),在一种理论下整合各种技术。62%的被调查者认为自己属于综合的折衷主义(Synthetic Eclecticism),11%认为自己是非理论型,27%为技术折衷(Norcross, Prochaska, 1988)。

3.20世纪末21世纪初

普罗查斯卡(Prochaska)、诺克洛斯(Norcross)和法伯(Farber)对29分会的481名会员的调查结果显示:29%首选理论取向是折衷/整合,其次是心理动力学/新弗洛伊德(21%),精神分析为12%。认知治疗占了10%,系统占了4%,各种人本观点结合起来占了9%(存在主义、格式塔主义、人本主义和以来访者为中心主义)(Norcross,Prochaska,1993)。总体来看,1/3的29分会成员支持折衷主义,1/3持各种精神分析治疗观点,1/3为其他各种方法。

1995年,普罗查斯卡(Prochaska)、卡格(Karg)和诺克洛斯(Norcross)对12分会成员的调查显示折衷/整合主义为27%,认知主义24%,心理动力学18%,行为主义13%,人际关系主义4%,系统主义4%,人本主义3%(Norcross等,1997a,1997b)。

2003年,诺克洛斯(Norcross)等对临床心理学分会会员进行调查,结果显示:折衷主义/整合(占29%)仍然是典型的取向,第二位的是认知治疗(28%),然后是心理动力学(占15%)和行为主义(占10%)。以人为中心/罗杰斯和人本主义取向只占了1%(Norcross等,2005)。

同样,哈特福尔德(Hatfield)和奥格勒斯(Ogles)对美国心理学会的874名成员进行调查,结果30.3%的人持折衷取向,28.9%是认知主义,19.5%是精神分析/心理动力学,7.9%是行为主义,6.1%是人际关系,2.3%是人本主义,1.6%是存在主义,1.4%是系统或家庭系统,3.5%是其他取向(Hatfield,Ogles,2007)。

希克曼(Hickman)等对24名有32年临床工作经历的心理整合治疗师进行调查,其理论取向首选折衷/整合,其次是认知—行为和认知(Hickman等,2009)。

诺克洛斯(Norcross)等对608名心理治疗师、心理咨询师和社会工作者进行调查。结果显示治疗师们最重要的理论取向是整合、折衷、认知和心理动力学(但是几乎没有行为或系统)(Norcross等,2009)。

博斯威尔(Boswell)、卡斯通格(Castonguay)和皮克斯(Pincus)对46个参加APA认证的临床咨询心理学项目的研究生治疗师进行调查,结果表明:虽然心理动力学治疗是单一理论框架最常用的形式,但在取向上最常用的是折衷/整合的方法(Boswell等,2009)。

综合以上研究可以看出,美国涉及心理健康服务人员的调查都显示出一个共同的趋势,即折衷主义一直是心理治疗领域中最流行的方法,特别是在1973年的调查中呈现出高峰,折衷主义成为一种典型的理论向(Norcross,2005)。而精神分析/心理动力学理论从1960年的仅次于折衷/整合理论而逐渐减少,到20世纪末21世纪初已低于认知主义理论;认知和行为主义理论的发展和心理动力学正相反,认知理论现仅次于折衷/整合理论,而行为主义已排到心理动力学之后;人本主义有逐渐减少的趋势,沙利文主义更少，而系统论和理性情绪有增加的趋势。有意思的是1983年在诺克洛斯（Norcross）和沃根（Wogan）的调查中，人本主义心理学分会的大多数回复者都支持折衷取向（30.7%）或存在取向（22.8%）。奇怪的是，只有8.8%的人首选人本主义为他们的治疗取向。而行为治疗发展协会（ABBT）的被调查者首选行为取向（68.8%），第二位的是折衷取向（12.5%）（Norcross，Wogan，1983）。也就是说，在以单一理论为主体的心理学会中，其成员往往也持折衷/整合的取向。

在折衷/整合实践中，20世纪六七十年代以行为主义为主，而从20世纪80年代以来，认知主义占了主要位置。诺克洛斯（Norcross）等在2002年的时候对一个有着62个心理治疗专家的小组使用Delphi法预测了未来10年心理治疗的发展趋势（Norcross等，2002）。观察者预测了认知—行为、文化敏感性认知和折衷/整合理论将会大幅度地增加，而经典的心理动力学、问题解决取向的理论和交互理论将会减少。而调查结果的变化正符合当时的预测结果。认知疗法和折衷/整合治疗的优势将会持续多年（Norcross等，2005）。而这种变化的出现，有如下几个原因：很多人付不起为期数年的心理治疗费用；短程治疗显示了不亚于传统治疗的效果；负责控制精神卫生的医疗卫生管控公司不愿意为更多次数的治疗支付费用。而折衷/整合理论、认知主义理论、行为主义理论正符合时代发展的要求（Trull，Phares，2005）。

（二）其他一些国家的情况

1.阿根廷

2008年，穆勒（Muller）对525名阿根廷心理治疗师进行的调查表明，53.1%的心理治疗师认为他们在临床实践中使用的最主要的理论是精神分析理论，39.8%的人使用的是整合的理论，在折衷主义者中，63.2%的人主要以精神分析理论为基础，再次是认知理论（占12.9%）。纵向分析表明，在过去的几年中，不同理论的整合成为一种趋势（Muller，2008）。

2.葡萄牙

瓦斯科（Vasco）在20世纪90年代末的调查发现，在葡萄牙最有影响力的取向是精神分析/动力学和认知行为，几乎各占了30%。11%的治疗师支持系统主义和罗杰斯取向，近18%的治疗师认为他们持整合理论。瓦斯科（Vasco）认为90年代末调查后，持整合取向的治疗师的数量已经增加了（Vasco，2008）。

在葡萄牙，整合的观点越来越得到关注和被广泛地接受。基于前面的调查，瓦斯科认为超过25%的治疗师可以被认为持整合的观点（Vasco，2008）。当然，这取决于如何定义整合。如前面所说，当使用非常严格的标准时，有效的只占18%。这些标准是：选择的值大于3（在0—5级的量表）且同时选择2个或更多的取向（“同一家庭里”的取向未写出，例如：认知和行为）。仅仅是“多于一个取向”，则达到80%。

治疗师联合的取向：认知—行为/人本（13.2%），心理动力学/系统（11.5%），认知—行为/系统（10.4%），心理动力学/人本（9.3%）。

3.瑞典

拉森（Larsson）等调查了416名治疗师，其可以分为四种“单一”的取向：心理动力学（161名），认知治疗（93名），认知行为治疗（95名）和整合/折衷治疗（67名）。其中有380名治疗师面对成人工作，81%拥有心理动力学治疗师执照，13%持认知治疗师执照，4%有认知行为治疗师执照，1%有行为治疗师执照，还有1%既有心理动力学执照又有认知治疗师执照。而让他们自己认定自己的取向时，46%认为自己是心理动力学取向，27%整合/折衷，9%认知治疗和7%认知行为治疗。另外，还有5%认定自己为精神分析主义，3%是认知治疗和认知行为，3%是精神分析和心理动力学（Larsson等，2009）。

4.西班牙

卡罗拉（Coscollá）等对179名西班牙心理健康服务人员进行调查，其中心理学家占了74.9%，精神病医生15.6%，非专业的分析师和治疗师占了7.8%，社会工作者占1.2%，咨询师占0.6%。结果显示在治疗过程中使用最突出的理论取向为分析/心理动力学（57.5%），接着依次是系统主义（22.9%），认知主义（21.2%），人本主义（18.4%），行为主义（11.2%）。少数人报告没有突出理论取向（3%），62%的有一个主要的取向，35%有2个或更多的主要取向。这些心理健康服务人员的理论取向，以单一的理论取向为主，占了46.4%。整合位居第二，占45.8%。整合的方式主要是分析/心理动力学与系统主义，认知主义与行为主义，分析/心理动力学与人本主义方面的。

5.日本

在日本，有存在半个多世纪的本土心理治疗方法——森田疗法和内观疗法，但是主要影响心理治疗师的心理治疗模型依然来自西方国家。精神分析、人本治疗如以来访者为中心治疗有着较长历史，已经在日本得到广泛的实践，心理动力学（尤其是荣格心理学）理论一直保持它的影响力，以至于纯粹内心心理治疗一直是日本临床心理学会（JACP）的理想模式。日本临床心理学会成员的理论取向主要集中于荣格心理学以及其他深度心理学，例如客体关系理论（Iwakabe，2008），然而，目前临床心理学家需要处理与人际关系和社会关系有关的许多问题，人们希望得到帮助解决一些日常问题或克服障碍的具体分析，而不是通过心理治疗手段分析内心深处的无意识冲突。因此认知—行为治疗、家庭治疗和短期治疗也被心理治疗师关注。尽管没有很多工作理论指导治疗师进行整合，但是大多数治疗师在实践中尝试结合心理动力学、荣格心理学、以来访者为中心、认知—行为、家庭治疗和系统观点的概念和技术进行折衷。雅客美（Iwakabe）认为日本的心理治疗整合是文化的整合,有两条途径:一是调整技术过程和治疗框架以适合日本的临床实践,另一是以符合日本的文化和东方的哲学来发展理论概念(Iwakabe, 2008)。

总之,从阿根廷、葡萄牙、瑞典、西班牙和日本5个国家的情况来看,精神分析/心理动力学依然是这些国家心理健康服务人员最主要的理论取向,同时整合、认知/认知行为在前4个国家已成为一种显著的趋势,在整合中主要使用的理论是精神分析/心理动力学。而在日本并未看到这种明显的趋势。

二、我国的情况

钟友彬认为我国的心理咨询与治疗工作起步较晚,比发达国家(如美国)至少落后了半个多世纪。他根据对国内公开发表的研究论文的统计分析,把我国的心理治疗与咨询工作分为空白、准备和初步发展这样3个阶段:空白阶段(1949—1978年)、准备阶段(1979—1985年)、初步发展阶段(1985—1990年10月)(钟友彬,1991)。钱铭怡将咨询与心理治疗在我国的发展划分为4个阶段:启动阶段(1949年至1965年)、空白阶段(1966年至1977年)、准备阶段(1978年至1986年)、初步发展阶段(1987年至2000年)(钱铭怡,1994)。由于历史的原因,心理咨询与治疗仅在改革开放后才开始在中国发展。20世纪70年代末至80年代初有学者翻译了一批国外著名心理治疗理论家的名著,例如《弗洛伊德文集》。这些论著对各咨询和治疗理论流派进行了比较全面的介绍。另外,我国的心理治疗专家也开始出版包括有自己的临床案例的专著(黄希庭,2008)。同时,该行业参与者也积极向国外学习先进的理论和技术。2001年至今,是临床与咨询心理学发展和职业化开始的阶段,其标志性的事件是国家政府部门及专业学会开始介入心理治疗与咨询的管理工作。而对于心理咨询与治疗理论的研究,也处于初步发展阶段,主要表现为心理健康服务理论基本上是引进和模仿西方理论,引进再创造的理论较少(黄希庭等,2007)。引进的理论可分为五大类:精神分析理论、行为主义理论、人本主义理论、认知心理学理论、系统家庭治疗理论。

(一)当前咨询理论趋向现状调查

柯永河在2002年对台湾59位临床心理师进行调查,结果显示使用最多的心理治疗理论依次为行为治疗理论(42.6%),当事人中心理论(33.3%),Beck的认知理论(24.1%),Gestalt治疗理论(19.5%),多向度理论(14.8%),意义治疗理论(5.6%),现实主义理论(3.7%),系统理论(3.7%),而最少被使用的是沟通理论(1.9%)(柯永河,2008)。大陆虽未见直接对心理咨询与治疗理论取向进行调查的文章，但理论和方法很难截然分开，通过方法的调查可以了解理论的情况，而且理论的实践也是通过方法实现的。在1992年对204名心理健康专业人员进行调查，结果显示最常见的理论取向是行为主义、精神分析和认知治疗（Qian，Chen，1998）。另外，更多的研究是对心理咨询与治疗方法进行调查。龚耀先对457个开展心理治疗的单位进行调查发现，专业人员应用最多的心理治疗方法依次为行为疗法、认知疗法、支持疗法、心理分析、森田疗法、生物反馈、催眠暗示疗法、以来访者为中心疗法和认识领悟疗法（龚耀先，李庆珠，1996）。秦漠、钱铭怡等在全国范围的调查发现专业人员使用最多的治疗方法是认知疗法，其次是行为、人本、整合、精神分析和家庭疗法；使用较少的是森田疗法和药物治疗（秦漠等，2008）。王琳对重庆市11所高等学校心理健康服务工作中心负责人进行调查后得出，最常用的前3种疗法为认知疗法、行为疗法与人本主义疗法（王琳，2008）。廖全明和罗晓路等的调查显示全国学校使用最多的心理咨询与治疗方法是强化、厌恶、放松、系统脱敏等行为疗法，其次是以来访者为中心疗法、理性情绪疗法和精神分析疗法，使用最少的方法是森田疗法（廖全明，2009；罗晓路等，2009）。尹可丽等通过文献分析得出我国心理咨询与治疗从业者所采用的方法绝大多数来源于国外，折衷方法多于单一方法（尹可丽等，2009）。从以上的调查可以看出，国内使用的心理健康服务理论基本上是引进和模仿西方理论。

（二）中国传统文化对心理咨询的影响

我们也要看到，在我国，儒家思想、道家思想和佛教思想在日常生活中深刻地影响着中国人（Hwang，2009）。儒家文化对中国人心理健康和心理疾病的构建产生了深远的影响（罗鸣春等，2010）。传统的中国文化，例如儒家思想、佛教思想和道家思想影响着中国人的心理健康和应对方式（Yip，2004）。景怀斌认为儒家式应对思想大致包括挫折内在乐观性、"命"认识、人的责任性、挫折作用等（景怀斌，2006）。儒家应对思想有利于心理健康，可以作为心理健康教育和心理咨询的一个内容来应用。儒家思想对心理咨询可能有贡献的9个领域包括：人生意义、应对、生死教育、哀伤辅导、心理调节、人际认知、社会生活技能、人格发展、心理咨询技术等（景怀斌，2007）。因此，儒家思想、道家思想和佛家思想被运用于东方文化背景和中国文化背景的心理咨询与治疗中。例如，佛家思想被运用于咨询与治疗中，产生了实践治疗（practical Therapy）、冥想（meditation）、概念治疗（conceptual therapy）（Hwang，Chang，2009）、佛教的认知行为治疗（Buddhist accommodative CBT）（在认知行为治疗中整合了佛家原理和冥想的实践）（Hook，Worthington，2010；Vanno，Hoyt，2004）；道家思想结合了认知治疗而形成了中国道家认知疗法（Hwang，Chang，2009）；儒家思想运用于心理治疗而产生了自我关系条件模型（model of self-relation condition)(Chen,2009);道家和儒家思想结合形成了"道—儒认知行为疗法"(张静,张琳琳,2006)。

钱铭怡把心理治疗与咨询、东方思想及中国传统文化的交流和融合总结为三个层次:一是将东方思想观点结合运用于心理治疗的框架之中(Qian,Wang,2006)。比较突出的例证是顺应自然的治疗原理被运用到森田疗法中(Hwang,Chang,2009),而这一原理中所蕴含的思想与中国的老庄思想、道家哲学一脉相承,因此在我国得到治疗者和来访者的广泛认同。二是将西方心理治疗的技术方法运用于中国的治疗模型之中。这方面比较突出的是20世纪80年代钟友彬提出的认识领悟疗法(Qian等,2001;钟友彬,2008;1992)。认识领悟疗法属于短程心理分析疗法,其理论观点属于心理分析学派。另外,朱建军提出的意象对话心理疗法也可以归为此类。意象对话的理论吸取了精神分析理论、荣格分析心理学理论等心理动力学流派的思想,以及人本主义和超个人心理学的思想,并融合了东方文化心理学思想(朱建军,2006;秦源,2009)。三是基于中国的思想提出自己的心理治疗模型。例如张亚林和杨德森提出的中国道家认知疗法(Hwang,Chang,2009;Zhang等,2002;胡凯,肖水源,1999;熊毅,2009;张亚林,杨德森,1998;张亚林等,2000;杨德森等,2002)。中国道家认知疗法结合了认知治疗和道家哲学思想,使当代中国的来访者能在当前的工作和社会现实中学会应对技能。鲁龙光提出心理疏导疗法(鲁龙光,1996;黄爱国等,2006)。心理疏导疗法以辨证施治为原则,以中国传统文化和古代心理疏导的思想和方法为主导,是在控制论、信息论、系统论等理论基础上形成的。另外郑日昌经过多年实践探索,将现代西方心理学中的认知疗法与中国古代阴阳辩证思想结合,创立了辩证认知辅导的理论与方法(郑日昌,2008)。

此外,学者还积极挖掘我国古代的心理治疗思想及治疗方法。汪凤炎认为中国古代的心理治疗思想包括两方面的内容:一是中国古代文献尤其是中医文献里运用心理手段对患者的生理疾病、心理疾病进行治疗的言论或案例中所蕴含的心理治疗思想;二是中国古代文献尤其是中医文献里运用药物或针灸等手段来治疗心理疾病的言论或案例中所蕴含的心理治疗思想(汪凤炎,2008)。中医心理治疗的研究,最主要的是对中医典籍《黄帝内经》的研究。在中国古代医典里,蕴含着丰富而系统的心理治疗思想,其可以称为中国传统心理治疗理论。

在中医学古籍中没有心理学或心理治疗的说法,但在传统文献中有着许多相类似的称谓。影响较大的有"治神"(《素问·宝命全形论》)、"治意"(《续名医类案》)、"医心"(《青囊秘录》)、"人事制之"(《丹溪心法》)等。历代医家从丰富的临床实践中总结出"心病还需心药医",提出"心病不知何许药医也,不详其性状,不明其用量,亦不悉其产地,而奏效甚奇"。中国的传统心理治疗,源于生活与医疗实践,并在历代中国医者传承的理论研究与临床实践中不断发展和广泛运用。

另外,虽然没有提出具体的治疗理论或模型,但国内学者也探索了中国传统的儒家思想、道家思想、佛家思想对心理治疗与咨询的启示,并在治疗与咨询过程中使用其中的一些思想。总之,我国目前的心理治疗与咨询理论既有西方引进的理论,还有逐步发展的中国特色文化理论。

国外一系列的调查发现,在美国,涉及心理健康服务人员的调查都显示出一个共同的趋势,即折衷主义一直是心理健康服务领域中最流行的方法,特别是在20世纪70年代的调查中呈现出高峰,折衷主义成为一种典型的理论取向(Norcross,2005)。钱铭怡曾指出心理咨询与治疗的发展倾向是从各自坚持单一的理论学派的"分"的倾向,到现在的多种方法理论兼容并蓄的"合"的倾向(钱铭怡,1994)。而两次对社会心理咨询机构的调查结果显示:咨询师主要采用兼容取向的咨询技术,不倾向于某一流派(江佩,2008;曾院珍,宋凤宁,2010)。秦漠等的调查也发现在方法中有整合疗法(秦漠等,2008)。

通过以上分析可以看出,针对心理健康服务从业人员的理论取向的调查只有一次,调查范围有限,而这期间,中国的心理健康服务事业飞速发展,有必要对心理健康服务理论的情况再进行深入分析。另外虽然国内对心理咨询与治疗方法的使用情况进行了一些调查,但就调查的范围来看,主要涉及的是国外引进的理论。但是实际情况如何,也有必要进行直接的调查。

三、小结和思考

现代心理治疗发源于欧洲,如果从1881年奥地利精神科医生弗洛伊德开始其心理治疗业务算起,心理健康服务已走过了一个多世纪,并取得了巨大的成就。在一个多世纪中,弗洛伊德创立的精神分析体系一直深刻地影响着在阿根廷、葡萄牙、瑞典、西班牙和日本的心理健康服务人员。但是在美国,它的影响力在不断削弱。相反,学习论、认知论、人际论、认知/行为说、折衷/整合论等因适应社会需要而日显其重要性。心理健康服务理论取向经历了一个从单一经多元到整合的过程。这种理论发展趋势反映了从开始时只为极少数人服务,如今发展到为成千上万大众服务的过程。

我国的心理健康服务事业正在逐步发展,心理健康服务从业人员使用着国外引进的理论、本土化理论和本土理论,但具体情况如何?另外,我国主要使用国外理论,那在使用国外理论的过程中是否和国外的情况一致?这需要我们进行系统的研究来解答。

第二节 中国心理健康服务理论的现状研究

一、中国心理健康服务理论现状文献计量学研究

通过对心理学文献的调查，可以了解自21世纪以来我国心理健康服务理论的现状，以弥补心理健康服务理论研究在该方面的不足，促进心理健康服务理论研究从零星研究、部分研究走向系统的、全面的研究。

（一）研究方法

研究对象选自三个来源的心理学学术刊物：(1)中文核心期刊要目总览（2008版）确定的6种核心刊物，即《心理学报》《心理科学》《心理科学进展》《心理发展与教育》《心理学探新》[①]《中国心理卫生杂志》；(2)ASPT来源刊，《中国临床心理学杂志》《中国健康心理学杂志》《心理与行为研究》《应用心理学》；(3)CJFD来源刊，《社会心理科学》；共计11种。本文选用中国期刊全文数据库西南大学节点作为数据源，对前述11种期刊2000年1月至2009年10月出版的每篇文献进行选择，以报告心理咨询、心理治疗的理论或实践内容为接受标准；以下几种情况为排除标准：①注明心理治疗、心理干预的文章，但没写明具体的治疗理论或方法；②只报告团体治疗或个体治疗等治疗形式而没有注明具体理论或方法；③纯粹的人格理论介绍；④报告心理咨询与治疗的整个趋势而没有具体理论或方法；⑤某种疾病的多种心理治疗进展介绍；⑥书评或会议纪要；⑦作者单位为国外作者；⑧文章为计量学或元分析方面的研究。根据上述接受标准和排除标准进行筛选，共有475篇报告作为分析心理健康服务理论的样本。

分析内容：(1)文献来源刊物、发表时间、基金项目、第一作者单位类型及所属地区。将作者的单位类型分为医院、学校和其他三类。医院包括精神卫生中心、综合医院、其他各类医院，因医学院研究者专业背景与其他学校研究者不同，故将医学院研究者划归医院；学校包括各类高校、中小学校、特殊学校等等；其他机构包括监狱、社会心理咨询机构等。根据行政区域把全国31个省、自治区、直辖市划分为六个地区：华北地区、东北地区、华东地区、中南地区、西南地区和西北地区，除此之外还列出香港。(2)心理健康服务理论。①研究方法，分为理论研究和实证研究。②理论来源及类别。理论来源分国外理论、本土化理论和本土理论3种。理论类别的分类标准主要参照了美国几

---

① 核查总览未见，考虑到分析需要，仍留存——编辑注。

次理论取向调查的文献(Smith,1982;Norcross等,1997;Gibson,Mitchell,1999);并参照了其他相关书籍(沙夫,2009;郑日昌等,2006)。③整合理论的联合手段分为联合使用2种方法,联合使用3种或3种以上方法。

对每篇文献所报告的单元逐一加以统计,不论1篇文献中出现某个单元多少次,只计1次。用SPSS15.0统计分析。

(二)结果与分析

1.文献来源刊物、发表时间及基金项目等基本情况

表3-1列出了475篇文献的来源刊物、发表时间及基金项目情况。结果表明:在11种文献来源刊物中,《中国健康心理学杂志》《中国心理卫生杂志》《社会心理科学》发表的文章数量为397篇,占83.6%,说明我国心理咨询与治疗理论和实践的文献大多数发表在这3种刊物上。2007至2009年发表的文章数量为219篇,近一半,说明这3年来我国心理咨询与治疗理论和实践方面的文章迅速增多。475篇文献中,有72篇文章得到基金项目支持,占15.2%。近三年来获得基金支持的文章为35篇,占获得基金项目支持文章的48.6%,说明心理健康服务领域研究越来越得到国家的关注和重视。

表3-1　文献的来源刊物、发表时间及基金项目情况

刊物名称	文献发表数量											
	2000年/篇	2001年/篇	2002年/篇	2003年/篇	2004年/篇	2005年/篇	2006年/篇	2007年/篇	2008年/篇	2009年/篇	合计/篇	百分比/%
《中国健康心理学杂志》	15(1)	10	15(1)	7	9	12(1)	13(1)	32(3)	35(6)	43(8)	191(21)	40.21(29.2)
《中国心理卫生杂志》	18(5)	5(1)	19(2)	10(3)	12(1)	18(3)	7(2)	17(4)	8(2)	6(6)	120(29)	25.26(40.3)

续表

刊物名称	文献发表数量											
	2000年/篇	2001年/篇	2002年/篇	2003年/篇	2004年/篇	2005年/篇	2006年/篇	2007年/篇	2008年/篇	2009年/篇	合计/篇	百分比/%
《社会心理科学》	0	0	0	6	11	6	5	25	17	16	86	18.11
《中国临床心理学杂志》	5	3	4（1）	2	0	7（1）	3	2（1）	3（1）	3（1）	32（5）	6.74（6.9）
《心理科学》	2（1）	0	2（1）	2	5（1）	0	4（1）	2	1（1）	3（2）	21（7）	4.42（9.7）
《心理发展与教育》	0	0	0	5（4）	1	1	1（1）	1	0	0	9（5）	1.90（6.9）
《心理学探新》	1	2	0	1	0	1	0	0	0	1	6	1.26
《心理学报》	0	1（1）	0	0	0	1	0	0	1	0	3（1）	0.63（1.4）
《心理科学进展》	0	0	0	0	0	1	0	1（1）	1	0	3（1）	0.63（1.4）

续表

刊物名称	文献发表数量											
	2000年/篇	2001年/篇	2002年/篇	2003年/篇	2004年/篇	2005年/篇	2006年/篇	2007年/篇	2008年/篇	2009年/篇	合计/篇	百分比/%
《心理与行为研究》	0	0	0	0	0	0	1（1）	0	1	0	2（1）	0.42（1.4）
《应用心理学》	0	1（1）	1（1）	0	0	0	0	0	0	0	2（2）	0.42（2.8）
合计	41（7）	22（4）	41（6）	33（7）	38（2）	47（5）	34（6）	80（9）	67（10）	72（16）	475（72）	100

注：括号内为获基金项目支持的文章篇数

表3-2列出了第一作者单位类型及所属地区情况。从表3-2可以看到，撰写有关心理健康服务理论和实践文章的作者主要来自医院和学校，也有少部分来自社会其他机构，其中有3篇文献的作者来自社会心理咨询机构。作者所属的地区中，占第一位的是中南地区（29.9%）、其次是华东（24.8%）和华北地区（24.4%）。六大区中作者最少的是西北地区（2.9%）。另外还有2篇文章是由香港的作者撰写。说明撰写心理健康服务理论和实践方面文章的作者主要集中在中南、华东和华北地区。

表3-2　第一作者单位类型及所属地区情况

单位	第一作者频次/次	百分比/%	所属地区	第一作者频次/次	百分比/%
学校	196	37.7	中南	142	29.9
医院	234	45.0	华东	118	24.8
其他	35	6.7	华北	116	24.4
未注明	10	1.9	西南	43	9.1
			东北	35	7.4
			西北	14	2.9
			香港	2	0.4
			未注明	5	1.0
合计	475	100	合计	475	100

2. 文献报告的心理健康服务理论

从实证研究和理论研究两个角度考察，心理健康服务理论研究的475篇文献中，实证研究文献376篇，占79.2%；理论研究文献99篇，占20.8%；其中绝大部分理论研究文献为某一理论的综述。在实证研究的376篇文献中，主要采用个案报告和对照研究的方法。

表3-3列出了心理健康服务理论的来源及类别情况。结果显示：在理论的来源上，国外理论频次为446次，占理论来源总次数的94.3%，本土化理论16次，占3.4%，本土理论11次，占2.3%，另外有3篇文献是结合了国外理论和本土化理论。说明文献报告的心理健康服务理论绝大多数来源于国外。在理论类别上，国外理论被报告最多的是整合/折衷理论，频次为177次，占37.2%，其次为认知理论，频次为44次，占9.3%，行为主义理论，频次为41次，占8.6%，理性情绪理论，频次为40次，占8.4%，说明理论类别以整合理论为主。本土化理论包括认识领悟疗法，另外在整合理论中提到意象对话技术。本土理论被报告的是道家认知疗法、艺术治疗、中医心理治疗和适应心理治疗。艺术治疗中报告了传统音乐治疗理论（频次为1次）和书法治疗理论（频次为2次）。总体来讲，我国心理健康服务从业者所使用的理论中国外来源占大多数，说明国内学者对国外理论及时进行了介绍、学习，这是可喜的方面，毕竟我国心理健康服务事业刚起步，借鉴国外成熟的理论、方法和经验可以让我们心理健康专业服务人员减少摸索阶段，在短期内尽快开展工作。但是，国外的理论生长于国外的文化环境，只有当它们与本国文化和国情相融合之后才能显现其适宜性（徐华春，黄希庭，2007）。换句话说，心理健康服务需要特色化，需要中国化。然而，就目前的研究现状看我国本土化和本土理论的成果并不理想，即使是有少数学者提出了本土化或本土理论和方法，但很多都未得到实践验证或推广度还远远不够。究其原因，估计是国内研究者和实践者的角色没有很好统一起来。国内学者提出的认识领悟疗法、道家认知疗法、意象对话技术，相对于西方的500多种咨询理论，还是显得太少。

表3-3　心理健康服务理论的来源及类别

来源	理论	频次/次	百分比/%	理论	频次/次	百分比/%
国外理论						
1. 整合/折衷理论		177	37.2	9. 问题解决	8	1.7
2. 认知理论		44	9.3	10. 人本理论	6	1.3
3. 行为主义理论		41	8.6	11. 现实疗法	4	0.8
4. 理性情绪理论		40	8.4	12. 人际关系	4	0.8

续表

来源	理论	频次/次	百分比/%	理论	频次/次	百分比/%
5.精神分析		33	6.9	13.叙事心理治疗	3	0.6
6.森田治疗理论		29	6.1	14.内观疗法	2	0.4
7.家庭理论		18	3.8	15.其他	23	4.8
8.艺术治疗		17	3.6			
本土化理论						
认识领悟疗法		16	3.4			
本土理论						
1.道家认知疗法		5	1.1	3.中医心理治疗	2	0.4
2.艺术治疗		3	0.6	4.认知理论(适应心理治疗)	1	0.2
合计		476次				100

对文献中心理健康服务理论的整合手段统计可得:在整合理论中,最多的结合方式是联合使用2种方法,频次为144次,占81.4%;联合使用3种或3种以上方法的频次为33次,占18.6%,说明整合理论的整合手段以联合使用2种方法为主。从表3-4数据可以看出,联合使用2种方法中最常见的是认知理论和行为主义理论的整合,频次为106次,占22.27%。其他的联合方式,主要见于认知理论与其他理论联合。总之,我国心理健康服务从业者的理论取向以整合理论为主,与美国几项调查结果一致,多数美国临床医生认为自己是“折衷”或“综合的理论取向”(Michele等,2007)。我们的研究表明在整合实践中我国咨询师使用最多的理论是认知主义,整合理论的联合方式以认知和行为主义理论最为常见,这与诺克洛斯(Norcross)等在2003年的调查数据一致(Norcross等,2005)。诺克洛斯(Norcross)等认为整合或折衷主义的实践包括理论整合、技术折衷、共同因素、同化整合(Norcross等,2005)。而我国的整合实践只局限于技术折衷。然而,期刊中发表的理论一般只针对某一类型理论、某一类型的心理问题或某一具体的个案,往往只涉及心理健康从业人员所使用理论中的一部分,因此,统计到的心理健康从业人员整合理论的联合方式主要以联合2种理论为主,这一结论还需要进一步核实。由于发表在我国主流心理学期刊上的文章着重实证取向,且由于篇幅所限,一般只介绍具体的方法、技术,而较少把深度理论也呈现出来,因此数据显示出我国心理健康从业人员整合实践的特点只局限于技术折衷。

表 3-4　心理健康服务整合理论的理论取向联合

整合理论	频次/次	百分比/%	整合理论	频次/次	百分比/%
认知+行为理论	106	22.3	理性情绪+人本理论	2	0.4
认知+家庭理论	11	2.3	内观+认知理论	2	0.4
认知+家庭+森田治疗理论	5	1.1	认知+艺术治疗理论	2	0.4
认知+行为+家庭理论	5	1.1	认知+行为+家庭+精神分析理论	2	0.4
认知+行为+艺术治疗理论	4	0.8	行为+艺术治疗理论	2	0.4
认知+行为+精神分析理论	4	0.8	灵性+心理治疗理论	2	0.4
认知+森田治疗理论	3	0.6	其他	21	4.4
理性情绪+精神分析理论	3	0.6	合计	177	37.2
认知+行为+人本理论	3	0.6			

注:表中“+”表示“与”

3. 不同心理健康服务地区和机构从业者理论取向的差异

统计结果表明,全国六大区从业者在理论取向上没有显著差异(χ^2=39.427,p=0.116)。表 3-5 列出了不同心理健康服务机构从业者的理论取向情况。结果显示:学校、医院和其他机构的从业者理论取向上存在着显著性差异(χ^2=66.65,p<0.001)。所有机构从业者最主要的理论取向是整合理论,且以医院的从业者最为显著。除了整合理论外,学校和其他机构的心理健康服务从业者理论取向主要是理性情绪理论,医院从业者主要的理论取向是森田治疗理论。这些差异可能是由这些从业者自身的专业背景、来访对象及其实践环境不同造成的。森田疗法是日本的精神科医生森田正马(Morita Shoma)提出来的,在国内,主要是在精神病学中讲授此疗法,而西方传统的心理咨询与治疗理论是在心理学课程中设置的,虽然现在课程讲授中表现出融合的趋向,但是还未成为主流趋势。因此,我国心理健康服务理论要发展,从业者的受教育背景也是一个关键因素。相信随着多学科的交叉、融合,今后我国心理健康服务从业人员在理论上表现出来的这种差异会越来越小。

表 3-5　不同心理健康服务机构从业者的理论取向

作者单位	理论取向							χ^2	p
	精神分析理论	认知理论	行为主义理论	理性情绪理论	家庭理论	整合理论	森田治疗理论		
学校	8.0	12.0	12.8	13.6	5.6	46.4	1.6	66.65	0.0001
医院	3.6	10.7	12.8	2.0	5.1	52.6	13.3		
其他	2.9	17.1	0.0	37.1	2.9	37.1	2.9		

（三）总结

此研究通过接受与排除标准，选取了475篇文献。来源刊物是我国心理学的主流期刊，这些文献的第一作者主要来自我国六大地区，其所属单位包括医院、学校，还有监狱和社会心理咨询机构等，因此可以说，选取文献基本上反映了我国心理健康服务理论的状况及主流研究水平。经统计分析可见，我国心理健康服务理论主要引进和模仿西方理论，进行引进再创造的理论较少（黄希庭等，2007）。由此可以看出，国内学者要构建出中国特色的心理健康服务理论，构建出能经过实践检验的理论，任重而道远。

由于所选取的文献包括理论研究和实证研究，而实证研究是通过心理咨询与治疗方法来间接反映其理论的实践状况的，虽然能显示出我国目前的心理健康服务从业者的一些理论取向状况，但今后还需要通过直接的深度访谈进行调查核对来对这一情况进行了解，这也是我们下一步的工作。

二、中国心理健康服务理论现状调查

我们采用科学的方法编制问卷，考察全国各区域、不同背景的心理健康服务从业人员使用理论的基本情况及特点，分析采用不同理论的原因，进一步验证和拓展前述理论研究的结论。

（一）研究方法

研究工具采用中国心理健康服务体系现状与对策研究课题组自编的心理健康服务情况调查表，主要由3部分构成：个人基本信息、心理健康服务理论的使用情况和选择服务理论的原因。问卷中的理论涉及3种：国外理论，即研究者所采用的理论、方法来自国外，未对其做任何修正，包括行为主义理论、认知理论、精神分析/心理动力学理论、人本—存在主义理论、人际关系理论、家庭系统理论/系统理论、森田治疗理论7种理论；本土化理论，即所采用的理论及方法来自国外，但将之与中国的实际情况结合后产生的新理论与方法，包括认识领悟疗法、意象对话心理疗法2种；本土理论，即所采用的理论或方法来自本土，为中国人自创，本土理论又包含大理论和小理论两个层次。大理论是指对心理健康服务发挥着指导作用的中国传统哲学思想，包括儒家思想、道家思想、佛家思想；小理论是指我国心理健康从业人员从心理健康服务活动实践中总结出来的具体原则，包括中国道家认知疗法、中医心理治疗理论、心理疏导疗法。问卷采用4级评分，从“从不”“有时”“较多”到“总是”。此外，还涉及了原创理论和其他理论（需要写出具体的理论）。

问卷编制过程如下：根据文献综述和前述研究的结论形成初始问卷；经研究小组两次讨论形成问卷初稿，并对小样本专业人员进行试测和访谈；根据试测结果进行修改，再经过小组讨论后形成初测问卷。在进行了400份问卷的初测后，再次修订了问卷，形成正式问卷。经检验，正式问卷的内部一致性信度（Cronbach's α）为0.76，具有良好信度，达到了测量学要求。

调查涉及全国30个省、自治区、直辖市，根据行政区域划分，将其分为六个地区，具体见表3-6。对各类学校、医院、社会机构中从事心理咨询、心理治疗工作和心理健康教育的工作人员进行调查，取样方式如下：(1)在全国性的心理治疗与咨询会议上发放问卷；(2)请国内东北、华北、华东、中南、西南和西北六大行政区的心理学者在当地进行调查；(3)通过邮件、QQ群、心理咨询网在全国范围内进行调查。调查时间从2009年7月至2010年5月，共发放问卷3 597份，回收2 809份，有效问卷2 357份。

表3-6　中国心理健康服务理论现状全国范围调查涉及的省、自治区、直辖市

地区	涉及的省、自治区、直辖市						
华北地区	北京	天津	河北	山西	内蒙古		
东北地区	辽宁	吉林	黑龙江				
华东地区	上海	江苏	浙江	安徽	福建	江西	山东
中南地区	河南	湖北	湖南	广东	广西	海南	
西南地区	重庆	四川	贵州	云南	西藏		
西北地区	陕西	甘肃	宁夏	新疆			

（二）结果与分析

1.被试基本情况

在调查的2 357名心理健康服务从业人员中，有20人没有填写年龄，其余2 337名被试中，年龄为19—76岁，平均年龄为33.73岁（SD=8.14）。除了20名被试没有填写性别情况，有70.7%的心理健康服务从业人员为女性。且被试没有宗教信仰者有2 027人，占86.0%，在有宗教信仰者中，信仰佛教的有167人，占7.1%，基督教52人，占2.2%，道教27人，占1.1%，伊斯兰教14人，占0.6%。在受教育水平中，有13人没有填写，受教育程度最低为高中，有24人，占1.0%，受教育程度最高为博士，有76人，占3.2%，从业人员中受教育程度主要集中于本科，有1 195人，占50.7%，其次为硕士，占了35.9%。职称情况，中级有918人，占了38.9%，其次为高级职称，有397人，占16.8%，需要注意的是，有731人未填写该项目。心理健康服务从业人员的最终受教育专业主要为心理学，有1 105人，占46.9%，其他依次是其他专业（522人，22.1%）、教育学专业（441人，18.7%）和医学

专业(260人,11.0%),有29人未填写该项目。把调查到的30个省、自治区、直辖市按行政区划分为六大区,其中华东最多,有916人,占了38.9%,其次为西南,有432人,占18.3%,最少为东北,有142人,占6.0%,其他为华北289人,占12.3%,中南347人,占14.7%,西北192人,占8.1%,有39人没有填写地区信息。

表3-7表明了心理健康服务从业人员的专业活动情况。在服务机构中,主要是高校(44.6%)和中小学(21.0%),然后是私立心理咨询机构(8.1%)、综合医院及其他专科医院(5.6%)。在此次调查的人群中,心理咨询师最多,有996人,占42.3%,其次为心理辅导员,有545人,占23.1%,通科医生最少,有39人,占1.7%。专职人员仅有841人,占35.7%,大多数是兼职人员,有1 443人,占61.2%。担任督导的只有414人,占17.6%,而不担任督导有1 853人,占78.6%。心理健康服务从业人员中,工作年限最长的有30年,最短的刚从事心理健康服务工作,每周心理咨询或治疗的小时数最多的为58小时,最少的为0.50小时。这说明,心理健康服务人员的年龄差异巨大,且从业时间差异也非常大。

表3-7　心理健康服务从业人员的专业活动情况

服务机构	人数/人	百分比/%			人数/人	百分比/%
精神科专门医院	103	4.4	专业工作	精神科医生	123	5.2
综合医院及其他专科医院	133	5.6		通科医生	39	1.7
高校	1 051	44.6		心理咨询师	996	42.3
中小学	496	21.0		心理治疗师	178	7.6
政府机关	75	3.2		心理辅导员	545	23.1
企业	65	2.8		其他	428	18.2
司法部门	28	1.2		缺失值	48	2.0
部队	18	0.8	专兼职	专职	841	35.7
民间非营利组织	61	2.6		兼职	1 443	61.2
私立心理咨询机构	190	8.1		缺失值	73	3.1
其他	86	3.6	督导	是	414	17.6
缺失值	51	2.2		否	1 853	78.6
				缺失值	90	3.8
合计	2 357	100.0	合计		2 357	100.0

2. 心理健康服务理论的使用现状

在心理健康服务理论的使用中,整合理论占了95.1%,而单一理论只占了4.9%。表3-8是单一理论的使用情况。在单一理论中,使用最多的理论是国外理论,其次是本土化理论和本土理论。在国外理论中,使用最多的是认知理论,频次为40次,占34.5%,其次为精神分析/心理动力学理论,占18.1%,然后是人本—存在主义,占12.9%,行为主义理论,占6.0%。在本土化的理论中,主要是认识领悟疗法,频次为4次,占3.45%,其次为意象对话心理疗法,频次为1次,占0.9%。在本土理论中,最多的是道家思想,频次为2次,占1.7%,其次是心理疏导疗法,频次为1次,占0.9%。

表3–8 单一理论的使用情况

理论		频次/次	百分比/%	理论		频次/次	百分比/%
国外理论	认知理论	40	34.5	本土化理论	认识领悟疗法	4	3.5
	精神分析/心理动力学	21	18.1		意象对话心理疗法	1	0.9
	人本—存在主义	15	12.9	本土理论	道家思想	2	1.7
	行为主义理论	7	6.0		心理疏导疗法	1	0.9
	理性情绪理论	6	5.2	其他		8	6.9
	人际关系理论	4	3.5				
	叙事心理疗法	4	3.5				
	森田治疗理论	2	1.7				
	艺术治疗	1	0.9				

心理健康服务理论的整合手段多种多样,最少的联合使用2种理论,最多的联合使用17种理论。在整合理论中,最多的结合方式是联合使用5种理论,频次为291次,占12.3%,其次为联合使用4种理论,频次为270次,占11.5%。表3–9显示的是整合理论中各理论的使用情况。在整合理论中,心理健康服务从业人员使用最多的理论是认知理论,而从4级评分来看,排在第二位的是人本—存在主义理论,然后是行为主义理论,但是从频次来看,则主要是行为主义理论,然后是人本—存在主义理论。说明行为主义理论较多地被心理健康服务从业人员采用,但是从使用频率上来看,少于人本—存在主义理论的使用。从理论来源看,我国心理健康服务从业人员在整合理论中使用最多的理论是国外理论;本土化理论中以认识领悟疗法为主,意象对话心理疗法为辅;本土理论中,大理论以儒家思想为主,其次为道家思想和佛家思想;小理论主要以中医心理治疗理论为主,其次为心理疏导疗法和道家认知疗法。

假如对心理健康服务从业人员整合理论的选择进行严格统计,即在1—4的4点评分中,选择理论为"较多"和"总是"时才算入整合理论,而选择为"有时"时不算入,则整合理论的比例下降到63.09%,整合理论占了近2/3。采用严格的标准进行统计后,发现整合理论的整合手段主要是联合使用2种理论，频次为497次，占33.4%，其次为联合使用3种理论（26.2%），联合使用4种理论（19.4%），联合使用5种理论（10.9%）。最多为联合使用15种理论，但是频次只为1次。从表3-9表中可以看出，即便提高统计标准，在整合中最常见的联合方式仍然是结合认知理论和人本—存在主义理论。

表3-9　整合理论中各理论的使用情况

理论种类及来源	宽泛整合定义（含“有时”选项）			严格整合定义（不含“有时”选项）	
	M，SD	频次/次	百分比/%	频次/次	百分比/%
国外理论					
认知理论	2.58，0.66	2 104	93.9	1373	61.3
行为主义理论	2.15，0.65	1 921	85.7	642	28.6
人本—存在主义理论	2.20，0.88	1 681	75.0	878	39.2
人际关系理论	2.02，0.83	1 523	68.0	724	32.3
精神分析/心理动力学理论	1.94，0.75	1 580	70.5	507	22.6
家庭系统理论	1.77，0.79	1 251	55.8	442	19.7
森田治疗理论	1.48，0.66	865	38.6	201	9.0
本土化理论					
认识领悟疗法	1.45，0.69	758	33.8	234	10.4
意象对话心理疗法	1.32，0.59	575	25.7	121	5.4
本土理论					
儒家思想	1.31，0.56	600	26.8	94	4.2
道家思想	1.28，0.54	525	23.4	86	3.8
佛家思想	1.27，0.53	515	23.0	83	3.7
中医心理治疗理论	1.17，0.44	318	14.2	48	2.1
心理疏导疗法	1.15，0.43	291	13.0	51	2.3
道家认知疗法	1.14，0.39	269	12.0	39	1.7
其他	1.07，0.35	89	4.0	48	2.1
自己原创理论	1.06，0.35	86	3.8	51	2.3

从此次调查来看，我国心理健康服务从业人员在心理健康服务理论的使用上，整合理论的使用占了主要地位，单一理论只占了很少的一部分。严格统计时（即整合理论中理论的选择≥3）（4点评分），则整合理论的比例下降到63.09%，但是仍占了主要位置。这和美国的情况类似（Hatfield等，2007；Hickman等，2009；Norcross等，2009；Boswell等，2009），但就美国的整合理论比例主要为1/3左右来看（Norcross等，2003；Hatfield，Ogles，2007；Norcross等，2002），我国的比例远远高于美国。

而在单一理论中，我国心理健康从业人员使用最多的理论是认知理论，其次为精神分析理论，然后是人本—存在主义，行为主义。这与美国在20世纪90年代后期和21世纪初期的情况类似，但美国的人本—存在主义只占了很小的比例（Norcross等，2003；Hatfield，Ogles，2007）。心理健康服务理论的整合手段多种多样，最少的联合使用2种理论，最多的联合使用17种理论。

在整合理论使用中，最常见的结合方式是联合使用5种理论。虽然我国在整合理论中，整合了国外、本土化和本土的理论，但是就整合理论中使用的情况来看，使用频率排在前5位的还是国外引进的理论：认知理论、人本—存在主义理论、行为主义理论、人际关系理论、精神分析/心理动力学理论。如果按严格统计，即选项≥3（4点评分），则整合理论的联合手段变成以联合使用2种理论为主。由于2代表“有时”，就是使用理论的频次比较低，因此，把“2”舍去更能代表整合理论联合手段的主要方式。

整合理论中使用最多的理论是认知理论，这与国外的调查一致。李波等通过各种渠道广泛收集了针对心理咨询和心理治疗专业人员的各种教育和培训项目，然后进行分析，结果发现在培训类别中，对心理治疗流派或技术的短期培训主要集中于精神分析、系统家庭治疗、萨提亚家庭治疗、婚姻家庭治疗、认知治疗、行为治疗、催眠、咨询师督导技能、心理危机干预、NLP简快心理治疗等（李波等，2006）。从中我们可以看到培训的理论主要集中于国外引进理论，为此，我国的心理健康服务从业者在进行心理健康服务理论中国化的过程中，除了积极探索适合本土的理论外，还应该把经过实践检验的理论进行广泛宣传与培训，这样才能让更多的心理健康服务从业人员尽快掌握本土化或本土的理论，为国人服务。

三、影响我国心理健康服务从业人员使用理论的因素分析

（一）我国心理健康服务从业人员选择理论的原因

根据调查，心理健康服务从业人员选择理论的原因按照排序依次为：根据来访者情况（1 770，41.2%）、自己最擅长（1 055，24.6%）、根据咨询效果（714，16.6%）、自己最喜欢（647，15.1%）、现在最流行（60，1.4%）和其他原因（48，1.1%）。这说明我国心理健康服务从业者在选择理论的时候，优先考虑到来访者的情况，同时也结合自己的长处。而国外的调查显示影响临床心理学家选择理论的因素主要是临床经验、价值观和个人的哲学观等涉及心理健康服务从业人员的因素，来访者的类型对临床心理学家选择理论只有一些影响（Norcross，Prochaska，1983）。

（二）我国心理健康从业人员使用心理学理论的人口学差异

表3-10表明我国心理健康服务从业人员使用的理论在地区间的差异、不同受教育程度导致的咨询师使用理论差异以及不同专业背景导致的咨询师使用理论差异。结果显示在心理健康服务理论的选择方面，各地区之间存在差异（χ^2=16.75，p=0.005），东北地区和西北地区的单一理论比例高于其他地区，而中南的整合理论比例最高。在心理健康服务理论的选择方面，各地区之间存在差异，东北地区和西北地区的单一理论比例高于其他地区，而中南的整合理论比例最高。钱铭怡等和秦漠等的调查发现在心理咨询与治疗的培训、机构管理和治疗方法上各地区之间也存在差异（钱铭怡等，2008；秦漠等，2008），说明我国的心理健康服务各地区之间不均等。而心理健康服务从业人员使用理论的差异，也许是由于培训的差异引起的。此外，不同的受教育程度，导致咨询师在使用的理论上存在差异（χ^2=22.29，p=0.000），总的来说，受教育程度越高的人员越倾向于使用整合理论；从专业背景来看，心理学和医学专业的心理健康服务从业人员比教育学背景的人员更多地使用整合理论。

表3-10　不同地区、不同受教育程度以及不同专业背景的从业人员使用的理论差异

地区	单一/%	整合/%	受教育程度	单一/%	整合/%	专业背景	单一/%	整合/%
华北	6.2	93.8	高中	20.8	79.2	心理学	3.3	96.7
东北	8.5	91.5	大专	5.9	94.1	医学	3.1	96.9
华东	4.6	95.4	大本	5.9	94.1	教育学	7.0	93.0
中南	2.0	98.0	硕士	3.3	96.7	其他	7.5	92.5
西南	4.2	95.8	博士	1.3	98.7	合计	4.9	95.1
西北	8.3	91.7	合计	4.9	95.1			
合计	4.9	95.1						
χ^2	16.753		χ^2	22.286		χ^2	19.105	
p	0.005		p	0.000		p	0.000	

如表3-11所示，从服务机构来看，精神科专门医院、综合医院及其他专科医院、部队、高校、民间非营利组织比私立心理咨询机构、中小学、政府机关、企业和司法部门更多地使用整合理论；在专业工作上，精神科医生和心理咨询师比其他专业工作人员要更多地使用整合理论。

表3-11 我国心理健康服务从业人员使用的理论在服务机构与具体工作上的差异

服务机构	单一	整合	服务机构	单一	整合	专业工作	单一	整合
精神科专门医院	2.9%	97.1%	民间非营利组织	3.3%	96.7%	精神科医生	2.4%	97.6%
综合医院及其他专科医院	3.0%	97.0%	私立心理咨询机构	5.8%	94.2%	通科医生	5.1%	94.9%
高校	3.2%	96.8%	其他	5.8%	94.2%	心理咨询师	3.2%	96.8%
中小学	7.7%	92.3%				心理治疗师	5.6%	94.4%
政府机关	8.0%	92.0%				心理辅导员	5.5%	94.5%
企业	10.8%	89.2%				其他	7.7%	92.3%
司法部门	17.9%	82.1%	χ^2	33.85		χ^2	15.89	
部队	00.0%	10.0%	p	0.000		p	0.007	

具有职业资格的从业人员比不具备从业资格的人员更多使用整合理论。具有职业资格的从业人员指有专业证书（95.9%）、专职（96.9%）和担任督导（97.3%）的心理健康服务从业人员，不具备职业资格的从业人员指没有专业证书（93.4%）、兼职（94.0%）和不是督导（94.5%）的人员[有无专业证书（F=7.22，p=0.007）；专兼职（F=9.75，p=0.002）；是否督导（F=5.62，p=0.018）。从受教育程度、专业背景来看，受教育程度越高的人员越倾向于使用整合理论；心理学和医学专业的心理健康服务从业人员比教育学背景的人员更多地使用整合理论。接受过心理健康服务相关培训的心理健康服务从业人员比没有接受过相关培训的人员更多地使用整合理论。由此可以看出，越受过专业教育和培训的心理健康服务从业人员，越倾向于使用整合理论，在服务机构和专业工作上也表现出同样的趋势。相信随着我国专业教育培训的发展，今后使用整合理论的从业人员会更多。

另外，从心理健康服务从业人员针对单个来访者的咨询或治疗次数来看，在单次的咨询或治疗中，针对2次以上的咨询与治疗，心理健康服务从业人员使用更多的是整合的理论。可能是由于2次以上来访者的情况更复杂，而使用更多的理论能更快更好地达到效果。

总之，在心理健康服务中，来访者的情况和心理健康服务从业人员的专业化程度是影响心理健康从业人员使用不同理论的主要因素。

第三节 心理健康服务理论使用现状

从文献计量学和全国大范围调查方面考察了我国心理健康服务理论的使用现状，然而课题研究组不仅进行了定量的大范围调查研究，在此基础之上，还通过针对16位咨询师的深度访谈从个案分析角度考察了我国心理健康服务理论的特点。该访谈结果不仅对前述研究的部分结果做了很好的佐证，也是前述理论研究的进一步深入开展。

根据被试的具体情况，研究者与A通过QQ进行了访谈；和B、D、E、G、H的访谈在他们学校的教室里进行，没有人打扰；与C、F、J、K的访谈在他们工作的医院办公室进行。由研究者事先打电话预约时间，其中和J的访谈由于有病人来看病，中途暂停了一些时间，等看病结束后又继续进行；与I事前约好到他的咨询所进行访谈，约好的时间是下午4:30，访谈进行了一个半小时的时候，他因约好了时间与别人一起去吃饭，不得不离开咨询所，然后研究者与其在去吃饭的路上继续聊。第一次的访谈录音整理好给I后，又约好时间进行第二次访谈和通过非参与式观察观察I所进行的一次咨询，都是在I的咨询所进行的。参与者的基本情况见表3-12。

表3-12 参与者的基本情况

参与者	性别	年龄	文化程度	工作地点	每周咨询时间
A	女	31	硕士	社会心理咨询机构	4—5小时
B	女		硕士	学校	4小时
C	女	49	硕士	医院	20小时
D	男	43	本科	学校	10小时
E	女	36	硕士	学校	3小时
F	女	33	硕士	医院	10小时
G	女	30	硕士	学校	2小时
H	女	35	硕士	学校	2小时
I	男	59	本科	社会心理咨询机构	24小时
J	女	34	硕士	医院	5—7小时
K	男	29	硕士	医院	10小时

注：B不愿意告知年龄

一、心理健康服务理论特点

(一)以整合理论为主

在所有的访谈对象中,只有H认为自己使用单一的理论,她使用的是家庭治疗理论,家庭治疗理论是她整个咨询过程中的一种理念,而其他的理论、方法、技术,她认为不是特别熟悉,所以不清楚是不是在用。另一方面,H认为即使使用了某技术,它只是一种工具,而不是咨询的哲学和理念。绝大多数的参与者认为他们在理论的使用上,使用的是整合理论,即咨询师在咨询过程中会以2种或2种以上的理论、方法为主要的咨询哲学、理念,在咨询实践中使用多种方法、技术。广义地说,整合是指对来自两个或更多个理论中的技术和/或概念的应用。整合既包括简单地相加,也包括高度地整合。

在国外,对折衷/整合主义理论的名称一直存在争议,诺克洛斯(Norcross)和普罗查斯卡(Prochaska)在1988年的调查显示40%的被调查者喜欢"整合(Integrative)",而只有25%的人喜欢"折衷(Eclectic)",35%的人没有偏好(Norcross,Prochaska,1988)。而到了2005年,诺克洛斯(Norcross)、卡皮亚克(Karpiak)和利斯特(Lister)所做的调查显示:大多数的心理学家更喜欢用整合,而不是折衷。具体来说,有23%强烈倾向于整合,36%首选整合,21%中立,15%首选折衷,其余5%的强烈赞成折衷,也就是说国外主要倾向整合理论(Norcross等,2005)。而在访谈中,参与者用"综合""混合""借用""兼用"而不是"整合"来表达使用理论的方式,他们有两种观点,一种观点认为整合这个词他们驾驭不了,参与者认为只有在把几个流派都运用娴熟之后才能谈整合,其是在几个流派之上的高度概括。否则,就会整合出一个"四不像"来。

参与者整合理论的方式主要是在精通一种或两种理论的基础上联合其他的理论方法。以一种理论为主联合其他理论、方法:有以精神分析理论为基础,结合其他理论方法的;也有以家庭系统理论为理论导向,结合认知理论、行为疗法理论、精神分析和灵性治疗中的禅修理论的;还有以行为主义理论为主,把人本主义理论贯穿在咨询的过程中的。在两种理论的基础上联合其他的理论方法:以精神分析、行为主义理论为主要理论,联合人本主义理论、家庭治疗理论、创伤理论;以认知理论和行为主义理论为主,包括一些精神分析的理念,涉及一些人本思想。

(二)动态地使用理论

动态地使用理论,就是使用的理论不是固定不变的,而是随着具体情况的发展而有所变化。

1.朦胧-清晰

H认为自己是摸着石头过河的人。她从2000年开始在高校的心理咨询中心从事心理咨询与心理健康教育工作。就全国2000年的情况来看,心理咨询只是处在初步发展阶段。而她的学校是开展心理健康服务工作比较早的。

“我在重庆市来做(心理健康服务工作)是比较早的,摸着石头过河的人……刚开始做咨询的时候,我觉得没什么方法,也不知道该怎么做。乱在做,我觉得。绝对是那样一种状态……那时候我完全是一种很朦胧的状态”。在经过不断的实践,接受过系统的家庭治疗的培训后,H认为自己使用的是家庭治疗的理论,“家庭治疗我用得非常多……我就有一个观点,就是觉得很多人的问题都来自家庭,治疗了家庭,就治疗了世界……(笑)我会有这样的观点”。

2.动态的整合

动态的整合,包含了两层意思,一是在使用理论、方法的时候,会以一种或多种理论、方法为主联合使用其他理论、方法,而联合使用的理论、方法并不是固定不变的,在具体咨询的时候,根据具体情况,联合的其他理论、方法有时会多一些,有时候会少一些。

根据时程的不同,使用的理论也是动态变化的。比如D主要使用的是精神分析理论,(在所有的咨询里都会涉及),如果这个过程较长,可能用精神分析的方法多一些;如果这个过程较短,用得比较多的可能是认知和行为,尤其是在学校里边,遇到学生学习的一些困难、人际交往困难、一些情绪冲突,另外由于时间的问题,个人的问题,尤其学校的设置问题,你不可能做一个规范的精神分析的过程,这个时候用认知和行为的就要多一些。

其次,随着咨询师的成长,他的理论、方法的使用也是在变化的。例如D在开始做咨询的时候,是以钟友彬的认识领悟疗法为主,联合认知行为、合理情绪疗法等,而目前主要是以精神分析为主,然后联合认知治疗、行为治疗,大多贯穿在咨询过程中的是人本的理念。在问到今后会不会再学习、使用其他理论的时候,咨询师表示有这种可能,而且随着今后的培训的变化,自己使用的理论也有可能会随之变化。

(三)使用中外理论的特点

中西方社会文化存在着差异,中国人的思维方式、表达方式和接受方式与西方人有诸多不同。在谈到文化对咨询师的影响时,一些人认为没有考虑过这个问题,或认为咨询师所使用的国外理论就是很中国化的;一些人认为不存在文化冲突的问题,在学习国外理论的时候是用中国人的思维方式在学习,用中国的文化对国外的理论进行了诠释;

还有一些人是把中国文化的思想引入咨询的过程中,创造出了本土理论。

1.主要使用的是国外引进的理论

从对心理健康服务从业人员的访谈中可以看到,绝大多数心理健康服务从业人员使用的是国外理论。国外理论引入后的文化契合性问题,有些心理健康服务从业人员并没有仔细考虑过。

2.用中国文化对国外理论进行诠释

在谈到使用国外理论时,一些参与者认为,虽然使用的是国外理论,但是他们不是直接搬用,而是已经把这些理论进行了消化、融合,以中国人的眼光分析国外理论。在学习国外理论时,在理解它的时候,早已经把它融合成自己的东西,即用中国人的观念去看去学习,因此,如果真的学懂了,再来用它时,是不存在文化冲突的。一些参与者认为国外理论和中国文化有很多共通的东西,而咨询师、治疗师能看到它们之间共通的方面,因此认为它们内在深处是融合在一起的,因此没有必要说一定要结合中国的文化。在心理咨询的过程中,咨询师、治疗师用中国的文化来诠释国外理论。当用中国文化来解释各种心理现象时,尤其是用中国本土文化来解释时,来访者是容易领悟的。

3.结合中国文化

中国文化对咨询师和来访者都有影响,而咨询师、治疗师在咨询的过程中会结合一些中国文化。为探讨中国文化对咨询师和来访者的影响程度,问卷设置了"文化思想在终极议题上对我的影响很大,当探讨到关于生死问题时,道家的'无常'往往很能说明问题"等内容。

(四)持系统论的观点

咨询师认为以一个系统的观点来看待个体所出现的问题,就不容易出现太大的问题。需要把问题放在一个系统里面来看。

二、我国心理健康服务从业人员采用不同理论的原因

(一)来访者问题优先选择

1.依照来访者的具体情况而定

心理咨询师/治疗师往往会根据来访者的具体情况选择不同的理论。根据当时的问题,灵活采用某种理论方法,可能以一种理论方法为主导,贯穿一些其他的在里面。

E是以家庭治疗理论为主,她会依据来访者的情况而采用不同的理论。

如果面对的是一个家庭,那最主要用的是家庭治疗,而且经常只用到这个理论;如

果是针对个人,整合的情况就会非常明显。针对个人做咨询的时候,有可能应用到部分的家庭系统理论,同时认知的、行为的、精神分析的,还有灵修的,也会得到使用。所以,可根据具体情况而定,比如根据来访的是家庭还是个体。有些问题,某种理论会用得更多,如果来访者是一个青少年或者一个儿童,他的问题是不愿去上学,那可能需要更多使用家庭理论。如果来访者是一个成年人,比方说一个40岁的中年女性,她有许多迷茫,如对自己的事业、人生发展有困惑,那可能用到的就是其他的一些方法,不一定是家庭系统的一些理论。

2.为了效果而采用

约翰(John)认为在心理咨询与治疗领域的三类核心研究是过程研究(Process Research)、个案研究(Case Study)与效果研究(Outcome Research)(Mcleod,2006)。可见,效果在心理健康服务中的重要性。心理咨询与治疗的最终目的是要解决问题,是要见效果的,因此,在使用理论、方法的时候,咨询与治疗师要考虑到这个问题。为了效果,咨询师会使用一些理论、方法,为了效果,咨询师会改变使用的理论、方法。

G主要使用的是行为主义理论和意象对话心理疗法。G认为她之所以选择行为主义理论,是因为对考试焦虑或者在人群中说话感到紧张,行为主义效果特别明显。相对来说,行为主义像放松训练,能让来访者一下子体验到自己的身体和心理的那种相互作用,效果比较明显。在使用意象对话时会看到效果很明显,因为来访者进咨询室的时候是非常纠结的,当让他换一个角色来体验比如父母对他的爱时,其通常能感受到父母那种苦心而流眼泪,就是效果的一种体现。

(二)咨询者擅长优先选择

1.学习培训经历

使用最多的理论,也是受训最多的理论。学习、培训的经历对一个从事心理咨询、心理治疗的人员来说是非常重要的。

"教育、培训经历在实践中有指导性的意义。培训与实践结合更为紧密,很多时候由有经验的老治疗师教授的,可以直接迁移到实践中去应用。而教育背景与实践的关系较遥远,虽然会内化为某些体会和感受影响实践,但周期更长,效果也相对不明显。比如,我们都了解了很多对自尊的研究,在我的教育中也不时看到关于自尊的文献。然而如何应用到实践,却是在培训中一语道破。在自体心理学中,一系列关于自我认同、自我价值的聚焦直接影响到咨询实践中的着眼点。"(A)

"后来受了培训之后,我才尝试去用这些东西,然后受到老师的督导,慢慢再去巩固,再去领会,培训班我觉得还是要好些,尤其是得到在这方面造诣很深的精神分析专

家的培训和指导，是非常好的。”(D)

2. 符合自己认同的理念

心理咨询师/治疗师会采用某种理论，是因为觉得某种理论更符合他们的理念追求。

“精神分析可能追溯到过往、早年，这种认知的改变对现在的影响，让来访者了解之后达到顿悟，促使自己内心真正改变，而不是在咨询师的训练下，或者说在不断的争辩中实现。我们说的面质中改变，更人性化一些，所以我现在觉得(精神分析)特别符合我的理念追求，我觉得可能对来访者来讲，其更容易被接纳。”(D)

“我用的某些方法，或者理论，是要契合我的。因为，我骨子里面，或者根里面，会有一些东西。而那些东西是对事物最本质的看法，我可能会部分地让自己扩大，或者是修正，或是补充，但是不会推翻。它不会让我变成另外一个人。而这个理论……是能够让我感觉到在精神上得到集中，得到滋养，我觉得它就会……会成为我的一部分，而不是我隶属于它下面的一个东西……。”(H)

“可能跟我自己的一些风格、能力有关，我会觉得用精分(精神分析)比较顺手。因为行为和认知，我不太熟悉，我会不断地去试着试着用，但用起来那个效果我会觉得没有精分那么顺手，我觉得这主要是我自己的原因。”(F)

心理咨询师、治疗师可能会学到很多理论，但是并不是所有理论方法都会使用，他们往往会采用他们欣赏的理论。

“我觉得精神分析……让我觉得很漂亮(有用之意)，这种感觉很漂亮(不错)。”(D)

3. 对自己帮助很大

心理健康服务从业人员，首先是心智健全的，并具有专业素质(首先自己要能成长，其次才能帮助别人)。

“一种理论或一种流派，如果你能把它用得很好，会首先在自己身上开刀(使用)的。所以在家庭治疗那个领域，我自己感觉(其)对我自己帮助特别大，(我)做了很多的自我的剖析，甚至我现在很多的思维方式或者说看待自己身上发生的一些事情，都会用那个家庭治疗的方法画那个萨提亚家庭治疗冰山。而且我有一个观点，就是一个咨询师要把一个东西灵活地运用起来，在治疗过程中，咨询过程中，其实你就是工具，而你这个工具好不好用，就在于你对自己掌握得怎么样，你对自己掌握得怎么样就是你对自己剖析得怎么样，是否有所成长，而在这个过程中，如果一个理论流派不能影响到你自己，其实你很难说能把它用得很好……这个东西一定要影响到你，深入骨髓，化作精神力量，你才能够用它治疗别人。这样别人也会信服的，有时他会说‘我也想成为这样的人’，‘什么东西影响了你？我发现你变好了，觉得那个东西对我也会有效果’。所以家庭治疗不仅影响了我的治疗(工作)，影响了我自己，也影响了我的生活。”(H)

4.技术和方法更好掌握

咨询师使用认知、行为主义理论，是因为它操作起来，在技术和方法方面更好掌握一些。(B)

(三)心理健康服务人员没有采用某些理论的原因

1.缺乏理论运用的自信

"我感觉第一个是你要去(了解它)，你要运用人家的思想就必须比较深入地了解它的内涵，你要掌握它，掌握它的精髓和吃透它的精神，然后你才能去运用，泛泛地看完之后你借过来用，则其会是个'四不像'的东西。"(B)

"你肯定自觉不自觉地吸收过那些(道家)理念，但对其的理解不会特别深。那些道家理论的文章我本来就不怎么看得懂，因此也无法从深层次对其进行应用。"(F)

2.采用理论融会的态度

"其实我觉得所有的理论，所有的流派，都殊途同归(用武侠来比喻，当学某一个门派的功夫到至高境界的时候，你会觉得天下武功其实是相通的)，当你把某一派(理论和技术等)真正学通了的时候，就可以去解决很多的问题。我觉得重点是你要把它学精学通，这是最重要的。"(E)

"这些理论流派什么的，对整个咨询来说，也只是工具而已。不管哪一种(工具)，你只要把它用好了，都能得到有趣的结果。所以能够把一种(工具)用得很精的话，也是非常不错的，也可以有很好的效果。没必要什么都去学，那样会什么都搞不精。"(F)

第二编　需求方分析

第四章　国民的心理健康服务需要

第一节　国民与心理健康服务概述

一、国民的结构

心理健康事业关系着千家万户的健康和幸福，关系到整个国家的兴旺发达，是重大的民生问题。对国民构成进行分析，将有助于分析各群体的需要特点，使心理健康服务工作有的放矢，落到实处。

(一)国民的整体构成

1. 人口构成情况

根据卫生部《2009中国卫生统计年鉴》(中华人民共和国卫生部编，2009)、国家统计局《中国统计年鉴(2009)》的抽样推算(中华人民共和国国家统计局编，2009，见 http://www.stats.gov.cn/tjsj/ndsj/2009/indexch.htm)，截至2008年12月31日24时，31个省、自治区、直辖市(未含港澳台)共有132 802万人，人口构成见表4-1。其中男性68 357万人(51.5%)，女性64 445万人(48.5%)；城镇人口60 667万人(45.7%)；农村人口72 135万人(54.3%)；各年龄阶段人口比率分别是，0—14岁占19.0%，15—64岁占72.7%，65岁及以上占8.3%；各文化程度人口比率分别是，小学占29.3%，初中占38.4%，高中占12.9%，大专及以上占6.3%，其他(包括文盲、未入学及学龄前儿童)占13.1%。

2. 国民的就业和社会保险情况

《2009年度人力资源和社会保障事业发展统计公报》显示，2009年年末全国就业人员达77 995万人，其中第一产业29 708万人(38.1%)，第二产业21 684万人(27.8%)，第三产业26 603万人(34.1%)，年末城镇登记失业人数为921万人。社会保险方面，以养老和医疗保险为例，2009年全国参加城镇基本养老保险人数为23 550万人，参加农村养老保险人数为8 691万人，参加城镇基本医疗保险人数为40 147万人，农村医疗参保情况尚未有数据显示(人力资源社会保障部，2009，见 http://www.gov.cn/gzdt/2010-05/21/content_1611039.htm)。

3. 全国人口迁徙流动和经济收入情况

我国居住地与户口登记地分离的人口达1.5亿人，其中从农村到城市的人口达1.2亿人（兆瑞臻等，2008）；2009年调查显示，全国农民工总量约2.3亿人，其中外出农民工数量约1.5亿人。《2007年中国全面建设小康社会进程统计监测报告》显示，2007年东部和东北地区“经济发展”的实现程度分别达到了79.4%和71.9%，而中、西部地区分别达到55.2%和53.8%。国家统计局统计公报显示，2009年我国城镇居民人均可支配收入17 175元，农村居民人均纯收入5 153元，平均收入差距12 022元（国家统计局，2009）。

表4–1 人口分布表（以1990年、2000年、2008年数据为例）

指标			单位	1990年	2000年	2008年
总人口			万人	114 333	126 743	132 802
自然增长率			%	14.4	7.6	5.1
性别构成	人口	男性	万人	58 904	65 437	68 357
		女性	万人	55 429	61 306	64 445
	比重	男性	%	51.5	51.6	51.5
		女性	%	48.5	48.4	48.5
城乡构成	人口	城镇	万人	30 195	45 906	60 667
		农村	万人	84 138	80 837	72 135
	比重	城镇	%	26.4	36.2	45.7
		农村	%	73.6	63.8	54.3
年龄构成	0—14岁		%	27.7	22.9	19.0
	15—64岁		%	66.7	70.1	72.7
	65岁及以上		%	5.6	7.0	8.3
文化程度	小学		%	37.2	35.7	29.3
	初中		%	23.3	34	38.4
	高中		%	8.0	11.1	12.9
	大专及以上		%	1.4	3.6	6.3
文盲情况	文盲		万人	18 003	8 507	—
	文盲率		%	15.9	6.7	—

说明：1990、2000年人口数系人口普查数，2008年人口数系2008年12月31日24时人口抽样调查推算数。文盲人口为15岁以上不识字或识字很少人口。2008年统计的全国人口总数不包括台湾和港澳同胞及海外华侨人数

来源：《中国统计年鉴（2009）》；《2009中国卫生统计年鉴》

以上对人口的基本构成、就业结构、迁徙流动和经济收入进行了简略说明。2010年

我国开始第六次人口普查，国民所从事行业、职业、迁移流动、住房等情况均纳入普查范围(全国人口普查条例，2010)，该调查结果为相关研究提供了更为确切的数据。

(二)国民构成的发展变化

多年来我国人口过快增长的势头得到了有效控制，自然增长率1990年为14.4%，2000年为7.6%，2008年为5.1%(表4-1)，下降非常迅速，我国不仅平稳地度过了新中国成立以来的第三次生育高峰期，而且开始进入低生育水平的发展阶段。

比较1990、2000年两次人口普查以及2008年12月31日人口推算结果，除了性别比率相对稳定以外，其他几个指标都有较大变化。首先，人口总量增长迅猛。数据显示，1952年我国人口总数为5.75亿人，1978年9.63亿人，2008年13.28亿人(未含港澳台数据)，半个世纪翻了一倍多。其次，城乡结构的变化异常突出。我国城镇人口比率增长迅速，从1990年的26.4%、2000年的36.2%增长到2008年的45.7%，18年来平均每年增长1.07个百分点。再次，国民年龄结构发生了重大变化，主要表现在15岁以下儿童比率下降和其他年龄段比率增长，整体向较大年龄段推进。这是1978年以后我国将计划生育列为基本国策，有效控制生育率的结果。最后，国民受教育结构发生了较大变化，表现在文盲率和仅受小学教育比率持续降低，受初高中及以上教育比率迅速增长，整体向较高受教育层次推进。这是1986年我国颁布和实施《中华人民共和国义务教育法》以及2006年免除义务教育学杂费，促进全民文化素质提高的结果。

国民的就业、保险、流动和收入状况的发展变化，有以下特点(分析至2009年)。就业方面，2005—2009年我国三大产业的从业结构相对稳定，但就业人数增长异常缓慢，这与全国适龄劳动力大幅增加形成了鲜明对比，同期失业人口迅速增加。社会保险方面，我国医疗保险的参保人数最多(2009年城镇参保人数达约4.0亿人，农村数据缺失)，其次为养老保险(2009年参保人数达约3.2亿人)。相对于我国13亿人口[①]，社会保障的问题仍然非常突出，比如老龄化加速与养老保险参保率极低。迁徙流动方面，20世纪90年代以来我国出现了大规模的社会流动，2000年以后流动人口呈现持续快速增长的态势。另外我国流动人口在流入地停留呈现长期化趋势，平均停留5.3年，18.7%的人超过10年(国家人口计生委流动人口服务管理司，2010)。流动人口的就业、教育、社会保障都面临着很多亟待解决的问题。最后，经济收入方面，资料显示(表4-2)10年来我国城乡人均收入差距增幅较大，行业及个人间收入差距悬殊。例如，早在2002年，我国农林等行业人均年收入6 398元，电信等行业16 044元(《中国劳动统计年鉴》，国家统计局人

① 分析至2009年，目前已超过14亿人口——编辑注。

口和就业统计司、劳动和社会保障部规划财务司编，2005）。个人收入差距更不用说，在我国农村，年纯收入低于5 000元的居民比比皆是，而城市年薪以百万元计的人也不在少数，贫富差距悬殊已构成了我国重要的社会问题之一。

表4-2 2000—2009年我国城乡居民收入分配差距

年份	①城镇居民年人均可支配收入/元	②农村居民年人均纯收入/元	①:②	①-②
2000	6 280	2 253	2.79:1	4 027
2001	6 860	2 366	2.90:1	4 494
2002	7 703	2 476	3.11:1	5 227
2003	8 472	2 622	3.23:1	5 850
2004	9 422	2 936	3.21:1	6 486
2005	10 493	3 255	3.22:1	7 238
2006	11 759	3 587	3.28:1	8 172
2007	13 786	4 140	3.33:1	9 646
2008	15 781	4 761	3.31:1	11 020
2009	17 175	5 153	3.33:1	12 022

来源：董全瑞和张健（2010）根据《中国统计年鉴（2009）》和2010年1月22日《光明日报》报道的相关数据得到的数值

总之，我国国民结构总体上表现为，人口基数大，城市化进程快，老龄化严重，国民受教育水平有所提高。在各个具体层次上表现为，就业结构稳定，但失业人数持续增加；社会保险参保人数有所上升，但保障覆盖面仍然很窄；流动人口增加，且平均停留时间较长；经济收入整体提高，但贫富差距不断扩大。

二、重点人群

2004年，国务院办公厅转发卫生部等部门《关于进一步加强精神卫生工作指导意见的通知》（以下简称《通知-2004》）确立了我国心理行为干预的五类重点人群（国发办2004年71号文件），以下分别对各群体做一简单分析。

（一）儿童和青少年

根据1990年联合国《儿童权利公约》，儿童指18岁以下的任何人——除非对其适用之法律规定成年年龄低于18岁——与我国《中华人民共和国未成年人保护法》中未成年人(juveniles)的概念相同。青少年(adolescents)是一个社会学概念,不同语境有不同的理解,人口研究中通常采用14—29岁和14—35岁两个年龄段(侯佳伟等,2009)。

中国近代思想家梁启超先生曾提出"少年智则国智,少年强则国强",这是因为人一生的良好生活习惯、思维品质和社会性发展等都依赖于儿童和青少年时期的良好基础。儿童和青少年时期是人生中的关键时期,其心理健康服务需要主要体现在学习、思维、品德、个性和社会化发展等方面。除此之外,还有几个特殊时期的心理问题。一是儿童入学适应。进入学校之后,儿童生活的主导内容由游戏转变为学习,因不适应而产生的心理问题以多样化的形式呈现出来,如厌学、多动、攻击、成绩差、品行障碍等。二是青春期问题。青春期是个体身体发育的高峰时期和性成熟时期,因其特殊性又被学界称为"危机期""动荡期""心灵断乳期"等。资料表明,自杀和精神分裂症发生率从青春期开始,呈上升趋势,至青年期达到高峰(林崇德,1995)。此外,由于我国传统文化对"性"的回避,性与生殖健康的迷茫也构成了青少年心理问题的主要内容之一。三是高中生学习压力和未成年人就业适应。青少年成长到较高年龄阶段,学习由外在约束转变为内在需要,他们开始深刻体验到竞争、失败及其对未来的重大意义。对于未成年就业群体来讲,压力同样存在,以人际关系、就业适应、家庭经济压力为主。总之,儿童和青少年的心理健康服务应针对不同年龄特点,紧紧围绕其需要广泛开展。

(二)妇女

在《新华字典》中,妇女是成年女子的通称,我国对"妇女"的通俗理解为已婚或已达婚龄女子(《中华人民共和国民法典》规定女性结婚年龄为20岁以上)。妇女一生中有若干个特殊的生理时期,其中育龄期指有生育能力的时期,一般为15—50周岁(杨晓军,陈浩,2007);更年期指女性卵巢功能从旺盛状态逐渐衰退到完全消失的过渡时期,包括绝经和绝经前后的时间(2—3年),一般为45—55岁(侯敏,唐茂芹,2010;石圣洪等,2007)。

《中华人民共和国宪法》指出:"妇女在政治的、经济的、文化的、社会的和家庭的生活等各方面享有同男子平等的权利。"妇女在不同阶段会出现一些心理健康问题。(1)社会多重角色压力。随着社会的发展,我国妇女由传统家庭角色转向多重社会角色,目前很多妇女不但同样担负养家糊口的责任,而且还是家务劳动的主要承担者。妇女心理健康服务需要主要体现在妇女身体健康问题衍生的心理问题、家庭与工作的平衡、就业和经济困难、子女教育等方面。(2)孕产期心理应激。此外,研究显示,母亲产前的心理应激对后代的情感或认知发展会产生消极影响。(3)更年期心理应激。对更年期妇女的研究显示,其心理健康状况较差,存在明显的抑郁、焦虑和恐怖等不良情绪(石圣洪等,

2007；蔡春凤，周宗奎，2009）。总之，妇女心理健康服务应着重加强常见心理行为问题的识别和处理，加强孕产期心理健康保健以及更年期心理健康咨询和指导。

（三）老年人

《中华人民共和国老年人权益保障法》规定，“本法所称老年人是指六十周岁以上的公民。”本章采用这一界定。根据联合国传统标准，一个地区60岁及以上老年人占总人口的10%，即该地区视为进入老龄化社会。截至2009年年底，全国60岁及以上老年人口1.67亿人，占全国总人口的12.5%（中华人民共和国民政部规划财务司，2009），已远远超过老龄化社会标准。

老年期是每个人都会面临的特殊时期，伴随着生理和社会功能的下降，老年人的心理会产生复杂的变化。首先，基本生理和社会功能（如，视、听、工作等）下降可能导致空虚茫然、孤独失落，有的甚至丧失信心，对生活无望。其次，老年人的幸福与经济状况有很大关系，经济拮据是很多老年人产生心理问题的重要原因，没有自身经济来源的老年人一旦患病就焦灼不安，有的甚至因不愿“拖累”子女一心求死。再次，随着独生子女家庭增多、家庭小型化和市场经济的发展，我国传统家庭伦理面临严峻挑战，家庭对老年人提供的经济支持和精神慰藉不断弱化，代际冲突对老年人身心健康造成了极大伤害。目前我国的养老保障体制非常薄弱，养老机构大多忙于照料老年人的生活，根本无暇顾及其心理需要。总之，老龄化是经济发展到较高阶段的必然产物，我国却过早迎来了“白发浪潮”，国家未富先老的问题异常突出。老年人的心理健康服务应着眼于保障其基本生活质量、维护其心理健康和个人尊严。

（四）职业人群和被监管人群

按国内现行标准，男16—59岁，女16—54岁为劳动适龄人口。由于男女平等促进组织号召消除就业及退休的性别歧视，以及联合国对劳动适龄人口有相应规定（男女均为16—59岁），文中实际分析16—59岁的职业人群。目前我国处于历史上前所未有的“红利时期”，富足的青壮年劳力带来了国民生活水平的提高，同时也滋生了许多社会和心理问题。我们常常看到这样的奇怪现象，一边是全国每年四百多万高考生落榜，另一边是“某校毕业生卖糖葫芦”（2006年），这可能是因为在自然增长率较高年份出生的人容易处于失学（主要指高等教育）或失业大军之中。由于人口众多而资源有限，我国职业人群正面临着基本的就业、住房、医疗、交通、升学等生活压力，各种压力常使职业人群心力交瘁、烦躁沮丧，对其造成很多危害。

被监管人员指在监狱服刑或因缓刑、管制、假释等在社区矫正的人员。研究表明，被监管人员在改造过程中，多存在家庭关系变故、恋爱婚姻受挫、人际关系冲突、改造压力沉重、经济困难等问题，这些问题会使他们惊慌、烦躁、悲伤、无望，如果处理不当，轻则损害其身心健康，重则使其产生心理障碍和危机（王荣响等，2008）。

总之，应着力于加强疏导和缓解职工工作、家庭生活等方面的压力，对存在心理健康问题的被监管人员应进行心理治疗和心理矫正。

（五）灾区群众和灾区救援者

灾区群众指因灾难导致家园受到破坏、财产损失、亲人死亡、身体受伤甚至致残的人群。每年中国平均有2亿人受到各类自然灾害不同程度的影响，加上人为事故、交通事故、暴力事件的受害者，其构成了一个无法忽视的巨大群体。灾区群众普遍缺乏安全感和控制感。在遭受灾害以后，可能出现各种心理创伤，如创伤后应激障碍（PTSD）、适应障碍、躯体形式障碍、创伤后人格改变、焦虑、抑郁、自杀、酒精及药物滥用等（卫生部办公厅，2008；孟广彦，刘青先，2004）。

灾区救援者指进入灾区参与救援工作的各类工作人员，包括解放军、武警、消防救援人员、医疗卫生人员、政府行政人员、媒体人士、通信保障人员、心理救援人员等。灾区救援者因目击各种惨景，在艰苦的工作环境中从事高强度工作，可能产生各种心理问题，如身体易疲劳、创伤反应、人际冲突、职业耗竭等。另外，部分救援者还可能表现出急性应激障碍、创伤后应激障碍、抑郁症及适应障碍等（卫生部办公厅，2008）。总之，灾区群众和灾区救援者的心理健康服务需要以心理应激救援和心理干预为主要内容。

除此之外，同性恋者、物质依赖者等群体常因不受社会欢迎的负面属性，无法充分获得社会接纳，作为心理问题的易感人群，他们的需要也非常值得关注（李强等，2008）。以上各群体共同构成了我国心理健康服务工作的对象主体。2007年WHO发布的《精神卫生的实况报道》显示，在失业率高、收入低、教育程度有限、工作有压力、性别歧视、社会排斥、生活方式不健康和人权遭到侵犯的条件下，心理健康问题更难于应付。一言以蔽之，现阶段正是我国社会转型的深水期，国民心理健康服务需要尤为强烈，心理健康服务工作需求评定和工作开展仍任重道远。

三、心理健康服务需要及评定现状

（一）心理健康服务的需要和需求

心理健康服务需要（needs of mental health service）指取决于公众实际与理想心理健康状况之间的差距而提出的对心理健康服务的客观要求（肖水源，刘飞跃，2010）。须从两个方面理解:第一,心理健康服务需要是客观存在的,有需要的个体总是在生理或心理上感受到某种缺乏或不平衡(接受心理健康服务的必要性);第二,心理健康服务需要是在一定规范或标准下确立的,所谓“理想心理健康状况”是由心理健康专业人员、社会学家或政治学家等基于现有心理健康知识、社会经济条件以及研究的目的所提出的(评估心理健康服务需要的目的性)。在影响因素方面,已有研究指出影响群体心理健康服务需要的因素有:心理健康问题的流行率和发病率,基于服务使用的社会资本和供给,群体的文化、道德和生活方式等;影响个体心理健康服务需要的因素有社会功能、症状表现、诊断结果、生活质量和服务可得性等(Aoun等,2004;Stevens,Gillam,1998)。总之,心理健康服务需要评估以公众真实的心理健康状况为出发点,重点在于以何人视角、用何种标准测量和评价,这也决定了评估结果的最终价值。

心理健康服务需求(demands of mental health service)是与经济相关的概念,指在一定时期内、一定价格水平上人们愿意而且有能力消费的心理健康服务量。其产生有两个必要条件:第一,个体具有利用服务来维持心理健康水平和缓解心理健康问题的愿望(愿意买);第二,个体具有经济负担能力(买得起)。只有同时具备这两个条件,才有可能形成现实的心理健康服务需求。心理健康服务需求与服务利用程度密切相关,后者主要用3类指标测量:(1)门诊服务利用程度,包括就诊率、患者就诊率和患者未就诊率;(2)住院服务利用程度;(3)急诊服务利用程度(肖水源,刘飞跃,2010)。影响心理健康服务需求的因素很多,较为突出有:个人因素,如健康状况、经济条件、社会地位和受教育水平;社会因素,如媒体宣传、社会经济与社会文化发展水平等;心理健康服务系统中的相关因素,如候诊人数、服务费用、质量和服务人员的数量等(Aoun等,2004)。总之,心理健康服务需求评估从服务利用程度出发,评估的关键在于临床记录及各种数据统计的准确性,是资源使用情况的反映。

两者的联系在于,心理健康服务需要仍然是构成心理健康服务需求的原始因素之一。史蒂芬斯(Stevens)等给出了健康需要评估中的需要、需求和供给的关系,认为评估心理健康服务需要的最终目标在于尽量使需要、需求和供给更加一致,这包括三个方面的努力:一是需要管理,指缩减不恰当需求,强化合理需要,或更好地处理觉察到的未满足需要;二是改变供给,指增加合理供给,减少不合理供给;三是更加科学地界定需要(Aoun等,2004)。总之,对于某种心理健康服务,处理好需要和需求的关系是做好心理健康服务规划、分配好服务资源的重大问题(肖水源,刘飞跃,2010;Wright等,1998)。下面的研究主要基于心理学研究者视角,以心理健康专业人员所确立的调查问卷为标准,调查国民的心理健康服务需要。

（二）心理健康服务需要的评定

心理健康服务需要评定（needs assessment of mental health service）是保证服务体系善用其资源，以最有效的方式增进居民心理健康的系统方法。国外心理健康需要评定的科学方法起源于20世纪60年代的健康（包括生理的和心理的）需要评定，主要有临床资料搜集、公众需要调查、流行病学调查、社会资源分配和服务使用情况调查等研究取向（Aoun等，2004；Right等，1998；罗鸣春，苏丹，2008）。当代需要评定的趋势则表现为以消费者为导向，以需要为导向，以本土文化为导向，以综合评定（multiple assessment）为导向等特征。在内容上，目前国外心理健康需要评定主要有四大块：（1）心理问题发生的流行性评估；（2）社会资源和服务使用情况调查；（3）公众觉察到的需要；（4）未满足的需要（由发病率和服务使用缺乏所预测）。

本章立足我国实际情况，在各研究取向的基础上，借助于课题组编制的问卷调查了各群体在心理健康服务态度、机构、内容等方面觉察到的需要，并利用心理健康问题发生率和心理质量等指标推断其心理健康服务的客观需要。

第二节　国民心理健康服务需要状况

一、国民心理健康服务需要概况

《工人日报》2010年2月10日发表的《三个民生流行词汇：心理健康·回家恐惧·“毒奶粉”》揭晓了2009年国民最关心的重大问题，心理健康问题是第一位的重大问题。与之相对的是，国民的心理健康服务使用远远不够，课题组在全国范围内收回的9 570份有效问卷中显示，关于“有固定的机构为我提供心理健康服务”的问题，79.1%的人选择了“愿意或非常愿意”，但是“目前您能获得自己需要的心理健康服务吗？”的问题，仅有17.3%的人选择“能够获得”，51.0%的人选择“能获得少部分”，31.7%的人选择“不能”。这与中科院2008年对我国城市居民的研究结果类似，即绝大部分受访者（88%）认为心理健康工作重要；而对“你觉得获得心理咨询服务是否便利”，多数（74%）受访者选择了“不便利”。这些资料提示，服务使用和国民心理健康需要之间存在很大缺口。

（一）国民心理健康总体情况

心理健康作为媒体流行词并非偶然，2010年全国人大代表在两会中提出，国民心理健康问题已构成了一个严重的社会问题（彭富春，2010），其主要表现在三个层面：第一，亚健康群体比率过高。“亚健康状态(subhealthy state)”指非病非健康状态,是我国学者使用的专有名词,WHO称为“第三状态”。2010年,中科院心理所完成了“中国人亚健康状态综合评估诊断和预测系统的建立”课题,通过5万人的样本调查发现,我国劳动力人口中亚健康比例超过了60%(中科院心理所,2010)。第二,需要心理干预的人群比率较高。“需要心理干预”是个笼统的概念,一般由心理问题的检出率为指标进行界定。相关调查显示,我国14.6%的大学生存在严重的心理卫生问题,需要心理卫生干预的高达48.5%。第三,各类精神病患者人数众多。精神疾病(mental disease)是非常严重心理问题的统称。中国第三次国内较大规模的精神疾病流行病学调查显示,成年人群精神障碍总现患率为17.5%,其中心境障碍为6.1%,焦虑障碍为5.6%,物质滥用障碍为5.9%(刘静,张正尤,2010,见 http://www.chinanews.com/jk/jk-xljk/news/2010/04-28/2253196.shtml)。总之,根据需要评估的流行病学取向,在亚健康群体比率、需要心理干预的人群比率和精神病患人数上均表现出心理健康服务需要的迫切性。

调查显示,国民自评的生活质量尚可,认为自己生活质量“好或很好”的占39.1%,“一般”的占54.1%,“差或很差”的占6.8%;然而,国民的总体健康状况却不太乐观,认为自己健康状况“好或很好”的占45.9%,“一般”的占40.6%,“差或很差”的高达13.5%。该结果与上述文献并不矛盾,说明国民在心理健康及其相关(如生活质量、生理健康等)的方方面面都亟待提高。

(二)具体心理问题的发生情况

2007年,卫生部《精神卫生宣传教育核心信息和知识要点》指出,我国重点防治的精神疾病有精神分裂症、抑郁症、儿童青少年行为障碍、老年期痴呆等。以下对相关问题的发生情况予以简单分析。精神分裂症(schizophrenia),以幻觉、妄想、思维贫乏、情感淡漠和回避社交等为主要表现。WHO指出,全球精神分裂症的发病率低于0.3‰,但7‰的成人受其困扰。抑郁症(depression),以情感低落、思维迟缓、言语动作减少及迟缓为典型症状。WHO(2008)称,抑郁症是造成生命荒废和自杀的重要原因之一,世界上每40秒就有一人死于自杀(世界卫生组织,2008,见 http://www.chinacdc.cn/gwxx/200810/t20081021_33376.htm)。在中国,约3 900万人患有不同程度的抑郁症,约28.7万人死于自杀,在15岁至34岁人群死因中居首位,全部人群死因中第五位(周德新,2007;曹蕾,2005)。儿童和青少年行为障碍(disorders of behavior),包括注意缺陷多动障碍、对立违抗性障碍、品行障碍、抽动障碍和其他行为障碍等。阿尔茨海默病,又称老年性痴呆(Alzheimer's disease,AD),指老年人出现持续加重的记忆、智能和人格的普遍损害。

WHO在2010年指出,精神疾病的流行性在时期和地域上较为稳定,受长期的生活方式影响较多，与经济、地位等其他因素相关不大。我国各类精神疾病总患病率在14%至17%，主要以轻性精神疾病为主，保持在和全球持衡的正常水平（陈啸宏，2006）。但是，由于人口基数大且持续增长，我国各类精神疾病的绝对患病人数众多且增长迅速。各类精神疾病导致的危害尤其严重，其是目前心理健康服务工作关注的重点内容。

（三）国民心理健康的发展变化

关于国民心理健康的发展变化，我们主要从日常心理健康和精神疾病两个方面分析。第一，日常心理健康方面主要是问题结构的变化。各类问题中，除了人际关系的咨询需要相对稳定，其他各成分的服务需要有较大变化，学习（或子女教育）、工作问题凸显。1996年，龚耀先和李庆珠调查结果显示，临床心理咨询来访者的问题排名前三位的分别是个人健康、一般人际关系和爱情问题（龚耀先，李庆珠，1996）。2005年，《环球时报》报道，睡眠障碍、恋爱婚姻问题、人际关系问题、学习和工作问题、性障碍等是引起心理问题的最主要原因，伴随较为普遍的抑郁和焦虑（63%—65%）（张建，2005）。2010年的调查发现，来访者问题排在前面的主要有学业问题（如子女教育与智力开发方面的问题）、情绪问题、人际关系问题和家庭婚恋问题等（张爱莲，黄希庭，2010；刘影，张灵聪，2010）。第二，精神疾病方面，病种构成相对稳定，识别率上升，疾病负担加重。病种构成上，武克文和赵星萍分析1998—2007年的出院病例发现，精神分裂症构成比下降，心境障碍、神经症等上升，但10年间病种构成相对稳定（武克文，赵星萍，2009）。疾病识别率上，资料显示，1950年代我国精神病总发病率为2.7%，1980年以来呈上升趋势，1982年我国各类严重精神疾病的终生患病率为12.96‰，1993年上升为13.47‰，且上升趋势一直保持（曹蕾，2005；张倩，2010）。尤其值得关注的是，精神疾病负担增长迅速，1998年占我国全部疾病总负担的14.1%，2002年为20%，推算2020年将上升至25%（引自新华网，2006）。

以上研究显示，国民心理健康在问题类型、精神疾病发病率和疾病负担上都有变化。其原因可能有：(1)心理健康和精神疾病预防知识的普及宣传，使人们的识别率和求助率提高，数据可得性增加。(2)社会转型和经济发展诱发新的心理问题，使问题结构发生变化。(3)人们对生活质量的要求提高，对自身健康的关注使求治率增加。总之，国民心理健康问题的发展变化为服务部门因时制宜、转变职能提出了新的要求。

二、国民心理健康服务需要分析

本课题取样参照“中国心理健康服务体系现状及对策研究”课题组的标准（钱铭怡等，2008），于2009年5月至2010年8月在全国范围内以分层随机抽样的方式发放问卷，有效样本总量9 570人，覆盖全国六大区域（华北地区、东北地区、华东地区、中南地区、西南地区、西北地区）的29个省市，调查对象年龄在11—82岁。和卫生部确立的五类重点人群为研究对象稍有不同，本研究未能涵盖被监管人群、灾区群众以及灾区救援者样本。

研究采用课题组开发的心理健康服务需要量表（或调查表），总体涵盖10个部分，即基本资料、服务态度、服务机构、服务人员、服务内容、服务途径、服务方式、压力问卷、健康相关生活方式简表和世界卫生组织生活质量简表（WHOQOL-BREF，WHO Quality Of Life-BREF），各部分既相互统一又自成体系，课题组根据实际需要对各部分进行组织，开发了青少年版、大学生版、职业人群版、农民工版和社区版等五个版本。

（一）儿童和青少年心理健康服务需要

采用课题组开发的心理健康服务需要问卷（青少年版）在全国范围内进行横断面抽样，样本为具有读写能力的高中以下儿童和青少年（11—20岁），最终获取有效问卷1 753份，平均年龄为15.28岁（SD=1.83）。心理健康服务需要问卷（青少年版）包括服务机构、人员、内容、方式、态度五个维度，各项目四级评分（1—4分），得分越高说明越希望得到该项目所描述的需要。

1.儿童和青少年心理健康服务需要的态度维度

结果如表4-3所示，儿童和青少年对待心理健康服务的态度较为积极，认为心理健康服务对“我”“我的同学和朋友”“我的家人和亲戚”来说“有必要”（各项目均分介于2.76—3.23分）；以“必要”和“非常必要”的累计频次和比率为指标分析，结果显示，儿童和青少年对于服务机构的态度最为积极（67.6%），但是对于“我”是否接受心理健康服务态度较为消极（28.3%），远远低于“我”所认为的同学和朋友（56.7%）、家人和亲戚的选择比率（46.6%）。

表4-3 儿童和青少年心理健康服务需要调查态度维度分析表（n=1 753）

项目	项目得分		“必要”和“非常必要”选项		
	均数（Mean）	标准差（SD）	频次/次	比率/%	排序
1.我认为了解心理健康知识对我来说	3.23	0.73	823	47.0	3
2.我认为接受心理健康服务对我来说	2.85	0.86	497	28.3	5
3.我认为心理健康服务对我的同学和朋友来说	2.94	0.83	994	56.7	2

续表

项目	项目得分		“必要”和“非常必要”选项		
	均数(Mean)	标准差(SD)	频次/次	比率/%	排序
4. 我认为心理健康服务对我的家人和亲戚来说	2.76	0.89	817	46.6	4
5. 我认为专门的机构为我们提供心理健康服务	3.08	0.77	1 185	67.6	1

2. 儿童和青少年心理健康服务需要的机构、人员、内容和方式维度

以“希望”和“非常希望”(或“必要”和“非常必要”,或“关心”和“非常关心”)的累计频次和比率为指标分析。结果如表4-4,表明儿童和青少年最希望为其服务的机构为学校(67.6%)、社区(60.1%)和单位心理健康服务机构(56.7%);当遇到心理健康问题时,最希望进行商量或咨询的人员依次为同学或朋友、学校心理健康服务专家、父母或其他家人;最关注的心理健康服务内容为人际关系、学习问题和自己的身心管理;最喜欢的了解心理健康问题的方式为科普宣传,健康教育,向同学、同辈、朋友咨询。值得注意的是,被试的关注程度普遍较高的是心理健康内容维度,最低为危机干预(57.6%),最高至91.4%,为人际关系。说明我国儿童和青少年所关注的心理健康问题呈现多样化趋势。

表4-4　儿童和青少年心理健康服务需要调查机构、人员、内容、方式维度分析表(n=1 752)

维度	最希望的前三项	次选择数/次	比率	最希望的后三项	次选择数/次	比率
服务机构						
	7. 学校心理健康服务机构	1185	67.6%	3. 防疫保健部门	741	32.3%
	5. 社区心理健康服务机构	1052	60.1%	2. 精神卫生机构	497	28.3%
	4. 单位心理健康服务中心	994	56.7%	8. 民间机构(如寺庙等)	417	23.8%
服务人员						
	8. 同学或朋友	1316	75.2%	9. 自己解决,谁也不找	438	25.0%
	4. 学校心理健康服务专家	1187	67.8%	6. 民间人士	308	17.6%
	7. 自己的父母、其他家人	1172	66.9%	10. 任其自然	208	11.8%
服务内容						
	5. 人际关系	1400	91.4%	1. 精神疾病预防	1177	67.2%
	3. 学习问题	1525	87.1%	4. 物质依赖(如酗酒等)	1039	59.3%

续表

维度	最希望的前三项	次选择数/次	比率	最希望的后三项	次选择数/次	比率
	9.自己的身心管理	1524	87.0%	2.危机干预	1009	57.6%
了解心理健康问题的方式						
	1.科普宣传(如海报等)	1276	72.9%	6.向医院门诊医生面谈咨询	662	37.8%
	2.健康教育(如讲座等)	1269	72.4%	7.向精神卫生专家面谈咨询	653	37.3%
	10.向同学、同辈、朋友咨询	1272	72.1%	3.电话咨询	605	34.5%

3.儿童和青少年心理健康服务可得性

在“目前您能获得自己需要的心理健康服务吗?”的回答中,我国儿童和青少年选择“不能”的占30.4%,“仅能获得少部分”的占41.0%,“能够获得”的仅为28.6%。另一方面,这个比率虽然很低,但仍远远高于其他各群体和国民总体水平,进一步说明我国心理健康服务供给还存在很大的缺口。

4.讨论

我国儿童和青少年的心理健康服务存在需要强烈、可得性偏低之间的矛盾。一些客观需要方面的研究也说明了我国儿童和青少年对提供心理健康服务非常迫切,小学生学习困难的患病率为5%—10%,中小学生因学习问题来访的比例高达37%—60%(廖全明,2008;2010);关于流动及留守儿童的研究显示,近65%的留守儿童存在心理问题,10%的直言恨自己的父母;WHO《2001年世界卫生报告》显示,我国受到情绪障碍和行为问题困扰的17岁以下儿童和青少年约3 000万人,检出率为6%—22%,接近本研究心理质量不满意的检出率(7.9%—21.8%)。

最后,由于教育模式、人口压力和社会转型的影响,我国未成年人可能承担了高于世界平均水平的学业压力及大规模人口流动带来的心理动荡。今后,我国儿童和青少年心理健康服务还应在以下几个方面努力:(1)服务内容以人际关系、学习问题和儿童青少年身心管理为重点;(2)注重心理健康知识在各群体的普及,使儿童和青少年在遇到问题时可以从各个途径方便地获取帮助,如同学、朋友、父母和学校心理健康服务专家等;(3)选择儿童和青少年喜欢的方式普及心理健康知识,如科普宣传、健康教育等。

(二)妇女心理健康服务需要

采用课题组开发的心理健康服务需要问卷在全国范围内对全体国民进行横断面抽样调查,选取其中18—59岁的女性样本,最终形成有效问卷1 093份,样本年龄为32.02(SD=10.27)岁。

1.妇女心理健康服务需要态度维度

如表4-5所示,我国妇女对待心理健康服务的态度较为积极,认为心理健康服务对“我”“我的同事和朋友”“我的家人和亲戚”来说,介于“可能有必要”和“有必要”之间(Mean=2.60,SD=0.59分);各项目选择“必要”和“很有必要”的累计频率均超过50%(51.3%—70.6%),其中“专门机构”的必要性选择频率最高(70.6%),这说明,妇女群体非常需要心理健康服务,这和上述儿童和青少年部分的情况类似。

表4-5 妇女心理健康服务需要调查态度维度分析表(n=1 037)

项目	选择次数				(+)选项		平均数(Mean)	标准差(SD)
	毫无必要	可能有必要	有必要	很有必要	次数/次	比率/%		
1.接受心理健康服务对我	105	400	429	122	1056	52.2	2.54	0.824
2.接受心理健康服务对我的同事和朋友	70	445	457	84	1056	51.3	2.53	0.736
3.接受心理健康服务对我的家人和亲戚	84	431	438	103	1056	51.3	2.53	0.777
4.专门机构为我们提供心理健康服务	65	245	585	161	1056	70.6	2.80	0.768

2.妇女心理健康服务需要机构和内容维度

如表4-6所示,妇女希望为其提供心理健康服务的机构排在前三位的依次是医院(50%)、社区心理健康服务中心(49.3%)和私立心理健康服务中心(49.2%);后三位依次是防疫保健部门(防疫站/疾控中心/妇幼保健站),精神卫生机构和民间机构。内容维度的分析发现,和儿童和青少年一样,妇女总体上对各类问题的关注都比较高(40.8%—75.8%),妇女最关注的前五位问题依次是,家人的健康问题(75.8%),压力相关问题(73.8%),调适自己的心理健康状态(72.4%),子女教育和成长问题(69.4%),调适人际关系(68.4%)。

表4-6 妇女心理健康服务需要调查机构和内容维度分析表(n=1 037)

希望提供服务的机构最好是	选择次数和比率		最关注的心理健康问题是	选择次数和比率	
	次数/次	比率/%		次数/次	比率/%
1.医院	519	50.0	1.防治精神病	461	44.4
2.精神卫生机构	368	35.5	2.干预物质依赖	423	40.8
3.防疫保健部门	421	40.6	3.压力相关问题	766	73.8
4.单位心理健康服务中心	489	47.2	4.调适人际关系	710	68.4
5.社区心理健康服务中心	511	49.3	5.子女教育和成长问题	720	69.4
6.私立心理健康服务中心	510	49.2	6.家人的健康问题	787	75.8
7.学校心理健康服务机构	489	47.2	7.调适自己的心理健康状态	751	72.4
8.民间机构	362	34.9	8.婚恋及情感问题	648	62.4

3.妇女心理健康服务可得性

在“目前您能获得自己需要的心理健康服务吗？”的问题上，54.0%的人选择不能获得，33.2%的人能获得少部分。仅有12.8%的人能够获得，稍低于国民服务可得性的平均水平（17.3%）。和其他各群体一样，妇女心理健康服务供给存在很大的缺口。

4.讨论

我国妇女心理健康服务需要的特点表现为，妇女对各类问题的关注率都很高，需要范围广泛，与之相应的是日常心理健康服务极为匮乏，服务可获得性很低（12.8%）。部分定量研究也说明了我国妇女对提供心理健康服务非常迫切，资料显示，我国妇女围产期各种不良心理行为发生率超过20%，其中23%的农村女性接受绝育术后有轻度、中度以上的心身症状（孟广彦，刘青先，2004）；45—55岁女性更年期症状发生率为77.15%，更年期女性SCL-90调查中躯体化、抑郁、焦虑及恐怖因子均分显著高于国内常模（$p<0.01$）（石圣洪等，2007；尹延梅等，2009）。此外，中国女性特别是农村妇女的自杀率远高于全球人群正常水平，我国每年大约有15万以上农村妇女死于自杀（费立鹏，2007）。本研究中妇女心理质量不满意的检出率为10.2%—21.2%。

最后，由于生理结构和社会角色的特殊性，女性一生的各个时期都有心理健康服务的特殊需要。另，《2008年世界卫生报告》显示，大量数据记录了亲密伴侣暴力对妇女健康（及其子女健康）造成的不良后果，包括损伤、多种精神健康问题等（兆瑞臻等，2008）。结合本次调查和我国的实际情况，今后，妇女心理健康服务还应在以下几个方面努力：（1）心理健康服务应广泛开展，进学校、进社区、进单位，使心理健康宣传与教育成为妇女易于获得的日常生活的一部分；（2）建立和完善心理危机干预与预警机制，妇女在遇到应激事件时能随时随地获得帮助，减少因冲动而导致的自杀事件。

（三）老年人心理健康服务需要

采用课题组开发的心理健康服务需要问卷在全国范围调查，综合社区居民、职业人群和农民工群体的调查数据，选取60岁及以上的老年人样本，最终获取有效问卷92份（以社区老年人居多，占92.4%），样本年龄为60—82岁，平均64.76岁（SD=4.78）。

1. 老年人心理健康服务需要态度维度

如表4-7所示，老年人对待心理健康服务的态度较为积极，认为心理健康服务对"我""我的同事和朋友""我的家人和亲戚"来说，介于"可能有必要"和"有必要"之间（Mean=2.64，SD=0.67分）；各项目选择"必要"和"很有必要"的累计频率均超过半数（55.4%—66.3%）。这和上述儿童和青少年、妇女群体的结果类似。

表4-7　老年人《心理健康服务需要调查》态度维度分析表（n=92）

项目	"必要性"的选择次数				(+)选项		平均数(Mean)	标准差(SD)
	毫无必要	可能有必要	有必要	很有必要	次数/次	比率/%		
1. 接受心理健康服务对我	9	32	38	13	51	55.4	2.60	0.852
2. 接受心理健康服务对我的同事和朋友	8	32	44	8	52	56.5	2.57	0.775
3. 接受心理健康服务对我的家人和亲戚	10	21	44	17	61	66.3	2.74	0.888
4. 有专门机构为我们提供心理健康服务	9	25	46	12	58	63.0	2.66	0.829

2. 老年人心理健康服务需要机构和内容维度

关于机构维度的分析表明，老年人希望为其提供心理健康服务的机构排在前三位的依次是医院（66.3%）、社区心理健康服务中心（58.7%）和单位心理健康服务中心（53.3%）；最后三位依次是精神卫生机构/民间机构、私立心理健康服务中心和学校心理健康服务中心。对老年人最关注的心理健康问题的分析发现，总体上对各类问题的关注都比较高（42.4%—81.5%），选择比率最高的前五位问题依次是，子女教育和成长问题（81.5%），家人的健康问题（79.3%），调适自己的心理健康状态（73.9%），婚恋及情感问题（66.3%），压力相关问题（58.7%）（如表4-8）。

表4-8　老年人心理健康服务需要调查结构和内容维度分析表(n=92)

希望提供服务的机构最好是	选择次数和比率		最关注的心理健康问题是	选择次数和比率	
	次数/次	比率/%		次数/次	比率/%
1.医院	61	66.3	1.防治精神疾病	39	42.4
2.精神卫生机构	43	46.7	2.干预物质依赖	40	43.5
3.防疫保健部门	47	51.1	3.压力相关问题	54	58.7
4.单位心理健康服务中心	49	53.3	4.调适人际关系	47	51.1
5.社区心理健康服务中心	54	58.7	5.子女教育和成长问题	75	81.5
6.私立心理健康服务中心	40	43.5	6.家人的健康问题	73	79.3
7.学校心理健康服务机构	37	40.2	7.调适自己的心理健康状态	68	73.9
8.民间机构	46	46.7	8.婚恋及情感问题	61	66.3

3.老年人心理健康服务可得性

老年人的心理健康服务可得性低于国民整体可获得水平,对“目前您能获得自己需要的心理健康服务吗?”的回答中,54.0%的人选择不能获得,24%的人能获得少部分,仅有8%的人能够获得,而国民总体评价相应比率分别为31.7%,51.0%和17.3%。

4.讨论

我国老年人心理健康服务需要和可得性偏低之间的矛盾非常突出。一些客观需要方面的研究也说明了我国老年人对提供心理健康服务非常迫切,我国农村老年人主观幸福感高的所占比例不足40%,75岁及以上高龄老人为28.6%;留守老年人孤独感高于省会城市老年人、大学生以及警察群体(王枫等,2010;吴振强等,2009);老年人抑郁患病率接近20%(冯正仪等,2005;张华,崔玉霞,2005);老年自杀者占同期自杀者的23.2%(郭星君,郭李君,2007);本研究中老年人的心理质量不满意的检出率为12.1%—29.3%,稍高于其他各群体。

总之,与儿童和青少年、妇女群体相比,老年人的心理健康服务需要尤其强烈。进一步分析发现,亲子支持与老年人主观幸福感显著相关,子女不孝(14.4%)、家庭不和(12.4%)是导致老年人自杀的重要诱因(郭星君,郭李君,2007;邬俊福,2010)。而一个社会对待老年人群体的态度,在某种程度上反映了社会发展的文明程度。今后,我国老年人心理健康服务还应在以下几个方面努力:(1)发扬我国传统文化的优良品质,尊老爱幼,关爱老人,加强年青一代的道德风尚和精神文明建设,为老年人构建和谐温暖的亲子支持系统;(2)结合相关研究,及老年人对心理健康服务机构的选择,可以看出经济条件是老年人幸福健康的重要因素,我国心理健康服务体系建设应加强初级保健功能,使老年人老有所依。由于本研究中老年人的样本量较小(n=92),且多为社区居民,不能推论到农村老年群体,今后研究将进一步完善丰富样本。

(四)职业人群心理健康服务需要分析

课题组采用自编的心理健康服务需要调查问卷(职业人群版)进行调查,共收回有效问卷540份,样本年龄17—57岁,平均30岁,88.5%为大学及以上学历。

1.职业人群心理健康服务需要态度维度

如表4-9所示,职业人群对待心理健康服务的态度较为积极,认为心理健康服务对“我”“我的同事和朋友”“我的家人和亲戚”来说,介于“可能有必要”和“有必要”之间(Mean=2.43,SD=0.65分);各项目选择“有必要”和“很有必要”的累计频率均超过30%(31.5%—61.2%)。

表4-9 职业人群心理健康服务需要态度维度分析表(n=531)

项目	“必要性”的选择次数				(+)选项		平均数	标准差
	毫无必要	可能有必要	有必要	很有必要	次数/次	比率/%	(Mean)	(SD)
1.接受心理健康服务对我	99	265	127	40	167	31.5	2.20	0.829
2.接受心理健康服务对我的同事和朋友	34	278	171	48	219	41.2	2.44	0.746
3.接受心理健康服务对我的家人和亲戚	62	273	152	44	196	36.9	2.34	0.789
4.有专门机构为我们提供心理健康服务	33	173	223	102	325	61.2	2.74	0.837

2.职业人群心理健康服务机构和内容维度

如表4-10所示,职业人群希望为其提供心理健康服务的机构排在前三位的依次是私立心理健康服务中心(33.2%),互联网服务(21.8%),医院(包括医院、社区卫生员、村卫生所、社卫生所)(19.6%);最后三位依次是防疫保健部门(防疫站/疾控中心/妇幼保健站),学校心理健康服务机构和政府部门(如乡镇/村办事处,爱委会/居委会)。职业人群最关注的心理健康问题类型前五位依次是纾解工作压力(56.5%),调适自己的心理健康状态(43.3%),家人的健康问题(32.6%),调适人际关系(32.3%)(调适人际关系和解决家庭压力实为并列)和解决家庭压力(如照顾父母、妻子、孩子等)(32.3%)。

表4-10 职业人群《心理健康服务需要》机构和内容维度分析表(n=536)

希望提供服务的机构最好是	选择次数和比率		最关注的心理健康问题是	选择次数和比率	
	次数/次	比率/%		次数/次	比率/%
1.医院	105	19.6	1.防治精神疾病	29	5.4
2.精神卫生机构	63	11.8	2.干预物质依赖	43	8.0
3.防疫保健部门	20	3.7	3.纾解工作压力	303	56.5
4.政府部门	26	4.9	4.解决家庭压力	173	32.3
5.单位心理健康服务中心	75	14.0	5.调适人际关系	178	32.3
6.社区心理健康服务中心	77	14.4	6.解决温饱生计问题	37	6.9
7.私立心理健康服务中心	178	33.2	7.子女教育和成长问题	128	23.9
8.学校心理健康服务机构	22	4.1	8.家人的健康问题	175	32.6
9.民间机构	30	5.6	9.调适自己的心理健康状态	232	43.3
10.互联网服务	117	21.8	10.婚恋及情感问题	93	17.4

3.职业人群心理健康服务可得性

企业心理健康服务需要和实际供给之间存在很大缺口。在“专门机构为我们提供心理健康服务”的回答中选择“必要”和“很有必要”的累计频率达61.2%,但对于“目前您能获得自己需要的心理健康服务吗”的回答显示,只有少数人(18.5%)能够获得,多数人(62.6%)不能获得,另有部分人(18.9%)能获得少部分,这说明职业群体的需求非常强烈,与服务供给的差异巨大。

4.讨论

与传统劳动工人的概念不同,目前我国各类企业吸收了一大批高学历脑力劳动者,他们受过高等教育,对人生充满精神向往,同时承受着巨大的生存压力。一些调查显示,职业人群不同程度地存在“冷漠、焦虑、麻木、孤独”等心理问题,近20%的外企员工存在不同程度的心理问题,轻度心理问题11.9%,中度心理问题4.4%,严重心理问题2.6%,表现为社交障碍、焦虑和生活满意度偏低(周晓琴等,2010)。正如2010年《计算机世界》对IT公司人员所做调查的描述所示,“你也懒得结婚,你甚至懒得说话,你甚至懒得起床……什么都懒得做”(何源,2010)。本研究中职业人群心理质量不满意的检出率为4.7%—17.4%。此外,王德臣等对体力劳动者、公务员、企事业管理人员、教师和科研人员5类职业人群的调查显示:焦虑得分上体力劳动者得分最高,企事业管理人员最低;抑郁得分上公务员得分最高,体力劳动者得分最低,处于轻度、中度和重度抑郁状态的人为40.4%(王德臣等,2010)。

总之，职业人群对提供心理健康服务非常迫切，尤其面对工作压力时。在服务可得性上能做出较为肯定的判断，倾向于两极选项“能获得”或“不能获得”。今后，我国职业人群的心理健康服务应在以下几个方面努力：(1)建立数量足够的心理健康服务机构，以满足职业人群的日常需要；(2)首选的三种服务途径为私立机构、医院和互联网，这与职业人群的付费能力有关，但应注重私立机构与互联网的规范化管理和使用；(3)职业人群最关心的三类问题是纾解工作压力、调适自己的心理健康状态和家人的健康问题，职业人群心理健康服务应在此方面有针对性地开展。

第三节 国民心理健康服务需要的影响因素

影响心理健康服务需要的因素很多，目前还没有一种研究取向能够概括影响心理健康服务需要的主要变量(罗鸣春，2010)。奥恩(Aoun)等回顾了20年来群体心理保健需要的预测因子发现：在群体水平，影响服务需要的因素有精神病流行率和发病率、基于服务使用的社会资本和供给、所在地、群体类型；在个体水平，主要有社会功能、症状表现、诊断结果、生活质量、服务可得性。立足于我国实际，考虑国民心理健康服务需要的特点，运用课题组在全国范围内收回的9 570份有效的心理健康服务需要量表(或调查表)，首先简要分析国民心理健康服务需要的影响因素，然后重点探讨儿童和青少年、妇女、老年人和职业人群心理健康服务需要的影响因素。

一、国民心理健康服务需要的影响因素简析

我国国民亚健康状况突出，心理健康服务需求强烈而可得性偏低，此处简要分析与这两个突出问题相关的四种因素，即身体健康水平、生活方式、生活质量和服务可得性对国民心理健康服务需要的影响。

(一)身体健康水平

课题中测量身体健康水平的指标有：一月内是否生过病；一年内是否住院治疗过；是否患有慢性疾病。总分区间为3—6分，其中3—4分界定为“不健康”，5—6分界定为“健康”。以心理健康服务需要问卷的态度维度得分为因变量，对健康(n=8 219，Mean=11.2，SD=2.44)和不健康(n=817，Mean=11.13，SD=2.49)两类人群需要态度的t检验结果显示两群体的需要态度差异不显著，但接近于显著性水平(t=1.256，p=0.089)，说明身体

健康水平对国民整体的心理健康服务需要态度有一定影响，但影响不大。

罗鸣春调查发现，身体不健康大学生被试在在服务态度上表达的需要显著高于($p<0.05$)身体健康被试(罗鸣春，2010)；嘉瑞多(Garrido)等对社区老年居民进行调查，结果显示，慢性生理疾病史的被试觉察到更多心理健康服务需要(Garrido等，2009)；厄尔哈利(Elhali)等的调查显示，生理疾病在预测最近和未来服务利用意向中发挥着重要的作用(Elhali等，2009)；另外，心理疾病者比一般人通常面临更高的身体健康危险，因而对健康护理持较积极的态度(Brunero，Lamont，2010)。这些结果都说明，身体健康水平是心理健康服务需要的重要影响因素，我们也将在后面章节中进一步分析学生、打工者、社区居民等群体的身体健康水平与服务需要的关系。

(二)生活方式

同样的，课题测量国民健康生活方式的指标为《生活方式简表》总分，包括饮酒、吸烟、饮食、锻炼和定期检查五个方面，总分区间为5—14分。其中5—9分界定为"健康"，10—12分界定为"一般"，13—14分为"不健康"。对"健康"、"一般"和"不健康"人群心理健康服务需要问卷总分的方差分析表明三类群体的需要态度差异不显著($F_{(2,8664)}=1.43$，$p=0.238$)，说明健康生活方式对国民心理健康服务需要态度的影响较小。

以上分析并未得出健康生活方式影响心理健康服务需要态度的有力证据，课题组成员罗鸣春(2010)的研究表明，健康与不健康生活方式的大学生被试在心理健康服务态度上均存在显著差异，大学生心理健康服务需要随生活方式的健康程度增加而增加。另有一些研究表明，健康生活方式和心理健康服务需要之间的关系非常复杂，受很多中介变量的影响。布鲁尼奥(Brunero)和拉蒙特(Lamont)发现，严重心理问题的门诊病人所持的健康信念(Health Belief)将较为积极，他们显著排斥过多的烟，不喝酒，以及积极参与年度血压测试，该数据高于无心理健康问题的消费者(Brunero，Lamont，2010)。这些结果说明，健康生活方式对心理健康服务需要态度很可能有影响，且影响过程非常复杂，值得进一步深入探索。

(三)生活质量

课题中测量国民生活质量水平的指标为《生活质量简表》总分，包括生理质量、心理质量、社会关系质量、环境质量和两个独立条目的得分，总分区间为26—130分。将国民(n=8 404)区分为三类人群，26—51分(n=2 269，占27%)为"生活质量差"，52—82分(n=3 866，占46%)为"生活质量一般"，83—130分(n=2 269，占27%)为"生活质量好"。对

"生活质量差"、"生活质量一般"和"生活质量好"人群心理健康服务需要问卷总分的方差分析的F检验显示各群体之间的差异异常显著($F_{(2,8389)}$=27.45,p=0.001)。进一步事后检验分析显示,各组需要态度均分从高到底依次为"生活质量好"、"生活质量一般"和"生活质量差",说明生活质量影响国民心理健康服务需要态度,生活质量满意度越高心理健康服务需要态度越积极。

上述结果和很多研究是一致的:罗鸣春研究表明,大学生生活质量总均分与心理健康服务需要态度均分呈显著正相关,表明大学生心理健康服务需要态度随生活质量分数上升而增加(罗鸣春,2010)。然而,国外研究表明,心理健康需要,尤其是觉察到的需要,是实际服务利用率的核心预测指标,严重心理健康问题病人的需要及未满足需要与较低的生活质量有关(Trauer等,2008)。国内外研究结果的差异可能跟国家总体生活水平等因素有关。总之,和健康生活方式一样,生活质量与心理健康服务需要的复杂关系也是今后研究值得探讨的问题。

(四)服务可得性

根据心理健康服务需要量表(或调查表)中"目前您能获得自己需要的心理健康服务吗?"的回答,将被试分为三组,"不能获得"(n=2 875)、"部分获得"(n=4 623)和"能够获得"(n=1 564)。将心理健康服务需要问卷的态度维度得分做因变量,对三组被试的心理健康服务需要的态度差异进行F检验,结果显示三个群体的差异异常显著($F_{(2,9042)}$=12.96,p<0.001)。进一步事后检验分析显示,各组均分从高到底依次为"能够获得组"、"不能获得组"和"部分获得组",说明服务可得性对心理健康服务需要的影响很大,且"能够获得组"的需要态度最积极,"部分获得组"的态度相对消极,"不能获得组"介于两者之间。

国内同类研究表明,大学生群体的服务可得性影响其服务需要强度(罗鸣春,2010)。国外研究直接将服务可得性作为心理健康需要的预测指标,如奥恩(Aoun)等认为通过比较社会学变量和服务可得性指标,可以评价公众的需要状况。例如基于使用率的社会指标模型(social indicator models based on utilization),一般是由某地区入院率和人口普查数据所建构的统计模型,该模型还可用于诠释保健不公和社会剥夺等现象;资源配置与使用的澳大利亚社会指标模型(resource allocation using social indicator models in Australia),根据某一地区的人口数量、结构(年龄、性别、婚姻状况等)和社会经济分层,推断该地区的心理健康服务需要和利用情况(Aoun,Pennebaker,2004)。在我国,服务可得性偏低是各类重点人群需要的共性问题,应致力于增加服务建设,优化资源配置,提高服务质量。

综上所述，此调查中生活质量和服务可得性对国民心理健康服务需要态度的影响非常显著，身体健康水平有一定影响，但生活方式没有影响，这和其他相关研究既有一致的地方又有所不同。国内外众多研究表明，心理健康服务需要的影响因素非常复杂（罗鸣春，2010；Aoun，Pennebaker，2004），服务可得性、健康信念等因素通常作为服务需要的中介变量（intervening variables）予以分析。此外，以国民为研究对象，考察的样本范围较大，和许多宏观研究一样，由于追求资料完整性，研究在敏感度上稍显欠缺，参与分析的信息非常有限（Gilbody等，2002；Fitzpatrick等，2010），各因素的作用及贡献多少尚需探讨。

二、重点人群心理健康服务需要的特殊影响因素

目前，国内外的心理健康服务需要评定研究正趋于成熟，然而影响因素方面一直没有找出系统化有效变量，专述预测因子的研究通常会列出几十种与心理健康服务需要高度相关的因素，且没有主次之分（罗鸣春，2010；Aoun，Pennebaker，2004）。因此本研究基于常规人口统计学资料，探讨重点人群心理健康服务需要的影响因素，找出儿童和青少年、妇女、老年人、职业人群服务需要影响因素的共性和不同之处。

（一）儿童和青少年心理健康服务需要影响因素

1.测量指标

（1）儿童和青少年的年龄（11—14岁669人，15—20岁1 076人），性别（男840人，女906人），是否独生子女（独生子女843人，非独生子女907人），城乡来源（农村749人，城市538人，乡镇465人），成长环境（双亲抚养1 576人，单亲抚养89人，其他父母再婚抚养、寄养等96人）；（2）儿童和青少年心理健康服务需要问卷的态度、机构、人员、内容和方式维度的总分。

2.结果和讨论

儿童和青少年的性别、年龄、是否独生子女因素采用独立样本t检验，结果显示性别（t=0.31，p=0.754）和是否独生子女（t=1.291，p=0.197）因素差异不显著；年龄因素差异显著（t=2.55，p=0.011），11—14岁组青少年得分（Mean=117.00，SD=19.44）高于15—20岁组（Mean=114.70，SD=17.66）。说明儿童和青少年的性别和是否独生子女对心理健康服务需要的影响较小，而年龄是影响心理健康服务的重要因素。

儿童和青少年的城乡来源和成长环境因素采用F检验，结果显示城乡来源因素的差异不显著（$F_{(2,1749)}$=1.473，p=0.230），成长环境因素的差异极其显著（$F_{(3,1748)}$=9.474，p<

0.001)。说明儿童和青少年城乡来源对其心理健康服务需要的影响较小,而成长环境因素的影响较大。进一步运用事后检验分析发现,单亲抚养的心理健康需要最为强烈,高于双亲抚养(p=0.005)和其他(父母再婚抚养、寄养和其他)(p<0.001)

总之,儿童青少年心理健康服务需要的影响因素主要有年龄和成长环境,青少年期的需要强于儿童期,单亲抚养的需要高于双亲抚养和其他(父母再婚抚养、寄养和其他);性别、是否独生子女、城乡来源等对儿童和青少年服务需要的影响很小。本研究采用儿童和青少年自评的方式测查其心理健康服务需要,而普遍认为儿童青少年(尤其是儿童)的心理健康服务需要大多来自照顾者的评价,国外研究显示,影响照顾者对儿童青少年心理问题识别的因素有两类:(1)儿童自身变量,如年龄、症状严重程度、功能损害;(2)背景变量,如知觉到的家族遗传、父母亲的种族、他人接受心理健康服务的榜样、文化规范等。这些因素正是儿童青少年觉察到的服务需要的影响因素,是我们今后应该探讨的方面。

(二)妇女心理健康服务需要影响因素

1. 测量指标

(1)妇女的年龄(18—22岁182人,23—30岁388人,31—44岁310人,45—59岁158人),城乡来源(农村308人,城市597人,乡镇133人),婚姻状况(未婚404人,已婚578人,其他包括分居、丧偶和同居共53人),文化程度(初中以下155人,初中至高中356人,大学以上525人);(2)妇女心理健康服务需要问卷的态度、机构和内容维度的总分。

2. 结果和讨论

妇女心理健康服务需要的各影响因素均采用方差差异性检验,结果显示婚姻状况因素的差异不显著($F_{(2,925)}$=0.01,p=0.986),而年龄、城乡来源和文化程度因素的差异均为极其显著(年龄,$F_{(3,927)}$=5.26,p=0.001;城乡来源,$F_{(2,928)}$=45.05,p<0.001;文化程度,$F_{(2,926)}$=55.53,p<0.001)。说明婚姻状况对妇女心理健康服务需要影响较小,而年龄、城乡来源和文化程度对其影响较大。进一步分析发现,年龄因素上需要强度大小依次是23—30岁、45—59岁、31—44岁和18—22岁;城乡来源因素上,需要强度大小依次是农村、乡镇和城市;文化程度因素上,需要强度较大的依次是大学以上、初中以下和初中至高中。

总之,对我国妇女心理健康服务需要有较大影响的因素有年龄、城乡来源和文化程度等,婚姻状况的影响作用不大,国外相关研究也表明,婚姻状况、失业等不能作为围产期妇女心理治疗的预测因子,而对其心理治疗产生影响的因素可以分为四类:(1)能力因素,如家庭中还有无其他需要抚养的孩子;(2)前置因素,如心理健康诊断病历、人际暴力等；(3)觉察到的需要，如并发障碍的数量、表达出的需要等；(4)健康服务体系，如心理健康治疗史等。围产期是多数女性需要经历的人生阶段，由于该时期女性的生理和社会角色的特殊性，其心理健康服务需要尤其强烈，对服务需要及实际寻求帮助行为的预测因子研究是我国心理健康需要评定的重要内容之一。

(三)老年人心理健康服务需要影响因素

1.测量指标

(1)老年人的年龄(60—64岁48人、65—82岁36人)，文化程度(高中以下30人，高中以上30人)，经济状况(贫困15人，温饱57人，较富裕20人)；(2)老年人心理健康服务需要问卷的态度、机构和内容维度的总分。

2.结果和讨论

老年人的年龄和文化程度因素均采用t检验，结果显示，老年人的年龄(t=0.83，p=0.409)和文化程度(t=1.47，p=0.148)因素t检验差异均不显著。这和以往研究有所不同，究其原因，可能是由于样本量太小，区组模糊造成的。经济状况因素的分析显示，F检验差异显著($F_{(2,81)}$=4.41，p=0.015)，说明老年人的经济状况影响了其自评的心理健康服务需要。进一步分析发现，需要强度从高到底依次是较富裕、贫困和温饱老年人。

总之，我国老年人心理健康服务需要的一个重要影响因素是经济状况，年龄和文化程度因素的影响在本研究中没有得以体现。我国的老龄化趋势及传统家庭观念弱化，家庭对老年人提供的经济支持和精神慰藉逐渐减少，老年人群体的心理健康服务可得性是各个群体中最低的，仅8%。因此，在我国老年人心理健康服务的问题中，经济窘迫是首先要解决的问题。另外，国内相关研究表明，文化程度低、独居、收入低、不善于向人倾诉、患有重病、不爱好体育锻炼等是危害老年人心理健康的重要因素(胡广玉，多军，2010)，这些因素直接或间接影响着老年人自评的心理健康服务需要。本研究中，由于老年人的样本量较小(n=92)，且存在取样偏差(社区老人占92%，其他占8%)，研究结果仅作参考。

(四)职业人群心理健康服务需要影响因素

1.测量指标

(1)职业人群的性别(男、女)、年龄(18—22岁，23—35岁，36—59岁)、城乡来源(农村、城市、乡镇)、文化程度(高中及以下、大学、大学以上)、婚姻状况(未婚、已婚)和最近1年的职业情况(企业单位人员，个体经营，其他包括事业单位人员、待业人员等)；(2)职业人群心理健康服务需要问卷的态度、机构和内容维度的总分。

2.结果和讨论

职业人群各性别和婚姻状况因素的t检验：女性(n=216，Mean=4.24，SD=1.72)对心理健康服务的需求态度得分显著(t=0.36，p<0.001)，高于男性(n=315，Mean=3.72，SD=1.58)，而婚姻状况的差异不显著(t=1.38，p=0.179)。说明职业人群的性别影响了其心理健康服务需要，且女性的心理健康服务需要强于男性。职业人群的年龄、城乡来源、文化程度和最近1年的职业情况因素的F检验显示文化程度因素的差异显著($F_{(2,533)}$=4.51，p=0.011)，年龄因素的差异接近于显著($F_{(2,531)}$=2.86，p=0.058)，其他因素上差异均不显著(城乡来源，$F_{(2,532)}$=0.19，p=0.828；最近一年的职业情况，$F_{(2,532)}$=0.04，p=0.965)。进一步分析发现，在文化程度因素上，需要最为强烈的群体依次是大学、大学以上和高中及以下；在年龄因素上，需要最为强烈的群体依次是23—35岁、18—22岁和36—59岁。

总之，职业人群心理健康服务需要的主要影响因素有性别、文化程度和年龄，城乡来源、婚姻状况和最近一年的职业情况因素对我国职业人群的心理健康服务需要没有影响。然而国内的相关研究表明，除以上因素之外，社会关系是各类职业人群心理健康及其服务需要的重要影响因素，王德臣等调查了体力劳动者、公务员、企事业管理人员、教师和科研人员5类职业人群，结果表明职业人群的社会支持得分低于全国平均水平和对大学生及流动人口的社会支持；在年龄维度50—60岁组的社会支持得分最高，18—29岁组最低(王德臣等，2010)，这与本研究的结果一致。

三、心理健康服务需要的其他影响因素

即使是经济发达的美国，其成人心理保健系统仍然存在公众信息缺乏、污名化和服务质量偏低等影响居民心理健康服务需要的因素。在我国，由于心理健康服务起步较晚，类似问题尤其突出。

(一)知晓率和污名化

公众对精神卫生和精神疾病的防治知识知晓率(awareness)偏低是我国精神卫生工作长期存在的一个问题。《中国精神卫生工作规划(2002—2010年)》(卫生部，民政部，公安部，中国残疾人联合会，2002)实施以来，国民对心理服务的认识有所提高，但在各个具体问题和实质内容上仍显不足。2005年中国疾病预防控制中心中国普通人群精神卫生知识知晓率调查显示，我国普通人群有46.5%不知道哪里有精神卫生机构；64.5%认为

人人都有可能产生心理障碍;不足一半的人认识到紧张恐惧可能与心理问题有关,应去看精神科医生或心理医生(卫生部,中国疾病预防控制中心,2005)。来自各个地区的调查也显示,国民对心理健康知识的了解还很欠缺,在服务需要上最关注的基本还是表面知识,对实质内容如服务内容、时间、连续性及潜在风险等方面的理解还很欠缺(孟国荣等,2005;韩慧琴等,2008;刘彩萍等,2008;赵成等,2010)。由于公众健康知识匮乏,国民对心理问题的认识偏差及对患者的歧视非常普遍,心理疾病污名化程度仍然较高。本研究调查显示,国民最不愿意选择的心理服务机构之一是精神卫生机构。相关调查结果与此一致,被调查者选择精神疾病医院的仅1.8%,且57.1%的城市居民认为心理咨询师应由心理专业人员担任,由精神科医生担任仅占28.6%(王凯等,2009;姚坚等,2008)。而被贴上"精神病人"标签的患者,其人生会也受到各种消极影响,如48.9%的人认为精神病人是社会和家庭的负担,超过60%的心理障碍患者失业,租赁房子时存在困难,70%的精神分裂患者认为他们的工作升迁受到影响,59.7%的人认为,如果病情暴露,伴侣会离开自己(林丁盛等,2004;李强等,2009)。总之心理健康问题的污名化严重阻碍了个体对自身需要的估计及实际求助行为。

(二)服务质量

专业人员准入门槛过低造成的服务质量较低是我国心理健康工作的一大弊病。关于这个问题我们从以下三个方面讨论。第一,国民对服务质量的评价。"5·12"地震后,灾区流行着两句话,"防火防盗防心理医生"、"一怕余震,二怕堰塞湖,三怕心理医生",很多帐篷门口还贴着"心理工作者勿进!"(贺庆莉,2009)。造成这种尴尬局面的原因有很多,心理健康服务不当、质量低劣是重要的原因之一。众多调查显示,国民对心理健康服务质量评价很低,关于低质量服务的原因调查显示,服务没有效果居首位(约30%)(徐小平,2008;周颖华,吴均林,2009;程卫兵,赵锡荣,2010)。第二,专业服务人员的自我评价。愈文兰对职业卫生专业技术人员的调查显示,27.5%的人表示对现状失望,希望5年内能改行;2.1%的人已决心改行。众多调查显示,部分人员的职业认同感较低,对服务效果不认可,从业者对目前的督导和培训不满,对继续教育中自我提升方面的需要非常强烈(梁毅等,2009;陈敏燕等,2009;引自《心理健康服务亟待加强》,2006,见http://www.gmw.cn/01gmrb/2006-12/21/content_525358.htm;黄宣银等,2009;张瑞凯等,2010)。第三,非专业服务人员的相关问题。中国疾病预防控制中心2007的数据显示,发达国家中85%的精神卫生服务由非精神科的医生提供(梁毅等,2009;陈敏燕等,2009)。在我国,综合性医院和基层卫生保健机构中,25%至40%的患者有心理问题,但大多医务人员对此认识不足(杨菊贤,黄晓红,2002)。众多研究显示,社区、综合医院及精神卫生医院等的精神卫生服务利用率、年会诊率和病症识别率都非常低。会诊率方面，我国开设精神卫生科室的医院中精神科平均年会诊率低至0.63%；未开设精神卫生科室的会诊率更低，低至0.10%（向虎等，2010；黄佩蓉，2009；引自《精神病治疗需要更多公共投入》，2010，http://www.bjnews.com.cn/opinion/2010/06/22/44482.html；于德华等，2003）。总之，服务质量偏低是国民心理健康服务需要评定和实际接受服务的重要障碍之一。

（三）服务体系

1. 制度建设因素

20世纪八九十年代，心理卫生工作的制度建设几乎一片空白，而逐渐规范起来的工作体系远不够完善，大大落后于实际需要，主要表现在三个方面。第一，机构归属不明，资金难以到位。我国的精神卫生服务机构几乎都未纳入事业单位编制和财政拨付经费的部门，由于没有划拨经费的渠道，资金正常到位的只是极少数（引自《心理健康服务亟待加强》，2006；黄宣银等，2009）。张瑞凯、戴军和李红武对北京市的调查结果显示，只有15.2%的社区大概能说出每年投入心理工作的经费，高达84.8%的社区负责人采取回避态度或表示不知道（张瑞凯等，2010）。第二，部门所属分割，资源难以整合。目前我国能够提供心理服务的机构很多，有学校、精神疾病类医院、综合医院和私人机构等，它们分属不同部门，缺乏一整套综合性强和以病人为中心的心理卫生服务模式。第三，工作人员岗位系列不明，地位尴尬。张爱莲和黄希庭的调查显示，心理健康服务机构有专门管理人员的不足1/3，多数由专业人员或单位领导兼任（张爱莲，黄希庭，2010）。在医院，精神病科地位也不高，很少医科毕业生愿意进入这个专科，精神科服务的专业人员陆续转行（马雅静，2006）。总之，制度建设落后是国民心理健康服务需要评定和实际接受服务的重要障碍之一。

2. 资源配置因素

WHO（2008）显示，全世界卫生资源的90%用于全世界不到20%人口的卫生保健，较贫穷、疾病最多的地区，具有世界人口的37%，只消耗了全球卫生资源的2%（世界卫生组织，2008，见 http://www.chinacdc.cn/gwxx/200801/t20080124_33122.htm）。我国心理健康服务资源的配置也存在着不均的现象。宏观上，资源集中于沿海及大中型城市。中国疾病预防控制中心（2007）的调查显示，我国精神科病床密度最高的为上海（5.68张/10万人），其次为北京（4.08张/10万人），某地区没有精神科病床；注册精神科医师16 383人，但某地区仅有1名。在省市级内部层面也存在同样的问题，如四川省精神卫生机构多集中于成都等市区，而甘孜州和阿坝州缺少精神卫生机构、精神科医师（向虎等，2010）。微观上，资源集中于少数卫生服务机构。张伟波等对上海市徐汇区的调查发现，13家社区卫生服务中心共有26名心理咨询师，但其中1家机构达18名之多(69.2%)(张伟波等，2010)。其他调查也得出了相似的结论，高学历、高职称、专业资格人员和卫生设施集中于个别服务机构，大多数机构人员不足或空缺严重(张爱莲，黄希庭，2010)。总之，我国心理健康服务资源在配置上严重失调，多集中于沿海城市、大中型城市、个别卫生服务机构，资源过于集中难免造成极大的浪费，如根据对上海市长期住院(≥1年)病人的调查结果推算，209名病人消耗了5 016个病人的住院资源(黄佩蓉，2009)，与此同时，某些地区的病人由于得不到卫生资源而不能及时救治。总之，资源配置失调是国民心理健康服务需要评定和实际接受服务的重要障碍之一。

3.软硬件建设因素

与WHO公布的《2001年全球精神卫生资源》的全球数字比较，我国精神卫生方面的软硬件建设显然不足。硬件建设上，人员和设施数量缺口较大。据中国疾病预防控制中心的统计结果，截至2005年底，全国精神疾病医疗机构达572家，共有精神科床位132 881张，注册精神科医师16 383人。照此计算，全国平均精神科床位密度为每万人1.04张；平均每10万人中才有一位精神科医师(引自《精神病治疗需要更多公共投入》，2010)。调查显示，精神卫生工作较为突出的北京也仅有20%的社区建立了专业心理健康服务机构，且专业人员数量较少，大多机构只有1—2人；四川省精神卫生专业核定床位密度稍高于全国平均水平(1.23张/万人)，但危房多，缺乏康复期用房和病人户外活动用地(黄宣银等，2009；张瑞凯等，2010)。软件建设上，从业人员的专业教育和继续教育欠缺。各地区的调查显示，从业人员中获心理咨询/心理治疗师任职资格的比率和心理系毕业生比率都很低(均低于1%)，外派进修人次(5年低于10人次)很少，工作年限多在5年以下(张爱莲，黄希庭，2010；黄佩蓉，2009；引自《心理健康服务亟待加强》，2006)。尤其得注意的是，全国有11%的学校心理健康教师表示对常用的心理咨询和治疗方法并不熟悉甚至是根本就不了解，西藏和甘肃地区分别达到36.7%和18.2%(廖全明，2008)。总之，软硬件资源不足是国民心理健康服务需要评定和实际接受服务的重要障碍之一。

第五章　城市社区群体的心理健康服务需求分析

据中国社会科学院城市发展与环境研究所的统计：截至2009年，中国城镇人口已经达到6.2亿人，城镇化率达到46.6%。我国城市社区的规模不断扩大，社区类型也从单一的“单位社区”变得愈加多样，这些变化对社区服务提出了更高的要求。作为社区服务的重要内容以及心理健康服务体系的重要部分，城市社区群体心理健康服务的重要性和迫切性日益凸显。了解社区群体的心理健康服务需求是其中最基础的工作之一。

第一节　城市社区心理健康服务概述

一、社区概述

（一）社区及其研究演进

1.西方社区研究演进

1887年，德国社会学家滕尼斯（Tonnies）在其《社区与社会》一书中首次提出“社区（Gemeinschaft）”概念（蔡禾，2006）。滕尼斯认为，社区和社会是人类群体生活的不同结合类型。“社区”是自然基础之上的家庭、宗族等群体，以血缘、地缘和精神等亲密关系为纽带；而“社会”是建立于目的基础上的联合体，以个人的意志、理性契约和法律为基础（姜振华，胡鸿保，2002；彭大鹏，廖继超，2008）。西方对“社区”进行界定和研究的第一个阶段也由此拉开序幕（夏学銮，2003）。

1917年，英国社会学家麦基文（Maclver）出版了《社会》，其是“社区”研究第二个阶段——“区域论”时代，即强调社区是人类共同生活的区域（村庄、城镇或地区、国家，甚至更广大的区域）——的标志。“社区”界定的第三个阶段是“综合论”时代（夏学銮，2003；朱婧，2005）。这个时期的标志性成果是1958年美国社会学家桑德斯（Sanders）出版的《社区论》。桑德斯提出，社区是各种社会制度、社会网络和社会团体的互动所形成的社会系统；社区不再是充满亲情和仁爱的净上，而是充满不平等和各种矛盾的场所。

当前，西方关于社区的定义众说纷纭，但归纳起来不外乎两大类：一类是地域主义观，认为社区是在一个地区内共同生活的有组织的人群，即地域性社区；另一类是功能主义观，认为社区是由共同目标和共同利害关系的人组成的社会团体，即功能社区（黄红娟，2005）。

2. 中国社区研究演进

中文的“社区”一词是辗转翻译而来的，它经历了从德文的“Gemeinschaft”到英文的“Community”，然后到中文“社区”的语言变化 。20世纪30年代，费孝通等将“Community”翻译成社区，并将社区概念引入我国，当时的定义为“社区是具体的，是一个地区上形成的群体”。从此，社区逐步成为社会学的一个专门概念（姜振华，胡鸿保，2002；黄红娟，2005）。

自从社区概念被引进中国之后，人们对社区的理解便含有地域性的因素（姜振华，胡鸿保，2002；陆学艺，1996）。吴文藻和费孝通等都把社区理解为有边界的相对封闭的实体。当前，我国大部分社会学者也都采取地域主义观点，认为社区是指居住在某一地方的人们组成的多种社会关系和社会群体从事多种社会活动所构成的区域生活共同体（姜振华，胡鸿保，2002；王康，1988；何肇发，1991；张敦福，2001）。

随着我国社会的发展和变革，社区的内涵和外延也在不断丰富。由于研究角度、所要解决的问题和理论背景的不同，国内学者对于社区的界定也是各有侧重。我国的社区建设和社区服务基本上是以法定社区作为操作单位，侧重“区、街、委”这样的基层行政区域，所以社区心理健康服务关于社区的界定也需与这一特点结合起来。因此，本研究关于社区的界定以《民政部关于在全国推进城市社区建设的意见》中对社区的界定为准，即社区是聚集在一定地域范围内的人们所组成的社会生活共同体。

（二）社区的构成要素

作为一种社会实体的社区，社区的要素可谓包罗万象，多种多样。人口、地域、组织、文化、设施、归属感等要素彼此相互独立，也不存在派生关系，但又相互联系，相互作用（蔡禾，2006；何肇发，1991；唐忠新，2000；傅忠道，2001）。一般来说，社区包括的要素主要包括以下五个方面：人口要素、地域要素、结构要素、文化要素和心理要素。

（1）人口要素，一定数量、长期稳定且相互交往的人群是社区的第一要素。社区发展目标之一就是要提高社区人口的身心素质，社区心理健康服务也是以此为出发点和归宿的。分解社区人群的构成则是心理健康服务需求分析的基本途径。（2）地域要素，涉及区域位置、大小范围和人工设施等，它是社区群体赖以生存和发展的物质基础。社区心理健康服务也需因地适宜，调整服务的方式、目标和内容等。（3）结构要素，是指社区内各种组织之间的关系。随着城市社区传统“单位制”被打破，社区内的机构、团体和组织也变得多样化、复杂化。（4）文化要素，主要指社区成员所接受认可的一整套行为规范和价值观念。"百里不同风，十里不同俗"，社区心理健康服务既要重视社区文化的"弹性"，也不可忽视其"刚性"。心理健康服务应当尊重不同社区的文化特征，避免其成为服务过程中的"拦路虎"或"绊脚石"。(5)心理要素，是指人们对自己所属社区的情感依附和心理认同。社区心理健康服务应重视社区心理要素所能激发出的责任心、荣誉感和参与热情，使这些成为心理健康服务重要的动力资源。

(三)社区的类型

社区是多种要素构成的一个社会实体，而要素及其结合的方式千差万别，从而形成了不同的社区类型。以社区功能为标准，社区可划分为经济社区、政治社区、文化社区、军事社区等类型；以空间特征为标准划分，社区可能分为有形社区和无形社区两大类(也称空间性的和非空间性的社区)(周德民，吕耀怀，2003)。有形社区具有明显的空间地域，可分为法定社区、自然社区和专能社区；无形社区主要是指精神社区、虚拟社区。

学者们普遍认为，在中国存在两大社区：农村社区和城市社区(唐忠新，2000；师凤莲，2008；谢建社，2006)。它们都是以行政区域为基础，人们因为共同的生活需要而聚集在一起的一个共同体，拥有自己的管理机构、公共设施和特定文化。农村社区是指居民以农业生产活动(所提供的产物)为主要生活来源的地域性共同体(朱婧，2005；师凤莲，2008；谢建社，2006)。农村社区的主要特征有：受自然环境的直接影响和支配；人口密度小，流动性差；礼治社会，靠风俗习惯和礼仪来维持社会运行；经济结构单一；人际关系密切，具有较强的归属感；文化水平低，封建意识浓。城市社区是指在城市特定区域内由从事各种非农业劳动而又有明确社会分工的密集人口组成的共同体，即以二、三产业为基础的，规模较大、结构比较复杂的社区(朱婧，2005；周文建，宁丰，2001)。城市社区具有的特征是：人口密度大；人口异质性强；家庭规模与职能小，人际交往感情色彩淡薄；生活方式多样化；人口素质高、信息发达、交通便利、生活节奏快；组织化程度高；职业门类齐全，经济活动复杂。

此外，随着互联网的普及，网络实现了跨时空的人际互动，人们在互联网上通过交流形成了具有共同价值观、共同归属感的群体。这种强调具有"精神共同体"属性的"虚拟社区"(virtual community)(Virtual Community)便逐渐突显出来(姜振华，胡鸿保，2002；周德民，吕耀怀，2003；高玉珍，2007)。虚拟社区发展有两大特点：第一，传统虚拟社区类型不断细分，如炒股论坛、交友网站、、游戏社区，甚至富人网站等；第二，以新技术、新理念为基础形成新型网络社区，如基于Web 2.0技术发展的"微信(Wechat)、微博(Microblog)、推特(Twitter)、脸书(Facebook)等"。根据《中国互联网络发展状况统计报告(2010)》，截至到2010年6月底，中国网民数量超过4亿(中国互联网络信息中心，

2010)，面对如此庞大且飞速扩大的网民群体，开展虚拟社区的心理健康服务也变得日趋迫切。

二、城市社区

如前所述，城市社区是指在城市特定区域内由从事各种非农业劳动而又有明确社会分工的密集人口组成的社区。由于历史、政治和经济的原因，中国城市社区类型主要包括传统式街坊社区、单一式单位社区、学校社区、混合式综合社区、演替式边缘社区、新型房地产物业管理型社区、民族宗教式文化社区、“自生区”或移民区等(白友涛，2001)。

城市社区的构成要素主要包括：众多的异质性居民，他们拥有不同的语言、文化、宗教信仰和生活方式；一定的地理位置和范围；一定的经济活动集；共同的利益、兴趣和凝聚力；相互依存的社会活动(北京东方鼎电子有限公司，2000)。为了简明扼要地分析城市社区心理健康及其服务需求，避免不同地域社区类型的差异性，我们将从社区人口构成的角度进行探讨。

(一)城市社区的人口构成

人群是城市社区构成的首要因素，也是城市社区心理健康服务需求研究的对象。城市社区人口构成是指城市社区内具有不同质的规定性的人口数量的比例关系(唐忠新，2000；周文建，宁丰，2001)。这种比例关系在很大程度上决定着城市社区人群心理健康服务需求的内容、方式和类型等特征，也决定着心理健康服务的计划、预算和方法等方面，人具有自然属性和社会属性两方面特征。

1.城市社区人口的自然构成

城市社区人口构成也相应可分为自然构成和社会构成两大基本类型(唐忠新，2000)。城市社区的自然构成是指人口的性别构成和年龄构成。其中，性别构成也叫性别比率，是指男女人口的数量比例关系，通常用每一百名女性所对应的男性人口数量来表示。由于区域、文化和经济结构等的影响，一些社区的性别构成比例偏高。社区人口的年龄构成是指各年龄组人口占社区总人口的比重。国际上通常用老年人口系数为标准对社会或社区进行划分：60岁以上的人口占总人口的比重在5%以下的为年轻型人口结构，在5%—10%之间的为成年型人口结构，在10%以上的为老年型人口结构(黄红娟，2005；唐忠新，2000)。根据中国2000年人口普查资料，我国已进入老年型人口国家，部分城市的人口老龄化程度则更高。

2.城市社区人口的社会构成

社区人口的社会构成主要是指社区内人口的民族构成、宗教信仰构成、文化构成、职业构成和阶层结构等(唐忠新,2000)。社会构成的要素多种多样,为了化繁为简,体现社区服务倾向残障人士、老年群体、妇女儿童以及其他弱势群体的原则,我们主要从以下几个角度分解城市社区人口的社会构成(周文建,宁丰,2001;谢建社,2006)。

社区人口的职业结构是指社区人口中不同职业的构成情况。随着社会分工的细化,传统“三大”产业下已出现了更多细分的职业类型。由于工作环境、管理制度和岗位任务等不同,不同职业工作者的心理健康服务需求也存在较大差异。

社区人口的阶层结构是指社区人口中不同经济收入水平的比例。当前,我国社会正处在转型阶段,社区的阶层化初见端倪(李强,2004;徐晓军,1999)。若从收入或财富差异的角度来看,绝大部分社区都存在着相对高收入阶层、中等收入阶层和相对低收入阶层等不同的群体。

社区人口的文化构成是指社区人口不同的教育程度或学历水平的比例,它是衡量社区人口素质的重要标志。大量的研究也表明,不同学历人群的心理健康状况和需求是存在显著差异的(吴振云,李娟,许淑莲,2003;谭红卫,杨延安,聂善建,2005;谢少齐,2009)。

(二)城市社区心理健康服务

由于西方国家的城市化水平高,社区心理健康服务中的“社区”实际上都是指城市社区。20世纪60年代中期,国外职业心理医生只对个人或小团体进行咨询和治疗的临床心理服务模式,日益暴露出缺陷和问题(佐斌,2001)。例如,职业心理医生数量有限,不能满足广大民众的需要;社会、经济、文化等因素也会干扰或影响服务效果。许多临床心理学家逐渐把视野转移或扩大到同伴群体、社区风气和社会规范等方面,并认识到社区在预防心理问题中的重要作用。

1.社区心理

社区心理学采用跨学科的研究方法,从社区的多重层面展开研究,强调社会系统和社区情境对人们的影响,以研究预防心理行为问题和促进社会能力的途径和措施为主要内容,并把重点放在探索、发掘个体和社区的力量及资源方面,其最终目标是促进社区居民的心理健康和幸福(刘盛敏,陈永胜,2007)。20世纪五六十年代,美国民众开始质疑心理治疗的效果,批评多数精神病院仅仅是精神病人的看护所,并掀起了非住院化运动,提倡返回社区进行治疗(刘盛敏,陈永胜,2007)。1965年,美国马萨诸塞州斯旺姆斯科特(Swampscott)市召开的研讨会宣示了社区心理学的正式诞生(郭梅华,张灵聪,

2009)。之后,美国的社区心理学走向多学科合作并更加重视行动研究的阶段,而在拉丁美洲和欧洲也兴起了社区心理学的研究和实践(佐斌,2001;刘盛敏,陈永胜,2007)。中国的社区心理学研究还刚刚起步,人们对社区心理学的认识相当模糊。虽然在社区建设的讨论中偶尔也有人提及心理方面的问题,但在不少人看来社区只是居委会的翻版。

2.社区心理健康服务

社区心理健康服务是指在社区服务工作中,运用一定的原则、手段和方法来保持与促进民众的心理健康,即通过培养人们的心理健康意识,消除引起心理压力和各种不良心理的因素,预防心理障碍(Rosenheck,R.,2000;罗鸣春,苏丹,孟景,2009)。

1963年,美国议会通过《社区心理健康中心法案》,随后开始设立"社区心理健康服务中心",理论研究和实践领域都取得了卓著成绩(Rosenheck,R.,2000;徐华春,黄希庭,2007)。在学习和参照美国的基础上,西方其他国家也掀起了社区心理健康服务的研究和实践。目前,西方其他国家的社区心理健康服务已经和医疗卫生服务一样受到人们的普遍接受和重视(Silfverhielm,H.,Kamis-Gould,E.,2000;陈传锋,武雪婷,严建雯,2007;蒋宗顺,刘柳英,徐璇,罗宪福,2008)。在加拿大,越来越多的曾经接受过心理健康服务的人如今在社区提供心理健康服务,几乎占社区心理健康服务从业人员的一半。

我国北京、上海、杭州、深圳等城市先后进行了有关社区心理健康理论与实践的探索,并取得了一定理论成果和实践经验(Silfverhielm,H.,Kamis-Gould,E.,2000;杨凤池,2002;傅素芬,陈红卫,夏泳,2005)。但在整体上说,我国社区心理健康的研究与实践并未普及与深入,发展缓慢,突破性不大。

第二节 城市社区群体的心理健康服务需求现状

社区民众的心理健康状况如何?他们希望获得哪些方面的心理健康服务?他们希望哪些机构为其提供服务?接下来,我们将一一进行介绍。

一、城市社区群体的心理健康服务需求界定

(一)城市社区心理健康服务体系

城市社区心理健康服务体系(urban community mental health service system)是指专业机构和人员遵循心理健康规律向城市社区群众提供心理促进工作,围绕此工作的投资、教育培训、管理监督等所组成的系统。

作为社区服务的重要内容，心理健康服务体系的目标是预防和治疗心理疾病，促进心理健康，提高生活质量，使社区民众成为幸福的进取者。黄希庭认为该体系应向民众提供“发展性服务、预防性服务、治疗性服务”三个方面的服务(黄希庭，2010)。

(二)城市社区群体的心理健康服务需求

心理健康服务需求(mental health service needs)是个体当前的心理健康水平与想要达到的心理健康状态之间的不平衡引起的缺乏状态。需求的划分有不同的取向，可以从个体与群体，满足与未满足以及功能结构等角度分类(Aoun，S.，Pennebaker，D.，Wood，C.，2004)。黄希庭认为需要可分为客观需要和主观需要，前者是个体未觉察到的需要，后者是觉察到的需要(黄希庭，2007)。由此，心理健康服务需求也可分为觉察到的主观需求和未觉察的客观需求两类(罗鸣春，2010)。

在城市社区心理健康服务的需求分析中，主观需求是指个体觉察到的心理健康服务需求，包括服务内容、服务方式和服务提供方等；客观需求是指社区成员未觉察的心理健康服务需求，包括客观的心理健康水平、健康相关生活方式和生活质量等方面。

二、城市社区群体心理健康现状

心理健康服务的客观需求主要是社区成员未觉察的需求。虽然心理问题并不完全等同于客观需求，但心理健康状况能够较好地反映出客观需求的现状(Ford，T.，2008)。对心理健康问题的认识也是心理健康服务的前提和基础。

中国科学院心理研究所发布的“2007我国国民心理健康状况研究报告”显示，在所有接受测试的城市居民中，15%—18%心理健康状况为“好”，65%—70%为“良好”，11%—15%为“较差”，2%—3%为“差”(中国科学院心理研究所，2008)。这表明，我国城市居民心理健康总体状况良好，但不容乐观。关于我国城市社区各类群体的心理健康研究已经相当多。以青少年心理健康研究为例，中国期刊网(1978—2008年)收录的关于青少年心理健康研究的记录达到了2 453条(王道阳，高洪波，姚本先，2009)。因此，本研究主要通过文献分析了解社区不同群体的心理健康状况，进而反映他们的客观需求现状。

(一)不同自然构成群体的心理健康现状

由于年龄、生理、经济状况等处于相对弱势以及由此导致的心理变化，青少年、老年人和女性群体都是社区心理健康服务应予以重点关注的群体。我们主要对老年人群体、女性群体两类群体的心理健康现状进行分析，了解不同年龄和性别群体的心理健康现状。

1.老年人群体的心理健康现状

据民政部和全国老龄办发布的最新统计数字，截至2008年底，全国老年人口已经增至1.69亿人，而且正以年均近1 000万人的增幅上涨。总体来看，当前我国城市大多数老年人的总体生活满意度和主观幸福感较高，尽管经济收入偏低，但仍能保持知足常乐的健康心态，心理问题的发生率在10%左右（李德明等，2006；欧爱华等，2007；梁兆晖，郝元涛，王耀富，欧爱华，2010；李德明等，2006；王玲凤，2009；范珊红，2007）。

多数研究表明老年男性的心理健康状况要好于女性，男性老人的心理健康水平随着年龄的增加而下降。老年人的心理健康状况与教育程度呈正相关，高学历者好于低学历者。非空巢老人和夫妻同住空巢老人的生活和心理状况均较好，而独居空巢老人的心理状况较差，绝对空巢老人情况最令人担忧（李德明等，2006；王玲凤，2009）。

在单个心理问题方面，抑郁症、焦虑症、老年痴呆症等是老年人常见的心理问题（李德明等，2006；范珊红，2007；陶丽敏，沈娟，2009；胡广玉，多军，2010；梁成洪，2005）。张保利等的调查发现，北京社区老年人中22.0%有焦虑症状，25.3%有抑郁症状，18.0%有智能减退（张保利等，2010）。而邢学亮和汪莹调查发现，60岁及其以上人群中痴呆的患病率最高达到9%（梁兆晖等，2010）。

2.女性群体的心理健康现状

世界卫生组织的调查表明，女性异常心理发生率高于男性（Silfverhielm，H.，Kamis-Gould，E.，2000）。国内研究表明，职业女性群体心理障碍、亚健康发生率普遍增高，她们心理负荷重，心理问题多，程度严重（梁成洪，2005，刘秋玲，2007）。尤为值得注意的是，处于特殊生理期的女性心理问题存在普遍性和严重性（张长军，王振英，范茂林，刘康洪，2004；高雄英，王琴，刘娟，2006）。袁也丰等指出更年期女性存在一系列心理问题，其中尤以强迫、抑郁、焦虑、恐惧症状更为突出（袁也丰，陈建云，涂灵，2001）。围绝经期妇女的心理问题以抑郁、焦虑为主（王庆华，方秀新，郝玉玲，郑文姣，沙凯辉，2008）。孕妇在妊娠期都有不同程度的抑郁、焦虑、恐怖和躯体化症状（张素云，李云志，黄醒华，2006；张琴，2008；费立鹏，2007）。此外，有研究者报告，和世界上大多数国家男性自杀率高于女性的普遍状况不同，中国是女性自杀率（25.85/10万）高于男性（20.70/10万）（费立鹏，2007）。

（二）不同社会构成群体的心理健康现状

1. 不同职业群体的心理健康现状

我国正处于由传统社会向现代社会过渡的转型时期，职业群体直接面对社会转型并承载随之而带来的巨大冲击，关注其心理健康状况具有重要的理论与实践意义。在日常工作中，常见的职业心理健康问题主要包括职业压力、人际关系和工作与家庭关系问题（孟慧，2008）。就具体职业群体来看，国内心理健康研究多集中于教师、医务工作者、工人群体和军警等职业。

（1）高情感注入从业者的心理健康现状

国内外研究表明，高情感注入从业者心理健康水平、心理幸福感和工作满意度常常低于普通人群，如社会工作者、医护人员、教师等（Johnson，S. 等，2005；邱莲，2003）。国内研究也表明，教师的心理健康状况要差于一般人群（刘艳，2005；陈光，王辉，2008；周喜华，2009）。郑红渠和张庆林的研究表明，小学教师存在一定的心理健康问题，其中躯体症状最严重，接下来依次是职业倦怠、挫折应对问题、人格障碍、人生态度问题和社会适应问题（郑红渠，张庆林，2007）。对大学教师的研究显示，大学青年教师的心理健康状况差于一般人群，但好于中小学教师（邱莲，2003；王金道，2004）。医务工作者心理健康水平低于一般人群，医护人员的SCL-90总分及多个因子得分都高于常模（齐艳，2002；陈静，黄彩辉，2009）。苏勃和温宝荣研究发现，81%的医生感到职业辛苦、责任重大，负面情绪多（苏勃，温宝荣，2007）。但也有研究结果表明护士和医生的心理健康水平与国内常模健康成人的心理健康水平相当（董霏，罗园园，2006）。

（2）工人群体的心理健康现状

李永文等采用元分析发现，除个别特殊物理环境下的工人外，工人群体的心理健康水平基本正常，无时间分布和职业类别差异（李永文，陈龙，马煊，曹伟跃，2004）。接触有害物质的工人，生理和心理健康状况出现问题的风险较高。长期接触混苯可导致神经行为和心理卫生问题（郭棣华，林福永，童家期，1994；侯俊，胡刚，2000）。研究表明，在制鞋工人中，长期接触有害物质的工人SCL-90各因子分均高于非接触组的工人；工龄越长，心理健康越差（申泰华，徐小艳，杨里，龙云芳，李飞，2005）。煤矿矿工受伤害率、患病率高。然而，研究表明煤矿矿工心理健康的SCL-90得分总体状况较好，但工作压力分显著高于一般工人，工作压力包括劳动强度过大、事故的压力和劳动争议（纠纷）等（眭衍波等，2003）。

（3）军警人员的心理健康现状

一般认为，"军人的心理健康水平较差，低于常模或对照组，心理问题较多；军事应激条件下的心理健康水平低于平时"。冯正直和戴琴对军人心理健康的元分析表明，中国军人的心理健康状况并非很差:在非军事应激条件下,军人的心理健康水平与军人常模差不多;军事应激条件下军人的心理健康水平在应激前高于军人常模,应激中低于军人常模,应激后与军人常模差不多;其中城镇驻军的心理健康水平好于高原驻军和边防驻军(冯正直,戴琴,2008)。对导弹官兵、驻海岛官兵、驻高原官兵和驻坑道官兵的研究也表明,特殊驻地军人的焦虑和抑郁水平较高(谭红卫等,2005;于爱英,唐小伟,姚斌,蒲国永,党军,2006;袁方,朱冽烈,白湘云,2009;岳春艳,王丹,李林英,2006)。

警察是一个高付出、高应激的职业(李春波,马宝和,昂秋青,徐声汉,2005)。研究表明,警察的心理健康状况比普通人群差;不同地区、不同警种的警察心理健康状况存在差异(高北陵等,2003;刘晶洁,马欢,吴晨,刘盈,2005;关梅林,曹慧,丁平,张建新,2007)。杨晓华的调查表明,公安民警的心理健康状况不容乐观,49.5%男警和60.9%女警可能存在不同程度的心理障碍,绝大多数处于心理亚健康状态(杨晓华,2006)。刑警、监狱警察的心理问题较严重,基层民警的心理健康状况总体处于正常水平(吴梅丽,周满霞,林小锋,卢有亮,2009;宋美燕,朱丽霞,林碧莲,黄荔萍,戴小燕,2008;李秀兰,陈静,2009;林娟等,2007;卢斯汉,胡荣欣,杨翠芳,贾卫东,江达威,2007)。

2.不同学历、经济/收入水平群体的心理健康现状

学历或经济/收入与心理健康之间并非简单的线性关系。在年龄阶段、地域和职业类型上,不同学历或经济/收入群体的心理健康状况存在一定差异。

(1)不同学历群体的心理健康现状

在职业工作者中,高学历医务工作者的心理健康水平好于低学历者,呈现出一定的梯度上升趋势(吴振云等,2003;马章淳,林赟,2006)。在教师中,调查发现中师或中专学历水平的教师心理健康水平显著低于大专或本科学历的教师(董霏,罗园园,2006)。老年人的心理健康状况随着受教育程度的提高而改善,高学历者好于低学历者(吴振云等,2003;李德明等,2006;岳春艳,王丹,李林英,2006)。

(2)不同经济/收入群体的心理健康现状

健康状况、健康行为、卫生服务可及性及卫生服务利用与经济收入有关(Saegert,S.,Evans,G.W.,2003;Abhal,S.,Shanhab,F.,1996)。有研究表明,我国不同经济收入人群的健康状况存在差异,且呈梯度变化(许军,罗乐宣,钟先阳,王跃平,陈建,2007)。张艳华等也发现,高收入群体的知足充裕体验和心态平衡体验得分要远高于中、低收入组,高收入人群有着更高的主观幸福感体验(张艳华,于晶,常波,2009)。然而,有研究则指出收入与心理健康之间的关系非常复杂,受到多种心理变量的影响。经济收入较低人群的生理和心理健康状况相对较差,最好的并非收入最高人群,而是中等收入偏上人群(张卫强等,2009)。收入中等的新市民在主观幸福感、知足充裕、人际适应和自我接受

等上显著高于高收入组(郑洪利,鞠晓辉,尹海兰,王兆红,2010)。这些研究说明,收入与心理健康之间的关系并非简单的线性关系,可能还受地域、教育程度和生活期望等多种因素的影响(吴梅丽,周满霞,林小锋,卢有亮,2009)。世界发展报告也表明,在较低的发展水平,收入的增加有助于幸福感的提高,但是一旦达到某种限值(如年收入1万美元)之后,收入对幸福的影响很小,甚至没有任何效应。

3.特殊群体的心理健康现状

(1)慢性病患及其家属的心理健康现状

研究表明,慢性病患者及其家属均存在不同程度的焦虑抑郁情绪(宋美燕,朱丽霞,林碧莲,黄荔萍,戴小燕,2008;李秀兰,陈静,2009)。对老年糖尿病患者的研究发现,其心理健康状况偏差,应对方式比较消极(林娟等,2007)。在艾滋病疑病症患者中,SCL-90的躯体化、强迫症状、人际敏感、抑郁、焦虑、敌对、恐怖、偏执、精神病性等因子均明显高于常模(卢斯汉,胡荣欣,杨翠芳,贾卫东,江达威,2007)。

病患家属的心理健康水平也不容忽视。研究发现,脑卒中患者家属心理健康水平较低,且受家庭经济收入减少、患者认知障碍,特别是患者日常生活活动能力的影响(冯洪,谢家兴,李秋红,张红云,邱红,2006)。对癌症患者女性家属心理状况调查发现,其心理健康水平远远低于女性常模;无经济来源或低收入、经济贫困、无职业者心理水平最差(王连芝,曹秀萍,王秀兰,2006)。

(2)重大应激事件经历者的心理健康现状

国外的大量研究表明,飓风、地震、车祸和火灾等灾害对于民众的心理健康会产生巨大的冲击。我国各类灾害事件不仅造成了巨大的经济损失,也对民众精神健康带来了极大的损害。调查发现,在SARS发生后10%以上的学生经常感到恐慌、紧张(何宏灵,刘灵,杨玉凤,2006)。对医务人员的调查发现,参加“抗击非典”一线医务人员1年后心理健康水平和PTSD发生率显著高于对照组(杨来启,2007)。SARS患者心理健康状况追踪调查发现,患者在入、出院及目前(调查时),在各期均存在明显的情绪障碍(卢莉,薛云珍,梁执群,徐勇,张克让,2006)。

对唐山地震孤儿30年后心理健康状况调查发现,孤儿组的SAS标准分、SDS标准分、SCL-90总分及其多个因子分均高于对照组(王丽萍等,2009)。在地震普通灾民中,大多数人都出现各种应激反应,以警觉性增高和创伤性体验为主,有亲属丧失者尤为严重。对救灾人员的研究也表明,地震对心理健康的冲击十分明显(张卫强等,2009;汪连春等,2009)。此外,洪水、岩崩和车祸等灾害事件发生后,受灾人群的PTSD发生率都会显著增加,一般在18%以上。由此可见,严重的突发应激事件可能对事件经历者的心理健康带来极大的伤害。

(3)网民的心理健康现状

根据中国互联网信息中心的统计:截至2010年6月,中国网民规模达到4.2亿人,互联网普及率攀升至31.8%;网民年龄结构继续向成熟化发展;网民每周上网时长继续增加,人均周上网时长达到19.8个小时(中国互联网信息中心,2010)。与蓬勃发展的网络社区相比,网络社区群体的心理健康服务研究还比较少,不够深入,多集中于青少年学生群体。青少年长期上网容易导致认知能力降低、人际交往障碍、厌学心理、人格异常、抑郁和焦虑等一系列的心理问题(肖征,2008;郑永安,张英群,高广元,2009)。李宏伟和柯韵徽也指出在网络带来的心理问题中,最严重的当数病理性互联网使用(PIU)或网络成瘾综合征(IAD),人际关系障碍和人格障碍(李宏伟,柯韵徽,2001)。多项研究发现,青少年病理性互联网使用的比例约为5%(雷雳,杨洋,2007;雷雳,2010)。总体来说,关于虚拟社区人群的心理健康及其服务的研究还有待加强。

三、城市社区群体心理健康服务需求分析

为了更准确、更系统地了解心理健康服务的主观需求(以下简称"服务需求"),本课题开发了适用于不同群体的心理健康服务需求问卷(罗鸣春,2010;廖全明,2008;刘影,张灵聪,2010)。参照罗鸣春开发的青少年心理健康服务需求问卷(CMHSNQ),编制了社区群体心理健康服务问卷(Community folks of Mental Health Services Questionnaire),采用Likert三或四点计分,包括5个因素(服务态度、服务机构、服务人员、服务内容和服务途径)共49个题项(罗鸣春,2010)。在本研究中,该问卷的内部一致性系数为0.943。

在课题组的统一协调下,遵循经济而有效的原则,参照2009年人均GDP划分的三个标准——发达、中等、欠发达,抽取了河南、重庆等7省市的社区人群数据。被试的平均年龄为33.77岁(标准差为13.01),其中男性962人(48.5%),女性1 017人(51.3%),4份数据缺失;民族属性方面,汉族1 261人(63.6%),少数民族717人(36.2%),缺失5人数据(0.3%);宗教信仰方面,不信教1 466人(73.9%),信教497人(25.1%),缺失20人数据(1.01%);在经济状况上,贫困群体占总被试的6.3%(124人),温饱占75.7%(1 501人),较富裕占17.6%(349人),其余为缺失;在文化程度方面,文盲占4.3%(86人),小学占12.7%(252人),中学/中专占79.3%(1 573人),大学及以上占3.1%(62人),缺失数据人数为10人(0.5%);婚姻状况方面,已婚人群占55.9%(1 108人),未婚36.3%(719人),其余为其他情况。

为了突出重点地域、重点人群,更大地发挥研究结果的针对性、应用性和实践性,课题组子课题小组还对特定地域或特定群体进行了调查,例如沿海地区城市社区老年人

的主观需求调查。我们将把这些研究一并整合进本部分，以期使为城市社区群体提供心理健康服务更有针对性、科学性。

（一）城市社区群体服务需求的总体情况

1.服务需求的总体分析

调查发现，五成以上的居民（55.1%）认为自己的心理健康状况较好或很好。服务需求分析发现，城市社区群体有较强的心理健康服务需求：5维度需求强度在2.42—2.84，需求总均分为2.58，偏向于“希望心理健康服务”的水平（3分），总体偏向希望得到有效的心理健康服务。需求强度排列的前3位依次为：服务内容、服务途径、服务态度（见表5-1）。课题组对沿海地区的调查也发现，近6成城市社区群众希望获得心理健康服务需求（偶尔需要+定期需要+经常需要）。

表5-1 城市社区群体服务需求的总体情况

因素	平均值（Mean）	标准差（SD）	题项数	需求强度	偏向排序
服务态度	20.72	4.07	8	2.59	3
服务机构	21.82	5.70	9	2.42	5
服务人员	26.72	6.03	11	2.43	4
服务内容	28.39	5.04	10	2.84	1
服务途径	29.05	5.88	11	2.64	2
需求总分	126.58	21.44	49	2.58	

总体来看，社区群体希望获得有效的心理健康服务，且需求强度略高于青少年学生。需求强度排列方面，服务内容位列第一，说明社区群众对具体心理健康问题的服务最为关心。其次，社区群体较关心的是服务途径、服务态度，说明他们已认识到心理健康问题的重要性和严重性，也肯定了心理健康服务的必要性。可见，服务内容、服务途径和服务态度是人们服务需求中最为突出的方面，反映了人们对心理健康问题已有所认识，对心理健康服务的态度比较积极。

2.服务态度分析

对服务态度的分析表明，71.6%（“有必要”与“非常有必要”的选项之和，下同）的社区群众希望有固定的机构提供服务；69.8%愿意与心理服务人员讨论自己和家人的心理健康问题；64.0%认为自己有必要了解心理健康知识（见表5-2）。大部分（“可能有”与“有”的选项之和）社区群众认为，同事和朋友或家人和亲戚可能有心理问题，需要接受心理健康服务。对沿海城市社区的调查发现，近一半的居民（44.0%）认为心理健康服务对工作生活具有促进作用。其他研究结果也表明，大多数社区群众肯定心理健康服务的重要性和必要性（韩慧琴，曾勇，刘彩萍，赵旭东，谢斌，2008）。综上所述，社区群众对心理健康及其服务的重要性有足够的认识，对开展心理健康服务是积极支持的。

表5-2 城市社区群众对服务态度的需求分析

题项	毫无必要/%	可能有必要/%	有必要/%	非常有必要/%	排序	缺失/%
211 自己是否有必要了解心理健康知识	7.5	28.3	49.4	14.6	3	0.2
212 自己是否有必要接受心理健康服务	7.3	35.9	45.1	11.4	4	0.4
214 同事和朋友是否有必要接受心理健康服务	5.6	39.6	45.5	8.0	5	1.3
216 家人和亲戚是否需要心理健康服务	6.9	37.5	42.8	11.5	6	1.3
217 自己是否需要固定的机构提供心理健康服务	6.2	21.1	58.0	13.6	1	1.1
218 是否愿意与心理健康服务人员讨论自己和家人的心理健康问题	6.8	22.1	57.6	12.2	2	1.4
题项	没有/%	可能有/%	有/%	缺失/%		
213 同事和朋友是否存在心理问题	10.9	42.7	38.0	8.4		
215 家人和亲戚是否存在心理问题	15.0	34.4	40.4	10.1		

3.服务机构分析

频次统计发现，约60%的社区群众希望社区心理中心和医院提供心理健康服务，这也是他们最希望获得服务的两大机构（见表5-3）。50%左右的社区群众还会选择单位心理中心、学校心理中心、防疫保健部门，以获得心理健康服务。对沿海城市的调查也表明，接受专业的心理咨询机构服务的人比例最多（63.5%）。研究结果充分说明专业性服务机构的权威性得到了社区群众的认可和信赖。而所有服务机构的被选频次都超过40%，这表明社区群众对服务机构的选择取向具有多元性。

表 5-3　城市社区群众对服务机构的需求分析

服务机构	不希望/%	很少希望/%	希望/%	非常希望/%	排序	缺失/%
221 医院	15.2	25.0	50.5	9.5	2	0.3
222 精神卫生机构	28.4	28.9	34.6	7.5	9	0.6
223 防疫保健部门	19.9	30.1	39.8	9.3	6	1.0
224 政府部门	22.5	32.2	34.6	10.1	7	0.6
225 单位心理中心	16.5	26.0	46.3	10.4	4	0.7
226 社区心理中心	14.4	24.8	49.0	11.3	1	0.6
227 私立心理机构	18.4	28.4	41.8	10.6	5	0.8
228 学校心理中心	14.2	26.9	42.7	15.3	3	0.9
229 民间机构（寺庙/教堂/其他民间组织或个人）	31.1	24.9	33.5	9.7	8	0.9

然而，43.2%的社区群众希望从寺庙、教堂或其他组织等民间机构获得心理服务。这表明部分民众对“什么是心理健康服务”还存在一定的偏差，对“什么机构能够提供科学的心理健康服务”尚存在误区。调查发现，相当数量的社区群众没有将心理健康与身体健康相区分，还有不少居民混淆了道德问题、经济状况与心理健康的区别（陈传锋，何心展，宋修竹，田宾，2004）。例如，一些居民将“身体健康的标准”看成心理健康者的特征，如“吃得下、睡得着”。

4. 服务人员分析

在实际生活中遇到心理问题时，大多数社区民众更愿意选择自己的亲属（71.2%）和亲戚朋友（69.5%）获得帮助，其次才是医生（62.8%）和社区心理健康服务人员（59.3%），其他服务人员依次为学校老师、自己解决、防保人员、单位领导、民间人士、政府人员、任其自然（见表 5-4）。对服务人员的频次分析表明，社区民众更愿意选择亲密人群作为心理服务的提供者，其次才是心理健康专业工作者，他们的服务需求表达与中国大学生一样，都具有社会取向特征（罗鸣春，2010；杨国枢，2008）。

表 5-4　城市社区群众对服务人员的需求分析

服务人员	不希望/%	很少希望/%	希望/%	非常希望/%	排序	缺失/%
231 医生	12.2	24.7	51.7	11.1	3	0.4
232 防保人员（防疫/疾控/保健等）	21.1	32.9	38.1	7.2	7	0.7

续表

服务人员	不希望/%	很少希望/%	希望/%	非常希望/%	排序	缺失/%
233政府人员(部门负责人/工会/妇联等)	26.5	35.3	29.1	8.3	10	0.9
234单位领导	24.4	31.0	34.6	9.0	8	0.9
235社区心理健康服务人员	14.4	25.5	47.1	12.2	4	0.9
236学校老师	17.0	28.4	40.4	13.0	5	1.3
237民间人士	28.3	28.7	32.6	9.3	9	1.0
238自己的亲属(家人、配偶和儿女)	8.5	18.4	50.9	21.3	1	0.9
239亲戚朋友	9.4	20.3	48.8	20.7	2	0.8
2310自己解决	23.0	30.7	37.8	7.8	6	0.8
2311任其自然	37.9	27.8	26.4	6.8	11	1.1

5.服务内容分析

对服务内容的频次统计表明,社区民众希望获得的心理健康服务内容依次为家人健康、子女教育与亲子关系、自身的身心问题、人际关系、婚恋和感情、生计与生活、社会与环境适应、精神疾病预防、危机干预、物质依赖(见表5-5)。前三位服务内容"关心+很关心"的需求频次都在78.0%以上,分别是家人健康(85.7%)、子女教育与亲子关系(79.4%)、自身的身心问题(78.8%)。沿海地区调查也发现,子女问题是社区群众最希望获得心理服务的领域之一。这表明社区群众最关心的服务内容具有"人群取向"(即关注家人、子女及其近亲的心理问题),而不是"问题取向"。许多调查也显示社区群众需要的心理服务内容排在前列的都是子女教育和家庭问题)(吴均林,周指明,巫云辉,朱岩,2004;周指明,巫云辉,吴均林,陈智聪,朱岩,2004)。而青少年学生更关注"精神疾病、物质依赖和学业问题",其服务内容表现为"问题取向"(罗鸣春,2010)。

表5-5 城市社区群众对服务人员的需求分析

服务内容	不关心/%	很少关心/%	关心/%	很关心/%	排序	缺失/%
241精神疾病预防	11.50	32.38	44.38	10.89	8	0.86
242物质依赖	16.74	31.27	40.09	10.69	10	1.21
243危机干预	13.62	31.72	44.02	9.83	9	0.81
244社会与环境适应	7.61	26.22	50.18	15.53	7	0.45
245人际关系	5.55	20.22	55.02	18.61	4	0.61

续表

服务内容	不关心/%	很少关心/%	关心/%	很关心/%	排序	缺失/%
246生计与生活	6.71	19.97	50.43	22.19	6	0.71
247婚恋和感情	6.91	19.57	51.69	21.28	5	0.55
248子女教育与亲子关系	5.14	14.78	44.78	34.64	2	0.66
249家人健康	2.67	10.99	42.71	42.97	1	0.66
2410自身的身心问题	3.73	16.74	45.89	32.88	3	0.76

6.服务途径分析

在服务途径选择上,74.3%(希望与非常希望选项频次之和)的社区群众选择与亲属讨论的方式,其次是向亲戚朋友咨询(表5-6)。这与对服务人员的需求现状是基本对应的,进一步表明亲密人群是社区群众最值得信赖的服务提供者和最希望获得帮助的途径。

表5-6 城市社区群众对服务途径的需求分析

服务途径	不希望/%	很少希望/%	希望/%	非常希望/%	排序	缺失/%
251科普宣传	7.2	21.2	55.1	14.0	3	2.5
252社区健康教育与促进	9.2	24.3	53.5	12.7	5	0.4
253电话咨询	17.5	37.2	36.3	8.5	9	0.6
254网络服务	15.5	30.6	40.2	13.2	7	0.5
255书信咨询	19.6	35.7	35.3	8.9	10	0.6
256与医生面谈	13.5	29.3	44.9	12.0	6	0.4
257与精神专家面谈	18.1	29.7	40.6	11.0	8	0.6
258与心理专家面谈	8.7	22.3	49.2	19.3	4	0.5
259与亲属讨论	5.9	19.4	50.5	23.8	1	0.5
2510向亲戚朋友咨询	7.2	21.1	49.2	22.2	2	0.4
2511自我反思	21.1	52.2	16.9	0.1	11	0.3

其他途径依次为科普宣传(69.1%)、与心理专家面谈(68.5%)、社区健康教育与促进(66.2%)、与医生面谈(56.8%)、网络服务(53.4%)、与精神专家面谈(51.6%)、电话咨询(44.7%)、书信咨询(44.2%)、自我反思(17.0%)。而青少年学生的服务途径居于前5位的方式为科普宣传、健康教育、向同学朋友咨询、与心理专家面谈、与家人讨论。结合前文所述,不同群体的心理健康服务需求存在较大的差异,心理健康服务切忌服务人员、内容和途径等照搬挪用、千篇一律。

（二）不同自然构成群体的服务需求分析

1.不同性别的服务需求比较

对社区群众的服务需求数据进行性别差异检验。结果表明：男性与女性的服务需求差异不显著（见表5-7）。在需求强度上，服务需求最小、最大值分别是2.41和2.85，需求总均分接近“希望心理健康服务”的水平，总体偏向希望得到有效的心理健康服务。男性和女性需求强度排列前3位的因素相同，分别是服务内容、服务途径、服务态度。具体服务项目分析发现，男性和女性的服务需求强度基本一致。

表5-7 社区群体服务需求的男女比较

因素	性别	Mean	SD	*t*	Sig.	题项数	需求强度
服务态度	女性	20.61	4.16	1.18	0.24	8	2.58
	男性	20.84	3.98				2.61
服务机构	女性	21.88	5.80	0.53	0.59	9	2.43
	男性	21.74	5.60				2.42
服务人员	女性	26.93	6.18	1.62	0.11	11	2.45
	男性	26.48	5.85				2.41
服务内容	女性	28.33	5.18	0.48	0.63	10	2.83
	男性	28.45	4.88				2.85
服务途径	女性	28.95	6.11	0.68	0.49	11	2.63
	男性	29.14	5.63				2.65
总分	女性	126.54	22.50	0.02	0.98	49	2.58
	男性	126.55	20.31				2.58

2.不同年龄段群体的服务需求比较

将社区人群分为青少年（24岁以下），中青年（25—59岁）和老年（60岁及以上）三个年龄段。如表5-8所示，统计发现，三个年龄段的人群对服务态度、服务机构、服务途径的需求强度差异不显著；在服务人员上，青少年的需求强度显著低于其他两个年龄阶段；青少年对服务内容的需求强度也显著低于中青年。各年龄段5个因素的服务需求强度介于2.40—2.88，需求总均分超过2.6，接近“希望心理健康服务”的水平。对服务态度、服务机构和服务人员需求强度上，老年人均高于其他两个年龄段，且五个因素的需求强度都基本达到2.5或以上。中青年对服务内容和服务途径的需求强度最高。三个年龄段需求强度最高的因素依然是服务内容。服务需求强度总分表现出随年龄增加而增大趋势，但各年龄段没有达到显著水平。

表 5-8 不同年龄段群体的服务需求比较

因素	年龄段	Mean	SD	MD（LSD 检验仅列出显著项目）			需求强度
				青少年	中青年	老年	
服务态度	青少年	20.78	3.98				2.60
	中青年	20.67	4.10				2.58
	老年	21.29	4.42				2.66
服务机构	青少年	21.72	5.41				2.41
	中青年	21.64	5.83				2.40
	老年	22.45	5.91				2.49
服务人员	青少年	26.07	5.85		0.75*	1.97*	2.37
	中青年	26.84	6.14				2.44
	老年	28.03	6.10				2.55
服务内容	青少年	27.86	5.47				2.79
	中青年	28.75	4.74	0.90**			2.88
	老年	27.97	5.36				2.80
服务途径	青少年	28.85	6.19				2.62
	中青年	29.11	5.84				2.65
	老年	28.72	5.63				2.61
服务需求总分	青少年	125.28	21.94				2.56
	中青年	127.00	21.24				2.59
	老年	128.46	21.99				2.62

注：$^{*}p<0.05$；$^{**}p<0.01$

（三）不同社会构成群体的服务需求分析

1. 不同民族的服务需求比较

统计分析发现，汉族与少数民族对服务态度、服务机构、服务人员和服务途径的需求强度以及服务总需求强度存在显著差异。少数民族的需求强度在2.6左右，显著高于汉族；服务内容依然是各族群众最强烈的服务需求（见表5-9）。

表 5-9 不同民族的服务需求比较

因素	民族	Mean	SD	*t*	Sig.	题项数	需求强度
服务态度	汉族	20.54	4.28	2.57	0.01	8	2.57
	少数民族	21.08	3.58				2.64
服务机构	汉族	20.93	5.96	9.31	0.00	9	2.33

续表

因素	民族	Mean	SD	t	Sig.	题项数	需求强度
	少数民族	23.41	4.81				2.60
服务人员	汉族	25.71	6.19	9.80	0.00	11	2.34
	少数民族	28.46	5.30				2.59
服务内容	汉族	28.39	4.93	0.12	0.91	10	2.84
	少数民族	28.37	5.21				2.84
服务途径	汉族	28.66	6.03	3.88	0.00	11	2.61
	少数民族	29.76	5.51				2.71
服务需求总分	汉族	124.66	21.86	5.09	0.00	49	2.54
	少数民族	130.69	19.75				2.67

2.是否信教的服务需求比较

在城市社区中，信教人群与不信教人群对服务机构、服务人员、服务内容、服务途径的需求强度以及服务总需求强度上存在显著差异(表5-10)。信教人群对服务机构、服务人员和服务途径的需求强度显著高于不信教人群；在服务内容方面，不信教人群显著高于信教人群。

表5-10 有无宗教信仰的服务需求比较

因素	宗教信仰	Mean	SD	t	Sig.	题项数	需求强度
服务态度	不信教	20.75	4.12	0.23	0.82	8	2.59
	信教	20.70	3.88				2.59
服务机构	不信教	21.41	5.78	5.47	0.00	9	2.38
	信教	23.04	5.25				2.56
服务人员	不信教	26.26	6.05	5.89	0.00	11	2.39
	信教	28.12	5.67				2.56
服务内容	不信教	28.70	5.02	4.27	0.00	10	2.87
	信教	27.56	5.04				2.76
服务途径	不信教	28.86	5.96	2.66	0.01	11	2.62
	信教	29.69	5.59				2.70
服务需求总分	不信教	125.88	22.10	2.13	0.00	49	2.57
	信教	128.62	19.33				2.62

3.不同省市的服务需求比较

在不同省市之间，社区群众对服务态度、服务机构、服务人员、服务途径以及服务总需求的强度都存在显著差异(表5-11)。需求强度呈现一定的梯度效应,随着发达程度依次降低,即发达地区<中等发达地区<欠发达地区。在服务内容上,三类地区也表现出一定的梯度趋势。

表5-11 不同省市的服务需求比较

因素	省市	Mean	SD	MD(LSD检验仅列出显著项目)			需求强度
				发达	中等	欠发达	
服务态度	发达	20.35	4.67			0.91**	2.54
	中等	20.15	4.07			1.12**	2.52
	欠发达	21.27	3.57				2.66
服务机构	发达	19.84	6.03			3.43**	2.20
	中等	21.02	5.54			2.25**	2.34
	欠发达	23.28	5.15				2.59
服务人员	发达	24.49	6.18			3.95**	2.23
	中等	26.09	5.80			2.35**	2.37
	欠发达	28.44	5.59				2.59
服务内容	发达	28.42	5.48				2.84
	中等	28.51	4.28				2.85
	欠发达	28.50	5.01				2.85
服务途径	发达	28.04	6.42			1.83**	2.55
	中等	28.57	5.62			1.31**	2.60
	欠发达	29.90	5.61				2.72
服务需求总分	发达	121.14	22.87			10.25**	2.47
	中等	124.35	20.46			7.05**	2.54
	欠发达	131.39	19.91				2.68

注:$^{*}p<0.05$;$^{**}p<0.01$

4.不同经济状况人群的服务需求比较

调查发现,温饱状况人群对服务态度、服务内容、服务途径的需求强度以及服务总需求强度均显著低于较富裕人群;在服务机构上,温饱状况人群的需求强度显著低于贫困和较富裕人群（见表5-12）；在服务内容上，温饱状况人群的需求强度也低于贫困和较富裕人群，但没有达到显著水平。总体来看，不同经济状况人群在服务需求上呈现出“V”形趋势，即温饱状况人群的需求强度低于其他两类人群。

表5-12　不同经济状况人群的服务需求比较

因素	经济状况	Mean	SD	MD（LSD检验仅列出显著项目）			需求强度
				贫困	温饱	较富裕	
服务态度	贫困	20.95	4.31				2.62
	温饱	20.61	3.97			0.52*	2.58
	较富裕	21.13	4.49				2.64
服务机构	贫困	22.68	5.35				2.52
	温饱	21.44	5.64	1.24*		1.04	2.38
	较富裕	22.48	6.11				2.50
服务人员	贫困	27.25	6.08				2.48
	温饱	26.59	6.00				2.42
	较富裕	26.88	6.43				2.44
服务内容	贫困	28.25	5.48				2.83
	温饱	28.33	4.86				2.83
	较富裕	29.20	5.30				2.92
服务途径	贫困	28.83	6.77				2.62
	温饱	28.77	5.72				2.62
	较富裕	30.16	6.38		1.40**		2.74
服务需求总分	贫困	127.97	22.67				2.61
	温饱	125.74	20.82			4.12**	2.57
	较富裕	129.84	23.51				2.65

注：$^{*}p<0.05$；$^{**}p<0.01$

5. 不同文化程度的服务需求比较

对不同文化程度人群的分析发现，服务机构、服务人员以及服务总需求强度存在显著差异（见表5-13）。对服务机构的需求上，小学文化程度人群显著高于中学（中专）和大学及以上文化程度，文盲群体也高于中学文化程度；在服务人员上，文盲和小学文化程度人群均显著高于中学（中专）和大学及以上文化程度。在服务总需求上，文盲和小学文化程度人群均显著高于中学（中专）。总体来看，中学（中专）文化程度人群在5个因素和服务总需求强度上都低于其他文化程度群体；文盲和小学文化程度人群的服务需求强度相当，且较高。

表 5-13 不同文化程度人群的服务需求比较

因素	文化程度	Mean	SD	MD（LSD 检验仅列出显著项目）			需求强度
				文盲	小学	中学/中专	
服务态度	文盲	20.63	3.91				2.58
	小学	21.15	3.71				2.64
	中学（中专）	20.63	4.14				2.58
	大学及以上	21.57	4.26				2.70
服务机构	文盲	23.23	4.77			1.91**	2.58
	小学	23.69	4.62			2.38**	2.63
	中学（中专）	21.32	5.81				2.37
	大学及以上	21.64	6.55		2.01		2.40
服务人员	文盲	29.35	5.50				2.67
	小学	29.01	5.06				2.64
	中学（中专）	26.25	6.15	3.10**	2.75**		2.39
	大学及以上	25.00	5.64	4.35**	3.98**		2.27
服务内容	文盲	28.25	4.98				2.83
	小学	28.97	4.28				2.90
	中学（中专）	28.37	5.09				2.84
	大学及以上	29.58	4.91				2.96
服务途径	文盲	29.73	4.87				2.70
	小学	29.08	5.13				2.64
	中学（中专）	28.89	6.04				2.63
	大学及以上	30.38	6.73				2.76
服务需求总分	文盲	131.20	19.56			5.74*	2.68
	小学	131.88	19.08			6.42**	2.69
	中学（中专）	125.46	21.84				
	大学及以上	128.17	19.86				

注：$^{*}p<0.05$；$^{**}p<0.01$

6. 不同婚姻状态的服务需求比较

在本课题中，城市社区群体的婚姻状态分为未婚单身、已婚、已婚单身（离异/丧偶/分居）和同居。统计表明，不同婚姻状况人群在服务机构、人员、内容和途径的需求强度上存在显著差异，服务总需求强度的差异不显著（见表5-14）。已婚单身群体对服务机构的需求强度显著大于同居群体；已婚单身群体对服务人员的需求强度也显著大于其他三类群体；已婚群体对服务内容的需求强度显著大于未婚单身和已婚单身；同居群体对服务途径的需求强度显著低于未婚单身和已婚单身。总体来看，同居群体的服务需求强度相对较低。

表5-14　不同婚姻状况人群的服务需求比较

因素	婚姻状况	Mean	SD	MD（LSD检验仅列出显著项目）			需求强度
				未婚单身	已婚	已婚单身	
服务态度	未婚单身	20.79	3.99				2.60
	已婚	20.70	4.11				2,59
	已婚单身	20.89	4.26				2.61
	同居	19.55	3.73				2.44
服务机构	未婚单身	21.87	5.45				2.43
	已婚	21.71	5.85				2.41
	已婚单身	23.18	5.73				2.58
	同居	19.95	5.79			3.07*	2.22
服务人员	未婚单身	26.38	5.80			2.02**	2.40
	已婚	26.81	6.15			1.41	2.44
	已婚单身	28.46	6.35				2.59
	同居	25.00	4.14			3.62*	2.27
服务内容	未婚单身	28.17	5.07				2.82
	已婚	28.67	4.91	0.69*		1.59**	2.87
	已婚单身	27.49	5.58				2.75
	同居	27.21	5.73				2.72
服务途径	未婚单身	29.21	5.65				2.66
	已婚	28.95	5.95				2.63
	已婚单身	29.64	6.49				2.69
	同居	26.96	5.70	3.02*		3.62*	2.45
服务需求总分	未婚单身	125.93	20.72				2.57
	已婚	126.97	21.73				2.59
	已婚单身	128.52	23.09				2.62
	同居	117.19	15.19				2.39

注：$^{*}p<0.05$；$^{**}p<0.01$

7. 不同职业的服务需求比较

将城市社区群体分成企业员工、公务人员、个体经营人员、待业人员、务农人员、打工人员、退休人员和无劳动力者等群体。调查发现，不同职业者在服务人员、服务机构、服务内容、服务途径以及服务总需求强度上存在显著差异。在服务态度需求上，公务人员和打工人员的需求强度较高；在服务机构方面，务农人员和无劳动者的需求强度较高；务农人员和打工人员对服务人员、内容的需求强度较高。总体而言，务农、打工和无劳动力群体的服务需求高于其他几类职业群体。

四、关于城市社区群体服务需求分析的讨论

（一）关于城市社区群体心理健康现状的讨论

总体来看，我国城市居民心理健康总体状况良好，但其中部分人群的心理健康问题值得关注。其中，青少年、空巢老年人、部分女性群体（职业女性和特殊生理周期女性）、高情感注入劳动者（教师/医务工作者）、特殊驻地军人（驻高原、驻海岛和坑道等）、部分警察（刑警和狱警）、高危岗位工人（有毒有害岗位的工人）、下岗失业群体、病患及其家属等群体的心理健康问题的发生率相对较高，也更为严重。经济/收入或学历与心理健康之间并非简单的线性关系，低收入者和高收入者的心理服务需求强度大于中等收入者。在年龄阶段、地域和职业类型上，不同收入和学历群体的心理健康状况存在一定差异。

在心理疾病类型上，青少年发生率较高精神障碍包括睡眠障碍、神经症、多动症、抑郁症、情感障碍和自杀。抑郁症、老年痴呆症、情绪障碍、滥用药物及酗酒等是老年人常见的心理问题。在女性群体中，功能性精神病、神经症、心身失调症、暂时性精神失调、抑郁和焦虑症是多发的心理问题。地震、洪水、岩崩和车祸等重大应应激事件经历者的心理问题主要表现为创伤性应激障碍（PTSD）。而网络成瘾是虚拟社区人群或网民存在的主要心理问题。

（二）关于城市社区群体主观需求分析的讨论

调查发现，五成以上的居民（55.1%）认为自己的心理健康状况较好或很好。服务需求分析发现，城市社区群体有较强的心理健康服务需求，需求总均分基本达到“希望心理健康服务”的水平，总体偏向希望得到有效的心理健康服务。需求强度排列前3的依次为：服务内容、服务途径、服务态度。这表明，社区群众已经认识到心理健康问题的重要性和严重性，也肯定了心理健康服务的必要性。

对服务态度的频次分析表明，71.6%的社区群众希望有固定的机构提供服务；69.8%愿意与心理服务人员讨论自己和家人的心理健康问题；64.0%认为自己有必要了解心理健康知识。75.0%以上的社区群众认为，同事、朋友、亲戚和家人可能有心理问题，50.0%以上的认为他们需要接受心理健康服务。对沿海城市社区的调查发现，近一半的居民（44.0%）认为心理健康服务对工作生活具有促进作用。

在服务机构方面，约60.0%的社区群众希望获得心理服务的机构是社区心理健康服务中心和医院，这也是他们最希望获得服务的两大机构。约50.0%以上的社区群众还会选择单位心理中心、学校心理中心、防疫保健部门，以获得心理服务。所有服务机构的被选频次都超过40.0%，这表明社区群众对服务机构的选择具有多元化性。在服务人员方面，大多数社区民众更愿意选择自己的亲属（72.3%）和亲戚朋友（69.5%）获得帮助，其次才是医生（62.8%）和社区心理健康服务人员（59.3%），其他提供服务的依次为学校老师、自己解决、防保人员、单位领导、民间人士、政府人员、任其自然。

在服务内容上，社区民众希望获得的心理健康服务的内容依次为家人健康、子女教育与亲子关系、自身的身心问题、人际关系、婚恋和感情、生计与生活、社会与环境适应、精神疾病预防、危机干预、物质依赖。在服务途径选择上，74.3%的社区群众选择与亲属讨论的方式，其次是向亲戚朋友咨询。其他途径依次为科普宣传（69.1%）、与心理专家面谈（68.5%）、社区健康教育与促进（66.2%）、与医生面谈（56.8%）、网络服务（53.4%）、与精神专家面谈（51.6%）、电话咨询（44.7%）、书信咨询（44.2%）、自我反思（17.0%）。

进一步比较发现，服务需求总强度和各个需求因素上的性别差异和年龄差异不明显，但在具体服务项目上存在差异。少数民族对服务态度、服务机构、服务人员和服务途径的需求强度以及服务总需求强度显著高于汉族。信教人群对服务机构、服务人员和服务途径的需求强度显著高于不信教人群。在不同省市之间，社区群体对服务态度、服务机构、服务人员、服务途径以及服务总需求强度上存在显著差异。需求强度呈现一定的梯度效应，随着发达程度依次降低，即发达地区<中等<欠发达。不同文化程度群体对服务机构、服务人员以及服务总需求强度存在显著差异；而文盲和小学文化程度人群的服务需求强度相对较高。不同经济状况人群在服务需求上呈现出“V”形趋势，即温饱状况人群的需求强度低于贫困和较富裕人群。不同的婚姻状况和职业类型在服务机构、人员、内容和途径的需求强度上存在显著差异。其中，同居群体的服务需求强度相对较低，务农、打工和无劳动力群体的服务需求强度高于其他几类职业群体。

第三节 城市社区群体服务需求的影响因素

通过前面的服务需求分析,我们可以看到心理健康服务的研究数据是十分复杂的。数据的复杂性在一定程度上反映出心理健康服务的影响的复杂性和多样性。在这一节,我们主要从主客观因素两大方面择要探讨。由于本编一些章节也将对影响心理健康服务的主观因素进行探讨,故部分主、客观影响因素不再赘述,本章将主要分析有实证研究支持的影响因素。

一、客观因素

(一)生理因素

1. 年龄性别因素

年龄和性别不仅是心理健康服务分析的重要变量,也是影响心理健康服务的重要因素。同时,年龄和性别因素是心理健康服务对服务目标人群进行划分的重要变量。由于其生理和心理的发展水平不同,各个年龄阶段无论是心理问题的发生率,还是心理问题的类型,或者服务需求都存在较大差异。例如,青少年中发生率较高的精神障碍包括睡眠障碍、神经症、多动症、抑郁症、情感障碍和自杀;而老年人的常见心理问题则是抑郁症、老年痴呆症、情绪障碍、滥用药物及酗酒等。在服务需求强度上,服务需求强度总分表现出随年龄增加而增加的趋势,老年人对服务态度、服务机构和服务人员需求强度均高于青少年和成年人,中青年对服务内容和服务途径的需求强度较高。性别差异也是显而易见的。在女性群体中,功能性精神疾病、神经症、心身失调症、暂时性精神失调、抑郁和焦虑症是多发的心理问题。尤其是处于特殊生理期的女性,她们的心理问题及其服务需求则带有更加强烈的性别色彩。

2. 生理健康因素

生理健康是影响心理健康服务的因素之一。本研究选取客观健康的三项指标:一个月内是否到门诊就诊过?一年内是否住院治疗过?是否患有慢性疾病?以上述指标,考察生理健康对心理健康服务需求的影响。

统计表明,过去的一个月内到门诊就诊和未到门诊就诊的社区群体对服务态度、服务机构、服务人员、服务内容的需求强度以及服务总需求强度存在显著差异($p<0.05$,前者显著高于后者)。过去一年内住过院和未住过院的社区群体,前者对服务机构、服务人员的需求强度和服务总需求强度显著高于后者($p<0.05$)。对是否患有慢性疾病的社

区群体的分析表明，前者对服务态度、服务机构、服务人员和服务内容的需求强度显著高于后者($p<0.05$)(见表5-15)。

在本课题中，客观健康总分为3—6分，将3—4分界定为“不健康”，即至少有2项指标为“不健康”，5—6分界定为“健康”；客观健康指标反映的是目标群体的身体健康状况。对健康和不健康两类社区群体的比较发现，不健康群体对服务态度、服务机构、服务人员、服务途径的需求强度以及服务总需求强度显著高于健康群体($p<0.05$)。相关分析表明，客观健康3个条目及总分与服务需求的部分维度及需求总均分分别呈显著负相关，说明社区群体心理健康服务需求随身体不健康程度增加而增加。

表5-15　客观健康与城市社区群体服务需求的差异分析

指标	服务态度	服务机构	服务人员	服务内容	服务途径	需求总分
1月内是否就过诊	-0.08^{**}	-0.09^{**}	-0.07^{**}	-0.01	-0.04	-0.08^{**}
1年内是否住过院	-0.04	-0.12^{**}	-0.12^{**}	0.03	-0.04	-0.07^{**}
是否患有慢性疾病	-0.05	-0.05^{*}	-0.07^{**}	0.06^{**}	0.00	-0.02
客观健康总分	-0.08^{**}	-0.12^{**}	-0.12^{**}	0.04	-0.04	-0.08^{**}

注：$^{*}p<0.05$；$^{**}p<0.01$

(二)社会因素

影响城市社区群体心理健康服务需求的社会因素是多方面的，结合文献分析和调查结果，我们主要讨论经济收入、地域文化和职业类型对服务需求的影响。

1.经济收入

国外的研究表明，健康状况、健康行为、卫生服务可得性及卫生服务利用与经济收入有关。综合国内研究，我们发现经济状况也影响着心理健康服务，但并不是简单的线性关系。从心理问题现状看，经济收入较低的人群不论是生理健康、心理健康和社会健康，还是总体自测健康，均相对较差；中等收入偏上人群的健康状况则相对较好，收入最高人群的健康状况并不是最好的。在服务需求分析上，温饱状况人群对服务态度、服务内容、服务途径的需求强度以及服务总需求强度均显著低于贫困和较富裕人群。

2.地域文化

国外的研究表明，不同国家、种族或民族在心理问题的发生率和严重程度，服务机构或人员的选择等心理健康服务方面都存在巨大差异。我国是一个幅员辽阔、民族众多的国家，不同地域之间经济发展水平、风俗文化、政策规划以及心理健康服务现状都不同。受这些因素的影响，不同地域城市社区人群的心理健康服务需求也各有不同。

对沿海六大城市的调查发现，城市之间的心理健康需求状况存在显著差异，福州偶尔或定期需要心理健康服务的比例要明显高于其他城市，大连居民认为不需要心理健康服务的比例(57%)显著高于其他城市。调查也发现，不同省市社区群众对服务态度、服务机构、服务人员、服务途径的需求强度以及服务总需求强度都存在显著差异，呈现一定的梯度效应，需求强度随着发达程度依次降低。少数民族对服务态度、服务机构、服务人员和服务途径的需求强度以及服务总需求强度显著高于汉族。尽管存在差异，但我们也可以看到一些共同特点。例如，对服务内容的需求，特别是子女教育，不同地域的人们不约而同都表现出了较高的需求强度；在服务人员方面，人们普遍偏向于家属和亲人。

3.职业类型

职业因素对心理健康服务需求的影响，突出表现为部分职业人群心理健康问题发生率较高，服务需求强度高。国内外的研究一致表明，高情感注入劳动者的心理健康水平、心理幸福感和工作满意度往往低于普通人群。在心理健康服务中，社会工作者、医护人员、教师、特殊驻地军人(驻高原、驻海岛和坑道等)、部分警察(刑警和狱警)、高危岗位工人(有毒有害岗位的工人)、下岗失业群体、病患及其家属是需要重点关注的人群，其都表现出更高的心理服务需求。

进一步研究也发现，不同职业者对服务人员、服务机构、服务内容、服务途径的需求强度以及服务总需求强度上存在显著差异。在服务态度需求上，公务人员和打工群体的需求强度较高；在服务机构需求方面，务农和无劳动者的需求强度较高；务农和打工群体对服务人员、内容的需求强度较高。总体而言，务农、打工和无劳动力群体的服务需求高于其他几类职业群体。

二、主观因素

(一)健康生活方式

个体的生活方式是影响心理健康服务的因素之一(李凌，蒋珂，2008)。本研究编制了中国人的健康相关生活方式问卷，包括5个项目：您是否喝酒？您是否吸烟？您的饮食起居有规律吗？您每周按时锻炼身体吗？您是否定期进行健康检查？就这五个项目进行调查。

统计表明，是否吸烟、是否饮酒、是否锻炼身体、是否有规律饮食起居以及是否定期体检对心理健康服务有显著影响。经常喝酒的人心理健康服务需求强度最低，戒酒群体对服务态度、服务机构、服务人员、服务内容和服务途径的需求强度及其服务总需求强度显著高于不喝酒和经常喝酒的人($p<0.05$)。戒烟群体对服务机构、服务人员和服务

途径的需求强度显著高于不吸烟和吸烟群体($p<0.05$)。不锻炼身体的人对服务态度、服务内容、服务途径的需求强度和服务总需求强度显著低于偶尔有规律锻炼和有规律锻炼群体($p<0.05$)。饮食起居没有规律的人对服务态度、服务内容、服务人员和服务内容的需求强度最低($p<0.05$)。定期体检人群的心理健康服务强度高于不定期人群($p<0.05$)。逐步回归分析表明,身体锻炼、饮食起居、健康检查、戒酒对心理健康服务需求有显著的预测作用。总体而言,不健康生活方式的人群较少关注自己的心理健康,心理健康服务需求强度也较弱。

(二)生活质量

生活质量对于心理健康的影响是显而易见的。本研究采用世界卫生组织生活质量测定简表(WHOQOL-BREF)中文版,考察了生活质量对服务需求的影响。相关分析发现,WHOQOL-BREF中的心理质量、社会关系质量、环境质量和量表总分与心理服务需求存在显著的正相关。逐步回归分析发现,生活质量对于服务需求总分有显著的预测作用(Beta=0.60,$p<0.01$)(见表5-16)。

表5-16 生活质量与社区群体服务需求的回归分析

指标	服务态度	服务机构	服务人员	服务内容	服务途径	需求总分
生理质量	−0.02	-0.14^{**}	-0.17^{**}	0.16^{**}	0.00^{**}	-0.09^{**}
心理质量	0.10^{**}	0.05^{**}	0.04	0.24^{**}	0.19^{**}	0.14^{**}
社会关系质量	0.07^{**}	0.04	0.03	0.20^{**}	0.19^{**}	0.11^{**}
环境质量	0.12^{**}	0.09^{**}	0.10^{**}	0.19^{**}	0.23^{**}	0.17^{**}
生活质量总分	0.10^{**}	0.01	0.00	0.23^{**}	0.18^{**}	0.10^{**}

注:$^{*}p<0.05$;$^{**}p<0.01$

(三)服务可得性

调查发现,服务可得性对于服务需求有着显著的影响。按照心理健康服务"不能获得、少部分获得、能够获得"分组,城市社区群众中12.41%的人能够获得心理健康服务,35.50%的能够获得少部分服务,而一半以上的人不能获得服务。方差分析表明,服务可得性对社区群众心理健康服务需求的各维度及其需求总分均有显著影响。多重比较发现,"不能获得服务"组在服务需求各维度及其服务总需求强度上均显著低于"少部分获得"和"能够获得"组;其他两组差异不显著(见表5-17)。

表 5-17 社区群众服务可能性与服务需求的差异检验

服务需求维度	服务可得性	Mean	SD	MD(LSD检验仅列出显著项目)		获得程度
				不能获得	部分获得	
服务态度	不能获得	20.23	4.20			2.53
	少部分获得	21.24	3.68	1.00**		2.66
	能够获得	21.34	4.35	1.11**		2.67
服务机构	不能获得	20.88	5.88			2.32
	少部分获得	22.53	5.17	1.65**		2.50
	能够获得	22.87	5.99	1.99**		2.54
服务人员	不能获得	25.88	6.36			2.35
	少部分获得	27.69	5.49	1.81**		2.52
	能够获得	27.30	5.88	1.42**		2.48
服务内容	不能获得	28.19	4.89			2.82
	少部分获得	28.77	5.07	0.58		2.88
	能够获得	28.93	5.07			2.89
服务途径	不能获得	28.36	6.04			2.58
	少部分获得	29.53	5.66	1.17**		2.68
	能够获得	30.49	5.74	2.13**		2.77
服务需求总分	不能获得	123.54	21.55			2.52
	少部分获得	129.76	20.64	6.22**		2.65
	能够获得	130.94	21.33	7.40**		2.67

注：$^{*}p<0.05$；$^{**}p<0.01$

第六章　农村人口的心理健康服务需求分析

第一节　农村人口与心理健康服务概述

一、我国农村概况

农村，对应于城市称谓，指农业区，有集镇、村落，以农业产业（自然经济和第一产业）为主，包括各种农场（包括畜牧和水产养殖场）、林场（林业生产区）、园艺场和蔬菜生产场等。农村同城市相比有其特点：①人口稀少，居民点分散在农业生产的环境之中；②家族聚居的现象较为明显；③工业、商业、金融、文化、教育、卫生事业的发展水平较低。我国自古以来就是一个典型的农业大国，农村人口占人口总数的比重很大，2005年11月1日零时（2005年全国1%人口抽样调查），我国人口总数为130 628万人，其中，城镇人口56 157万，占人口总数的43.99%，农村人口74 471万，占人口总数的57.01%。

我国是传统的农业大国，由于历史及各种客观原因，农村经济、文化发展落后，农民物质及精神生活层次低，尽管改革开放以来国家积极重视“三农”问题的解决（1982至1986年的五个一号文件，2004年至2011年不断下发的八个一号文件），但“三农”问题并非一朝一夕所能解决的，当前“三农”问题依然是我国现代化建设和经济发展过程中所面临的严峻挑战，如农民经济收入低以及教育水平落后等方面。

我国农民经济收入偏低。2008年国家统计局对城镇和农村居民基本情况的统计调查表明，城镇居民人均年收入为17 067.78元，人均年薪11 298.96元，人均年经营净收入1 453.57元，人均年财产性收入387.02元，人均年转移性收入3 928.23元，人均年可支配性收入15 780.76元。农村居民人均年收入6 700.69元，人均年工资性收入1 853.73元，年均家庭经营净收入4 302.08元，人均年财产性收入148.08元，人均年转移性收入396.79元。可以看出，农民的生活条件与城市居民有很大的差距，农民的生活仍然很艰苦。2008年，城镇居民人均消费性支出11 243元，分别包括食品、衣着、居住、家庭设备用品及服务、医疗保健、交通通信、教育文化娱乐服务、杂项商品与服务等消费性支出等，仅食品一项人均消费性支出就为4 259.81元，而农村居民人均全部生活消费支出仅为3 661元。当年人均国内旅游花费城镇为849元,农村为275元;每百户彩色电视机拥有量城镇为132.9部,农村为99.2部;每百户电脑拥有量城镇为59.3部,农村为5.4部;居民家庭文教娱乐支出比重城镇为12.1%,农村为8.6%。由此可以看出,农村基础设施仍然很落后,农村人口的基本物质生活条件尚未得到满足,更谈不上精神生活了。

我国农村教育水平极其落后。虽然我国农村人口多,劳动力资源丰富,但农村劳动力的文化水平偏低。第二次全国农业普查显示,2006年末,全国农业从业人员34 874万人,其中,男性占46.8%,女性占53.2%。按年龄分,20岁以下占5.3%,21—30岁占14.9%,31—40岁占24.2%,41—50岁占23.1%,51岁以上占32.5%;按文化程度分,文盲占9.5%,小学占41.1%,初中占45.1%,高中占4.1%,大专及以上占0.2%[统计局:第二次全国农业普查主要数据公报(第2号),http://www.gov.cn/gzdt/2008-02/22/content_897216.htm]。从统计数据可以看出,我国农村劳动力的文化水平普遍较低,绝大多数是小学和初中文化水平。

一方面农村落后的经济形势不能满足农民的生活需求,另一方面快速发展的城市建设急需大量的体力工人,终于到了20世纪80年代,在政府允许农村剩余劳动力离开农村走向城市就业之后,大量的农民开始涌入城市,到2001年,我国农村外出的劳动力已达8 961万人,占农村劳动力总量的18.6%。外出打工已经成为一些地区农民脱贫致富的最主要途径。

大量农村劳动力的外流不仅使农村社会发生了深刻变革,也使农村人口分化形成几类特殊的弱势群体:一方面,农民外出打工,他们大多孤身在城市奋战,但是户籍制度使得他们中大部分几乎永远都不能在工作的城市定居,在很多城里人眼里他们仍然是农村人,但他们却跟传统的农民太不一样,因此有社会学家将他们称为城乡之间的边缘人,即"农民工"。农民工在城市遭遇的同工不同酬等社会问题引发社会学的关注,其特殊的身份认同问题也引起了心理学家的兴趣。另一方面,大规模的劳动力转移破坏了农村原有的社会结构和家庭结构,产生了农村社会的"留守家庭",伴随留守家庭的出现,凸现出来一些"留守老人问题"、"留守妇女问题"以及"留守儿童问题",有人将其称为当前农村独特的"386199"现象(分别用代表妇女节、儿童节和重阳节的数字"38""61""99"代表留守妇女、留守儿童以及留守老人三个群体),意指以男性为主的中青年劳动力的外出使得农村中留守的家庭成员主要由妇女、孩子和老人构成。

通过以上分析,我们将在本章对农民工和农村人口的心理健康服务需求内容做分析,农村人口则主要关注上述三类留守群体。

二、农民工现状

我国外出农民工数量为1.2亿人左右，这个数字还以每年约3 000万人在增长。农民工中16至40岁的占到84%，41岁以上的仅占16%（国务院研究室课题组，2006）。国家统计局发布的2009年农民工监测调查报告显示，当年全国外出农民工1.45亿人，外出农民工以青年男性为主，已婚者占多数。农民工主要从事制造业、建筑业和服务业工作，93.6%以受雇形式从业。农民工的月平均工资为1 417元。每周工作时间超过劳动法规定的农民工占89.8%，其中住宿餐饮业农民工每周工作时间超过60小时，调查同时显示，有六成农民工没有签订劳动合同（国家统计局农村司，2010）。当前学术界及官方把农民工划分为两种类型，第一代农民工和第二代农民工。第一代农民工是指在20世纪八九十年代开始从农业和农村中流出进入城市务工，在计划经济时代成长起来的传统意义上的农民工；第二代农民工即新生代农民工，全国总工会新生代农民工问题课题组在关于新生代农民工问题的研究报告中，将新生代农民工定义为：出生于20世纪80年代以后，年龄在16岁以上，在异地以非农就业为主的农业户籍人口。第一代农民工和第二代农民工有很多不同之处（见表6-1）（刘传江，徐建玲，2006）。下面分别简要地介绍第一代农民工和第二代农民工的现状。

表6-1　两代农民工的差异比较

比较的特征	第一代农民工	第二代农民工
成长的社会环境	改革开放前	改革开放后
成长的家庭环境	多子女家庭	独生子女或不多于两个孩子的家庭
文化程度	小学和初中文化为主	初中及以上为主
人格特征	吃苦耐劳特征较强	吃苦耐劳特征较弱
打工的主要目的	为家庭，生存为主	为自己，追求生活质量
对城市的认同感	较弱，多以同乡为主要交往对象	较强，向往城市生活和融入城市
与家庭的经济联系	大量的收入寄（带）回农村老家	汇寄回家比例较低，有时向家庭要钱
生活方式	与传统农民接近	与现代市民接近
对工作的要求	能够挣到比种田多的钱即可	向往体面的工作，或对将来在城市生存有帮助的工作
务农的经验	有比较丰富的务农经验	没有或缺乏务农经验
对未来的期望	多数人在年龄大后返乡劳动	多数人不愿返乡务农

注：引自《“民工潮”与“民工荒”——农民工劳动供给行为视角的经济学分析》（刘传江，徐建玲，2006）

(一)第一代农民工(中年农民工)

第一代农民工在20世纪80年代大规模出现。他们外出就业的目的很明确,主要是"挣票子、盖房子、娶妻子、生孩子"。为了挣钱,同时又为了省钱,第一代农民工在衣食住行方面大做"节约"文章:他们的伙食很差,没有营养;住的是集体大通铺,防寒、通风、安全、卫生设施基本没有,劳累一天后,他们和着汗臭,脚臭,将身上的泥浆、泥土带上通铺,其实这对极度疲劳的农民工已无关紧要,重要的是要利用这7—9小时的时间休息。子女受教育问题是第一代农民工面临的最大难题之一,为了满足子女基本的生存要求,农民工已经是费了九牛二虎之力了,高额的托儿费、借读费以及户籍把许多农民工子女挡在了校门之外。第一代农民工外出就业的目就是"挣钱",因而对劳动权益的诉求也相对较低,他们认为只要能够按时足额领到劳动报酬,社会保障和职业健康等其他劳动权益可有可无,他们自我维权意识较弱,维权能力不高,权利被侵犯时往往采取忍气吞声或被动恳求的方式解决。

以下是关于第一代农民工的一些调查和报道:中国劳动和社会保障部劳动科学研究所在2005年3月到8月期间就农民工问题在湖南、浙江和黑龙江三省的九个城市和天津市进行了调查。调查结果表明:(1)工资收入低。农民工的工资收入分布呈现中间大、两头小的特点,而城市居民的工资收入分布则呈现两头大、中间小的特点。(2)身份认同感差。尽管大多数农民工完全脱离了农业生产,但基本上还是城市中"候鸟"式的流动就业者,他们在城市中的身份并没有得到认同。(3)缺乏基本生活保障。农民工在城市中仍然处于一种弱势的地位,主要体现在超时工作、工作不稳定、生存环境差以及缺乏社会保障等(郭一丹,2005)。另外一项调查研究表明,第一代农民工多数为报酬低廉的简单劳动者,他们的生活普遍比较窘迫而且没有安全保障,都是以单薄的身体支撑家庭经济命脉,子女受教育仍然很困难,他们的精神文化生活非常匮乏(车慧,2010)。(4)工作强度非常高。《中国审计报》报道了市民眼中的农民工形象,北京某机关的李女士说,农民工就是从工地走出的一群衣着肮脏,脸色黝黑,营养不良,操着方言,走路都写"累"字的一族。国有企业退休干部王大爷说,农民工就是卖菜卖早点的,踏三轮车的,收旧家具的,擦皮鞋的,在饭店洗盘洗碗的,站在大街小巷拿着牌子等活干的一族。(5)工作内容简单。做铁艺的小牛认为,农民工干的是他不愿干的、太脏太累太低眉下眼的活。媒体也在调侃农民工:某报副刊有这样一句话,"某某的书法仿佛一个民工用刷子在材料上做的记号"。(6)工作认同感低。某台文艺晚会上,一著名相声演员调侃对方,"跑得比小偷还快,长得比民工都老"(思今,2007)。

(二)第二代农民工(新生代农民工)

2010年中央“一号文件”提出,采取有针对性的措施,着力解决新生代农民工问题。这是中央文件第一次明确“新生代农民工”的概念。新生代农民工,也被称为农民工“二代”,主要是指“80后”“90后”农民工,他们约占到农民工总数的60%,大约1亿人。新生代农民工在农村长大,却对农村的土地没有眷恋;在城市生活,却又找不到家的感觉。他们比父辈受过更多的教育,却没有父辈那般坚韧;面对比父辈更多的机会,却缺少父辈的执着。他们在社会的底层挣扎,却以一种积极向上的姿态,追寻城市的文明。他们的脚步在城市里穿行,身份却难以跨越城市的门槛。

以下是对新生代农民工现状的一些调查和报道:(1)城市梦:与第一代农民工相比,他们受教育水平比较高,思想开放、思维活跃,渴望融入城市;学好技能、做城里人,成为多数新生代农民工的共同梦想。(2)发展梦:与上一代农民工的“生存型”特征不同,新生代农民工多属“发展型”,第一代农民工大多靠没有多少技术含量的体力劳动在城市打拼,新生代农民工对技能培训消费的欲望强烈,他们希望通过培训,掌握技能,得到技术性强、收入高的工作。(3)文明梦:他们希望摆脱“白天机器人,晚上木头人”的单调生活,希望享受都市的繁华,遇到不合法的事情也不会像父辈那样逆来顺受,会主动维护自己的合法权益(余继军等,2010)。

《中国经济导报》报道,新生代农民工的“城市梦”比老一辈农民工更执着,他们的物质和精神享受要求更高,这注定了他们付出的成本更多。就业成本:找工作信息匮乏、在工作中支多获少、有工作不敢婚育;生存成本:职业险重累、住房脏乱差、医疗无保障;风险成本:所有问题都自己扛;教育成本:梦想照不进现实;心理成本:感到自卑,似边缘人、过客;婚姻成本:未婚难找另一半,已婚家庭生活难满足(长子中,2010)。

需要指出的一点是,新生代农民工的违法犯罪问题已经突显了出来,《人民法院报》报道,2009年度,苏州相城法院共审结刑事案件516件,涉及被告人741人,其中审结新生代农民工犯罪案件为261件,涉及被告人437人。新生代农民工犯罪案件占全年刑事案件总数的50.58%,涉及的被告人占全部被告人的58.97%(许小澜,陆文明,马奉南,刘福龙,李万勇,2010)。

社会发展和变革必然会引起阵痛,农民工、留守老人、留守妇女以及留守儿童是我国社会经济发展,尤其是农村社会经济发展变革的必然产物,大量农民工涌向繁华的城市,导致传统农村社会、家庭结构的破坏,由此引发了诸多社会问题以及心理问题,突出表现为留守老人、留守妇女和留守儿童三类群体的出现以及他们身上存在的各种问题。而农民工虽然身在城市却不能融入到城市生活中去,在他们身上也存在诸多社会及心理问题。这些问题引发了社会学、心理学等研究者的高度关注,且已开展了大量研究,在此我们主要关注农民工群体及三类留守群体的心理健康问题,具体来说就是探求这四类群体的心理健康现状及其心理健康服务需求,并解析影响其心理健康服务需求的因素。

三、三类留守群体

(一)留守老人

农村留守老人指子女长期外出务工,身边无子女共同生活并留守在户籍地村的60岁或65岁以上的老年人(申秋红,肖红波,2010)。第五次全国人口普查结果显示,我国有65岁及以上老年空巢家庭1 561.64万户,农村老年空巢家庭有1 117.90万户,占老年空巢家庭户总数的71.58%,农村空巢家庭老人有1 632.90万人,占空巢老人总数的69.79%(国务院人口普查办公室编,2002)。另外,国家统计局统计资料显示,到2007年,我国农村留守老人已达1 632.9万人(中华人民共和国国家统计局,2009)。《中国劳动保障报》报道,2008年我国农村留守老人的数量近2 000万人(周晖,2008)。

农村年轻劳动力的持续外流使农村老人老无所养,再加上农村社会保障体系十分薄弱,随着农村人口年龄结构的老化,现在乃至今后农村老年人如何养老面临着新的困境。农村"留守老人"面临的社会风险日益增加,各种问题不断凸现。(1)心里孤独无助:"出门一把锁,进门一盏灯",是大多数留守老人生活的真实写照。《人民政协报》报道,多数留守老人过着寂寥的生活,虽然年事已高却不得不自己劳作,特别是一旦生病得不到子女照料,往往使小病拖成大病,甚至酿成去世无人知的悲剧(钟钢,杨正强,张青,2007)。(2)生活过度节俭:《中国医药报》报道,农村留守老人日常饮食全靠"将就",老人们吃剩下的饭菜,要留着下顿吃;老人们只在自家地里种点青菜吃,而到了秋冬季节,他们就不得不忍受没有蔬菜的日子,在近4个月的秋冬季节里天天吃自己腌制的萝卜干、辣椒酱等(韦文青,2009)。(3)安全没有保障:《农民日报》与《北京日报》报道,当前随着农村外出务工人员的不断增多,侵害农村留守老人的犯罪呈逐年上升的趋势,成为影响农村社会和谐稳定、妨碍新农村建设的一个重要因素。这些犯罪案件主要集中在盗窃、诈骗等;犯罪分子作案目的很明确——就是留守老人的钱财;而这些钱财多是农村留守老人赖以生存的基本生活资料和养老积蓄(李积国,2009;杨静,2009)。

(二)留守妇女

国家统计局甘肃调查总队曾对甘肃留守妇女问题进行了专题调研,将"留守妇女"界定为:"丈夫离家半年以上进城务工、经商或从事其他生产经营活动,而与家庭其他成员或自己单独生活在农村的妇女”。2004年国家统计局的大规模抽样调查数据显示,全国共有农民工1.18亿人,从性别结构来看,农民工流动就业以男性为主,占66%;被调查的农民工未婚和已婚比例基本“三七开,所占比例分别30%和70%”。由此可推测,农村留守妇女规模很大,据统计,2004年我国农村留守妇女的规模大概4 310万人,2008年已达4 000万至5 000万人(张春莉,2008)。

农村留守妇女忍受着与丈夫常年两地分居的孤寂,守着家中的一亩三分地,赡养老人。《半月谈》记者在2005年深入调查了江西、贵州、甘肃等地农村留守妇女的现实生活情况,并指出留守妇女身上有“三座大山”:一是劳动强度高,家中所有的重活、粗活、忙活、闲活几乎全压在了留守妇女身上;二是精神负担重,留守妇女不但承担着对子女健康成长、丈夫在外打工的安全忧虑,还要承受着婚姻危机的干扰;三是缺乏安全感,由于丈夫不在,农村治安状况又差,留守妇女们普遍没有安全感(陈春园,秦亚洲,朱国亮,2005)。《中国妇女报》报道了对留守妇女的一些看法,尽管农村留守妇女在农村社会生活中发挥着重要作用,但她们的生存状况却存在许多不尽如人意的地方,主要表现在:由于和丈夫常年两地分居,常常会有婚姻危机;生活压力大;卫生保健状况差,保健意识淡薄;缺少人身安全感;精神文化生活贫乏等(宋利彩,2007)。农工党中央调查发现,农村“留守妇女”普遍存在“三重”(体力劳动重、抚养任务重、精神负担重),“四少”(社会活动少、世面见得少、经济开销少、夫妻见面机会少),“五偏”(年龄偏大、文化程度偏低、教育子女情况偏差、与老人关系偏差、身体及心理状况偏差)等方面的问题(农工党中央,2010)。

(三)留守儿童

全国妇联2008年在北京公布农村留守儿童状况调查报告,该报告将农村留守儿童界定为:父母双方或一方从农村流动到其他地区,孩子留在户籍所在地农村,并因此不能和父母双方共同生活的17周岁及以下的未成年人。根据2005年全国1%人口抽样调查的数据推断,全国农村留守儿童约5 800万人,其中14周岁以下的约4 000万。与2000年相比,2005年的农村留守儿童规模增长十分迅速。在全部农村儿童中,留守儿童比例达28.29%,平均不到4个农村儿童中就有一个留守儿童(叶晓楠,2008)。

《人民日报》报道,留守儿童在生活、学习等方面存在五大问题:一是吃饭问题;二是生病问题;三是农活、家务负担问题;四是学业问题;五是心理问题(李小君,2007)。《平顶山日报》报道,留守儿童缺少父母的关爱,且由于监护人文化程度普遍低,留守儿童的学习成绩多数处于中下游,成绩优秀的较少(刘玉珊,徐洁净,2007)。《中国社会报》报道,由于长期享受不到父母的关爱,一些留守儿童在心理上或多或少地出现了孤僻、不合群等倾向,甚至沾染上了一些不良习惯,由于监管环境更加放松,这一负面影响可能会表现得更加明显(卫韦华,宋常青,2007)。《贵州民族报》报道,监护和"隔代教育"的不力,会导致留守儿童个性、心理发展的异常,极易产生认识、价值上的偏离,甚至会因此而走上犯罪道路(金玉龙,2009)。

第二节 农村人口心理健康服务需求分析

一、农民工心理健康服务需求的现状分析

从农民工的形成过程和情况来看,农民工在身体和心理上面临着诸多问题,本节将通过分析农民工的身心健康状况,总结和建构其心理健康服务需求的指标,调查其主观心理健康服务需求,并探讨影响农民工主观心理健康服务需求的因素。

(一)农民工身心健康状况

1.第一代农民工

第一代农民工一般是家庭中挑大梁的当家人,上有老下有小,负担沉重,但是由于自身文化水平等多种因素的限制,他们主要从事技术含量低且非常辛苦的体力劳动,并且在收入、居住、社会保障等各个方面都与城市居民有着显著的差异。他们基本上没有自己的文化娱乐生活,长年累月重复"干活—吃饭—睡觉"的单调生活,且遭受很多偏见与歧视,因此第一代农民工更喜欢与本阶层的农民工兄弟来往,对城市完全没有归属感;此外,他们大多已婚且有子女,而其子女假如留在城市往往不能享受平等的教育权利,这也从另一方面加深了农民工自身的受排挤感以及生活压力。例如王兴周对广东省的调查表明,第一代农民工相比新生代更有"如果我是城市户口,生活会比现在好很多"之类的想法(王兴周,2008)。王春光的调查表明,第一代农民工在回答"您觉得自己还是不是农民?"的时候,高达91%的人选择"是",9%的人选择"不是"(王春光,2001)。相比新生代农民工,第一代农民工与城市市民的交往也相对较少。总之,微薄的工资收入、养家糊口的繁重负担以及遭遇到的偏见,使第一代农民工面临很大的生活压力和精神负担。

2.新生代农民工

"80后或90后,平均年龄23岁,八成未婚,多数初中毕业,总计约1亿人"——这是官方课题组为新生代农民工群体勾勒的大致轮廓。除上述特征外,新生代农民工身上

存在“三高一低”特点，即受教育程度相对较高，职业期望值高，物质和精神享受要求高，工作耐受力低。对于新生代农民工而言，进城务工的目的并不仅仅是简单的空间上的迁移，他们想融入现代化的城市当中，鲁萍对湖北省武汉市三区不同行业进行调查，发现当问及“假如因客观原因暂时找不到工作您会”问题时，有40%的被访者选择“无论如何，留在城市”(鲁萍，2009)。但在融入城市的过程中他们在落户、保险、医疗等诸多方面享受不到城里人的待遇，甚至被完全排斥在城里人之外，游离于城市的边缘。章国曙对福建、厦门、泉州三城市的调查显示，近30%的新生代农民工感觉城市社会排挤自己；另一方面，新生代农民工一出校门就迈进城市打工，从来没有种过地也不会更不愿意种地，他们不会选择长久待在农村务农(章国曙，2009)。这导致他们在城市和农村都找不到自己的社会位置，处于双重边缘化的境地。因此，相对于第一代农民工斩钉截铁地说自己仍然是农民，新生代农民工群体的身份认同处于一种混乱、矛盾的状态。魏晨对某地新生代农民工的调查表明，在回答“自己究竟是城市人还是农村人?”这一问题时，有近87%的新生代农民工选择的是“不知道，不清楚，无法回答”等答案(魏晨，2007)。总之，新生代农民工身份认同更为复杂，其在城市生活中的体会仍然以消极感受为多。

二、农民工心理健康服务需求调查

通过对以往研究中两代农民工身心健康状况的总结和梳理，可以看出，两代农民工均存在着不同程度不同种类的客观心理健康服务需求，那么他们是否有相应的主观心理健康服务需求呢？本书用自编的农民工心理健康服务需求问卷对农民工的心理健康服务需求进行调查，该问卷有服务态度、服务机构和服务内容三个维度，共24个题项。此次调查我们在北京、四川、陕西、山东、河南、江苏、辽宁等全国20个省市共收集数据539份，有效数据508份，有效回收率94%。新生代农民工主要指的是“80后”“90后”农民工，因此我们在分析时以30岁为分界点，30岁及以上为第一代农民工，30岁以下为新生代农民工。我们统计了两代农民工在服务态度、机构和内容所属题项上心理健康服务需求的频次，以反映两代农民工心理健康服务需求在具体项目上的需求强度分布；并检验心理健康服务态度在人口社会学变量上的差异，以反映两代农民工心理健康服务需求的现状和特点。

(一)农民工心理健康服务需求的总体情况

1.第一代农民工心理健康服务需求的总体情况

如表6-2所示，对心理健康服务态度需求频次的统计表明：50.1%的人认为有专门的机构为自己、家人和朋友提供心理健康服务是必要的(有必要与很有必要选项频次之和),36.0%认为自己的家人和亲戚接受心理健康服务是必要的,32.6%认为自己的同事和朋友接受心理健康服务是必要的,30.3%认为自己接受心理健康服务是必要的。

表6-2 农民工对心理健康服务态度频次统计($n_{一代}$=307,$n_{新生代}$=201)单位:%

题项	毫无必要		可能有必要		有必要		很有必要	
	第一代	新生代	第一代	新生代	第一代	新生代	第一代	新生代
11.我认为自己接受心理健康服务是	26.1	24.4	43.6	41.3	23.8	26.9	6.5	7.5
12.我认为我的同事和朋友接受心理健康服务是	17.6	14.0	49.7	45.5	26.1	32.0	6.5	8.0
13.我认为我的家人和亲戚接受心理健康服务是	19.0	18.4	45.1	37.3	28.8	34.3	7.2	9.5
14.我认为有专门的机构为我们提供心理健康服务是	12.4	12.9	37.5	29.4	33.2	39.8	16.9	17.4

对心理健康服务机构需求频次的统计(表6-3)表明,第一代农民工希望提供心理健康服务的机构排序依次为:医院、政府部门、社区心理健康服务中心、防疫保健部门、精神卫生机构、学校心理健康服务机构、私立心理健康服务机构、单位心理健康服务中心、民间机构、互联网服务。医院(50.2%)为首选,政府部门(23.8%)次之,民间机构(6.5%)排倒数第二,互联网服务(6.2%)为最末一位。

表6-3 农民工对心理健康服务机构需求频次统计($n_{一代}$=307,$n_{新生代}$=201)单位:%

题项	第一代		新生代		题项	第一代		新生代	
	频次	排序	频次	排序		频次	排序	频次	排序
21.医院	50.2	1	48.8	1	26.社区心理健康服务中心	17.6	3	20.9	3
22.精神卫生机构	11.1	5	10.4	8	27.私立心理健康服务机构	10.1	7	13.4	6
23.防疫保健部门	11.4	4	11.9	7	28.学校心理健康服务机构	10.7	6	8.0	9
24.政府部门	23.8	2	24.9	2	29.民间机构	6.5	9	5.0	10
25.单位心理健康服务中心	9.4	8	15.4	4	30.互联网服务	6.2	10	13.9	5

对心理健康服务内容需求频次的统计(表6-4)表明,第一代农民工希望提供心理健康服务的内容排序依次为:子女教育和成长问题、解决家庭压力、家人的健康问题、解决暖饱生计问题、纾解工作压力、调适自己的心理健康、干预物质依赖(调适自己的心理健康、干预物质依赖两者分数虽然一致,考虑其他因素,以调适自己的心理健康、干预物质依赖的顺序排列,后同)、调适人际关系、婚恋及情感问题、防治精神疾病。子女教育和成长问题(57.7%)为首选,解决家庭压力(50.2%)次之,婚恋及情感问题与防治精神病比例较低(11.4%)。由此可以看出第一代农民工的主观心理健康服务需求与他们的客观身心健康状况是一致的,客观上他们表现出由于生活压力和子女受教育难导致的心理压力,主观上他们最需要解决的心理问题就是子女教育和成长问题、解决家庭压力。

表6-4　农民工对心理健康服务内容需求频次统计($n_{一代}$=307,$n_{新生代}$=201)单位:%

题项	第一代		新生代		题项	第一代		新生代	
	频次	排序	频次	排序		频次	排序	频次	排序
31.防治精神疾病	11.4	9	7.0	10	36.解决暖饱生计问题	26.7	4	16.4	8
32.干预物质依赖	15.0	7	20.4	7	37.子女教育和成长问题	57.7	1	32.3	3
33.纾解工作压力	22.5	5	30.3	4	38.家人的健康问题	29.6	3	35.8	2
34.解决家庭压力	50.2	2	45.3	1	39.调适自己的心理健康	15.0	6	12.4	9
35.调适人际关系	14.7	8	22.4	6	40.婚恋及情感问题	11.4	9	30.3	4

2.新生代农民工心理健康服务需求的总体情况

如前表6-2所示,在对心理健康服务的态度方面,57.2%的人认为有专门的机构为自己、家人和朋友提供心理健康服务是必要的,43.8%认为自己的家人和亲戚接受心理健康服务是必要的,40.0%认为自己的同事和朋友接受心理健康服务是必要的,34.4%认为自己接受心理健康服务是必要的;如表6-3所示,新生代农民工希望提供心理健康服务的机构排序依次为:医院、政府部门、社区心理健康服务中心、单位心理健康服务中心、互联网服务、私立心理健康服务机构、防疫保健部门、精神卫生机构、学校心理健康服务机构、民间机构。医院(48.8%)为首选,政府部门(24.9%)次之,学校心理健康服务机构(8.0%)排倒数第二,民间机构(5.0%)为最末一位;新生代农民工希望提供心理健康服务的内容(表6-4)排序依次为:解决家庭压力、家人的健康问题、子女教育和成长问题、婚恋及情感问题、纾解工作压力、调适人际关系、干预物质依赖、解决暖饱生计问题、调适自己的心理健康、防治精神疾病。解决家庭压力(45.3%)为首选，家人的健康问题(35.8%)次之，但是从频次统计可以看出家人的健康问题(35.8%)、子女教育和成长问题(32.3)、纾解工作压力(30.3)、婚恋及情感问题(30.3)比例相差不大；调适自己的心理健康(12.4%)排倒数第二，防治精神疾病(7.0%)为最末一位。由此可以看出新生代农民工的主观心理健康服务需求与他们的客观心理健康服务需求也是一致的，客观上他们表现出在城市生活得不到认同和入不敷出的收入造成的心理压力，主观上他们需要解决的心理问题就是解决家庭压力、家人的健康问题、纾解工作压力等。

（二）农民工心理健康服务需求的人口社会学变量差异检验

1. 第一代农民工心理健康服务需求的人口社会学变量差异检验

针对不同社会学变量差异的检验表明：无宗教信仰的被试(n=235，M=2.33，SD=0.73)对心理健康服务服务态度的需求强度显著大于(t=2.416，p=0.016)有宗教信仰的被试(n=69，M=2.09，SD=0.73)。女性(n=119，M=2.31，SD=0.80)对心理健康服务需求的强度略大于男性(n=187，M=2.25，SD=0.70)，但差异未达显著水平(t=0.589，p=0.556)。如表6-5与表6-6所示，其他诸如家庭类型、文化程度以及经济状况不同分组之间一代农民工对心理健康服务需求的差异均不显著。

表6-5　农民工家庭类型与文化程度对心理健康服务需求差异检验($n_{一代}$=307，$n_{新生代}$=201)

家庭类型($n_{一代}$，$n_{二代}$)	第一代	新生代	文化程度($n_{一代}$，$n_{二代}$)	第一代	新生代
	M，SD	M，SD		M，SD	M，SD
全家务农(63，29)	2.31，0.73	2.37，0.76	文盲(17，2)	1.99，0.91	3.00，0.71
单身子女外出打工(22，45)	2.15，0.71	2.31，0.63	小学没毕业(52，16)	2.31，0.76	2.63，0.63
兄弟姐妹外出打工(26，51)	2.34，0.64	2.49，0.91	小学毕业(89，22)	2.27，0.69	2.18，0.84
夫妻分居外出打工(59，18)	2.17，0.63	2.46，0.77	初中(95，84)	2.27，0.72	2.26，0.82
夫妻子女分居外出打工(72，27)	2.37，0.84	2.34，0.66	高中，中专(51，73)	2.36，0.74	2.46，0.74
全家外出打工(58，28)	2.22，0.73	2.19，0.91			
F值	0.776	0.627	F值	0.731	1.502
P值	0.567	0.680	P值	0.600	0.191

表6-6 农民工婚姻状况与经济状况对心理健康服务需求差异检验($n_{一代}$=307，$n_{新生代}$=201)

婚姻状况($n_{一代}$，$n_{二代}$)	第一代	新生代	经济状况($n_{一代}$，$n_{二代}$)	第一代	新生代
	M，SD	M，SD		M，SD	M，SD
未婚(13，114)	2.04，0.74	2.42，0.74	贫困(57，34)	2.19，0.67	2.40，0.71
已婚(274，77)	2.28，0.72	2.23，0.82	温饱(220，134)	2.26，0.76	2.32，0.77
分居(8，3)	2.50，0.87	2.83，1.04	较富裕(28，31)	2.49，0.65	2.49，0.93
离婚(4，1)	1.88，0.43	3.25，			
丧偶(5，2)	2.05，1.23	2.50，0.71			
同居(0，2)		2.88，1.59			
F值	0.950	1.108	F值	1.227	0.691
P值	0.435	0.359	P值	0.300	0.502

2.新生代农民工心理健康服务需求的人口社会学变量差异检验

和第一代农民工的检验结果不同，有宗教信仰的被试(n=46，M=2.54，SD=0.76)对心理健康服务态度的需求强度大于无宗教信仰的被试(n=153，M=2.31，SD=0.79)，需求总均分差异接近显著水平(t=1.75，p=0.082)；男性(n=111，M=2.37，SD=0.75)对心理健康服务需求的强度略大于女性(n=89，M=2.35，SD=0.82)，但差异未达显著水平(t=0.17，p=0.867)。如表6-5与表6-6所示，其他诸如家庭类型、文化程度以及经济状况不同分组之间新生代农民工对心理健康服务需求的差异均不显著。

(三)两代农民工主观心理健康服务需求的比较

对两代农民工心理健康服务需求的比较表明：由表6-2可以看出，两代农民工对心理健康服务需求的态度是一致的，依次排序为：有专门的机构为自己、家人和朋友提供心理健康服务是必要的>自己的家人和亲戚接受心理健康服务是必要的>自己的同事和朋友接受心理健康服务是必要的>自己接受心理健康服务是必要的；由表6-3可以看出，两代农民工对心理健康服务机构的需求差异也不是很大，均为医院为首选，政府部门次之，民间机构靠后，不同的是新生代农民工对互联网提供的心理健康服务需求明显强于第一代农民工。由表6-4可以看出，两代农民工心理健康服务需求的内容差异较大：第一代农民工最关心子女教育和成长问题，下来是解决家庭压力，最不关心婚恋及情感问题与防治精神疾病。新生代农民工最关心的心理问题为解决家庭压力，对婚恋及情感问题也很关心，最不关心防治精神疾病。

两代农民工人口社会学差异检验的比较结果一致较多，差异较少：两代农民工的心理健康服务需求在性别、家庭经济状况、文化程度、家庭类型、婚姻状况中均没有显著差异。在有无宗教信仰方面，第一代农民工表现为无宗教信仰的心理健康服务需求大于有宗教信仰的，且差异显著；新生代农民工表现为有宗教信仰的心理健康服务需求大于无宗教信仰的，差异显著。

三、农村留守人口心理健康服务需求分析

三类留守群体是农村劳动力大规模外出的直接产物。从留守老人、留守妇女以及留守儿童的形成过程和现状来看，这三类特殊群体在身体和心理上都面临着诸多问题，本节将通过分析这三类留守群体的身心健康状况，总结和建构他们客观心理健康服务需求的指标，并探讨三类留守群体主观心理健康服务需求的现状及影响因素。

（一）留守老人

由于子女外出打工，农村留守老人处于“老无所养”的境地，体弱多病不但得不到应得的照顾，而且要承受来自各方面的压力，一方面，他们要面对由身体健康以及诸多生活问题带来的心理压力，如繁重的体力劳动、隔代教育问题、经济窘迫等；另一方面，他们还必须忍受着各种精神上的困境，如寂寞、没有情感寄托等。

1.体弱多病——担心生病心理压力大

大量研究表明农村留守老人的身体健康状况很差，而且他们面临着由于经济问题无钱医治或者生病期间无人照顾等问题，这给老人造成了很大的心理压力和消极情绪。陈铁铮对湖南省的调查显示，60%的农村留守老人表示身体“一般”或“较差”，46%的农村留守老人患有一种及以上比较严重的疾病。当地留守老人最担心的就是生病，因为生病几乎可以导致一切困难。其一，经济拮据，有71%的留守老人认为当医疗费用超过30 000元之后就无法承受，也就是意味着放弃治疗；其二，缺少照料，留守老人生病期间子女不在身边照顾的多达52.4%，在生病期间完全自理和基本自理的占到了80.26%；其三，心理负担加重，由于医疗费用的不断上涨，留守老人最担心的就是生病，一旦生病卧床，既担心巨额的医疗费，也担心谁来照料自己的日常生活。该调查还表明，一旦老人生病长期卧床，生活不能自理需专人照顾时，子女间就会滋生矛盾，产生纠纷（陈铁铮，2009）。同样的问题也出现在姚引妹（2006）的调查结果中，该调查显示，即使像浙江这样的经济发达地区，没有任何医疗保障的留守老人也高达87%，比与子女同住老人高20个百分点，比由子女轮流赡养老人高37个百分点（姚引妹，2006）。

2.经济窘迫——生活艰苦压力大

子女外出后，留守老人肩负起家庭日常运转的经济重担，这必然会给留守老人带来

巨大的心理压力。叶敬忠和贺聪志对安徽、河南、湖南、江西和四川五省的400名留守老人及相关群体进行调查，结果显示，由于经济困难，80.6%的留守老人仍然在从事农业生产，80.9%的留守老人依靠自己的劳动自养，76%的留守老人全年获得子女经济支持少于500元，留守老人面临沉重的经济压力，有的甚至无法满足基本的物质生活保障（叶敬中，贺聪志，2008）。曹国选对湖南省的调查表明，贫困乡村的留守老人只能过“种田糊口，养鸡换盐”的自养生活，物质生活相当紧张（曹国选，2009）。姚引妹让浙江农村留守老人对经济状况进行自评，认为自己的经济状况“有一点儿困难”的留守老人占26.7%，略低于与子女同住老人；“相当困难”的留守老人占61.7%，比与子女同住老人高28个百分点，说明仍有很多留守老人经济状况很困难，其基本生活都无法保障（姚引妹，2006）。

3.生活负担重——力不从心心理压力大

在中国农村“土地”是农民的命根子，子女外出务工后，留下的土地只要是还能有所收成，在老人的价值观念里是不能任其荒废的，只要健康状况许可，老人们就得起早贪黑地操劳，农忙季节更是不得不进行超体能劳动。对于年老体衰的老人来说，承担繁重的农业劳动是一个很大的压力，再加上农村劳动力外出务工很难把子女一同带出，导致农村隔代监护现象十分普遍，多数留守老人表示在隔代监护上力不从心。

王晓欢对湖南省的调查表明，由于子女外出打工，留守老人大部分扮演的都是生产者角色，经常种地的老人占了44.0%，经常带孙子的老人占38.5%，经常做家务的老人占66.5%（王晓欢，2006）。陈铁铮对湖南省的调查表明，农村留守老人隔代监护的比例高达56.5%，其中48.2%的留守老人同时监护2个以上孙辈，有的竟多达6、7个（陈铁铮，2009）。进行隔代监护使留守老人不得不再次经历抚养过程，承受沉重的照料负担，55.3%的隔代监护老人反映劳动负担过重。罗力萌对湖南省的调查表明85.4%的留守老人需要照看孙辈，其中51.4%的老人感到吃力。尤其是在小孩的教育方面，农村老年人大多知识文化水平低，无法辅导孩子的学习，又担心孩子的学习成绩不好，受到子女的责怪，因而心理压力极大（罗力萌，2009）。

4.情感缺失——孤独寂寞

大量研究表明子女外出后留守老人孤独寂寞感明显增强，并时常会产生不良情绪。杜鹏、丁志宏、李全棉、桂江丰对安徽省的调查表明，子女外出前老人经常感到孤独和有时感到孤独的比例还不到17%，老人不孤独的比例在80%以上。但子女外出后，老人经常感到孤独和有时感到孤独的比例上升很快，达到50.8%，而老人不孤独的比例下降到49.2%（杜鹏，丁志宏，李全棉，桂江丰，2004a）。李春艳、贺聪志对安徽、河南、湖南、江西、四川等省的调查表明，54.7%的老人平均每次与外出子女通电话的时间在3分钟以内，且很少涉及双方的内心烦恼和心事（李春艳，贺聪志，2010）。曹国选对湖南省的调查显示，子女外出务工造成了留守老人情感缺失，不少农村子女对父母的赡养只注重物质方面，认为只要保证老人“生有吃喝，病有医药，死有棺椁”就算尽了孝，往往忽视老年人的精神需求，而留守老人由于子女不在身边，严重缺乏心理慰藉，“活着无人管，死后无人埋”的恐惧感特别强烈（曹国选，2009）。

（二）留守妇女

农村男性劳动力外流，使留守妇女承担起了更多的社会角色，她们精力有限与农业生产繁重，很难满足家庭照料需求，这让留守妇女承受着严重的生理与心理压力，表现在：第一，劳动负担过重，损害了身体健康；第二，夫妻两地分居，身心俱受煎熬；第三，生活负担重，心理压力大；第四，内心孤独且缺乏安全感。

1. 劳动强度大，身心俱疲

周庆行、曾智、聂增梅对重庆市的调查表明，女性劳动力已占了重庆农村劳动力总数的75.3%，重庆市农村有64.3%的妇女是家里主要或唯一的劳动力，农闲时有57.4%的妇女每天劳作时间在8小时以上，有16.9%的妇女每天劳作时间在10小时以上；农忙时每天工作10小时以上的占58.8%，其中有19.7%的妇女每天工作时间达12小时以上（周庆行，曾智，聂增梅，2007）。湖南省妇联办公室对湖南省的调查表明，留守妇女平均要赡养1或2个老人，照顾1或2个孩子，种植3亩地；由于疏于卫生保健，有45.2%的留守妇女患有妇科病，15.0%的患病妇女没有钱或没有时间治病，还有14.7%的妇女近五年从未检查过身体，16.3%的表示不知道自己是否患有妇科病（湖南省妇联办公室，2010）。此外，由于劳动强度增加，时间延长，体力透支，许多留守妇女患上了多种疾病。陈彩虹和张丽丽对甘肃省的调查显示，大约有三分之二的留守妇女表示丈夫外出后自己身体状况下降，有72.2%的留守妇女患有不同程度的腰椎和关节疾病。但大多数留守妇女缺乏卫生保健知识，有了病能忍就忍，能拖就拖，实在拖不过去了，最多就近到药店买点便宜的药吃，或者到村里的卫生站看看，基本不进县以上的大医院看病，也很少有人做健康检查。

各种生活琐事也为留守妇女的生活带来了心理压力。万霞对湖南省的调查表明，72.0%的受访者表示家庭婆媳关系紧张，46.3%的表示子女不服管教（万霞，2009）。湖南省妇联办公室对湖南省的调查表明，有57.9%的留守妇女表示担心孩子的教育，还有12.9%的担心丈夫不在身边，婆媳关系难以处理（湖南省妇联办公室，2010）。卜永生等对淮安市楚州区2 066名留守妇女的调查表明，认为有心理压力的1 649人，占79.8%。调查有心理压力的1 649人，心理压力来源于家庭压力的1 161人，占70.4%。其中，由子女教育造成压力的680人，经济原因造成压力的367人，婆媳关系造成压力的114人。来源于社会压力的715人,占43.4%。其中,认为农忙季节劳动强度大缺乏互助的389人,邻里关系紧张247人(卜永生,陈瑾,苏明,2008)。

2.夫妻分居,身心受煎熬

丈夫常年外出,夫妻“聚少离多”,有时还要面对丈夫在外的不轨行为带来的影响,留守妇女面对着情感和婚姻的双重考验。湖南省妇联办公室对湖南省的调查表明,由于丈夫常年外出,夫妻情感交流受到影响,有27.4%的留守妇女有事才与丈夫联系,有3.5%和1.7%的留守妇女与丈夫很少联系或基本不联系,由于长期缺乏情感抚慰,有42.2%的留守妇女感到孤独,11.6%的留守妇女夫妻感情比以前更差,3.9%变得很不好或到了离婚边缘(湖南省妇联办公室,2010)。吴惠芳和叶敬忠对安徽、河南、湖南、江西和四川省的调查表明,78.4%的留守妇女担心丈夫的安全问题,77.1%的担心丈夫的健康状况,41.9%的非常担心或有些担心丈夫出轨(吴惠芳,叶敬忠,2010)。虽然留守妇女忍受着身心的煎熬,甚至要面对丈夫对婚姻的不忠行为,但她们仍然倾向于维持现有的婚姻关系,她们也经常陷入到了困惑和两难的境地中,往往不知如何面对和处理。万霞对湖南省溆浦县的调查表明,35.0%的留守妇女对丈夫不满意;76.0%以上妇女担心丈夫有外遇;但是一旦丈夫有外遇时,直接选择“离婚”的仅占12.0%,选择“先挽救一下再说”的占了52.0%,选择“只要他肯养家就由他去”的占了7.0%,选择“死也不离”的占了8.0%,选择“不知该怎么办”的占了21.0%。调查发现,在随机选择的100个样本对象中另有5例留守家庭婚姻关系已经可以宣告破裂,但这部分留守妇女逆来顺受,仍继续履行着一个家庭主妇的职责(万霞,2009)。

3.内心孤独,常有消极情绪

丈夫外出务工之后,留守妇女的内心深处是孤独的。而且随着家庭结构和家庭关系的变化,除了繁重的农活之外,还要教育孩子、照顾老人、处理好邻里关系、避免被骚扰等等,这使留守妇女比一般妇女多了一些精神负担,在自己无法应对的时候,往往最先出现的就是烦躁不安等消极情绪。大量研究表明很多留守妇女在丈夫外出务工后感到孤独寂寞,并且很多不良情绪也有所增加。魏翠妮对江苏省的调查表明,留守妇女经常感到寂寞的比重为14.5%,有时感到孤独寂寞的比重为40.3%,很少有寂寞感觉的比重为22.2%,回答从没有感觉到寂寞的比重为19.5%,其中回答习惯了和没有时间想的比重分别为1.8%和0.5%(魏翠妮,2006)。许传新对四川省留守妇女的调查表明,最近一个月经常“毫无理由地感到害怕”的占5.1%,经常“感到精神紧张”的占6.3%,经常“感到孤独”的占8.6%,分别高出非留守妇女1.5、2.6和4.8个百分点。无论是留守妇女和非留守妇女的横向比较,还是丈夫外出务工前后的纵向比较,留守妇女的“孤单”情绪变化都比较显著;在小组访谈过程中,留守妇女也表示丈夫外出务工给她们带来的最大影响是强烈的孤单。留守妇女总体感到孤单的为63.2%,非留守妇女经常感到孤单的为18.5%,留守妇女在丈夫外出务工前感到孤单的为3.9%,在丈夫务工后感到孤单的为66.9%。丈夫外出务工后,留守妇女的不良情绪显著增加,很多留守妇女经常出现情绪低落、烦躁焦虑、压抑等不良情绪,其中烦躁情绪出现的频率最高,占总体的69.8%;丈夫外出务工后出现烦躁情绪的留守妇女比例翻了近一倍(务工前为35.5%,务工后为70.7%)(许传新,2009)。

4.缺乏安全感

由于农村没有专设的安全保障工作人员,而男性劳动力外出务工后,家庭中通常只剩下老人、妇女和儿童,甚至只有妇女和儿童,这样的家庭人口结构和居住方式导致家庭的安全防范力量大大减弱,无形中增加了留守家庭的安全风险,许多留守妇女感到没有安全感。一些研究表明男性外出务工后,针对留守妇女的侵害事件明显增加,她们的安全感明显降低。宁乡县调查数据显示,调查时前几年农村性侵犯案件中,70%的受害者为留守妇女。在这种情况下,部分农村留守妇女在生活中缺乏人身安全感。吴惠芳、叶敬忠对安徽、河南、湖南、江西和四川的调查表明,丈夫外出务工前后统计数据对比显示,丈夫外出务工后,留守妇女家庭遭遇的不安全事件有了明显增加;留守妇女也认为"他们(偷盗者)就是看我家里丈夫不在家,来偷我家的东西",这说明丈夫外出是家庭遭遇不安全事件的重要因素。丈夫务工前没有遇到不安全情况的比例为94.3%,丈夫务工后没有遇到不安全情况的比例为89.3%。留守妇女在生活中感到害怕的比例为36.3%,几乎是非留守妇女的两倍,说明她们在生活中的安全感远远低于非留守妇女。在丈夫外出务工后,33.5%的留守妇女比之前更经常感到害怕(吴惠芳,叶敬忠,2010)。

(三)留守儿童

家庭环境是学校教育的依托和基础,良好的家庭环境能够使孩子在生活和学习中更加有信心,更积极,而不良的家庭环境则会使子女无心学习,产生逆反心理。良好家庭环境形成的最基本要求是家庭的完整性。农村留守儿童被称为"父母双在的孤儿",由于长期缺乏父母的教育和家庭的关爱,留守儿童往往存在较多的心理问题,如自卑、抑郁、内心封闭、情感淡漠、缺乏安全感、心理承受力差、不合群等。此外,在留守儿童身上还存在因生活负担重而产生的心理压力、学业差产生的厌学心理等问题。更严重的是由于儿童的情感需求得不到满足而产生的心理失衡、道德失范、行为失控甚至犯罪的倾向。

1.生活负担重

由于父母外出打工,相对于同龄的孩子,留守儿童过早地负担起了家庭的生活负担，过早地品尝了生活的艰难。过早承受生活的压力使他们无法像其他儿童一样享受属于自己的童年生活，非常不利于他们的成长和发展。周小骥对四川省的调查表明，父母外出打工后，留守儿童的劳动负担明显增加了，经常干农活的从4.7%增加到56.2%，经常干家务活的从7.1%增加到53.6%，从来不干农活的从38.1%减少到18.8%，从来不干家务活的从14.3%减少到7.1%（周小骥，2007）。张小屏对贵州省的调查表明，留守儿童在家主要做的事情，学习占16.3%，做家务占34.9%，做农活占30.2%，玩耍占14%，其他占4.6%；而非留守儿童主要做的事情，学习占40.3%，做家务占22.9%，做农活占17.4%，玩耍占12.1%，其他占6.3%。可以看出，留守儿童比非留守儿童要承担更多的农活和家务劳动。个案访谈中发现留守儿童比较内向，甚至带着一定自卑心理。特别是一些生活在亲戚家的留守儿童，他们一般会很主动地帮助大人做家务，能够自己独立地完成家庭作业，应付考试等"分内"的事情。在开放性问题中，有18.3%的留守儿童提到非常羡慕城里同学有父母陪伴的生活；有15%的留守儿童表示不喜欢现在的寄宿生活；有超过一半的留守儿童认为周围人不关心他们（张小屏，2006）。

2.安全感缺乏，心理负担重

儿童天生对父母具有强烈的依恋感，留守儿童由于处于特殊的家庭环境，缺少父母亲的关爱，他们往往自惭形秽，怕被人看不起，而甘心生活在被人遗忘的角落，因此，留守儿童经常感到心理上的不安全感。这种不安全感主要体现在两个方面：一是由于父母外出，当受人欺负时没有父母的保护使他们觉得不安全；二是由于父母在外多从事高强度高危险性的体力劳动，他们经常为在外父母的健康和安全担心。可见父母外出打工不但给留守儿童造成了生活照顾和学习辅导上的缺失，也给他们带来了一些不必要的心理压力，这样长期下去不利于留守儿童心理的健康发展。秦树文对河北省的调查表明，有28.5%的留守儿童遇到过不安全状况，暴露出留守儿童安全方面存在隐患。在对留守儿童的访谈中发现，留守儿童内心深处有一种不安全感，他们一方面经常在为外出父母的健康和安全担忧，另一方面总感觉自己"没有人管"。很担心父母在外打工会出事的占到79.5%，有点担心的占到15.9%（秦树文，2008）。李芳芳对湖北省的调查表明，问及父母不在家是否感觉安全时，30%的孩子选择不安全，10%选择一点儿也不安全。30.1%的孩子担心父母被车撞，被坏人欺负，受到伤害。更担心"父母在外面出事，家里也不知道"；20.4%的孩子最担心父母的身体，怕他们生病（李芳芳，2006a）。帅晓玲对三峡库区较有代表性的贫困县之一巫溪进行抽样调查，52.2%的儿童"很担心"父母在外打工的人身安全；40.0%"有点担心"；只有7.2%的儿童不担心（帅晓玲，2009）。陈恒彬对山东省莱芜市农村留守儿童的调查表明，有85%的留守儿童担心父母在外打工的生活和人身安全，特别是年龄稍大的女孩子（陈恒彬，2007）。

3. 学习情绪低落、有厌学心理

留守儿童大多是和年迈的祖父母、外祖父母生活在一起，这些老人年龄普遍偏大，身体不好，文盲的比例较高，在学习上不能给予留守儿童切实有效的辅导和帮助。所以留守儿童往往学习成绩较差，在他们身上存在学习困难现象，很多留守儿童的学习积极性下降，有厌学情绪，甚至逃避学习。大量研究表明留守儿童学习成绩较差，学习困难。张小屏对贵州省的调查显示，留守儿童学习成绩优秀的占10.9%，较好的占20.9%，中等偏下占41.9%，较差占26.3%；而非留守儿童学习成绩优秀的占27.1%，较好的占33.3%，中等偏下占26.4%，较差占13.2%（张小屏，2006）。赵富才对河南省的调查发现，留守儿童学习成绩优秀的占9.9%，显著低于非留守儿童的13.8%；学习成绩较好的占30.9%，低于非留守儿童的31.4%；中等偏下的占48.6%，显著高于非留守儿童的45.7%；较差的占10.6%，高于非留守儿童的9.1%。这说明在学习成绩高的一端，留守儿童（40.8%）所占的比例显著低于非留守儿童（45.2%）；而在学习成绩低的一端，留守儿童（59.2%）占的比例显著高于非留守儿童（54.8%）（赵富才，2009）。帅晓玲对重庆市的抽样调查显示，有73.5%的留守儿童认为自己在学习上有困难，面对学业困难，留守儿童的学习积极性降低，当学习上遇到困难时，有近一半的留守儿童不会或不愿意向老师求助（帅晓玲，2009）。而且留守儿童的迟到、逃学现象也比非留守儿童严重：留守儿童经常迟到的占34.9%，非留守儿童经常迟到的占8.3%。留守儿童经常逃学的占26.7%，非留守儿童经常逃学占6.3%（张小屏，2006）。还有研究发现，一些留守儿童有厌学情绪，成为流失学生中的新群体。留守儿童的学习困难和厌学情绪也给他们产生了不同程度的心理压力（李芳芳，2006a）。

4. 心理困扰无法排遣，不利于人格健康发展

由于父母长期外出，留守儿童的情感需求得不到满足，遇到心理问题得不到正常疏导，极大地影响了其身心健康，形成人格扭曲的隐患。张小屏对贵州省的调查显示，感觉父母外出打工自己被遗弃的留守儿童占14.7%，感觉留守阶段是一段痛苦经历的占26.4%，感到孤独无助的占30.2%，感到无奈的占10.9%。留守儿童遇到困难时向监护人寻求援助的占39.5%，闷在心里或写日记的占29.4%，不知道告诉谁的占13.2%；而非留守儿童向监护人寻求援助的占62.5%，闷在心里或写日记的占4.2%，不知道告诉谁的占2.1%（张小屏，2006）。陈恒彬对山东省的调查表明，在问到遇到挫折会怎么做时，有25%的留守儿童选择报复，只有16.7%的留守儿童会向家人或老师同学诉说。在人际交往过程中，仅有18.3%的留守儿童会主动与别人交往，而23.3%的留守儿童不与别人交往。与临时监护人相处时，26.3%的儿童感到"愉快"；14.1%的儿童感到"不愉快"；55.4%的儿童感到"有时候不愉快"。在面对人际冲突时，60.2%的人"闷不吭声"；18.7%

的人选择“向父母诉苦”；17.2%的人“采取某种行为发泄”；3.0%的人会选择“吵架”解决（陈恒彬，2007）。吴小叶、高彩霞对黔东南苗族侗族自治州的调查表明，10.5%的留守儿童觉得“父母外出后生活没有意思”，12.3%的留守儿童认为“自己对未来没有信心”（吴小叶，高彩霞，2008）。胡艳对江西省九江市和河南省南阳市的调查表明，留守儿童自我评价偏低，有一定的自卑心理，对自己的能力缺乏自信（胡艳，2008）。由于父母不在家，生活学习中遭受挫折时，无人进行积极的引导、鼓励，长期下来，留守儿童会产生怀疑、不自信、自卑消极的心理，这种消极心理长期得不到排解，会严重儿童的心理健康，甚至会产生一些极端的后果（潘华虹，2008；周兴旺，2006；韩红，2009）。有研究表明，留守儿童在16PF（用于人格检测的一种问卷）中的乐群性、稳定性、轻松性和自律性方面显著差于非留守儿童；而在世故性、紧张性和忧虑性方面显著高于非留守儿童（范方，桑标，2005）。

四、三类留守群体主观心理健康服务需求的情况

从以上对三类留守群体身心健康状况的总结和梳理中可以看出，他们客观上存在不同程度的心理健康服务需求，那他们主观上是否有相应的心理健康服务需求呢？当前对三类留守群体主观心理健康服务需求的调查较少，因此我们从他们的主观需求（主要是生活需求和心理需求方面）入手，并结合现有的主观心理健康服务需求的研究，考察三类留守群体主观心理健康服务需求的情况，并探讨影响其主观心理健康服务需求的因素。

通过研究梳理得出，三类留守群体主观方面的需求主要表现在生活需求和心理需求层面，而对主观心理健康服务方面的需求相对较少。下面我们尝试从他们的主观生活需求和主观心理需求入手，并结合现有的关于主观心理健康服务需求的调查，考察三类留守群体的主观心理健康服务需求的情况。

（一）主观生活需求

从三类留守群体身心健康状况的调查结果可以看出，他们客观上表现出来的心理健康服务需求主要是由于基本的生活条件得不到满足，进而产生生活压力所致。农民工因为生活压力不得不外出务工，直接导致了三类留守群体的出现，三类留守群体也是由于沉重的生活压力无法负荷而产生了不同的客观心理健康服务需求。可见生活压力是产生他们身心健康状况的根源，因此他们表现出相应的主观生活需求，希望能脱离当前沉重的生活压力。

李楠和杨洋对广东省留守妇女的调查表明，有32.8%的留守妇女希望“孩子听话/成

绩好”，其次是“家人健康”，比例为30.1%，再次是“丈夫多挣钱”，其比例为18.9%，后面则依次为“多和丈夫见面”，希望“社会治安好”和“农活/家务活减少”。该调查还表明，留守妇女希望得到的帮助中“办乡镇/村办企业，丈夫和自己可以就近打工”占第一位，其比例为39.2%，“改善孩子在城里读书的条件”占第二位，其比例为22.2%，第三位的是“种养技术培训”，其比例为16.9%，紧随其后的是“帮助贷款发展生产”，比例为15.3%，然后则是选择“学历培训”，其比例为3.2%，选择“组织劳务输出”的比例为3.0%（李楠，杨洋，2008）。李芳芳对湖北省留守儿童的调查表明，有67.9%的留守儿童表示想念父母。有人写道：“爸爸，你知道吗？我一个人在家时觉得没意思，如果您能每天回来和我聊聊天，给我讲故事，我就会心满意足。（李芳芳，2006b）”周小骥对成都市进行了调查，有人写道：“我现在希望父母能回来，现在最想做的事情是去成都见父母。希望爸爸妈妈在我补完课的那天回来接我去玩。”“我现在最需要的是父爱、母爱；现在最想做的事是亲手做饭给父母吃；希望父母能回家辅导我。（周小骥，2007）”

从以上调查可以看出，三类留守群体主观上表现出的生活需求与引起客观心理健康服务需求的生活压力是相吻合的，沉重的生活压力使他们产生相应的主观生活需求：留守老人表现出生活照顾上的需求，留守妇女表现出生活负担减轻、改善家人生活质量等需求，留守儿童表现出需要父母的照顾和学习辅导等需求。

（二）主观心理需求

生活压力不仅对人们的生活产生影响，同样会对人们的心理产生影响。心理需求是人特有的一种需求，心理需求得不到满足，人们同样不能健康快乐地生活。那么三类留守群体表现出怎样的心理需求呢？

对留守老人的调查：周庄对江苏省的调查表明，64%的农村留守老人认为最理想的养老模式是子孙同堂，有76.0%的农村留守老人渴望与子女进行情感交流，83%的农村留守老人把子女孝顺、家庭和睦视为晚年幸福的首要指数。老人们普遍认为，和子女住一起方便相互关照，同时也有安全感和归属感（周庄，2008）。陈健对山东省的调查表明，被调查的留守老人中有65.1%的人平时很盼望全家能够团聚，可以感觉到，在农村的留守老人们对全家团聚这种情感需求是很强烈的（陈健，2008）。杜鹏、丁志宏、李全棉、桂江丰对安徽省的调查表明，子女外出务工后，面临困难的老人最希望得到的帮助者列在前两位的分别是儿子和女儿，其比例分别为54.8%和13.3%（杜鹏、丁志宏、李全棉、桂江丰，2004b）。杨妙英对湖南省的调查表明，老人最盼望的就是过年，因为那个时候孩子们有可能回家。有人说道：“除了在电话里头说说话外，平时一年到头也难和儿子们说上话，过年的时候他们都会带着一家子回来，和我说说话拉拉家常什么的，那感觉才像一家人呀。(杨妙英,2009)”

对留守妇女的调查:吴惠芳、叶敬忠对安徽、河南、湖南、江西和四川等省进行了调查。有人说道:“逢年过节,看别人夫妻俩,赶集逛街,我心里好羡慕,丈夫要是在家里多好!晚上,天气好、心情也好的时候,一个人躺在床上就想,今天有丈夫在,该多好!(吴惠芳,叶敬忠,2010)”吴惠芳对四川省留守妇女进行了调查。有人说道:“暖水袋可以暖热被窝,毕竟和人暖的不一样。在家里的时候,男人再不济,冷天也可以焐一下脚。”她们是在用一种非常隐晦的方式表达自己的生理状态。然而,留守妇女的性压抑状态却不同程度地被劳动负担和其他心理压力掩盖着。尤其在农忙时节,忙碌的留守妇女身体极度疲劳。有人说道:“累得连话都不想说一句,还想东想西想什么老公,就想他快点回来干活。”在被家庭生活的烦恼搅扰得心烦意乱时,她们更希望得到丈夫的情感安慰(吴惠芳,2009)。

对留守儿童的调查:吴小叶、高彩霞对贵州省的调查表明,留守儿童非常需要父母,他们爱和归属的心理需要表现明显。他们非常想念父母的比例高达70.3%;47.8%的人认为非留守儿童幸福;20.6%的人无安全感,20.5%的人有被抛弃感,13.1%的人有无人关心感,8.3%的人希望别人是自己的父母,4.2%的人否定父母的爱(吴小叶,高彩霞,2008)。周小骥对四川省进行了调查。有人说道:“我希望能长双翅膀,飞到福建(父母打工地)去。”“希望父母为我过一个生日,我现在最需要的是母亲的关爱,最想做的事情是与母亲通电话。(周小骥,2007)”

由以上调查可以看出,留守老人主观心理需求主要表现在渴望家庭团聚,留守妇女主要表现在盼望丈夫在身边,留守儿童主要表现在盼望与父母一起生活。三类留守群体希望流动人口回到家乡,但是,依据我国现阶段的国情,这种愿望短时间内可能不能实现,也就是说他们的心理需求并不能得到满足,这必然会对他们的心理健康产生影响,那他们会因此表现出相应的主观心理健康服务需求吗?

(三)主观心理健康服务需求

大量农民工的外出导致三类留守群体的出现,同时使他们背负了繁重的各种压力,这对他们的身心健康产生了很大的影响,进而产生了相应的客观心理健康服务需求,那他们有怎样的主观心理健康服务需求呢?以下三项研究调查了三类留守群体的主观心理健康服务需求。卜永生等对淮安市楚州区部分农村的调查表明,在有心理压力的留守妇女中,希望通过走亲访友、亲人团聚的方式舒散心理压力的占51.43%;通过与邻居聊天使心情暂时放松的占26.80%;找组织和政府出面解决的占10.01%;个人承受的占10.67%;产生绝望的占1.09%。在最有利于心理压力疏导的方式方面,选择向亲朋倾诉的占54.52%；选择户外活动（逛街等）的占24.01%；选择看电视的占6.67%；希望听医务人员健康知识讲座的占12.19%；找组织和政府交流的占2.61%（卜永生等，2008）。赵峰对某省农村23个行政村9—15岁小学三年级至初中二年级学生的调查表明，留守儿童在学习和人际关系上遇到的烦恼较多，他们向朋友倾诉的占47.5%，向母亲倾诉的占25%，不倾诉的占22.5%（赵峰，2010）。周小骥对成都市的调查表明，46.7%的留守儿童不常和监护人聊天，即使有心里话，也只有38.2%的儿童和父/母、监护人讲，其他的只向老师、同学、兄弟姐妹或者好朋友倾诉（周小骥，2007）。

从以上阐述中可以看出：三类留守群体主观方面的需求基本表现在生活需求和心理需求上，表现在心理健康服务方面的需求很少。三类留守群体的主观心理健康服务需求还停留在非专业的层面，即有心理压力只是向亲人和朋友等寻求帮助，而不是向专业人员寻求心理健康服务。由此我们可以推测三类留守群体寻求主观心理健康服务的意识很淡薄，他们在有心理压力和遇到烦恼时向亲人、朋友等倾诉跟日常生活的家常话没有多大区别，事实上并非真正的心理健康服务需求，而他们表现出的主观需求（生活需求和心理需求）均源于对当前现状的一种不满足感，而寻求的也是改变现状的一些渴望，他们的心理需求可能短时间内没法得到满足，而需求得不到满足必然会对他们的心理健康产生影响，但他们并没有意识到自己心理健康方面的问题，进而上升到寻求心理健康主观服务。

第三节　影响农村人口心理健康服务需求的因素

一、农民工心理健康服务需求的影响因素分析

农民工问题已成为近年来的研究热点，对其心理健康（客观心理健康服务需求）及其影响因素的考察不计其数，在此我们就不再探讨这个问题，而是主要考察对其主观心理健康服务需求的影响因素。农民工从农村来到城市，身上不可避免带有农村文化的影子，他们在城市生活又受到城市文化的影响，而农民工分布在全国各个地方从事不同的工作种类，这些来自外部的因素都会对农民工的主观心理健康服务需求产生影响，由于这些外部因素的繁多复杂，目前还没有一种研究取向能够概括大部分的影响因素。但是这些外部因素必然会直接或间接地对农民工自身产生影响，这些自身因素又会对他们的主观心理健康服务需求产生影响。由此可见，外部因素对农民工心理健康服务

需求影响的复杂性,从外部因素来探讨也会有很大的主观和偏颇,因此我们尝试通过农民工自身的一些因素考察他们主观心理健康服务需求的影响因素。

(一)客观健康状况

本研究选取客观健康的三项指标:一个月内是否生过病(是否到门诊就诊过)? 一年内是否住院治疗过? 是否患有慢性疾病? 在对目标群体进行心理健康服务需求调查过程中,研究者同时收集了目标群体的3项客观健康指标的数据,以考察目标群体的心理健康服务需求与客观健康指标的相关性。客观健康总分在3—6分。3—4分界定为"不健康",即至少有2项指标为"不健康";5—6分界定为"健康";客观健康指标反映的是目标群体的身体健康状况。

对健康和不健康农民工被试的心理健康服务需求差异检验,结果表明,客观健康(n=410,M=2.30,SD=0.72)和不健康(n=92,M=2.37,SD=0.90)的被试在心理健康服务态度上的差异不显著(t=0.674,p=0.502);将客观健康总分和3个条目与农民工心理健康服务需求态度均分做Pearson相关分析,结果显示客观健康总分(r=−0.010)和3个条目(r=0.020,−0.041,−0.003)与农民工心理健康服务需求态度均分相关均不显著。

(二)生活方式

在对目标群体进行心理健康服务需求调查过程中,研究者同时收集了目标群体的5项健康相关生活方式指标的数据,以考察目标群体的心理健康服务需求与健康相关生活方式指标的相关性。用自编的健康生活方式简表调查被试的生活方式,共有5项指标:您是否喝酒? 您是否吸烟? 您的饮食起居有规律吗? 你每周按时锻炼身体吗? 您是否定期进行健康检查?

生活方式简表总分区间是5—14分,其中5—9分为低分段,这个分数段的被试生活方式属于不健康生活方式;10—12分为中间段,这个分数段的被试有部分健康行为;13—14分为高分段,属于健康生活方式。对三个分数段的农民工被试的心理健康服务需求差异检验,结果表明:三个分数段的被试在心理健康服务态度上(N_l=498,M_l=2.26,SD_l=0.75;N_m=257,M_m=2.34,SD_m=0.76;N_h=17,M_h=2.41,SD_h=0.72)的差异不显著(F=0.807,p=0.491)。将生活方式总分和5个条目与农民工心理健康服务需求态度均分做Pearson相关分析,结果表明:生活方式总分和5个条目与农民工心理健康服务需求量表3维度和总均分相关值均小于0.1,不能说明共变关系。

（三）生活压力

用自编的生活压力问卷调查被试的生活压力状况，以考察目标群体的心理健康服务需求与生活压力的相关性。在客观健康组（即客观健康得分区间在18—72分）我们选择生活压力总分前27%为高分组，后27%为低分组，对高分组和低分组被试的心理健康服务态度差异检验结果表明，高分组（N=139，M=2.44，SD=0.81）和低分组（N=131，M=2.21，SD=0.82）被试心理健康服务需求总分和服务态度需求强度差异显著（t=2.40，p=0.017）。生活压力与农民工心理健康服务需求态度的Pearson相关结果显示生活压力总分与需求态度均分呈显著负相关（r=0.02，p<0.001）。

为了进一步探讨农民工生活压力与心理健康服务需求的关系，以农民工心理健康服务需求态度均分为因变量，生活压力总分作为预测变量进行回归分析。回归分析的最终拟合良好（R^2=0.022，R^2调整系数=0.020），模型拟合具有统计显著性（t=3.26，p<0.01），回归方程为：心理健康服务需求总均分=0.150×生活压力总分+0.111。根据这个经验公式，研究者可以通过农民工的生活压力分值来预测其心理健康服务需求量的大小。

（四）生活质量

使用世界卫生组织生活质量研究协作中心授权许可的、由原中山医科大学卫生统计学教研室修订的中文版本世界卫生组织生活质量简化量表（WHO Quality Of Life-BREF）作为农民工的生活质量测量工具，以考察农民工的心理健康服务需求与生活质量的相关性。WHOQOL-BREF量表由4个分量表和2个独立的条目构成。4个分量表是：(1)生理质量表：包括疼痛与不适、精力与疲倦、睡眠与休息、行动能力、日常生活能力、对药物及医疗手段的依赖性、工作能力7个题项。(2)心理质量表：包括积极感受，思想、学习、记忆和注意力，自尊，身材与相貌，消极感受，精神支柱6个题项。(3)社会关系质量表：包括个人关系、所需社会支持的满足程度、性生活3个题项。(4)环境质量表：包括社会安全保障，住房环境、经济来源，医疗服务与社会保障：获取途径与质量，获取新信息、知识、技能的机会，休闲娱乐活动的参与机会与参与程度，环境条件（污染、噪声、气候），交通条件8个题项。两个独立条目：条目1，个体关于自身生活质量的总的主观感受；条目2，个体关于自身健康状况的总的主观感受。量表所有题项按利克特5点量表计分，得分越高，生活质量越高。

生活质量总分区间在5—16分。我们选择生活质量总分前27%为高分组，后27%为低分组，对高分组（N=134，M=2.36，SD=0.77）和低分组（N=136，M=2.26，SD=0.79）被试的心理健康服务需求差异检验结果表明，两组被试心理健康服务态度差异不显著（t=1.02，p=0.308）。将生活压力总分与农民工心理健康服务需求态度均分做Pearson相关分析，结果表明心理质量与服务态度相关显著($p<0.05$),其他相关均不显著。

为了进一步探讨农民工生活质量与心理健康服务需求的关系,以农民工心理健康服务需求态度均分为因变量,生活质量量表的总均分、4个分量表和2个独立的条目作为预测变量,采用Stepwise法进行多元线性回归模型分析。回归分析的最终拟合结果(表6-7)表明:模型拟合具有统计显著性,由此可以得出两个回归方程:

模型1:服务态度总均分=0.095×心理质量+1.937

模型2:服务态度总均分=0.171×心理质量－0.136×生理质量+2.239

根据这个经验公式,研究者可以经由农民工的生活质量自评分数来预测其心理健康服务需求量的大小。

表6-7 客观健康与农民工心理健康服务需求的多元回归分析

因变量	自变量进入顺序	R	R^2	R^2调整系数	常数项	Beta	t
模型1	心理质量	0.095	0.009	0.007	1.937	0.095	2.064^{*}
模型2	心理质量	0.148	0.022	0.018	2.239	0.171	3.090^{**}
	生理质量					－0.136	-2.453^{*}

注:$^{*}p<0.05$;$^{**}p<0.01$

生活质量各指标以及总分除心理质量与心理健康服务需求显著相关,其他指标相关均不显著,但是以生活质量量表的总均分、4个分量表和2个独立的条目作为预测变量,采用Stepwise法对心理健康服务需求进行多元回归分析,发现生理质量也能进入回归方程,而且模型2比模型1拟合得更好,说明农民工的心理质量和生理质量会对他们的主观心理健康服务需求产生影响。

二、农村留守人口心理健康服务需求的影响因素

从前述章节研究可知,农村的三类留守群体有客观方面的心理健康服务需求,但他们主观上却没有表现出相应的需求,这是什么原因呢?以下我们将对影响三类留守群体主观心理健康服务需求的因素进行探讨。

已有大量研究对影响客观心理健康服务需求即心理健康的因素进行了探讨,在此我们主要考察影响主观心理健康服务需求的因素。三类留守群体的主观心理健康服务需求并不单纯是由于农民工外出务工导致的情感缺失和心态异常所引起的心理健康方面的服务需求问题,其实际是经济、环境、文化等因素与留守群体自身等多种因素交互作用的产物。由此可以看出影响三类留守群体心理健康服务需求的既有外部的因素,也有他们自身的因素,通过以往研究和我们前期的访谈和调查得出,外部因素是

影响他们心理健康服务需求的主要因素，由留守群体自身因素造成的影响也是外部因素间接作用的结果，因此我们主要探讨影响三类留守群体主观心理健康服务需求的外部因素。

（一）经济因素

从上文的阐述中可以看出三类留守群体的生活状况都是很艰难的：留守老人生病无钱治疗的情况很普遍，留守妇女因为经济压力不得不超负荷地劳动，留守儿童稚嫩的肩膀挑起了家庭的重担。经济问题可以说是大多数问题的根源，经济问题使他们健康受损却无钱医治，造成他们沉重的生活压力，使他们没有办法享受高质量的生活……而这些因素都会对人们的心理健康及其心理健康服务需求产生影响。

大多数情况下接受心理健康服务都是有偿的，且价格不菲；而且治疗心理健康问题不像生理疾病那么立竿见影，很多心理问题都需要多次辅导才能见效甚至没有明显的效果。这更加大了心理健康服务的成本，城市中尚有很多家庭负担不起，更不用说农村家庭了，很多人就不愿意花这个“冤枉钱”，就算有这方面的需求也会因为昂贵的价格而望而却步，因此经济因素是影响农村人口心理健康服务需求的一个关键因素。

（二）客观环境

由辛苦的劳动换取生存的资本是农村人日复一日的生活，这样的生活很少给他们文化和精神方面的滋养，以至于很多农村人根本没有需求心理健康服务的意识，他们很多人都不知道心理健康服务需求是什么，而且他们会觉得只有身体有病才是病，心理不舒服并不是问题。很少有人关心精神的需求，而只是追求在物质上的满足，他们每天的生活只要满足其基本的生存需求就可以了。

农村不像城市那样各项设施、机构比较齐全，有了心理健康方面的需求可以去找专家或去专门的机构寻求帮助，农村的学校大多数都没有心理辅导老师，对留守儿童而言满足心理健康服务需求尚不可能，更不用说留守老人和留守妇女了。

（三）文化因素

传统思想观念对于三类留守群体心理健康服务需求的影响较深。三类群体大部分时间有的可能是全部时间在农村生活，与外界接触很少，农村的传统文化影响着他们的思想和行为方式。农村传统文化使他们在行动中更多地从家庭而非个人利益出发，关心家人胜于关心自己，这造成他们很少关注自己的内心世界，而考虑更多的是家庭的生活和家人的健康等问题。

农村社区是一个“熟人社会”，一家的事情很快全村都知道了，这就造成了很多人因为担心“闲言碎语”而不去寻求心理健康服务，他们害怕寻求心理健康服务需求会被当做是异类，觉得心理问题说出来会被笑话，甚至会被人说“脑子不正常”，这自然会影响到他们的心理健康服务需求。

第七章　学生群体的心理健康服务需求分析

第一节　学生与心理健康服务概述

1995年，世界卫生组织在《健康新地平线》文件中，将所有人群的健康问题分为3个方面来考虑：生命的准备、生命的保护、晚年生活的质量。儿童青少年正处于生命的准备期，其行为方式具有极大的可塑性；他们在生命的初级阶段形成的健康信念、卫生习惯和生活方式，将对他们一生中其他发展阶段产生深远的影响。

在世界人口的结构比例中，年龄25岁以下的儿童青少年超过50%，且10—24岁年龄段的儿童青少年达33%，其中的80%生活在发展中国家（何作顺，2005）。儿童青少年是健康教育和健康促进的重点人群。为此，世界各国均高度重视儿童青少年的心理健康发展和心理健康促进，并通过多种途径加强从幼儿园到大学的健康教育和健康促进工作。心理健康教育和心理健康促进是儿童青少年心理健康服务的主要领域。

一、中小学生群体的心理健康

（一）中小学生心理健康的总体情况

我国中小学生心理健康状况较为严峻。廖全明在其博士学位论文《中小学生心理健康服务体系现状及对策研究》中较系统地梳理了我国中小学学生心理健康状况（廖全明，2008）。尽管研究者的理论观点、所使用研究工具、诊断标准及研究方法等不同可能造成研究结果的差异，但心理健康问题的检出率一般都在10%—30%，平均在18%左右。如对北京市2万多名中学生跟踪调查显示有轻度心理问题的占28%，中度的占3.9%，重度的占0.1%（高山，1999）；中小学生心理素质建构与培养研究课题组对全国16 472名中小学生进行调查发现小学生有中度心理和行为问题的人数比例是16.4%，有严重心理问题的是4.2%；初中生有中度心理和行为问题的人数比例是14.2%，有严重心理问题的人数比例是2.9%；高中生有中度心理问题的人数比例是14.8%，有严重心理问题的人数比例是2.5%（沃建中，马红中，刘军，2002）。从地域分布看，西部地区、经济相对落后地区、农村地区中小学生的心理健康问题的检出率较高。

从中小学生心理健康问题的性别差异上看，一般来说男孩发生多动性障碍的人数高于女孩，女孩有情绪障碍的人数多于男孩，在重性精神病上两性之间没有差异。同时，情绪障碍是影响学前及11岁以上儿童心理健康的主要问题，多动及学习障碍是影响6—11岁儿童心理健康的主要问题；男生在社交不良、强迫、敌意、偏执等因素上表现出的症状要多于女生，而女生在神经质、焦虑、抑郁、躯体化、性问题等因素上表现出的症状要多于男生，这在一定程度上能够反映男女两性在心理活动参照依据上的差异；多数研究表明中小学女生的心理健康水平总体上要差于男生。

不同年级的中小学生的心理健康问题表现出不同的特点。虽然关于中小学生心理健康状况年级差异的报道不一致，但多数研究都认为，随着年级的升高，学生的心理健康水平也逐渐下降。如高艳华、王敏发现小学二年级、四年级、六年级学生和初一、初二、初三学生各种心理健康问题的检出率分别是14.36%、14.50%、15.82%、15.61%、15.52%、16.50%，而高中学生的心理健康状况要差于初中生（高艳华，王敏，1995）。小学生的心理健康状况总体良好，但随着年级的升高，学生的自我意识逐渐发展和分化，从小学生具体、绝对的自我发展到初中生独立的自我再到高中生抽象、复杂的自我，个体的现实自我和理想自我的矛盾也逐渐显现出来，当然也就较容易产生较多的心理问题。杨金辉等研究发现高中三个年级心理健康问题的检出率分别为18.32%、23.46%、29.71%，高三学生的心理健康状况显得较为突出（杨金辉，王学立，彭正龙，吕桦，2003）。从类别上看，小学生的心理健康问题主要表现为注意障碍、情绪障碍、违纪、行为问题、欺负行为等问题，初中生的心理健康问题主要表现为情感障碍、自我意识障碍、人际关系问题、学习困难等，而高中生的心理健康问题主要表现为学习问题、情感问题、人际关系障碍、自我评价问题等。

（二）中小学生具体心理问题的发生情况

于守臣、宋彦报道黑龙江省中学生各种心理疾病发病率高低，依次是神经症（10.6%）、品行障碍（5.7%）、社会适应不良症（2.1%）、人格异常（2.1%）、多动综合征（0.7%）、特种功能发育障碍（0.7%）、重性精神障碍（0.7%）、其他类型行为障碍（3.6%）（于守臣，宋彦，1994）。周卫华报道上海市儿童青少年精神疾病发生率高低依次为多动症、精神发育迟滞、学习困难、情绪障碍、抽动症、精神卫生偏异、重性精神病等（周卫华，任传波，2000）。综合多种资料发现，我国中小学生精神障碍发生率比较高的依次是睡眠障碍、神经症、多动症、抑郁症、情感障碍、自杀等，其中重性障碍以抑郁症最高，轻性障碍以睡眠障碍最高。谭斌报道中学生中有过抑郁体验者占22%，轻度抑郁症者占13%，重度抑郁症者占5%；对大于5岁19 223人进行调查，查出情感性精神障碍患病率为0.83‰，与之前比呈明显上升趋势（谭斌，1996）。

（三）中小学生心理健康问题的发展变化情况

我国中小学生的心理健康状况呈现不断恶化的趋势。骆伯巍、高亚兵报道在1984年我国中小学生各种心理障碍的发生率为16.5%，可到了1997年各种心理障碍的发生率就增长到25.2%（骆伯巍，高亚兵，1999）。国内检测中小学生心理健康水平的工具主要有阿肯巴克（Achenbach）儿童行为量表（CBCL）、症状自评量表（SCL-90）和心理健康诊断测验（MHT）等。以阿肯巴克（Achenbach）儿童行为量表（CBCL）为研究工具，忻仁娥等对22个省市的4—16岁的儿童进行大规模调查，发现心理行为问题的实际发生率为11.17%（忻仁娥，张志雄等，1992）；陶维娜等对河南省4—16岁儿童调查发现其行为问题发生率达15.21%，其中以4—5岁组发生率最高，6—11组岁次之，12—16岁组发生率最低（陶维娜，徐相蕊，王冰，1996）。以症状自评量表（SCL-90）作为评价工具，胡胜利对500名中学生调查发现有10.8%的学生存在明显的心理健康问题，主要表现为强迫、敌对、偏执、人际关系敏感和忧郁等症状（胡胜利，1994）；到了2007年，于连政等对辽宁中学生进行调查发现存在明显心理健康问题的学生占26.3%，其中5.0%有严重心理健康问题或心理疾病，主要表现为强迫、人际敏感、敌对、偏执等症状（于连政等，2007）；由于社会形势、不良生活方式和价值观的影响，青少年的暴力行为问题也不断趋于低龄化、凶残化和多样化，并大有愈演愈烈之势（莫雷，2004）。

（四）特殊群体、中小学生心理健康问题值得关注

我国少数民族学生的心理健康状况较为严峻。李辉等对云南少数民族学生进行大规模调查发现有严重心理健康问题者的检出率为6.4%，民族学生的心理健康水平不仅与内地及沿海学生有显著差异，也明显不及当地汉族学生，越是来自少、边、穷地区的民族学生，心理问题越为严重。按问题严重程度依次为人际敏感、强迫、偏执、忧郁、焦虑、恐怖、精神病性，其中人际敏感和强迫症状问题尤其突出（李辉，张大均，廖全明，2004）。

独生子女中小学生心理健康状况要略差于非独生子女中小学生。国内外研究表明相对于非独生子女来说，独生子女智力较高、聪明伶俐、思维活跃、才思敏捷、观察力强、注意力集中、记忆力好、精力旺盛、活泼开朗、兴趣广泛、情感丰富，更易于获得事业上的成就。中国青少年研究中心、中国青少年发展基金会“中国独生子女人格发展课题组”的研究发现10%以上的独生子女不愿意“接纳”自己的学习成绩、健康状况及自己的相貌形体；11.5%的独生子女不愿意别人比自己强，尤其不愿意熟悉的同学、朋友比自己强；9.2%的独生子女认为别人毫不重视自己（饶淑园，1998）。总体上看独生子女中小学生除了可能产生一般中小学生容易产生的心理问题以外，还容易表现出娇气任性、自私、依赖、嫉妒、社会适应不良、偏食等突出心理问题。

农民工子女的心理健康状况较为严峻。随着社会经济的发展和城市化进程的加快，大量的民工涌入城市，据估计我国拥有各类流动人口1.2亿人，其学龄子女也是我国中小学生中的一个比较庞大的群体，其心理健康状况自然受到关注。对我国浙江地区外来农民工子女进行调查发现我国农民工子女的心理行为问题总检出率为36.02%，而本地学生心理问题的检出率仅为22.71%，以自卑、压抑、学习焦虑等情感问题最为突出，其中男生的行为问题多表现为多动、违纪、交往不良、攻击性、分裂样等，女生行为问题多表现为抑郁、社交退缩、分裂样、强迫性等（林芝，翁艳燕，2004）。

残疾学生的心理健康状况依残疾情况而有不同的特点。对重庆市聋哑学生进行的调查表明心理问题的总检出率为6.7%，至少有一项心理问题的检出率为22.8%，其中女生的心理问题较多，居住于城市的学生心理问题较多，主要表现为学习障碍、情感障碍、社会适应问题、躯体化障碍等问题；轻度智力落后学生的心理健康水平明显低于智力正常学生，随班就读的智力障碍学生要差于辅读学校智力障碍学生，表现的心理问题主要有学习焦虑、情感障碍、躯体化障碍、冲动行为等（张宇迪，陈呈超，2006）。

此外，农村留守儿童、辍学中学生等群体的心理健康问题的发生率较高。中小学生正处在身心发展的关键期，由于其生理上的成熟，社会经验的不足，因而更容易受到不良刺激因素的影响产生心理健康问题，并成为中国精神障碍的高发群体。据估计，我国受到情绪障碍和行为问题困扰的17岁以下儿童和青少年约有3 000万人，由于心理健康问题导致青少年违法犯罪、自杀等现象时有发生（殷大奎，2002）。影响我国中小学生的因素既包括社会文化的变迁、生活事件的增加、学习压力的加大、家庭教养的不正确、社会支持资源的缺乏等外因，也包括不良生活习惯、不健全的人格特征、消极的应对方式以及个体自我意识的发展水平不高等内因。中小学生所面临的种种心理健康问题严重影响着他们的正常学习、生活和健康成长。

二、大学生群体的心理健康

大学生是受到心理健康服务关注最多的群体，需要关注的主要问题有学习困扰、人际交往问题、恋爱问题以及就业压力等。首先，刚入学的大学生心中往往充满着自豪感，但是大多数人的骄傲会被大学中高手云集的竞争氛围击得粉碎，这种心理落差会使一部分大学生对学习失去兴趣，出现自卑心理，因此，对大学生活的不适应、对学习方式的不适应是大部分大学新生都会面临的心理问题；其次，大学生来自不同地域、不同家庭背景和不同的成长环境，生活习惯大不相同，这种不同也为大学生人际关系问题埋下了隐患；再者，大学生青春年少，正是恋爱的黄金年龄，但是可能有部分学生人格发展并未完善,对感情常处理不当,最后落得为情伤身伤心,甚至抑郁、焦虑;最后,求学、择业过程中选择机会的增多,以及选择难度的增大,会使大学生产生更多的焦虑、不安、失落、无所适从。因此,对目前大学生存在的主要心理健康问题及其成因进行客观深入的分析并提出相应的教育对策,在全面推行素质教育的今天,具有非常重要的现实意义。

由于大学校园易于实施调查且更是科研人员的聚集地等特点,针对大学生群体,已经有大量的调查来描述他们的心理健康状况。

(一)大学生群体心理健康的总体情况

症状自评量表(SCL-90)是很常用的心理健康测评指标,众多研究者使用该量表来调查大学生的心理健康状况。卢勤等使用该量表对成都某高校2009级大学新生施测,结果发现被试群体SCL-90各因子得分均显著高于全国青年组常模(卢勤,李旭,邵昌玉,2010)。针对芜湖市3所学校大学生SCL-90施测的调查也得到相同的结果(金艾裙,王弘,2009)。邢海燕等对绍兴某高校大学生的调查则显示与中国常模相比,大学生因子得分显著较高的方面为抑郁、焦虑、敌对、恐怖、偏执、精神病性和总均分(邢海燕,王建华,高向华,卢超其,包文婷,2009)。

根据SCL-90的症状筛查标准:在总分大于160的前提下,任一因子分大于2表明有轻度心理问题或适应不良;任一因子分大于3表明有中度心理问题并困扰了正常的生活与学习;任一因子分大于4表明有重度心理问题并严重困扰了生活与学习。王建中对北京市大学生中度心理问题调查的检出率为16.51%(王建中,樊富珉,2002),该数据和卢勤等的研究结果相似(16.52%)。秦瑞莲等对辽宁省3 000名大学生中度心理问题调查的检出率为18.5%(秦瑞莲,曹晓平,1997),邢海燕对绍兴大学生中度心理问题调查的检出率为21.79%。这些说明大学生的心理健康问题确实需要关注。

此外,一项采用自编量表对全国大学生对象的抽样调查显示,约有22.8%的大学生存在不同程度的心理健康障碍或心理异常表现,14%的大学生出现抑郁症状,17%的大学生出现焦虑症状,12%的大学生存在敌对情绪(申志英,李国军,2008)。

(二)大学生心理健康问题人口学变量影响因素

已有的研究结果显示:男生的心理健康水平显著优于女生,城市生源的学生心理健康状况显著优于农村或城镇生源的学生(李彤,刘计荣,蒋风萍,2009;贺志武,张丹,2009),文科及艺体类学生的心理健康水平差于理工科学生(卢勤,李旭,邵昌玉,2010),且对专业的满意程度密切影响新生的适应和心理健康水平,即对专业满意度越高心理健康水平越高。

还有研究者认为被赋予极高期望的高校学生干部因为承受更多的工作压力，其心理健康状况也值得关注。研究者使用SCL-90对高校学生干部进行调查，结果显示学生干部在敌对、偏执2项得分上显著高于非学生干部；男学生干部在偏执因子得分上显著高于女学生干部；除强迫因子外，文科学生干部与理科学生干部差异没有统计学意义（吴长法，储争流，戚海燕，李本友，2009）。另外一些研究者发现学生干部在躯体化得分上显著高于普通大学生，但是在强迫症状上显著低于普通大学生，其他各项得分均无显著差异，且学生干部和普通大学生总体分数不存在显著差异（郑衍玲，2009）。

（三）高校贫困生的心理健康问题

人口学变量的统计结果显示农村生源的大学生心理健康状况要差于城市生源，这主要是因为其受到家庭收入的影响。有实证研究者提出，影响大学生心理健康水平的主要因素为家庭收入，家庭收入太高或者太低都容易对学生的心理健康状况产生不利影响（邢海燕，王建华，高向华，卢超其，包文婷，2009）。受到研究者关注更多的则是贫困生的心理健康状况。李春莉等采用症状自评量表SCL-90对重庆5所高校的部分贫困大学生进行随机抽样调查，结果SCL-90表中8个因子分均显著高于全国大学生常模，与非贫困生比较，约有12.30%的贫困生表现出不同程度的人际关系敏感、焦虑、强迫、敌意和抑郁等症状，其中以人际关系敏感、强迫和焦虑最为突出（李春莉等，2010）。也有研究表明贫困生心理问题主要表现在人际交往困难、自卑心理严重、自我封闭、抑郁、焦虑等（段素梅，秦红霞，沈树周，2009）。

三、学生群体的心理健康服务

心理健康不是一种自发的状态，而是个人和社会双方努力的结果：个人有维护和促进心理健康发展的需要，社会为维护和促进个体的心理健康发展提供必要的基础和条件，两者的结合点就是心理健康服务（罗鸣春，2010）。通过对前述中小学生群体心理健康状况的梳理可知，儿童青少年作为一个快速成长中的特殊群体，在其成长过程中必然面临维护和促进自身心理健康发展的问题，所以学生群体需要心理健康服务，这是学校心理健康服务存在的前提。与此相对应，了解学生的心理健康服务需求，按照学生的心理健康服务需求提供及时便捷的服务，是有效开展学生心理健康服务工作的前提和基础。

学生心理健康服务需求是学生个体生存发展过程中维护和促进其心理健康发展的

基本需要。本课题中国心理健康服务需求调查组通过全国性的横断面抽样调查，初步确定了青少年学生群体带有共性的、符合服务对象群体特定年龄特征和发展需要的心理健康服务需求。

第二节　学生群体的心理健康服务需求情况

一、大学生心理健康服务需求情况调查与评估

（一）工具与方法

首先，通过相关文献梳理形成对心理健康服务需求的基本认识。在此基础上，进行开放式调查访谈，访谈围绕"是否需要心理健康服务？希望提供什么样的心理健康服务"主题展开。根据访谈结果，再结合文献综述，将大学生心理健康服务需求界定为：个体当前的心理健康水平和想要达到的心理健康水平（理想状态）之间的不平衡会引起一种缺乏状态，大学生心理健康服务需求是为填补这种缺乏而形成的需求。它是大学生个体在遇到困扰自己的心理问题时，希望获得帮助的一种倾向性。并把大学生的心理健康服务需求具体到是否需要心理健康服务（态度）、希望由哪些机构提供服务、由什么人提供服务、需要优先提供哪些内容项目的服务、通过什么途径或采用何种方式提供服务等五个方面。

根据文献研究和访谈结果，初步拟定了60个题项（每个方面12个备选题项）的大学生心理健康服务需求问卷，之后请某心理学院11名同行对问卷题项进行专家评议，根据评议结果对其中的部分题项进行修改、合并和删减，编制出48个题项的初试问卷。问卷所有题项采用Likert 4点量表来测量，按照"不希望、很少希望、希望、非常希望"的强度排列，由高等院校公选课教师和课题组成员组织学生以班级为单位进行团体施测。经过探索性因素分析、验证性因素分析等问卷编制程序，最终得到44个题项的正式问卷，该问卷包含6个维度（专业服务、非专业服务、公共服务、民间服务、服务项目、态度与方式），各维度及问卷整体的内部一致性信度（Cronbach's α）在0.717—0.781；古特曼（Guttmamn）分半系数在0.780—0.854。中国大学生心理健康服务需求问卷（CMHSNQ)共44个题项，测验时间5—10分钟，既可团体施测，也可以单独施测，具有施测的方便性和经济性；量表的6因素结构清晰，可解释性强，可满足大规模施测的实用性要求。

CMHSNQ的6因素反映出中国大学生心理健康服务需求的结构特点。(1)专业服务是由医院、防疫保健部门、精神卫生机构、学校、单位和社区心理服务中心的医生、精神卫生专家和心理健康专家提供的专业化的心理健康服务。(2)非专业服务指同学朋友、父母家人、学校辅导员和老师提供的社会人际支持体系。(3)公共服务指通过网络、电话、书信、医生、精神专家和心理专家等大众化服务途径获得的心理健康服务。(4)民间服务指通过私立机构、民间机构相关人员获得的心理健康服务。(5)服务项目是指大学生较为关注的心理健康服务内容,包括择业和职业发展、生计与生活适应、学业问题、人际关系调适、婚恋两性心理、自己的身心管理、危机干预、物质依赖、精神疾病预防9个方面。(6)态度与方式维度中,态度是大学生对自己、家人、同学朋友是否有必要接受心理健康服务的评价;方式指自己愿意接受的心理健康服务的方式。

关于数据分析,本课题以每个大学生在6维度44个题项的得分为初始数据,计算被试CMHSNQ 6维度及总体需求强度分数的均值和标准差,以均值大小反映被试群体的心理健康服务需求强度,标准差反映需求的离散程度;此外,统计被试在服务机构、人员、内容、方式和途径、态度所属题项上心理健康服务需求的频次,计算出"希望+非常希望"频次的百分比,反映被试心理健康服务需求在具体项目上的需求强度分布;最后检验CMHSNQ的6维度及总均分在人口社会学变量上的差异,反映大学生心理健康服务需求的现状和特点。

(二)调查的组织与实施

由首席专家黄希庭教授领衔,成立了大学生心理健康服务需求现状调查协作组,主要成员由国内6大区35所院校41名高校教师组成。调查采用分层随机抽样方法(黄希庭,张志杰,2010),样本容量5 058人,包括国家重点院校(985高校和211院校)、省属重点院校、地方一般院校三个层次,大一、大二、大三、大四4个年级层(见表7-1)。选取的样本基本涵盖了当前中国大学生群体的主要特征,具有较好的代表性。

表7-1 中国大学生心理健康服务需求调查抽样情况表

性别/人	年龄(M,SD)	民族/人	居住地/人	学校/人	年级/人
男1 966(38.9%) 女3 081(60.9%) 缺失11(0.2%)	20.60,1.50	汉族4 490 少数汉族565 缺失3	农村2 236 城镇1 856 乡镇958 缺失8	国重2 290 省重2 258 一般510 缺失0	一年级1 093 二年级1 961 三年级1 470 四年级522 缺失12
总计5 058		5 058	5 058	5 058	5 058

(三)结果与讨论

(1)大学生群体有较强的心理健康服务需求。按需求强度排序,前3位是服务项目(2.99)、非专业服务(2.73)、态度与方式(2.71)。表明当前大学生的心理健康服务需求特点是既需要专业化服务,同时也需要非专业化服务;态度与方式在心理健康服务需求中占有重要地位。从题项的具体内容看,非专业服务是指来自同辈、学校、家庭等的环境支持与人际互动服务,它体现出中国大学生在心理健康服务需求表达上的社会取向的特征(杨国枢,2008)。程科的研究表明,心理健康的大学生有和谐的内心体验,领悟到更多的社会支持。通过人际交往建立积极的、有建设性的人际关系是大学生心理健康的一个重要标志(程科,黄希庭,2009)。

(2)大学生希望提供心理健康服务的机构前3位是学校心理中心(71.2%)、社区心理中心(56.3%)、单位心理服务中心(55.0%);提供心理健康服务的人员排序前3位是同学朋友(79.6%)、学校心理专家(72.4%)、父母家人(66.5%)。它反映出当前大学生心理健康服务需求的特点是既需要专业机构提供专业化的服务,也需要社会环境提供非专业化的一般性社会支持;既需要专业心理健康人员提供专业化服务,同时更需要来自同学朋友、父母家人的人际互动与支持来化解成长过程中的心理问题。

(3)当代大学生最关注的心理健康服务热点是人际关系(91.8%)、择业和职业发展(90.4%)、学业问题(89.9%)。在这三个项目上希望和非常希望得到心理健康服务的比例超过89%,20世纪80年代末黄希庭等调查表明,我国大学生心理健康需要强度排前4位的是求知、友情、建树和自尊自立需要。这表明当代大学生的心理健康服务需求聚焦在对良好人际关系的追求、事业发展和学习进步的发展性需求上(黄希庭,2000)。

(4)科普宣传(80.0%)、健康教育(77.2%)、向同学朋友咨询(74.7%)是当前大学生主要的获得心理健康服务的方式和途径。83.2%的大学生认为自己有必要和非常有必要了解心理健康知识,84.3%的受试大学生希望有固定的机构提供心理健康服务。这反映出当前大学生群体有较高的心理健康服务意愿。

二、中学生心理健康服务需求情况

(一)工具与方法

本研究通过相同的方法编制了信度、效度符合心理测量学要求的青少年心理健康服务需求问卷(adolescents of mental health services needs questionnaire, AMHSNQ),同样通过相关文献梳理形成心理健康服务需求的基本认识。在此基础上,进行开放式调查访谈,根据访谈结果,再结合文献综述,将青少年的心理健康服务需求界定为:青少年当前的心理健康水平和想要达到的心理健康水平(理想状态)之间的不平衡会引起一种缺乏状态,青少年心理健康服务需求是为填补这种缺乏而形成的需求。它是青少年在成长过程中遭遇困扰自己的心理问题时,希望获得帮助的一种倾向性。并把青少年的心理健康服务需求具体到是否需要服务、希望由哪些机构提供服务、希望由什么人提供服务、希望优先提供哪些内容项目的服务、通过什么途径或采用何种方式提供服务6个方面。

根据文献研究和访谈结果,初步拟定了60个题项(每个方面10个备选题项),经某心理学院9名同行对问卷题项进行专家评议修改后得到50个题项的初试问卷。问卷所有题项均采用Likert 4点量表来测量,按照"不希望、很少希望、希望、非常希望"的强度排列。探索性、验证性因素分析后得到43个题项的正式问卷,青少年心理健康服务需求问卷和大学生心理健康服务需求问卷一样都包含6个因素(专业服务、非专业服务、方式途径、民间服务、服务内容、服务态度),问卷各维度及问卷整体的内部一致性信度(Cronbach's α)在0.760—0.870;古特曼(Guttmamn)分半系数在0.712—0.856。

AMHSNQ的6因素模型反映出当前中学生心理健康服务需求的结构特点。(1)专业服务是由医院、防疫保健部门、精神卫生机构的医生、精神卫生专家和心理专家提供的专业化的心理健康服务。(2)非专业服务主要指同学朋友、父母家人、学校辅导员和老师提供的社会人际支持体系。(3)方式途径维度,方式指通过网络、电话、书信、健康教育获得心理健康服务;途径指通过学校、单位、社区和私立机构途径获得心理健康服务。(4)民间服务包括自己解决和通过民间机构和相关人员获得心理健康服务。(5)服务内容是指中学生较为关注的心理健康服务项目,包括身体发育与适应、青春期心理、学业问题、人际关系调适、校园生活与适应、自己的身心管理、危机干预、科普宣传8个题项。(6)服务态度是中学生对自己、家人、同学朋友是否有必要接受心理健康服务的评价。

关于数据分析,以每个青少年学生在6维度43个题项的得分为初始数据,计算青少年学生在各维度的均分及需求总均值和标准差,以均值大小反映心理健康服务需求的强度,标准差反映心理健康服务需求的离散程度;统计青少年学生在服务机构、人员、内容、方式和途径、态度所属题项上心理健康服务需求的频次,计算出"希望+非常希望"频次的百分比,反映青少年学生心理健康服务需求在具体项目上的需求强度分布。

(二)调查的组织与实施

采用分层随机整群抽样的方法,以班级为单位进行团体施测。共发放青少年心理健康服务需求调查问卷2 000份,收回1 809份,问卷回收率90.5%;剔除数据缺失值超过5%或有明显反应偏向的无效问卷,最后得到有效问卷1 753份(见表7-2)。

表 7–2 青少年心理健康服务需求样本基本情况表

性别/人	年龄(M, SD)	民族/人	居住地/人	地区/人	年级/人
男 842(48.1%) 女 906(51.7%) 缺失 3(0.2%)	15.26,1.93	汉族 1 543 少数汉族 207 缺失 3	农村 747 城镇 538 乡镇 465 缺失 0	东部 357 南部 746 西部 330 北部 157 中部 163 缺失 0	初一年级 347 初二年级 330 初三年级 333 高一年级 244 高二年级 314 高三年级 184 缺失 1
总计 1 753		1 753	1 753	1 753	1 753

(三)结果与讨论

数据汇总结果表明,青少年学生群体有较强的心理健康服务需求:6维度需求均值在1.74—3.14,需求总均分为2.63,介于“有点希望”(2分)和“希望”(3分)心理健康服务的区间内,总体偏向希望得到有效的心理健康服务;需求强度排前3位的依次为:服务内容、服务态度、非专业服务。

对服务机构需求频次的统计表明,青少年学生希望提供心理健康服务的机构排序依次为:学校心理中心、社区心理中心、单位心理中心、医院、私立心理机构、防疫保健部门、精神卫生机构、民间机构。学校心理中心(67.6%)为首选;社区心理中心(60.0%)次之;精神卫生机构(36.7%)排倒数第二;民间机构(23.8%)为最末一位。

对心理健康服务人员的需求频次统计表明,青少年学生希望提供心理健康服务的人员排序依次为:同学朋友、父母家人、学校心理专家、学校老师、私人健康专家、医生、精神卫生专家、自己解决、民间人士、任其自然。75.1%的青少年学生把同学朋友作为希望提供心理健康服务的首选人员;父母家人(69.9%)次之;学校心理专家(67.8%)居第三位;学校老师(53.6%)居第四位。自己解决(25.0%)、民间人士(17.6%)、任其自然(11.8%)居倒数第三、二、一位。

对心理健康服务内容的需求频次统计表明,青少年学生希望提供的心理健康服务内容和项目依次为:人际关系、自己的身心管理、学业问题、校园生活与适应、身体发展与适应、青春期心理、危机干预、物质依赖、精神疾病预防。人际关系(91.3%)列第一位,自己的身心管理(87.0%)、学业问题(87.0%)并列第二位,校园生活与适应(85.8%)列第三位,身体发展与适应(84.2%)排第四位,青春期心理(82.1%)排第五位,前6位“希望+非常希望”的需求频次均在80%以上,表明这6个方面是当代中国青少年学生最关注的心理健康服务热点。危机干预(67.2%)、物质依赖(59.3%)、精神疾病预防(57.6%)排最后3位。

对心理健康服务方式和途径的频次统计表明,青少年学生希望获得心理健康服务的方式和途径依次为:科普宣传、健康教育、向同学朋友咨询、与家人讨论、与心理专家面谈、网络服务、向老师咨询、书信咨询、与医生面谈、与精神专家面谈、电话咨询。居于前5位的方式为科普宣传(72.8%)、健康教育(72.5%)、向同学朋友咨询(72.1%)、与家人讨论(68.5%)、与心理专家面谈(62.7%);而与医生面谈(37.9%)、与精神科专家面谈(37.4%)和电话咨询(34.6%)被排在最末3位。

统计青少年学生对心理健康服务态度的频次表明,85.1%的青少年学生认为自己有必要或非常有必要了解心理健康知识;83.0%的青少年学生希望有固定的心理健康服务机构提供服务;69.8%的青少年学生认为同学和朋友有必要接受心理健康服务。

三、职业学校学生心理健康服务需求情况

从职业学校学生心理健康的实证研究看,职业学校学生的心理健康水平总体上明显低于普通高中学生,在职业院校加强心理健康教育具有重要性和迫切性(罗鸣春,2005)。研究表明,影响职业学校学生心理健康的前三位因素为:学习焦虑、身体症状、过敏倾向。这说明影响职校学生心理健康的主要因素是学习适应性、人际关系适应和环境适应的问题(罗鸣春,邓梅,2006)。中等职业学校学生存在较普遍的心理问题,但严重者不多(黄惠昭,林庆,张旭伟,李华莹,谢素贞,2004)。因此,职业学校学生心理健康服务首先需要加强学习辅导和生活辅导,以促进学生尽快适应职业学校的学习和生活环境。

第三节　学生心理健康服务需求的影响因素

一、人口社会学变量对学生心理健康服务需求的影响

检验性别、民族、独生/非独生子女、生源地(农村/城镇)、宗教信仰(有/无)、成长环境(双亲抚养/其他)、经济状况、年级、专业、学校10个人口学变量在大学生心理健康服务需求6维度和需求总均分上的差异,考察人口社会学变量对大学生心理健康服务需求

的影响，结果如下：

（1）在服务项目、非专业服务两个维度上，男女大学生差异的性别主效应非常显著，女大学生的需求强度显著高于男生；在需求总均分上，性别差异接近显著水平。这表明男女大学生在心理健康服务需求的具体内容上有明显的差异性，但需求强度的总体水平差异不大。这个结论与研究者对中国少数民族大学生心理健康水平的性别差异检验结果一致（罗鸣春，黄希庭，严进洪，付艳芬，尹可丽，2010），与胡发军、张庆林对大学新生的元分析结果和刘云、冯江平、卢庭瑞对研究生的元分析结果是一致的（胡发军，张庆林，2009；刘云，冯江平，卢庭瑞，2007）。

（2）汉族大学生与少数民族大学生在心理健康服务的态度和方式上差异显著，其余维度和需求总分差异不显著，表明不同民族特有的心理健康观念和心理维护机制与民族文化传统有关联，特定文化会影响其成员对待心理健康服务的态度、求助方式和行为。

（3）无宗教信仰的大学生在非专业服务维度上的服务需求显著高于有宗教信仰的大学生；在其他维度和总分上差异不显著。可能宗教信仰在一定程度上满足了部分服务需求。

（4）大学生年级差异检验表明，大一学生在服务内容、态度方式、非专业服务3个维度的服务需求和需求总分显著高于3—4年级；大二学生在专业服务、服务内容、态度与方式、民间服务4维度的服务需求和需求总分显著高于3—4年级。数据显示大学生心理健康服务需求强度呈现“前高后低”现象；大一、大二学生的心理健康服务需求显著高于大三、大四学生，这可能是因为大学新生面临学习和生活的双重适应，需要更多的心理社会资源支持，导致心理健康服务需求增加，并在大二阶段集中体现出来。这个结果与褚远辉和尹绍清在研究贫困大学生心理健康过程中命名的“二年级现象（指大二阶段心理问题较多、较集中）”相呼应（褚远辉，尹绍清，2008）；数据未出现毕业生心理健康服务需求剧增现象。

二、家庭和学校环境对学生心理健康服务需求的影响

（一）学校环境的影响

（1）大学生心理健康服务需求的专业差异检验表明，理科生在专业服务、服务内容、态度与方式、非专业服务、公共服务、民间服务上表达的心理健康服务需求和需求总分显著低于文科生。医学生的专业服务需求显著高于理科生和工科生，服务内容、态度方式维度的需求显著低于文科生、理科生和管理专业学生；公共服务维度的需求、需求总

分显著低于文科生。总体看，理、工、医学类学生表达的心理健康服务需求强度相对较低。文科、管理类学生居中，其他类别（体育、艺术等）学生表达的心理健康服务需求强度较高。

（2）学校类别的心理健康服务需求差异检验表明，省属重点院校学生表达的心理健康服务需求较低，国家重点院校居中，地方一般院校学生表达的心理健康服务需求较高。

（二）家庭环境对学生心理健康服务需求的影响

独生与非独生子女在专业服务、非专业服务、民间服务三个维度的差异显著；专业服务与非专业服务维度上非独生子女学生表达的服务需求显著高于独生子女；民间服务维度上独生子女学生表达的服务需求显著高于非独生子女；从需求总分看，非独生子女大学生表达的心理健康服务需求显著高于独生子女。可能是独生子女在家庭中的核心位置使其需求满足程度高于非独生子女，导致独生子女表达的服务需求相对较低。

农村生源和城镇生源在非专业服务和民间服务两个维度上差异非常显著，非专业服务维度农村生源的服务需求显著高于城镇生源；民间服务维度城镇生源的服务需求显著高于农村生源。需求总分上两者差异不显著。

对经济状况与大学生的心理健康服务需求的差异检验表明，家庭经济贫困的学生在专业服务、服务内容、态度与方式、非专业服务和需求总量上表达的心理健康服务需求显著高于经济状况一般和经济富裕学生。说明经济困难大学生在发展过程中面对更多的发展限制，有更多的心理健康服务需求。

三、客观健康需求对学生主观健康需求的影响

中外研究结果表明，影响目标群体的心理健康服务需求的因素很多。目前还没有一种研究取向能够概括大部分的影响因素。在中国全面建成小康社会的进程中，人民的生活水平、健康状况、生活方式和生活质量都发生了实质性变化，这些变化是否会影响学生的心理健康服务需求水平呢？研究者考察了目标群体的生理健康、健康相关生活方式、生活质量与觉察到的心理健康服务需求的关系。

（一）生理健康的影响

生理健康是影响心理健康服务需求的因素之一。研究者选取流行病学调查生理健康的三项指标：一个月内是否生过病（是否到门诊就诊过），一年内是否住院治疗过，是

否患有慢性疾病(罗鸣春,2010)。在对目标群体进行心理健康服务需求调查过程中,研究者同时收集了目标群体的3项客观健康指标的数据,以考察目标群体的心理健康服务需求与客观健康指标的相关性。

本研究使用工具包括本研究开发的大学生心理健康服务需求问卷(CSNMHSQ),以及本课题组制定的客观健康的3个指标:一月内是否生过病(1=有门诊,即生过病;2=无门诊,即没有生过病);一年内是否住院治疗过(1=住院;2=未住过院);是否患有慢性疾病(1=是;2=否)。问卷的施测是由大学生心理健康服务需求现状调查协作组完成的。调查样本取自国内华北、东北、华东、中南、西南、西北6大行政区,包括16所高等学校的在校大学生2 834人。其中男生1 040人(36.7%),女生1 753人(61.9%),性别数据缺失41份(1.4%);国家级重点院校(985高校和211院校)897人、省属重点院校1 399人、地方一般院校509人,学校数据缺失29份;一年级684人,二年级992人,三年级862人,四年级263人,年级数据缺失31份。采用分层随机整群抽样,样本代表性较好。

调查结果表明,大学生2周就诊率为11.7%,年住院率为6.1%,慢性疾病患病率为12.5%,均低于全国平均水平,表明大学生的生理健康水平高于2008年全国平均水平。

客观健康3个指标及总分与大学生心理健康服务需求的部分维度及需求总均分分别呈显著负相关,表明大学生心理健康服务需求随身体不健康程度增加而增加。“过去1个月内是否生过病、过去1年中是否住院治疗、客观健康总分”3项指标可以负向预测大学生的心理健康服务需求;客观健康总分是大学生心理健康服务需求最好的预测变量。即大学生的客观健康水平越低,觉察并表达出的心理健康服务需求强度越高,显示出对健康状况不佳的个体和群体加强心理健康服务的必要性和迫切性。由此可以得到一个推论,当发生严重的群体性灾害事件导致群体生存环境和健康环境发生剧变时,群体心理健康服务需求的强度会大幅度增加。因此,有必要建立健全心理健康服务体系的应急机制(赵玉芳,毕重增,2008)。

(二)健康相关生活方式的影响

本研究关注特定群体的心理健康服务需求与生活方式的关系,目的是研究中国的大学生、青少年、社区居民的生活方式与心理健康服务需求之间的关系,考察健康相关生活方式对大学生、青少年、社区居民的心理健康服务需求的影响程度。

本研究自编的健康相关生活方式简表和前述研究问卷同时施测,用来作为衡量被试生活方式的量化工具,数据分析结果显示:调查样本中大学生的喝酒率为1.5%,对不喝酒、已戒酒、喝酒三类被试的心理健康服务需求差异检验结果表明,不喝酒被试在专业服务、服务内容、态度与方式、非专业服务维度上有显著差异;在需求总均值上有显著差异。调查样本中大学生的抽烟率为5.0%，对不抽烟、已戒烟、抽烟的三类大学生被试的心理健康服务需求差异检验结果表明，不抽烟的被试在专业服务、服务内容、态度与方式、非专业服务维度上有显著差异；在需求总均值上有显著差异。调查样本中作息有规律的大学生占65.8%，对饮食作息没有规律、偶尔有、有规律的三类大学生被试的心理健康服务需求差异检验结果表明，作息没有规律的被试在专业服务、服务内容、态度与方式、非专业服务、公共服务维度上有显著差异；在需求总均值上有显著差异。调查样本中每周按时锻炼身体的大学生占14.7%，对不锻炼、偶尔锻炼、有规律锻炼的三类大学生被试的心理健康服务需求差异检验结果表明，不锻炼的被试在专业服务、服务内容、态度与方式、非专业服务、公共服务维度上与有规律锻炼的被试有显著差异；在需求总均值上有显著差异。调查样本中定期进行健康检查的大学生占14.5%，对定期和不定期进行健康检查的2类大学生被试的心理健康服务需求差异检验结果表明，2类被试在专业服务、非专业服务、公共服务维度上有显著差异；在需求总均值上有显著差异。

生活方式简表总分区间是5—14分，其中5—9分为低分段，这个分数段的被试生活方式属于不健康生活方式；10—12分为中间段，这个分数段的被试有部分健康行为；13—14分为高分段，属于健康生活方式。对三个分数段的大学生被试的心理健康服务需求差异检验结果表明，健康生活方式与不健康生活方式的被试在心理健康服务需求量表的6维度和总均分上均存在显著差异；生活方式简表的高分段被试在心理健康服务需求量表上的得分显著高于低分段被试。

为了探讨健康相关生活方式与心理健康服务需求的关系，将健康相关生活方式简表总分和5个条目与大学生心理健康服务需求量表6维度和总均分作多元相关分析，结果表明：生活方式总分与大学生心理健康服务需求量表6维度及需求总均分呈显著正相关，表明大学生心理健康服务需求随生活方式的健康程度增加而增加。喝酒、吸烟、定期健康检查3项指标可以负向预测大学生的心理健康服务需求；生活方式总分、饮食作息规律、定期身体锻炼可以正向预测大学生心理健康服务需求。

多元线性回归模型是回归分析中处理一个因变量与多个自变量线性相关关系的数学模型（罗应婷，杨钰娟，2010）。为了进一步探讨大学生生活方式与心理健康服务需求的关系，将大学生心理健康服务需求量表的总均分为因变量，健康相关生活方式简表总分和5个条目的分数作为预测变量，采用Stepwise法进行多元线性回归分析。为了筛选出对心理健康服务需求具有显著预测效果的变量，将变量纳入标准设定为$p<0.05$，排除标准为$p>0.10$。结果“喝酒、吸烟、饮食作息、身体锻炼、健康检查”5个变量被排除，健康相关生活方式总分进入回归方程，说明健康相关生活方式总分是最有影响力的大学生心理健康服务需求的预测变量。

为了预防疾病和促进健康，学校心理健康教育需要做好三件事：第一，普及健康知识，让更多的学生知晓什么是健康的生活方式及不健康生活方式潜在的风险。第二，帮助学生改变不健康行为，达到排除危险行为之目的。第三，鼓励学生养成良好的健康生活方式，包括经常性地身体锻炼，戒烟戒酒，保持饮食平衡，定期进行健康检查，以及正确应对压力等。

大学生健康相关生活方式总分与大学生心理健康服务需求量表6维度及需求总均分呈显著正相关，表明大学生心理健康服务需求随生活方式的健康程度增加而增加。喝酒、吸烟、定期健康检查3项指标可以负向预测大学生的心理健康服务需求；生活方式总分、饮食作息规律、定期身体锻炼可以正向预测大学生心理健康服务需求；其中健康相关生活方式总分是最有影响力的大学生心理健康服务需求的预测变量。

研究结果表明，目标群体觉察到的心理健康服务需求强度随生活方式的健康程度增加而增加，即目标群体的生活方式越健康，心理健康服务的需求强度就越大。发达国家的经验也表明，随着人们的生活水平和健康水平的不断提高，对健康生活方式的关注和追求会成为更多人的选择，其心理健康服务需求也将随之增加。

（三）生活质量的影响

研究心理健康服务需求与生活质量的关系具有理论和现实意义。在今天全面建成小康社会的背景下，中国人的健康水平和生活质量都发生了实质性的变化，这对中国人的心理健康服务需求会产生怎样的影响呢？本研究对这个问题进行了探讨。

样本取自国内华北、东北、华东、中南、西南、西北6大行政区，16所高等学校的在校大学生2 834人。其中男生1 040人（36.7%），女生1 753人（61.9%），性别数据缺失41份（1.4%）；国家级重点院校（985高校和211院校）897人、省属重点院校1 399人、地方一般院校509人，学校数据缺失29份；一年级684人，二年级992人，三年级862人，四年级263人，年级数据缺失31份。采用分层随机整群抽样，样本代表性较好。调查工具包括前述自编大学生心理健康服务需求问卷（CSNMHSQ）以及研究者修订的世界卫生组织生活质量测定简表（WHOQOL-BREF）中文版。同样采用团体施测，由大学生心理健康服务需求现状调查协作组完成。

为了探讨生活质量与心理健康服务需求的关系，将生活质量简表4维度和生活质量总均分与大学生心理健康服务需求量表6维度和总均分分别作多元相关分析，结果如下：(1)生活质量总均分与大学生心理健康服务需求量表6维度及需求总均分呈显著正相关，表明大学生心理健康服务需求随生活质量分数上升而增加。(2)生理质量与大学生心理健康服务需求量表6维度及需求总均分呈显著正相关，表明大学生心理健康服务需求随生理质量分数上升而增加。(3)心理质量与大学生心理健康服务需求量表5维度(民间服务除外)及需求总均分呈显著正相关,表明大学生心理健康服务需求随心理质量分数上升而增加。(4)社会关系质量与大学生心理健康服务需求量表5维度(民间服务除外)及需求总均分呈显著正相关,表明大学生心理健康服务需求随社会关系质量分数上升而增加。(5)环境质量与服务内容、态度方式相关显著,与专业服务、非专业服务、公共服务、需求总均分相关非常显著。

为了进一步探讨大学生生活质量与心理健康服务需求的关系,将大学生心理健康服务需求量表的总均分为因变量,生活质量简表总分和4维度分数作为自变量。生活质量总均分以Enter方式进入多元线性回归方程模型;生理质量、心理质量、社会关系质量、环境质量4因素采用Stepwise法进入多元线性回归方程模型。结果"社会关系质量、环境质量"2个变量被排除,生理质量、心理质量、生活质量总均分进入回归方程。模型拟合具有统计学显著性。研究者可以经由大学生的生活质量自评分数来预测其心理健康服务需求量的大小。

总之,相关分析表明,生活质量总均分、生理质量、心理质量、社会关系质量、环境质量均可以正向预测大学生心理健康服务需求。生活质量条目与非专业服务、需求总均分显著正相关;健康满意度条目只与非专业服务显著相关。WHOQOL-BREF的4维度和总均分与CSNMHSQ的6维度与总均分分别显著正相关,表明大学生心理健康服务需求随生活质量提高而显著增长。回归分析表明,大学生生活质量总均分、生理质量、心理质量的评定分数可以预测心理健康服务需求量。从3个回归方程模型的拟合指标看,模型3的调整系数最大,拟合最好。从研究得到的目标群体觉察到的主观心理健康服务需求随生活质量的提高而显著增长的结果可以预计,随着我国改革开放的深入和全面建成小康社会,中国人的心理健康服务需求的数量和强度都将大幅度增加。

四、服务可得性对心理健康服务需求的影响

郝志红、梁宝勇对大学生寻求专业心理健康服务帮助的态度的预测研究表明,对大学生寻求专业心理健康服务有显著预测作用的变量是:是否求助过;依赖的自我结构;自我隐藏度;专业;内控性;性别。在寻求专业服务的态度上,女生比男生积极;文体艺术类学生比其他专业学生更积极(郝志红,梁宝勇,2007)。夏勉和江光荣利用阶段—决策模型探查被试的求助行为,发现被试对心理问题的归因、自我效能感、社会容忍度对求助行为有预测作用(夏勉,江光荣,2007)。

基于上述研究,本研究假定:服务可得性在觉察到的主观心理健康服务需求与未觉

察到的客观的心理健康服务需求之间起调节作用。主观的心理健康服务需求用大学生心理健康服务需求问卷(CMHSNQ)来测量;客观的心理健康服务需求用客观健康指标、健康相关生活方式、生活质量三项指标来衡量。研究被试来自国内华北、东北、华东、中南、西南、西北6大行政区,16所高等学校的在校大学生2 834人。其中男生1 040人(36.7%),女生1 753人(61.9%),性别数据缺失41份(1.4%);国家级重点院校(985高校和211院校)897人、省属重点院校1 399人、地方一般院校509人,学校数据缺失29份;一年级684人,二年级992人,三年级862人,四年级263人,年级数据缺失31份。采用分层随机整群抽样,样本代表性较好。

研究采用横断面随机整群抽样调查。由研究者设计标准化问卷收集数据。问卷包括:(1)人口社会学资料。(2)课题组编制的大学生心理健康服务需求问卷(CMHSNQ),用于收集大学生群体觉察到的心理健康服务需求数据,需求总均分代表样本觉察到的心理健康服务需求强度;分数越高,需求强度越大。(3)课题组修订的世界卫生组织生活质量简表(WHOQOL-BREF),用于收集目标群体的生活质量数据,生活质量总均分代表目标群体的生活质量;分数越高,生活质量越高。(4)课题组编制的健康相关生活方式简表(LSBS);生活方式简表的总分代表目标群体生活方式的健康水平;分数越高,生活方式越健康。(5)客观健康指标,客观健康三项指标总分代表目标群体的生理健康水平;分数越高,生理健康水平越高。

数据统计结果显示:对心理健康服务"不能获得、部分获得、能够获得"的三类被试觉察到的主观心理健康服务需求和未觉察到的客观心理健康服务需求差异检验表明,服务可得性对觉察到的主观心理健康服务需求、未觉察到的客观心理健康服务需求中的健康相关生活方式、生活质量有显著影响。服务可得性在大学生的主观心理健康服务需求和客观心理健康服务需求之间起调节作用,即在未觉察到的客观需求(健康相关生活方式、生活质量)和觉察到的主观心理健康服务需求的关系之间发挥调节作用。目标群体的客观健康水平直接作用于主观心理健康服务需求,不需要服务可得性居中调节。

服务可得性在大学生的客观心理健康服务需求(健康相关生活方式、生活质量)和主观心理健康服务需求之间发挥调节作用,对客观健康水平没有调节作用。觉察到心理健康服务可以获得的被试,其生活方式的健康程度显著高于服务部分可得和服务不能获得的被试;对生活质量的评价也显著高于服务部分可得和服务不能获得的被试。这说明在心理健康服务体系建设过程中,提高目标群体的心理健康服务可得性可以促进目标群体健康相关生活方式的改善,提高目标群体的生活质量。

第三编　服务方分析

第八章　心理健康服务人员分析

近30年来，随着我国心理健康服务事业的发展，心理健康服务的专业人员队伍日益壮大。尤其是2002年国家劳动和社会保障部颁发《心理咨询师国家职业标准》，并开展心理咨询师职业培训和职业资格鉴定工作以来，越来越多的人加入到心理健康服务这个行业中来。以前，心理健康服务人员主要由心理学教师、教育学教师、精神科医生组成，且大多是兼职从事心理健康服务工作。后来，不同性质的心理健康服务机构如雨后春笋般地涌现，其中尤以私立心理咨询机构居多，心理健康服务人员的专业背景等情况也越来越多元化。总的来看，我国现有的心理健康服务人员专业素养参差不齐，人数不够，专职不多，咨询时间和年咨询量不够，与社会需求不成比例（黄希庭，郑涌，毕重增，陈幼贞，2007）。在这一章中，我们将对我国现有心理健康服务人员的基本情况以及胜任特征进行分析，并结合发达国家和地区对心理健康服务专业人员的要求，探讨如何提升我国心理健康服务人员的素质。

第一节　心理健康服务人员情况分析

自2009年6月到2010年3月，我们以“中国心理健康服务体系现状及对策研究项目组”的名义，面向全国的心理健康服务人员开展调查，最后收到来自30个省区市的有效问卷2 253份（在某些变量上存在少量数据缺失）。为了在大面积调查的基础上获得一些更为具体深入的信息，我们又对7名不同性别、不同工作年资、来自不同机构（医院、高校、中学或私立心理咨询机构）的心理健康服务人员进行了访谈。以下是调查所反映的目前我国心理健康服务人员的基本情况。

一、心理健康服务从业人员基本情况分析

（一）性别构成与年龄结构

在人们的印象中，学习心理学和从事心理健康服务者均以女性居多。为了准确把握我国心理健康服务人员的性别构成，我们对此进行了考察，结果显示在本研究所调查的2 237名心理健康服务人员中，女性工作者占71.1%，的确明显多于男性，这和秦漠、钱铭怡等调查发现某些地区女性人数达到男性人数的2倍多结果一致（秦漠，钱铭怡等，

2008)，和美国的相关调查结果也一致(Robiner,2006)。这可能与心理健康服务的职业特点有关。

统计显示，本次调查的心理健康服务人员平均年龄为33.83岁(SD=8.19)，与前述子课题的调查结果(Mean=36.09，SD=8.81)相近。将被调查者的年龄分段，其中59.8%的服务人员为35岁以下，35至55岁服务人员占38.8%，55岁以上服务人员占1.4%，可见本次调查的心理健康服务人员中，以35岁以下的年轻人居多，超过半数；其次是35至55岁，超过三分之一；55岁以上者只占很小的比例。而诺克洛斯(Norcross)等从美国心理学会(APA)临床心理学分会的登记簿中随机抽取了546名临床心理学工作者，他们的平均年龄为50岁(Norcross，Karg，Prochaska，1997)。与此相比较，我们的心理健康服务队伍显得很年轻。这种差异可能源自几个方面：一是能进入美国心理学会的临床心理学工作者都是有一定资历者，因此平均年龄较大。而在我们的调查中，资历较深者却相对不易进入调查。二是与我们心理健康服务事业的发展阶段有关。随着这些年我国经济社会的快速发展，心理健康服务需求大大增加，许多刚毕业的年轻人加入到心理健康服务队伍中来，形成了我们的心理健康服务人员以年轻人居多的局面。

(二)受教育程度与专业背景

在一些心理健康服务事业较为发达的国家，从事心理咨询与治疗的专业人员至少要有咨询心理学、临床心理学、精神病学或社会工作等专业的硕士学位(张爱莲，黄希庭，2009)。而我国由于心理健康服务事业相对落后，对从业人员的专业背景与受教育程度还没有如此严格的要求。那么，我国心理健康服务人员的受教育程度与专业背景情况究竟如何呢？本次调查2 237名被试的统计结果显示：学历方面，我国心理健康服务人员高中或中专学历者占0.9%，大专学历者占7.8%，本科学历者占50.6%，硕士学历者占37.3%，博士学历者占3.4%；专业背景方面，心理学背景者占49.1%，医学背景者占11.4%，教育学背景者占18.6%，其他专业背景占20%。

可以看到，在本次调查中，受教育程度为本科的心理健康服务人员人数最多，其次是硕士；大专和博士所占百分比均较小，高中或中专则很少，不到百分之一。在龚耀先等针对临床心理学工作(心理咨询、心理治疗、心理测验)所做的一项全国性调查中，发现当时有73.6%—86.2%的临床心理工作人员受教育程度为大学或大专，有13.8%—26.8%只受过中等教育(龚耀先，李庆珠，1996)。与之相比较，目前我国心理健康服务人员的受教育程度总体而言有了很大提高。关于专业背景，本次调查显示心理健康服务人员的专业背景以心理学居多，接近半数。其他专业背景的人数总和超过了教育学、医学，体现了心理健康服务从业人员专业背景的多元化。

二、心理健康服务从业人员专业情况分析

(一)专业证书持有情况

1.总体情况

为了保护服务对象和公众的利益,同时也为了促进心理健康服务事业的发展,需要对从业人员的专业素质进行审核和认证。这种审核和认证的实质,是向公众证明某心理咨询师的专业能力已经达到一个可接受的最低标准。这种审核制度具有双重意义,既保护消费者和公众的利益,同时也维护职业的共同声誉和利益(江光荣,夏勉,2005)。在北美,给大众提供心理服务的从业人员必须有执照(姚萍,钱铭怡,2008)。在我国,劳动和社会保障部2002年颁布了心理咨询师的国家职业资格鉴定办法,此后,各地都开始了心理咨询师的职业培训和职业资格鉴定工作。但是,由于此项工作在各地操作时存在过强的商业取向,“门槛”太低,培训和受训人员素质均参差不齐,鱼龙混杂,社会褒贬不一,在业内也引起了相当大的争议和批评(赵旭东,丛中,张道龙,2005)。尽管存在争议,相当一部分心理健康服务人员持有了“心理咨询师”资格证书(江光荣,夏勉,2007)。除此之外,还有一部分心理健康服务人员持有了卫生部颁发的“心理治疗师”证书、人事部颁发的“心理保健师”证书或其他相关证书。

为了准确把握我国心理健康服务人员专业证书持有情况,我们对此进行了调查,结果显示,本次调查中持有专业证书的心理健康服务人员超过三分之二(68.6%)。在此前的一项调查中,只有44.1%的心理健康服务人员有专业证书(张爱莲,钱铭怡,陈红,李逸龙,2010),与此相比较,当前心理健康服务人员持有专业证书的人数比例的确有了较大提高。

2.年龄差异

为了考察不同年龄段的心理健康服务人员在专业证书持有及专兼职情况上是否存在差异,我们对此进行了比较,结果显示:中(72.8%)、老(74.2%)年心理健康服务人员持有专业证书的人数比率高于年轻的从业人员(65.9%),差异达到显著水平(F=11.72,p=0.003)。这可能是因为参加培训并考取相关证书需要的费用让部分年轻人难以承受。

(二)接受继续教育培训情况

1.总体情况

心理健康服务人员接受相关专业培训的情况,会直接影响到服务的质量。本次调查的心理健康服务人员接受相关培训的总体情况及各年龄段情况见表8-1。从中可见,多数心理健康服务人员在国内专业机构学习过相关的理论课程或参加过短期培训班;

接受过专业人员督导、接受过自我分析或自我体验、参加过由国内单位举办的系统连续培训项目者分别占四分之一左右；而参加过由国外单位举办的系统连续培训项目、曾在国外的专业机构学习或进修的人员则很少。还有很少数心理健康服务人员受过其他培训，具体包括听专家讲座、跟老师学习、陪专家做咨询、与专家交流、网络培训、同辈督导、参加心理沙龙、自学等。

表8-1 从业人员总体接受心理健康服务相关培训的情况（n=2 237）

所受培训	老/%	中/%	青/%	χ^2	p	总体百分比/%
在国内专业机构学习过相关的理论课程	68.8	70.4	72.1	0.82	0.66	71.4
参加短期培训班	78.1	76.3	66.4	25.01	0.00	70.3
接受过专业人员督导	56.3	35.6	25.9	34.15	0.00	30.1
接受过自我分析或自我体验	40.6	29.8	22.7	17.55	0.00	25.9
参加过由国内单位举办的系统连续培训项目	40.6	32.1	17.7	65.15	0.00	23.6
参加过由国外单位举办的系统连续培训项目	6.3	6.8	3.2	15.46	0.00	4.6
曾在国外的专业机构学习或进修	12.5	4.1	2.2	15.96	0.00	3.0
其他	3.1	1.7	2.9	3.13	0.21	2.5

以前，只有极少部分临床心理工作者系统地接受了专业训练（龚耀先，李庆珠，1996）。尽管我国心理健康服务人员的受训情况有了很大改善，但仍然有将近30%的从业人员未在国内专业机构学习过相关的理论课程或者未参加过短期培训班（是目前心理健康服务人员继续教育的重要形式），说明有相当一部分心理健康服务人员缺乏从业的资质。

另外，特别值得一提的是督导问题。心理咨询师培训过程中的督导是指学习者在有经验的督导者的指导帮助下，实践咨询技巧，改进咨询工作，提高自身专业水平的过程。在心理咨询比较发达的地区，督导制度是培训合格咨询师过程中必不可少的（樊富珉，黄蘅玉，冯杰，2002）。在美国，临床心理学专业的博士生非常重要的学习经验来自直接的一对一的督导（姚萍，钱铭怡，2008）。本次调查的心理健康服务人员有近70%未接受过专业人员督导。本项目的另一子课题“中国心理健康服务体系的培训现状及对策研究”调查发现，有71.5%的心理健康从业人员没有接受过督导，与本次调查的结果相近（梁毅，陈红，王泉川，钱铭怡，黄希庭，2009）。

有研究者指出，心理咨询与治疗是复杂的专业工作，需要长期正规的院校教育、继续教育以及持续不断的临床督导，否则也会像其他医疗技术一样对服务对象造成严重危害（赵旭东，丛中，张道龙，2005）。因此，目前我国心理健康服务从业人员的培训亟待加强。

2.年龄差异

从前述心理健康服务人员的年龄结构可以看到，这个队伍中年轻人占多半(59.8%)。作为心理健康服务队伍中的主力军，年轻从业人员与中、老年从业人员相比较，其受训情况如何，是值得关注的。从表8-1可以看到，除了“在国内专业机构学习过相关的理论课程”以及接受其他培训方面不存在显著差异外，在“参加短期培训班”“接受过专业人员督导”“接受过自我分析或自我体验”“参加过由国内单位举办的系统连续培训项目”“参加过由国外单位举办的系统连续培训项目”“曾在国外的专业机构学习或进修”几个培训项目上均存在显著的年龄差异。总体而言，中、老年心理健康服务人员受训情况更好，其中以55岁以上老年段的从业人员受训情况为最好。35岁以下的年轻人总体而言在继续教育方面显得最为薄弱。这是由于年轻人资历浅，难以获得一些公费的继续教育机会。而年轻从业人员一般也不具备中、老年从业人员那样的经济条件，可以自费参加培训。按理说，年轻从业人员是最需要督导的，然而，“接受过专业人员督导”的年轻人仅占四分之一，是各年龄段中比例最低的。这主要是与目前我国心理健康服务人员培训体系中督导制度不健全有关，同时年轻人也很难承受自费督导。因此，如何加强对人数众多的年轻心理健康服务人员的培训，是值得有关部门重视的。

在我们的访谈中，一位新近毕业、在市级重点中学工作了一年多的年轻心理辅导员谈道：

“我现在特别希望有人能够在专业上面给我指导。因为我一个人感觉孤立无援。目前对我而言，比较实际一点儿的，就是希望区教委多组织一下，不要说专业性的培训啦，至少让我们这些区里面的心理老师能够多交流一下。因为我觉得自己一个人孤立在这儿，没有一个人可以跟我商量一下，学校领导也不可能专门外派我去参加什么培训。学校现在也不是很重视这个东西，现在感觉除了上课以外，已经慢慢脱离这个专业了。”

由于我国中小学大多是近年来才开展心理健康教育，因此目前只有条件较好的中小学配有个别的专职心理辅导教师。从这一具体个案，我们可以想见许多中小学心理辅导员面临的情况。可见，相关部门需要大力加强对基层以及年轻心理健康服务人员的培训。

(三)从业年限及每周进行心理健康服务的时长

一般来讲，心理健康服务人员从业年限越长，经验会越丰富，会更好地帮助来访者解决他们所面临的问题。由于我国心理健康服务事业发展较晚，从业年限长者可能不多。为了准确掌握心理健康服务人员的从业年限情况，我们对此进行了考察。

此外，研究调查了从业人员从事心理健康服务的专兼职情况，结果显示专职人员所占比例较少（38.5%，其中老年专职比率38.78%，中年36.5%，青年39.9%，三者之间差异不显著：$F=2.54$，$p=0.28$）。那么，在这种以兼职人员为主的情况下，现有从业人员每周投入心理健康服务的时间有多少呢？我们也对此进行了调查。

统计表明，本次调查中心理健康服务人员从业年限的平均情况为4.36年（SD=4.22），最长为30年。每周进行心理健康服务的平均时间为5.56小时（SD=6.44），最多为58小时。对从业年限和每周进行心理健康服务的时间的分段统计显示：在从事心理健康服务的年限方面，1年以下工作经验者占4.8%，1—5年者占72.2%，6—10年者占15.9%，11—30年者占7.1%；每周进行心理健康服务的小时数方面，每周工作1小时以下者占2.5%，1—5小时者占65.9%，6—10小时者占22.3%，11—58小时者占9.3%。从该结果可以看出：现有从业人员从事心理健康服务的年限多数为1—5年，每周投入心理健康服务的时间多数为1—5小时。也就是说，目前我国心理健康服务的从业人员多数为新手；多数从业人员投入心理健康服务的时间平均每个工作日不到1小时。

以往，国内从事心理咨询与治疗的人员，大多是心理学专业教师或精神科医生。他们的本职工作是心理学教学或精神科临床，心理咨询与治疗只是他们本职工作中的一个相关部分，他们的经济收入主要来自本职工作，心理咨询与治疗的收入不作为他们的主要经济来源。由于人数少，不作为专职工作，所能提供的心理咨询与治疗服务时间就有限，远远不能满足社会公众对心理健康服务的需求（赵旭东，丛中，张道龙，2005）。从本次研究的调查结果来看，目前从事心理咨询与治疗的专职人员虽然日趋增多，但其比例仍然有待提高。

我们曾就专兼职的利弊对不同机构的心理健康服务从业人员进行了访谈。在这里，我们把“专职”界定为所做工作全部与心理健康服务有关。七位受访对象，既有专职人员也有兼职人员，承担了心理咨询或治疗、心理测量、危机干预、教学、讲座、督导、管理、研究、写作、媒体心理顾问等工作中的两种或多种，他们几乎都认为专职更为有利。以下是其中三位受访专业人员的观点：

A：“我当然觉得还是专职好。因为专职在投入的时间、精力等各方面都要好过兼职。我认识一些兼职的人，他们大量的时间被用去看门诊，还有一些科主任、副院长，他们有大量行政的、管理的工作，就不可能专心于这方面的业务。”

B：“我觉得是专职好。前几年我一直是兼职，只是偶尔做做咨询，就感觉成长比较慢，因为不是全方位地投入。自从做专职以后，感觉一年能顶之前的五六年，因为接触的个案比较多。”

C：“我们做的事情应该以心理咨询为中心，比如讲心理健康方面的课，和做咨询，是有相关性的。如果我又做咨询，又去开餐馆，这个相关性就不够了。我个人觉得无论兼职也好专职也好，他（做的事情）一定要（与咨询）相关，比如我咨询做得多，反过来我上课案例就多；案例多，上课效果肯定就比较好，听众他有什么问题就可能到我们这儿来做咨询。所以是一个相互促进的关系。”

此外，研究者对我国心理健康服务从业者的职业压力进行过考察，他们发现兼职的心理健康从业者表现出较大的职业压力。研究者认为，这是由于兼职的心理健康从业者大多没有受过系统培训，在工作中职业界限不清，对来访者的问题往往过分卷入。加之身兼两职或多职，工作负荷大，又缺乏督导，因此更易出现情感和精力的过度耗竭（甘怡群等，2007）。一项关于学校心理咨询师职业耗竭的调查也发现，兼职心理咨询师比专职心理咨询师体验到更少的个人成就感，职业耗竭水平更高。研究者分析，这是因为学校兼职心理咨询师的本职工作往往是教学或行政工作，这与心理咨询师的角色存在较大不同，需要处理好角色的转变。而他们在实际工作中又难免体验到角色之间的冲突，从而体验到更多的角色压力，使他们无法像专职心理咨询师那样从心理咨询工作中获取更多的成功和成就感（裴涛，陈瑜，张宁，2010）。事实上，除了研究者所强调的角色冲突外，很重要的原因还在于兼职心理咨询师往往来自不同专业背景，接受的心理健康服务专业培训较为薄弱，面对诸如强迫症、焦虑症等障碍性问题时难以有效应对，这不仅会延误来访者的治疗时机，还会使咨询师自己体验到挫败感。

综合以上相关研究，我们认为，心理健康服务作为一项专业性很强的工作，在很大程度上有赖于从业人员的专业知识与实践经验，而兼职者无论是在专业知识提升方面还是在实践经验积累方面都可能不及专职人员。专职从事心理健康服务无论对于从业人员精力的投入、专业水平的提升，还是对于专职工作中各部分的相互促进，都更为有益。因此，若能提高心理健康服务队伍中专职人员的比例，必将惠及更多需要心理健康服务的民众。

三、担任督导情况

（一）总体情况

从前述心理健康服务人员接受相关专业培训的情况来看，本次调查的心理健康服务人员有近70%未接受过专业人员督导。很重要的原因是我们的心理健康服务事业还比较落后，督导制度不健全，有资格担任督导的人为数不多。为了具体了解我国心理健康服务人员中担任督导的人数比例，我们就此进行了调查。结果发现，在本次调查中，回答担任督导的人数为417人，占被调查总人数的19.2%。我们在调查过程中，发现有的被调查者并不清楚督导的含义，出现误选，因此实际情况可能还低于这个比例。在中国心理学会临床与咨询心理学专业机构与专业人员注册系统中，注册督导师的人数仅有118名。当然，也有一些在实际工作中履行督导职能的心理健康服务人员未进入该注册系统。将本次调查的情况与注册系统的情况结合起来看，我国心理健康服务人员中督导师的人数还是相当有限的，再加之地区分布与机构分布可能不均，因此有大量刚进入心理健康服务行业的新手是难以得到他们迫切需要的督导的。

（二）年龄差异

如前所述，心理咨询师培训过程中的督导是指学习者在有经验的督导者的指导帮助下，实践咨询技巧，改进咨询工作，提高专业水平的过程。督导分为在职与职前两大类。在职培训的督导主要是指对正在从事心理咨询工作的咨询人员定期进行督导，以协助他们解决疑难个案，处理自身情绪，提升专业能力。职前培训的督导是指在大学心理学、社会学、教育学等相关专业学生学习专业知识与技能的过程中，对他们参与实际咨询工作的实习给予指导、协助，以培训学生作为合格咨询人员所应具备的知识和技能（樊富珉，黄蘅玉，冯杰，2002）。可见，无论是在职还是职前督导，督导人员都应该是资深的专业人士，因此，年轻人担任督导的比例会小一些，调查结果也证实了这一点（老年60.0%，中年30.8%，青年10.8%，三者之间差异显著：F=161.47，p<0.001）。

四、收费情况

明确及合理的心理健康服务收费标准有助于从业人员获取合理报酬，自食其力，促进心理健康服务事业的发展（赵旭东，丛中，张道龙，2005）。目前，我国高校与中小学针对学生的心理健康服务一般不收费，实行收费服务的主要是医院与私立心理咨询机构。各地物价部门对医院心理健康服务的收费标准一般都有明确的规定，而私立心理咨询机构由于是新生事物，还没有统一的主管部门，有的是在卫生部门注册，有的则是在工商或民政部门注册，其收费标准缺乏规范的管理。因此，目前全国各地私立心理咨询机构的收费从1小时几十元到上千元不等。为了具体了解各地不同心理健康服务机构的收费情况，我们通过网络查询的方式，对一些心理健康服务机构在其网站上公布的收费标准进行了统计与分析。网络调查所获得的数据来自全国27个省区市的141家心理健康服务机构（未能获得来自贵州、青海、宁夏、西藏的数据），均为医院和私立心理咨询机构。

由网络调查可知，目前心理健康服务的主要方式包括面谈心理咨询、电话心理咨询、网上心理咨询和邮件心理咨询。所调查的141家心理健康服务机构,全都提供面谈心理咨询服务;提供电话心理咨询的有58家;提供网上心理咨询有18家;提供邮件心理咨询有17家。针对不同的服务方式,多数机构都根据其专业人员的职称或资历制定了高低不同的收费标准。表8-2所列的是不同机构采用的与不同收费标准相对应的心理健康服务人员称谓。

表8-2 不同收费标准的心理健康服务人员称谓

高收费称谓	中等收费称谓	较低收费称谓
著名心理专家	资深专家	普通咨询师
外聘心理专家	心理专家	中级咨询师
首席心理咨询专家	资深咨询师	专业心理咨询师
首席心理专家	主任咨询师	执业心理咨询师
首席专家	副主任咨询师	二级心理咨询师
特级专家	主治咨询师	三级心理咨询师
教授级咨询师	优质心理咨询师	心理咨询师
专家咨询师	高级咨询师	实习心理咨询师
首席咨询师	一级咨询师	见习咨询师
特聘咨询师	职业咨询师	助理级咨询师
资深心理专家		心理咨询员
心理咨询专家		

在制定收费标准时,多数私立心理咨询机构是以"1小时"作为计费单位的;也有的以"次"作为计费单位,通常是每次50分钟。而医院则大多以"次"作为计费单位,通常是每次20或30分钟。为了便于比较,在录入数据时对计费单位做了一致性处理。比如,如果某医院的心理咨询收费标准为每20分钟20元,在录入数据时则按每小时60元处理。表8-3所列的是本次网络调查中,各地区心理健康服务机构不同服务方式的收费标准概况。

表8-3 心理健康服务收费标准总体情况

服务方式	最低收费(元/时)	最高收费(元/时)	M,SD
面谈心理咨询	30	1 590	296.89,197.48
电话心理咨询	50	1 000	237.25,154.59
网上心理咨询	50	800	165.00,114.85
邮件心理咨询	30	500	105.29,78.99

由表8-2中五花八门的称谓和表8-3中高低悬殊的收费标准,可以对目前我国心理健康服务及收费缺乏规范的情况窥见一斑。表8-3显示,一般认为交流最充分、效果最好同时也是需求量最大的面谈心理咨询,其平均收费高于其他心理健康服务方式,且大

多集中在100—500元/时，这对于一般的工薪阶层来说，难以承受。而表中显示的各服务方式的最高收费，即使是在经济发达地区，也不是众多有着心理健康服务需求的一般老百姓能够承受的。

弗洛伊德曾经指出：总有一天，社会将形成共识，穷人和富人都能免费享受心理治疗。弗洛伊德的话在德国已经在很大程度上得到了实现（赵旭东，钱铭怡，严俊，肖泽萍，施琪嘉，2009）。这并不是说德国的心理治疗师都免费地提供心理健康服务，实际情况是德国的心理治疗服务于20世纪70年代就开始获得保险公司的支付。如果在我国心理健康服务也能纳入社会保障体系，对于有着心理健康服务需求的民众来说，无疑是一种福音；而我国的心理健康服务事业也将因此得到极大的促进。

有研究者认为，心理咨询与治疗行业的规范化和职业化必然要求收费标准的规范化。从从业者所需的培训费用、工作付出及行业发展来考虑，收费标准不可能制定得太低。相对于我国的国民收入状况和消费观念而言，心理咨询与治疗还是一项支出较高的消费。这在一定程度上限制了心理咨询与治疗的开展（徐青，徐沙贝，陈祉妍，2003）。

在我们的访谈中，当问到"您认为心理咨询师的收费标准多少合适？"这一问题时，有专业人员谈道：

A："我个人觉得一小时200—300元是比较合适的，因为咨询师他要生存呀，要租房子、要生活费、要出去学习进修等等。收少了没法养活自己，收多了也不符合国情。"

B："这个各地区不一样，我们这儿目前一般是一小时200元。但我个人觉得低一点儿合适，因为价格高了就把很多需要咨询的人挡在门外了。"

C："收费标准可能首先还是要看城市、看区域，第二个是要看咨询师本身的阅历、档次，也就是要看对他的社会评价或者说他的知名度。比如说你是博士，你可以高收费；你有丰富的经验，你可以高收费；你有广泛的社会知名度……这就相当于你有一种优质商品，那么你的价格就可能高起来。如果你提供的只是一般性的商品，那么你价格再想提高，人家就不可能买你的账。"

从以上受访者的观点可以看到，从业人员一般也认为收费适当很重要。心理健康服务高收费对服务对象和服务者都是不利的，它在大大缩小了服务对象范围的同时，也阻碍了心理健康服务事业的发展。

另外，对于学校心理健康服务一般不收费的情况，有专业人员在接受访谈时谈道：

"目前学校面向学生的心理咨询基本上是不收费的，但我个人是赞同收费的。一方面是因为这是对别人劳动的一种尊重，另一方面是因为当他付了费之后他会比较重视。英语里有这样一句谚语，叫'Easy come,easy go.'就是'来得容易，去得轻松'。当很容易得到这些东西的时候，他不会觉得其值得珍惜，所以经常是预约了也不来，或者是老师花了很多的气力，他就跟老师兜圈子，因为他没有咨询次数的限制。所以我个人比较赞同收费，高校里面收费可以跟外面不一样，可以每次咨询只收5块钱或者10块钱。”

与此相类似的观点是，有研究者也主张，心理治疗应该收费，因为收费才能让来访者重视治疗并认真投入。如果来访者没有在经济上付出，他可能不期待从治疗中获得多少有价值的东西(徐青，徐沙贝，陈祉妍，2003)。

看来，针对性质不同的心理健康服务机构，是否应该收费，该制定怎样的收费标准，是一个值得从业人员和相关部门探讨并亟待解决的问题。

第二节　心理健康服务人员职业胜任状况调查

阿佩尔(Appell)认为，在心理咨询过程中，心理咨询师能带入的咨询关系中最有意义的资源，就是自己(Appell，1963)。黄希庭等也指出，由于心理服务工作的特殊性，从业人员的素质对求助者的心理有着重要影响，不合格的心理服务人员可能会加重求助者的心理问题。由此可以看出心理健康服务人员的胜任特征对于服务质量的重要性。为了考察当前我国心理健康服务人员的胜任特征现状，我们编制了一份“心理健康服务人员胜任特征问卷”，经过项目分析、探索性因素分析、验证性因素分析、信度分析等一系列心理测量学检验，确定该问卷具有良好的信度和效度。我们所编制的问卷一共包括28个描述心理健康服务人员胜任特征的题项，采用五点评分，要求被调查者评价自己在这些题项上的符合程度，认为“很不符合”评1分，“不太符合”评2分，“有点符合”评3分，“比较符合”评4分，“非常符合”评5分。

我们采用该问卷在全国范围进行调查，获得了关于当前我国心理健康服务人员胜任特征的相关数据，以下是心理健康服务人员胜任特征总体情况以及结合人口学资料所进行的分析。

一、心理健康服务人员胜任特征总体情况

康特(Conte)等研究发现，心理咨询师令人愉快的、接纳人的、鼓励人的、不太沉默的人格特征与咨询的效果显著相关(Conte，Plutchik，Picard，Karasu，1991)。莫舍(Mosher)和布尔迪(Burti)发现，社区心理健康服务人员受欢迎的人格特征包括有耐性、灵活、共情、乐观、温和、幽默、谦逊等(Mosher，Burti，1994)。叶斌的研究也发现，心理咨询师最重要的人格特质有：敏锐的洞察力、善于倾听、接纳与包容、善解人意(叶斌，2006)。与

这些观点相类似的是，在我们的访谈中，当问到“您认为一个人要做好心理咨询工作，最重要的是什么？”这一问题时，也有专业人员强调个人特质的重要性：

“我觉得最重要的是个性品质，因为不是所有的人都适合做心理咨询师。有的人他虽然有‘心理咨询师’这样一个资格证书，或者是培训经历，或者是学习的证明，但是最终标志着一个人能不能成为一个好的心理咨询师的，我觉得主要还是咨询师的个性品质。这种个性品质包括几个重要方面：一个是他的自我觉察能力，这是个性品质中我认为比较重要的一点。就是说他对自己内心的一举一动是不是足够敏锐，他是不是能够把握自己的每个思绪，每个行为后面的东西，我觉得这会在一定程度上决定他能不能看懂别人。也就是说，你首先要能读懂自己，然后才能读懂别人。个性品质第二个重要的我觉得就是一种积极乐观的特质。因为任何一件事情都有正反两个方面，你需要积极乐观地去面对。在个性品质中，我觉得除了自我觉察、积极乐观外，自我接纳也特别特别重要。我认为爱的本质就是接纳，而自我接纳首先要做到自爱，自己能够接受自己。你能够接纳自己，就能接纳别人了。

刚才我说到几种个性品质，可能还有其他的。但现在我反思自己的话，我觉得可能到最后，技术和经验都成为背景性的东西了，到最后真的就是以你对生命的热情，以你对自我的接纳这样的一种力量去触动别人，去点燃别人内心的火。不是说非要拿一团炙热的火烤着他，而是说你点燃了他之后，他就能自己照亮自己。”

而本次调查的统计结果表明，在所回收的1 592份有效问卷中，总分在112分及以上亦即平均每个题项4分及以上者占44.8%，也就是说，从总分来看，自评胜任特征水平达到“比较符合”者不足半数。另有调查表明，国内心理咨询与治疗从业者多数(76.12%)有难以胜任专业工作的感觉(叶斌，2006)。结合两项调查，可以看到，从总体而言，我国心理健康服务人员的胜任特征还有很大的提升空间。比如，在我们的访谈中，针对“你在接待来访者的过程中遇到的主要问题或困难是什么？”这一问题，有受访者谈道：

“我接待的学生来源一般有两种，一种是老师要求来的，这种学生一般问题就比较严重一点儿了。一般情况下老师能进行思想教育的就自己教育了。到我这儿来的都是那种一般认为不太正常的了，一般都超出了我的能力范围了。到我这儿来，一般的处理就是做一个初步的鉴定，然后转介。我接待的另一种学生就是我上课的班上跟我比较熟的，咨询的问题一般是学习压力呀、早恋呀这些。这些问题解决起来对我个人而言并不是很顺手。学生往往希望得到那种立刻见效的方法，有时候让我很纠结。所以我现在一个是来的学生比较少，二是我自己实战经验也比较少，有时候处理起来就有那种力不从心的感觉。”

从具体的胜任特征条目来看，按平均分排序，可以看到心理健康服务人员平均得分较高与较低的胜任特征条目。表8-4所列的是平均得分排在前十位的高分条目和排在后十位的低分条目，心理健康服务人员平均得分最高的条目是“能恪守为来访者保密的承诺”，与职业伦理有关，表明我国心理健康服务从业人员大多能较好地遵守保密原则。其他得分较高的条目大多与人格特质有关。而平均得分较低的胜任特征条目大多与知识、技能有关。

表8-4 心理健康服务人员胜任特征平均得分高分条目与低分条目

胜任特征高分条目	平均分	胜任特征低分条目	平均分
能恪守为来访者保密的承诺	4.57	能熟练运用主要的心理测验	3.48
能全神贯注地倾听来访者的陈述	4.23	有较为丰富的人文知识	3.54
乐于帮助来访者解决心理困扰	4.19	尽可能地参加心理咨询与治疗相关培训	3.59
让来访者感到容易接近	4.18	能灵活运用有关理论与方法帮助来访者	3.62
能始终负责任地对待来访者	4.17	有较扎实的心理咨询与治疗专业知识	3.63
对待来访者有耐心	4.12	喜欢钻研心理咨询与治疗专业书籍	3.66
能适当地强调来访者言语及行为中的积极方面	4.08	阅读兴趣广泛	3.67
言谈举止让来访者感到温暖	4.05	相信自己能有效地帮助来访者	3.72
能接纳来访者的不同观点与习惯	4.04	能对来访者的问题做出准确的判断	3.73
热情地对待各种来访者	4.03	能明确每一次心理健康服务的目标	3.77

美国学者卡斯罗(Kaslow)等认为，心理健康服务人员应该具备科学的专业知识与利他主义，表现出尊重、同情、(负)责任、(有)义务(感)、诚实与追求卓越(Kaslow, Dunn, Smith, 2008)。从本次调查中被调查者平均得分较高的条目来看，可以说我国心理健康服务人员大多具备从业所需的人格特质。而在此基础上，心理健康服务人员的知识、技能还需要进一步提升。

二、心理健康服务人员胜任特征差异检验

虽然具有某些人格特征的人更适合心理健康服务这一行业，但是我们相信这些心理健康服务人员的胜任特征是可以培养的，就像人格也可以通过各种手段或者随着人的各种经历发生改变。前面总述了本研究中心理健康服务人员胜任特征的情况，但是这些被试当中胜任情况必然有差异。心理咨询师中女性多于男性是否有其胜任特征方

面的原因？心理咨询师的继续教育培训等后天的努力是否对胜任特征有提高改善的作用？下面将针对不同变量对心理健康服务人员胜任特征的影响进行分析比较。

(一)基本的人口学变量

1.性别

研究表明，心理治疗师的性别会对治疗产生实质性的影响(Zunino, Agoos, Davis, 1991)。还有研究发现，来访者认为女性心理治疗师比男性治疗师更能建立有效的治疗联盟，尽管男性治疗师的来访者也报告说他们的情况有显著改善(Jones, Zoppel, 1982)。这说明心理健康服务人员的胜任特征可能与性别有关。为了考察心理健康服务人员胜任特征的性别差异，我们对不同性别心理健康服务人员的胜任特征总分和具体条目得分进行了比较。结果表明，心理健康服务人员在胜任特征总分上不存在显著的性别差异，但在几个具体条目上男女心理健康服务人员却差异显著。如表8-5所示，在"有较为丰富的人文知识"上，男性心理健康服务人员平均得分更高；而在"乐于帮助来访者解决心理困扰""言谈举止让来访者感到温暖""对待来访者有耐心""能适当强调来访者言行中的积极方面"这几个条目上，均为女性心理健康服务人员平均得分更高。这种差异与人们的日常经验是基本吻合的。

表8-5 不同性别心理健康服务人员胜任特征比较

胜任特征总分和条目	男(M, SD)	女(M, SD)	t	p
总分	108.87, 15.37	109.40, 13.65	0.64	0.524
乐于帮助来访者解决心理困扰	4.09, 0.73	4.23, 0.72	3.58^{**}	0.000
有较为丰富的人文知识	3.69, 0.92	3.48, 0.84	4.20^{**}	0.000
言谈举止让来访者感到温暖	3.93, 0.75	4.11, 0.73	4.44^{**}	0.000
对待来访者有耐心	4.01, 0.84	4.16, 0.76	3.37^{**}	0.001
能适当强调来访者言行中的积极方面	3.98, 0.80	4.12, 0.72	3.31^{**}	0.001

注：$^{**}p<0.01$

我们在访谈中也涉及了与心理健康服务人员性别有关的问题，即："您觉得心理咨询师的性别对心理咨询的过程和效果会有影响吗？"结果发现，不同受访专业人员有不同的看法。以下是几种有代表性的观点：

A："我感觉应该没有影响。从整个行业来说，应该没多大关系。选择这个职业的人，应该具备符合这个职业的一些特点，比如爱心、和善，应该都有，应该去展现自己的这些特点。"

B："有时候可能会有一定的影响吧。因为有些来访者他会要求女咨询师或者是男咨询师(指对性别有所要求),大部分来访者没有特别多的要求。对于咨询效果而言,我个人感觉如果真正做咨询做得好的话,性别应该没什么影响。当然可能女性会更敏感一些,学心理学或做咨询的女性本身就要多一些,本身就有这样一个男女差异。但是真正做咨询做得好的,性别的影响应该没有个性品质的影响大。可能有一些差异,但我个人认为不存在显著差异。”

C:“我觉得影响还是挺大的。这就牵涉到一个咨询师和来访者的匹配性问题,比如有的人来了他就不愿意找女的,想找个男的;有的就想找个中年妇女,不愿找年轻的。因此咨询机构在人员配备上还是应该考虑到性别和年龄因素。”

以上专业人员的观点与我们的调查结果和其他研究发现都有着一定的一致性。比如有研究发现,在许多治疗情境中,当治疗师是女性时,女性患者能取得更好的治疗效果(Merrick,Horgan,2010)。可见,心理健康服务人员的性别在某些情况下的确会对服务的过程和效果产生一定影响,但我们的调查表明,从总体而言,男女心理健康服务人员的胜任特征不存在显著差异。

2.年龄

通常,人们会认为,个人的阅历对于做好心理健康服务工作非常重要。一位专业人员在访谈中谈道:“我们所面对的群体成长在各种不同的家庭里,可能遇到各种各样的问题,你的阅历、知识、经验对于咨询来说是太重要了。”很显然,阅历是与年龄密切相关的。

另有两位专业人员在谈到接待来访者的过程中可能遇到的问题以及咨询师性别的影响时,也提及了年龄因素:

A:“还有就是有些人他在乎的东西不太一样,有的人他年龄比较大,他就会在乎做咨询的人是不是够资历,是不是年龄比他还小,在他/她那儿是不是有安全感?”

B:“当然有一点儿,就是咨询师不能太年轻,年轻的不管同性异性,他都有所怀疑。”

可见,在考察心理健康服务人员的胜任特征差异时,年龄是一个不容忽视的因素。我们对调查数据进行方差分析表明,老、中、青心理健康服务人员除了在“有较系统的心理学基础知识”“能熟练运用主要的心理测验”“热情地对待各种来访者”“对待来访者有耐心”这几个条目上差异不显著外,在问卷总分和其他24个条目上均存在显著差异。事后检验发现,老年和中年心理健康服务人员的胜任特征总水平都显著高于年轻从业人员。而在存在显著差异的具体条目上,无一例外地是中年或老年心理健康服务人员平均得分高于年轻从业人员,这些条目不仅包括与阅历和经验关系较大的“有敏锐的情感洞察力、能接纳来访者的不同观点与习惯、有较为丰富的人文知识、言谈举止让来访者感到温暖、善于体察来访者的痛苦、能从不同的视角观察问题、通常能客观认识自己、能灵活运用有关理论与方法帮助来访者、能明确每一次心理健康服务的目标、能对来访者的问题做出准确的判断、相信自己能有效地帮助来访者、能设身处地地体会来访者的内心感受、能适当强调来访者言行中的积极方面”,还包括“能始终负责任地对待来访者、能恪守为来访者保密的承诺、乐于帮助来访者解决心理困扰、有较扎实的心理咨询与治疗专业知识、喜欢钻研心理咨询与治疗专业书籍、尽可能地参加心理咨询与治疗相关培训、阅读兴趣广泛”等与责任心、职业伦理、自我提升关系密切的条目。

3.教育水平

无论是在发达国家还是在我国,对心理健康服务从业人员的受教育程度都有着一定的要求,就是因为一般说来从业人员的受教育程度会影响到服务的质量。由于在本次调查中,受教育程度为高中或中专的心理健康服务人员所占比例很小,因此我们将受教育程度概括为博士、硕士、本科、大专及以下四类。不同受教育程度的心理健康服务人员在胜任特征上究竟会存在怎样的差异呢?

方差分析表明,不同受教育程度的心理健康服务人员在胜任特征总分和10个具体条目上差异显著。事后检验发现,博士水平的心理健康服务人员在问卷总分和“有较系统的心理学基础知识、有较扎实的心理咨询与治疗专业知识、能熟练运用主要的心理测验、能灵活运用有关理论与方法帮助来访者、能对来访者的问题做出准确的判断、有较强的领悟能力、相信自己能有效地帮助来访者、能始终负责任地对待来访、能设身处地地体会来访者的内心感受”这9个具体条目上平均得分都显著高于受教育程度为硕士、本科、大专及以下的心理健康服务人员。这些条目多数是与专业知识、技能有关的,还有的与效能感、责任心、共情能力有关。另外,博士水平的心理健康服务人员在“能清楚地向来访者表达自己的想法”这一条目上平均得分显著高于本科、大专及以下的从业人员。而硕士水平的心理健康服务人员则在“有较系统的心理学基础知识、有较扎实的心理咨询与治疗专业知识、能熟练运用主要的心理测验”这3个条目上平均得分显著高于本科、专科及以下的从业人员。

从上述问卷总分和具体条目的差异情况来看,总体而言,博士水平的心理健康服务人员胜任水平最高,硕士水平的从业人员次之。本科水平的心理健康服务人员与大专及以下的从业人员的胜任水平不存在显著差异。这是因为博士及硕士水平的从业人员中绝大部分人的专业背景是与心理健康服务相关的专业,包括心理学、教育学和医学,他们总体而言接受了更多的专业知识与技能训练。而本次调查的本科与大专及以下的从业人员中,有不少是从其他专业领域进入到心理健康服务领域的(占74.5%),专业基础相对较为薄弱。可见,专业训练的确会对心理健康服务人员的胜任水平产生重要影响。

4. 专业背景

从上述不同受教育程度的心理健康服务人员胜任特征比较中，我们已经提到专业训练对从业人员胜任水平的影响。由于心理健康服务工作的特殊性，其专业训练尤为受到重视。比如在美国，心理咨询历来被视为一种高级的专业活动，不同于一般的工作。这一认识体现在职业资格认证上，就是重视正规训练和学历教育。美国各州对心理咨询师申请人要求的最低进入水平是硕士，而且必须是临床心理学或咨询心理学专业毕业。而我国由于心理健康服务事业起步较晚，对从业人员的专业背景要求还较为宽松，现有从业人员除了专业背景为心理学、教育学或医学的之外，还有一部分来自其他专业（占20.9%）。

针对不同专业背景的心理健康服务人员的胜任特征，我们进行了单因素方差分析，结果显示，在本次调查中，不同专业背景的心理健康服务人员在问卷总分上差异不显著，但在16个具体的胜任特征条目上存在显著差异。事后检验发现，在“有较系统的心理学基础知识”这一条目上，心理学专业的心理健康服务人员平均得分显著高于医学、教育学和其他专业的从业人员；而医学、教育学专业的心理健康服务人员平均得分又显著高于其他专业的从业人员。在“有较扎实的心理咨询与治疗专业知识”这一条目上，心理学、医学专业的心理健康服务人员平均得分显著高于教育学和其他专业的从业人员；而教育学专业的心理健康服务人员平均得分又显著高于其他专业的从业人员。在“能熟练运用主要的心理测验”上，也是心理学、医学专业的心理健康服务人员平均得分显著高于教育学和其他专业的从业人员。

在“通常能客观认识自己、有较为丰富的人文知识、阅读兴趣广泛、尽可能地参加心理咨询与治疗相关培训”几个条目上，均是医学、教育学及其他专业的从业人员平均得分显著高于心理学专业的心理健康服务人员。在“能灵活运用有关理论与方法帮助来访者”上，医学专业的心理健康服务人员平均得分显著高于心理学、教育学、其他专业的从业人员。在“能明确每一次心理健康服务的目标”上，医学专业的心理健康服务人员平均得分显著高于心理学专业的从业人员；而教育学专业的心理健康服务人员平均得分显著高于心理学及其他专业的从业人员。在“能对来访者的问题做出准确的判断”上，医学专业的心理健康服务人员平均得分显著高于心理学与其他专业的从业人员。在“相信自己能有效地帮助来访者”上，医学与教育学专业的从业人员平均得分显著高于心理学专业的心理健康服务人员。

在“能全神贯注地倾听来访者的陈述、言谈举止让来访者感到温暖”这两个条目上，教育学专业的从业人员平均得分显著高于心理学专业的心理健康服务人员。在“热情地对待各种来访者、对待来访者有耐心”上，教育学专业的从业人员平均得分显著高于心理学、医学专业的心理健康服务人员；而其他专业的从业人员在这两个条目上平均得分也显著高于心理学专业的心理健康服务人员。

从以上存在显著差异的胜任特征条目分析中可以看到，不同专业背景的心理健康服务人员可以说各有所长。心理学专业心理健康服务人员的优势主要体现在专业知识与个别专业技能上，而在与自我认识、工作经验、热情耐心等有关的条目上，心理学专业的从业人员平均得分却低于医学、教育学或其他专业的从业人员。究其原因，主要是由于本次调查中心理学专业的心理健康服务人员以35岁以下年轻人居多（占75.2%）。而我们从前述不同年龄心理健康服务人员的胜任特征比较中看到，年龄是影响心理健康服务人员胜任特征的一个非常重要的因素，年轻从业人员在胜任特征总水平和胜任特征绝大多数具体条目上的平均得分都显著低于中年和老年心理健康服务人员。

（二）专业特征变量

1.有无专业证书

在前面关于我国心理健康服务从业人员的基本情况分析中，我们看到，本次调查中持有专业证书的心理健康服务人员超过了三分之二（占68.6%）。持有职业资格证书的心理健康服务人员在胜任特征上是否与未持有的存在显著差异呢？

t检验表明，除了在“热情地对待各种来访者、能全神贯注地倾听来访者的陈述、能恪守为来访者保密的承诺、阅读兴趣广泛、有较为丰富的人文知识、尽可能地参加心理咨询与治疗相关培训”几个条目上不存在显著差异外，有专业证书与没有专业证书的心理健康服务人员在胜任特征问卷总分和22个具体条目上均差异显著，具体差异情况见表8-6。

表8-6　有、无专业证书的心理健康服务人员胜任特征比较

胜任特征总分和条目	有(M,SD)	没有(M,SD)	t	p
总分	110.22,14.22	106.76,13.74	4.49^{**}	0.000
让来访者感到容易接近	4.21,0.65	4.11,0.64	2.72^{**}	0.007
有较系统的心理学基础知识	3.92,0.78	3.72,0.90	4.12^{**}	0.000
乐于帮助来访者解决心理困扰	4.22,0.72	4.12,0.71	2.48^{*}	0.013
有敏锐的情感洞察力	3.90,0.79	3.75,0.78	3.51^{**}	0.000
喜欢钻研心理咨询与治疗专业书籍	3.72,0.86	3.51,0.89	4.37^{**}	0.000
能始终负责任地对待来访者	4.22,0.74	4.04,0.81	4.23^{**}	0.000
能接纳来访者的不同观点与习惯	4.09,0.76	3.92,0.81	4.04^{**}	0.000

续表

胜任特征总分和条目	有(M,SD)	没有(M,SD)	t	p
言谈举止让来访者感到温暖	4.08,0.72	3.98,0.77	2.63**	0.009
有较扎实的心理咨询与治疗专业知识	3.70,0.83	3.49,0.94	4.27**	0.000
能清楚地向来访者表达自己的想法	4.04,0.72	3.90,0.77	3.43**	0.001
善于体察来访者的痛苦	4.01,0.74	3.87,0.71	3.35**	0.001
能从不同的视角观察问题	3.84,0.78	3.66,0.77	4.29**	0.000
通常能客观认识自己	3.86,0.77	3.77,0.75	2.27*	0.024
能熟练运用主要的心理测验	3.53,0.92	3.36,0.94	3.16**	0.002
有较强的领悟能力	3.87,0.81	3.77,0.79	2.20*	0.028
能灵活运用有关理论与方法帮助来访者	3.67,0.82	3.51,0.87	3.48**	0.001
能明确每一次心理健康服务的目标	3.79,0.83	3.70,0.85	1.96*	0.050
对待来访者有耐心	4.16,0.76	4.02,0.84	3.06**	0.002
能对来访者的问题做出准确的判断	3.77,0.77	3.65,0.82	2.83**	0.005
相信自己能有效地帮助来访者	3.76,0.81	3.63,0.85	2.76**	0.006
能设身处地地体会来访者的内心感受	4.06,0.71	3.92,0.78	3.27**	0.001
能适当强调来访者言行中的积极方面	4.16,0.71	3.89,0.79	6.65**	0.000

注：$^{*}p<0.05$；$^{**}p<0.01$

尽管近年来我国的心理咨询师职业培训和职业资格鉴定工作由于其过强的商业化取向，在业内存在较大的争议和批评，但我们由表8-6可以看到，无论是在胜任特征总水平还是在有差异的22个条目上，都是有专业证书的心理健康服务人员平均得分高于无专业证书的从业人员。因此，对于目前的心理咨询师职业培训工作在提升从业人员胜任水平上的作用，在一定程度上还是应该肯定的。

现在许多招聘心理健康服务人员的用人单位都将持有相关的职业资格证书作为一个聘用条件，因此有许多心理学、教育学、医学等相关专业的本科生、硕士生甚至博士生，都参加了心理咨询师等职业资格考试，获得了相关的职业资格证书，所以，专业证书持有者有不少是受过相关专业的正规训练的。交叉分析发现，本次调查的专业证书持有者中，来自心理学专业的占53.9%，教育学、医学及其他专业的分别占17.5%、9.5%、19.1%。这可能是本次调查中的专业证书持有者在专业知识与技能方面得分更高的原因之一。同时，由于专业证书持有者往往从业动机更强，而且其中不少人已有数年的相关工作经验，因此，专业证书持有者在与服务态度、服务效能等有关的条目上的平均得分也显著高于无专业证书的从业人员。

2.从业年限

一般说来,从事某项工作的年限越长,实践经验越丰富,对该项工作的胜任水平就会越高。也就是说,实践经验对于职业胜任水平的提升至关重要。我们在访谈中问到了"您如何看待实践经验对于心理咨询工作的重要性?"这一问题,所有的受访者都十分肯定实践经验的重要性。以下是两位受访专业人员的观点:

A:"我觉得很重要!因为我觉得大学四年学了很多理论上的东西,可以说80%都是理论,有些时候运用到实际就感觉到很空洞,没有一个具体的方法。因为当时我们学的就是比较教条化的,比如什么'要博得信任'呀,要'真诚以待'呀,比较条条框框的。具体做的时候,怎么样去取得学生信任,怎么样让他信任你,有时候我觉得很难。因为学生信任的点不一样,有时候觉得很难去找准那个东西,所以我觉得经验是很重要的。有些有经验的老师我感觉他会用一种很巧妙的方法,一下子就博得学生的信任了。但有时候对我来说就感觉有点难。有时候很想帮助他,但感觉他离我们很远,不愿意说更深一点儿的东西。就感觉很困难。所以多积累一点儿经验,多总结一下自己失败的教训,以后肯定应该用得上。"

B:"我觉得实践经验非常非常重要。我觉得对咨询师来说有几个是比较重要的,第一个是实践经验,第二个是所学习的一些知识技能,第三个就是个性品质。在这里面我认为核心的部分是个性品质,往往到最后,知识和技能都像庖丁解牛的那把刀似的,经验也会内化成你的一部分。当这些东西都内化成你的一部分的时候,你的个性的东西就会出来,作为你的最重要的部分,来促进你或者是影响你。那么,我觉得实践经验对于工作的重要性就在于,它是从知识转化为能力的一个过程,是不可或缺的一个过程。因为以前我们所学的基本上是停留在知识层次的,告诉你'共情'之类很多很多的概念。但是在实践中,你会发现,这些东西都是虚幻的,或者单个的概念,孤立地存在于那儿。在实践中你会碰到这样那样的问题,而要把知识完完全全地变成自己的武器以帮助对方的话,最重要的过程就是实践的过程。所以我觉得一个成熟的心理咨询师一定是需要很多很多个案的积累,才逐渐成熟起来的。如果只是有所教给的知识或技能,是无法使咨询师以个人独特的面貌出现在来访者面前的。为什么很多咨询师不管多大年纪了,都坚持在一线做咨询,就是这个道理。就像一个老师,他一定要讲课,是一样的。很多学科,都有自己的主渠道或者说主阵地,主渠道就是课堂,主阵地就是一些日常的教育活动。我觉得咨询方面的实践经验是一个主渠道,它既是咨询师帮助来访者的一个主要渠道,也是咨询师个人成长的一个主要渠道,所以我个人认为实践经验非常重要,要成为一个比较好的咨询师,我个人感觉应该有5年以上的经验,这样他才会有点感觉。”

那么，在本次调查中，不同工作年限的心理健康服务人员在胜任特征上是否会有显著差异呢？我们将工作年限分为“5年以下、5—10年、10年以上”三类，对不同工作年限心理健康服务人员的胜任特征进行了比较。结果表明，除了在“乐于帮助来访者解决心理困扰、言谈举止让来访者感到温暖、热情地对待各种来访者、对待来访者有耐心、能恪守为来访者保密的承诺、能适当强调来访者言行中的积极方面、阅读兴趣广泛”这几个条目上差异不显著外，不同工作年限的心理健康服务人员在问卷总分和21个胜任特征条目上都存在显著差异，具体差异情况见表8-7。

表8-7　不同工作年限心理健康服务人员胜任特征比较（只列有差异情况）

胜任特征总分和条目	5年以下（M，SD）	5—10年（M，SD）	10年以上（M，SD）	F	p
总分	119.49，15.45	124.38，15.42	128.33，14.41	26.39**	0.000
让来访者感到容易接近	4.14，0.66	4.25，0.63	4.33，0.59	6.62**	0.001
有较系统的心理学基础知识	3.77，0.83	4.00，0.79	4.22，0.72	21.76**	0.000
有敏锐的情感洞察力	3.79，0.81	3.97，0.76	4.18，0.64	16.59**	0.000
喜欢钻研心理咨询与治疗专业书籍	3.58，0.90	3.79，0.83	4.02，0.69	17.88**	0.000
能始终负责任地对待来访者	4.13，0.80	4.25，0.70	4.34，0.73	5.74**	0.003
能接纳来访者的不同观点与习惯	3.97，0.79	4.17，0.72	4.28，0.68	15.59**	0.000
有较为丰富的人文知识	3.45，0.87	3.68，0.84	3.97，0.81	23.27**	0.000
能全神贯注地倾听来访者的陈述	4.19，0.76	4.31，0.69	4.37，0.67	6.07**	0.002
尽可能地参加心理咨询与治疗相关培训	3.52，0.98	3.72，0.94	3.75，0.89	8.19**	0.000
有较扎实的心理咨询与治疗专业知识	3.53，0.88	3.81，0.79	4.07，0.74	29.59**	0.000
能清楚地向来访者表达自己的想法	3.94，0.76	4.11，0.69	4.21，0.70	11.94**	0.000
善于体察来访者的痛苦	3.91，0.74	4.10，0.69	4.14，0.74	13.61**	0.000
能从不同的视角观察问题	3.72，0.80	3.91，0.73	4.09，0.68	15.91**	0.000
通常能客观认识自己	3.77，0.77	3.95，0.75	4.09，0.62	13.70**	0.000
能熟练运用主要的心理测验	3.41，0.94	3.63，0.89	3.66，0.86	10.38**	0.000
有较强的领悟能力	3.78，0.82	3.97，0.74	4.13，0.74	14.89**	0.000

续表

胜任特征总分和条目	5年以下（M,SD）	5—10年（M,SD）	10年以上（M,SD）	F	p
能灵活运用有关理论与方法帮助来访者	3.53,0.84	3.77,0.77	4.06,0.79	27.31**	0.000
能明确每一次心理健康服务的目标	3.69,0.85	3.91,0.80	4.04,0.72	15.22**	0.000
能对来访者的问题做出准确的判断	3.63,0.79	3.90,0.71	4.14,0.72	32.64**	0.000
相信自己能有效地帮助来访者	3.65,0.83	3.83,0.79	4.10,0.70	18.68**	0.000
能设身处地地体会来访者的内心感受	3.96,0.74	4.13,0.69	4.23,0.68	12.23**	0.000

注：$^{*}p<0.05$；$^{**}p<0.01$

事后检验发现，从事心理健康服务工作的年限为10年以上、5—10年者在问卷总分和存在差异的21个胜任特征条目上平均得分都显著高于工作年资在5年以下的从业人员，且在多数条目上差异极其显著。另外，工作年资在10年以上的心理健康服务人员在问卷总分和“有较为丰富的人文知识、有较扎实的心理咨询与治疗专业知识、能对来访者的问题做出准确的判断、能灵活运用有关理论与方法帮助来访者”等与知识技能有关的条目上，平均得分显著高于工作年资为5—10年的从业人员。从总体来看，心理健康服务人员的胜任特征存在着随工作年限增加而提高的趋势。可见，实践经验对于心理健康服务工作的确非常重要。

值得一提的是，工作年资在5年以下的从业人员在“尽可能地参加心理咨询与治疗相关培训”上，平均得分显著低于工作年资为10年以上及5—10年者，可能是由于前面曾提到过的缺乏自费参与培训的经济条件，而在“喜欢钻研心理咨询与治疗专业书籍”上平均得分也显著偏低，这可能是由于低年限的从业人员自我提升的动机有待增强。

3. 专兼职心理健康服务人员胜任特征比较

从前述对于心理健康服务人员专兼职情况的统计分析中，可以看到，尽管目前的心理健康服务人员中，持有专业证书者已占多数，但专职从事心理健康服务的人员却并不多(占38.5%)。而我们所访谈的专业人员基本上都认为，专职从事心理健康服务无论对于从业人员精力的投入、专业水平的提升，还是对于专职工作中各部分的相互促进，都更为有益。那么，本次调查中，专、兼职心理健康服务人员在胜任特征上会存在怎样的差异？比较结果见表8-8。

表8-8　专、兼职心理健康服务人员胜任特征比较(只列有差异情况)

胜任特征总分和条目	专职(M,SD)	兼职(M,SD)	t	p
总分	110.68,13.89	108.31,14.27	3.23**	0.001
让来访者感到容易接近	4.26,0.64	4.13,0.65	3.89**	0.000
有较系统的心理学基础知识	3.95,0.76	3.80,0.85	3.58**	0.000
乐于帮助来访者解决心理困扰	4.24,0.70	4.15,0.74	2.29*	0.022
有敏锐的情感洞察力	3.92,0.74	3.81,0.82	2.89**	0.004
喜欢钻研心理咨询与治疗专业书籍	3.75,0.82	3.60,0.90	3.27**	0.001
能始终负责任地对待来访者	4.22,0.72	4.13,0.79	2.21*	0.027
能接纳来访者的不同观点与习惯	4.14,0.74	3.97,0.80	4.20**	0.000
言谈举止让来访者感到温暖	4.10,0.72	4.02,0.73	2.24*	0.025
能清楚地向来访者表达自己的想法	4.06,0.70	3.96,0.76	2.43*	0.015
善于体察来访者的痛苦	4.03,0.72	3.93,0.74	2.79**	0.005
能从不同的视角观察问题	3.84,0.78	3.76,0.77	2.01*	0.045
能熟练运用主要的心理测验	3.62,0.89	3.40,0.93	4.75**	0.000
有较强的领悟能力	3.90,0.79	3.81,0.81	2.03*	0.043
能灵活运用有关理论与方法帮助来访者	3.72,0.78	3.56,0.86	3.87**	0.000
相信自己能有效地帮助来访者	3.79,0.77	3.67,0.84	2.81**	0.005
能适当强调来访者言行中的积极方面	4.14,0.70	4.05,0.77	2.54**	0.011

注：$^{*}p<0.05$；$^{**}p<0.01$

从表8-8可以看到，专、兼职心理健康服务人员在胜任特征问卷总分和16个具体条目上存在显著差异，且都是专职心理健康服务人员平均得分显著高于兼职心理健康服务人员。这样的统计结果可以说验证了上述受访专业人员的观点。

将专、兼职心理健康服务人员在胜任特征上的差异与持职业资格证书与否的心理健康服务人员的胜任特征差异情况结合起来看，可以发现，在这两种比较中，存在差异的条目绝大部分是重合的。这是因为，在专职心理健康服务人员中，绝大部分持有专业证书(占81.4%)。从这两种比较的结果来看，总体而言，专职心理健康服务人员与持有专业证书的心理健康服务人员胜任水平相对较高。

4.每周服务时间长短不同的心理健康服务人员胜任特征比较

从以上对于不同工作年限心理健康服务人员的胜任特征比较中，我们看到，不同工作年限的从业人员在问卷总分和大多数胜任特征条目上都存在显著差异，显示了实践经验对于心理健康服务工作的重要性。专职和兼职的从业人员之间也有众多项目存在显著差异，而专职与兼职之分主要也就是其工作密度(即一定时间内的咨询量)的分别。我们将治疗师每周进行心理咨询或治疗的小时数分为“5小时以下、5—10小时、10小时以上”三种，对每周心理健康服务时间长短不同的从业人员的胜任特征进行了比较。结果表明，每周服务时间长短不同的从业人员在问卷总分上不存在显著差异，但在7个具体胜任特征条目上差异显著，有关结果列于表8-9。

表8-9　每周服务时间长短不同的心理健康服务人员胜任特征比较

胜任特征总分和条目	5小时以下 (M,SD)	5—10小时 (M,SD)	10小时以上 (M,SD)	F	p
总分	108.79,14.10	109.90,14.21	111.24,15.68	1.96	0.142
有敏锐的情感洞察力	3.82,0.82	3.92,0.77	3.95,0.74	3.03^{*}	0.049
喜欢钻研心理咨询与治疗专业书籍	3.60,0.88	3.73,0.88	3.81,0.85	4.82^{**}	0.008
能接纳来访者的不同观点与习惯	4.01,0.78	4.07,0.76	4.20,0.78	3.14^{*}	0.044
有较扎实的心理咨询与治疗专业知识	3.59,0.89	3.72,0.83	3.84,0.79	6.29^{**}	0.002
能熟练运用主要的心理测验	3.44,0.95	3.56,0.89	3.68,0.92	4.38^{*}	0.013
能灵活运用有关理论与方法帮助来访者	3.57,0.84	3.71,0.82	3.84,0.78	7.68^{**}	0.000
能对来访者的问题做出准确的判断	3.70,0.79	3.78,0.75	3.89,0.77	3.64^{*}	0.027

注：$^{*}p<0.05$；$^{**}p<0.01$

从表8-9可以看到，每周服务时间长短不同的从业人员之间存在差异的胜任特征条目几乎都与专业知识或技能有关。事后检验发现，在“喜欢钻研心理咨询与治疗专业书籍、有较扎实的心理咨询与治疗专业知识、能熟练运用主要的心理测验、能灵活运用有关理论与方法帮助来访者”上，是每周进行心理咨询或治疗的小时数为5—10小时、10小时以上者平均得分显著高于每周服务时间在5小时以下者。在“能接纳来访者的不同观点与习惯、能对来访者的问题做出准确的判断”上，是每周服务时间为10小时以上者平均得分显著高于每周服务时间在5小时以下者。在“有敏锐的情感洞察力”上，则是每周服务时间为5—10小时者平均得分显著高于每周服务时间在5小时以下者。

总体来看，每周进行心理咨询或治疗小时数较多的心理健康服务人员，在专业知识与技能方面更强一些。这一方面可能是由于这些专业人员有着较为扎实的专业知识与技能，才成为了心理健康服务机构的专职人员或者有更多的来访者求助于他们，即“能者多劳”；另一方面，也可能是由于这些专业人员处于心理健康服务的第一线，实践需要他们加强专业知识的学习，同时，大量的实践也促进了他们专业技能的提高，即“劳者多能”。

5.是否担任督导的心理健康服务人员胜任特征比较

在心理咨询与治疗工作中，有资格担任督导者，是那些具有丰富的专业知识与实践经验的人。因此，担任督导的心理健康服务人员的胜任水平显然应该高于一般的从业人员。那么，督导与非督导在胜任特征上的差异能否在本次调查中得到充分反映呢？统计分析发现，督导与非督导除了在“乐于帮助来访者解决心理困扰、热情地对待各种来访者、能全神贯注地倾听来访者的陈述、对待来访者有耐心、能恪守为来访者保密的承诺”这几个条目上平均得分差异不显著外，在问卷总分和23个胜任特征条目上都存在显著差异。表8-10所列的是二者的胜任特征差异情况。其中显示，在胜任特征总分和存在差异的23个条目上，都是担任督导的心理健康服务人员平均得分显著高于不担任督导的从业人员。督导与非督导在“能始终负责任地对待来访者、言谈举止让来访者感到温暖、能适当强调来访者言行中的积极方面”上差异显著。除此之外，在胜任特征总水平和其他存在差异的20个条目上，二者的差异极其显著。这种差异程度超过了在其他因素上所做的心理健康服务人员胜任特征比较。

表8-10　是、否担任督导的心理健康服务人员胜任特征比较

胜任特征总分和条目	是(M,SD)	否(M,SD)	t	p
总分	115.04,14.43	108.05,13.84	7.17**	0.000
让来访者感到容易接近	4.33,0.66	4.15,0.64	3.91**	0.000
有较系统的心理学基础知识	4.16,0.74	3.80,0.82	6.82**	0.000
有敏锐的情感洞察力	4.13,0.74	3.80,0.79	6.34**	0.000
喜欢钻研心理咨询与治疗专业书籍	3.93,0.87	3.61,0.86	5.38**	0.000
能始终负责任地对待来访者	4.31,0.70	4.14,0.77	3.12**	0.002
能接纳来访者的不同观点与习惯	4.23,0.70	4.00,0.79	4.26**	0.000
有较为丰富的人文知识	3.90,0.81	3.47,0.87	7.64**	0.000
尽可能地参加心理咨询与治疗相关培训	3.86,0.88	3.53,0.97	5.28**	0.000
言谈举止让来访者感到温暖	4.20,0.74	4.03,0.73	3.36**	0.001
有较扎实的心理咨询与治疗专业知识	3.98,0.76	3.56,0.87	7.70**	0.000
阅读兴趣广泛	3.84,0.82	3.63,0.90	3.63**	0.000

续表

胜任特征总分和条目	是(M,SD)	否(M,SD)	t	p
能清楚地向来访者表达自己的想法	4.19,0.73	3.95,0.74	4.61**	0.000
善于体察来访者的痛苦	4.19,0.74	3.93,0.73	5.03**	0.000
能从不同的视角观察问题	4.13,0.75	3.72,0.77	7.54**	0.000
通常能客观认识自己	4.04,0.74	3.79,0.77	4.68**	0.000
能熟练运用主要的心理测验	3.67,0.91	3.44,0.93	3.67**	0.000
有较强的领悟能力	4.08,0.76	3.80,0.81	5.29**	0.000
能灵活运用有关理论与方法帮助来访者	3.97,0.79	3.56,0.83	7.36**	0.000
能明确每一次心理健康服务的目标	3.98,0.83	3.73,0.83	4.41**	0.000
能对来访者的问题做出准确的判断	4.03,0.76	3.67,0.78	6.69**	0.000
相信自己能有效地帮助来访者	4.05,0.78	3.65,0.82	7.26**	0.000
能设身处地地体会来访者的内心感受	4.21,0.69	3.97,0.74	4.63**	0.000
能适当强调来访者言行中的积极方面	4.21,0.73	4.06,0.75	2.88**	0.004

注：*$p<0.05$；**$p<0.01$

三、心理健康服务人员工作压力应对

心理健康领域中的助人工作者如精神科医生、心理咨询师、社会工作者等，在为当事人提供帮助的同时，常常会体验到来自当事人、自我和服务机构的巨大压力，从而成为职业倦怠或者说枯竭(burnout)的高发人群之一(蒋奖，许燕，张姝玥，陈浪，2004)。这是因为，心理咨询与治疗专业人员也是普通平凡的人，同样会面临压力与挑战，遭遇矛盾与冲突，在咨询或治疗过程中难免被来访者的负面情绪和负性事件冲击，特别是在与来访者的价值观念强烈冲突时，专业人员仍要保持对来访者的接纳与理解，这些都构成对心理咨询与治疗专业人员的严峻考验(安芹，贾晓明，李波，2006)。

在我们的访谈中，两位分别来自私立心理咨询机构和高校的专业人员谈道：

A："干这个行业时间长了确实觉得挺煎熬的，有时就觉得需要互相支持与督导，需要进一步成长，因为干这一行承受的负性的东西确实比较多。"

B："有时候会觉得压力比较大，比如在做危机干预、自杀干预之后，有时对咨询师的影响会比较大。"

在我国,由于心理健康服务事业还不够成熟和完善,心理健康服务机构大多缺乏规范的督导及休假等管理制度,心理健康服务对象和有关方面又往往对心理咨询与治疗存在过高期望,因此心理健康服务从业人员更容易面临各种压力。如果从业人员不能很好地进行自我调节,及时排解情绪压力,势必会影响到其工作效能。一个自身面临各种压力问题的人,很难能够很好地帮助其来访者。有学者认为,只有功能完备的人才有权利成为一名心理咨询师。对于心理健康服务人员应如何保持良好的工作状态,国内外均有学者论及。如美国学者卡斯罗(Kaslow)等谈到,心理健康服务人员应参与自我保健活动,以维护自己的身心健康。同时还应处理好个人压力,以将个人压力对工作的负面影响减小到最低程度(Kaslow,Dunn,Smith,2008)。国内也有学者主张,心理咨询工作者要丰富自己的个人生活,适当参加文娱体育和旅游等活动,保持与自己家人、领导、同事和朋友之间的良好沟通关系,以使自己的生活均衡发展,身心健康愉快(蔺桂瑞,2002)。除了心理健康服务人员自身应注重个人保健外,相关部门和机构也应高度关注心理健康服务人员身心健康的重要性。心理健康服务机构应保证员工有接受继续教育和督导的机会,实行员工轮假制度等,以防止心理健康服务从业人员出现职业倦怠或职业耗竭,从而影响到从业人员的自身健康和服务质量。

朱蓉先在谈到加强心理健康服务时明确提出,心理咨询机构应进入社区和乡村,发挥社区服务中心等机构贴近群众的功能,及时疏导群众情绪,保持社会和谐稳定(钱铭怡等,2008)。在我国卫生部(现国家卫生健康委员会)制定的城市社区卫生服务基本工作内容中,精神卫生是服务的一项重要内容,主要包括开展精神卫生咨询、宣传与教育,早期发现精神疾病,根据需要及时转诊,配合开展康复期精神疾患的监护和社区康复。无论是儿童、青少年、成年人和老年人都生活在一定的社区之中,在心理健康知识普及、心理疾病筛查治疗、重症精神疾病患者管理及康复方面,社区心理健康服务机构具有独特的条件。

而无论是城市社区还是农村社区,我国社区心理健康服务工作都存在很多突出的问题。在现代化水平较高的北京市城市社区心理健康服务也只是处于起步阶段,但覆盖面较窄不能满足社会发展的需要,城乡社区心理健康服务水平差距显著(钱铭怡等,2008)。而我国农村居民的整体心理健康状况偏差,心理问题较多,心理调节水平较低(陈思路,倪晓莉,2006;马挺,梁锦照,林绍良,伍宗星,2009;张向葵,高丽,李梅,2006)。我国农民面临着各种问题,如经济条件偏差、子女教育缺乏、农业劳动沉重、医疗保险体系不够完善等。而且农民的人际关系网络较为单一和封闭,文化生活比较单调和相对贫乏,这就导致有些人形成赌博、吸毒、嫖娼等堕落的消遣方式(刘刚,马登杰,2007)。而农民对生活方式疾病相关知识知晓率较低,同时其吸烟、经常饮酒等不良生活方式和行为较多(魏娜,刘枫,2005)。这些因素无时无刻不在侵蚀着农民群体的身体健康和心理健康,但农村社区群体缺乏解决这些问题的能力。农村居民的心理健康问题应成为心理健康服务的一个焦点。而实际情况是低收入的农村社区心理健康服务资源和经费投入均较匮乏,有些农村和经济欠发达地区根本没有心理健康服务人员或专业人员。

国外社区心理健康服务强调个体问题是在社区背景中出现的,针对预防大于治疗,整体大于个体的发展目标,采用三级预防理论,多级预防阶段采用一系列措施预防心理问题,尽可能消除产生心理问题的环境因素。三级预防,使社区中有心理障碍、精神疾患的人数大为减少,为他们创造了良好的社会回归环境。主要采用心理健康宣传和教育、心理健康咨询的服务方式,服务的内容主要关注生活中的问题,服务对象包括孕妇和新妈妈、老年人、青少年等,也提供压力应对、危机干预和严重精神疾病的愈后心理健康服务。在服务人员专业队伍方面,成熟的社区都会配有专业的保健医师、社区工作者和心理健康咨询师。在管理模式方面,美国社区心理卫生服务机构由董事会管理,社区参与程度很高,与附近的综合性医院关系密切,强调以家庭为中心的服务模式。

我国社区居民也有较强的社区心理健康服务需求,社区居民认为社区心理健康服务应该主要针对下岗失业人群、中学生和大学生、老年人等(郭梅华,张灵聪,2009);需求的服务内容主要包括解决人际关系问题、子女教育问题、个人心理问题、自身能力问题、择业问题、家庭矛盾问题等;服务方式主要为举行心理健康讲座、心理健康咨询等(魏建良,谢阳群,2008;钟文娟,方鹏骞,汪莹,郭石林,林诗语,2008)。

而在城市与农村心理健康服务的需求与获取之间又存在"需求不足导致过剩"的矛盾(2007年我国国民心理健康状况研究报告)。一方面原因是社区居民对心理健康知识的知晓率较低,他们对心理疾病缺乏正确认识,一些重要的心理健康问题(如抑郁症、焦虑症、强迫症等)未被公众识别,不懂得心理问题需要及时解决(仇剑崟,谢斌,2005;王俊成,2009)。尤其在经济欠发达地区和农村地区,他们获取心理健康知识的途径很有限,很多人不知道有心理问题应该去哪里寻求帮助,心理健康服务的可得性很低(吴均林等,2004;邹积志,2007;赵静波等,2009)。对北京、大连、杭州、广州、深圳、福州等城市社区居民进行抽样调查,有55.5%的人对心理健康服务认识存在误区,认为对工作、生活的作用不明显或没有作用,甚至有负作用。有部分工作人员对心理健康服务的效果不认可(吴均林等,2004;邹积志,2007),这也是导致社区居民对心理健康服务利用率不足的主要原因。另一方面是经济因素造成的。接受心理健康服务的费用常常会增加需求人员的经济负担。我国对心理健康服务投入不足,越需要财政补贴的低收入患者获得的补贴越少。而目前我国各种保险项目也主要是针对生理疾病,心理健康保险在我国还基本处于空白。美国在这一方面已经采取了一定的措施,低于65岁的人群只需要自己支付抗精神病处方药的少部分费用,老年身心障碍者的抗精神疾病处方药花费也被列入了医疗保险计划范围。我国在这方面还有很多政策方面的工作要做。

我国社区心理健康服务中还存在的一个问题是,大多心理健康测量工具不具有城乡跨文化的适应性,症状自评量表SCL-90是主要的心理健康测试量表之一,也是我国研究者对农民或农民工群体的心理健康状况进行调查使用较多的测量工具,而该问卷的许多题目并不适合农民;生活应激事件量表LES是以城市文化为背景的,有些题目和表述词汇都不适合农民群体的生活实际和文化水平;还有状态—特质焦虑量表、Y-G性格量表、社会支持量表等都不太适用于对农民心理的研究和农民心理健康状况的评定。由于文化程度、生活环境、生活经验的限制,农民无法回答或者无法理解其中的许多问题(张海钟,2006)。编制用于评定不同文化背景中群体的心理健康状况的量表也是真实反映心理健康服务客观需求及有针对性地开展城市和农村社区心理健康服务的一个必要前提。

第九章　中国心理健康服务机构分析

目前，我国民众对规范的心理咨询和治疗服务的需求日益增长，我国心理咨询与治疗的事业化进程必须相应加速。如何在学习国外已有经验的基础上，建立一个有中国特色的行之有效的心理健康服务体系成为一个突出的问题。探讨我国心理咨询与治疗目前的状况，发现心理咨询与治疗职业化进程中的各种问题，可为进一步寻找出有效的对策，促进相关法律和职业道德规范的建立，促进我国建立一套有效的心理咨询与治疗行业管理机制，完善行业准入标准及培训体系认证标准打下基础。

第一节　心理服务体系现状及管理的地区差异

本章整合了两项研究的研究结果来说明我国心理健康服务机构服务发展现状。研究一调查涵盖了29个省、自治区、直辖市。在每个省份中找2个城市，每个市调查40—50人，人员分布情况是：(1)抽取省市级综合医院、精神科专门医院各1—2所的心理治疗或咨询门诊(每所负责人1人，专业人员1—2人)；(2)抽取大学、中学(重点、非重点)各1—2所其中心理咨询机构中的全职或兼职心理咨询工作者、心理咨询工作负责人(每所负责人1人，专业人员1—2人)；(3)其他专业人员，包括私人开业者、企业开设的相关专业中心人员等。所调查的心理咨询工作者共有1 543名，其中男性575人，女性958人(数据缺失10人)。这次调查采用研究者自编的调查问卷——心理咨询与心理治疗情况调查表。该问卷共有93个多项选择题和填空题。对这个大型调查的数据进行了多角度的分析，主要探讨了专业人员及其专业工作，以及专业机构的服务情况；另外从不同经济发展水平的角度进行分析，从6个不同的行政分区等进行了分析(钱铭怡等，2008；秦漠等，2008)。研究二则是自2009年6月到2010年3月，以“中国心理健康服务体系现状及对策研究项目组”的名义，面向全国的心理健康服务人员开展的调查，最后收到来自30个省区市的有效问卷2 253份(少量数据缺失)。为了在大面积调查的基础上获得一些更为具体深入的信息，我们又对7名不同性别、不同工作年资、来自不同机构(医院、高校、中学或私立心理咨询机构)的心理健康服务人员进行了访谈。以下是调查结果所反映的目前我国不同地区、不同心理健康服务机构服务情况结果。

一、国内六大行政分区的心理卫生服务情况

秦漠等和钱铭怡等将被调查的这29个省、自治区、直辖市分为如下6个地区进行了地区间心理健康服务情况的差异比较。六大区的具体调查地点如下:(1)华北地区(包括北京、天津、河北、山西、内蒙古);(2)东北地区(包括辽宁、吉林、黑龙江);(3)华东地区(包括上海、江苏、浙江、安徽、福建、江西、山东);(4)中南地区(包括河南、湖北、湖南、广东、广西、海南);(5)西南地区(包括重庆、四川、贵州、云南、西藏);(6)西北地区(包括陕西、甘肃、宁夏、新疆)。研究一与研究二皆遵从这一划分标准,两个研究的结果都发现华北、东北、华东、中南、西南和西北六大区的心理治疗和咨询专业人员、专业工作和管理方面情况确实存在差异。

(一)六大区专业人员的基本情况及比较

六大区的专业人员,都呈现出女性多于男性的趋势,而且在华北、东北和西北地区尤其明显,男女比例接近1:2。研究一的专业人员被试平均年龄为36.09(SD=8.81)岁,平均从业时间为5.30(SD=5.16)年,表明许多人进入此行业年龄为30岁左右(参见表9-1)。全国各地区被试的学历多为本科(54.6%)和硕士(28.2%),累计比例超过80%,地区间比例呈现不同情况,西南和中南地区硕士比例较高,西北地区则较低(钱铭怡等,2008)。专业人员的学历水平总体而言要比1996年调查发现的中等专科学历居多的结果有很大的改善(龚耀先,李庆珠,1996),但是与美国的要求博士毕业水平的情况还有很大的差距(李晓虹,杨蕴萍,2005)。专业人员学历教育背景总体以心理学和教育学背景为主要构成,合计约一半,这样的情况在地区间存在差异,西北地区心理学背景的被试较少,西南地区来自心理学、医学、教育学背景的被试不足80%(钱铭怡等,2008)。

表9-1 研究一全国及六大地区专业人员基本情况

维度	测项	全国	华北	东北	华东	中南	西南	西北
地区分布	人数	1 543	265	161	380	186	311	218
	占比/%	100	17.2	10.5	24.7	12.1	20.2	14.2
性别	男/%	37.3	34.3	31.7	43.7	39.6	36.3	34.4
	女/%	62.1	64.5	68.3	55.5	59.9	63.3	65.1
年龄	M (SD)	36.09 (8.81)	37.14 (9.69)	39.57 (9.05)	36.34 (8.36)	33.81 (8.18)	34.22 (9.08)	36.42 (7.22)

注:表格引自钱铭怡等(2008)文章

表9-2列出了研究二中不同地区从业人员的受教育程度以及专业背景数据,本科与

硕士学历被试最多，这和研究一一致，但在关于各个地区之间的具体差异上有些许出入。这说明研究中不同的学历教育背景的地区分布情况，体现了不同地区对人才的吸引力不同，但其中少数取样差异所造成的结果不可避免。

表9-2 研究二心理健康服务人员受教育程度与专业背景的地区间比较

维度	华北/%	东北/%	华东/%	中南/%	西南/%	西北/%	χ^1	p
受教育程度								
高中/中专	0.7	0	0.8	0.6	1.5	2.1	152.5**	0.00
大专	5.3	13.6	6.7	2.7	10.6	13.2		
本科	35.2	57.8	57.1	39.4	53.8	51.5		
硕士	51.1	27.2	33.5	48.9	32.6	32.1		
博士	7.7	1.4	1.9	8.4	1.5	1.1		
专业背景								
心理学	59.4	34.5	46.2	63.3	45.5	43.2	69.72**	0.00
医学	9.5	9.5	12.6	7.4	14.1	11.6		
教育学	12.4	26.3	19.4	14.5	21.1	20.0		
其他	18.7	29.7	21.8	14.8	19.3	25.2		

注：期望次数小于5时所做的是Fisher精确概率检验。$^{**}p<0.01$

（二）六大区专业人员的专业情况及比较

1.从业年限及专兼职情况

从表9-3中可以看出：研究一的结果显示从各地专业人员从事专业工作时间看，华北和东北地区专业人员平均从事专业工作近7年，专业工作年限显著高于其他四个地区。各地区被试每周进行心理咨询或治疗的小时数总体为7.47小时，不同地区存在显著差异；其中东北地区最高，西南和西北地区显著低于其他四个地区；研究二的结果显示不同地区心理健康服务人员在从业年限上的差异上达到边缘显著，各地区心理健康服务人员每周进行心理健康服务的平均小时数没有显著差异。事后检验发现，华北、华东、中南、西南、西北心理健康服务人员的平均从业年限显著高于东北（p=0.00—0.04）。该结果与研究一结果不同，这可能有两方面原因：一方面从数据中较大的标准差数值我们就可知不同地区被试从业年限分布较分散，平均数的稳定性较差；另一方面，鉴于研究二比研究一的调查实施要至少晚一年，该结果也可能是由于近年来有大量新手加入到心理健康服务队伍中，改变了各地区从业人员的平均工作年限及每周进行心理健康服务的平均小时数。

表9-3 全国及各地区平均工作年限、每周从事专业工作小时数比较

维度	华北(M,SD)	东北(M,SD)	华东(M,SD)	中南(M,SD)	西南(M,SD)	西北(M,SD)	F	p
研究一								
工作年限/年	6.98,6.57	6.96,6.08	5.37,4.62	4.62,4.51	3.77,3.86	4.88,4.94	14.61**	0.00
每周小时数	8.15,7.38	10.68,10.49	8.09,7.83	9.19,11.59	4.72,6.00	5.44,5.57	14.83**	0.00
研究二								
工作年限/年	4.79,4.69	3.38,4.03	4.24,3.63	4.39,4.54	4.62,4.61	4.43,4.49	2.18*	0.05
每周小时数	5.94,7.03	4.76,5.71	5.41,6.30	6.25,6.79	5.58,6.45	5.37,6.24	1.32	0.25

注：表格研究一部分引自秦漠等，*$p<0.05$；**$p<0.01$

研究二还统计了被试专兼职的情况，结果显示华北（42.0%）、华东（40.3%）以及中南区（42.9%）专职的心理健康服务从业人员较多，东北（28.5%）、西南（34.3%）和西北（36.1%）从事专职心理健康服务的人员较少，各地区比例之间差异显著（F=14.71，p=0.01）。

2.专业特征情况

研究二调查了从业人员被试专业证书的持有情况：华东（78.6%）、东北（76.9%）、华北（70.7%）的人数比例较高，西北（60.2%）、中南（58.9%）、西南（55.1%）的人数比例较低，不同区域之间差异显著（F=98.62，$p<0.001$）。

然而衡量专业人员素质或者资历的标准不仅有上述专业证书持有情况，还包括参加各类继续教育培训、参与案例讨论、接受专业督导、专职治疗工作以及担任督导、担任培训教师等方面的情况。

表9-4描述了研究二中不同地区心理健康服务从业人员接受相关培训的情况，从中可以看出：在国外的专业机构学习或进修及接受其他培训方面，各地区之间不存在显著差异。“在国内专业机构学习过相关的理论课程”、“接受过专业人员督导”、“接受过自我分析或自我体验”、“参加过由国内单位举办的系统连续培训项目”以及“参加过由国外单位举办的系统连续培训项目”几个培训类别上，均以华北地区的人数比例为最高。东北地区“参加短期培训班”、“接受过专业人员督导”、“接受过自我分析或自我体验”以及“参加过由国外单位举办的系统连续培训项目”、“参加过由国内单位举办的系统连续培训项目”的人数比例较低。西北地区“接受过专业人员督导”、“参加过由国内单位举办

的系统连续培训项目”及“参加过由国外单位举办的系统连续培训项目”的人数比例较低。西南地区“参加短期培训班”的人数比例最高，这可能与汶川大地震之后许多机构在灾区举办心理健康服务人员短期培训有关。我们在四川的调查取样有较大一部分就是来自这类培训班。但是，西南地区“在国内专业机构学习过相关的理论课程”的人数比例最低，“参加过由国外单位举办的系统连续培训项目”的人数比例也较低。总体来看，华北地区心理健康服务人员的受训情况最好，而受训情况较差的依次为东北、西北和西南地区。

表9-4 研究二不同地区从业人员接受心理健康服务相关培训情况比较(%)

所受培训	华北	东北	华东	中南	西南	西北	χ^2	p
在国内专业机构学习过相关的理论课程	85.9	68.5	73.6	69.3	61.1	66.5	55.51**	0.000
参加短期培训班	72.5	55.5	70.6	64.1	78.9	74.7	32.39**	0.000
接受过专业人员督导	43.3	15.1	29.7	30.1	30.8	22.3	44.75**	0.000
接受过自我分析或自我体验	31.3	14.4	26.6	26.4	24.1	26.6	15.42**	0.009
参加过由国内单位举办的系统连续培训项目	30.6	16.4	25.3	20.4	23.8	15.9	21.37**	0.001
参加过由国外单位举办的系统连续培训项目	9.2	1.4	4.6	6.1	2.8	2.6	22.32**	0.000
在国外的专业机构学习或进修	3.9	2.1	2.1	3.9	3.3	4.8	6.83	0.230
其他	2.5	0.7	1.8	3.9	3.1	3.7	7.86	0.160

注：$^{**}p<0.01$

而关于专业人员资历的另外五个方面(参与案例讨论、接受专业督导、专职治疗工作以及担任督导、担任培训教师)，研究一结果发现，所调查的专业人员的资历的五个方面都是西北和西南地区比例较低。另外，专业人员总体接受各类督导(26.5%)和个人体验(25.3%)的比例都较低(钱铭怡等，2008)，被督导的小时数比较美国取得执业执照要求的至少1 000小时的情况差距很大(李晓虹，杨蕴萍，2005)。研究二调查结果显示调查中被试自身担任督导职务的比例也很少(华北，26.0%；东北，13.1%；华东，17.1%；中南，14.9%；西南24.5%；西北19.4%)。对临床心理学家胜任特征的评估会包括督导反馈、资格认证和对将来胜任能力的评估(向慧，张亚林，陶嵘，2006)，但是我国在这些方面工作都很不足够。另外比较突出的是，专业人员参加案例讨论这样的专业工作训练总体仅达到50%，但比我国20世纪八九十年代情况已经有了很大的进步(龚耀先，李庆珠，1996）。

（三）六大区硬件设施及接待来访频次比较

1.心理健康服务的场所

心理健康服务的场所情况各地区差异显著，西南地区用于咨询和治疗的房间最少，提示心理咨询和心理治疗在该地区受到的重视程度低。与最初从事心理治疗与咨询工作常常没有专门的工作场所的情况相比，调查发现目前各地各单位具有专门用于心理服务场所的比例较高，基本上大于70%，其中较高的是东北、华东和中南，西南、西北和华北较低。一般用于心理咨询或治疗服务的专门空间为1—2间，用于心理测量的房间平均仅1间，接待来访者的房间为1间左右。用于心理治疗或咨询服务的房间西南地区最少，其次是西北地区；用于心理测量的房间也是西南地区最低（钱铭怡等，2008）。

2.接待来访者频次

机构平均每月接待来访者数量在地区之间有很大差异，东北地区的专业机构平均月接待来访者数量最高，接近140人次；而西南地区最低，平均只有60人次左右（钱铭怡等，2008）。

对来访者平均咨询和治疗的次数总体看在3次以下的最多，占58.24%，9次以上的仅占19.3%左右（钱铭怡等，2008），表明全国范围内进行深入的心理咨询和治疗情况还不多。这一情况存在地区上的差异，中南和西南两个地区咨询或治疗次数普遍较少。对来访者进行咨询或治疗的次数一定程度上从侧面反映了专业人员进行较深入的心理治疗或咨询的能力。

（四）不同地域心理咨询的收费情况比较

正如第八章中受访对象谈到的，心理健康服务收费标准要看城市、区域地域位置。经济发展水平不同的东部、中部和西部地区收费标准会有差异，省会和非省会城市之间也会有差异。将网络调查涉及的27个省区市分为东部、中部和西部三个区域加以考察，同时还考察了省会和非省会城市之间的差异情况。由于多数心理健康服务机构都针对不同服务方式、服务人员制定了高低不同的收费标准，因此抽取了各机构最低与最高两种收费标准分别进行比较。对不同区域、不同城市心理健康服务收费情况的比较结果分别见表9-5和表9-6。

表 9-5 研究二东部、中部和西部地区心理健康服务不同方式收费标准比较

服务方式及各组样本数（东部 *n*，中部 *n*，西部 *n*）		东部（M，SD）	中部（M，SD）	西部（M，SD）	F	p
面谈咨询（83，22，36）	最低	174.83，107.29	136.14，72.01	154.31，76.66	1.65	0.19
	最高	514.88，324.37	344.09，298.29	290.86，128.62	8.83**	0.00
电话咨询（30，9，19）	最低	166.33，97.79	127.78，51.42	136.32，61.39	1.20	0.31
	最高	386.33，268.81	230.00，164.09	270.00，145.72	2.57	0.86
网上咨询（10，2，6）	最低	135.00，52.97	115.00，49.50	90.00，35.21	1.68	0.22
	最高	210.00，211.87	115.00，49.50	248.33，154.46	0.38	0.69
邮件咨询（9，3，5）	最低	78.89，25.22	146.67，46.19	56.00，26.08	9.24**	0.003
	最高	145.56，154.28	146.67，46.19	80.00，38.08	0.53	0.60

注：$^{*}p<0.05$

表 9-6 省会与非省会城市心理健康服务不同方式收费标准比较

服务方式及各组样本数（省会 *n*，非省会 *n*）		省会（M，SD）	非省会（M，SD）	t	p
面谈咨询（最低 105/最高 101，36）	最低	167.44，98.45	152.22，88.55	0.82	0.41
	最高	465.15，313.16	332.22，231.97	2.33*	0.02
电话咨询（46，12）	最低	161.09，82.25	110.00，69.41	1.97*	0.05
	最高	357.39，220.78	195.83，213.77	2.27*	0.03
网上咨询（13，5）	最低	126.15，52.37	96.00，36.47	1.17	0.26
	最高	245.38，202.39	126.00，48.79	1.28	0.22
邮件咨询（12，5）	最低	73.33，32.01	110.00，54.77	1.75	0.10
	最高	116.67，124.99	150.00，100.00	0.53	0.61

注：$^{*}p<0.05$

表 9-5 显示，不同区域在面谈咨询最高收费和邮件咨询最低收费上存在显著差异。事后检验表明，东部地区面谈咨询最高收费显著高于中、西部地区。而在邮件咨询最低收费上，中部地区显著高于东、西部。但是，由于开展邮件咨询的心理健康服务机构较少，因此样本很小，这一比较结果稳定性较差。从表 9-6 可以看到，省会城市在面谈咨询最高收费和电话咨询最高收费上均显著高于非省会城市，在其他收费标准上

则差异不显著。

因此,总的来看,心理健康服务收费标准的确存在地域差异,东部地区、省会城市收费相对较高。

二、不同经济发展水平地区心理卫生服务情况及管理

国际心理卫生服务的发展,通常都与某个国家和地区的经济发展水平相联系,因此需要探讨经济发展水平与心理治疗和咨询的发展状况的差异。钱铭怡等(2012)从不同经济发展水平的角度,对不同地区心理卫生服务情况做了比较。研究将经济发展水平分为经济发达地区与欠发达地区两个区域。两组经济发展水平是根据2006年的人均GDP高低进行划分的:将人均GDP高于20 000元的地区作为经济发达地区,低于20 000元的地区作为非经济发达地区,两种发展水平的地区情况如下:(1)经济发达地区包括:上海、北京、天津、浙江、江苏、广东、山东、辽宁、福建、内蒙古。(2)欠经济发达地区包括:河北、黑龙江、吉林、新疆、山西、河南、湖北、重庆、湖南、宁夏、陕西、青海、四川、江西、广西、安徽、云南、甘肃、贵州。

(一)不同经济发展水平的地区心理治疗和咨询专业人员状况

研究处于发达地区的被试为640人,不发达地区的被试为881人。不同地区被试的性别分布没有显著差异。被试总体的平均年龄36.09(SD=8.81)岁,t检验表明经济发达地区被试的年龄(36.71岁)显著大于非经济发达地区的被试的年龄(35.64岁)。两地区被试的职业分布比较相似,都以教师和医生占大多数。两地区被试的收入明显反映了地区经济发展水平的影响。在经济发达地区,月收入在1 000元到2 000元的被试所占比例为23.6%,而不发达地区这一比例为47.7%;发达地区月收入在2 000元至4 000元的被试百分比为51.2%,不发达地区的这一百分比为36.1%(钱铭怡等,2012)。

从专业人员的工作时间上看:在经济发达地区,专业人员的工作年限更长,从侧面反映了这些地区心理服务行业的发展更早更成熟;经济发达地区的专业人员每周进行的工作时间也更长,这可能是由于经济的发展促进了民众更高层次的心理需求等,反映了经济发展与心理的一种相互促进的关系,表现为在经济发达的地区对心理服务有更大的需求现象;且调查也发现,在经济发达地区有更多的专职专业人员,有更多的时间投入到心理服务的工作中。

从专业人员的培训等方面看:担任督导方面,两个地区的专业人员情况没有差异,但是在担任培训教师方面则经济发达地区的专业人员要显著多于欠经济发达地区,这

也可能是经济发达地区的心理服务发展要更加成熟的一个间接的证据，例如，可能是由于民众对心理服务的需求量大，推动更多的人参加培训，促使经济发达地区的专业人员更多地承担起培训的责任。此外，经济发达地区的专业人员每个月用于参加案例讨论的小时数明显多于非发达地区，这也表明了经济发达地区的专业人员在专业培训方面走在前列。

从专业人员的分布情况看；在经济发达地区的专业人员在中学工作的多于非经济发达地区，表明越是经济发达的地区，其对个体心理健康越重视，学校心理咨询重视程度越高，在中学也开始较为普遍地开展相关的心理咨询方面的工作了。另外经济发达地区的专业人员在企业、司法机关和政府部门的比例也比非经济发达地区更高，可能在经济发达地区心理专业的应用得到更普遍的重视（钱铭怡等，2012）。

调查得到的一个比较特别的发现是，在欠经济发达地区，专业人员中在大学工作的明显多于经济发达水平的地区，这可能与中国政府的西部大开发政策有关，这种向西部倾斜的政策，促进了中国一些非经济发达地区向外吸引人才，这可能使一些非经济发达地区也吸引了一批专业人员到大学工作。此外，因教育部早就明文规定，各个高校要配备心理咨询人员，可能在欠经济发达地区专业人员在高校比其他单位更为集中，所以调查找到了更多的在大学工作的心理健康服务专业人员。

（二）心理治疗和咨询领域专业机构的服务

经济发达地区的每月接待来访者数量要显著更多。虽然在接待学生的情况上，经济发达与非经济发达地区之间没有差异，但是对于学生以外的群体，经济发达地区的接待量是更大的（钱铭怡等，2012）。这从侧面反映了经济发达地区心理服务发展更成熟，对心理健康知识的普及工作更加扎实，使得一般民众对心理咨询和治疗认识增强，同时专业机构的人员较多，接待能力更强，心理服务在经济发达地区的应用程度和被接受度也更高。

在接待来访者类型方面，按经济发展水平，水平越低的地区，接待的来访者中被认为是一般心理问题的越多。在干预次数（会谈次数）方面，3次及以下的会谈，两地区之间没有显著差异，但4—15次会谈，则经济发达地区要显著多于欠经济发达地区。欠经济发达地区接待来访者更多为一般心理问题，可能提示了从业者诊断方面专业能力的不足；而会谈次数的数量可能更进一步提示了从业者是否具有对来访者深入治疗的能力。综合来看，结果表明经济发达地区的专业人员具有相对较高的专业水准。

从服务场所的情况看，经济发达地区用于心理治疗或咨询以及心理测量的空间要更多。每个机构中心理治疗师和咨询师的人数在经济发达地区要多于欠发达地区，经济发达地区的专业机构经济实力雄厚，专业化程度较高，专业实力较强，提供心理服务的软硬件条件都更有优势。

在专业机构对人员的要求及机构制定的专业规范方面，两类地区来访者保密方面的专业规范普遍得到注重。但是在另外一些专业规范方面，例如对外公开收费标准、心理咨询或治疗病历单独保存、录音和录像之前征求来访者同意等方面，在对具有高自杀危险和可能伤害他人高风险的来访者的应对办法的制定方面，则两地区存在差异，经济发达地区在这些方面的制度的制定和工作规范化程度方面显著好于欠经济发达地区（钱铭怡等，2012）。

对继续教育的要求方面，发达地区专业机构对其人员的管理包括了要求接受继续教育及相应的时间数量，比较其他两地区，经济发达地区有36.10%的专业人员回答其单位要求接受继续教育，而且接受继续教育的小时数平均为56.05小时，这与发达国家对专业人员每年达到的继续教育小时数量相近（赵旭东，丛中，张道龙，2005）。从专业机构对继续教育小时数量的要求看，经济发达地区的要求要显著高于非经济发达地区，由于在中国许多专业机构中，外出参加会议和专业培训，需要得到单位领导的批准，而且许多人外出培训的经费是由单位支出的，因此，参加继续教育的可能性实际上也与经济状况相关联；此外，专业人员现在也开始更多地自己支付培训费用外出参加各种培训，但经济发达地区这样做自费培训的同行多于经济欠发达地区，因此专业机构对继续教育的要求这一指标，反映了经济发展水平对专业工作的影响。

总体而言，以不同经济发展水平作为划分标准，结果发现不同发展水平的地区，心理治疗和咨询工作的开展存在不均衡的情况。具体表现为经济发达地区的专业人员培训背景、收入、工作的专业化方面程度较高，在专业机构提供的服务、管理的规范化方面也都好于经济欠发达地区。这些结果显示，心理治疗和咨询专业工作的确受到不同地区经济发展水平的影响和制约。未来如何促进经济不发达地区的心理治疗和咨询工作的健康发展，是一个必须面对和解决的问题。

（三）全国心理服务机构管理的情况比较总结

各地区的管理人员数量多集中在1人、2人和大于2人三种情况，管理人员多由专业人员兼任，这可能与心理治疗和咨询业的特殊性有关，一般来说管理人员需要有一定的相关专业知识。除管理人员外，其他人员分配比例在各个地区不存在明显的差异。管理的形式也和被试的工作单位有关，医院多采用处、科、室的方式，高校的心理咨询中心则一般归属于学生工作处。总体看，处、科、室这样的管理方式在本调查结果中占了大多数。

收费情况与被试的工作单位有很大的关系。在我国,学校一般不会向学生收取咨询费用,或者只是收取很低的费用。全国平均单次咨询或治疗收费49.6元,但各地情况不同。以正高职称人员平均收费情况看,华北地区收费平均为148.43元/次,而西北地区平均为21.57元/次。从收费的总体情况看,我国的心理咨询师和治疗师与美国专业人员的收费水平相比不高(赵旭东,丛中,张道龙,2005),这可能与心理咨询与治疗在中国现阶段发展水平及我国的经济发展水平相关。本次研究更详细比较了不同地区的心理机构收费情况,结果显示不同地区心理咨询收费不一,差异显著,且总的来看,东部地区、省会城市收费相对较高。

在专业机构相关管理规定的项目中,西北地区实现的比例要比其他的地区都要低,例如,"对来访者信息的保密规定""在录音、录像前需经来访者同意""心理咨询或治疗病例单独保存""避免与来访者的双重关系"以及"对有高自杀危险的来访者的应对办法"这五个方面,西北地区都比全国平均实现比例低10%以上,而其他的地区之间都没有显著的差异。发达国家将这些相关情况列入了专业伦理规范中,并进行了专门的阐述,例如美国咨询心理学会的伦理守则(Association, Others, 1995)。对这些专业化方面的内容进行规范,体现了行业的专业化发展的水平程度,在这个方面,西北地区服务机构的相关规定制定比其他地区的平均水平稍低。

调查结果显示,全国六个大区在心理治疗与咨询的机构、人员、管理和规范建设方面,发展确实存在不均衡的情况,其中华北、华东地区专业水平较高,各种培训和机构的管理规范比较完善;而西北地区则相对比较落后,体现在专业机构要求不高以及机构规范欠缺等方面。

第二节 不同专业机构的具体情况及比较

我国的心理健康服务的从业人员以医务和教育工作者为主体,前者多在综合医院、精神专科医院工作,后者多以大学和中学相应的心理健康服务机构为工作载体。医疗单位与教育单位由于在机构性质上的差异,对心理咨询和治疗的管理存在差异。

一、心理健康服务机构概述

四类不同的心理健康服务机构在主要提供的服务类型方面,均以个体心理咨询或治疗为主,在这一服务方面四类机构的情况没有差异。但在医疗领域和教育领域的机构提供的服务类型还是具有不同的倾向。医疗领域机构更多提供个体心理治疗、心理测量和评估这样的服务,而教育机构则提供了更多的团体心理咨询服务,在上述方面各服务机构存在差异。而在团体心理治疗、网上在线和电话咨询方面,四类机构提供得相对都较少(张智丰等,2009)。

四类心理健康服务机构在各类服务对象上都存在显著差异。其中教育领域中专业机构的主要服务对象为学生,而为其他社会成员提供的服务很少;医院的相关专业服务机构的主要服务对象更为多样,按照其多少顺序看,主要包括学生(但少于教育机构)、城市居民、企业员工、工人、农民、军人等,服务对象涉及人群范围更为宽泛。

在接待的来访者涉及的主要问题方面,教育领域的专业服务机构,工作问题和家庭婚恋问题涉及较少,涉及较多的是一般心理问题和发展性问题(内容包括学业、工作、人际关系等问题);而医疗领域的专业服务机构,尤其是精神专科医院,更多地对达到疾病诊断要求的、程度比较严重的心理及精神障碍(例如神经症、抑郁症、精神分裂症)患者提供服务,医院遇到此类问题明显多于学校的服务机构。医疗和教育领域机构都较少遇到人格障碍、进食障碍、物质依赖及性心理障碍问题,但此类问题到前者的机构寻求帮助者仍然多于后者。

在接待来访者的服务场所方面,精神专科医院用于心理咨询和心理治疗的房间最多,每一医院平均3间多房间,综合医院和大学都是平均1.8间房间左右,中学为1间房间。精神专科医院和综合医院都有专门用于做心理测量的房间,而大学、中学均为不足1间。在这个方面,医院可用资源比较多,而且在服务空间方面做到了专门化。大学和中学的情况虽然不如医院,但与80、90年代以教学办公室作为心理咨询或治疗的场所相比,已经大有改观。

二、不同专业机构的服务情况及比较

(一)不同专业机构服务人员的基本情况及比较

研究一显示,全国及各地区被试在大学任职比例最高(占总体的27.0%),其次为中学(9.7%)和私人开业(9.5%),在精神科专门医院(8.0%)和综合医院(7.1%)工作的也有相当的比例,其余则分散于政府机关、企业、司法、部队等需求量少的专业机构(钱铭怡等,2008)。从该结果知道心理学从业者分布的从业机构大致可以分为学校、医院、其他机构三个类别。研究二对分布在这三个类别的从业者的受教育程度以及专业背景做了分析,详见表9-7。

表 9–7 医院、学校和其他机构心理健康服务人员的受教育程度与专业背景比较

维度	医院	学校	其他机构	χ^2	p	高校	中小学	χ^2	p
受教育程度									
高中/中专	3.1	0.1	2.7	506.71**	0.00	0	0.2	314.36**	0.00
大专	16.2	2.5	19.8			0.5	7.2		
本科	58.9	47.2	56.3			31.7	83.8		
硕士	18.7	45.8	20.6			61.5	8.8		
博士	3.1	4.4	0.6			6.3	0		
专业背景									
心理学	21.5	56.6	40.4	1 056.86**	0.00	64.2	38.2	98.81**	0.00
医学	72.4	3.6	6.7			3.9	2.7		
教育学	1.3	22.6	14.1			17.2	35.7		
其他	4.8	17.2	38.8			14.7	23.4		

注：** $p<0.001$

卡方检验显示，医院、学校和其他机构的心理健康服务人员在受教育程度与专业背景上均差异显著。具体来看，医院和其他机构的心理健康服务人员受教育程度为大专及以下的占20%左右，而学校的不到3%；医院和其他机构的心理健康服务人员受教育程度为硕士及以上者也约占20%，而学校的却达到50%。可见，与医院和其他机构相比，学校低学历者相对较少，而高学历者相对较多。

从专业背景来看，医院的心理健康服务人员大多数为医学背景，其次是心理学；学校心理健康服务人员中，心理学专业背景者最多，其次是教育学；其他机构的心理健康服务人员以心理学和其他专业背景者居多，各占大约40%，且其他机构中，来自其他专业背景的从业人员所占比例明显多于学校和医院。也就是说，其他机构心理健康服务人员的专业化程度相对较低。

由于调查中学校心理健康服务人员既有来自高校的，也有来自中小学的，我们又进一步对高校与中小学心理健康服务人员的受教育程度与专业背景进行了比较，结果显示高校与中小学心理健康服务人员在受教育程度与专业背景上存在显著差异。其中，高校心理健康服务人员的受教育程度以硕士为主，其次是本科；而中小学心理健康服务人员的受教育程度则明显以本科为主。多数高校心理健康服务人员所学专业为心理学，而中小学心理健康服务人员中专业背景为心理学与教育学者各占三分之一多。在高校与中小学，医学专业背景的心理健康服务人员均占很少数。中小学心理健康服务人员中其他专业背景者多于高校。总体而言，高校心理健康服务人员的专业化程度要高于中小学。

(二)不同专业机构服务人员的专业情况及比较

1.工龄及专兼职情况

对不同机构心理健康服务人员的平均工作年限及每周进行心理健康服务的小时数的比较可知,不同机构心理健康服务人员在平均工作年限及每周进行心理健康服务的小时数上均存在显著差异。事后检验发现,医院从业人员平均工作年限(M=6.90,SD=6.06)显著高于学校(M=4.29,SD=4.09)和其他机构(M=3.37,SD=2.74)(F=49.77,p<0.001),而学校又比其他机构高(p<0.001)。这可能是由于医院和学校在招聘心理健康服务人员时要求更为严格,许多刚考到"心理咨询师"等证书的新手相对不易进入。从每周进行心理健康服务的小时数来看,也是医院(M=9.07,SD=8.86)显著(F=36.04,p<0.001)高于学校(M=4.99,SD=5.32)和其他机构(M=5.83,SD=7.84)。但在学校与其他机构之间,是其他机构从业人员平均每周进行心理健康服务的小时数更多(p=0.02)。因此,学校心理健康服务人员投入心理健康服务的时间总体来看是最少的。

为了进一步考察高校与中小学心理健康服务人员在从业年限及每周进行心理健康服务小时数上是否存在差异,我们对此进行了比较。结果显示高校心理健康服务人员的平均从业年限(M=4.45,SD=4.25)显著(t=4.51,p<0.001)高于中小学(M=3.49,SD=3.47),这与高校开展心理健康教育与服务工作较早有关。而在每周进行心理健康服务的小时数上(高校,M=5.01,SD=5.29;中小学,M=4.76,SD=5.37),二者不存在显著差异(t=0.80,p=0.42),平均为每工作日1小时左右。这样的时间投入很难说能较好地满足学生的心理健康服务需求。

对不同机构心理健康服务人员的专兼职情况调查结果显示医院专职从业人员比率(46.0%)、高于学校(38.1%)以及其他机构(37.5%),之间存在显著差异(F=5.52,p=0.06)。如此低比例的专职人员情况可能是由于目前心理健康服务的收入还不足以作为从业人员的主要经济来源。在我们的访谈中,就有专业人员谈道:"我们在培训班上交流时,好些人都说,现在单靠心理咨询,根本养活不了自己。"可见,要使心理健康服务成为多数从业人员的主业,仍需政策。

2.专业素质情况

针对不同机构服务人员专业证书持有情况的调查显示:64%医院从业者都持有专业证书,64.8%学校从业者持有专业证书,82.7%其他机构从业者持有专业证书,三种类型持有比率之间存在显著差异(F=56.95,p<0.001)。进一步对高校和中小学进行区分,结果显示高校工作者持有专业证书比率为67.6%,中小学工作者持有专业证书比率为58.1%,二者之间差异达到显著水平(F=12.15,p<0.001)。总体来讲,无论任何机构,大部分从业者都是持有专业证书的合格人才。

关于从业人员的继续教育培训，表9–8列出了不同从业机构中从业人员参加各种培训的总体情况。由表9–8可以看出，医院、学校以及其他机构的心理健康服务人员“参加短期培训班”、“参加过由国外单位举办的系统连续培训项目”以及接受过其他培训的人数比例没有显著差异。但医院心理健康服务人员“在国内专业机构学习过相关的理论课程”的人数比例相对较小。学校心理健康服务人员“接受过专业人员督导”、“接受过自我分析或自我体验”、“参加过由国内单位举办的系统连续培训项目”以及“在国外的专业机构学习或进修”的人数比例均较低。其他机构的心理健康从业人员“接受过专业人员督导”、“接受过自我分析或自我体验”的人数比例最高。这是由于在本次调查的其他机构心理健康服务人员中，以私立心理咨询机构的从业人员为主，他们大多要以此谋生，因而受训动机会更强。此前，课题组成员关于我国心理健康服务从业者继续教育培训动机的调查发现，心理健康从业人员的培训动机依次是：提高业务水平、提高自我、解决自己心理问题、了解他人、培训他人、开业和换工作。其中，社会机构的从业人员在“工作需求”动机上要强于其他机构的从业人员。

在本次调查中，接受过这些培训的人数占医院与其他机构从业人员的比例总的来说并不高，一个重要原因是目前很多培训的费用超出了从业人员的承受范围。对于众多需要自费参加培训的从业人员来说，许多培训让他们可望而不可即。以下是我们的访谈对象中，两位分别来自医院和私立心理咨询机构的从业人员对专业培训的期望：

A：“希望有比较好的督导，有系统的培训，收费不要太高。”

B：“希望听到大师的讲课，而且能够便宜一点。现在的心理咨询师培训好多都是天价，一次都是三五千(元)、好几千(元)，像我们这种心理咨询师或者说心理学爱好者，很少有条件听这种课。”

因此，有关部门有必要出台相应的政策和措施，使所有的心理健康服务从业人员都能成为相关专业培训的受益者，从而使民众接受到更加高质量的心理健康服务。

表9–8 不同机构从业人员接受心理健康服务相关培训情况比较

所受培训	医院/%	学校/%	其他机构/%	χ^2	p	高校/%	中小学/%	χ^2	p
在国内专业机构学习过相关的理论课程	67.1	70.5	76.9	10.04	0.007	75.7	61.1	32.39*	0.00
参加短期培训班	68.9	69.3	74.1	4.17	0.12	68.9	71.1	0.69	0.41
接受过专业人员督导	32.0	26.6	40.6	34.74	0.00	31.6	14.7	45.41**	0.00

续表

所受培训	医院/%	学校/%	其他机构/%	χ^2	p	高校/%	中小学/%	χ^2	p
接受过自我分析或自我体验	25.3	22.1	38.8	52.87	0.00	24.4	16.7	10.56**	0.001
参加过由国内单位举办的系统连续培训项目	28.9	20.4	31.4	28.52	0.00	21.9	16.7	5.09*	0.02
参加过由国外单位举办的系统连续培训项目	6.7	4.1	5.5	3.85	0.15	5.3	1.4	12.13**	0.00
在国外的专业机构学习或进修	4.4	2.4	4.5	7.35	0.025	2.9	1.1	4.13*	0.04
其他	2.2	2.5	2.9	0.31	0.86	1.1	1.5	0.46	0.50

注:*代表有显著差异

此外,表中数据显示,学校心理健康服务人员的受训情况不容乐观,这可能是因为目前学校的心理健康服务人员大多是兼职,自身的受训动机总体不强,而且学校对心理健康服务的重视程度有待提高。为了考察高校与中小学心理健康服务人员的受训情况是否存在差异,我们对二者接受心理健康服务相关培训的情况进行了比较,结果显示,高校与中小学心理健康服务人员“参加短期培训班”及接受其他培训的人数比例不存在显著差异。除了这两项外,高校心理健康服务人员“在国内专业机构学习过相关的理论课程”、“接受过专业人员督导”、“接受过自我分析或自我体验”、“参加过由国内单位举办的系统连续培训项目”、“参加过由国外单位举办的系统连续培训项目”以及“在国外的专业机构学习或进修”的人数比例均显著高于中小学。可见,中小学心理健康服务人员的受训情况显得尤为薄弱。而中小学阶段是为学生的健全人格奠定基础的重要阶段,因此,如何加强中小学心理健康服务人员的培训是一个不容忽视的研究方向。

对不同机构被试担任督导情况的调查显示医院(34.9%)、学校(15.9%)和其他机构(22.3%)从业人员的担任督导情况存在显著差异(F=19.71,p<0.001),其中,医院心理健康服务人员担任督导的人数比例最高,学校最低。将学校中的高校与中小学分开来看,高校(18.7%)心理健康服务人员担任督导的人数比例的确显著(F=47.17,p<0.001)高于中小学(9.4%)。

3. 不同机构对专业人员的工作管理情况对比

四类服务机构在对专业人员的管理方面各有侧重。

除在组织专业人员参加活动或培训上没有显著差异外,精神专科医院各项管理工作中评分都是最高的，内容涉及组织专业人员参加活动和培训、对专业人员进行监督和管理等；综合医院与大学得分接近，中学在各项上的得分最低。此外精神专科医院在“为专业人员聘请督导”方面得分也较其他组织机构为高。

各类机构专业人员在参加各种形式的督导（包括：一对一督导、小组督导、同行督导、小组案例讨论）方面显著不差异。总体而言，无论医疗机构还是教育机构在各项督导方式上的得分都偏低，而且无论是医疗领域机构还是教育领域机构，在“为专业人员聘请督导”这一项的得分上都比较低，这反映出心理健康服务机构普遍缺乏督导，这不利于心理健康服务机构提供服务提高专业水平。

在四类专业机构对专业人员工作进行检查和评估方面，医院的服务机构可能受到医院体制及相关制度的影响，在此方面的考核、评估机制比较完善，而大学和中学的服务机构则相对比较逊色。统计分析表明，各机构在专业知识考核、根据来访者家属反馈、对来访者进行随访、追踪的检查方式上存在显著差异。医疗机构有更多的专业知识考核、根据来访者家属反馈、对来访者进行随访等工作检查方式，而教育领域机构这三方面的工作检查则较为缺乏。

（三）不同机构心理咨询收费情况比较

研究二调查了不同机构的咨询收费情况。由于学校针对学生的心理健康服务一般不收费，所以进入本次调查的心理健康服务机构均为医院和私立心理咨询机构，且本次调查的公立医院均不提供网上咨询和邮件咨询服务，提供电话心理咨询服务的仅有一家，因此，我们只对医院和私立心理咨询机构的面谈咨询收费标准进行了比较，结果显示：公立医院的面谈咨询无论是最低平均收费（n=17，M=84.76，SD=59.08）还是最高平均收费（n=14，M=172.14，SD=88.17），都显著低于（最低收费，t=5.37，p=0.00；最高收费，t=8.01，$p<0.001$）私立机构的相应标准（最低平均收费，n=124，M=174.35，SD=95.12；最高平均收费，n=123，M=459.59，SD=300.54）。

我们在网络调查的原始资料中看到，北京一家知名专科医院的心理健康服务收费标准为：挂号费7—14元；心理咨询费用每20分钟20元；心理治疗费用每20分钟30元；心理测查费用50—100元/次。假如一个来访者去该院接受心理治疗，按一般心理健康服务机构的一次咨询或治疗时间1小时计，且挂号和心理测查都按最高标准计，其心理治疗全程费用=挂号费14元+心理测查费用100元+心理治疗费用90元=204元，也远低于一些私立心理咨询机构1小时上千元的收费，且与多数民众的承受能力基本相当。可见，目前心理健康服务收费需要规范的重点是私立心理咨询机构。这样的规范从长远来说，是有益于服务对象、服务人员以及心理健康服务事业发展的。

（四）不同机构心理健康服务状况总结

总体而言，四类心理健康服务机构各有特点。从专业方面看，经历了20世纪80年代的起步，20世纪90年代的成长，心理健康服务机构在中国都有了长足的进步，反映在有了专门的人员，专门的服务场所，有一定的监督检查机制，能够提供不同类型的服务，有能力服务于不同问题及障碍的人群等。

不同的机构在提供服务的形式、对象、接待问题类型上都各有特点，专业人员的人力资源配备情况也有差异。

精神科医院有数量最多的专业人员，服务群体范围更广，提供服务类型也最多，接待来访者的问题类型相对多样化，从一般的问题到较为严重的精神心理疾病都有涉及，专业人员学历水平也较高，工作场所也最有保障，在培训、监督和检查方面也形成了一定的规范。综合医院则是在提供的服务形式、对象及问题类型上类似于精神专科医院，专业人员的构成背景也类似，但是在学历方面硕士比例稍高于精神专科医院，可能与综合医院在发展前景方面普遍好于精神专科医院有关（赵旭东，丛中，张道龙，2005）。大学和中学的特点更为鲜明，服务对象基本为学生，服务类型以个体及团体心理咨询为主，解决的通常为一般心理问题。这类似于美国设立的学校咨询三个基本范畴：学业、职业、个人和社会性咨询模式（傅宏，2003），与我国高校心理咨询以发展性咨询为基础、障碍性咨询为辅助的模式定位相符合（刘翼灵，贾晓明，2003）。专业人员多为心理学和教育学背景，且以本科和硕士为主。

整体看，四类服务机构仍存在督导管理不足，专业人员人力资源配备专业化较低等问题。例如在人力资源配置上，医疗领域机构的心理健康服务以医学背景为最多，且以本科学历人员为主。在我国的医学院校，通常缺乏心理学及心理治疗方面的课程，而在实际工作中，督导和培训相对较少，可能影响到心理健康服务的专业水平。与此同时，医院具有心理学背景的人员相对比较少，社工专业人员几乎没有，这与国际上通行的精神科医师、临床心理学家和社会工作者三大专业人员相互合作的精神卫生人力资源模式还有很大差距（赵旭东，丛中，张道龙，2005）。而教育领域的大学和中学的心理健康服务人员虽然以心理学、教育学背景人员为主，但从业人员系统培训不足，“半路出家”的其他专业人员也占到一定的比例，也反映出这些心理健康服务机构专业化程度较低的情况。

三、不同机构服务人员的胜任特征分析

如前所述，不同专业机构的从业人员在受教育程度、专业背景等方面存在差异，这种差异不仅是本次调查的静态结果，它也体现了服务机构与人才之间双向选择的动态

过程，即：不同的机构对其工作人员有不同的胜任特征要求，这种要求的满足导致了不同机构从业人员之间的各种不同。

（一）医院系统的心理健康服务人员职业要求

首先，相对于教育系统以及其他机构来说，医院应该是人流量最大的地方，医生每天都要面临大量的病人，过载信息容易使人产生倦怠、焦虑等消极情绪。因此医院的工作者必须有更好的耐心与抗压能力。此外，医院面临的多是症状已经比较严重的心理疾病患者，他们可能需要某些药物来帮助他们心理疾病的治疗，比如抗抑郁、缓解焦虑等，这就要求在医院从事心理健康服务的人员最好有处方权可以开药，这也是医院中医学背景的心理健康服务者数量较多的重要原因。

（二）教育系统的心理健康服务人员职业要求

正如改革开放的总设计师邓小平同志1978年4月22日《在全国教育工作会议上的讲话》所肯定的："一个学校能不能为社会主义建设培养合格的人才，培养德智体全面发展、有社会主义觉悟的有文化的劳动者，关键在教师"。教师是学校中极其重要的角色，服务于学生心理健康的工作者投身于校园，他们在学生的心目中其实也有和教师类似的角色。就如我们会不自觉地将在医院工作的心理健康服务工作者称为心理医生，对校园里的心理健康服务工作者我们则更习惯于称之为心理健康老师（鞠鑫，2009）。又因为大学生和中小学生在学习方式以及学习环境方面有很大不同，因此对工作在这两个环境的工作者有着不同的要求。

1.中小学中的心理健康服务工作者

中小学阶段学生的基本任务是学习科学知识、强健体魄以及养成良好的行为习惯，心理老师的作用更多是服务于学生的学习，矫正个别学生的行为问题。帮助学习障碍学生调整心态、克服障碍；帮助学习成绩优异的学生缓解压力，鼓励其丰富生活；以及多与家长沟通，共同探讨儿童的教养方式问题；等等。该工作要求从业人员更专攻儿童以及青少年的发展与教育问题，更擅长于行为矫正等行为主义的心理学咨询手法。

2.高校中的心理健康服务工作者

首先，大学校园是个更自由的地方，大学生的教育也更注重于学生的创新与独立，大学生遇到的问题也不仅仅是学习问题，还包括更多的人际关系、情绪、就业等问题。

以针对大学生就业的心理健康服务为例：在加拿大，高校职业咨询师是整个社会职业咨询师队伍中的一个分支，其主要的工作角色是为大学生开展职业指导和咨询服务，促进学生职业发展。包括十项工作内容和职责：一是开展个人和团体咨询，帮助学生明确人生目标和职业目标；二是开展测试和调查，评估能力、兴趣和其他因素，以帮助学生明确职业倾向；三是通过学习设计和计划来开展职业探索活动；四是利用职业规划系统和信息系统来帮助个体更好地了解工作世界；五是提供学习职业决策的机会；六是帮助设计个人职业规划，教授职业策略和技巧；七是帮助学生了解工作和其他生活角色的特点，给经受压力、变化的人提供支持；八是对相关服务内容进行评估；九是为教师和学生父母提供咨询；十是参与到学校办学的各项活动中。根据高校职业咨询师承担的工作，可将其工作内容归为三类：指导、咨询和测评。但在实际工作中，职业咨询师的工作角色和内容要复杂得多，有非常细致的工作角色分工，包括职业教育、职业咨询、就业指导、职业信息、合作教育、企业招聘管理、项目管理等（黄巧荣，2009）。这就要求工作者有更多测评方面的知识素养以及管理能力。

（三）不同专业机构服务人员的胜任特征调查分析

不同心理健康服务机构的从业人员由于受训背景不同、实际投入心理健康服务的时间多少不同等原因，在胜任特征上可能会存在差异。使用研究二的调查数据，我们针对医院、学校和其他机构心理健康服务人员的胜任特征进行比较，方差分析结果表明，三类机构的心理健康服务人员在胜任特征问卷总分上差异不显著，但在10个具体的胜任特征条目上存在显著差异，有关的统计结果见表9-9。

表9-9　不同机构心理健康服务人员胜任特征比较

胜任特征总分和条目	医院(M,SD)	学校(M,SD)	其他(M,SD)	F	p
有敏锐的情感洞察力	3.80,0.75	3.83,0.79	3.97,0.82	4.04	0.018
能始终负责任地对待来访者	4.15,0.78	4.14,0.78	4.27,0.73	3.40	0.033
能接纳来访者的不同观点与习惯	3.98,0.82	4.01,0.78	4.17,0.72	5.70	0.003
有较为丰富的人文知识	3.73,0.86	3.49,0.87	3.66,0.87	8.32	0.000
能全神贯注地倾听来访者的陈述	4.09,0.81	4.22,0.74	4.31,0.72	4.18	0.016
能恪守为来访者保密的承诺	4.41,0.71	4.58,0.64	4.56,0.68	4.18	0.015
阅读兴趣广泛	3.64,0.88	3.64,0.88	3.80,0.90	4.04	0.018
能从不同的视角观察问题	3.77,0.79	3.76,0.78	3.89,0.77	3.10	0.045

续表

胜任特征总分和条目	医院(M,SD)	学校(M,SD)	其他(M,SD)	F	p
能灵活运用有关理论与方法帮助来访者	3.80,0.86	3.58,0.83	3.70,0.84	6.32	0.002
对待来访者有耐心	3.90,0.88	4.13,0.78	4.16,0.75	5.61	0.004
总分	108.92,15.07	108.84,14.05	110.79,14.05	2.43	0.088

事后检验发现,在"能始终负责任地对待来访者""阅读兴趣广泛""能从不同的视角观察问题"这几个条目上,其他机构的心理健康服务人员平均得分显著高于学校的心理健康服务人员(p=0.005—0.013)。在"有敏锐的情感洞察力""能接纳来访者的不同观点与习惯"上,其他机构的从业人员平均得分显著高于医院及学校的心理健康服务人员(p=0.000—0.042)。在"有较为丰富的人文知识""能灵活运用有关理论与方法帮助来访者"上,是医院和其他机构的从业人员平均得分显著高于学校心理健康服务人员(p=0.002—0.016)。从以上这些存在显著差异的条目来看,学校心理健康服务人员在某些胜任特征上不及其他机构与医院的从业人员。分析原因,一方面与样本年龄有关,本次调查的学校心理健康服务人员中35岁以下的年轻人所占比例较大(占69.2%);另一方面,目前许多学校对心理健康服务工作的重视程度还不够,学校心理健康服务人员大多是兼职,受训动机总体而言不是很强,受训情况相对而言更加不容乐观。

另外,在"能恪守为来访者保密的承诺""对待来访者有耐心"上,是学校和其他机构的从业人员平均得分显著高于医院心理健康服务人员(p=0.002—0.027)。在"能全神贯注地倾听来访者的陈述"上,则是其他机构的从业人员平均得分显著高于医院心理健康服务人员。这些差异主要是由于学校和其他机构与医院的心理健康服务模式不同。学校和其他机构一般是采取心理学的服务模式,通过谈话和交流来帮助来访者;而医院主要是采取医学模式,在心理健康服务过程中大多以药物治疗为主。我们从心理健康服务收费情况调查中也看到,不少医院的心理咨询或治疗是以一次20分钟为计费时段的,而其他机构一般是以一次50分钟或1小时为计费时段。因此,不同的服务模式可能是导致医院与学校、其他机构在有关保密、耐心、倾听的条目上存在差异的主要原因。

从前述关于心理健康服务人员基本情况的分析中,我们看到,高校与中小学心理健康服务人员在受教育程度、专业背景以及接受心理健康服务相关培训等多方面存在显著差异。那么,高校与中小学心理健康服务人员在胜任特征方面会存在怎样的差异呢?统计分析发现,高校心理健康服务人员在胜任特征问卷总分上平均得分显著高于中小学心理健康服务人员。在9条具体的胜任特征上,高校与中小学心理健康服务人员平均得分差异显著。有关结果列于表9-10。从中可见,高校心理健康服务人员在“有较系统的心理学基础知识”“有较扎实的心理咨询与治疗专业知识”“能熟练运用主要的心理测验”“能灵活运用有关理论与方法帮助来访者”这几项与专业知识和技能有关的胜任特征上,平均得分高于中小学心理健康服务人员,且差异极其显著。在其他几项存在显著差异的胜任特征上,也都是高校心理健康服务人员平均得分显著高于中小学心理健康服务人员。造成这种差异的原因,主要就是前面提到的二者在专业背景、接受心理健康服务相关培训等方面的差异,同时也与高校心理健康服务人员的平均从业年限更长有关。

表9-10 高校与中小学心理健康服务人员胜任特征比较

胜任特征总分和条目	高校(M,SD)	中小学(M,SD)	t	p
总分	109.45,13.87	107.51,14.36	2.15	0.032
有较系统的心理学基础知识	3.98,0.74	3.64,0.92	6.11	0.000
有敏锐的情感洞察力	3.88,0.78	3.74,0.79	2.76	0.006
有较扎实的心理咨询与治疗专业知识	3.72,0.82	3.40,0.96	5.52	0.000
能清楚地向来访者表达自己的想法	4.04,0.70	3.92,0.80	2.50	0.013
能从不同的视角观察问题	3.80,0.76	3.68,0.83	2.50	0.013
能熟练运用主要的心理测验	3.58,0.90	3.23,0.94	5.93	0.000
有较强的领悟能力	3.86,0.78	3.74,0.83	2.18	0.030
能灵活运用有关理论与方法帮助来访者	3.64,0.82	3.45,0.84	3.58	0.000
能对来访者的问题做出准确的判断	3.75,0.76	3.62,0.78	2.66	0.008

第三节 心理健康服务资源的整合与合理分配

从社会学的角度来看,主要的社会群体,如儿童(儿童问题、单亲家庭等)、青少年(青少年犯罪和学生就业问题)、成年人(家庭问题、下岗失业)和老年人(包括离退休人员),以及新时代的农民工、被征地农民等群体都是我国心理健康服务需要关注的风险人群,而目前大部分这样的心理障碍者并没有得到及时有效的心理健康服务,这反映出我国目前心理健康服务存在的一些问题及需要进一步加强建设的方面。

一、全国心理健康服务现状总结

从前述研究结果可以看出：目前，我国的心理健康服务还处于起步阶段，仍然存在很多问题，从业人员数量少、从业机构庞杂、设施较差、服务技术体系不成熟等方面仍然问题严峻，不能满足我国社会和民众对心理健康服务的需求。

在服务机构方面，我国精神卫生专科医院较少，在综合医院设置精神科的也较少（姚坚，阮冶，高长青，罗诚，杨家义，2009；陈丹，王明涛，2010）。对山东省心理健康服务现状进行调查，心理健康服务机构主要是大学和精神科专门医院，其次是综合医院和中学，民间非营利组织、政府机关和企业较少开展心理健康服务，服务机构的场所及仪器设备条件也较差（张爱莲，钱铭怡，陈红，李逸龙，2010）。心理健康服务资源在不同的地区间具有不平衡性。据2004年的调查，西藏没有精神卫生设施和精神科医生，西藏某综合医院内科及急诊就诊的患者中精神障碍占24%，而对疾病的漏诊率和误诊率都很高，极少患者能够得到有效的治疗（魏赓，刘协和，何侠，伍金白珍，2004）。

服务人员方面，在山东省心理健康服务机构中，工作人员的数量很少，大多数机构只有2名心理咨询师或治疗师，一半以上的机构只配备1名心理测量人员，有些机构甚至没有心理测量人员和接待人员，半数以上的服务人员没有职业资格证书。而且在这些专业人员中多数是兼职从事心理健康服务，经验不够丰富（魏赓，刘协和，何侠，伍金白珍，2004）。心理健康服务机构及设施、服务人员的严重短缺限制了心理健康服务的可得性，削弱了心理健康服务的质量和适用性。这是我国心理健康服务建设面临的一个重大难题。在这种情况下，要提高我国心理健康服务的水平，使得心理健康服务有效地服务于更多有需要的人群，将心理健康服务的各方面资源实现有效整合是一个有益的尝试。

在前述多个章节已经针对各个心理健康服务需求人群之需求现状以及不同地区、不同服务机构的服务人员进行了详细调查，本节针对心理健康服务不同机构的分工合作问题提出研究者的一些意见，以期对未来的心理健康服务发展有所帮助。

二、心理健康服务多领域合作

由于风险人群或心理疾病患者心理问题的产生是多种因素共同作用的，他们对心理健康服务的利用也受多种因素制约。提高心理健康服务的质量也要求将心理健康服务拓展到更普遍的环境当中，如学校、矫正机构、社会服务机构以及初级护理诊所，并且和其他部门开展横向合作，比如医疗援助计划机构、住房安置机构、教育机构、儿童机构、刑事司法系统机构、惩戒所等，为患者提供全面系统的服务。在日本，心理健康服务领域涉及教育、医疗、司法、社会福利、产业、社区等，其中福利领域包括从幼儿到老年的服务，有国家资格的专业人员，如社会福祉士、精神保健士等，在福利机构有心理评估员、心理咨询师、临床心理士、心理治疗师。他们活跃在儿童咨询服务机构、身心残障人士服务机构、老年福利机构(樊富珉，吉沅洪，2008)。而我国心理健康服务的管理是“四驾马车”的体制，卫生部门、公安部门、民政部门、中残联各司其职。这种精神卫生行政管理机构的部门所有和条块分割弱化了精神卫生服务的服务能力，影响了现有资源的有效整合和利用，如对下岗失业人员和被征地农民而言，工作和经济收入问题是困扰他们的主要心理问题，单纯地对他们的心理症状进行治疗并不能根本解决他们的心理困扰，将教育、职业、社会福利、心理健康等多个机构联合起来提供服务才能更好地解决他们的心理问题。再如，儿童青少年问题通常涉及家庭、教育、就业、法律等多方面的问题，美国心理健康研究所建立的儿童及青少年服务项目制定了包括精神卫生、社会、教育、卫生、职业及娱疗等在内的服务系统，还包括法律服务等操作性服务，他们关注的重点是要将现有的服务机构，如儿童福利局、毒品与酒精项目、学校、心理健康与精神发育迟滞项目、训练与技术支持中心、司法系统等联合起来，充分利用已有的服务人员和设施，这也应该作为我国儿童和青少年的心理健康服务的发展目标。

此外，在心理健康服务实现多领域合作的同时，根据合作对象的不同，心理健康服务本身的职业分化也可以更细致。从国外的心理健康服务来看，美国至少有20个职业向心理健康行业提供人力资源，其中由美国心理卫生研究所、健康资源和服务管理局(HRSA)认定的五个核心职业是：精神病医生、临床心理学家、临床社会工作者、精神卫生护理专家和婚姻家庭治疗师。戴夫(Deffy)的研究认为还包括另外五个核心职业：咨询师、康复心理学专家、学校心理学者、应用和临床社会学家、宗教咨询师。罗宾那(Robiner)于2006提出了另外10个提供心理健康或与心理健康相关服务的职业：艺术治疗师、职业理疗师、精神病护理员、娱乐疗法专家、遗传咨询师、应用哲学家、临床药师等。我国从事心理学研究工作的人员也涉及很多领域，临床、学校、法律、社会、心理咨询等多个层面都有心理学工作者，但是这些领域通常是相分离的，缺少沟通和融合，心理健康服务模式仅限于教育模式、医学模式及社会模式。这限制了我国从事心理健康服务人员的数量。可借鉴美国经验，发展中国心理健康服务。应以家庭为中心，社区为基础，实现不同文化背景的沟通并且不同领域能相互合作。由于社会支持系统在心理健康中的重要作用，也可以发展拥有学士学位或更低学历的提供支持性服务的人群作为心理健康从业者的一部分。

三、加强社区心理健康服务

全国政协委员朱蓉先在谈到加强心理健康服务时明确提出，心理咨询机构应进入社区和乡村，发挥社区服务中心等机构贴近群众的功能，及时疏导群众情绪，保持社会和谐稳定（李时平，2006）。在我国卫生部制定的城市社区卫生服务基本工作内容中，精神卫生是服务的一项重要内容，主要提供精神卫生咨询、宣传与教育，早期发现精神疾病，根据需要及时转诊，配合开展康复期精神疾患的监护和社区康复等服务。无论儿童、青少年还是成年人、老年人都生活在一定的社区之中，在心理健康知识普及、心理疾病筛查治疗、重症精神病患者管理及康复方面，社区心理健康服务机构都具有独特的条件。

而无论是城市社区还是农村社区，我国社区心理健康服务工作都存在很多突出的问题。在现代化水平较高的北京市城市社区心理健康服务也只是处于起步阶段，覆盖面较窄不能满足社会发展的需要，城乡社区心理健康服务水平差距显著（李时平，2006）。而我国农村居民的整体心理健康状况偏差，心理问题较多，心理调节水平较低（陈思路，倪晓莉，2006；马挺，梁锦照，林绍良，伍宗星，2009；张向葵，高丽，李梅，2006）。我国农民面临着各种生存问题，如偏差的经济条件、子女的教育问题、沉重的农业劳动、医疗保险、留守人口等问题。而且农民的人际关系网络较为单一和封闭，文化生活比较单调和相对贫乏，这就导致有些人形成赌博、吸毒、嫖娼等堕落的消遣方式（刘刚，马登杰，2007）。而农民对生活方式疾病相关知识知晓率较低，吸烟、经常饮酒等不良生活方式和行为较多（魏娜，刘枫，2005）。这些因素无时无刻不在侵蚀着农民群体的身体健康和心理健康，但农村社区群体缺乏解决这些问题的能力。农村居民的心理健康问题应成为心理健康服务的一个焦点。而实际情况是低收入的农村社区心理健康服务资源和经费投入均较匮乏，有些农村和经济欠发达地区根本没有心理健康服务人员或专业人员。

国外社区心理健康服务强调个体问题是在社区背景中出现的，因此，针对预防大于治疗，整体大于个体的服务对象和目标，采用三级预防理论，多级预防阶段采用一系列措施预防心理问题，尽可能消除产生心理问题的环境因素。次级预防，进行心理健康诊断和定期进行心理健康调查，及早发现和干预社区居民的心理障碍和精神疾患。三级预防，使社区中有心理障碍、精神疾患的人数减少，为他们创造良好的社会回归环境。主要采用心理健康宣传和教育、心理健康咨询的服务方式，服务的内容主要关注生活中的问题，如孕妇和新妈妈心理辅导，老年心理咨询、青少年教育、吸毒人员教育等；还包括压力应对、危机干预和严重精神疾病的愈后心理健康服务。在服务人员专业队伍方面，成熟的社区都会配有专业的保健医师、社区工作者和心理健康咨询师。在管理模式方面，美国社区心理卫生服务机构由董事会管理，社区参与程度很高，与附近的综合性医院关系密切，强调以家庭为中心的服务模式。

我国社区居民也有较强的社区心理健康服务需求，社区居民认为社区心理健康服务应该主要针对下岗失业人群、中学生和大学生、老年人的心理健康问题（郭梅华，张灵聪，2009）；服务内容需求主要是解决人际关系问题、子女教育问题、个人心理问题、自身能力问题、择业问题，提供预防精神疾病发生的知识、解决家庭矛盾、提供健康咨询；服务任务期望主要为举行心理健康讲座、提供心理健康咨询（魏建良，谢阳群，2008；钟文娟，方鹏骞，汪莹，郭石林，林诗语，2008）。而在城市与农村心理健康服务的需求与获取之间又存在"需求不足导致过剩"的矛盾（2007我国国民心理健康状况研究报告）。一方面原因是社区居民对心理健康知识的知晓率较低，他们对心理疾病缺乏正确认识，一些重要的心理健康问题（如抑郁症、焦虑症、强迫症等）未被公众识别，不懂得心理问题需要及时解决（仇剑崟，谢斌，2005；王俊成，2009）。尤其在经济欠发达地区和农村地区，他们获取心理健康知识的途径很有限，很多人不知道有心理问题应该去哪里寻求帮助，心理健康服务的可得性很低（邹积志，2007；吴均林等，2004）。有研究者对北京、大连、杭州、广州、深圳、福州等城市社区居民进行抽样调查，有55.5%的人对心理健康服务认识存在误区，认为对工作、生活的作用不明显或没有作用，甚至有负作用（陈思路，倪晓莉，2006；仇剑崟，谢斌，2005；邹积志，2007）。有部分工作人员对心理健康服务的效果不认可，这也是导致社区居民对心理健康服务利用率低的主要原因（刘影，张灵聪，2010）。另一方面是经济因素造成的，即使心理健康问题存在，而寻求心理健康服务的费用增加了需求人员的经济负担。我国心理健康服务投入不足，越需要财政补贴的低收入患者获得的补贴越少。而目前我国各种保险项目也主要是针对生理疾病，心理健康保险在我国还是一个空白。美国在这一方面已经采取了一定的措施，低于65岁的人群只需要自己支付抗精神病处方药的少部分费用，老年身心障碍者的抗精神病处方药花费也被列入了医疗保险计划范围。我国在这方面还有很多政策方面的工作要做。

我国社区心理健康服务中还存在的一个问题是，大多心理健康测量工具不具有城乡跨文化的适应性，症状自评量表SCL-90是主要的心理健康测试量表之一，也是我国研究者对农民或农民工群体的心理健康状况进行调查使用较多的测量工具，而该问卷的许多题目并不适合农民；生活应激事件量表LES是以城市文化为背景的，有些题目和表述词汇都不适合农民群体的生活实际和文化水平;还有状态—特质焦虑量表、Y-G性格量表、社会支持量表等都不太适用于对农民心理的研究和农民心理健康状况的评定。由于文化程度、生活环境、生活经验的限制,农民无法回答或者无法理解其中的许多问题(张海钟,2006)。编制用于评定不同文化背景中群体的心理健康状况的量表也是真实地反映心理健康服务客观需求及有针对性地开展城市和农村社区心理健康服务的一个必要前提。

第十章　心理健康服务管理分析

狭义的心理健康服务体系涉及心理教育、辅导、咨询及治疗等专业领域。内容主要包括两个部分:(1)服务体系,指不同类型的心理健康专业服务人员针对不同心理健康状态的人群进行心理辅导、心理咨询、心理治疗和干预的专业服务体系;(2)行业管理体系,包括心理健康服务专业人员的培养机制、专业人员的认证或注册机制、伦理规范以及行业内部管理与自律机制(钱铭怡,钟杰,2005)。本章将主要论述后者的内容,特别是与心理咨询、心理治疗相关的服务及管理等内容。

第一节　国外发达国家心理健康服务体系的管理现状

在欧美国家,心理健康专业服务人员主要类型有:(1)被专业行会和政府认可的全职心理治疗或咨询专业人员,包括私人执业或在各类医疗机构(临床心理科、心身科、精神科)全职工作的心理分析师、心理治疗师、心理咨询师;(2)被专业行会和政府认可的半职专业人员,包括在高校或科研机构工作的精神病学家、临床或咨询心理学家、精神分析学家、社会工作学者、在医院精神科或神经科工作的医生等,除科研、教学或本职的医疗工作的职业资格外,他们一般都同时具备心理治疗的系统培训背景和从事心理治疗的资质;(3)在社区心理健康机构、非政府机构、企业或商业机构全职或兼职工作的心理治疗师、心理咨询师和具备心理咨询资质的社工人员,不同类型的人群和企业提供心理教育、个体或团体心理咨询或心理治疗、心理测评的专业服务(钱铭怡,2002;肖泽萍等,2001)。

发达国家中对心理健康服务体系的管理,通常分为两个方面,一个方面是政府对专业机构和专业人员的管理,另一个方面是专业组织对专业机构和专业人员的管理。这两套体系各司其职、相互配合、相辅相成,其基本关系是:政府负责制定相关法律法规以及站在国家的角度进行从业执照的管理和监督,专业社团从专业或学术权威的角度制定职业伦理、从业具体标准和规范、机构和个人的专业资质标准,二者相互认可并尊重各自的权力或专业威望,同时某些国家的专业社团还起到行业工会的作用。

经过多年的发展,发达国家对心理咨询及心理治疗体系,均有一整套管理办法和规章制度,其中有部分国家已经通过相关立法,确立了心理治疗和心理咨询的法定地位,或立法对心理健康服务进行了规范,这是值得中国在发展这一领域的专业体系时学习和借鉴的。

一、北美洲政府和专业组织对专业的管理

(一)认证机构

在北美,心理咨询的资格认证制度分为两个层次,一是对咨询员培养机构和课程的认证,一是对咨询员专业素质和能力的资格认证(江光荣,夏勉,2005)。对培养机构和课程的资质鉴定主要由行业协会负责,而个人开业资格认证则既有官方的也有行业的,主要认证机构包括:(1)全国性的专业学会,如美国心理学会(APA)、加拿大心理学会(CPA);(2)政府管理机构,如美国和加拿大州省心理学联合委员会(Association of State and Provincial Psychology Boards, ASPPB);(3)非官方的独立的评鉴机构,如美国心理学健康服务提供者的国家注册部(National Register of Health Service Providers in Psychology),以下简称为国家注册部(NR)。美国和加拿大心理学博士后和实习中心联合会(Association of Psychology Postdoctoral and Internship Centers, APPIC)会参与实习和博士后培养方案的评鉴。另外,学历教育的权威性认证主要有APA/CPA的认证,加上ASPPB/NR的认证,以及在美国和加拿大的一些州省心理学委员会的认证(Hall, Hurley, 2003;姚萍,钱铭怡,2008)。

1. 对培养机构和课程的认证

各教育机构(如大学的心理学系、心理学研究院所等)均可自愿接受对其提供的心理咨询专业课程的质量和水平的评估,获得认证的机构在招收学生方面可以获得明显的优势,因为学生从获得认证的培训方案毕业后可以获得更好的工作机会。例如美国心理学会(APA)对临床心理学教育培养方案的认证是非政府的质量评估和保障过程,其目的在于对培训的质量进行监控,从而保证对大众的服务质量(Hall, Hurley, 2003)。而这一工作主要是通过APA的认证委员会(Committee on Accreditation, COA)来完成的。COA对博士培训计划的认证包括考察课程计划、培养目标、师资、实习安排、督导的安排、对学生的评估和考核方式等。评估合格的培训计划,每年要交年度自评报告。对已认证的培养点,COA每隔3—7年会安排一次定期的实地考察,以监控培养点的质量(Commission on Accreditation, 2010)。

APA的认证程序遵循美国教育部的管理条例,并会不断加以修订。其对专业培训的认证强调培养目标和培训结果的评估,着眼于基础理论和专业实践训练的结合,关注职业胜任能力。此外,APA/CPA和ASPPB/NR的认证是互相兼容的。例如:APA的心理学博士培养方案指南被NR和ASPPB采纳作为评估教育培养方案的标准。APPIC、APA在对实习机构进行认证的过程中,也参考了NR在1980年制定的实习培养方案的标准。身为政府管理组织的ASPPB和非官方的职业心理学培训计划认定机构NR从1986年起

联合进行教育培养方案的认证。NR使用指定标准(更定量化的标准)来认定培养方案。美国各州的立法把这些标准(完成NR指定的培养方案或APA认证的培养方案)也逐渐包括进去(Hall,Hurley,2003)。

2.对咨询员专业素质和能力的资格认证

北美洲对专业人员个体的管理主要是政府管理,通过执照法来实行。心理学执照法的要求是达到健康服务专业要求,完成认可的培养方案的教育,并获得执照。根据执照法的规定,给大众提供心理服务的实践者必须有执照。美国有些州有例外情况,在政府机构供职,比如,在州或联邦的研究所或机构,在大学,在研究实验室等,可以不需要执照;而对于独立开业者,获得执照是必须达到的条件。执照由ASPPB总体负责,具体工作由各州心理学委员会的执照委员会负责实施。心理学委员会是州政府的职业管理机构(Hall,Hurley,2003)。

(二)培训模式与准入标准

美国对临床心理学从业者的培训模式有“科学家—实践者模式”(Boulder模式)和“实践者模式”(Vail模式)两种。这两种模式都强调学生操作技能的培养,而不是学院式的知识填鸭(Commission on Accreditation,2010)。具体来说,“Boulder模式”是一种强调科学和临床技能相结合的临床心理学从业者训练方法,是目前美国培养临床心理学家的主要模式。该模式认为临床心理学从业者首先是科学家,然后才是临床工作者,即临床心理学从业者既要有扎实的心理学理论知识,又要有较丰富的临床经验和较娴熟的临床技能。与“Boulder模式”相比,“Vail模式”降低了学生在科学研究方面的培养要求,更多地强调对学生进行实践的操作技能的培养,而不是培养学院式的研究人才。这种培养模式类似医学博士等以实践为主但专业理论知识要求不高的职业培训。加拿大与美国的培训模式有所不同。加拿大有些地区采用“Boulder模式”,而有些地区只要具有临床心理学硕士学位就可独立从事临床心理学工作(Hall,Hurley,2003;姚树桥,朱熊兆)。

APA认证的培养方案包括博士培养方案、博士实习培养方案、博士后培养方案三种。心理学博士课程的目标是提供学生基本知识和技能的训练;临床实习课程则在博士课程的基础上加强了学生的临床实践能力(在督导的指导下)。关于实习时间,在攻读临床心理学博士学位期间,学生通常需要在培训门诊、大学的心理咨询中心、精神病医院、社区心理健康中心等完成600—1 000小时的实践课程。临床心理学的博士要求有一年时间从事全职临床工作,即实习一年。博士生在完成理论课程和实践技能的学习,制定好博士论文的题目和研究计划后可以申请进行实习(Hall,Hurley,2003)。COA

认为前两个课程是一个整体，是为就业做准备的必要条件。而博士后高级培训课程是在博士课程和临床实习课程的基础上，为提高个体更高水平的能力而进行的教育和训练（江光荣，夏勉，2005）。

（三）从业执照

执照是一项法定制度，获得执照只是向大众保障某专业人员符合最低从业标准，或者说执照是专业上最低的准入门槛。在美国，在职人员如果想进入职业心理学的专业领域，必须接受正规的学历教育或培训，比如硕士或博士教育（全职或半职），或者参加某心理治疗学派的培训研究，进行系统培训（非短期培训，通常要连续培训几年，全职或半职）从而获得资格认证，再从事与之相关的心理服务（Hall，Hurley，2003）。

1.执照的种类

执照分为两种类别，一类是普通执照，一类是专长执照。普通执照，如临床心理学家、咨询心理学家、学校心理学家的执照。专长执照是在普通执照的基础上进一步区分专长领域的执照，ASPPB区分了11项专长执照，如：临床儿童和青少年心理学、临床神经心理学、临床健康心理学等方面的执照。专业实践的资格认证除了州政府的执照认证外，还有一些独立认证组织的资格认证。比如，1973年成立的独立的认证机构——美国的国家注册部（NR），于1947年成立的美国职业心理学委员会（American Board of Professional Psychology，ABPP）等（Hall，Hurley，2003）。

2.执照的获取

在达到前述教育和实践经验的基本要求后，获取执照还要参加考试（姚萍、钱铭怡，2008；Hall，Hurley，2003）。一般采用ASPPB提供的考试，即心理学专业实践考试（examination for professional practice in psychology，EPPP）。该考试的范围涵盖心理学的各个领域，与博士培养课程的要求基本一致，内容全面（参见：ASPPB网页，www.asppb.org）。在美国有些州，还要参加面试，以考察申请者的临床实践技能。同时执照的申请者还应该熟悉当地的法律法规及伦理学规范，对这些法律知识及其应用的熟悉程度要通过笔试或口试来评估（李晓虹，杨蕴萍，2005）。有些州有不同水平的执照，硕士学位者可以获得较低水平的执照，但他们的实践范围等会受到更多限制，且不能独立开业。但加拿大不像美国那么统一地采用那些标准，在加拿大，约有三分之二的已注册心理学家以硕士水平进入心理学的实践工作（Hall，Hurley，2003）。

3.执照的更新

专业人员获得的专业执照，每隔几年需要更新。更新以维持执照的要求主要有两方面。一是遵守伦理规范和职业标准，如APA或CPA的伦理规范，和有关的职业管理条例。另外一方面的要求是继续教育。执照要更新,需要专业人员不断学习新的专业知识,每年需要完成一定学时的继续教育学分。美国大多数州有对专业人员继续教育方面的强制要求,即通常要求专业人员每年要参加20小时或更多的学分的学习,具体小时数每州有所不同。专业人员所参加的继续培训和教育须是执照委员会认可的讲座、会议、工作坊等。在继续教育方面如果没有达到相关要求,执照就不允许更新(Hall,Hurley,2003)。

二、欧洲各国政府和专业组织对专业的管理

与北美洲相较之下,欧洲对心理治疗专业培训的管理因各国自己的情况不同而各有不同。下面就德国、英国进行比较具体的介绍。

(一)德国政府和专业组织对专业的管理

1998年由德国联邦政府颁布的"心理学心理治疗师和儿童青少年心理治疗师法(以下简称心理治疗师法)",确立了心理学的心理治疗师职业(钱铭怡等,2010)。也正是由于心理治疗立法工作的开展,现在德国的心理治疗作为医学临床治疗的一部分,在心理治疗师的培训、考核和从业管理制度等方面均有较高的要求,管理也更为严格。

1.认证机构

德国政府负责对心理治疗从业人员及相关机构的管理。在德联邦,各州政府劳动福利部下属的卫生局精神卫生机构负责培训机构的认证工作;较大的州有独立的卫生部负责此方面工作。州政府要负责对合格的培训机构进行审批,并且向合格的培训机构发放执照。在德国,各州政府都有主管医生执照的管理部门,以便对从事临床医疗(包括心理治疗在内)的从业人员进行管理和审核(钱铭怡等)。2008年统计,德国全国共有173家已获得政府许可,提供心理治疗培训的机构,其中33家在大学内,集中在柏林、海德堡、汉堡等四个城市(Bents,Kammerer,2008)。对这些培训机构的认证工作主要由各州政府劳动福利部下属的精神卫生机构负责,工作内容包括:对培训机构进行审批以及向合格的培训机构发放执照。

2.培训模式与准入标准

在德国,以心理治疗师法为基础,按专业人员的培训背景可将心理治疗师分为两类,即心理学的心理治疗师和医学的心理治疗师;而心理治疗师按照其专业培训内容也可被分为针对成人的心理治疗师和针对儿童青少年(出生至21岁前)的心理治疗师两类(钱铭怡等,2010)。

无论哪类心理治疗师，都必须首先在大学学习医学或心理学专业。其中，医生获得心理治疗师资格的途径包括“精神科医生加心理治疗培训”（“加”指进行相应培训），“其他医学专科加心理治疗培训”，或“各科加儿童心理治疗培训”。在大学中学习心理学的学生毕业后（在德国本科学习通常为5年，毕业后得到的学位相当于硕士）才可以参加政府认可的培训机构或大学的培训机构的心理治疗职业培训，而后方可获得心理治疗师资格。儿童和青少年心理治疗师中教育学背景的人员也可申请参加培训（钱铭怡等，2010）。医学、心理学，以及教育学背景的从事心理治疗的人员所需要接受的培训以及最后获得的从业资格情况如图10-1所示。其中，不同教育背景的人员在分别接受规定的培训课程，并通过国家举办的考试后方可获得心理治疗师资质。

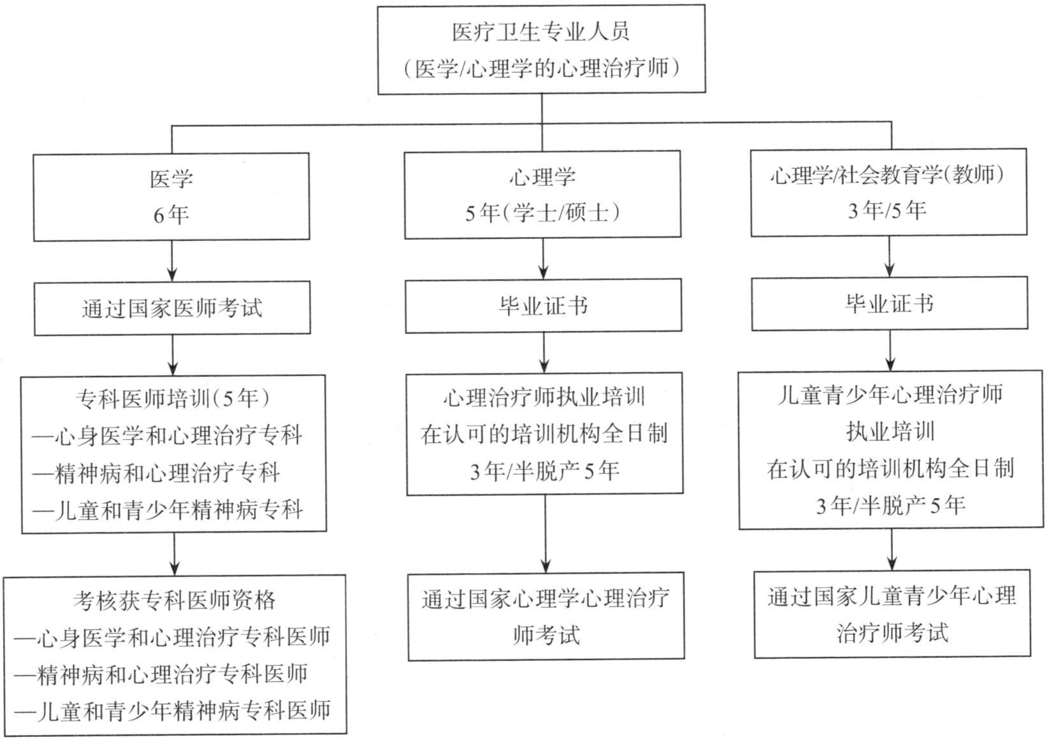

图10-1　德国不同来源心理治疗师的培训和考核（钱铭怡等，2010）

在德国，凡是希望参加心理治疗培训的申请者常常需要经过严格的考核和筛选。例如，申请参加心理分析培训者需要经过3次访谈的评估，通过者方可参加培训，行为治疗的培训也需要经过2天的考核筛选（Bents，Kammerer，2008；Plänkers，2008）。

3. 培训内容

具体来说，对于心理学背景的心理治疗师的培训主要分为四个部分：

（1）理论部分：要求心理治疗师接受理论学习的培训时间至少为600小时。

（2）实践培训部分：要求心理治疗师至少达到600小时的治疗小时数，另外还要求其接受督导的小时数达到150小时。

(3)临床实践部分:对心理治疗师的总的临床实践的小时数规定最少为1 800小时。其中包括在精神病院工作600小时,在法定承认的医院或私人开业门诊实践600小时,以及在心身医院工作600小时等。通常来说,需要在医院对住院病人服务1 200小时,再对门诊病人服务600小时,以这样的方式完成临床实践。许多人通常需要1.5年来完成全部1 800小时的实践小时数。

(4)自我体验部分:心理治疗师应最少接受120小时的自我体验。

其他理论学习及论文报告撰写等共计需要930小时。

以上各项培训项目总计培训小时数为4 200小时。而这4 200小时的培训小时数还仅仅是政府规定的培训时间(Bents,Kammerer,2008)。事实上,在许多高水平培训机构或大学中,对参加培训者的培训要求还要高于这一标准,心理分析培训所需要的时间比4 200小时更长,培训更为严格(Plänkers,2008;Staufenberg,2008)。按照政府关于心理治疗师总共4 200小时的培训规定,一般全日制的培训需要3年完成;而半脱产培训则需要5年完成。而实际上要达到各培训机构的培训标准和要求,许多学生需要花费更长时间。如,完成心理动力学培训平均约需要8.5年,完成认知行为治疗培训平均约需要5年时间(Bents,Kammerer,2008)。

4.从业执照的获取

学生在经过正规培训机构培训毕业后,还必须参加德国联邦国家考试。考试通过后方可获得心理治疗师执照。联邦国家考试包括笔试(理论部分)和由3人专家小组进行的面试。笔试内容包括:心理治疗的理论、疾病分类学、对不同疾病的诊断与评估、预防与康复、不同心理治疗学派对疾病的概念化及治疗方法、专业伦理及法律知识等。面试部分由学生现场抽取题目,考试的范围和内容包括:了解既往病史和诊断的能力,分析发病机理、辨别疾病指征及对治疗理论及方法选择的能力,与病人建立关系的能力,把握职业伦理和法律问题的能力等。通过国家考试者,方可申请心理治疗师开业许可,得到许可后可以此为职业(钱铭怡等,2010)。

由此可见,在德国对于心理治疗师的考核认证是相当复杂的一个过程。希望从事心理治疗行业的人员往往需要近10年甚至更长的时间来完成相关的教育、培训,以及国家考核。但也正是这种严格的审查考核制度,使得德国心理治疗师行业的从业人员的专业水平和素质,以及病人的相关权益得到了极大地保障。

(二)英国政府和专业组织对专业的管理

1.认证机构

相较德国而言,英国的心理治疗行业并没有立法的支持。事实上,在英国心理咨询师的认证同样主要是由专业协会进行的。例如英国心理咨询和心理治疗协会(British Association for Counseling and Psychotherapy,BACP)的认证。在英国并非仅有BACP提供心理咨询师的认证,但由于BACP在心理咨询界的权威性和认证过程的完整性,很多申请人都会选择通过BACP来获取注册心理咨询师的资格(王丹君,2007)。BACP作为英国心理咨询领域最权威的学术团体,也制定了非常完整的心理咨询师的认证过程。

除了BACP的对心理治疗从业人员的认证外,英国心理学会(The British Psychological Society,BPS)也有对心理学家的认证。英国心理学会成立于1901年,2007年有45 000名左右的会员,它的管理范围涉及心理学的各个分支,包括10个分会和8种特许心理学家资格。BPS的分会根据心理学的不同领域分为心理学教师和研究者、临床心理学、咨询心理学、教育和儿童心理学、司法心理学、健康心理学、神经心理学、职业心理学、运动心理学和苏格兰教育心理学分会。8种特许心理学家资格包括教育心理学家、咨询心理学家、临床心理学家、职业心理学家、司法心理学家、临床神经心理学家、健康心理学家和运动心理学家资格。这些心理学家资格的认证根据学科特点略有不同,比如咨询心理学家资格强调在培训过程中接受足够的督导并进行临床实践。根据BPS的统计结果,2007年在册的特许咨询心理学家有778人(王丹君,2007)。

2.课程培训认证

BACP的注册心理咨询师培训课程认证始于1988年。通常,BACP确认的认证培训课程一般是深度培训课程,通常包括一年全时培训,或者2—3年在职课程加400小时的实习(王丹君,2007)。对于通过BACP认证的课程,学会都会将其列为认证课程加以推荐。不过,申请人并不是只能参加BACP的认证课程。只要他们参加的课程达到BACP的要求,同样被认证委员会承认,但不包括远程培训。申请人需要保证参加450小时正常的心理咨询培训,其中包含督导练习。申请人以前参加过的正式的心理咨询培训可以被算作450小时的一部分,但是申请人需要保证在申请认证的培训中获得足够多时间的培训。这种培训也被称作“核心培训”,而不是用多个短期培训的时间拼凑出足够的培训实践。此外,BACP要求参加认证考核的课程必须已经公开招生,且至少有一届毕业生。只有符合上述条件的课程才被允许进行认证注册(British Association for Counseling and Psychotherapy,2006)。

BPS也要求拥有其预备会员资格(graduate basis for registration,GBR)的学员通过参加学会认证的研究生水平的专业培训课程或者通过在培训负责人帮助下制订和完成个人培训计划来实现成为特许心理学家的目标。由于个人培训计划的制订和学员个人职业、工作地点、个人需求等条件有密切联系,不适用于普通学员的需要,所以将重点介绍特许咨询心理学家的培训课程。BPS所提供的咨询心理学的专业培训课程有15项，包括博士课程、证书课程和硕士课程。所有课程都是3年全时教学或者需要进行同等学时的在职学习。一共有8所大学承担了这15项课程的教学工作。每所学校可以按照BPS的培训大纲独立安排教学，所以各个课程的学习和实践内容有所不同。学员可以根据自己的特点选择合适的课程。BPS每年会重新评估和指定提供认证培训的大学，从而起到对专业培训的监督和管理的作用，所以每一年参与培训的大学可能有所不同（王丹君，2007）。特许咨询心理学家专业培训课程的学习内容根据各开课学校的教学计划略有不同，但是大体上要满足心理学会对于学时和学习内容的规定。咨询心理学专业培训课程开设的目的是希望学员通过3年的学习掌握咨询心理学的理论基础和知识，具备处理来访者案例的能力，具备研究和质询的能力，实现个人成长，熟知咨询过程中面临的各种伦理问题。

3. 获得BACP认证的要求

获得BACP的认证需要很长时间的学习、实践和积累。根据BACP公布的认证标准，申请心理咨询师认证的申请人必须完全满足以下8项认证标准（王丹君，2007）：

（1）成为BACP会员。其中，BACP会员分为学生会员、预备会员、正式会员、认证会员和附属会员几类。在申请认证过程中申请人必须始终保持BACP会员身份。凡获得认证心理咨询师资格的会员会自动成为认证会员，通过认证六年以上则可以申请成为资深认证会员。

（2）购买专业人员保险。

（3）在申请过程中从事心理咨询相关的工作。很多申请心理咨询师认证的申请人同时还有其他职业的工作，且通常这些工作能够为其提供实践心理咨询相关技能的机会。

（4）培训和督导实习申请人。申请人通常需要先参加BACP认证的培训课程，这其中包括总小时数大约为450小时的理论学习，至少450小时的有督导在场的临床实习（其中至少150小时为在完成培训课程之后进行的）。这些培训和实习总共在3—6年间完成。

（5）接受督导。申请人需要在实习期间每月至少接受1.5小时的督导。督导师可以不是BACP会员，也不一定要持有BACP认证资格，但必须具备一定的专业能力和认证资格。

（6）专业发展。申请人能够描述在提交申请之前一年中参加的与自己的工作领域有关的心理咨询专业发展的活动；能够根据所选活动与自己的心理咨询实践的相关性，用理论解释选择该活动的原因；能够阐述参与该专业活动对本人的心理咨询实践所带来的影响。

(7)个人成长。申请人能够描述与自我认识有关的一段经历或一次活动;并用理论解释该经历或者活动如何与自我认识有关;能够阐述这种认识如何被应用到其心理咨询实践活动中。

(8)知识、实践和督导的应用。通过书面方式结合本人经验阐述心理咨询在实践中的应用。

当申请人完成以上所有认证的环节并通过所有考核后,将被授予英国注册心理咨询师称号。整个认证过程,除提供参加培训、通过考试、完成实习的证明材料,其余的考核通过填写申请表格和提交短文的形式进行。申请学会认证的过程不包括面试。从递交申请表到取得认证结果历时3个月。通过认证的心理咨询师将会收到一份认证证书;未通过认证的申请人将会收到一份学会的书面通知,以指出该申请人在哪些方面还需要努力。

但BACP并未推出针对注册心理咨询师的管理办法。注册心理咨询师除了享受认证会员的权利外,与其他会员并没有什么特别之处。一旦获得该资格,只需要每年向BACP交纳会费即可保持认证资格。如果一旦停止交纳会费,认证资格即被取消。如果获得认证的心理咨询师因为各种原因需要停业一段时间,仍然可以通过继续交纳会费保持认证资格。

4.成为BPS特许心理学家的步骤

英国心理学会的咨询心理学家资格认证需要按照以下的步骤进行(王丹君,2007):

(1)首先需要获得BPS认证的预备会员资格的认证。和BACP一样,BPS也是通过不同种类的会员资格来界定一位心理学会的成员是否积累了足够多的心理学知识和技能。心理学专业的本科毕业生可以直接申请成为"毕业生会员"。但是,如果想要获得"特许心理学家"称号,光是毕业生会员是不够的,而要首先获得GBR资格。有些大学本科的心理学专业已经通过BPS的认证,这就意味着,这些专业的心理学本科毕业生一旦毕业即可自动获得"毕业生会员"和"预备会员"资格。他们可以直接申请参加学会认证的咨询心理学高级课程去获得"咨询心理学家"称号。对未获得BPS认证的心理学专业毕业生和本科非心理学的学生来说,他们可以申请参加BPS举行的考试,通过考试的毕业生同样可以获得GBR。或者他们可以选择参加学会认证的一年的心理学硕士课程。获得GBR是成为特许心理学家的第一步;

(2)参加学会认证的课程或者在学会认证的培训负责人(通常由取得BPS督导资格的心理学家担任)的监督下按照考核要求制订并完成独立学习计划。当学员获得GBR以后,他们可以通过参加学会认证的研究生水平的专业培训课程或者通过在培训负责人帮助下制订和完成个人培训计划来实现成为特许心理学家的目标。通常只有获得了GBR的学员才可以申请培训课程,但不排除各个学校对学员提出其他入学要求,比如本科成绩等。学员在开始培训课程学习的同时要向BPS提出报备申请,即他们要通知BPS他们要正式向特许心理学家的目标努力了。学员除了需要递交申请表格,还需要获得一位由心理学会认证的导师的监督。这位导师将全程负责学员的学习和考核。课程培训学制为3年,全时或者兼职进行同等内容的学习。除此之外,学员还需要完成一篇12 000—15 000字的毕业论文;

(3)除完成认证课程的各种作业、论文和考试外,毕业生还要参加学会的终极考核和口试。当学员通过全部考核合格毕业,即可以申请参加最终考核以获得特许咨询心理学家称号。学员首先要提交一份5 000字以上的个人学习报告,并参加大约40分钟的口试。口试由两名考官负责。如果学员顺利通过所有考核,即可获得特许称号。

英国心理学会对于特许咨询心理学家的管理主要包含对咨询心理学有关的培训、认证、日常事务的管理。这些工作通常都是由英国心理学会下属的"咨询心理学分会(The Division of Counseling Psychology,DoCP)"负责。

(三)欧洲其他国家政府和专业组织对专业的管理

欧洲其他国家由于对各自心理治疗和咨询行业的管理存在很大差异,因而也衍生出对于专业培训的不同的管理模式。对于少部分欧洲国家(包括奥地利、芬兰、德国、匈牙利、意大利、荷兰和瑞典),它们已经制定了心理治疗行业的相关法案,因而可以根据立法的情况由政府层面对专业培训进行管理和监督。以奥地利为例:奥地利心理治疗法案于1990年通过,在该法中详细制定了培训的标准,确定了两阶段共7年的培训体系;并且确立了心理治疗顾问委员会作为该国心理治疗行业的监督机构,负责审核行业的培训认证资格(高隽,钱铭怡,2008)。然而,大多数欧洲国家并无相关的行业立法,因而在很大程度上这些国家的心理咨询与治疗行业还是以协会管理的方式为主。在这方面,欧洲的洲一级的专业协会起到了很大的作用,这些协会包括:欧洲心理治疗协会(European Association for Psychotherapy,EAP),欧洲心理咨询协会(European Association for Counseling,EAC),以及各个治疗流派的全欧范围协会。其中,欧洲心理治疗协会对培训机构的资质进行了规定,并发展出了对培训机构的资格认证,即欧洲认证的心理治疗培训学院(European Accredited Psychotherapy Training Institute,EAPTI)系统,并下设培训认证委员会(Training Accreditation Committee,TAC)专门负责对培训机构的认证(Training Accreditation Committee,2007)。而其他各个治疗流派的全欧范围协会也都对该流派相关培训机构的资格认证施行了管理的功能。

三、澳大利亚政府和专业组织对专业的管理

在澳大利亚，心理治疗师的注册资格可以通过两条途径获得：首先个人要通过四年的大学学习，获取心理学学士学位，或者在三年的文科或科学学习中主修心理学，然后再读一年的荣誉课程。在此之后进一步的培训可以通过下列两条途径进行：一是在已注册心理学家指导下进行实践，积累2年的工作经验（“4+2”培养模式）；二是可以再接受两年的培训，获取硕士学位（6年的培训模式）。除了常规的申请过程外，没有额外的考试要求（赵艳丽，陈红，刘艳梅等，2008）。

其中，在本科生培养的前三年，学生需要学习社会心理学、发展心理学、认知心理学、学习心理学、变态心理学、心理评估、生理心理学、知觉心理学等主要课程。通常情况下，这会占用学生第一学年的25%，第二和第三学年的50%的时间来完成上述课程的学习。而第四年则被称为“荣誉学年”。这一年每个学生被要求必须在督导下完成一个研究项目，写出9 000字以上的论文。另外，学生还要在这一年中参加学科重要领域的高水平研讨会，并就伦理和一些专业问题进行讨论。

临床心理学研究生学位分三种：心理学硕士、心理学博士和哲学博士。硕士学位通常要用2年的时间来完成。其中，课程作业占培训总时间的50%，实习占25%，进行研究的时间占25%。传统的PhD学位属纯研究性质的学位，沿袭英国的培训模式，要求学生在3—4年的时间内在督导帮助下完成一篇有重大价值的论文，有的学校另有少量课程作业要求。此外，在很多学校学生可以同时进行PhD研究和完成硕士学位的课程作业，毕业获取双学位。新兴的Psy.D.学位培训时间为3年，与硕士培养相比，其申请者须进行更深入的研究工作（赵艳丽等，2008）。

澳大利亚心理学会（Australian Psychological Society，APS）在研究生的项目认证中，要求学生在完成课程作业期间进行实习培训。且APS同样也很重视对已经从事心理治疗工作的临床心理学家的继续教育（包括参加研讨会、自学、参加会议、额外的督导实习、同伴督导等等）。

总的来说，澳大利亚的心理咨询师的注册认证更多地依附于其大学的本科和研究生教育，但APS尚未建立对临床心理学家定期的审核或继续教育的监督和管理制度或体系。

四、亚洲各国政府和专业组织对专业的管理

在亚洲，心理健康领域发展比较突出的是日本和韩国。在韩国已经有部分与心理治疗和心理咨询相关的法律规定涉及特定称谓的心理治疗行业的从业者，并且有国家

认证的心理治疗领域的资格证(金参花,2009)。而在日本还没有健全的心理治疗领域的立法,目前日本从事心理治疗与心理咨询的专业人员的认证,主要还是依靠本国的专业组织来完成监督和管理工作。相比之下,亚洲心理治疗行业的立法进程显著落后于欧美国家。这一方面是由于亚洲心理治疗事业比欧美起步得更晚,发展也还不像欧美国家那样成熟;另一方面,也与亚洲各国与心理治疗相关的立法工作尚未完全展开有关。

(一)日本的情况

在日本,心理健康服务专业人员的资格认定和培训还没有全国统一的国家资格和标准。日本心理咨询和心理治疗人员的资格主要由各专业学术团体认证,比较有影响力的专业资格共有十种:临床心理士(1988年开始认证)、产业心理咨询师(1992年开始认证)、注册心理咨询师(2002年开始认证)、大学心理咨询师(2002年开始认证)、学校咨询师(1989年开始认证)、学校心理士(2004年开始认证)、家庭心理咨询师(1992年开始认证)、临床发展心理士、健康心理士、艺术治疗师。其中法人协会认定的临床心理士和日本产业心理咨询师协会认定的产业心理咨询师影响最大(樊富珉,吉沅洪,2008)。

1.临床心理士的培养、认证以及管理

临床心理士是日本心理咨询与心理治疗领域中发展最早、影响最大的专业资格。目前日本已经有约17 000人拥有临床心理士资格,而且临床心理士也是唯一需要心理学硕士学位才能获得的资格。临床心理士的培养主要是依靠大学和研究生院的专业训练,而其他资格则主要通过各个协会或者学会的培训。

临床心理士的申请条件是申请人须在指定大学学习心理学硕士研究生课程并得到学位。临床心理士应能够选择和运用各种心理测验技术进行心理评估,掌握各种心理治疗的理论,能够提供有效能的心理治疗。临床心理士必须学习的知识包括:(1)心理测试(包括问卷法和投射法);(2)心理治疗(主要包括精神分析、荣格分析心理学、来访者中心疗法、行为疗法、家庭治疗、团体治疗等);(3)基础心理学(包括人格心理学、发展心理学、学习与认知心理学、教育心理学、社会心理学、家庭心理学);(4)哲学、文化与宗教;(5)精神医学等。临床心理士资格认定机构是日本临床心理士资格认定协会,该协会是由日本16家心理学和心理咨询治疗学会联合而成的。

图10-2所示为临床心理士资格申请和审查流程图。获得临床心理士认证后,每5年需要重新审查。在这5年期间,临床心理士必须获得15学分以上才能重新更新资格。这15学分中必须含有以下(1)和(2)中任何一个项目,并跨越3个不同的项目:(1)协会举办的临床心理士研修会和心理健康会议;(2)协会主办的全国大会,以及各个地区临床心理士会主办的培训;(3)协会承认的相关学会主办的活动;(4)协会承认的和临床心理学相关的工作坊和培训;(5)协会承认的督导经历;(6)协会承认的和临床心理学相关的研究论文以及著作的出版。

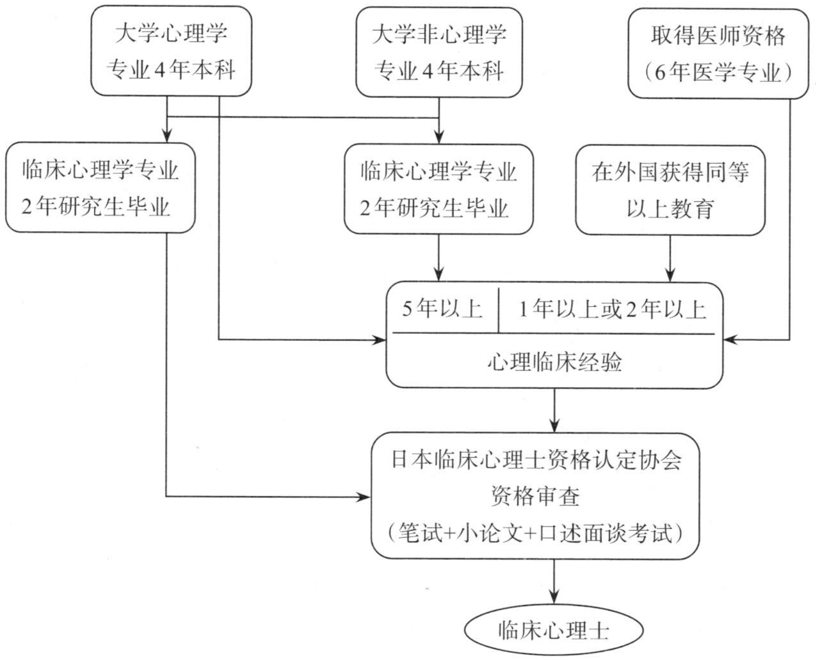

图 10-2 日本临床心理士资格申请和审查流程图(樊富珉,吉沅洪,2008)

2.注册心理咨询师的资格认证

除了临床心理士的资格认证外,日本也有对注册心理咨询师的资格认证。日本的注册心理咨询师是由成立于1967年的日本心理咨询学会认证的专业资格。日本心理咨询学会注册心理咨询师资格认证申请及审查过程见图10-3。日本心理咨询学会认定的注册咨询师每7年需要再次审查。这样的制度是为了促进获得专业资格认证的人继续扩展自己的知识面,提高专业技能,提供有质量的服务。

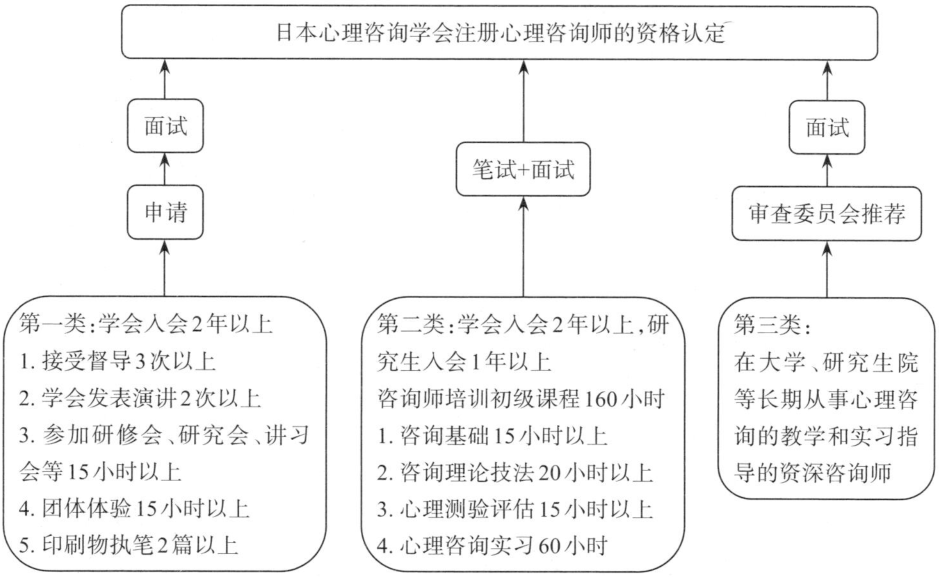

图 10-3 日本心理咨询学会注册心理咨询师资格认证申请及审查过程(樊富珉,吉沅洪,2008)

(二)韩国的情况

同日本相似,韩国也不是靠国家政府以及专门的立法来管理和监督韩国心理治疗行业的从业人员。但不同的是在韩国有国家公认的资格认证,并且在其相关法律条文中对于心理咨询师有一些规定。

1.主要资格认证种类

在韩国,有关心理咨询的资格证一般分为三种:国家公认资格证、学会公认资格证、民间资格证。国家公认资格证有六种与心理健康专业有关,即精神保健临床心理师、专门咨询教师、青少年指导师、职业咨询师、社会调查分析师、青少年咨询师。其中国家一级的心理咨询师认证都是由政府机构完成,且其认证和资格都受到法律的约束和保障。现行的学会公认资格证主要有:心理咨询专家资格证、咨询心理师资格证等十多种;另外,还有一些是各个专业学会颁发的有关专业资格证,如精神分析心理咨询师、家庭治疗心理咨询师等。韩国心理学会认定的心理咨询师的资格证分为两个等级,一级心理咨询师又叫心理咨询专家,二级心理咨询师又称心理咨询师。韩国心理学会颁发的资格证,是目前韩国国内最为广泛承认的咨询资格证。取得心理咨询师资格的一般步骤为:递交申请,参加笔试,笔试科目全部合格后提出资格审查请求,通过审查后取得资格证。资格证一般要五年更新一次,其间必须履行会员的义务,按时交纳会费,参加学会的各种继续教育活动。资格证需要更新时,同样需要递交更新资格证申请,并按要求提交参加学会教育活动的有关证明。此外,各种民间资格证则名目繁多(金参花,2009)。在韩国,与心理咨询有关的主要资格证见表10-1。

表10-1 韩国心理咨询有关的主要资格证(金参花,2009)

种类	名称	颁发机关
国家资格证	精神保健临床心理师	保健福利部
	专门咨询教师	市道教育厅或教育部
	青少年指导师(一、二、三级)	韩国青少年开发院(委托)
	职业咨询师(一、二、三级)	劳动部
	社会调查分析师(一、二级)	劳动部
	青少年咨询师(一、二、三级)	韩国青少年咨询院(委托)
学会资格	一级咨询心理师(心理咨询专家)、二级心理咨询师(心理咨询师)	韩国心理学会/咨询心理学会
	专门咨询师(一、二级督导级)	韩国咨询学会
	临床心理师、临床心理专家	韩国心理学会/临床心理学会
	团队咨询师、团队咨询专家	韩国咨询学会/团队咨询学会
	职业咨询师、职业指导专家	韩国咨询学会/职业咨询学会

续表

种类	名称	颁发机关
	儿童咨询师(一、二级)	韩国儿童学会
	家庭治疗师、家庭治疗专家、家庭治疗督导	韩国家庭治疗学会
	家庭治疗师(一、二级)、家庭生活教育师(一、二级)、家庭生活教育专家	韩国家庭关系学会
	游戏治疗师、游戏治疗专家、游戏治疗督导	韩国游戏治疗学会
	家庭福利师(一、二级)	韩国家庭管理学会
	美术治疗师、美术治疗专家	韩国美术治疗学会
	福利咨询师(一、二级督导级)	韩国福利咨询学会
	韩国心理咨询专家	韩咨询学会
民间资格证	青少年性教育专家	大韩家庭保健福利协会
	艺术治疗师(一、二级)	韩国表现艺术心理治疗协会
	青少年指导者	全国国公立大学社会终身教育院协议会
	咨询师	全国国公立大学社会终身教育院协议会
	药物咨询专家	协议会韩国毒品禁止运动本部
	准咨询师	全国国公立大学社会终身教育院协议会

2.青少年咨询师的培养

在韩国,青少年咨询师与成人咨询师是有不同的认证的,其应试资格是有法律规定的。根据韩国青少年基本法第二十二条等的规定,国家青少年委员会委员长委托韩国青少年咨询院施行青少年咨询师资格审查和考试,并负责资格证书的颁发和管理。韩国青少年咨询师的应试资格详见表10-2。

表10-2 韩国青少年咨询师考试科目(金参花,2009)

级别	应试资格
一级	第一,在青少年(指导)学、教育学、心理学、社会事业(福利)学、精神医学、儿童(福利)学等领域或根据总理令开设的与咨询有关的学科取得博士学位者
	第二,在上述学科取得硕士学位后,从事心理咨询实际工作四年以上者
	第三,二级青少年咨询师从事有关咨询工作三年以上者
	第四,具有第一、二条规定相同资格的人,根据总理令认可的人
二级	第一,在与咨询有关的学科取得硕士学位的人
	第二,在大学或根据其他法令的规定具有同等学力认定资格的机关学习有关心理咨询专业,取得学士学位后,具有咨询经历三年以上者
	第三,三级青少年咨询师,具有咨询经历两年以上者

续表

级别	应试资格
	第四,根据总理令具有与第一条和第三条相同资格的人
三级	第一,在大学以及根据终身教育法认定其学历的终身教育机关学习与心理咨询有关的资料,预毕业者
	第二,在专门大学以及在根据其他法令认定其同等学力的机关学习取得专科学历后,具有心理咨询两年经历以上者
	第三,在大学以及在其他法令规定认定其他同等学力的机关学习与心理咨询无关的学科获得学士学位后从事心理咨询两年以上者
	第四,在专科大学以及在其他法令认可的同等学历的机关学习与心理咨询无关的学科取得专科学位后从事心理咨询实际工作四年以上的人
	第五,高中毕业后从事心理咨询实际工作五年以上的人
	第六,根据总理令,具有第一条与第四条规定的同等以上资格的人
不适合者	未成年人、被禁止或限制置产的人;作为破产者没有恢复权利的人;被判实刑后执行完毕未满两年者;被判实刑后缓期执行期间没有结束的人;根据法院的判决丧失或停止部分资格的人

对青少年咨询师的考核通常包括必考科目和选考科目两种。考试分笔试、面试、材料审查三种形式。考核步骤有以下五步:递交考试申请(网络申请);参加主管部门组织的笔试;考试合格后参加主管部门组织的面试,面试前接受资格书面审查;面试合格后参加主管部门组织的收费资格研修;领取相应级别的青少年心理咨询师资格证(金参花,2009)。

五、对国外心理健康服务体系及管理状况的评述

总体看,北美、欧洲的发达国家,心理治疗与心理咨询事业发展较早,心理健康服务体系发展较完善,已经具有一整套相对健全的服务体系;而在亚洲,即使是在日本和韩国,其学会林立,各自为政,心理健康体系的管理建设相对不那么完善。从发展来看,国家对心理治疗与咨询的管理,最高层级的管理是有国家的立法,例如德国、奥地利等欧洲发达国家,立法中明确了心理治疗师的地位,明确了其工作职责,使政府对相应职业的管理具有法律依据。德国将心理治疗与咨询的职业化以法律形式进行确认,极大地保障和促进了该行业在德国的发展。另一方面专业学会的管理对咨询行业的发展也很重要:学会的管理不仅体现在人才培养方面,而且体现在对已经毕业从事专业工作和具有专业执照的人员的管理方面,例如对学会成员的继续教育方面的要求,对学会成员的

专业伦理的要求等。

总体而言，学会的工作与政府的管理有一个比较好的结合：政府管理体现在立法及执业执照方面；学会管理负责的是学术资质获得和保持以及伦理水准。这些都是值得我国的专业领域学习和借鉴的方面。

第二节　国内心理健康服务体系管理情况

一、国内心理健康服务领域政府管理情况

参与心理健康服务方面管理的国内政府部门，主要是国家劳动和社会保障部（2008年根据第十一届全国人民代表大会第一次会议批准的国务院机构改革方案，与人事部合并为人力资源和社会保障部）、教育部、卫生部（后合入国家卫生健康委员会）等政府部门。

（一）国家劳动与社会保障部颁布的心理咨询师职业标准

在政府部门的管理中，影响比较大的是2001年中国劳动和社会保障部颁布的《心理咨询师国家职业标准》，这一标准于2001年8月3日获得批准，并在当年11月向全国发布，这是由劳动与社会保障部主持，委托中国心理卫生协会组织有关专家起草的（中华人民共和国劳动和社会保障部，2002）。2003年，心理咨询师国家考试正式实施。至此，心理咨询师首次成为国家认可的职业之一。

1.国家认可咨询师类别

按照国家劳动和社会保障部颁布的《心理咨询师国家职业标准》，这一职业共设三个等级，分别为：心理咨询员（国家职业资格三级）、心理咨询师（国家职业资格二级）、高级心理咨询师（国家职业资格一级）。其中对于晋级培训的时间要求为：心理咨询员不少于720标准学时，心理咨询师不少于520标准学时，高级心理咨询师不少于320标准学时。

2.报考条件

《心理咨询师国家职业标准》中规定的申报条件包括：

（1）心理咨询员：取得本专业或相关专业中专以上毕业证书，经心理咨询员正规培训达规定标准学时数，并获得毕（结）业证书者；连续从事心理咨询工作满5年并能出具

可靠证明者。(2)心理咨询师:取得心理咨询员职业资格证书后,连续从事本职业工作5年以上,经心理咨询师正规培训达规定标准学时数,并获毕(结)业证书者;心理学、教育学、医学大专毕业,或其他专业本科毕业,经心理咨询师正规培训达规定标准学时数,并获得毕(结)业证书者;具有心理学、教育学、医学专业的中级职称,经心理咨询师正规培训达规定标准学时数,并获得毕(结)业证书者。(3)高级心理咨询师:具有本科学历并取得心理咨询师职业资格证书后连续从事本职业工作5年以上,经高级心理咨询师正规培训达规定标准学时数,并获得毕(结)业证书,在国家核心学术杂志发表论文两篇以上者;获心理学、教育学、医学硕士学位,见习本职业工作半年以上,经高级心理咨询师正规培训达规定标准学时数,并获得毕(结)业证书,在国家核心学术杂志发表学术论文一篇以上者;获心理学、教育学、医学博士学位,经高级心理咨询师正规培训达规定标准学时数,并获毕(结)业证书者;具有心理学、教育学、医学专业副高职称以上,经高级心理咨询师正规培训达规定标准学时数,并获得毕(结)业证书者。

3.考试内容

《心理咨询师国家职业标准》规定,考试内容包括理论考试及实际能力考核两个部分。其中基本要求涉及了职业道德,主要包括与来访者的关系及保密两个部分内容。

这一标准对心理咨询师专业基础知识的要求涉及:普通心理学、社会心理学、发展心理学、心理健康与心理障碍、心理测验学、咨询心理学及与心理咨询相关的法律知识等。另外在专业方面要求具有心理诊断、心理咨询及心理测量的专业技能等。

(二)教育部对教育领域心理健康工作的管理

教育部多年来一直非常关注教育领域的心理健康工作。其中尤其以对大学的心理健康工作的指导最为突出。在国务院一系列文件精神指导下,教育部有关部门颁布了一系列指导高校进行大学生心理健康工作的文件。

1994年中共中央《加强学校德育的若干意见》颁布之后,教育部于1995年颁布了《普通高校德育大纲》,其中部分内容涉及高校心理健康工作。进入新世纪之后,从2001年至2005年,教育部连续颁布有关文件或召开相关会议,多次对高校心理健康教育工作提出要求。例如,2001年3月教育部给出了《关于加强普通高等学校大学生心理健康教育工作的意见》,而2003年12月教育部办公厅又下发了《关于进一步加强大学生心理健康教育工作的若干意见》。之后,教育部于2004年6月召开了全国高校心理健康教育工作会议。此外,2005年1月教育部还与卫生部、共青团中央联合颁发了文件《关于进一步加强和改进大学生心理健康教育的意见》。

教育部思政司，从2002年开始在天津师范大学举办了十期“全国心理健康教育骨干教师培训班”，一大批经过培训的教师走上心理健康教育的岗位，为推动和促进全国高校心理健康工作的开展起到了积极作用。2005年在教育部正式成立了以天津师范大学沈德立教授为主任委员的普通高等学校学生心理健康教育专家指导委员会。此外，2006年一项由教育部“全国高等学校心理健康教育数据分析中心”（以下简称数据分析中心）在全国范围内对1 304所高校进行的关于大学生心理健康教育的调查发现，各校共有2 381名专职心理健康教育教师，10 563名兼职心理健康教育教师。在接受调查的学校中，91.3%的高校为心理健康教育机构配备了专用工作场地，90%的学校拥有至少一名专职的心理健康教育教师；在教育部直属高校中，100%的学校配备了专职心理健康教育教师（引自《高校心理健康教育工作调研报告》，2007）。许多高校开设了心理健康教育方面的必修课或选修课程。

与此同时，教育部基础教育司，也在同期颁布了针对在全国中小学开展心理健康教育工作的指导意见。1999年教育部印发了《关于加强中小学心理健康教育的若干意见》，2002年又颁布了教育部《中小学心理健康教育指导纲要》。在纲要中包括了在中小学进行心理健康教育的指导思想和基本原则、工作目标和任务，基本工作内容、途径和方法、组织实施等项内容。纲要指出，中小学心理健康教育的主要内容包括：“普及心理健康基本知识，树立心理健康意识，了解简单的心理调节方法，认识心理异常现象，以及初步掌握心理保健常识，其重点是学会学习、人际交往、升学择业以及生活和社会适应等方面的常识。”（教育部，2002）这一纲要对进一步指导、规划全国中小学心理健康教育工作具有重要作用。教育部于2007年12月成立了由北京师范大学林崇德教授任主任委员的全国中小学心理健康教育专家指导委员会，对中小学开展心理健康工作给予指导和推动。

到目前为止，全国城市中学普遍开展了心理健康教育及心理咨询工作，在一些地区，小学开展此方面工作的学校也日益增多。有些地区，例如四川成都，不仅要求城区的中小学每个学校都开展此项工作，而且要求农村的中小学也开展此方面工作。另有一些地区直接提出了未来配备心理健康教育教师的目标，例如河北省石家庄市委宣传部、市教育局、市文明办、市编制办2010年联合下发了《关于加强心理健康教育教师队伍建设的意见》，明确了逐步配备专兼职心理健康教育教师的目标：到2011年底，全市中小学专兼职心理健康教育教师师生比要达到1∶800，到2013年底达到1∶600，到2015年底达到1∶500（郭鹏，2010）。

（三）卫生部对心理健康工作的管理

卫生部是医疗系统中的心理健康服务主管部门。早在1989年11月29日，为了改善与加强医院工作的宏观管理，提高医院的科学管理水平和医疗卫生服务质量，更好地为保障人民健康服务，卫生部发布了《医院分级管理办法（试行）》。在此办法中，三级医院评审标准第一项"医疗服务"，包括了开展心理卫生服务等内容（卫生部，1990）。

2002年，卫生部开始在卫生专业技术资格考试中设立心理治疗学专业的职称考试，并组织心理治疗方面的专家撰写了相关书籍（全国卫生专业技术资格考试专家委员会编，2003），并于同一年秋季开始了此项专业考试。在相关的指南中，心理治疗专业考试内容涉及心理治疗基础知识（包括心理学基础、人类心理发展、社会心理学、人格心理学、社会与文化等内容），相关专业知识（包括精神病学基础、心理测验与评估、健康心理学与心身医学基础、临床心理学研究方法等），心理治疗流派与方法（涉及不同心理治疗流派及心理治疗基础知识等），不同心理障碍的诊断与治疗（涉及对焦虑障碍、进食障碍等的诊断和治疗）等。

2002年4月，卫生部会同民政部、公安部、中国残疾人联合会联合下发了《中国精神卫生工作规划（2002—2010年）》。这一工作规划多次提及开展重点人群的心理行为干预，提高心理健康知识的知晓率。规划同时提出：建立国家重大灾害后精神卫生干预试点，开展受灾人群心理应激救援工作。

2008年，为顺利推进《中国精神卫生工作规划（2002—2010年）》的实施，协调政府各部门之间精神卫生工作的开展，进一步完善精神卫生工作体系，卫生部又会同中央宣传部、发改委、教育部、公安部、民政部等17个部门发出了《全国精神卫生工作体系发展指导纲要（2008年—2015年）》。这一指导纲要提出：按照"预防为主、防治结合、重点干预、广泛覆盖、依法管理"的原则，建立与"政府领导、部门合作、社会参与"工作机制相适应的精神卫生工作体系。其中关于心理健康相关工作，纲要要求：要坚持预防为主，提高开展心理健康教育、心理健康指导、心理行为问题预防和心理危机干预工作的能力。与2002年提出的工作规划相比，指导纲要对开展心理健康方面的工作提出了更为具体的建设目标。例如提出了中小学建立心理健康辅导室、设置专职教师并配备合格人员的学校比例，到2010年城市达到40%、农村达到10%，2015年城市达到60%、农村达到30%；开展心理行为问题预防工作的县（市、区）的比例，到2010年达到50%，2015年达到80%。

2006年，为适应形势发展的需要，卫生部在其下属的疾病预防控制局专门下设了精神卫生处。精神卫生处的设立，为促进和推动我国心理健康服务，特别是在医疗领域中的服务做了大量工作。例如在2008年5月四川汶川大地震之后，在最短的时间内组织专家撰写了“紧急心理危机干预指导原则”，为指导地震灾区的心理援助工作起到了积极作用（卫生部，2008）。同时在促进精神卫生立法方面，这个处也组织专家做了大量工作。

2010年11月11日，卫生部成立了疾病预防控制专家委员会，中华预防医学会会长王陇德担任首届委员会主任委员。这一委员会下设疾病预防控制管理、艾滋病与性病防治、结核病与麻风病防治、血吸虫病和寄生虫病防治、地方病防治、免疫规划、慢性病防治、精神卫生与伤害控制和传染病防治9个分委会。其中精神卫生与伤害控制分委会是第一次设置，由来自上海市精神卫生中心的精神病学家张明园教授任主任委员，而心理健康工作也是这个分委会的重要工作内容之一。

（四）部分城市的精神卫生条例与心理健康服务管理

国内上海、北京、武汉、杭州和宁波等城市的人大已经颁布了精神卫生条例。其中，2001年上海市精神卫生条例的出台是全国最早的城市精神卫生条例（上海市人大常委会，2001）。此后，北京、杭州、宁波和武汉的人大常委会分别通过了自己城市的精神卫生条例。在这些条例中均涉及了对心理健康服务的内容（北京市人大常委会，2006；杭州市人大常委会，2006；宁波市人大（含常委会），2006；武汉市卫生局，2010）。

上海设立的精神卫生条例提出了对从事心理健康服务的人员的要求：“从事心理健康咨询服务的人员，应当符合市卫生行政部门规定的从业资质条件，经考试合格取得资格证书后，方能从事心理健康咨询服务。其中，从事学校心理健康咨询服务的人员，应当具备教师资格，并接受市教育行政部门和市卫生行政部门认可的机构组织的培训，经考试合格取得资格证书后，方能从事心理健康咨询服务”，“从事心理健康咨询服务的人员，应当按照市卫生行政部门制定的执业规范开展心理健康咨询服务”（上海市人大常委会，2001）。

北京市的精神卫生条例对此类人员的要求则有所不同，该条例指出：心理咨询机构的心理咨询人员应当从具有心理学专业学历证书的人员，具有心理咨询国家职业资格证书的人员，或具有精神科执业医师资格的人员中聘用。而有关心理咨询机构及其从业人员的执业规范，则须由市卫生、劳动和社会保障、人事等行政部门共同制定（北京市人大常委会，2006）。

全国的精神卫生立法，由于重性精神病人强制入院等方面的争议，一直没有正式出台。不过，在《精神卫生法》征求意见稿中，已经将心理咨询和心理治疗以及心理危机干预等内容纳入其中。虽然这个部分的内容相对笼统，但一旦立法，将对规范心理健康服务体系具有极其重要的影响。[①]

二、国内心理健康服务领域学会管理情况

心理治疗和心理咨询的发展,使中国的心理健康服务业成为社会转型时期的一个重要服务领域。从发达国家的经验看,建立完善的培训体系、资格认证体系、专业行会等管理制度,制定了相应的规则或法律,对专业机构和人员进行管理和培训(李晓虹,杨蕴萍,2005),才能使心理健康工作走上职业化的道路。

我国的体制一直是以政府管理为主,国内学会至今仍没有起到与国外学会类似的管理作用。但是与心理健康服务相关的学会,始终在做着积极的努力。其中,起着最重要作用的学会主要有两个,即中国心理学会和中国心理卫生协会。

这两个学会的总会一直致力于推动心理治疗与咨询事业在中国的发展,而且还建立了与心理治疗、咨询相关的下属二级学会。其中中国心理卫生协会于20世纪90年代初成立了心理治疗与心理咨询专业委员会和大学生心理咨询专业委员会,其后还建立了森田疗法专业委员会,并于2009年建立了精神分析专业委员会。中国心理学会于1978成立了与心理治疗及咨询相关的医学心理学专业委员会;至20世纪90年代末成立了临床与咨询心理学专业委员会。这些分支组织的建立,促进了与心理治疗和咨询有关的会议及学术活动的开展,也促进了学会对心理健康服务行业的管理建设。

(一)国内心理健康服务领域学会管理的起始

20世纪80年代末,心理咨询和心理治疗的开展初步兴起,一些不良现象时有发生。中国心理学会和中国心理卫生协会中的有识之士开始呼吁对从事心理治疗和咨询工作的专业人员应有所规范,以防范、减少和杜绝不良现象。这种呼声在中国心理学会的医学心理学专业委员会及中国心理卫生协会心理治疗与心理咨询专业委员会筹备组中更为突出。当时中国心理学会和中国心理卫生协会责成这两个专业委员会成员以两个一级学会名义共同协作,提出具体的规定和条例(钱铭怡,2009)。

当时两个学会参与起草条例的主要参加者为钱铭怡、陈仲庚、李心天、吴振云、赵友文,许又新和钟友彬等也提供了有益的意见和建议。这一工作启动于1988年,讨论定稿的时间为1989至1990年间。在参考了美国、英国等国的专业组织的相关条例之后,提出了中国第一个有关心理治疗与心理咨询工作者注册资格的规定和心理治疗与心理

①《中华人民共和国精神卫生法》已经于2013年5月1日起施行,本书写作时间较早,写作时此法还未推出——编辑注。

咨询工作者道德准则。其中所制定的注册资格的规定和道德准则各部分的总字数均在2 000个中文字左右。

此后,经过3年多的时间,在中国心理学会的努力之下,经个别词句的修改后,1993年以"卫生系统心理咨询与心理治疗工作者条例"的名义将注册标准及道德准则发表在中国心理学会的专业刊物《心理学报》上(中国心理学会与中国心理卫生协会,1993)。同一期《心理学报》还发表了关于心理测验使用的相关规定和伦理规范。这是有关心理治疗与咨询的注册规定第一次在中国颁布,也是心理学伦理规范第一次在中国正式发表。但令人遗憾的是,这一注册资格的规定和伦理准则并未真正得到实施。

1999年根据中国心理学会、中国心理卫生协会的要求,同时依据心理治疗与咨询专业在中国的发展情况,在1993年发表的两个文献的基础上,两个专业委员会又对之前的注册条例和有关道德准则进行了进一步的修改,再次提出了有关注册规定和道德准则。此次的文件将第一次提出的一个文件中的注册规定和道德准则分为两个文件"有关心理治疗与心理咨询工作者注册资格的规定"和"心理治疗与心理咨询工作者道德准则"。使注册资格和道德规范内容更为具体。

尽管这一稿的伦理守则比前一稿的内容更丰富、具体,但同样没有得到真正实施;仅在中国心理学会中进行了讨论,在中国心理卫生协会作为协会的正式文件下发到其下属的地方及专业委员会中进行宣传和教育(钱铭怡等,2009)。

这两个专业学会并未就此放弃相关的努力,特别是在学术界对规范心理治疗与咨询领域的工作的呼声日益增高的情况下,在多次寻求政府部门支持未果的情况下,仍不断努力。这些努力促进了国家劳动和社会保障部《心理咨询师国家职业标准》的颁布及实施,以及在卫生部卫生专业技术系列中心理治疗师职称系列的建立。

在中国劳动和社会保障部颁布的《心理咨询师国家职业标准》和心理治疗学专业书籍中(中华人民共和国劳动和社会保障部,2002;全国卫生专业技术资格考试专家委员会编,2003),所涉及的管理和与专业伦理相关的内容,均有部分内容参考了1999年中国心理学会、中国心理卫生协会的注册和道德准则的文件内容。政府部门的涉入,促进了专业人员数量的快速增长和提高了心理治疗与咨询服务的公众知晓度(钱铭怡,2009),第三节详细介绍。

(二)中国心理学会临床与咨询心理学专业机构和专业人员注册系统的建立

为了更好地解决专业领域中出现的人员资质良莠不齐,专业行为不规范以及许多专业伦理等方面的问题,为促进中国心理治疗与咨询事业的健康发展,为响应科协在新时期对学会应积极实现对行业内部的有效监控和自我管理,做好行业内部自律的工作的号召和要求，以中国心理学会中的临床与咨询心理学专业委员会成员为主的一批专业人员，开始进行建立临床与咨询心理学专业机构和专业人员注册系统的尝试。

在中国心理学会常务理事会的直接领导下，中国心理学会临床与咨询心理学专业委员会从2004年开始酝酿，2005年开始着手准备，至2006年1月，以这一专业委员会的成员为主，成立了三个不同性质的筹备工作小组，其承担了建立临床与咨询心理学专业机构与专业人员注册系统（以下简称注册系统）的工作（钱铭怡，2009）。这三个工作组包括中国心理学会临床与咨询心理学专业机构与专业人员注册标准制定工作组、中国心理学会临床与咨询心理学专业机构与专业人员注册工作组和中国心理学会临床与咨询心理学专业伦理工作组。前两个工作组负责相关注册标准和伦理守则的编制，以及注册工作的实施；后者则重点负责伦理条文的执行和解释工作，对提出注册申请的专业人员和机构进行专业伦理的审核和监控，并为专业人员提供伦理问题的咨询和建议，接受伦理问题的申诉，并负责处理违反专业伦理守则的案例。

这三个工作组在参考国外相关文献的基础上，提出并制定了两个重要的工作文件，即《中国心理学会临床心理学与咨询心理学专业机构和专业人员注册标准》（以下简称注册标准）和《中国心理学会临床与咨询心理学工作伦理守则》（以下简称伦理守则）（中国心理学会a，2007；中国心理学会b，2007）。2007年2月5日这两个文件在中国心理学会在北京召开的常务理事会获得一致通过。

在制定注册标准和伦理守则时，工作组的基本思路主要包括两条，一是考虑其是否适合中国国情，二是考虑在目前情况下有关的注册标准或伦理守则是否有可能真正得以实施。基于第一条，编制小组在编制两个文件时，不仅要了解国际相关组织的有关资格标准或伦理条款，而且要非常注意这些标准或某伦理条款是否可用于中国，是否某些规定仅适用于西方国家，而不适于在中国运用。基于第二条，要从注册标准角度考虑，目前设定的注册标准是否能够让当前国内最优秀的心理治疗师或咨询师通过这一标准，是否在未来若干年内经过这个标准的筛选，有一批专业人员能够达到此标准进入注册系统；要从伦理的角度考虑，注册系统的伦理守则在目前情况下是否有可能真正得以实施。从各方面情况看，目前的注册标准及伦理守则均属于初步的、具有过渡性质的规定或规范，待若干年之后时机成熟并积累了相关经验后，可进一步完善注册标准及伦理守则所规范的内容（钱铭怡等，2009）。

基于上述考虑，由中国心理学会通过的临床与咨询心理学注册标准及伦理守则，尽管有种种不尽如人意之处，但从总体上看，是符合目前中国情况的。

(三)中国心理学会临床与咨询心理学专业机构和专业人员注册标准

中国心理学会临床与咨询心理学注册系统的注册标准的主要内容包括:(1)注册原则和政策,(2)临床与咨询心理学专业硕士培养方案注册标准,(3)临床与咨询心理学专业博士培养方案注册标准,(4)临床与咨询心理学实习机构注册标准,(4)心理师注册标准,(5)督导师注册标准,(6)继续教育或再培训项目的注册标准。

注册系统的注册原则包括:(1)非营利性原则,其是一个非营利性质的专业资格注册体系。(2)质量控制原则,其是一个针对中国心理咨询与心理治疗的专业培养方案、机构、培训项目和专业人员的质量控制体系。(3)非强制性原则,达到标准的个人和机构可以自愿提出注册申请。

其中对个人的注册标准涉及临床与咨询心理学心理师和督导师的标准:对注册的临床与咨询心理师要求其遵守伦理守则,无违法记录,一般需要具有临床或咨询心理学专业硕士学位及以上学历,由2名已注册的心理师推荐,且获得硕士学位后2年内,临床实践不少于150小时,接受督导不少于100小时;已获得注册的心理师每年须参加不少于20学时的继续教育或培训。督导师候选人同样要求其遵守伦理守则,无违法记录;在获得心理师注册资格后,从事临床实践小时数累计不少于800小时,从事督导实习时间不少于80小时,接受督导不少于80小时,同时要求参加规定内容、小时数的继续教育培训。

注册标准也涉及对硕士和博士培养方案的注册,这两个方面的注册标准都要求该方案必须有明确的培养手册以表明其培养目标,有硕士或博士候选人的准入标准和程序、培养过程、培养结果的质量控制等事项。培养方案须有能够承担相应的教学和培养责任的临床或咨询心理学教学团队;有一个整体协调的、有组织的培训流程。其中对硕士的培养方案规定了基础课程的内容和时间,临床与咨询心理学理论与实务课程的内容(须包括:心理咨询与治疗的基本理论与实务、心理咨询与治疗流派的理论与实务、心理评估和诊断的理论与实务、与临床心理学或咨询心理学实践相关的现场或模拟现场(实验室)培训、实践练习,心理师的个人和专业发展等),及对课程的时间均有规定;对学生临床实习、接受督导师督导的时间也有具体规定(硕士实习时间不少于100小时,接受督导不少于100小时)。而博士培养方案的课程须包括针对临床或咨询心理学领域的不同类别的高级课程:临床与咨询心理学专业伦理类的课程,心理诊断、心理评估类的课程,研究设计与方法学课程,至少在某两个具体的心理治疗领域设置有高级课程等。同时规定博士临床实习时间不少于150小时,接受督导不少于100小时。

对实习机构的注册标准则要求该机构具有书面的声明或者手册,具体描述实习的目标和内容,明确提出对实习学生工作的数量和质量方面的期望和要求,机构须提供给实习学生培训计划和要求,定期对实习学生进行指导。另外注册标准对机构中获得系统认证的心理师、督导师人数也有具体要求。

此外,对继续教育或再培训项目注册系统也有专门的注册规定:继续教育或再培训项目的主要师资人员须是在中国心理学会有效注册的督导师,或是被注册工作组认可的其他国内外团体和机构的专业培训人员;继续教育或再培训项目应有明确的培训大纲、教材和教学方式,明确界定培训目的、培训师的背景与资质、受训者的准入标准等事项,其培训目的是使接受培训者获得专业知识、专业技能或个人体验。培训大纲应包含一个规范的、有计划的、设置好顺序的培训计划或流程并清楚标明了该项目的培训小时数,以确保培训的质量。

(四)中国心理学会临床与咨询心理工作伦理守则

伦理守则的前言说明了该守则目的,即"制定本守则的目的是让心理师、寻求专业服务者以及广大民众了解心理治疗与心理咨询工作专业伦理的核心理念和专业责任,并籍(借)此保证和提升心理治疗与心理咨询专业服务的水准,保障寻求专业服务者和心理师的权益,增进民众的心理健康、幸福和安宁,促进和谐社会的发展。本守则亦作为本学会临床与咨询心理学注册心理师的专业伦理规范以及本学会处理有关临床与咨询心理学专业伦理申诉的主要依据和工作基础"。

伦理守则的主要内容包括:总则和伦理条款。伦理条款包括:专业关系、隐私权与保密性,职业责任,心理测量与评估,教学、培训和督导,研究和发表,伦理问题处理等7个部分的内容。

伦理守则的总则内容包括善行、责任、诚信、公正、尊重五项原则。具体涉及:(1)善行,心理师工作目的是使寻求专业服务者从其提供的专业服务中获益;心理师应保障寻求专业服务者的权利,努力使其得到适当的服务并避免伤害。(2)责任,心理师在工作中应保持其专业服务的最高水准,对自己的行为承担责任。认清自己专业的、伦理及法律的责任,维护专业信誉。(3)诚信,心理师在临床实践活动、研究和教学工作中,应努力保持其行为的诚实性和真实性。(4)公正,心理师应公平、公正地对待自己的专业工作及其他人员。心理师应采取谨慎的态度防止自己潜在的偏见、能力局限、技术的限制等导致的不适当行为。(5)尊重,心理师应尊重每一个人,尊重个人的隐私权、保密性和自我决定的权利。

专业关系一章中内容涉及知情同意、双重关系、亲密关系的规定,涉及专业收费,专业人员不得利用职务之便谋取私利,以及专业人员与同行、其他相关专业人员的关系的规定。

隐私权与保密性一章中内容涉及在专业工作中确立保密原则、保密原则的例外情况，对个案记录、测验资料、信件、录音、录像等资料的保存、使用的规定等。

职业责任一章内容包括对专业人员接受继续教育、督导的要求，注意自我保健，在面对大众、媒体和宣传自己及专业服务时应诚实、客观、准确地进行描述等。

心理测量与评估一章中要求专业人员在接受相关培训后使用心理测验，并在测验的选择、应用、计分、解释、编制等方面按照相关规定进行，不得滥用测量工具。

教学、培训和督导一章，要求心理师对教学、培训和督导持真诚、认真、负责的态度，教学和督导要以提升学生、接受培训和督导者的专业水准为目的，注意保持专业关系，对学生、被培训或督导者给予诚实、公正的评估，不得利用教学之便谋取私利等。

研究和发表一章要求专业人员在研究中尊重被试的权益，如实反映研究的结果，尊重研究参与者的权益，应以诚实的态度发表研究成果，不得剽窃他人的成果。

伦理问题处理一章提供了在面对伦理问题、困境时解决问题、提出伦理申诉的思路和框架。

总体而言，中国心理学会临床与咨询心理学注册系统是一个对专业机构和专业人员进行质量控制和内部监管及自律的专业体系。《中国心理学会临床心理学与咨询心理学专业机构和专业人员注册标准》及《中国心理学会临床与咨询心理学工作伦理守则》，两个文件对中国的心理健康服务体系的基本管理规范的建设，具有积极的里程碑式的意义。

第三节　国内心理健康服务管理中的问题及发展方向

一、国内心理健康服务中存在的问题

改革开放以来，随着国人生活水平的提高，心理咨询与治疗逐渐被社会关注和接受，人们对心理咨询与治疗的需求也大大增强。正是这样的需求促进了中国心理咨询与治疗的蓬勃发展。20世纪80年代以来，心理咨询与治疗在中国已经经历了准备阶段、初步发展阶段并开始进入了职业化进程阶段（钱铭怡，2002，2004）。尽管中国的心理治疗和咨询业在近年来已有了很大的发展，但与国外专业体系相比，国内的专业工作仍存在一些问题，如专业人员培训不足、管理混乱、定位不明确等（汪新建，2005；赵旭东等，2005）。

(一)心理健康专业人员队伍的发展落后于社会的需求

近年来,社会及民众对心理健康的关注明显提高,心理治疗与心理咨询专业队伍也在不断壮大,行业发展迅猛。即使如此,专业人员队伍的发展在数量和质量两个方面均远远不能满足社会的需要。问题主要存在于下列两个方面:(1)专业人员数量过少;(2)已有专业人员培训不足。

专业队伍人员不足的问题,从学校和医院来看,都是如此;而从整个社会来看,更是如此。根据心理治疗与心理咨询相关机构负责人所估计的专业人员与被服务的居民比例进行统计,至2007年我国在综合医院、精神病专科医院工作的心理咨询/治疗专业人员在11 725人左右。根据大学心理咨询与治疗机构的负责人估计的专业人员与学生比例,到2007年我国大学中心理咨询与治疗专业人员在2 641人左右(钱铭怡等,2010)。如果仅以这两项数值相加,除以13亿人口,得到的结果可能是大约每10万人口有1名专业人员。需要注意的是,这个数据是以2007年的调查结果做的统计,而现阶段不仅医院及高校有专业人员在从事心理健康方面的工作,在各个不同领域,都有专业人员在工作。虽然目前通过各种培训渠道进入心理治疗和心理咨询专业领域的人员数量迅猛增长,无从了解真正从业的人数,但因为我国人口众多,以专业人员数量和全国人口进行比较时,比例当在万分之一以上。

国外发达国家对于心理治疗师和心理咨询师的培训项目、人员资格的管理非常严格,培训通常要达到大学的硕士以上水平。但在我国,由于"文化大革命"造成的我国专业发展的停滞,至今在教育部的学科专业中缺乏临床与咨询心理学专业,因此大学的专业培训一直处于缺乏统一培训水准和统一模式的状态。这其中很大一部分原因是专业管理缺失造成的。面对公众对心理咨询和治疗服务的巨大需求,不同行业的人员陆续转入心理咨询与治疗行业。许多已有的从业人员只受过很少时间的训练,因此在治疗中遇到很多困难(Qian,2002;Qain,Chen,1993;Qian等,2002)。关于心理咨询的教育培训问题,我们将在第十二章深入讨论。

(二)管理滞后于专业的发展

专业需求增加,专业人员增加,使管理体系和制度缺乏的问题日益凸显。在宏观的管理方面存在的问题包括几个方面:(1)缺乏统一管理的政府机构;(2)缺乏行会管理制度和体系;(3)缺乏统一的行业准入标准和统一的培训要求(包括学历培训和在职培训两个方面)。

1.政府管理

从政府管理层面看,劳动和社会保障部、卫生部在2000年后开始介入对心理健康行业的管理，教育部则早于其他政府部门对所管辖的学校心理咨询、心理健康方面的工作进行了部署，成效是显而易见的。但存在的问题也非常突出。

首先是政府部门的管理，条块分割，造成广大的以心理学工作者为主的心理健康方面从业人员没有直接的、统一的上级部门管理。进一步，这种管理方式造成了目前我国心理咨询与治疗行业尚无统一的准入标准，对从业人员的资格缺乏统一的限定，对专业培训没有质量控制和统一标准，从业人员专业培训背景和业务水平参差不齐等一系列问题。

此外，人力资源和社会保障部还于2007年4月批准了婚姻家庭咨询师(2009年6月开始进行职业资格考试)等与心理咨询相关的职业资格标准；教育部对在高校心理咨询中心任职的人员也有一定的要求；卫生部也对在卫生系统担任心理治疗师的人员有自己的资格认定政策，但是如何协调和统一心理咨询与治疗行业的准入标准仍然是一个没有得到有效解决的问题(钟杰，2003)。

2.专业学会管理

从对国外发达国家相关系统的心理健康服务体系化管理的情况来看，政府管理重点是在政策、法规上；而对专业人员的培训及水准以及伦理要求，更多的是由专业的行会进行管理的。

尽管中国心理学会建立了临床与咨询心理学专业机构和专业人员注册系统，这一注册系统为专业机构和专业人员的管理设立了相关标准，同时也颁布了临床心理学工作伦理守则，但由于目前此类工作尚未得到政府层面有力的支持，也无法与我国现行法律法规进行衔接，因此还没有在国内引起足够重视。我国目前没有真正对心理咨询与治疗从业人员具备现实约束力的行会，同时在我国也缺乏相关法律规定，中国心理学会建立的临床工作伦理守则仅对注册系统中的人员具有约束力，对更多的从业人员存在管理的真空。这会导致从业人员的职业行为无从界定和约束，从业过程中出现纠纷后难以找到法律和职业规范依据，服务方和被服务方的权益都无法得到有效保护。同时，相关法律和统一的职业伦理规范的缺乏也为职业资格认证、职业培训机构认证、职业监控和管理带来了巨大困难，对我国心理咨询与治疗职业化进程构成了巨大阻碍(钟杰，2003)。

3.微观角度的具体咨询机构管理

以上的问题都是从宏观及整个行业的角度进行考虑的。对于各个有心理治疗和心理咨询门诊及心理中心的具体单位而言，管理则是切切实实与单位及部门的领导相关的。对于单位，管理方面的问题从我们的调查中已经有所反映。

目前，在许多知名单位的心理门诊及心理中心，包括知名专家，都存在门诊量大，应接不暇的问题。实施预约方式的一些单位,有的预约的来访者需要等3个月,甚至更长时间,才能真正获得所需的服务。人员的合理配备和安排,是各服务单位的一项重要任务。

此外,由于中国的心理健康工作开展较晚,至今未有全国性的对设置专业服务机构的管理方面的规定,专业管理人员及专业人员对目前服务单位的规章制度的建设、督导、检查评估体系等的理想状况的评估和现实情况比较,均存在差距(王雨吟,钱铭怡,姚萍等,2011)。我们的调查也反映出,各单位在安排专业人员参加培训、督导,促进其继续学习方面存在不足;在专业服务流程设置、专业服务相应的配套管理制度的建立等方面与国外发达国家的情况相比,差异明显。

二、国内心理健康服务领域的发展方向及问题应对策略

目前,我国民众对规范的心理咨询和治疗服务的需求日益增长,我国心理咨询与治疗的事业化进程必须相应加速。如何开创一个蓬勃向上的行业局面,建立一个有中国特色的行之有效的心理健康服务体系成为此领域一个突出的问题。

(一)确立政府管理部门,以政策和体制保障心理健康工作的开展

在前面国内心理治疗与咨询行业面临的问题部分提到,目前这一领域尚缺乏明确的政府领导部门。未来国内心理健康工作的顺利开展,离不开政府的管理和相关政策法规的指导,只有确立了政府相应的主管部门,心理治疗和咨询在中国的发展才可能在组织管理方面更上一层楼。在政府层面,有以下几个方面的工作需要重点开展(钱铭怡等,2008):

首先是应在中央政府一级建立对心理治疗和咨询人员进行管理的主管部门。到2015年在心理治疗和心理咨询领域从业的人员估计将超过15万人,而涉足心理健康领域工作的人员还会更多。中央政府应建立专门对这些专业人员进行管理的机构,在各省区市等层面建立相应的管理机构,以便更好地管理和使用专业人员。同时应制定相应的管理体制和政策立法,保障和推动心理治疗和咨询事业在中国的发展。

其次,政府部门在政策方面要对心理健康领域的工作,特别是心理治疗和咨询工作予以支持和引导。从高校心理咨询工作快速发展的经验看,好的政策有助于推动心理治疗与咨询工作的开展。需要政策规范和扶持的方面包括:允许大量建立全国性专业行会,促进相关专业活动规范的建立;对专业人员的学历培训及在职培训进行规范,提高专业人员的培养质量等。同时,国家和政府相关部门应该具有前瞻性的眼光,尽快规

范针对心理咨询、心理治疗私人开业的相关法规和具体实施细则，促进心理治疗、心理咨询私人开业的发展，通过国家法律与专业行会管理的有效结合，建立适应我国社会和人民心理健康服务需求的心理健康服务体系。

再者，政府需要对心理治疗和咨询专业人员在编制、职称系列设置方面给予实际政策的支持。在高校，这方面的问题解决得比较好，这方面的工作就开展得相对较好。而在医院，心理学专业毕业的心理治疗专业人员在职称晋升等方面遇到一系列问题，例如，不被接受在医院从事心理治疗工作，或已经在医院工作的人员无法顺利晋升职称等，严重限制和阻碍了这类人员在医院工作的可能性和积极性，也因此制约了医院在相关领域工作的开展。从国外发达国家的经验看，未来在医院从事心理治疗工作的人员将以心理学背景的专业人员为主，因此这一问题必须得到足够的重视。改变阻碍和限制心理学人员在医院工作的制约因素，将会极大地推动医院相关专业工作的开展，提高专业人员在医疗卫生系统从事心理治疗工作的积极性。

最后，在心理健康工作的普及方面，注意在各综合医院及各中小学开展心理治疗和心理咨询的专项工作。目前在高校，特别是重点高校，心理治疗与咨询工作的开展相对较好，但也存在部分大专院校仍缺乏心理专业人员的情况（引自《高校心理健康教育工作调研报告》，2007）。而在中专、中职、普通中小学中，这项工作的开展尚未普及。另外在医院里，三级甲等医院的心理治疗工作开展得比较好，但在其他等级的医院，心理治疗工作开展情况并不令人满意。因此在抓好已经开展了此方面工作的高校和三甲医院之外，应注重在未开展这项工作的地方建立心理咨询中心或心理门诊。近年来，心理健康工作在企业、军队、社区均有开展，需要注意两个方面的问题，一是没有管理规定，对这些工作支持不足；二是行政命令一刀切，不顾客观现实，要求在不具备人员及条件的单位都开展心理健康或心理咨询工作，导致此项工作最终流于形式，无实际效果。

（二）建立全国性专业行会，有组织地推动心理治疗与咨询的职业化发展

一个行业的发展，必将走向职业化道路；而一个行业职业化发展的标志，是实现专业行会对于专业的管理。我国目前尚未形成这样的管理机制，亟待对每个从业人员形成现实的约束力，并有相应配套的行业准入标准、培训机构认证标准等，进而为今后实现行会管理打下基础（钟杰，2003）。而一个全国性的行业学会如果得以建立，可以提出统一的行为规范和伦理守则，对专业人员的质量进行监控，并有可能提出具体的专业培训、继续教育学习的要求，以保障和提升专业人员的水平，进而保障心理健康服务的质量，促进行业的健康发展。

(三)合理规划和使用现有专业人才,促进心理健康工作数量和质量的提升

由于现有人才缺乏,在医院、社区及学校开展心理治疗和咨询工作,应对其人员的使用进行合理规划,对未来专业人员的发展及相关工作的开展制订前瞻性的计划。如果政府部门建立了相应的管理机构,应制定相关发展策略,更好地考虑人才使用和发展战略。钱铭怡等对此提出以下建议:

(1)从宏观的角度看,政府部门应考虑未来5到10年的心理治疗人才规划和发展战略。例如,如果我们要达到城镇人口每5 000人、3 000人和1 000人,农村每1万人、5 000人和3 000人拥有一个专业人员,各需要用多少时间,各需要专业人员多少人?这是各级相关领导部门在考虑未来的发展战略时应注意的内容。

(2)从中观角度看,当专业人员数目到达一定水平,需要将专业人员引导到不同工作的分类专科之中(例如老人、儿童的心理治疗师,专门治疗焦虑障碍、抑郁症、进食障碍、物质依赖、人格障碍的治疗师等)。

(3)从微观角度看,如果我们达到了上述发展计划,心理治疗与咨询专业人员的工作安排、工作地点和职能应是什么?例如在高校、中学和小学,是否需要确立专业人员编制和工作职能,5—10年发展目标可否定为高校专业人员与学生比例达到1∶2 000;中小学达到1∶3 000-1∶5 000;城镇医院到达1∶5 000;乡镇医院达到1∶10 000-1∶30 000。或者,政府亦可考虑制定心理治疗与咨询人员编制的5—10年发展规划,例如对有条件的学校,要求高校的心理咨询中心形成8—12人的队伍;中学的心理咨询中心形成3—6人的队伍;小学的心理咨询中心形成1—2人队伍。对有条件的综合医院(医院分级情况见卫生部2007统计公报),要求三级医院心理门诊形成8—12人的队伍;二级医院形成2—6人的队伍;一级医院形成1—3人队伍。

建立有效的心理健康服务体系,可为民众的心理健康提供基本保障。而体系的构建,离不开专业队伍中专业技术人员的培养和使用。而心理治疗专业人员队伍的建设和发展规划是建立良好的专业体系的重要基础,需要做好前瞻性的战略准备工作。

第四编　心理健康服务的影响因素

第十一章　社会文化

心理健康服务是以心理学的理论和方法为主导来维护与促进人们的心理健康活动。它既包括服务主体和服务对象，也包括心理健康服务的理论、方法和内容。无论是提供心理健康服务的主体还是接受心理健康服务的对象都离不开社会而存在，都生活在一定的文化氛围中。不同的社会文化面临着不同的实际问题，在此背景下的人们具有不同的身心特点。需要根据不同的社会文化背景，针对个体不同的心理与行为特点建立不同的心理学理论、概念与测量工具，这已是心理学工作者产生的一个共识，他们进行的心理学本土化的探索就是一个有力的证明。社会文化是影响心理健康服务的一个重要因素，心理健康服务必须要考虑特定社会文化背景下人们的身心特点，根据不同社会文化背景下的服务对象所特有的心理问题及其表现、求助方式等建立具有一定社会文化特色的心理健康服务理论与方法，切实解决人们的心理问题，提高人们的心理健康水平。本章从社会学与文化学的角度，阐释了对心理健康服务产生影响的重要社会与文化因素及其影响机制。

第一节　社会的因素

影响心理健康服务的因素众多，本节从社会学的角度来探讨社会因素对心理健康服务的影响，以期达到完善心理健康服务体系、提高人们心理健康水平的目的。

一、社会分层与社会流动

（一）社会分层

在社会学中，社会分层是根据一定的标准把人们划分成高低有序的等级层次的过程与状态，用来说明社会差别、社会不平等现象（何本方，1994）。社会分层涉及很多方面，如社会地位、经济状况或收入、职业分层、教育分层、性别分层等，处于不同社会层次的人群其心理健康水平、心理疾病种类及其表现形式等都是不同的。

1.经济状况或收入

对于经济状况与精神疾病之间的关系，法瑞斯（Faris）和敦翰（Dunham）对1922—1924年期间芝加哥市精神病院的30 000余名患者进行研究发现，住在贫民区的居民患精神分裂症的概率最高(CockeRhan,1985)。1973年的另外一个研究也验证了这一结果。斯洛尔(Srole)等在20世纪50年代中期对纽约市曼哈顿区年龄在20—65岁之间的1 660名非住院病人进行调查,发现严重精神障碍者社会经济状况较差(Misher,Scotch,1967)。雷顿(Leightons)及其同事对加拿大的新斯科舍省一个乡村的一部分居民进行问卷调查也得出了社会经济状态最差的人群精神疾病最为多见的结论(Leightons等,1963)。在我国,家庭经济困难和欠债也是影响妇女心身健康的一个最重要因素(高成阁等,2006)。

收入水平对不同人群也有不同的影响。对于农民工来讲,劳动强度最大、收入最高的建筑农民工幸福感水平显著低于其他收入水平的农民工,而劳动强度最小的工厂农民工的幸福感水平则显著高于其他收入水平的农民工(杜李琴等,2007)。对于大学生群体来讲,特殊困难家庭的学生心理健康状况显著差于家庭一般困难和非困难家庭的学生(卢勤,2010;蒲清平等,2010),家庭每月收入在千元以上的大学生在自负、怯懦、攀比和依赖等方面的心理表现比家庭月收入在千元以下的大学生更强烈(徐玉斌,衡彦明,2006)。此外,有些心理健康状况较差的个体即使认识到了自身的心理健康问题,因为担心金钱的花费也不会向心理健康服务机构寻求帮助。较低社会经济地位、担心消费过高、收入较低是导致公众不愿意寻求专业心理帮助的一个因素(Loo等,1989)。

2.职业分层

不同职业群体大致可以分为体力型与脑力型,前者如农民、普通工人,后者如教师、政府工作人员。对我国十个省区市的不同职业群体进行调查发现,体力型劳动者和体力、脑力二者兼有型劳动者(如技术工人、车间管理人员)的心理健康水平显著低于脑力型劳动者,在身体关怀、自我接受、理想超越、精神充实、亲近自然、群人关系、角色适应、良心安稳和自我调节等方面,脑力型劳动者的和谐程度均显著高于体力型劳动者(张向葵等,2006)。我国不同职业群体中,科技人员、行政人员和工人的心理健康水平逐渐降低;煤矿矿工的心理健康水平总体较高,而焦化厂工人的心理健康水平较低;军人的心理健康状况较好,警察的心理健康状况偏差,不同地域有差异,而警察的平均心理健康水平又高于机关公务员;医务人员的心理健康水平低于一般人群,护士群体主要面临着焦虑、抑郁、强迫和人际关系敏感问题;在教师群体中,大学教师心理健康水平好于中小学教师,中小学教师群体的心理健康水平比普通群体偏差(阎书昌等,2008)。在农民/牧民、工人、乡村医生、村干部、教师、商业服务人员、学生、外出打工者等中,外出打工者的心理健康状况最差,而教师和村干部的心理健康状况较好(祖淑梅,2008)。农村老年人群体在性格方面比工人和干部差(贾慧英,王建英,2007);在心理健康状况、性格、适应和认知方面,城市老年人脑力劳动者、轻体力劳动者、重体力劳动者、无业者呈现逐渐降低的趋势(孙颖心,王佳佳,2007)。退休职工中脑力劳动者的心理健康水平、情绪和认知方面明显好于体力劳动者(张玲等,2005)。

3.教育分层

很多研究都表明,教育是心理健康状况的一个调节因素。受过大学及以上教育的个体心理健康水平显著高于中学及以下受教育水平的个体(张向葵等,2006)。农村居民(祖淑梅,2008;马圆圆,2008)、留守农民(胡义秋等,2008)、农民工(胡荣华,葛明贵,2008;何江江等,2008)、下岗职工(徐慧兰等,2001;陈耕春,1999)、老年人等(裴秀英等,1999;王艳华等,1995;尚秀花等,2007)群体中受教育程度较高者的心理健康状况好于受教育程度较低者,简言之,受教育程度越低心理健康问题越多。中学教育水平的农村老年人在情绪、认知和适应方面明显好于小学教育水平的和文盲(贾慧英,王建英,2007;邢华燕等,2005)。高校和科教系统离退休老人的心理健康状况要明显好于一般老年群体,他们的生活满意度、婚姻满意度、子女满意度和医疗满意度都较高(李娟等,2008),教育因素可能对他们的心理健康具有一定的保护作用(彭义升等,2009;李德明等,2004)。

此外,心理健康的知晓率和心理健康标准与教育水平、职业有一定的关系,对心理健康的知晓率有随文化程度的增高而升高的趋势。低文化程度的妇女注重子女教育问题,高文化程度的妇女更注重解决人际关系问题、个人心理问题、家庭矛盾问题、自身能力问题及预防精神疾病发生。

总之,在不同的社会分层中,差异性因素不是单一发生作用的,受过较高文化教育者通常具有较好的工作和经济状况,较高的社会地位,他们的健康、经济收入、居住条件都较好(彭义升等,2009)。高经济收入和良好教育所带来的自主管理意识及一份好工作是个体应对意外情况的重要资本,因为这些减少了因生活方面的困难产生的压力源。中科院公布的2007年国民心理健康状况报告显示,对成年人来讲,经济收入、教育程度、职业类型、休闲方式等都是影响心理健康的主要因素,内部的受教育程度与外部的经济状况等条件的影响共同决定着个体对心理健康服务的认知、态度与行为。

(二)社会流动

社会流动是指社会成员从某一社会位置向其他社会位置的移动。如企业员工的升迁或贬职,这是垂直流动;一个学校的教师调到另一个学校当教师,这就是水平流动。向上移动或向下移动均与心理健康有着密切的关系。随着社会发展的加快,社会流动速度在不断提高。

1. 农民工

农民工是在现代化和城市化进程中涌现出来的一支新型劳动大军，这一群体的心理健康状况也日益得到关注。对东北地区（孙崇勇，2007），河南省（钱胜等，2008）、浙江省（康洁，熊和平，2005）、安徽省（孙建中等，1999）、重庆市（蒋善等，2007），苏州市（贾凤琴，吴燕，2008）、包头市（李代秀等，2006）、惠州市（骆焕荣等，2006）、南京市（朱考金，2003）、广东某市（杜李琴等，2007）、珠海市（汤捷等，2006）等地的农民工的调查表明，农民工流动群体的心理健康状况普遍较差，大部分存在焦虑、抑郁、人际关系敏感、自卑、自闭症、偏执和敌意等心理问题或疾病。影响农民工心理健康的因素主要包括如下几个方面：对城市的高期望与现实生活艰辛的反差（朱考金，2003；吴兴陆，元名杰，2005；赵敏，2007）；与城市居民相比的不平等待遇（朱考金，2003；康洁，熊和平，2005；康来云，2007）；城市生活的适应难题（李代秀等，2006；朱考金，2003；康洁，熊和平，2005；詹劲基等，2008）；长期离家在外地工作所牵挂的子女教育问题、婚姻家庭问题、婚恋及情感问题也是困扰他们心理健康的主要因素（李代秀等，2006；康洁，熊和平，2005）。

农民工对健康知识和心理健康服务普遍具有较强的需求，但他们对心理健康知识的了解很少，并且学习心理健康知识的主要途径是通过电视、报刊、他人、宣传栏和街头广告等非专业性的宣传和传播渠道（吴莉莉，李俊林，2007；张泉水等，2006；刘晋洪等，2007）。他们倾向于首选的心理健康服务方式是电话，其次是综合医院心理门诊。农民工心理健康知识匮乏是他们寻求专业性心理帮助的阻碍因素。

2. 下岗失业

下岗失业是人们工作和生活中的重大负性应激事件，对人们的身心健康必然会产生很大的影响。对山东省（徐虹，2003）、辽宁省（魏玉东，武新，2007）、北京市（赵耀，2007）、上海市（陆志德等，2005）、长沙市（徐慧兰等，2001）、滕州市（刘敬周等，2003）、西安市（徐慧兰等，2001）等地的下岗失业人员进行调查，结果表明，下岗职工的心理应激和生理应激都显著高于在岗职工（徐慧兰等，2001），他们的心理健康状况、身体健康状况、总体情感指数、生活满意度、幸福感指数、自尊水平均明显低于在岗职工（徐慧兰等，2001；陆志德等，2005；安范红，熊俊，2004；田思路，2005）。下岗职工有更多的睡眠障碍、焦虑、抑郁、恐怖、挫折感，神经衰弱症状明显（赵耀，2007；徐虹，2003）。总之，下岗失业使个体在身体、情绪、行为等方面都产生了较为明显的负性变化。

不同年龄阶段的个体面临着不同的压力和问题，下岗失业对不同年龄阶段的人群也有不同的影响。34岁及以下下岗工人心理健康水平明显好于35—44岁者，尤其在抑郁和紧张方面；45岁及以上的下岗工人和在岗工人之间心理健康水平没有明显差异（徐慧兰等，2001；徐虹，2003；冯冬燕，王敏艳，2008；陈江英，刘敏岚，2007），不同年龄段的下岗失业人员的心理健康状况不同可能与不同年龄者采用的应对方式不同有关(冯冬燕等,2007)。经济压力过大是对下岗职工影响最大的因素(赵耀,2007)。性格外向的下岗者比较容易感受到和获得社会支持,而性格内向者则相反(李强,2008)。经常参加体育锻炼的下岗职工其心理健康水平明显好于不能坚持体育锻炼者(徐慧兰等,2001)。应对方式直接影响失业人员的心理健康,采用积极的问题应对方式可提高生活满意度和主观幸福感水平,产生正性情绪体验,采用被动方式或逃避会导致不良的心理健康和情绪状态(冯冬燕,王敏艳,2008;张淑华,陈仪梅,2008)。

3. 离退休人员

离退休人员与下岗失业人员有着某些相似之处,他们都属于向下流动的职业群体;但二者不同的是,下岗工人是在自身条件允许的条件下被迫离开工作岗位,而离退休人员是由于年龄较高或身体健康状况不适宜再继续工作。虽然如此,社会地位和角色、社会环境、经济收入、生活方式的改变也会对他们的心理健康状况产生较大的影响。退休老人比较突出的心理问题是抑郁,对济宁市离退休老干部的调查发现,在抑郁症状者中,诱因为离退休的比例最高(卢世臣,张秀芹,2001)。抑郁、一般负性体验和负性情感对幸福度和心理状况的影响最大(唐济湘等,1999)。

影响离退休老年人生活质量和心理健康的因素主要有对离退休的态度、健康状况、经济收入、社会交往、生活习惯、从事文体活动状况、生活满意度、居住条件、家庭关系等(何伋等,2002;邢会荣,2007;贺西征等,2002;高俊娜,董宣,2000)。离退休人员由于不需要工作,闲暇时间过长而导致的抑郁症状中以情绪低沉、无愉快感、孤独、空虚感常见。离退休后生活有规律、经常参加社会文娱活动、找到中意的工作或上学等能自我调节者心境、健康自评、性格、人际和认知较好,且幸福感、心理满意度、心理健康水平较高(张玲等,2005;张兴荣等,1989;林丽莲等,2004;王爽,高健,2007)。另一方面,离退休老人对感情有强烈的需要,他们对家庭和子女的依赖要远远高于对社会、朋友的依赖(王成美,袁兆荣,2001;李蓉蓉,2003)。丧偶的离退休人员有严重的心理损失感,心理困扰较多(黄小虹,张泽华,2001)。偶居者、与子女同住者、独居老人的心理健康水平依次逐渐降低。也有研究表明,独居者在性格和情绪方面明显好于与子女同住者(张玲等,2005)。这可能与子女是否孝顺、家庭和睦程度有关。他们从家庭和社会获得的支持越多,其抑郁的严重程度就越低,幸福度(正性情感、正性体验)、心理健康水平越高(尚秀花等,2007;李博等,2007)。

团体咨询,提高老年人控制感,缩短退休适应过程,通过心理助长方式提高退休老年人心理调适能力,指导退休老年人养成健康的生活习惯,发挥家庭调试作用,帮助退休老年人根据他们自己的兴趣爱好丰富业余生活,指导他们对未来的生活形成完善的计划等都有助于减少离退休人员的心理问题。心理健康服务实践经验为这部分人群的心理健康服务提供了有价值的服务方法信息,在服务实践中可以加以总结和利用。

二、社会群体与社会问题

对上海心理健康热线1990—2001年的电话心理咨询状况进行调查,离异及鳏寡居者咨询的最主要问题是婚姻问题、情绪、恋爱、家庭等;女性较男性更容易出现情绪和人际关系问题,更关注恋爱、婚姻、子女教育等问题,男性更关注性问题及健康问题。离退休人员和农民咨询健康问题较多,财务人员等咨询人际关系问题较多,军人咨询恋爱问题较多,下岗人员、无业待业人员等咨询精神疾患问题较多,学生咨询学习问题、考前焦虑和学校恐怖症的较多(陈华等,2004)。不同群体的心理困扰问题不同。

(一)流动儿童问题

前面第七章详细讨论了留守儿童的心理健康问题,这里进一步提出那些随外出务工的父母进入城市读书的流动儿童的心理健康问题。相对于城市里的学生而言,这一特殊学生群体面临着诸多不利因素。他们就读的学校主要在城乡接合部和流动人口聚居区,教学条件较差,而正规学校接受民工子女就学条件苛刻。流动儿童在强迫、焦虑、抑郁、精神病性方面的心理症状明显差于城市儿童;他们的心理问题主要表现在自信心不足且自我效能感较低、人格障碍较多、人际关系障碍较重、问题行为较多(李怀玉,2009)。对厦门市集美区的农民工子女较多的五所小学学生进行抽样调查,农民工子女有轻微心理问题的比例明显高于本地生源,他们的心理问题主要为恐怖、自责、冲动、对人焦虑、躯体化症状、过敏倾向、学习焦虑和孤独等情绪或行为问题(邓远平,林赞歌,2010)。

(二)青少年犯罪

近些年来,青少年犯罪问题引起社会各界的关注。进入20世纪90年代以来,青少年犯罪数量占整个社会犯罪数量的一半以上,而且犯罪绝对数量不断增长。对云南(范仁本,1988)、青海(张致弟等,2003)、江西(邹永胜,2008)、广西(罗国安等,2003),淮安(陈海鸥,2002)、石家庄(林惠辰,林毅,2002)等地改革开放以来不同时期内青少年犯罪的情况进行研究均发现,青少年犯罪人数呈上升趋势,以18—25周岁年龄段的人数最多,犯罪年龄低龄化趋势明显;罪犯文化素质偏低,缺乏法律意识;犯罪类型以盗窃、抢劫、伤害、强奸、贩毒比例较高。

中科院公布的2007年国民心理健康状况报告显示,影响青少年心理健康的主要因素有亲子关系质量、家庭结构和学校教育质量。家庭破裂是影响青少年犯罪的重要因素之一。国外对青少年男性的研究显示,父母冲突或缺乏母亲关爱的青少年男性犯罪发生率较高(Gelder等,2000)。我国的研究也表明,犯罪青少年的家庭不完整者比普通中学生家庭不完整者明显较多(李惠民,2003)。也有研究者认为导致青少年犯罪的不是家庭破裂本身,而是由于破裂家庭功能的失调或心理上的不完整(蒋索等,2006)。亲属犯罪史、自身及母亲的文化程度也是影响青少年犯罪的主要因素(蒋索等,2006;王爽等,2009;杨曦等,2007),因此,良好的亲子依恋、积极的亲子沟通、温暖和理解的教养方式、有效的父母监控等因素都可以预防青少年犯罪(蒋索等,2006)。

青少年犯罪一定程度上与不良社会交往有关。对甘肃省兰州市第二劳教所的75名青少年罪犯进行调查发现,大部分青少年认为在自己熟人当中有品行不良的人,76%的青少年认为导致自己犯罪的是自己的朋友,有48%的青少年最恨的是自己的朋友(王爽等,2009)。

(三)就业问题

随着高校的扩招,大学毕业生急剧增加,大学生就业难的问题逐年严峻,被称为"新失业群体"的大学生失业队伍在逐年扩大。因此,就业问题就成为大学生心理健康的一个主要压力源。他们的心理健康水平比国内青年人群平均水平低,心理症状较多(汪清,李阿特,2010;刘畅,2007);当代大学生最为关注职业生涯规划方面的内容(程科,王洪,2010),而很多大学生感觉就业有困难和对前途感到担忧(王彬,夏惠英,2006)。大学生的就业压力越大,抑郁和焦虑情绪越强烈,越有可能采取消极回避的应对方式(陈宇红,2009)。不同性别、不同专业和不同学历的大学生心理健康状况也不同,女大学生更容易产生就业紧张,就职适应能力差(郭晔,杨苗苗,2007),文科生在就业焦虑、就业恐惧、就业不安方面明显高于理科生(常保瑞,方建东,2010)。且专科的农村籍大学生心理健康状况明显差于本科生(桑海云,2010)。

职业素质评价、就业心理预期、自我认识与定位这三方面的就业压力源是影响大学生心理健康的主要因素(陈宇红,2009)。大学生在就业预期和薪酬方面的期望值很高,他们的理想行业大多是国家党政机关、三资企业、金融系统、教育系统、邮电系统;个人就业发展机会、城市的开放程度与现代化程度、社会人文环境、生活条件等是他们选择就业地区和城市考虑的主要因素(薛瑞泽,2001);事业的发展前景是他们选择工作单位的首要考虑因素，在薪酬方面期望值也较高（王彬，夏惠英，2006）。而他们在求职过程中对工作的期望值越高、越苛求完美，就业焦虑程度就越高（常保瑞，方建东，2010）。而且常常的就业实际情况是，择业首选地与实际就业地的差异明显，他们的期望收入与实际收入差距较大，择业单位的偏好与实际流向偏差较大（何渊，2006）。这些冲突与他们对自身工作能力等方面的认知偏差有关，他们在自我观念方面分为自卑、自大和矛盾型（汪清，李阿特），在大学生的心理健康服务和就业指导中矫正他们对就业和自身的不正确观念非常重要。

（四）家庭问题

婚姻一方面为个体提供满足生理和心理需求所需的资源，在某些群体中，通常已婚者的心理健康状况要好于未婚、离婚或丧偶者（赵耀，2007；陆志德等，2005；刘衔华等，2008）。另一方面，家庭可能为个体带来心理健康的危险性因素。在我国，20世纪90年代以来家庭暴力现象也逐渐引起了社会各界的关注，全国妇联的调查显示，在2.7亿个中国家庭中，30%存在不同程度的家庭暴力，且数量呈不断上升趋势。家庭暴力主要发生在夫妻之间，受害者多为女性。对日本妇女的调查显示，家庭暴力的受害女性容易产生抑郁和焦虑症状（Weingourt，2002）。她们绝大多数经常感到恐惧不安，具有悲观、自责、自卑、抑郁情绪，具有强迫和人际敏感、敌对、躯体化症状、自我伤害或自杀、创伤后应激障碍等心理或行为问题（柏国平等，1998；张婧忻，黄丽，2007）。家庭暴力也容易导致女性因以暴制暴而犯罪（林少菊等，2001）。家庭事务、子女教育问题、心理健康状况较差、教育水平较低、经济收入低、夫妻关系较差、外向和反社会人格、赌博酗酒等恶习、负性生活事件、人际关系敏感症状、主观社会支持和对家庭暴力的认同态度等都是施暴行为的危险因素（曹玉萍等，2009；黄国平等，2007；赵幸福等，2007；赵幸福等，2008；胡佩诚，1996；张希慧，2000）。

社会支持水平的缺乏是影响受虐妇女心理健康的一个重要因素；对受虐妇女开展“受虐妇女情感支持小组”辅导，参加情感支持小组后受虐妇女的心理健康水平有了很大提高，在躯体化、人际敏感、抑郁、焦虑、恐惧、偏执、睡眠饮食等方面均比辅导前显著改善（郝雁丽，2007）。在对家庭暴力的女性患者进行药物和手术治疗的同时，可针对自尊型、委屈型、理智型患者采取不同的心理干预措施，使其恢复正常的心理状态，更好地配合治疗和护理（介玉姣，2008）。针对家庭暴力受害者的心理健康服务除了为受害者提供心理咨询和治疗外，还要改变人们对家庭暴力的认识误区。居民对身体暴力的认同度较高，对性暴力、精神暴力、冷暴力的认识程度很低，大多数妇女对家庭暴力概念不了解，认为夫妻打架属家庭私事，在某些情况下丈夫可以打妻子（赵凤敏等，2007；曹玉萍等,2007;蒋月等,2006)。尤其在农村,有些农民并没有认识到家庭暴力的违法性。家庭暴力问题大多是通过自身和解,遇到家庭暴力时,一半以上的人选择在家庭内部、找妇联或找居委会工作人员解决问题,而很少借助于法律等求助途径来解决(赵凤敏等,2007)。

(五)老年人问题

21世纪人口逐渐进入老年化阶段,我国已进入老龄化社会。越来越多的“空巢”老人正忍受着晚年的孤寂,老年人的多元化需求常常被家人乃至社会所忽视。据《生活文摘》上的一篇报道,每年至少有10万55岁以上的老年人自杀死亡,占每年自杀人群的36%(费立鹏,2007)。中科院公布的2007年国民心理健康状况报告显示,身体健康、参与活动、医疗与居住保障、婚姻状况等是影响老年人心理健康的主要因素(2007年国民心理健康状况研究报告,见 http://www.cas.cn/xw/zyxw/yw/200906/t20090608_634276.shtml)。家庭关系、社会地位的改变、经济、养老问题也是困扰老年人心理健康的问题(王玲凤,傅根跃,2003;邱莲,2003;杨桂凤等,2008)。

空闲时间难以打发也会让老年人产生孤独感、失落感和自卑感,这也导致老年人对子女和配偶有较高的情感依赖和需求。农村老年人认为最理想的养老方式是与后代同住和夫妇俩单住,而愿意住敬老院和独居的人很少(王玲凤,傅根跃,2003)。家庭养老者在心理健康状况、性格、适应、人际及认知方面均比社会养老者好;夫妻同住和与子女同住的老年人心理健康状况都要好于独居(孙颖心,王佳佳,2007;吴振云等,2003)。与城市老年人的生活满意度相比,农村空巢老人的生活满意度明显较低,和兄弟姐妹、朋友是否经常联系,遇到困难时能否得到家人满意的帮助,是否有养老保险、对未来的信心如何、对政府补助措施的满意程度、自认健康状况、医疗费用等方面是显著影响他们生活满意度的因素(田振等,2010),农村留守老年人面临的问题更多,在子女外出学习或打工后,其不但失去了精神的慰藉,而且肩负高强度的体力劳动和隔代教育的重任,生活的困窘和精神上的贫乏严重影响了他们的生存质量和心理健康(李静,2010)。他们不愉快时的处理方式大多是找活干或找人倾诉(王玲凤,傅根跃,2003)。而首选的倾诉对象是老伴、邻里同龄老人和子女,很少有老人愿意找专业心理辅导工作者。因此,非专业的家庭支持系统对老年人的心理健康很重要,家庭系统对老年人的心理支持作用主要是通过老人与其家庭成员尤其是与子女有效的沟通来实现的(徐小平,2008)。

三、社会关系与社会变迁

(一)社会关系

人生活在特定的社会环境中,通过与他人的社会交往形成特定的社会关系。社会关系的性质是影响心理健康的重要因素,而社会关系是心理健康服务中可以利用的人际资源。

1.社会化

从出生的那一刻开始,个体就开始逐渐接受社会的影响,从一个自然人转化为被社会所接受的社会人,这一社会化过程贯穿人的一生。婴儿期与周围亲人形成的依恋内部心理作用模型对其成长过程中家庭关系、同伴关系、恋爱关系等人际关系方面具有长远影响。安全型依恋预示着健康的人际交往和良好的人际关系,而非安全型依恋可能导致人际交往障碍。父母温暖理解等积极的教养方式、安全型亲子依恋可提高子女的人际信任度(张静,2009)。父母在孩子越小时离开对孩子的焦虑水平影响越大,甚至会深刻地影响孩子的特质焦虑,父母与留守儿童联系的频次也对留守儿童的焦虑水平有重要影响(刘正奎等,2007;张顺等,2007)。父母在儿童2岁或2岁以下时离开,儿童的抑郁水平最高;随着儿童年龄的增大,抑郁水平表现出逐步上升趋势(高文斌等,2007)。儿童早期的社会化与青少年时期的犯罪有相关关系。在北京、广州、成都抽取男性普通青少年和违法犯罪青少年进行调查,普通、违法和犯罪青少年对父亲的依恋水平依次下降;良好的学校控制、伙伴关系、对父亲的依恋能使青少年违法犯罪的可能性降低(罗大华,郑红丽,2008)。

在社会化过程中,家庭、学校、同辈团体、工作单位和大众传播媒介是主要的社会组织。从社会化机构来看,在我国早期,人们早期的社会化几乎完全是在家庭中进行的,父母向子女传授的是几十年前的生活经验,尤其是隔代抚养容易使儿童形成传统守旧的性格。从社会化方式来看,多是成年人大包大揽,抚养重于教育,关心重于训练,对青年社会化的训练亦是如此,这样塑造出来的后代往往缺乏自主性。从社会化内容来看,具有重集体轻个人,重感情轻理性,重灌输轻启发等特点,扼杀了儿童的个性、独立思考和应变能力。而且从心理咨询与治疗的临床实践看,个体社会化的上述特点还与强迫、抑郁、焦虑、社会恐怖等神经症倾向的形成有关(景怀斌,1998)。这说明了在进行心理治疗时有必要详细了解家庭内部的人际关系情况,对患者和家长同时进行治疗的重要性。

2.人际信任与社会支持

人是社会关系的总和,在与人交往过程中,人际信任和社会支持是影响个体心理健康的重要因素。人际信任程度低的大学生交往焦虑、抑郁程度明显高于人际信任程度高的大学生(张翔,王旭峰,2003;徐本华,庞彦翔,2004)。有心理问题的大学生在人际信任、值得信任、容纳他人和被他人容纳方面均明显低于没有心理问题的大学生(田可新等,2005)。对人际信任度较低的大学生采用电影课、团体训练、心理课、网络学习等方式进行干预具有较好的效果,能显著提高大学生的一般人际信任水平;总体而言,最好的训练方式为电影课和团体训练,其次为心理课,效果相对最差的是网络学习(蔡迎春,张向葵,2006)。

社会支持不足可能在精神病患发病中具有消极影响(张明园等,1998)。对于学生群体,社会支持度越高,个体的孤独感就越低(韦耀阳,2005)。精神病患者获得的社会支持,以及个体感受到的在社会中被理解、被尊重的情感体验和实际中得到的物质支持和社会网络援助都显著少于内科疾病患者(张树森等,1998)。社会支持系统缺乏也是影响农民工心理健康的一个主要因素(贾凤琴,吴燕,2008)。良好的社会支持对维护患者的心理健康具有极其重要的作用,获得高社会支持的肾病患者心理健康状况明显好于低社会支持患者,社会支持可以有效地降低躯体化、人际关系敏感、抑郁、焦虑、恐怖等症状的发生(杨美荣等,2010)。由于心理咨询是个体在自身资源不足时采取的寻求社会人际资源的一种人际互动行为,个体对人际的信任度及自我对人际互动的掌控感也是影响专业心理求助行为的重要因素(刘立新等,2009)。个体的社会支持状况越好,心理健康状况越好,遇到心理困扰时,调节能力越强(姜海燕,2007)。

(二)社会变迁

我国正处于由传统社会向现代社会过渡,由计划经济向市场经济转型的阶段,由于社会变迁的速度加快,而人们长期形成的心理不可能在短时期内发生根本的转变,人们会因社会适应不良形成各种心理偏差,主要表现为迷惘、恐慌、失落、嫉妒、思维紊乱(上官子木,1994)。改革开放以来,社会多元化发展、社会流动增加、社会角色增多、人际交往扩大、生活方式更新等发展趋势,以及住房拥挤、环境污染、交通堵塞等一系列问题,使人们需要适应和应对的日常生活事件大幅度增加,心理应激源增加,这是我国社会转型期个体心理疾患的心理社会成因(李强,2003)。

1.生活方式变迁

改革开放以来,社会发展的变化深刻影响了当代中国人生活方式的变革;现代社会为人们提供了充裕的物质生活条件,高度发达的交通和通信事业也为人们的生活带来了诸多便利条件,工业化的发展使越来越多繁重的体力和脑力劳动被机器所取代,减轻了人们的工作量,人们有了更多的闲暇娱乐时间。但另一方面,现代化给人们增加了心理应激源,带来了许多新的社会问题,如城市水资源短缺、水资源污染问题,城市化引起的土地利用效率低下等问题(张理茜等,2010;庞玉珍,孟丽君,2010;颜旭等,2009)。而且,人口流动对气候变化的影响越来越显著,相比农村,这个问题在城市中表现得更为突出(姚从容,2010)。

随着我国城市化进程的加快,被征地农民这一特殊群体也在不断扩大。他们的居住模式、生活模式、生产就业模式等都发生了变化。经济欠发达的西部地区被征地农民心理健康状况显著差于东部地区被征地农民;被征地后靠积蓄为主要经济来源的农民心理问题症状最严重,而在就业安置后有工资收入或有其他收入的农民心理健康状况较好(陈传锋等,2004)。对徐州市失地农民进行抽样调查也显示,无职业失地农民心理健康状况明显差于有职业者,尤其在躯体化、强迫、忧郁、焦虑、恐怖等方面。因此,解决工作、改善生活环境、提供足够的土地补偿金、落实养老保险和社会保障是他们最急需的(陈传锋等,2007)。在城市化进程中村转居新居民的适应问题还表现在:休闲方式和文化观念滞后问题、认同模糊问题等(阎占定,向夏莹,2009)。

2.社会角色变迁

社会角色是与人的某种社会地位、身份相一致的一套权利、义务和行为模式。每一个人都有一个角色集,如果一个人的角色集过于庞大,许多角色对一个人同时提出了许多要求,那么这个人在时间与精力的分配上就会出现矛盾和冲突,而产生角色紧张;不同的角色对个体的期望不一致则会产生角色冲突,导致个人心理或感情上的矛盾和冲突。在急剧变迁的现代社会,角色失范也是在这一社会转型期出现的社会失范状态的表现。人们在长期的社会生活中已经习惯于扮演旧体制中的角色,一时很难适应新角色模式的要求,容易造成心理和行为上的混乱。女性从传统的家庭中分化出来,对社会角色的参与越来越多,开始了从家庭角色向社会角色的转变。但是由于男性和女性承担着不同的社会期望与责任,在劳动就业领域中,女性实际上面临着一种职业隔离,女性就业困难、就业质量不高、就业后升职困难及不同年龄的退休政策都给女性的劳动权利和自我价值的体现造成了不良影响。她们比男性面临着更多的不良应激,表现出在同样类型的群体中,如在农民工(骆焕荣等,2006;孙崇勇,2007;魏建良,谢阳群,2008)、农村居民(马挺等,2009;何朝阳等,2005)、大学生群体中,女生在职业紧张、就业焦虑、就业恐惧、就业不安、面试焦虑和工作焦虑等方面的发生率明显高于男性(汪清,李阿特,2010;常保瑞,方建东,2010)。女性与男性相比较在就业方面的相对弱势地位是影响她们心理健康的一个重要因素。老年人等群体中男性的心理健康状况明显好于女性(贾慧英,王建英,2007;邢华燕等,2005)。

由于女性传统家庭角色的多重约束与现代角色的高度要求相矛盾,一方面她们要与男性一样在社会上工作,另一方面她们又要在家里扮演好“女主内”的贤妻良母(李成,2007),在社会和家庭中的双重负担致使家庭角色和工作角色冲突。事业型、两全型、家庭型、混乱型角色类型的女性主观幸福感逐渐降低(范巍,冯颖,2005)。

3.家庭结构的变迁

改革开放以来,我国的婚姻关系、家庭制度发生了很大变化,中国的家庭结构明显呈现出核心化与多样化的趋势,独生子女家庭、"丁克"家庭、未婚同居家庭、单亲家庭、单身家庭、同性恋家庭等反传统的家庭形式不断涌现且数量不断上升。《中国城市家庭——五城市家庭调查双变量和三变量资料汇编》的调查资料显示,从1950年以来,我国核心家庭的比重一直在不断上升(李东山,沈崇麟,1991)。独生子女是家庭中的核心成员,在家庭中没有兄弟姐妹,没有共同沟通和玩耍的伙伴,不仅受到父辈的关爱,同时还受到祖辈的过分宠爱,物质富有、环境优越以及心理寂寞和孤独是他们容易产生心理问题的原因之一,他们的抑郁情绪、心理健康状况明显差于国内常模(余芳华等,2010)。

改革开放以来,婚姻家庭关系也发生了重大变化,离婚数量的绝对值大幅度上升。离婚会给当事人带来一定的心理问题。如,离婚和丧偶的农村居民、农民工心理健康状况比未婚者和已婚者较差(祖淑梅,2008;胡荣华,葛明贵,2008;蒋善等,2007)。但是父母离异或死亡往往会给其子女带来较大的影响。单亲家庭的子女心理健康水平明显差于完整家庭子女,他们的心理健康问题主要表现在社会适应、情绪情感发展、性格发展方面及智力发展方面(何宏灵等,2006;周敏娟等,2001)。单亲尤其是父母离异的学生比双亲学生有较多抑郁症状和自杀倾向,富于攻击性,有明显较多的吸烟行为、较少爱好体育等行为问题(卢勤,2010;张志群,郭兰婷,2004),容易出现身体症状,具有孤独、自责、恐怖、高精神质、偏内向、情绪不稳定等症状,易出现焦虑、紧张、冲动等情绪反应(何宏灵等,2006;李学容,2005;周丽等,2009)。自卑、怯懦、胆小怕事、屈从、在困难面前惊慌失措、感情脆弱等性格是单亲家庭大学生的性格缺陷(方淑琼,2002;吴雪梅,朱秀,2009)。单亲家庭子女较少体验到其单亲父亲或母亲的情感温暖和理解,缺乏安全感,得不到父母的及时关怀;对家庭缺乏自豪感、人际关系困扰和消极应对方式是影响离异家庭学生心理健康的主要因素(张志群,郭兰婷,2004;王玲等,2004)。应对方式、父母养育方式和监护人心理状况等也影响他们的社会再适应能力(何宏灵等,2006)。现代社会"丁克"家庭、"空巢"家庭、单亲家庭、鳏寡孤独家庭、独身家庭的日益增多,导致代沟的加深,使家庭支持这一社会支持主导系统弱化。社会支持度降低对离异家庭青少年的心理健康有显著负性影响(周敏娟等a,2003)。采用个体心理治疗、家庭辅导和学校支持系统等对离异家庭青少年个性特征和不良心理问题进行干预,能显著提高他们的心理健康水平(周敏娟等b,2003)。

第二节 文化的因素

人的任何内在深层心理结构及其变化都不可能脱离其文化背景，心理是文化的一种投射，心理学永远不可能将自己的研究对象同文化环境相剥离（汪新建，吕小康，2004；乐国安，纪海英，2007）。然而在心理学发展的轨迹中，早期文化作为一种心理变量几乎被完全忽略，随着人们对主流心理学的个体主义、客观主义、价值中立等倾向进行批判性研究，真正文化取向的心理学研究开始出现，“文化心理学”“跨文化心理学”“本土心理学”是有关文化与心理学关系的三种主要研究模式。人们心理疾患的类型、产生原因、表现形式和求助方式等都有深刻的文化历史根源。在心理障碍研究中文化所发挥的功能越来越受到关注，对心理障碍的诊断经历了生物心理模式、疾病中心模式、患者中心范式的过程，在这一过程中，文化经历了从低谷到高潮的研究历程（付翠，汪新建，2007）。

我国有五千年的悠久历史文化传承，虽然文化的开放性与多元化日趋明显，但人们的心理和行为仍然体现着深刻的传统文化特色。在历史的不断发展过程中逐步形成和积累起来的传统文化内涵深藏在长期形成的思维方式、行为方式、价值观念、伦理道德、心理特征等中，这些体现在观念行为方面的文化特色对心理健康服务过程、方法和理论，心理健康服务对象的人格特征、求助途径等方面有深远的影响，是构建心理健康服务体系的重要理论基础（罗明春等，2009）。研究中国人，解决中国人的心理问题，发展与中国文化相契合的心理健康服务理论和技术是必然趋势。

一、心理文化

（一）人生态度

1.儒家文化与心理健康

人生的价值和意义是什么？关于出世和入世的人生哲学，儒家主导入世担责，鼓励人们参与社会生活并协调与自然的关系来实现“内圣外王”的人生理想，其应当在修身养性的基础上，进一步做到齐家、治国、平天下，使有限的人生通过“立德”“立功”“立言”而放射出无限的光芒，成为“圣人”“君子”“仁人”“完人”“至人”。但在入世的过程中遇到困难或挫折，使人处于理想与现实的分裂之中时怎么办？即使是“无道则隐”（《论语·泰伯》），也依然要“隐居以求其志”（《论语·季氏》），其最终精神仍然是教导人“修身、齐家、治国、平天下”，这是做人的责任。儒家思想具有亲挫折性，“君子食无求饱，居无求安，敏于事而慎于言，就有道而正焉，可谓好学也已矣”（《论语·学而》），“君子忧道不忧贫”（《论语·卫灵公》），“饭疏食饮水，曲肱而枕之，乐亦在其中矣”（《论语·述而》），“天将降大任于是人也，必先苦其心志，劳其筋骨，饿其体肤，空乏其身，行拂乱其所为，所以动心忍性，增益其所不能”（《孟子·告子下》），强调个人从内心顺应、接受困苦、安贫乐道，把挫折等压力事件作为达仁成仁的理想人生路径来倡导。儒家式应对不是一种具体的应对技能，而是一种信念。从逆境中发现益处有利于人的心理健康（潘伟刚等，2010）。在遭受困苦或挫折的情况下保持积极乐观的认识，认同困苦内在乐观性和责任性对于心理健康非常有利（景怀斌，2006）。这也提示我们，在心理健康服务中，在对心理障碍者、心理问题者或者是正常人群的心理健康进行维护时，使其保持积极乐观的信念和认识对于健康促进是非常重要的。

2.道家文化与心理健康

与儒家不同，庄子提出一套顺应自然的道家人生观，主张修身养性，以超然的态度看待人生，淡泊名利，顺其自然，追求精神的领悟，主张培养“上士”或“隐君子”。庄子的人生哲理及其理想人格，为不满现实的士大夫和政治失意者所倾心，往往成为他们批判现实而又自我解脱、安于现状的精神寄托。道家采用退让、弃智守朴、去用取无、以下为上的方式来处理遇到的困境（张静，张琳琳，2006）。

道家的顺应自然思想已经运用于心理咨询与治疗的实践中，如日本的森田正马吸收道家思想创立的森田疗法，把“顺其自然、为所当为”作为治疗的基本原理和途径。顺应自然就是让患者承认自己的症状，接受自己本来的状态，不要妄图改变它，并且将神经症的内在精神能量引导到日常生活中，进行有目的积极的建设性活动。杨德森整理出四条道家处世养生的法则：利而不害，为而不争；少私寡欲，知足知止；知和处下，以柔克刚；清静无为，顺其自然。主张通过改变个体的认知观念和应对方法达到调节情绪、矫正不适行为和防病治病的目的，这是迄今为止道家的心理保健思想比较系统、完整的疗法（张静，张琳琳，2006）。应用这种疗法对焦虑症患者和冠心病患者进行心理干预都取得了较好的效果。

此外，道家的处世养生哲学作为一种价值观能减轻人们的心理痛苦和使其适应不良的行为方式。知和豁达、顺其自然、返璞归真、少私寡欲等道家价值观对社会承诺、正面情感、掌控感、身体健康、自我满足有显著的影响，大学生心理健康水平越高，则越倾向于知和豁达、顺其自然取向（胡健，许又新，1989）。进可儒，退可道，儒道不同的人生态度在现实社会中对人的心理平衡起着一种调适、互补的作用。

（二）自我观念

我国传统文化强调“天人合一”的人与自然的和谐，“至善至君”的人与自我的和谐，“仁者爱人”的人与他人的和谐，“中庸适时”的人与社会的和谐(姚本先，闵永胜，2008)。

中国传统文化最基本的特征之一是社会性取向性，强调关系取向、社会取向、家庭取向等。对社会性取向的过分强调压抑了个体性，导致了人格上的依赖性、求同性及自我的萎缩，使个人的欲望和情感受到过分压抑，忽略了自身内在的精神需要。当个人心理出现异常时，他们大多不会意识到情感需求的层次，这导致了在对心理问题的自我感觉上，中国人往往出现心理问题的躯体化现象，个体的某种情绪问题或心理障碍没有以心理症状表现出来，转而以各种躯体症状表现。且其躯体症状无法由各种医学检查找到相对应的器质性病变。

有研究发现，同样是抑郁症，美国人能比较准确、恰当地表达出自己很抑郁的心情；而中国人更多是诉说自己胸中发闷、胃口不好、全身没有力气等身体症状。1975年曾文星报告在台湾大学医院神经精神科门诊病人中，有70%的患者主诉身体不适，其中40%的患者唯一的主诉就是身体不适，而无其他任何心理或情绪症状的主诉。据北京医科大学第三附属医院的统计，在1987年9月至1988年4月间就诊于普通内科门诊的2 377名患者中精神障碍(包括神经症)检出率为37.48%至38.16%，即在内科门诊就诊的患者中有近40%的人患有精神障碍(胡健，许又新，1989)。神经衰弱被认为是中国人心理问题躯体化有代表性和突出的症状，是中国人特有的心理症候群，其特点为疲乏无力、注意力不集中、记忆力减退、失眠、头痛头晕等，而在美国神经衰弱被看作抑郁症。此外，在我国台湾地区还出现以“肾亏”为临床主诉的心理症候群，其特征为主诉精液流失，那些认为是梦遗、精液自尿液中流失、手淫过度或早泄导致的患者，对此非常担忧(郑泰安，1997)。在传统文化的影响下，中国人的早期社会化也多经历依赖、求同、自抑等方面的塑造和训练，强迫症、抑郁症、焦虑症的形成与此都有着直接或间接的关联(上官子木，1994；李强，2000)。

（三）思维方式

1. 中庸思维

中庸辩证思维是中国传统思维方式的一大特色，中国人的辩证观念包含着三个原理：变化论、矛盾论及中和论。变化论从世界的变化性出发，认为没有永恒的对与错；矛盾论则认为万事万物都是由对立面组成的矛盾统一体，没有矛盾就没有事物本身；中和论就体现在中庸之道上，认为任何事物都存在着适度的合理性。

传统文化中蕴含着许多中庸辩证思想，《礼记·中庸》曰：“喜怒哀乐之未发，谓之中；

发而皆中节，谓之和”，这种思维方式的特点是喜欢用一种恰如其分或恰到好处的“分寸”来把握问题，反对“过”与“不及”，避免极端言行，当个体在做某件事情时，应折中兼顾各方面的利益。经过数千年的历史文化积淀，中庸思想内化成了中国人的性格特征（侯玉波，朱滢，2002）。孔子以“中庸”的准则来调节人们的情感和欲望，如儒家的“毁不灭性”观认为亲人死亡，孝子哀，但不可以伤害性命，不应无节制地哀恸以致伤己，而要尽心、适度、合礼。否则，就“过”了。儒家的哀悼习俗至今在民间还有一定程度的存在，具有哀伤心理辅导的功用。

当个体越过“中庸”，产生极端思维，可能导致心理问题。过度概括化、绝对化要求、糟糕至极是不合理信念的三个主要的认知特征，个体的认知是情绪与行为的中介，不符合实际的苛求和非理性信念可能导致个体的不良情绪和行为，常常是人们产生心理困扰的主要原因。通过改变个体的认知过程来改变个体的观念，进而纠正其情绪和行为，这是认知心理疗法的基本观点。传统中国文化中庸辩证的思维方式也有利于矫正人们的这些不合理信念。

2. 内省思维

儒家重视内省，见贤思齐，曾子曰：“吾日三省吾身，为人谋而不忠乎？与朋友交而不信乎？传不习乎？”强调人要不断反省，尽量减少缺点和防止错误。“知人者智，自知者明，胜人者有力；自胜者强，知足者富，强行者有志”（《老子·三十三章》），道家用“自知”、“自胜”来正确认识和评价自我。这种思维方式具有较强的内倾性，思维对象指向自身，通过自我反思、自我体验、自我直觉和自我领悟来实现自我与外界之间的和谐统一，这种思维方式使大多数中国人形成了内向型的性格特点。而内倾性的理想性格与精神疾病之间具有很大的关联。上海市精神卫生中心对2 500例精神分裂症患者进行研究分析，发现内向型性格者占78.93%（陆明康等，1992）。湖南省精神病医院对102例首发精神分裂症的大学生进行研究分析，发现内向型性格占62.75%（王文甫等，1990）。全国还有许多地区的精神卫生系统也做了同类的调查，也得出了相同的结果，这说明“内向”可能是精神疾病的一个重要性格特征，具有内倾性国民性格的中国人在心理健康方面有着先天的不足。

在这种文化下生存的中国人普遍欣赏的性格是老成稳重，其包含有知足、忍耐、感情不外露、责任感强等成分。个性倾向于自我封闭的人会更多地将心理困扰归结为自身的责任，不愿意向他人表露（刘立新等，2009）。意识到心理问题的求助者和未求助者都倾向于作内部归因（夏勉，江光荣，2007）。而当个体把造成心理问题的原因归于内部因素时，倾向于不求助，内控性越高寻求专业性心理帮助的态度越消极（郝志红，梁宝勇，2007）。这种强调内省自求的思维方式不但使中国人形成了心理问题的封闭性，也使中国人形成了仅靠自身力量来化解个人内心矛盾的习惯(李强,2001;李建明,2006;邓志军,蔡水清,2005)。在遇到心理困扰时,中国人倾向于采用“个人为中心的边缘型心理调节模式”,先求诸己,后求诸人;当面对心理/情绪障碍等较严重的问题时才倾向于求助他人,但不大愿意求助于专门的心理健康服务机构(江光荣,王铭,2003;景怀斌,1998)。对心理困扰求助倾向的研究都显示,我国专业的心理咨询或心理健康服务未被充分利用,消极的求助态度和非专业的求助方式是一个主要原因。

(四)道德观

“以德为重”是儒学思想的一个重要方面,做一个道德品行高尚的圣人是所有仁人君子的最高理想和追求。儒家也很重视品德在养生中的作用,“仁者不忧”(《论语·子罕》)、“君子坦荡荡,小人长戚戚”(《论语·述而》),认为小人经常烦恼、忧愁,而道德高尚的人其心理不会患得患失,能免除各种焦虑烦恼。良好的品德和性格本身就是心理健康的重要标志之一。传统的道德观念把心理健康与道德品质联系起来的倾向性,导致了中国人认为,心理上有问题就是个人的道德品质有问题。

现在社会上仍然普遍存在这样的看法:身体疾病才是真正的疾病,可以告诉别人,可以从亲朋好友或工作单位得到多方关心和支持;若患了心理疾病,则往往会遭到他人的轻蔑、嘲笑,被认为是思想出了问题,是做亏心事遭了报应,是很不光彩的事情,会给他们的工作和生活罩上阴影。这种传统观念对精神疾病的歧视和偏见带来的污名化和羞耻感是导致大多数心理疾病患者讳言心病,患有心理疾病而不敢求医的重要原因之一。羞耻感越高他们心理求助的态度就越消极(Komiya等,2000)。公众污名使心理疾病患者为免受歧视而隐瞒病情或不接受治疗;而当心理疾病患者因公众污名遭遇自我污名时,会导致其自尊丧失、自我效能降低、治疗依从性变差、并逃避社会交往,使得社会适应能力降低,进一步加剧了公众污名造成的损害;污名也会影响到患者的亲朋和心理健康工作者(李强等,2006)。受这种传统文化对心理问题的病理观影响,我国污名问题比国外更为严重,造成国人受心理疾病困扰时,更倾向于为避免自己和家人遭受歧视而回避求助(卞旭等,2008),对社会成见等的恐惧而形成的治疗恐惧也会妨碍个体心理求助(江光荣,夏勉,2006)。因此,在心理健康服务方式的选择上,人们也最不愿意选择精神病医院,而倾向于选择综合医院心理门诊或其他方式(张泉水等,2006)。如青少年最希望提供服务的机构是学校、社区和单位心理健康服务中心,而不是专业化程度更高的医院和精神卫生服务机构(罗鸣春,2010)。所以,精神疾病躯体化现象的出现除了因为人们不知所患疾病属于心理疾病外,还因为心理疾病往往会带来消极的社会反应。因此从无意识角度分析,心理问题躯体化是中国人应对心理困境和心理疾病的一种方式(陆明康等,1992)。

二、行为文化

(一)行为准则

我国传统文化把“仁、义、礼、智、信”作为个人的行为准则,这主要体现在与人交往、人际关系方面,强调人际关系的和谐。其中,言如其实、不欺人诓人为“信”;言行一致、表里如一为“诚”;内心诚挚、言而有信是儒家提倡的人们建立正常人际关系的准则。对于人际认知原则,孔子强调“仁者爱人”,他认为人与人之间相亲相爱的情感是人之为人的本质存在,是处理人与人之间关系的准则。儒家主张“和而不同”,要正确处理人和人之间的差距,各取所长、共同发展。在这种传统的关系文化影响下,我国心理健康标准倾向于:知己知彼,强调对自我、他人、人我关系有一个清醒的认识和把握;反应适当——强调情绪和行为反应适当;真实和谐、悦纳进取(邓云龙,戴吉,2010)。这种关系取向、他人取向导致个人对自我的判断往往取决于他人对自己的态度。对人际关系的注重,对获得他人好感的追求,使大多数人普遍存在对来自他人指责的恐惧。中国人最具本土特色的人际敏感性格特征和社交恐怖症很大程度上是源于这种关系取向对个体社交能力的过分要求,易使个体在社会交往中产生焦虑心理乃至社交恐怖心理,出现强迫型人格障碍(上官子木,1994)。

(二)伦理纲常

传统文化把维系家族血缘和群体感情的孝悌观念确定为最普遍性的伦理模式和最高的道德价值——“孝”“悌”是做人的根本,孝是一切德行的根本——从而构成了家族文化的重要内容。儒家主张亲疏有分、贵贱有别,宣扬名分观念,主张“君君、臣臣、父父、子子”,以传统伦理、礼义来正“名分”,主张依名分规定而爱人和调节社会关系。“名不正则言不顺,言不顺则事不成,事不成则礼乐不兴,礼乐不兴则刑罚不中,刑罚不中则民无所措手足”(《论语·子路》),认为各个名分之人都要依各名分的规定而行事。孟子也提出五伦说,强调父子有亲、君臣有义、夫妇有别、长幼有序、朋友有信,强调上下级的权威与服从关系,要求每个人必须严格遵从并适应在整个社会结构中的身份和角色,必须严格按照长幼尊卑亲疏的等级名分去处理人际关系,确定对他人的不同态度,不能有所逾越。

因此,中国人在人际交往中也强调内外有别、亲疏分明,喜欢把所接触的人分“圈内”与“圈外”两个范围,即分成“自己人”与“外人”。对“自己人”就较信任,能够敞开心扉；对“外人”就保持距离，不暴露内情。在这种文化环境里，对心理疾病患者来说，心理健康服务人员是“外人”“陌生人”，很难向他们袒露心扉。其结果致使许多人出现心理障碍不愿意向心理健康服务人员寻求帮助，而采取其他调节方式，如向自己的家人或知心朋友倾诉。

不愿表露隐私是阻碍大学生寻求专业帮助的主要原因之一（罗鸣春，2010）。中国人遇到心理困扰时除了自我调节外，他们更多地倾向于向非专业人员求助，如知心朋友、家人、同事等，而大多数人不会去寻求专业心理帮助（Komiya等，2000；景怀斌，1998；卞旭等，2008）。如青少年最希望提供服务的人员是同学朋友、父母家人、学校心理专家，而不是心理医生和精神卫生专家（曹杭英，2010）。1993—1994年洛杉矶的调查也发现，华人在面对心理健康问题时，更多地求助于其他对象，如有20.4%的人向亲戚朋友寻求帮助，8.0%的人采取其他应对方式，如求助于中医和牧师等（Kung，2003）。可见，相对于正式的求助渠道，华人更偏爱非正式的求助渠道，如向自己的亲戚朋友诉说自己的心理健康问题。但从心理调适角度看，这种方式的功效是有限的（陆明康等，1992）。这种对“外人”的情感内隐性抑制了来访者的情感自我暴露，进而导致其在寻求心理健康服务的过程中，很难与咨询师建立共情、真诚、相互信任的咨访关系。

而且，在这种强调伦理纲常的传统文化影响下，个体更重视垂直和等级关系，尊重权威，对权威的依赖和服从也使来访者倾向于要求咨询员给予明确而具体的指导（曹杭英，2010）。心理咨询师和来访者都认为直接就问题给出指导和建议是适合中国人的心理问题解决方法（叶斌，2006）。然而客观上来讲，咨询师的主动和主导地位对于帮助来访者自我成长，克服心理问题是不利的。

（三）养生方式

传统文化的养生——治身思路也是解决心理健康问题的一个思路，是通过生理—精神控制、调节或治疗，实现心理健康的理论和方法，主要体现在中国传统的养生学说和中医治疗精神疾病的学说中（张静，张琳琳，2006）。

1.“形神一体”的身心观

这种观点认为人的生理与心理是相互依赖、相辅相成的，保健要做到既要保养身体又要保养精神。道家基于形神统一的生命观提出了“性命双修”的养生原则，性指心性，命指身体。“形全者神全”（《庄子·外篇·天地》）说明养形具有促进养神的功效；“抱神以静，形将自正”（《庄子·外篇·在宥》）说明养神也能促进养形的效果。这就强调既要通过身体锻炼优化人的心理功能，又要通过心性修养净化人的灵魂，增强体魄。传统中医的“脏腑辨证”论治，以脏腑功能（藏象学说）为基础进行中医诊断、治疗，其实质即是对个体生理、心理的双向动态调节，对于心理治疗用药物改善求助者心身症状方面的意义十分重大（孟丽红，张玉亮，2003）。在《黄帝内经》和《青囊秘录》等古代诸多医学经典著作中也有“身心”健康理论相关的精辟论述。唐代医学家孙思邈指出：“古之善为医者，上医医国，中医医人，下医医病”。这表明中国古代医学很早就重视社会、心理、生理三方面因素对疾病的影响，这与现代的社会、心理、生理模型是比较一致的。

2. 以情制情的养神观

《黄帝内经》提出心理因素是致病的重要因素，根据五行相生相克的原理，可以用一种情绪去调节相应的另一种情绪，提出了以情制情的养神观。“怒伤肝，悲胜怒”，“喜伤心，恐胜喜”，“思伤脾，怒胜思”，“忧伤肺，喜胜忧”，“恐伤肾，思胜恐”（《黄帝内经·素问》），鉴于不同情绪情感之间这种相生相克的关系，要求人们要善于用一种情绪去调节另一种情绪，从而达到心境平和的心理状态，促进身心健康。这些根据五行相生相克关系归纳的情志相胜原则，被广泛用于中医辨症施治、心理调节和其他治疗实践中。颜世富从中国传统中医的思想中汲取了情绪治疗的理论和方法，尝试用于心理咨询和治疗实践中，如情绪的反治疗法，用相反的情绪治疗一种情绪问题（颜世富，1996）。此外还有研究者提出言语分析法，即医生用他所掌握的知识，为病人说明产生问题的原因及解决的方法，常用的方法有开导、解释、答疑等等（张静，张琳琳，2006）。

3. 气功养形调神法

养生气功是运用精神—生理控制方法进行调节的养生方法，通过排除杂念、调整呼吸等来调整精神和身体。《庄子·外篇·刻意》中记载，“吹呴呼吸，吐故纳新，熊经鸟申，为寿而已矣；此道引之士，养形之人，彭祖寿考者之所好也”，庄子强调用气功养形调神以保健，采纳自然界中的新鲜空气，吐出体内废浊气流，同时辅之以身体运动，以便加速体内的新陈代谢，促进身体健康。气功具有调神、调息、调身三要素，气功疗法与心理疗法具有相同之处，吴彩云总结尝试了气功方法在心理治疗中的运用（杨德森，1996）。

中国气功心理学正在受到许多人的关注（段继业，2009）。气功作为一种民间健身术，近年来流行甚广，但其发展对人也产生了一些负面影响。比如少数人每天练功次数不断增加，每次进入气功状态（接近生理性催眠状态）的时间越来越长，主动收功困难，进入了一种持续的具有病理生理性的催眠状态，有幻觉、片断妄想、精神自动症、情绪释放或运动兴奋症状，也有抑郁、自杀、冲动伤人、分裂样精神症状。大多数人可能出现癔症分离性障碍、分裂样精神病或精神分裂症、情感性精神病（杨德森，1996）。尽管气功对人们的身体和心理健康具有一定的作用，其科学性也得到了一些研究的证实，应当为我国的心理健康服务所吸收和整合，但是对于气功的科学作用要采用辩证的观点来看待。

4."不治已病治未病"的预防思想

医家认识到,等疾病发生后再来治疗未必都能有效,还不如防患于未然。"圣人不治已病治未病,不治已乱治未乱,此之谓也。夫病已成而后药之,乱已成而后治之。譬犹渴而穿井,斗而铸锥,不亦晚乎?"(《黄帝内经·素问·四气调神大论》),强调在进行身心保健时,要坚持预防为主的原则。"古人得道者,生以寿长,声色滋味能久乐之,奚故?论早定也。论早定则知早啬,知早啬则精不竭"(《吕氏春秋·仲春纪第二·情欲》),强调通过尽早确立爱惜生理之命和精神之命的信念,早预防,早爱惜生命,这样精神就不会衰竭,从而达到身心保健的目的。

三、民俗与宗教文化

民俗和宗教文化在少数民族地区体现得较为明显,少数民族价值观的传统特征具有浓厚的宗教性和丰富的民俗性(侯阿冰,2008)。民间许多为人处世的态度和策略客观上起着调节心理平衡的作用。传统文化的功利思路就是通过带有神秘性、超现实的某种人或物的中介来调整心理、克服心理问题的(张静,张琳琳,2006)。

(一)因果报应

在日常生活中,人们经常会遇到一些不公正的事情。有研究显示,我国城市居民对社会不平等竞争感受到不同程度的压力,不平等竞争是导致人们身心健康恶化的重要原因(宫宇轩,1994)。善恶报应或因果报应是民间一个重要的文化观念,人们常说"善有善报,恶有恶报,不是不报,时机未到",认为人的行为会有神秘的结果,相信世界是公平的,无论你做了什么事,最终都会得到应有的结果。这与美国心理学家勒纳(Lerner)提出的公正世界信念(Being Just World)是一致的。它对人的积极影响在于当人们遇到不公正的事件时能够减少个体的消极情绪,使人相信别人会公正地对待他们,他们做的事会得到公正的回报,不会成为未知灾难的受害者;也能缓解人们的压力,使人有较好的睡眠和较少的孤独感,使人们乐观、有效地应对生活中的困难。公正世界信念还可以使个体产生安全感和对他人强烈的信任感,他们相信如果自己帮助别人,在自己需要帮助的时候,也能得到他人的帮助,因此更能认同他人做出的有利于其他人、有利于社会的行为,并能积极地做出这些有利于他人的行为,能够促进个体与他人之间关系的和谐。当个体受到伤害而又无力反抗时,这种思想也能帮助人们减少应激性的心理反应和心理不平衡产生的紧张心理和心理冲突,对于控制个人不能控制的事件后果是有效的。

(二)命定思想

在儒家宇宙论思想影响下个人多具有敬畏之情,相信命运,侧重玄想(韦政通,1986)。无论在中国传统的经书里面还是在现代中国民间的口语中,都存在着很深的命定思想。“万事皆天命,半点不由人”、“死生有命,富贵在天”,很多中国人一向认为人的生与死、富贵与贫穷都是由命运掌管的,人只要顺其自然即可。

“命”的认识是儒家应对方式之一,传统的儒家文化中,“命”属于资源性信念,人们用来应付超出个体控制范围的事件。对于重大的挫折和不利的人生境遇,儒家认为这是“命”注定的,应该顺应和接受。“人物之生,凶吉祸福,皆天所命。然惟莫之致而至者,乃为正命。故君子修身以俟之,所以顺乎此也”。面对不能控制的事件结果,个体会出现自责、愧疚、失望等心理反应,但当把这些结果归为“命”时个体的责任感降低了,用“命”来帮助人们自觉地接受挫折,把挫折看成不以人的意志为转移的客观存在,为人们应对结果无法控制的事件找到了出路,有利于心理问题的调节。这种命运观在人们的社会生产和生活中扮演着保护心理、平衡心理的重要角色。

对“命”的信仰也导致了人们对占卜、巫术等术数方法的依赖,民间巫术通常借助于一定的仪式使人幻想依靠某些力量对客体施加影响和控制,对危险和威胁产生控制感和希望。巫术的效力体现在心理信仰上,在那些文化科学尚未得到发展的民族当中,巫术是他们能够表达其原始信仰和原始宗教观念的手段,是人们企图控制外界,增强自身身心机能的唯一途径(刘毅,1995)。这就使巫术在一定的文化范围内具有了心理治疗功能,甚至可以在一定程度上改善器质性症状,治愈功能性疾病。如萨满和巫术当中,那些无意义的咒语、神秘的仪式能使病人产生安全感。在我国少数民族中,在精神或心理异常治疗中往往是巫药结合,药巫互用(刘毅,1995)。对于民俗治疗来说,巫术与心理治疗有着相似或相同的治疗因素——两者共同的治疗功能、当事人心理痛苦的共同性和共同的治疗特征,不是超自然力量本身导致了求助者的改变,而是当事人相信超自然力量这种信念具有心理治疗意义(周璠,2009)。

(三)宗教信仰

宗教强调痛苦对人的积极的一面和达到自我超越的意义。在改变个体对待生死、幸福和苦难的态度等时,宗教文化是最有力的。民间宗教的心理治疗功能和社会功能是多方面的,包括心理慰藉、道德教化、娱乐、文化传承等。心理慰藉功能是最重要和最值得关注的功能。当代大学生的宗教信仰也已转向精神需求,寻求精神寄托、获得心灵的平静和自我提升。大部分信仰基督教的大学生认为基督教可以“净化心灵,使人过充实的精神生活”。

宗教教义和信仰发挥了重要的心理干预功能,如宗教把自杀作为一种戒律,对信徒有足够的约束力(韦政通,1986)。去恶行善、平等慈悲、自利利他是中国佛教伦理的主要原则,这些原则都有力地促使佛教信徒们人心向善、树立和谐发展观、形成良好的人际关系。此外,皈依佛教、参与佛事活动使傣族老人感受到精神上的愉悦,丰富了村寨生活,缓解了来自生活的压力和焦虑,也能使他们获得完善感,有利于老年人积极面对死亡。

最后,诉说和倾听是人们释放心理压力的重要方式,人们通过宗教仪式或在宗教场所诉说(忏悔、诉苦、怀念等)获得心理上的平衡,"佛""主""神"是人们倾诉隐私的最佳对象(马尔塞拉等,1991),宗教职业人员也能通过对求助者面临的问题的点拨来提供帮助。由于心理咨询与治疗科学的不成熟与其本身的局限性,加上治疗效果在一定程度上依赖于当事人的一些条件,对于没有条件、没有能力享受科学或专业心理健康服务的人来讲,宗教也许能为其提供一些宣泄渠道和感情寄托(张向葵,丛晓波,2005)。

四、文化多元与适应

(一)文化多元

在不同的社会文化背景下,由于心理观和心理健康观的差异,人们关注心理健康的侧重点不同,衡量的依据也不同。所以,不同社会文化中的心理健康标准是存在很大差异的。首先,这种差异表现在同一时期不同地域的文化差异所形成的心理健康标准的不同;其次,同一地域不同历史时期的文化差异所形成的心理健康标准不同。有些心理和行为异常具有文化普遍性,如抑郁症、强迫症等,但有些心理和行为异常具有文化特殊性,因具体文化对心理或行为正常的界定而不同(李炳全,2007)。某些心理和行为在某一文化中是正常的,但在其他文化中可能被视为异常或变态,如妇女袒胸露背在一些西方国家被认为是正常行为,但在伊斯兰国家就会被认为是过分暴露,是一种异常行为——裸露癖。

在个体主义为基础的西方文化中,人的心理健康问题更多地根源于追求自我的先在性与绝对性,表现为自我人格分裂、孤独、极端性人格、自我中心主义;在集体主义为基础的中国传统文化下,人的心理健康问题更多地根源于过分注重他人评价、社会影响,缺乏自我意识、自我表现,所以表现为压抑自我的抑郁、焦虑、自我冲突与困惑等(张向葵,丛晓波,2005)。中国文化还使得和日裔、高加索裔美国人患同样心理疾病的华裔患者表现出心理问题躯体化症状(马尔塞拉等,1991)。此外,个人主义与集体主义人们在咨询态度、咨访关系、咨询结果方面也都存在差异,具体表现在:在咨询态度方面，个人主义取向是求助态度的显著预测因素，集体主义取向的人求助态度比较消极（Kung，2003；Tata，Leong，1994）；在咨访关系方面，西方的咨询理论几乎都主张咨访双方能建立一种具有咨询功能的关系，强调共情、尊重、真诚等，而在中国人们相互间存在着较密切的人际依赖和人际制约关系，传统思想起了内敛的作用，让中国人将某些心理问题看成见不得人的事，难以在心理咨询人员面前彻底剖析自己，形成了“隐私泄露”的恐惧，这种恐惧使得国人对心理咨询难以真心接纳（夏瑞雪，高学德，2008）；在咨询结果方面，由于西方人以自我为中心，自我依赖，西方的咨询理论向来认为来访者应该为自己负责，咨询师尽量不对来访者的问题做具体的回答或提出直接的建议以及咨询措施，而中国的来访者绝大多数是等到问题很严重时才寻求帮助，并急于解决问题，对咨询前期的了解、收集信息的过程十分不满，甚至要求咨询师现场就能给其明确的解决方案。

除了中西文化的差异，我国不同民族文化之间也存在较大的差异，在人格结构（许思安等，2007）、性格（张旭等，1997）、心理品质（祁乐瑛，2002）、心理健康观和心理健康状况（蒋强，2001；凌小凤，2007）等方面都存在一定的差异性因素。

（二）文化适应

由于文化的多样性，当个体从一种文化环境转移到另一种文化环境中后，内在文化与外来文化的急剧碰撞，会对社会成员的心理活动和行为方式产生猛烈的冲击（臧公余，颜旭，2009），社会成员会出现焦虑、无助、动摇等心理状态，严重的则表现为抑郁。对异质文化的适应问题就成为影响个体心理健康的一个重要因素。文化适应的五阶段模型认为，文化适应包括接触阶段、不统一阶段、否定阶段、自律阶段、独立阶段等五个阶段（白亮，2006），而在文化接触的准备阶段，心理压力较低，初步接触阶段压力显现，在文化冲突和危机阶段心理压力最大，易引起同一性的混乱。文化适应的二维模型则认为人们对自身文化的保持和对主流文化的适应是两个彼此独立的维度，那些既保持着对自己文化的认同，同时又积极地融入主流社会者，对心理求助的态度和实际求助行动都较为积极（Kung，2003）。

留学生对中国社会文化适应主要有生活适应、公德意识适应、交往适应、社会支持适应、服务模式适应、社会环境适应和当地人生活习惯适应等方面（陈慧，2003）。影响留学生适应中国社会文化的价值观主要有差序格局、中国人看待“自我”的方式、中国人对待朋友的方式、情境中心。导致来华留学生人际交往适应困难的主要因素是语言障碍、兴趣爱好差异、缺乏沟通与交流的常设机制、价值观影响下的交际风格差异等，而各自固守本土文化也阻碍了双方的交往和了解；母文化与当地文化间的差距越大，跨文化交往的人建立和保持和谐关系的难度就越大（杨军红，2005）。他们的一些个性心理特点会影响他们的跨文化心理适应过程（万梅，2008）。在我国国内，当少数民族大学生从自己熟悉的母体文化进入以汉文化为主的主流文化之后，也要面临生活习俗适应、学习活动适应、语言适应、自然环境、人际交往等方面的问题（曾维希，张进辅，2007；田金花，2007）。

第三节　社会文化因素与心理健康服务

一、中国本土化心理健康服务的原则

（一）理论与实践相结合

中国人受传统文化的深远影响，价值观念、行为方式等都渗透着中国传统文化色彩，中国优秀传统文化中蕴含的心理健康思想在现代社会仍有很重要的应用价值。我国的儒家思想、道家思想、禅宗思想等包含着很多积极元素，在做好这方面的文献总结工作的同时要做好实践检验工作，确保其在现代社会文化中的适用性和有效性；在服务方法和技术上，气功、太极拳、书法等传统健身养生思想在民众中广为流传，其科学性也需要在实践中进行检验。

心理健康服务理论最终是为心理健康服务实践服务，心理健康服务实践为理论的建立提供了检验标准，因此，在心理健康服务中要将理论与实践相结合，用理论来指导实践，通过实践来检验和完善理论。针对中国社会文化的特点，一方面我们要从理论上继续探究中国人的人格结构、心理健康机制，并在此基础上构建和完善中国化的心理健康标准；另一方面，在心理健康服务的实践中也要实际调查我国不同人群的心理问题的类型、表现形式、求助方式等，了解、检验和总结出适合不同群体的服务方法和理论，确保心理健康服务能够因地制宜，贴近国民。

（二）借鉴与改造相结合

我国心理健康服务建设起步较晚，发展较慢，学习、借鉴并引进国外的先进经验和测量工具是必要的，但不同文化背景中的个体具有不同的人格结构、价值观念、心理和行为特点，采用国外的测量工具不能很好地反映我国国民的心理和行为模式，照搬的国外心理健康服务模式常常不能反映我国的实际情况。我国大部分测量工具来源于国外，在引进国外的心理健康测量工具时有必要根据中国文化和中国社会背景下人们的特点进行修订和标准化，对测量工具的常模要根据中国社会群体的特点进行重新建立。

心理治疗的理论和方法源自于文化，弗洛伊德的精神分析建立在犹太文化基础上，他对心理异常的看法，如泛性论及其治疗方法源自犹太人的生活方式和教养方式。当代许多心理治疗体系如行为主义、人本主义、认知治疗等都形成和发展于美国，以实用主义和个体主义为理论基础，从个体角度寻找心理问题的成因和有效的治疗思路与方法（夏瑞雪，高学德，2008）。这也要求在做好理论和方法的借鉴工作时要注意到我国特有的社会和文化特点。中国比较早的治疗方法有李从培等提出的“快速综合疗法”，是为了治疗神经衰弱症而创用的包括心理治疗和药物、理疗、体疗等综合应用在内的一种特殊疗法。钟友斌针对我国文化背景创立的认知领悟心理疗法，主要适应症为强迫症、恐怖症和某些类型的性变态障碍，如露阴癖、窥阴癖、挨擦癖、异装癖等；杨德森等根据传统道家思想创立的道家认知疗法是我国本土化的心理咨询与治疗方法。

（三）循序渐进原则

我国心理健康服务体系的建设水平低，在服务主体、技术体系、教育培训和管理监督等方面仍然存在很多的问题，而这些方面受国家的经济实力、法律政策、文化等多方面因素的影响，即使是心理健康服务体系较成熟的发达国家心理健康体系建设情况也有差异。在我国，要短期内培养大量高水平的专业服务人员、要求服务人员能够使用对症下药的方法提供全面的服务、建立中国化的心理健康测量工具体系、开设符合公众需求的大量心理健康服务机构及完善的管理机构等，需要更多的时间和支撑体系才能实现。因此，我国心理健康服务体系的建设必须与中国的国情相结合，以中国人的实际情况为基础，遵循循序渐进的原则。只有不断地学习国外先进经验，以及结合我国的现状不断总结和摸索，才能逐步推进我国本土化的心理健康服务体系建设。

二、心理健康服务的建议

（一）传统与现代元素相结合

文化的传承性决定了先人与后人在价值观和心理上某种程度的一致性，传统文化塑造了中国人特有的人格特点，如中国人的人格弱点主要有三项：保守、顺从、爱面子（尚晓原，1989）。中国人与人格障碍相近的人格弱点主要有十大方面：守常求安、惧怕风险，依赖性格、易受暗示，喜好猜疑、虚伪嫉妒，他制他律、人际敏感，家族泛化、权威主义（上官子木，2007），这些人格特点都能从传统文化中找到根源。传统文化也形成了中国人特有的心理健康问题及其表现方式、求助态度和途径。林克等研究台湾的大学生在有心理问题时不寻求专业心理咨询人员帮助的原因，总结出参加者对求助的四点基本信念：求助是无能和耻辱的象征；只有出现严重的问题时才需要寻求专业的帮助；熟悉是求助的一个关键因素；非专业的帮助是第一选择，专业的帮助是最后的选择（Link，Phelan，2001）。然而在中国人传统人格特征的一致性被承袭的同时，随着外来文化的不断涌入，中国的传统文化和现代文明又共同塑造了中国人心理与行为的复杂性和独特性，影响着中国人的心理与行为，这往往是导致来访者心理问题的深层根源或增加心理问题严重性和复杂性的因素，是中国人心理与行为问题的重要依据。

关于心理健康理论，虽然在我国传统文化中没有明确提出“心理健康”的概念，但中国传统文化早就蕴藏着丰富的心理咨询与治疗理论与方法，在当代心理咨询中仍具有重要的参考价值。在心理健康服务的理论方面，传统文化在处理冲突与困扰时提出了有效的平衡思路与机制。以儒家文化为主流的传统文化关于“人”以及如何“成人”的文化体系都体现和表现着现代人心理健康的特征，其主要表现在：具有良好的人际关系、适当约束自己的言行、保持情绪的平衡与稳定、正确认识周围环境、抱有积极的生活态度、完善自我发展目标。在服务方法和技术方面，许又新提出将孔子和老子思想应用于心理治疗的可能性。他提出孔子思想中的知命、行动体验和志向，老子思想中的效法自然都是可以用于引导当事人认知的。传统文化对当前心理健康服务的影响更在于心理健康服务的观念及原则上（许又新，1996）。当然与此同时，我们研究者也应该清晰地认识到，随着文化开放性的日益增加和社会文化的变迁，传统文化也出现许多与现代化不相融合的方面。

不同文化背景下的个体具有不同的思维方式、价值观念、心理特征、行为方式等，西方咨询理论与中国的传统文化之间存在较大差异，而我国心理咨询与治疗理论和方法绝大多数来源于国外，本土化的理论和方法极少（付艳芬等，2010；尹可丽等，2009）。在对西方心理咨询理论进行本土化改造过程中，中国化的心理健康服务体系要全面了解传统文化精髓，充分挖掘其中的积极因素，以古为资源，以今为目的，通过整理与发现、理论发展、操作与验证等环节把传统的思想转化为心理咨询的理论和技术（夏勉，江光荣，2007）。我国学者王登峰等已根据对我国大众的调查建立了有别于西方大五人格模型的中国人人格七因素模型（王登峰，崔红，2008）。我们一方面要从理论上继续探究国人的人格结构、心理健康机制，并在此基础上构建和完善中国化的心理健康标准。另一方面，要以中国的传统文化和现代文化为背景，研究当代人的心理健康问题，在我国特有文化的范围内描述、解释中国人心理问题的形成原因、形成机制、表现特点和改善的方法。针对这些中国人特有的特点，构建有中国特色的心理健康服务体系。

(二)多元文化心理健康服务

在心理健康服务实践中,建立咨访关系,采集病史,精神检查,挖掘与确定症状,建立治疗方案等,都要注意心理健康服务对象的文化特点。心理健康服务要求心理健康服务人员应在工作过程中考虑到个体与文化差异,具备关于个体与文化差异的知识,对服务对象的文化背景、出生地、年龄、性别、性取向、社会阶层、宗教以及能力状况等影响症状表现、诊断、评估、干预、咨询及保健的诸多方面保持敏感并做出恰当的回应(张爱莲,黄希庭,2010)。这也要求心理健康服务人员要具备证明其文化适应能力和语言能力的执照和证书。

随着移民潮的高涨,心理学家开始反省欧美白人主流文化倾向的咨询与治疗心理学领域的局限性,提出了多元文化的心理咨询与治疗理论(MCT理论)。MCT理论提出了六条基本假设:每一个西方或非西方的咨询理论都代表着不同的价值观;咨访关系的文化背景必须成为治疗的焦点;咨询者与来访者自身的文化认同将影响对问题的界定及对咨询目标的确立;无论是个人、家庭、社群还是组织,只有在其文化背景中才能被正确理解;可以从其他文化中寻找不同于传统谈话式咨询的治疗方法;构建以文化为中心的咨询理论的最终目的是增加更为有效的咨询方式。MCT理论提出要修正西方咨询理论中具有文化偏见的概念和方法,要使咨询员在具体的咨询过程中增强文化自觉性,具备多元文化的咨询与治疗能力,还要吸收非西方文化中本土的心理助人方式(刘玉娟,叶浩生,2002)。

从这种文化多元化角度考虑,心理咨询的本土化发展要求咨询员增强文化反省能力,其包括三个层次:情感层次的文化意识,明白受所处文化影响而形成的潜在的信念;认知层次的文化知识,了解相关的事实与信息;行为层次的文化技巧,具备和来访者文化相适应的心理干预能力。要求咨询员必须具备下列能力:熟知特定文化群体独有的历史、文化风貌,能成功地克服语言、社会阶层、文化价值、非语言交流对有效咨询的影响,从而成为“文化熟练咨询者”;知道多种族或民族群体成员所遭遇的特别典型的冲突问题,坚信少数民族在信仰和价值观方面的差异并非优劣之分;与来自不同文化背景的人建立和睦关系;能意识到求助者的民族认同感和对主流社会涵化的程度;运用文化群体内部现有的助人资源,支持他们为解决问题所采用的多种努力(常永才,2000)。例如,一个来自少数民族的来访者,尤其是有着自己独立的文化信仰体系和宗教规范的民族来访者,治疗者想要处理他的心理问题就必须了解这一民族特有的世界观和宗教观,了解这一民族的文化与主流文化的互动关系,明白这个民族是否由此产生了文化失落感和文化冲突感,这往往是造成来访者心理问题的深层根源或增加心理问题严重性和复杂性的因素。

多元文化背景下,咨询员必须有更强的应变能力来促进咨访关系的建立和咨询进程的深入,以便与来访者建立起适宜的咨询关系,确立正确的咨询目标,从而达到有效的咨询与治疗。另一方面,每一种心理治疗的流派都有着自己对人性以及自我与他人关系等方面的特有假设,这些假设在治疗中都会自觉不自觉地显露出来,并得到加强(汪新建,吕小康,2004)。这就要求在理论研究和临床实践上突破学派界限,进行方法兼容和理论的整合,改变心理治疗的单向发展,使全球不同文化、不同种族、不同民族、不同国家和地区的人在需要时都能及时获得心理健康服务,实现心理治疗全球化。

(三)科研与服务实践相结合

我国大众深受传统文化影响,传统文化中蕴含的许多心理健康思想在现代仍然具有一定的适用性,但也有与现代文化冲突的方面,要做到"以古为资源,以今为目的"就要做好对传统文化中积极因素的总结和实践检验工作,调查现代人的传统价值观及其在人们心理健康中的作用,对心理健康的积极和消极作用,在心理健康服务中有选择性地加以引导和利用。

我国心理健康服务的利用率较低。一些研究证实,仍有很多人对心理健康的知晓率很低,尤其在农村社区,许多人不了解什么是心理问题,不知道心理问题能够通过心理健康服务治愈,有了心理问题也不知道去哪里求助,还有很多人仍然对心理咨询与治疗持有偏见。由于对心理疾病的不正确认识而导致的污名与羞耻感是阻碍个体寻求专业帮助的因素,还有些人对心理咨询与治疗的作用和效果存在怀疑。这就要求在心理健康服务实践中加强宣传,普及心理健康知识,使人们对心理疾病形成正确的认识,增强求助意识。研究也证实,处于不同经济、社会地位和教育水平的人们的心理困扰、对心理健康服务的认知和态度,及有效的服务方式等都不相同,这就要求在心理健康服务实践中根据科学研究的结果提供有针对性的服务,将科研与服务实践结合起来,提高心理咨询与治疗的效果(秦旻,郑涌,2009)。要通过科学的研究,提高对消极后果的测量准确性、增强对各方面影响因素的识别和有效预防,就必须将科学研究与服务实践相结合,这也是提高心理健康服务利用率的一个途径。

我国社会迅猛发展,随着社会文化的发展变化,影响人们心理健康的因素不断复杂多样化和深化,新的风险人群也不断涌现,人们的价值观念、生活方式、态度系统等方面迅速变化,导致人们的心理问题类型、性质、表现等方面也在不断变化,简单应用国外或传统的方法难以达到治疗的目的。因此,需要加强心理健康教育和服务的科研工作,将科研与服务实践相结合,发展符合我国社会形势、社会文化、不同人群实际的心理健康服务理论和技术。钟氏认知领悟疗法和道家认知疗法是进行这方面科研尝试的典型代表(罗晓路等,2009;廖全明,2009)。大多数心理健康服务的理论、方法和测量工具等都来源于国外,本土化的理论和方法很少。这对于更好地弥补需求和服务之间的缺口也有很大阻碍作用。美国已经支持开发了循证实践方法,旨在把临床研究中最有效的治疗方法引入到心理健康服务实践当中来,通过临床实践与相关研究相结合提升治疗效果。这一做法对于改变我国的心理健康服务体系构建有很大的指导和借鉴意义,从美国心理治疗循证实践提供的理论和方法来思考我国心理治疗的问题,也可形成有利于我国心理治疗发展的思路。

在对我国不同人群面临的心理健康问题进行调查,对其影响因素和产生机制进行分析,探索有效的服务方法时,可以参照其他国家和地区心理健康服务的成熟经验和模式,但必须对我国国民的心理健康问题进行扎实的研究工作,根据不同的心理疾病人群及其面对的心理健康问题提供有针对性的服务方法和措施。

第十二章　教育培训

教育培训是影响我国心理健康服务体系建设和发展的一个重要的因素。我国心理健康服务的教育培训起步于20世纪80年代中期，经过多年的不断尝试和探索，现在呈现出纷繁复杂的局面：培训机构水平、培训质量和数量参差不齐，培训时间短、培训标准不具体等问题比较突出。缺乏统一标准的培养教育是心理健康服务专业工作发展的一大缺陷。为此，基于已全面介绍的国外心理健康服务人员的培训管理，再加上本章节对全国范围内大样本的调查研究，望能借此对教育培训体系的建设提出建设性意见，促进我国心理健康服务培训体系的建立和健全。

第一节　中国心理健康服务继续教育培训的调查

我国心理健康服务继续教育培训有哪些类型？从业者接受过哪些培训？他们需要什么样的培训？专业人员应该达到的培训标准和培训时间是多少？参加继续教育培训的动机是什么？督导状况如何？是哪些因素制约了教育培训的发展？针对上述问题，我们对继续教育培训情况进行了调查，重点探讨培训类型、培训动机、培训需求、培训评价、培训督导等方面的情况。

一、调研方法

（一）调研对象与地点

样本选取标准为：在全国范围内选取，各省选取2个城市（省会城市和一般城市各1个），各城市调查40—50人。涉及：第一，大学、中学（重点、非重点）各1—2所（对象包括心理咨询机构中的全职或兼职心理咨询工作者、心理咨询工作负责人）；第二，省、市级综合医院、精神科专门医院各1—2所；第三，私人开业、企业自办的心理咨询所。各机构均选择负责人1人，专业人员2—3人。

调研对象包括1 391名心理健康从业者（剔除无效问卷后）。覆盖26个省，4个直辖市，涉及华东、华南、华西、华北、华中不同地区。样本包括医疗系统人员（精神科医生、神经科医生、通科医生兼职或转做心理咨询和治疗者）、教育系统人员（在大、中、小学中的心理咨询人员）、营利性心理咨询诊所中的人员、分散在各行业的非专业人员如企业人才资源中心、监狱、行政企管部门、司法部门、军队中的心理咨询人员。其中，男性519名，女性864名；年龄范围20—74岁，平均年龄为36.1岁，标准差为8.8。被试中教师699人，医生309人，其他383人。

（二）研究方法

采用课题组编制的心理咨询与心理治疗情况调查表，选择题和填空题共93个。包含：（1）个人资料4个题目，如受教育水平、最后学历、所从事的专业工作类别、工资收入；（2）专业工作情况13个题目，如工作年限、所接受的培训、证书、专业工作的方式等；（3）机构情况22个题目；（4）其他15个题目；（5）5点量表19个题目；（6）培训情况，6个填空题，14个选择题。

问卷采用1至5的5点量表计分，得分越高说明对题项的表述越同意，也即对该项服务的需求越强烈。采用调查法、文献分析法、比较研究法等方法收集数据和资料，运用频数分析、因素分析、回归分析、方差分析等方法对数据进行统计分析。

二、继续教育培训类型与需求

（一）国内继续教育培训的主要类型

根据培训时间长短，目前国内的培训类型主要分为专题短期培训和系统连续培训两大类。短期培训主要有咨询师资格培训、各种短期培训班以及各种专门疗法的培训等。

从被调查者认为国内存在的培训类型看（表12-1），超过半数的被调查的从业者认为，目前较多的是短期培训班和咨询师资格培训。其次国内专业机构举行的理论培训、各种疗法培训。普遍认为连续培训项目缺乏，73.9%的从业者认为国外单位举办的系统连续培训项目缺乏或较少，76.5%的认为缺乏自我分析和自我体验培训。

表12-1 目前国内培训的主要类型（*N*=1 391） 单位：%

培训类型	没有+较少	适中	很多+总是
短期培训班	18.5	25.2	56.3
咨询师资格培训	19.1	28.4	52.5
国内专业机构的理论课程培训	22.9	35.0	42.1
各种专门疗法的培训	38.9	30.0	31.0
国内单位举办的系统连续培训项目	43.9	33.3	22.9
自我分析或自我体验培训	67.5	24.3	10.0
国外单位举办的系统连续培训项目	73.9	18.9	7.2

从被调查者接受过的培训类型看(表12-2):78.0%接受过短期培训班,36.9%接受过专业人员的督导;33.0%接受过国内单位举办的系统连续培训项目,4.6%接受过国外单位举办的系统连续培训项目,8.5%在国外的专业机构学习或进修。同时,在国内专业机构学习相关理论课程的人数达到总体的74.4%,接受自我分析或自我体验的达到38.0%。再次说明,理论培训课程与短期培训的受众面较广,系统连续的培训明显缺乏。此外,表中还可以看出受教育水平越高的人,接受过的相关培训更多,也更全面,低教育水平的从业者严重缺乏连续的系统培训。

表12-2 从业人员接受的培训类型与教育水平(N=1 391) 单位:%

接受过的相关培训	总体	博士	硕士	本科	大专	高中
短期培训班	78.0	87.5	83.9	88.2	88.7	100
国内专业机构学习理论课程	74.4	91.1	84.8	83.6	85.1	100
自我分析或自我体验培训	38.0	69.4	58.4	59	58.8	0
专业人员督导	36.9	66.7	55.9	57.5	58.8	66.7
国内单位举办的系统连续培训	33.0	72.7	54.8	48.4	44.7	0
国外单位举办的系统连续培训	8.5	53.8	20.9	13.7	6.8	0
国外的专业机构学习或进修	4.6	57.7	9.1	6.5	2.2	0

从业人员应达到的培训标准及培训时间看(表12-3),有更长时间要求的是理论学习、咨询或治疗实习、精神科实习以及跟诊,短期的是自我分析或自我体验、接受专业人员的督导以及专业伦理培训。并且,专职与兼职人员所认为的专业人员应该达到的培训时间存在显著差异。

表12-3 服务人员认为心理咨询专业人员应达到的培训标准及培训时间 单位:小时

培训类型	总体(N=1 058)		专职(N=439)		兼职(N=592)		t
	M	SD	M	SD	M	SD	
自我分析或自我体验	291.01	1 323.25	393.96	1 804.48	204.44	795.24	13.05***
接受专业人员的督导	278.75	1 143.78	393.23	1 510.72	194.08	786.21	18.71***
精神科实习	589.45	2 112.61	813.22	2 685.13	440.33	1 580.39	18.48***
跟诊	474.07	1 754.34	681.48	2 388.57	320.13	1 081.36	28.08***
咨询或治疗实习	679.93	2 084.25	933.62	2 765.76	496.21	1 408.53	27.08***
接受理论学习小时	1 175.16	3 898.53	1 569.51	4 970.98	870.43	2 882.54	20.67***
接受专业伦理培训	256.22	1 205.77	332.32	1 653.67	191.11	716.61	9.43**

注:***和**分别为极显著和显著

（二）当前心理健康服务人员的培训需求状况

从被调查者最需要的培训类型看（表12–4），实践操作培训、自我分析或自我体验培训和各种专门疗法的系统培训是普遍需要的，而教育水平较低的人（高中、大专）还需要加强理论课程的培训。

表12–4　目前最需要的培训类型与教育水平（N=1 391）　单位：%

最需要的培训	总体	博士	硕士	本科	大专	高中
实践操作培训	79.1	83.3	83.4	84.4	78.9	100.0
各种专门疗法的系统培训	74.2	81.8	79.9	79.3	75.2	100.0
自我分析或自我体验培训	70.9	77.8	75.5	77.8	67.6	100.0
理论课程培训	39.6	37.5	40.0	47.9	50.0	66.7
短期培训	35.3	35.3	42.0	50.9	60.0	50.0

注：表格数据为完全同意和比较同意选项比率之和

从被调查者最需要的培训内容来看（表12–5），从业人员在咨询/治疗实践和技能上的培训需求最高，同时对于自我体验、督导等自我成长上的培训需求比较高，对于心理发展和职业发展以及理论培训等的需求次之，对行业伦理规范和相关政策的培训需求最低。11种调查的心理咨询培训内容可以大致归为三类：督导与评估类、信息性知识类（如相关政策和理论）以及实践技能类。通过探索性因素分析也得到同样的归类结果。

表12–5　心理健康服务人员对各种培训的需求状况

最需要的培训内容	N	M	SD	最需要的培训内容	N	M	SD
1.咨询/治疗实践	1 259	4.20	0.94	7.评估	1 180	3.53	1.07
2.技能	1 282	4.09	0.94	8.测查	1 162	3.45	1.11
3.自我体验	1 250	3.89	1.04	9.理论	1 195	3.41	1.13
4.督导	1 247	3.88	1.07	10.行业伦理规范	1 138	3.26	1.12
5.心理发展	1 184	3.65	1.09	11.相关政策	1 112	2.83	1.14
6.职业发展	1 182	3.57	1.11				

（三）心理健康服务人员培训需求的影响因素

1.性别、年龄、教育水平和所在地区对培训需求的影响

以性别、年龄、教育水平和所在地区为自变量，三类培训内容为因变量做回归分析，结果表明，女性在督导与评估方面的培训需求高于男性；年龄越小，在督导与评估培训和实践技能培训方面的需求都越高；教育水平越低，对各种需求都越高；但所在地区不影响其培训需求（具体见表12–6）。

表12-6 人口学因素对培训需求影响的回归分析

三种类型的培训	自变量	*B*	Std.Error	Beta	*t*	Sig.
督导与评估	性别	0.494	0.222	0.067	2.225	0.026
	年龄	−0.030	0.012	−0.074	−2.452	0.014
	教育水平	0.300	0.145	0.063	2.070	0.039
	地区	−0.001	0.144	0.000	−0.010	0.992
				R^2=0.014	*F*=3.704	0.005
信息性知识	性别	0.155	0.279	0.017	0.555	0.579
	年龄	−0.021	0.016	−0.041	−1.331	0.184
	教育水平	0.558	0.183	0.095	3.047	0.002
	地区	0.249	0.183	0.042	1.361	0.174
				R^2=0.013	*F*=3.341	0.010
实践技能	性别	0.145	0.101	0.042	1.429	0.153
	年龄	−0.013	0.006	−0.066	−2.253	0.024
	教育水平	0.139	0.066	0.062	2.115	0.035
	地区	0.017	0.065	0.008	0.262	0.793
				R^2=0.009	*F*=2.779	0.026

2.专业工作对培训需求的影响

考察专业工作取向对培训需求的影响，将被调查人员所从事的工作分为临床取向、教育取向和社会取向三种，对三种不同取向从业者的培训需求进行差异比较。ANOVA检验表明，三种取向在督导与评估上的培训存在显著差异($F_{(2,1126)}$=3.82，p=0.022)，LSD事后多重检验表明社会取向的从业人员对督导评估的培训需求显著高于其余两种取向的从业人员(p<0.02)。

考察从业时间长短对需求的影响，将被调查人员的从业时间分为短期(3年及以下，496人)、中期(3年以上10年以下，425人)和长期(10年及以上，123人)，以从业时间为自变量，考察从业时间长短对培训需求的影响。结果发现，不同从业时间长短的人员在督导与评估上的培训需求和实践技能上的培训需求存在显著差异，而信息性知识方面则差异不显著。事后检验LSD多重比较分析结果表明，长期从业者对督导与评估培训、信息性知识培训和实践技能培训的需求都要低于短期和中期从业者，除信息性知识培训的需求与中期从业者无显著差异外，其余差异均达到显著水平，短期从业者和中期从业者的培训需求无显著差异。

考察每周专业工作时间对培训需求的影响发现，每周参加咨询/治疗实践的小时数能预测培训需求状况(见表12-7)。每周专业工作时间越短，各种培训的需求越高。

表 12-7 每周专业工作时间对培训需求的影响

三种类型的培训	*B*	Std.Error	Beta	*t*	Sig.	R^2	*F*	Sig2.
督导与评估	−0.014	0.005	−0.084	−2.640	0.008	0.007	6.968	0.008
相关知识	−0.015	0.007	−0.071	−2.196	0.028	0.005	4.824	0.028
实践技能	−0.008	0.003	−0.099	−3.228	0.001	0.010	10.418	0.001

注:Sig2 指回归方程的显著性

考察是否担任督导对培训需求的影响,对在实际工作中担任督导和不担任督导的人员的培训需求进行差异检验。ANOVA 检验表明,担任督导的从业人员在督导与评估和实践技能两类培训的需求上显著低于不担任督导的从业人员,但两类人群在信息性知识上的需求差异不显著。

考察专/兼职对培训需求的影响,ANOVA 检验表明,兼职人员在相关知识和实践技能上的培训需求高于专职人员,在督导与评估上的培训需求无显著差异。

3. 已参加的培训对培训需求的影响

考察参加培训的次数对培训需求的影响(见表 12-8),以参加培训的次数为自变量对三种培训做回归分析。在实践技能上,参加培训次数越少,培训需求越高。

表 12-8 参加培训的次数对培训需求影响的回归分析

三种类型的培训	*B*	Std.Error	Beta	*t*	Sig.	R^2	*F*	Sig2.
督导与评估	0.036	0.030	0.037	1.215	0.225	0.001	1.477	0.225
信息性知识	−0.026	0.038	−0.022	−0.069	0.492	0	0.472	0.492
实践技能	−0.028	0.014	−0.061	−2.070	0.039	0.004	4.286	0.039

考察培训的内容对培训需求的影响(见表 12-9),心理健康人员曾经接受的培训与他们的培训需求间并不完全匹配。具体来说,在调查对象中缺乏专业技能培训的人数比例为 19.7%,但却有 76.6%的人认为自己最需要接受的是技能方面的培训,即 56.9%的人不缺乏专业技能方面的培训,但仍然希望接受这种培训。相反,缺乏相关政策培训的人数比例为 57.0%,但认为自己需要接受这方面培训的人却只有 23.4%,即有 33.6%的人缺乏相关政策的培训,但他们对这种培训的需要意向较低。

表 12-9 心理健康服务人员接受培训现状与培训需求差距表单位:%

培训内容	接受较少	最需要	差值	培训内容	接受较少	最需要	差值
1. 咨询/治疗实践	31.60	80.30	48.70	7. 评估	46.10	50.80	4.70
2. 技能	19.70	76.60	56.90	8. 测查	57.00	47.20	−9.80
3. 自我体验	61.70	66.30	4.60	9. 理论	13.40	46.70	33.30
4. 督导	66.80	65.90	−0.90	10. 行业伦理规范	57.90	37.70	−20.20

续表

培训内容	接受较少	最需要	差值	培训内容	接受较少	最需要	差值
5.心理发展	31.70	56.10	24.40	11.相关政策	57.00	23.40	−33.60
6.职业发展	49.60	54.40	4.80				

注：差值=最需要百分比减去接受较少百分比，差值为正，说该项内容受重视，差值为负，说明该项内容不被重视；差值越大，受重视/不受重视程度越大

（四）当前心理健康服务从业者的培训动机状况

从表12–10可见，中国心理健康服务从业者最大的培训动机是提高业务水平，其次是提高自我，最不重要的动机是换工作和开业。

表12–10　心理健康服务从业者的培训动机

培训动机	*N*	M	SD	培训动机	*N*	M	SD
提高业务水平	1 321	3.93	1.03	培训他人	1 106	1.91	1.13
提高自我	1 285	2.73	1.11	开业	1 080	1.51	1.03
了解他人	1 129	2.35	1.23	换工作	1 065	1.45	0.85
解决自己的心理问题	1 162	2.35	1.15				

三、督导现状

在被调查的从业人员中，93.9%的人认为机构人员应采取督导的管理办法，89.9%的人认为应该由专家或督导进行评定来评估专业人员的服务情况，87.8%的人还认为对专业人员的督导制度可以评估心理健康服务机构的水平；在心理健康服务的工作中，38.9%的从业人员压力源是缺乏必要的督导；而65.9%的人认为目前最需要培训的内容就是督导。可见督导对心理咨询师的重要性和必要性。

课题通过对我国当前心理健康从业者的督导情况及影响因素进行调查研究，分析当前心理健康从业者督导培训当中存在的需求、问题及影响督导的因素。

（一）从业人员接受督导的情况

表12–11列出了心理健康从业者接受督导的基本情况，现有的心理健康服务从业人员中有42%的从来没有接受过专业人员的督导，71.5%的目前没有专业督导；只有1.7%的专业机构总是为专业人员聘请督导，而46.6%的却从来没有聘请过督导；接受过督导培训的情况堪忧，66.8%的人没有或者很少接受过心理督导，从督导的形式可以看出，无

论哪种督导形式，都有50%左右的从业者十分缺乏，这也与机构缺乏督导人员有关，60.3%的机构没有或较少让本机构中的资深人员担任督导，而81.5%的机构没有或较少从外单位聘请督导。此外，1/3到2/5的被调查从业者对各种督导的看法（督导人员胜任能力强，以团体督导为主，以个体督导为主，采用角色扮演进行督导）不佳和对培训中的督导不满意。

表12-11　心理健康从业者接受督导的基本情况（频次和比率）

督导情况	*N*	没有	没有+较少	总是	很多+总是
是否接受过专业人员督导	895	276（42.0%）			
目前是否有专业督导	1 314	940（71.5%）			
所在机构为专业人员聘请督导	1 154	538（46.6%）	817（70.8%）	20（1.7%）	103（8.9%）
接受过督导内容的培训	1 214	399（32.9%）	811（66.8%）		
一对一督导	1 126	657（58.3%）	901（80.0%）		
小组督导	1 127	549（48.7%）	775（68.8%）		
同行督导	1 111	514（46.3%）	749（67.4%）		
小组案例讨论	1 138	403（35.4%）	658（57.8%）		
督导由本机构资深人员担任	1 144	520（45.5%）	690（60.3%）		
从外单位聘请督导	1 134	673（59.3%）	924（81.5%）		
工作中的压力主要来自缺乏必要的督导	1 303			117（9.0%）	506（38.9%）
目前最需要督导内容的培训	1 247			434（34.8%）	822（65.9%）
督导人员胜任能力强	1 248	128（10.3%）	416（33.3%）	86（6.9%）	282（22.6%）
以团体督导为主	1 246	116（9.3%）	385（30.9%）	68（5.5%）	326（26.2%）
以个体督导为主	1 230	145（11.8%）	500（40.7%）	61（5.0%）	241（19.6%）
采用角色扮演进行督导	1 234	179（14.5%）	543（44.0%）	51（4.1%）	242（17.4%）
采用录像观摩	1 227	157（12.8%）	473（38.5%）	52（4.2%）	273（19.6%）
能指导学员进行自我分析和体验	1 239	153（12.3%）	499（40.3%）	84（6.8%）	298（24.1%）
我对培训中的督导情况很满意	1 235	139（11.3%）	379（30.7%）	117（9.5%）	376（27.0%）

表12-12列出了心理健康从业者督导与案例讨论量表各条目的均值和标准差，可见我国心理健康服务从业者心理督导中最缺乏的是一对一的督导和从外单位聘请督导，

其次是小组督导和同行督导。相对较好的是小组案例讨论和由本机构资深人员担任督导。

表 12–12　心理健康从业者督导与案例讨论情况（均值和标准差）

条目	N	Mean	SD	条目	N	Mean	SD
一对一督导	1 126	1.7	0.98	小组案例讨论	1 138	2.2	1.14
小组督导	1 127	1.9	1.10	由本机构资深人员担任督导	1 144	2.2	1.38
同行督导	1 111	2.0	1.10	从外单位聘请督导	1 134	1.7	1.02

（二）督导情况影响因素分析

1. 人口统计学差异

将督导情况（表 12–12 中 6 个督导情况条目总分）在临床取向、教育取向、社会取向 3 种职业取向间作单因素方差分析，结果显示，督导情况在各专业分工间有极其显著的差异（$F_{(2,1010)}=18.75$，$p<0.001$）。事后检验 Turkey HSD 多重比较分析结果表明，社会取向的心理健康从业者在接受督导情况方面显著好于临床取向和教育取向的从业者。

2. 专业分工差异

将督导情况在临床心理学家、心理治疗师、心理咨询师、精神科医生、通科医生、心理辅导员及其他 7 种专业分工间作单因素方差分析，结果显示，督导情况在各专业分工间有极其显著的差异（$F_{(6,949)}=7.71$，$p<0.001$）。事后检验 Turkey HSD 多重比较分析结果表明，心理咨询师在接受督导情况方面显著好于心理辅导员以及“其他”类别。

3. 督导影响因素的逐步回归分析

对督导产生影响的相关因素主要还有：专业机构对专业工作有无定期评估检查，是否进行独立的经济核算，目前是否定期参加案例讨论，专业工作检查评估方式，所在机构的培训情况。其中工作评估方式指标采用专业知识考核、根据来访者家属的反馈、对来访者进行随访以及跟踪、上级管理者评定和同事间互评五个项目得分总分，培训情况指标采用有定期的培训项目、有不定期的培训项目、有用于培训的固定的经费、培训是所在机构创收的主要来源四个项目得分总分，然后通过数据统计来探索这五项因素是否对工作者的督导情况有预测作用。

首先，相关分析统计表明，督导情况总分与该五项影响因素得分之间的相关皆超过 0.2（是否定期参加案例讨论，$r=0.407$，$p<0.001$；是否进行独立的经济核算，$r=-0.306$，$p<0.001$；专业机构对专业工作有无定期评估检查，$r=-0.260$，$p<0.001$；专业工作检查评估方式，$r=0.513$，$p<0.001$；所在机构的培训情况，$r=0.594$，$p<0.001$），最高接近 0.6，这说明督导情况总分与该五项因素之间有稳定的影响关系。

将相关系数显著的变量进行逐步回归分析，变量选入和剔除的标准为0.05，结果如表12-13所示，首先在回归方程的有效性检验上，F值均达到显著水平，方程有效，拟合优度较好。在督导的逐步回归分析中，所在机构的培训情况、专业工作检查评估方式、是否定期参加案例讨论、是否进行独立的经济核算、专业机构对专业工作有无定期评估检查，先后进入回归方程，且B系数达到显著水平，其联合解释变异量为47.3%。

表12-13 相关因素的逐步回归分析

因变量	自变量	Beta	R	R^2	F
督导情况	所在机构的培训情况	0.377	0.594	0.353	464.54**
	专业工作检查评估方式	0.248	0.651	0.424	312.48**
	是否定期参加案例讨论	0.179	0.677	0.459	239.68**
	是否进行独立的经济核算	−0.090	0.683	0.467	185.37**
	专业机构对专业工作有无定期评估检查	−0.083	0.688	0.473	152.00**

注：**p<0.01

第二节　中国心理健康服务学历教育培训的现况调查

为了解我国心理健康服务从业人员和机构在专业学历培训方面的现状，采用学历教育培训现状调查表，对我国高校心理健康服务的学业培训情况进行了调查。

一、调研方法

（一）调研对象与地点

在我国华东、华西、华南、华北、华中不同地区选取目前具有临床心理、咨询心理或应用心理学专业的本科、研究生培养计划的大学，共23所。其中综合性大学7所，理工类院校1所，政法类院校1所，师范类院校10所，医学类院校4所。其中14所重点大学，9所非重点大学。

调查的高校有两个来源，一是中国心理学会心理学教学工作委员会的会员单位，二是来自北京大学钱铭怡教授的资料。调查表填写者均为高校心理学系（院）分管教学负责人。

（二）调研材料

一是各高校应用心理学专业的学士、硕士、博士培养方案，包括课程设置及临床实践等内容。二是自编的调查表,包括学位点设立时间、每年招生人数、专业理论课的设置内容、专业理论课和操作技能课在课程中所占的比例、实习要求等。

二、我国高校心理咨询与心理治疗专业设置

在所调查的23所高校中,82.6%的学校开设有心理咨询或治疗人才的本科生培养项目;73.9%的学校开设有硕士研究生的培养项目;17.4%的学校设有临床或咨询心理学博士培养点。

在本科生培养项目中,89.5%的学校对心理咨询或治疗人才的培养包含在应用心理学专业中;5.3%的学校有专门的心理咨询或治疗专业;10.5%的学校设有临床心理学专业。61.1%的学校为2000年之后(含2000年)开始招生。在硕士研究生培养项目中,52.94%的学校设有心理咨询相关的研究方向;41.18%的学校设有临床心理学相关的研究方向;11.76%的学校对心理咨询与治疗人才的培养包含在应用心理学的健康心理学等专业方向中。85.7%的学校于2000年之后(含2000年)开始招生。在博士研究生的培养项目中,有2所学校设有临床心理学专业,1所学校设置有心理咨询专业;1所学校既开设有临床心理学培训项目,也开设有咨询心理学的培训项目。

三、我国高校心理咨询与治疗专业的本科生培养

(一)课程设置

各学校在课程设置上基本都包括以下几个模块:公共必修课、公共选修课、专业必修课、专业选修课。在公共选修课程上,27.3%的院校要求学生在指定的学科类别,如自然科学类、社会科学类、哲学类、文学与艺术类等中均选修一定的课程并获得规定的学分。大多数院校的选修课没有明确的类别规定,只要求学生在已有的课程中选修一定学分的课程即可。此外,有9.1%的学校没有设置公共选修课。大多数学校的专业选修课集中于基础类中的社会或人格心理学及发展心理学领域,应用类中的心理咨询和人力资源管理领域,以及统计类课程。开设认知心理学、生理与认知神经科学领域课程的学校则较少。

调查发现,仅个别学校的必修课程中包括心理咨询与治疗的伦理学课程,为高年级学生开设有研究性的选修课程。只有个别学校在课程安排上注重到课程的深度问题,如将心理统计学(一)和实验心理学(一)设置为专业基础类必修课程,心理统计学(二)和实验心理学(二)则设置为专业发展课程中的选修课。

在专业理论课程的设置上，所有学校都开设了心理咨询或治疗的理论与技术课程，课时从54—144学时不等。但在有些学校心理咨询与治疗类课程均被设置为专业选修课。47.4%的学校开设医学的基础理论和方法课程。调查还发现，专业课和操作技能课在整个课程中所占的平均百分比分别为61.8%和19.2%。

统计发现，各学校专业必修课的平均分为56.4分，专业选修课的平均分为30.9分，专业课平均总学分为87.2分。但有学校专业课总学分达122分，且均为必修课。此外，有的学校课程内容比较陈旧，且各学科间缺乏内在联系。

(二)实习培训

调查发现，12.5%的学校没有具体的实习内容；37.5%的学校有心理健康教育实习；31.3%的学校有教学实习；6.3%的学校有人力资源管理实习；有心理咨询或治疗实习的占56.3%。

在实习时间上，14.3%的学校无明确要求；个别学校实习时间仅2周；有50%的学校实习时间不超过11周；实习时间在1个学期之上的学校占35.7%，只有7.1%的学校实习时间为1年。

允许学生到自己联系的机构或经院系认可的非固定机构进行实习的学校达54.6%；有固定的心理咨询或治疗的实习机构的学校占63.6%。

四、我国高校心理咨询与治疗专业研究生培养

(一)培养模式及培养年限

对所收集到的培养方案进行内容分析，结果发现：3个临床心理学博士培养项目中，有2个的培养时间为3年，1个为4年。其中2个项目中明确规定遵循“科学家—实践家”的培养模式。1所则无相关规定。本研究调查的2个咨询心理学博士培养项目的培养时间均为3年，对所遵循的培养模式均无明确说明。

只有1所学校在其临床心理学博士培养计划中对博士生的录取条件，如专业背景、心理治疗实践、研究能力、英语水平及其他能力做了明确规定。其中专业背景要求获得临床心理学或咨询心理学相关专业硕士学位；或获得精神病学(或者医学心理学)相关专业的硕士学位；在心理治疗实践方面要求在中国心理学会(临床与咨询心理学专业委员会)认可的心理咨询和治疗服务机构中接受过专业实习(心理治疗或精神病学实习)，且时间累积不少于150个工作小时(提供相关证明)；研究能力上要求候选者至少有1篇实证性研究论文已被国内核心专业期刊或相关外文专业期刊接受或发表(提供相关证

明），并具有较强的心理学方面的科研能力，包括：良好的英文文献阅读能力，初步掌握临床心理的研究范式和心理学实验设计，掌握高级统计知识和SPSS（或SAS）软件操作技术；要求英语水平通过CET6级；在其他能力上要求有良好的沟通和人际交往能力、敏锐的观察能力、团体协作能力和一定的内省能力。

（二）课程设置

调查结果表明：在基础类心理学课程中，只有7.7%的学校有科学和道德伦理标准的相关课程；61.5%的学校有心理测量理论与技术相关课程；7.7%的学校有行为的生物基础课程；38.5%的学校有行为的认知—情感类课程；53.8%的学校设有行为的社会基础类课程；76.9%的学校设有人格与发展类课程；53.8%的学校开设有心理病理学或精神病学相关课程。在临床或咨询心理学领域的课程设置上，所有学校都开设了心理咨询与治疗的基本理论与实务课程；23.1%的学校设有心理咨询与治疗流派的理论与实务课程；15.4%的学校进行心理评估和诊断的理论与实务的培训；46.2%的学校对学生进行与临床或咨询心理学实践相关的现场或模拟现场培训或实践练习；只有15.4%的学校开设了心理师的个人与专业发展类课程。调查还发现：有个别学校开设了中国古代心性修养、中国人心理研究等具有本土化特色的课程，并将这些课程设置为必修课。

三个临床心理学培养项目的课程学分为17—20，不等。平均学分为18.7分。开设的专业课程主要涉及：高级统计学、心理学研究方法、心理病理学、心理药理学及认知、行为、家庭、儿童等治疗流派的理论及技术等。其中1个培养项目中还包括督导理论与实践，团体心理咨询、案例讨论与督导等培训课程，另一个特点是：在4年的培养过程中，使学生在全面掌握不同流派的理论后，在导师指导下深入学习某一种心理治疗方法。

两个咨询心理学博士培养项目所开设的专业课程主要包括：心理学研究方法、心理学研究进展、现代心理学理论、心理咨询与心理治疗、高级统计学（多元分析）、当代临床心理学和咨询心理学学科前沿文献选读、心理干预研究方法及某些治疗学派的专题等。其中1个培养项目中含有心理病理学的课程培训。两个培养项目的课程学分分别为：20学分和18—20学分。

（三）实习与临床实践

调查发现：只有21.4%的学校要求进行精神病学的实习；85.7%的学校要求进行心理咨询实习；57.1%的学校包括心理治疗案例的实践；只有21.4%的学校既包括心理咨询和

治疗的实习，也包括精神病学的实习；此外，有14.3%的学校对临床实践内容无明确要求和规定。在实习中不要求接受督导的学校占35.7%；对自我体验无规定的学校占50%；只有21.4%的学校既要求接受督导，也要求进行自我体验。在临床实践时间上，63.3%的学校的最低规定在3个月以下，其中35.7%的学校的最低实习时间不足1个月，另有14.3%的学校对实习时间没有明确要求。

无论是临床心理学还是咨询心理学培养项目，临床实践均是在完成指定学习科目和内容的同时进行的。其中只有1所学校的临床心理学专业要求在培训的前三年的每个学期都必须完成一定量的临床实践，且对接受的督导时间和自我体验时间均有明确规定。且其实践安排在内容上是衔接的、渐进的。其他培训项目只是在时间上做出了规定，无具体的、结构性的安排。

3个临床心理学培养项目在临床实践时间的规定有较大差异：有的要求在心理系（临床心理教研室）认可的心理咨询机构从事心理咨询和治疗实习及个体治疗的实习时间不少于800小时；有的则只要求至少完成80小时的临床实习；另外一所则要求在心理咨询门诊至少工作4个月。

在3个临床心理学培养项目中，只有1个对督导和自我体验均做出了要求：必须在被导师或者系认可的心理咨询和治疗专业人员处接受督导，毕业前接受个体督导和团体督导时间总和不少于200小时；必须在本系（临床心理教研室）认可的心理咨询和治疗专业人员处接受自我体验时间不少于30小时。另外1个培养项目只对督导时间做了规定：要求接受督导的时间不少于30小时。还有1个培养项目对督导和自我体验均没有明确规定。

调查的2个咨询心理学专业博士培养项目中，有1个项目要求学生至少完成120个学时的临床心理学实践，其中包括：临床心理评估、心理咨询和心理治疗等。要求接受督导时间不少于40个小时；另外一个项目要求学生进行不少于1年的临床实习。

（四）科学研究及发表论文

各学校都对研究论文有具体要求，如至少有2篇论文发至核心期刊；毕业论文必须是实证性研究等。

第三节　面向未来的中国心理健康教育培训

一、我国心理健康服务培训存在的问题

（一）教育培训总体现状

从心理咨询与心理治疗培训类型和学历标准来看，相对于国外心理咨询与心理治疗培训类型和学历标准，我国存在很多的问题，具体如下：

1.培训课程入学条件过宽

心理咨询和心理治疗是一门专业性很强的职业，需要长期的理论和实践学习，而目前国内各个提供心理咨询与心理治疗的专业培训机构，对申请人的学历要求不高，专业限制不严，无论个人或组织只要有这方面的需要，在交纳一定的学费后，均可申请参加培训。心理咨询和心理治疗作为一专业性较强的职业，其专业培训对其他身份的人，不问其学术或实践水平如何，都大开方便之门，这对该领域的专业化发展造成一定的阻碍。没有严格的准入标准，这种来者不拒的结果，就是从业人员的专业水平以及所提供的服务水平参差不齐。

2.缺乏对培训教师角色和职能的界定

在对申请培训的人员进行严格把关的同时，也要保证提供培训的教师的水平。培训教师缺乏专业训练不仅是从业人员，连许多学者都有类似的抱怨：国内既缺乏可求教之资深专业人员，也缺乏对从业人员进行督导的培训机构。调查中发现，对培训教师的普遍要求是达到心理咨询和心理治疗的硕士水平以及具有5年以上临床经验，尤其是临床经验，这得到大部分受访者的认同。但是，目前国内还没有对专业培训教师的资格进行界定，而从事培训的教师可能也并非专职，并且可能也没有达到上述的普遍要求。

3.培训类型缺乏系统性、连续性、层次性

相对于很多发达国家，我国的培训时间过短，大多数采取“速效模式”，如各种各样的讲习班、研讨班、培训班，时间长不过一月，短则一周。当然，也有如中、德两国合作举办的分期式的连续培训模式，但仅限于心理治疗领域，并且这样的中、长期的系统连续培训项目存在很大不足，并且严重缺乏个人体验和专业督导。另外，基本没有成为专业人员应达到的、偏重技能锻炼的咨询与治疗的实习培训。

心理咨询与心理治疗所需的专业化程度相当高，学员需要通过长期的、系统的学习和实践才能获得。本次对我国当前提供心理健康服务的机构和人员的调查也发现，从

业人员不仅数量少，而且专业素质偏低。即使是应用心理学专业毕业的进入心理健康服务机构的本科生人员也难以达到社会对其提出的要求，因此很有必要建立心理健康服务人员教育培训的长效机制，重视培训的系统性与连续性。

4.相当多的非专业人员在从事咨询

虽然心理咨询与心理治疗服务需求不断增加，但在国内提供咨询服务的专职人员为数不多，并且大部分从事兼职工作。在本次调查的1 391名受访者中，专职的仅42.4%。而进入这一专业领域的门槛过低，导致大量非专业人员参与到各种各样的心理咨询与心理治疗的工作中。一部分人是感到这项工作有趣，为满足好奇而来；也有些人是为了日后接受咨询专业训练而积累经验。比如某些大学或学院，很多心理学专业的学生在没有接受正式、系统的岗前培训就轮流值班做咨询。由此可见，我国在大力进行心理咨询专业化发展的同时，非专业化的咨询仍大行其道，而排斥后者可能也是不现实的。在美国，也有一类心理服务人员，学历不高，非专业，但是他们从事的是最基础的心理服务工作（如心理康复中心的工作人员等），而且必须接收最基本的培训（Wilson，Provost，2006）。

（二）继续教育培训动机

本研究从多方面系统地探讨了中国心理健康从业者参加培训的动机。我们发现，从业者最大的培训动机是提高自我。赵白帆和刘梅调查发现有53.10%的人为了提高自我的心理健康水平而参加培训（赵白帆，刘梅，2002），与本研究结果有一致的地方。这反映出目前我国的心理健康从业者对自身专业知识提高的强烈需求。进一步对培训动机的个体差异分析发现，专职者在提高自我动机上显著强于兼职者，有证书者高于无证书者，医学与心理学专业者高于教育和其他专业者。可见，参加培训的自我提高动机的强弱与其专业化程度高低成正比，专业化程度越高，自我提高的动机越强。整体上看，心理咨询从业者在继续教育的培训动机上，主流是积极的，并非只为获得证书或资格而培训。

职业压力对动机影响的分析发现，专业能力不足能够预测提高自我动机。所在机构的评估检查方式也会促使心理健康从业者参加培训。同时，专职者的提高自我的培训动机要高于兼职者；心理学与医学专业者的自我提高动机更强；参加的培训次数的多少预测着培训动机的强弱。这些也充分说明了在从事心理健康工作中，这些工作者由于压力的存在不得不继续提高自己的业务水平，同时，也说明成员的专业化程度越高，自我提高的动机越强。

(三)继续教育培训需求

本研究对心理健康从业人员的培训需求做了系统考察,发现目前从业者最需要的培训是实践和技能培训,对伦理规范和相关政策的培训需求最低。各项培训内容可以概括为督导评估、相关知识和实践技能三种类型。调查结果发现,并非所有的从业人员对培训的需求都一样,不同背景的从业人员会有不同的培训需求。女性从业者和社会取向的从业者更需要督导、评估督导与评估培训。这可能是因为中国传统文化更多要求女性顺从依赖,因此女性从业者在专业工作中更需要评估、反馈和指导,希望接受更多的督导评估培训。教育水平低的从业者,对各种培训都需要。社会取向的从业者对督导与评估督导与评估培训的需求较高,这提示我们该种取向的从业者专业功底可能相对于临床和教育取向的从业者较薄。

我国社会取向的从业者可能与美国的一般服务人员情况比较相近,但由于国情所限,我国的该类从业者往往从事着超出他们专业能力范围的工作,因此他们急需督导评估类培训。另外,教育水平低、年龄小、从业时间短的从业者对各种培训的需求较高。美国的心理服务是分层次、分级别的(姚萍,钱铭怡,2008)。短期和中期从业者对三种培训的需求都高于长期从业者。类似的,每周进行的专业工作时间越短,越需要培训。心理健康从业人员最需要实践和技能的培训,在意识上对这类培训也最为重视。对实践的重视与其他国家的情况比较一致。比如,和我国国情类似的澳大利亚对临床心理学从业人员的培训遵从“4+2”模式,其中的“2”指的就是在已注册心理学家督导下的2年工作经验,这也是对实践的重视(Hall,Hurley,2003)。在美国临床心理学博士的专业培训期间,学生大约需要完成600—1 000小时的实践课程,通常是在培训门诊、大学的心理咨询中心或其他心理服务机构,包括精神病医院、社区心理健康中心等完成这一实践要求。英国高级从业人员的培训课时一般为450个,其中250个课时为咨询理论培训,200课时为咨询技能培训。可见各个国家对心理健康专业实践都是非常重视的,不仅政府意识到其重要性,从而在政策上作出明确规定,从业者们也比较认可,他们对自己的专业技能感到怀疑是主要的职业压力来源(Hannigan,Edward,2003)。甘怡群等的研究表明,专业技能不足是我国的心理健康从业者最大的压力来源(甘怡群,钱铭怡,陈红,2007)。因此,中国的心理健康从业者对技能和实践培训的需求最多,以缓解工作的压力。

本研究也考察了从业人员对现有的相关政策的看法,62.0%的人员认为相关政策对心理健康工作起了促进作用,80.0%以上的人员希望政府制定各种相关政策,但认为自己需要对这些相关政策进行学习的人员仅有23.4%。也就是说,多数从业人员虽然认为相关政策比较重要,也认可和需要政府制定这些政策,但并未把这些政策的学习列入自己最需要的培训清单中。这种对培训政策的相对不重视，可能是我国心理健康服务行业至今较不规范的原因之一。

（四）继续教育培训督导

本研究第一次系统考察了中国心理健康从业人员的督导情况。结果发现，我国心理健康从业人员心理督导情况不容乐观。尽管国内文献多次强调心理督导对心理健康从业人员的重要性（黄蘅玉，2006；樊富珉，2002），但是尚未有直接的实证研究证明中国心理健康从业人员督导的真实情况及其影响因素。

首先我们考察了中国心理健康从业者心理督导的基本情况。在发达地区，督导制度是培训合格咨询师过程中和成为咨询师后必不可少的，在美国，取得心理学博士学位后，还要进行一年的督导实践；在英国，从业者必须有至少450小时以上的督导实践，并且实行督导终身制，成为咨询师后每个月要有1到1.5小时的督导（石国兴，2004）；在澳大利亚，1 000小时的临床实习中要包括200小时的督导实习（Pachana，D′onovan，Helmes，2006）。而我国的督导情况堪忧，42.0%的从业者从来没有接受过专业人员的督导，71.5%的从业者目前没有专业的督导。无论哪种督导形式，都有50.0%左右的从业人员十分缺乏，这与李晓虹等的研究结果相一致（李晓虹，杨蕴萍，李波，2006），从业人员感到督导数量有限。造成这个问题的原因之一是，所在机构的督导意识不足，很少或根本没有聘请督导或组织督导，只有1.7%的机构总是为专业人员聘请督导，而46.6%的机构从来没有聘请过督导。

但是心理健康从业者都能够认识到心理督导的重要性，这也与李晓虹的研究发现一致，绝大部分人都认为督导是一项重要的管理方式，是一项重要的评估手段，体现了一个心理健康服务机构的水平。认为督导是他们工作的最大压力源，他们最需要督导的培训内容。但是接受过督导培训的心理健康从业者并不是太认可当前的督导培训，这可能与从业者对督导培训的要求与培训者自身的水平有关系，我国具备督导能力的督导师相当缺乏。

随后，为了便于考察心理督导的影响因素，我们对中国心理健康从业者心理督导及案例讨论量表进行主因素分析。结果发现，督导及案例讨论量表是单维度的，其中最缺乏一对一督导。影响心理健康从业者心理督导的因素可分为专业因素和非专业因素两类。影响心理督导的非专业因素有：职业取向、专业分工、是否进行独立的经济核算和专业人员接受督导的收费情况。社会取向的心理健康从业者在接受督导情况方面显著好于临床取向和教育取向的从业者，这可能与他们的收益有关。临床取向和教育取向的从业者工作和收入都比较稳定，接受督导的动机没有那么强烈，而且工作相对繁忙，可能没有更多的时间和愿望去接受督导。而社会取向的从业者,他们业务水平的高低直接与他们的经济收入有关,所以他们的动机会更强烈,更愿意去接受专业人员的督导。心理辅导员在接受督导方面较为不足,这可能与他们来自不同的专业背景,接受的专业培训薄弱有一定的关系。学校的心理辅导员一般对督导的重要性认识不足,而且平时工作也比较繁忙,这些也有一定影响。而经济核算是否独立以及专业人员接受督导的收费情况可以预测督导情况。所在机构的经济核算越独立,从业者的督导情况越好;自己交费接受督导的从业人员,他们接受督导的情况最好,而不交费接受督导的从业人员接受督导的情况最不好,这可能也和接受督导的动机不同有关。自己交费的从业者可能接受督导的动机更强烈,希望自己进步和成长,所以情况最好,而不交费或者机构付费的从业者可能并不是出于自身的愿望去接受督导的,所以督导的情况不是很好。

在专业因素中,我们首先探讨了机构专业因素,即继续教育、评估、案例讨论对心理健康从业者督导情况的影响。结果表明,这些变量都能够显著预测中国心理健康从业者的督导情况。有继续教育要求的从业者督导情况较好,可能是因为他们会定期参加继续教育,里面就会有督导教育;而有定期评估的从业者督导情况也较好,可能是因为工作压力和评估的要求。这些人一般会自觉地接受心理督导,从而使自己的专业水平、咨询技能提高,以满足工作和评估的要求。而经常参加案例讨论的从业者督导情况也较好,因为案例讨论也是督导的一种形式。

在专业因素中,我们还探讨了来访者心理健康情况、专业工作检查评估方式和所在机构的培训情况对心理健康从业者心理督导的影响。结果表明,它们都能显著预测从业人员的督导情况。首先对三个量表进行因素分析,来访者心理健康情况分为两个维度——心理疾病和发展性心理问题,其他两个量表都是单维度的。所在机构接待的心理咨询或心理治疗的来访者情况——心理疾病和发展性心理问题,都能够预测从业者的督导情况,接待有较多心理疾病或发展性心理问题的来访者后,从业人员的督导情况会比较好,可能是因为为了更好地解决这些来访者的问题,他们迫使自己去接受督导,从而提高自己各方面的技能;而且长期接触较多、较严重来访者的机构本身也应该加强从业人员的督导,提高机构的水平。而专业工作检查评估方式越多,从业者接受督导的情况越好,这也应该和从业者的工作、评估压力有关。而所在机构的培训情况也能够显著预测督导情况,所在机构的培训项目越多,从业人员接受督导的情况就越好。

(五)学历培训存在的问题

1. 专业设置问题

绝大多数学校将心理咨询或治疗本科生人才的培养放在应用心理学专业中,开设专门的心理咨询或治疗以及临床心理学专业的学校很少。有无必要开设专门的心理咨询或治疗及临床心理学专业，这些专业与应用心理学专业人才培养模式的异同点等问题需深入探讨。在研究生人才培养中，心理咨询专业、心理咨询与治疗专业及临床心理专业的设置区别及其与发达国家的专业化发展差距问题也有待研究。

2. 本科生的课程设置和实习培训

本科生的课程设置和实习培训存在的问题为：需规范并加大公共选修课的比重；少数学校专业必修课和专业选修课的关系处理不合理；对操作技能课的重视不足；部分学校对心理咨询和治疗课程的培训不足；绝大多数学校无伦理课程培训；在是否开设医学课程上无统一看法。与发达国家的差距主要体现于：专业选修课种类不够丰富，课程内容比较陈旧；在课程编排上对深度的注重不足；对学生科研能力的重视和训练不足。近半数学校无心理咨询或治疗的实习培训；实习时间短且各学校的实习时间层次不齐；需对实习机构进行资质鉴定。

3. 研究生和博士生培养

研究生的培养项目中尤需加强以下几个领域的课程培训：科学和道德伦理、行为的生物基础、行为的认知—情感基础、心理师的个人与专业发展、心理评估和诊断的理论与实务、心理咨询与治疗流派的理论与实务。在实习培训上，实习内容缺乏统一的规定；实习时间短；很多学校对督导和自我体验没做要求。与发达国家存在较大差距。

可见，当前心理咨询和心理治疗培训当中存在很多的问题，这些问题都需要结合我们的国情进行解决。

二、促进我国心理健康服务培训的对策

根据当前我国心理健康从业人员教育培训需求与目标之间的关系，总体来看，我国心理健康服务行业存在很多需要规范的地方，比如准入制度急需提高和标准化，符合我国国情的督导制度（小组督导或同行督导）亟须出台和实施。培训机构中存在各种问题（培训人员的水平不够、培训机构参差不齐等），但是在这些问题的背后我们可以看到这个行业的蓬勃发展。针对本次研究中发现的问题，我们提出以下对策和建议：

（一）开展具有针对性、多样性和灵活性的教育培训

第一，针对我国的心理咨询与心理治疗培训类型缺乏系统性、连续性、层次性问题，国内具备心理咨询和心理治疗人员培养能力的大学，需要及早推出培养的具体方案，系

统地、有层次地对未来的心理咨询师、心理治疗师进行培训，从根本上解决短时培训带来的种种弊端。对已经在职的专业人员进行继续教育的培训，是心理健康服务专业人员职业发展不可缺少的组成部分。应该充分考虑到培训申请人的教育水平、经验水平、工作对象（社会取向、教育取向或临床取向）等，对培训类型的层次进行区分，使之具有针对性、多样性和灵活性。加强对参加培训人员的筛选，对不同人员针对工作特点进行不同级别不同形式的培训。

第二，针对当前对从业人员培训时间过短、参与培训次数太少，专门用于培训的费用较少，在培训内容上过于重视实用技术、政策教育和行业伦理规范教育不足，培训标准混乱、培训作用受到质疑、培训机构水平参差不齐、培训目标人群定位混乱、培训性质区分不清等问题，我们需要多开展连续的、多层次的培训，增加培训次数和定期培训项目，提高机构对从业人员的培训经费，提高培训机构的水平，加强培训标准的界定，提高整个教育培训的标准。

（二）规范行业操作和行业管理，完善行业制度

从我国目前继续教育培训类型和学历标准等存在的问题中可以看出，需要从培训机构资格认证、准入标准，培训标准、培训人员资格界定等方面加强心理咨询培训行业的操作和管理，制定完善的行业管理规范和制度，具体如下：

首先，针对心理咨询师的资格鉴定和晋级培训关系不明析的问题，培训与资格考试应相对分离，资格考试应该由专业学会统一管理，管理内容包括考试内容的制定、考试大纲与考试辅导教材的编写等。开展心理咨询师的资格认证是职业化建设的必走之路，亟须制定和完善国家统一的培训标准和资格认证考核体系来规范行业行为，推进职业化建设（赵旭东，丛中，张道龙，2006；李晓虹，杨蕴萍，2005）。

其次，针对我国的心理健康服务行业培训课程入学条件过宽问题，我们需要从学历和专业两个方面考虑，同时结合我国的国情。我们认为入学人员至少需要本科学历，心理学及相关学科专业，并且保证理论和实践的切实学习。

再者，针对国内的培训机构未对培训人员的资格进行界定的问题，我们认为应对培训老师的学历和临床经验有严格的评估。

最后，心理健康服务体系中存在大量的非专业工作者，他们存在学历不够，接受专业督导很少，对行业规范和伦理知识认识不足，咨询技巧更加缺乏等问题，在符合我国国情的情况下，要更多地关注这部分非专业工作者，支持他们接受更多的继续教育培训（包括理论上的、技术上的和行业规范上的培训）以及专业人员的督导。

(三)加强从业人员队伍建设,提升从业者素质

国内心理咨询培训工作的组织和培训内容的选择应当充分考虑培训学员的心理动机,增添自我认知和自我调节方面的知识内容和技术内容,增强专业技能的培养。应当尽可能了解学员本身的心理需要,多开展自我心理调节的训练,讲解怎样来处理自身的心理问题,并尝试解决参加培训者普遍存在的心理问题。这个对于心理健康从业者专业技能的提高和自身的成长都是很有必要的。另外,与西方心理卫生工作者的培养模式完全不同(江光荣,夏勉,2005),现今对参加培训的人员专业要求不高,行业门槛较低,日益壮大的咨询师队伍中相当一部分成员来自与心理学相关的各行业。我们发现专业化程度越高的成员其自我发展与提高的动机越强,对于人员的专业化的要求有助于国内整体心理健康工作质量的提高。

鉴于目前从业者最需要的培训是实践和技能培训,因此,要对专业实践的培训引起重视,不仅政府要意识到其重要性,从而在政策上做出明确规定(培训者应把这些政策的学习列入自己最需要的培训清单中);从业者们也应该意识到,他们对自己的专业技能感到怀疑是主要的职业压力来源。因此,中国的心理健康从业者需要接受更多的技能培训,以缓解工作的压力。

当前中国的心理健康从业人员的培训需求存在着层次之分,因此,我们应该通过了解从业者的动机和需求,针对不同背景的从业人员实行分层的培训,有的放矢,这样可能会有益于我国心理健康行业的有序培训。

(四)加强系统的学业培训和专业训练,提升行业水平

鉴于我国心理健康服务相关的学业培训领域与发达国家相比还存在较大的差距,现阶段能进行系统的专业训练的高校很少,存在整体专业水平不高、理论学习不系统、临床实践和督导时间不够的问题,我们提出以下对策:

第一,在课程设置方面,我们需要借鉴发达国家的经验,对我国高校临床心理学、咨询心理学专业在课程设置、培养目标、教育计划、临床实践等诸多方面进行系统的研究,更新课程内容,提高课程编排的深度,建构符合社会发展和需求的课程体系;需规范并加大公共选修课的比重,合理处理专业必修课和专业选修课的关系,丰富专业选修课的种类。在研究生的培养项目中尤须加强以下几个领域的课程培训:科学和道德伦理、行为的生物基础、行为的认知—情感基础、心理师的个人与专业发展、心理评估和诊断的理论与实务、心理咨询与治疗流派的理论与实务。

第二,在实习培训方面,需要重视操作技能课,如心理咨询和治疗课程的实习培训,规范实习培训的机构、时间和内容。同时,也要重视伦理课程的实习培训。此外,需要

加强对学生科研能力的重视和训练。最终形成适合我国国情的、本土化的培训模式。

总之,在心理健康服务的教育培训中,要努力兼顾普及和提高两个目标:一方面要有较多的普及型心理健康服务人才以满足我国基层群体的需要;另一方面更要注重培养高水平的专业心理健康服务人才。这种尊重心理学多样性的举措是未来发展的趋势,希望通过各种心理学领域的知识为来访者提供更加丰富、更加专业的心理咨询与心理治疗服务。

(五)切实加强对从业人员的督导

针对我国心理健康服务人员严重缺乏专业督导,甚至近半数的人没有参加过专业人员的督导的问题,目前急需培养一大批专业过硬、经验丰富的督导师来加强对专业人员的督导,加强高水平督导师队伍的建设。此外,应该进一步加强心理健康服务机构对其内部从业人员的专业培训,尤其应该加强对教育取向的心理健康工作者和心理辅导员的督导培训,并且最好能够实现一对一的督导。

相关部门应从管理上规定督导形式,应该更多地开展小组督导和同行督导。接受督导的费用应更合理;增加从业人员所在机构的培训项目、继续教育、定期评估、案例讨论等。特别是需要对心理健康服务机构提出更多更高的评估要求,定期对从业人员进行评估,定期组织从业人员进行案例讨论,保证督导时间。只有这样我国心理健康从业者才能接受更多的督导培训,才能快速提高自身的业务水平,才能更好地为我国心理健康事业服务。

(六)将职业伦理纳入培训内容

从当前心理健康从业人员对接受培训的评价来看,从业人员对参加培训的积极性很高,但在培训内容上过于重视实用,因此,培训时间过短,参与培训次数太少;且政策教育和行业伦理规范教育不足,专门用于培训的费用较少,培训标准混乱,培训机构水平参差不齐,培训目标人群定位混乱,培训性质区分不清,因而培训作用受到质疑。因此,需要制定我国的心理咨询与治疗伦理规范,加强政策教育和行业伦理规范教育,统一现有的培训标准。相关管理部门可建立伦理专业委员会,建立健全职业伦理守则,包括如何处理保密例外情况、双重关系、知情同意等,提升我国的心理咨询从业者的职业伦理意识;坚持来访者利益至上的原则;聘请专业素质较高的人员为心理健康从业人员提供培训资源,有针对性地加强对从业人员的职业伦理教育;等等。有研究也指出,我国很有必要尽早出台我国的心理咨询与治疗伦理规范,并尽快向从业人员普及这些知识(张爱莲,钱铭怡,姚萍,2007)。此外,伦理规范的制定应当考虑到文化的特征。只有在面临伦理困境时做出正确的决策,才能够保护来访者的权益,促进心理咨询与治疗事业的健康发展。

总之,应将以上方案落实为切实可行的解决方案,更好地规范心理健康服务行业,使我们咨询师和治疗师的水平不断提高,整个行业的水平不断提升,以提升我国国民整体的心理健康水平。

第十三章 互联网

媒介无处不在。加拿大传播学者马歇尔·麦克卢汉(Marshall McLuhan)对媒介与人的关系有着最为经典的论述,“媒介是人的延伸”,意即媒介是人各个器官的延伸,人们赖以思考的感觉信息则大多来自媒介。媒介是现代人认知的主要来源,它同时也深刻地影响着人的行为。互联网是现代电子媒介中的新生代产物,也是对人影响最为普遍和深远的媒介之一。不少社会学家认为,互联网是人类生存的“第二世界”或“第二社会”,尼葛洛庞帝甚至说“它决定我们的生存”(尼葛洛庞帝,1997)。互联网给人们的工作、学习、生活带来了巨大便捷,也同时滋生了许多的问题。本章重点论述互联网对人们心理健康的影响,进而探析互联网在心理健康服务中所能起到的作用,最后探讨心理健康服务网络化的实施推进与规范管理问题。

第一节 互联网与心理健康

中国互联网络信息中心(CNNIC)发布的《第28次中国互联网络发展状况统计报告》显示,截至2011年6月底,我国网民规模达到4.85亿,庞大的网民群体与互联网有着亲密的关系(中国互联网络信息中心,2011)。在心理健康影响因素方面,网民与非网民相比不同之处在于“互联网”是影响其心理健康的重要因素,而互联网所导致的心理健康问题也具有独特性。

一、中国网民心理健康状况

国内对网民心理健康状况较为持续系统的调查主要是由“39健康网”完成的,自2007年开始该网站已发起多次基于网络问卷的公益性调查,其系列调查报告包括《中国网民健康状况调查白皮书》《中国互联网从业人员健康状况调查白皮书》《中国网民性健康状况白皮书》等。《中国网民健康状况调查白皮书》每年发布一次,其中都有专门针对心理健康的调查内容。该系列报告对研究基于互联网的心理健康服务有着一定的参考价值和启示意义。

(一)“39健康网”对网民心理健康的调查

“39健康网”的中国网民健康状况系列调查最大的特点是样本容量大，2007年的有效样本有152 866份；2008年的有效样本达218 512份；2009年的有效样本有140 042份；2010年的有效样本则高达1 573 344份。

2007年调查结果显示，高达85%的网民至少有健忘、注意力不集中、焦虑、抑郁、缺乏自信等心理问题中的一种。72.67%的人认为自己心理状况比较好。近一半的人认为“处世乐观，热情诚恳”是心理健康者最典型的特征，另外有37.2%的人则认为“心平气和、与世无争、乐于助人”是最重要的特征，“有良好的人际关系”的占6.09%，“吃得下，睡的(得)香”的占7.28%。同时，有32.95%的网民感到自己不快乐的时候多，4.83%的人觉得很痛苦想换环境。

这与现代社会工作繁重和生活压力大有很大的关系。超过50%的网民自称会偶尔或经常遇到心理问题，但有近60.42%的网友从未参加过任何一种心理健康课程，超过90.53%的网友从未去过心理咨询机构。假如身边有一个心理咨询人员能提供服务时，8.03%的人想通过他知道“长大后我能不能成才”，19.7%的人想知道“怎样才能让别人喜欢我”，3.92%的人想知道“提高学习成绩的办法”，18.16%的人想知道“我的心理是(不是)健康的”，50.1%的人想知道“我怎样做才(算)是心理健康(的)”。5.7%的人认为自已经常遇到心理问题，50.27%的人偶尔有，没想过的占17.41%，只有26.6%的人明确说没有过。

在2008年的调查中发现，在问及“你是否遇到心理问题?”时，约20%网民表示没有遇到过心理问题，23.65%的网民表示经常有心理问题；31.83%的网民表示偶尔遇到心理问题，其他的则表示不太清楚。调查结果显示，近60%的网民有健忘、注意力不集中、焦虑、抑郁、缺乏自信等问题。其中59.55%的网民表示容易“健忘”；57.1%的网民表示“注意力不集中”；还有56.6%的网民表示“焦虑”；55.61%的人受“抑郁”困扰；53.79%的网民“缺乏自信”。在心情不好时，20.54%的网民选择娱乐、运动，另20%的网民选择睡觉；憋在心里的占到19.89%；找朋友倾诉的占到19.90%；喝酒、抽烟、暴食的有19.13%。在是否借助药物控制情绪和睡眠方面，调查显示，57.41%的网民需要用药物来控制情绪或睡眠，28.04%的网民“经常性靠药物帮助”，9.37%的网民“偶尔会用药”，基本没有用过类似药物的仅有42.59%。对网民的压力调查显示，近50%网民因压力感到消极。其中28.32%的人表示现在存在一定的心理压力，但是压力的存在带来的是动力；25.20%的人根本没有压力，感觉比较轻松；25.47%的人工作压力较大；21.01%的人工作压力大到感觉自己已经处在崩溃的边缘。在对网民是否有轻生念头的调查中，数据显示经常会有轻生念头的人占参与调查人数的29.74%；偶尔心情不佳时会有轻生念头的占34.58%；从来没有过轻生念头的人占参与调查总人数的35.68%。在日常生活中与关系要好的朋友或同事的沟通方式方面，24.41%的人会通过经常聚会这种方式增进感情；27.32%的人会通过经常的电话和短信来沟通；25.10%的人会通过互联网来沟通。但受访者普遍认为见面聊天和聚会比网上聊天和电话交流更有气氛，能够更容易地表达自己的情感。在网民是否善于与人交流方面，数据显示，30.67%的人是不存在交流障碍的；25.00%的网民非常善于交际，24.78%的人比较不善于交流，19.55%的人非常害怕与人交流。最后，在隔绝网络与焦虑方面的数据调查显示，24.22%的人长时间不上网也不会有不踏实的感觉；半个月不上网就会感到不踏实的人占总数的21.55%；持续一周不上网会有这种感觉的占25.90%；而1—2天不上网就觉得不踏实的占到了28.33%。

在2009年的调查中发现，31.0%的网民认为自己不快乐，49.3%的网民认为自己的快乐感一般，19.7%的网民认为自己非常快乐。64.4%的网民处于“生活空虚、没有目标”的状态。85.2%的网民认为自己缺乏热情与积极性；70%的网民认为自己不自信；47%的网民认为自己很忧郁；38.2%的网民认为自己存在焦虑。在看待网络对自己心理健康的影响时，12.6%的网民认为网络让自己越来越脱离现实；12.8%的网民认为自己变得不会与人沟通；14.5%的网民认为网络让人容易自闭、抑郁；1.7%的网民认为网络令人开心；27.8%的网民认为网络对自己的心理健康没有任何影响。在网络依赖方面的调查显示，脱离网络之后，九成网民会躁动不安，但是只有23.5%的网民认为自己有网瘾；48.3%的网民承认上网耽误自己的工作或学习；32.4%的网民用上网解脱痛苦；长期沉迷电脑网络游戏的人，会对周围事物淡漠甚至麻木，导致神经紊乱，表现出易出汗、急躁、粗暴、激动甚至虚脱。对网络性心理调查显示，89.3%的网民认为网络上充满了暴力与色情；1.4%的网民承认自己“经常浏览”不良信息网站，并认为“不看会不舒服”；28.2%的网民认为自己“经常看，但不看也没什么”；36.8%的网民偶尔浏览；33.6%的网民则表示自己“绝对不会看”。就性心理健康而言，23.3%的网民认为网络对青少年群体会产生误导；40.7%的网民认为会带来更多犯罪；36%的网民认为这些信息有正面作用，可以帮助人了解性知识。

2010年的调查报告发现：54.8%的网友认为网络对他们的心理健康有负面影响，其中包括网络让自己脱离现实、更容易有焦虑的情绪、更容易造成自闭抑郁等，19.1%的网友则认为网络对其心理健康有积极的影响，认为网络能让人开心，增强与别人的交流，也有26.1%的网友表示没什么影响。16.7%的网民脱离网络半天内会感到不安，34.6%的网民脱离网络1—2天便会感到不安，有25.5%的网友表示无所谓，就算脱离网络对自己也没有影响。接近80%的网民曾经接触过网络游戏，15.8%的网民长期沉迷网络游戏而不能自拔，26.8%的网民表示对网络游戏上瘾，会经常玩，55.5%的网民对网络游戏只是偶尔玩一下或者不玩。68.2%的网友有浏览不良信息网站(包括色情、赌博、暴力等)的习惯。其中,6.9%的网民表示长期浏览不良信息网站,不看会不习惯,28.2%的网民也会经常浏览不良信息网站,但表示不看也可以,33.1%的网民只是偶尔会看看,31.8%的网民则表示从来没有看过。参与这次健康调查的网民中,31.9%认为网络对性健康和性教育的普及有积极的作用,能够让人更容易了解到性知识,25%网友觉得作用不大,网络很难普及性知识,22.4%的网友则表示网络对性知识的传达有负面作用,容易误导青少年,有两成的网民表示对此问题不关心。

另外,97.33%网民认为社会心理健康教育缺失;网民了解心理健康知识的主要途径是网络;网民最希望通过做测试来了解心理健康知识;网民最希望政府能组织专家与网民互动;等等。

互联网从业人员在心理状况方面存在的问题主要表现在对待人际沟通和情感的态度两方面。85%的人认为长期使用互联网会导致各种心理问题,其中认为互联网容易使人与现实分离的人群和使人产生抑郁症的人群分别占到了43.16%和43.78%,认为容易导致情绪焦躁的人群也高达38.17%,34%的人认为会导致性格内向。在人际沟通方面,只有22%的人选择直接跟同事面对面沟通交流,高达55%的互联网从业人员选择通过使用即时通信工具或者电子邮件等以文字形式与同事沟通交流。与朋友的日常沟通,37%的人会通过电话或短讯的形式进行,而40%的人则选择通过互联网的形式进行沟通;高达70%的互联网从业人员偶尔或较少与家人沟通,且即使与家人沟通也是话题不多。在是否善于与人交流的问题中,62%的人认为自己与人沟通很自然。58.82%的互联网从业人员认为,除了工作电脑在无聊的时候还是一种消遣的必需品;21.56%的人则认为自己在非工作的情况下基本不会使用电脑;19.62%的人会不分时间地点地使用电脑和上网;78.44%的被调查者认为上网已成为一种生活习惯。在爱情观方面,65%的互联网从业人员认同接受网恋这种恋爱形式,75%的被调查者或其身边的朋友曾经有过网恋经历,约50%人认为网恋与普通恋爱没有什么区别。随着网民对互联网的依赖性日益增强,"互联网综合征"已越来越成为普遍性问题。

(二)"39健康网"调查的反思与启示

"39健康网"的系列调查优点在于样本容量大,有助于把握网民心理健康的总体状况。但也存在一些问题,一是问卷题项设计过于简单,让网民自己判断自己是否有心理问题,并以此作为有心理问题的依据,不够严谨。因为网民对"心理问题"这一术语的理解各有差异,所指并不明确且差距巨大。"39健康网"没有使用较为科学的测试工具,网民自述与实际科学测定之间还可能存在差距;二是没有相关研究和分析,心理健康状况和网络使用行为之间、人口学特征之间等是否存在相关性，也无从得知；三是调查对象主要是网民，但仅调查单一对象不足以理清网民的心理健康问题及其成因。面向心理学专家、传播学者、教育专家、信息技术专家、职业心理咨询师、职业精神疾病治疗师等的相关调查还很匮乏，缺乏一个立体而全面的角度，因而难以准确把握心理健康服务网络化的利弊。

无论如何，作为持续的系列化的大型网民心理健康状况调查，“39健康网”调查具有一定的借鉴意义。其2007年的调查结果被《人民日报》等多家媒体引用，引起了一定的社会反响和关注，同时也进一步推动了我国网络化心理健康服务体系的建构。为进一步做好我国网络化心理健康服务体系的建构工作，首先，需要政府出面主导。在中国，政府的声音在公众心目中具有不可忽视的号召力和影响力，政府也被民众高度信任，因而由政府主导构建的网络化心理健康服务体系容易获得民众的信任和支持。其次，需要系统开展网络心理健康信息传播和网络心理健康教育，提高民众的心理健康意识（包括自觉接受专业咨询），加强网络心理健康在线服务。最后，需要通过各种途径和方式大力支持网络心理健康信息宣传与教育。我国心理健康服务信息相当匮乏，在以往的心理健康服务中，常常重咨询与教育，而忽视信息传播和宣传，从而在服务体系中缺失了重要的一环。

（三）其他现状调查研究

“39健康网”面向的是抽象的全体网民，调研样本中学生占12.56%，在职人士占67.37%，应该说这种调查方式的涵盖面较广。另有一些研究由于调查方法受限，因而主要研究小范围、小容量样本，能为现状调查提供某些特定视角的资料。肖征调查了辽宁行政学院的1 410名大学生，其中70%的大学生认为上网时间过多会影响学业乃至荒废学业，55%的大学生认为长时间的网络生活会使自己记忆力减退或注意力不集中，38.8的人认为会导致精神恍惚，56%的大学生认为沉迷于网络会导致心理障碍，有13.5%的大学生每周上网超过24小时，而发达国家将每天上网4小时的人称为网络成瘾者（肖征，2008）。另有研究显示，网恋大学生的心理健康问题检出率较高，达71.4%，高于非网恋大学生（46.2%），网恋给大学生的心理健康造成了严重影响（郑显亮，顾海根，2008）。大学生是网络成瘾的高发人群，研究发现在长春市的大学本科生中，网络成瘾发生率为7.8%（李兆良，高燕等，2006）。桑标、贡晔在对162名大学生调查后发现，轻度网络依赖占25.3%，严重网瘾的占5%，男女比例各半（桑标，贡晔，2001）。

有人对武汉市8所中学的938名中学生进行了调查分析，发现经常上网中学生占9.91%，经常上网中学生在躯体化、强迫、人际关系、抑郁、焦虑、敌对、恐怖、偏执和精神病性等多方面的发生率均显著高于非经常上网中学生，心理健康状况较差（蔡琛，2007）。另外，对2 173名上海中学生家长的调查发现，上海中学生网络成瘾与成瘾倾向者的总比例为8.65%，其中多数为成瘾倾向者，且男性多于女性。网络成瘾者的情绪症状、品行问题、多动、注意不能、同伴交往问题的得分以及困难总分均高于正常网络使用者，提示网络成瘾对青少年情绪、行为、注意力和人际关系均有影响，网络成瘾与青少年的心理健康有密切关系（余一文，杜亚松，2007）。

王建平专门研究了网络编辑的心理健康状况，发现网络编辑心理健康状况整体上低于常模，存在的主要问题是躯体化、强迫症状、恐怖和精神病性，且女性编辑比男编辑存在更多的心理健康问题（王建平，2007）。

在这些研究中，往往采用了更加科学的心理健康测量工具，结果具有一定的科学性。总体上来讲，我国针对网络使用群体的心理健康状况调查还不够全面和系统，对其影响因素的探讨还不够深入。

二、互联网对网民健康的影响

互联网是一把双刃剑，除了给网民带来众所周知的积极影响之外，还存在着大量的消极影响。这些直接影响涉及个体的身体健康、认知、行为、情绪、自我意识、人际关系、价值观等多个方面。

（一）互联网对身体健康的影响

“39健康网”网民健康状况调查（2009）指出：90%的网民认为上网时间太长让自己精神不振；90.9%的网民认为自己身体素质下降；认为上网时间太长带来颈椎、腰椎疾病的网友占74.5%；认为上网时间太长对眼睛、视力造成影响的网友占了68.2%；认为上网时间过长导致头晕头痛的网友占57.6%；导致失眠的网友占46.8%；出现消瘦、乏力症状的网友占了32.6%；有胃痛、食欲不振症状的网友有23.9%；还有11.6%的网友认为长期上网导致了自己的肥胖。对身体健康的自我描述反映出网民的自我身体形象描述总体偏负面，其认为长时间使用网络导致了身体健康状况变差，直接或间接地影响了心理健康。其结论认为长时间使用互联网会对人的身体机能产生直接的负面影响，如“鼠标手”、视疲劳、视力减退、颈肩腰关节劳损、植物性神经紊乱、血液黏稠，以及各种呼吸系统和循环系统疾病，严重的可能导致猝死。

电子媒介的虚拟化生活将人的身心关系重新割裂，从而造成对身体健康的忽视，进而影响心理健康，这成为互联网时代人类生存的困境之一，这种整合的研究视点还未引起心理学界的足够重视。我们的一项调查要求大学生为互联网时代的人画像(此指选择一种代表互联网时代的人的形象),并选择自己认为较为准确的形象描述,结果绝大多数人选择的是头颅巨大,眼睛突出而无神,身体萎缩或肥胖的形象。这在一定程度上透露出现代人的身体焦虑。

无论如何赞颂互联网生活的优点,其“重心轻身”的特征已然成为导致现代人身心健康问题的最大隐忧。以目前的互联网技术发展水平和观念来看,它在相当长一段时间内都不会考虑人的身心统合及其重要的存在主义价值,长时间使用互联网必然会带来网民的身体健康水平下降,从而影响网民的心理健康。

(二)互联网对认知的影响

在心理学中,通常将互联网划归为“拷贝世界”,而传播学则将其划归为“拟态环境”。法国社会学者波德里亚认为,人们生活在一个“拟像社会”中。无论是“拷贝世界”还是“拟态环境”,它都属于符号世界的范畴。通过符号中介来认知外部世界,需要一个经验转换的过程。绝大多数时候,人们都远离知识创生的原初语境,对知识的建构取决于语言、文字、图像、模型等符号的表征。互联网就是一个符号群集,而且看上去比真实还要真实,它对人类认知的深远影响还无法准确评判。

同时应当看到,互联网还是一个身心分离的认知空间,而传统的认知过程是基于身心高度和谐统一的前提下产生的,即身体的在场。因此,互联网对网民的时空感知、现实感知、自我感知等诸方面的影响和改变是可以预见的。

现代人的思维特性从某种意义上讲正在被媒介所塑造。格拉尼克(Granic)和拉梅(Lamey)的研究发现,通过互联网的使用,以线性的要素主义为特征的现代人思维模式可能转变为后现代主义的非线性的思维模式(Granic,Lamey,2000)。然而,这种思维的非线性并不是唯一的改变,互联网信息组织方式和海量信息的堆积直接造成了传播学领域总结出来的“浅阅读”现象,阅读的深度和厚度让位于与阅读的速度以及阅读的快感。在充斥大量图像的互联网上,形象思维和形象经验也得到了一定程度的积累。同时,由于互联网上信息良莠不齐,真假难辨,因而也可能有助于发展网民的批判性思维。

(三)互联网对行为的影响

对大多数人来说,他们会在使用互联网过程中受益,例如更快更全面地获取信息,发展社会交往关系等;但对另一部人来说,却有可能因为过度依赖和滥用互联网而出现病理性的行为,如过度沉溺互联网。互联网的信息庞杂繁多,过多的信息可能导致用户信息迷失。而互联网中泛滥的色情信息则可能影响到青少年的健康发展，即便是成年人也可能沉溺于网络色情的虚幻世界中，而对现实生活产生厌倦和不满足，降低幸福感指数。互联网对人类行为的影响是普遍性的，在此重点讨论网络成瘾与网络色情。

1. 网络成瘾

互联网技术突破了时空限制和社会限制（如身份、职业、地位等），为人们的生活、学习和工作带来了方便，与此同时，也导致一些用户无节制地使用网络，影响其生活、学习和工作，损害其身心健康。这种现象被心理学家命名为“网络成瘾”（internet addiction，IA）或“网络成瘾症”（internet addiction disorder，IAD）或“病态网络使用”（pathological internet use，PIU）。

网络成瘾早就进入了心理学家的研究视野，且研究已较为深入而系统，已有大量研究致力于揭示PIU的心理机制和成因（陈侠，黄希庭，白纲，2003）。在PIU的成因探讨上相关研究主要集中在两个方向：一是从用户角度探究哪些心理行为变量可能使其容易沉溺于互联网，比如抑郁、孤独、自尊、人格等，例如Young的一项研究就发现，网络使用依赖者具备特定的人格特质（Young，1998）；二是从互联网角度分析可能造成PIU的原因，例如互联网服务类型，互联网的匿名性、便利性、逃避现实性、易控制性等（雷雳，杨洋，柳铭心，2006）。有学者提出用去抑制（disinhibition）来解释人们在网络空间与真实生活之间行为方式的差异。所谓去抑制是指在某种外加因素的影响下所出现的抑制（特别是社会抑制）作用的减弱，因而行为比现实生活中的更不受约束。去抑制被认为是网络导致用户成瘾的因素之一。另外，父母教养方式和自我概念也是大学生网络成瘾的重要原因（谢晶，张厚粲，李秀玲，2009）。

至于互联网对网络用户的身心损害，从杨（Young）、克拉特（Kraut）等的研究中可见端倪。杨的研究发现过度的网络使用对用户的损害是多方面的：损害身体健康、导致人际关系障碍、学业成绩下降及影响正常工作。克拉特等的研究发现过多的网络使用导致用户同家人的交流减少、社交圈子缩小、抑郁和孤独感增加，他们的后继研究还发现更多的网络使用对性格外向者或有较多社会支持者产生积极影响，而对性格内向者或缺乏社会支持者产生消极影响（Kraut，Patterson，Lundmark，Kielser，Mukopadhyay，Scherlis，1998）。其他研究则揭示出网络成瘾对网民的幸福感、社会性发展、情绪、认知以及自我发展都存在一定的影响。梁宁建、吴明证等发现生活事件、消极应对方式降低了大学生网络成瘾者的幸福感，而社会支持提高了其幸福感（梁宁建，吴明证等，2006）。在遇到消极生活事件时，大多采取消极应对方式。刘学军等研究发现，电子游戏依赖者在学校表现较差，退缩、焦虑、抑郁现象较多，社交问题、违纪问题、攻击性行为也较多（刘学军等，2001）。王立皓、童辉杰发现，网络成瘾水平和个体社会交往焦虑显著相关（王立皓，童辉杰，2003）。“39健康网”《第四届网民健康状况调查白皮书》则揭示57.4%的18岁以下受访者曾迷恋网络游戏（比如半夜起来“偷菜”），半数网民患有“虚拟社交依赖症”，并提出了诊断“虚拟社交依赖症”的必要依据：第一，患者至少要表现出由于沉迷于网络社交游戏而导致出现焦虑、抑郁、恐惧、强迫、疑病、躯体化或神经衰弱等症状。第二，表现出来的症状已经影响到了个体的社会功能。第三，前面两点的表现和行为至少要持续3个月。

2.网络色情

研究表明，使用网络色情信息的动机与社会关系、情绪管理、惯性使用、幻想等4个因素有关联，且男性的动机水平高于女性（Paul，Shim，2008）。观看网络色情信息更多受到同龄人的影响。同时，那些经常观看网络色情的人在婚前性行为和性骚扰倾向测量上得分较高（Lam，Chan，2007）。

特恩（Træen）、尼尔森（Nilsen）和斯蒂居姆（Stigum）对3 400多名18至49岁的挪威人进行调查发现，使用色情材料存在着显著的性别差异，这和其他类似研究的结论一致。同性恋者比异性恋者更多地使用网络色情材料。年轻人更喜欢网络色情材料或色情聊天。14%的人参与过色情聊天（Træen，Nilsen，Stigum，2006）。彼特（Peter）和瓦肯伯格（Valkenburg）对745名13至18岁的荷兰青少年进行调查研究，发现在近6个月内有71%的男生和40%的女生接触过各种类型的网络色情材料。接触这些色情材料与性别、寻求感官刺激、对生活较低的满意度、更多的性趣（而非兴趣）、使用过其他形式的色情材料、更快的网络连接速度等因素有较高的相关（Peter，Valkenburg，2006）。阿尔布莱特（Albright）对15 246名美国人进行调查发现，75%的男性和41%的女性曾有意识地观看或下载色情文学。对于观看色情材料的负面影响，女性感触更多，例如更低水平的自我身体认知，伴侣对其身体条件的批评，模仿色情影片动作所带来的心理压力，以及较少的实际性爱。同时，男性也更多抱怨伴侣的身体条件，并对实际性生活兴趣索然（Albright，2008）。

从阿尔布莱特的研究中可以做出这样的解释，即网络色情对人有脱敏效应。由于网络色情材料无论是前期拍摄还是后期处理都经过了复杂的艺术化处理，已经远离现实。现实中，绝大多数人的伴侣与色情材料中的主角相比，仅从身体和皮肤的视觉上来说，往往相去甚远。把符号化的东西误认为是普遍存在的真实，进而对现实的性伴侣产生不切实际的要求，会引发伴侣间的矛盾和生活质量的降低，进而影响人的身心健康。同时，网络色情将身心合一的性爱缩减为单纯的感官刺激，以割裂身心为前提，从而造成网民感官依赖，损伤身体健康，形成不正确的性爱观，严重影响其正常工作、学习和生活。

综上所述,观看网络色情材料是一种较为普遍的行为,性别差异显著。真正关注网络色情沉溺的研究并不多见,但从目前的研究发现色情材料的滥用对性态度和性行为都会产生较为严重的负面影响。同时,网络色情传播存在巨大的利益驱动,色情内容一直是互联网主要的信息检索对象,泛滥的网络色情迎合了这个巨大需求。这些需求中包含了正当的性知识需求、性宣泄需求,也包含了成瘾性的色情信息依赖和病理性的色情信息沉溺。

(四)互联网对情绪的影响

互联网使用可能会给网民的情绪带来积极或消极的影响。调查显示,不少人是在孤独、抑郁、烦闷等情绪下选择上网。蒙纳汉—马丁(Morahan-Martin)和舒马赫(Schumacher)的研究证实了这一点,他们发现互联网是某些人改变心境的工具,即情绪低落时,或焦虑时上网(李宏利,雷雳,王争艳,张雷,2001)。"39健康网"2009年的网民健康状况调查发现,14.5%的网民认为网络让人容易自闭、抑郁;1.7%的网民认为网络令人开心。

崔丽娟、刘琳对上海本科大学生136人进行问卷调查研究,结果显示:大学生对他人信任感与对网络的依赖性无显著相关,主观幸福感与对网络的依赖性之间有极其显著的负相关,社会疏离感与对网络的依赖性之间有极其显著的正相关。网络依赖的高分组与低分组在对他人信任感的得分上没有显著差异,在主观幸福感的得分上有极其显著差异,,在社会疏离感的得分上也存在显著差异(崔丽娟,刘琳,2003),该结论与克拉特(Kraut)的研究结果基本一致(Kraut等,1998)。其他研究同样肯定互联网使用与网民的情绪之间存在相关。林伟、黄子杰等以医学生为研究对象,发现学生使用网络程度与抑郁、交往焦虑等人格特质有一定的相关性(林伟,黄子杰,2004)。耿耀国、李飞等对初一网络成瘾学生的研究也揭示网络成瘾患者存在情绪和人格问题(耿耀国,李飞等,2006)。朱玉华、杜亚松等对3 068名上海中学生进行问卷调查,结果显示网络成瘾者焦虑情绪明显重于非成瘾者,网络成瘾行为与情绪状态和性别密切相关(朱玉华,杜亚松,江文庆,2006)。

值得探讨的是,过度使用互联网而导致心理幸福感降低是纯心理原因,还是因为过度上网而导致生理机能下降,进而导致心理抑郁,幸福感降低,至今还不明确。我们的假设不排除因为身体生理质量下降,而导致心理抑郁的可能,也就是强调身心的统一作用。

另外,互联网也为情绪宣泄提供了途径和场所。瓦拉斯(Wallace)在其《互联网心理学》中揭示在网络中人更容易表现出攻击性,但其原因不明。近年来发生的网络"人肉搜索"事件,从另一方面展示了网络环境下公众情绪的失控,及其对他人的附加伤害,其负面影响不可低估。但是从另一方面来看,网络的匿名特性使其成为网民宣泄愤怒和压抑等负面情绪的适当场所。美国的angry.org(愤怒网站)以及各种心理资讯网站的情绪宣泄室都成为网民匿名宣泄的场所,而在现实世界中,这种宣泄方式很难实现。

(五)互联网对自我意识的影响

网民的自我意识主要体现在其网络标识符上,并相信这一标识符影响他者对自我的观感。丁道群对409名大、中学生的网名进行研究,发现通过网名呈现出来的自我与现实不一致,多为"理想的自我形象""表达另一个真实的自我""表达内心真实的欲求"(丁道群,2005)。另外,人们会使用多个网名,以使自己的网名、言行、情境彼此符合。其中男性更倾向于使用新奇的网名来吸引网友,女性网名则更多地表达和呈现现实的自我。网名就是一种镜像,是一种可以自由构造和表征的镜像,它影响着网民对自我和他人的认知和认同。

网络图像也是网民展示自我的重要手段。米克拉等(Mikkola,Kumpulainen,2008)调查芬兰13—15岁的孩子社交网站的使用行为,发现他们乐于在照片中表现对他们有重要意义的人或事物,例如和家人、朋友一起照相,这一类展示能够让大家相信照片代表的个人是重视家庭、与伙伴有良好关系的人。斯巴克(Siibak,2009)在调查11—18岁的学生使用的"rate.ee"网站时发现,男孩女孩都比较愿意呈现自己在公共场所拍的照片,这类照片让人感觉被拍者是个外向、独立和有信心的人。斯特拉诺(Strano,2008)调查使用Facebook的年轻人发现,使用者选择照片的首要因素是"迷人"。

自我可以划分为现实自我、符号自我和想象自我。互联网使用存在一个很重要的特征:大多数的互联网使用者独自使用互联网,且使用者身心分离,意识停留在虚拟空间之中,围绕身体塑造的个人身份可以被符号虚拟,使其成为"想象的自我"。符号自我指的是通过各类符号(包括文字、图片、照片、影像等)表征和塑造出来的自我。这种自我介于主观和客观之间,是符号和主客观相互作用的结果。拉康(Lacan)引用瓦隆(Henri Wallon)的"镜像实验"提出了著名的"镜像阶段"论,其实质内涵反映的就是人的自我建构是以语言(作为镜子)为中介的。人直接认知自我是不可能的,人所能感知的都是"镜像"中的我,准确地说是主体想象的他者的眼中的自我(夏冬红,1997)。

(六)互联网对人际关系的影响

越来越多的研究和观察发现,通过实时聊天工具、电子邮件、BBS论坛、聊天室建立或保持社会关系的人越来越多。网络交往已经成为社会交往的主要方式之一。然而,网络人际关系的判定却分为截然相反的观点。

在对人际关系性质进行综述性研究时发现：不少人认为网络人际关系不可能建立真诚的、亲密的和稳定的人际关系。如斯普奥(Sproull)等(1991)认为网上社会交往和人际关系与传统的社会交往和人际关系并不一样。Stoll(1995)则直接说网络人际关系是浅薄的、虚幻的、剥削的和敌对的。克拉特(Kraut)等(1998)指出在互联网上发展起来的人际关系大多数是脆弱的。凯斯勒(Kiesler)等(1999)认为，人们对互联网上交往的同伴的典型感觉是不如网下的同伴亲密。其成因是网络交往中缺乏身体线索和非语言线索；网络交往存在匿名性；网络交往缺乏有效交往所依赖的规则(真实、信任、承诺等)；网络交往具有"一次博弈"的特征；网络交往具有"'进'而远之"，"朋友遍天下，相知有几人"，"天涯若比邻，比邻若天涯"等矛盾性质。而另外一些研究则刚好得出相反的结论。瓦拉斯(Wallace)认为互联网上虚拟的朋友和现实的面对面的朋友一样的亲切；Peris等通过对聊天室的66名被试的研究发现，网络人际关系是健康的，是网下面对面人际关系的有益补充。麦考恩(McCown)等发现那些经常使用互联网同别人交流的人在交往中一般是真诚的，其中80%的被试者在网上建立了临时的或友好的人际关系。大约1/3的被试者有过某种形式的网下联系。怀蒂(Whitty)针对以往研究中存在的问题，专门研究了聊天室中情感支持的可利用性。他认为互联网确实为建立亲密的人际关系提供了机会。麦考恩(McCown)等通过研究发现：上网不是远离真实的生活和真实的人际关系，个人使用互联网不仅维持了已有的人际关系，而且也在一个相对没有威胁的环境下建立了新的、亲密的、有意义的人际关系，它更快、更强、更深、更久。我国学者刘惠芬、张平锋对大学生使用BBS的情况进行研究，结果表明，兴趣的同一性在网络交友中占据了主导地位，在互联网上找到"志同道合"者比在现实生活中更为容易，也少了生活中的许多顾忌。以上研究认为网络交往能建立真诚的、亲密的、牢固的人际关系，其原因被归纳为：网络交往采用社会信息加工方式；网上人际关系更注重深层次的内涵(如志趣相投而非外表吸引)；网络人际关系同样遵循现实中基本的人际交往原则；匿名降低了自我暴露的风险；等等。

谢尔(Scherer)和杨(Young)发现互联网成瘾者比非互联网成瘾者更有可能使用互联网结识新人，而他们面对面的社会交往行为则会减少。而非互联网成瘾者则使用互联网来保持已有的人际关系(Scherer，1997；Young，1997)。

在发展社会关系方面，研究表明网络成瘾或非成瘾学生都认为网络在改善他们和同学、朋友的已有关系上有积极作用。在我们的研究调查中，受访者同样反映互联网对改善与身处异地的同学、亲人关系上起到了积极作用。随着近年来的互联网发展，"远亲不如近邻"的状况正在被颠倒，互联网加强了已有的人际关系，而对发展和拓展新的现实社会联系具有一定阻碍作用,“近邻不识,远亲更亲”已成为媒介社会的又一景观。在这里需要纠正一种偏见,即所谓的“人机热,人际冷”,这种看法是相当表面化的,在我们的访谈调查中,绝大多数热衷于互联网的学生,与电脑和网络背后的其他人交流才是其上网的重要原因。一些游戏玩家口头报告说,相对于单机游戏而言他们更喜欢网络互动游戏,因为里面充满了人际互动。所以,绝大多数时候“人机热”都是“人际热”。互联网的“人际热”在对抗“社会原子化生活”,增进人际关系发展,促进青少年社会化方面起到了一定的积极作用,使得不少人在互联网上获得了必要的即时的社会支持。

(七)互联网对价值观的影响

价值观是影响心理健康的重要因素,互联网对个体价值观的影响存在积极和消极的区分。杨雄认为:网络将改变青年人的生活方式和社会互动,有利于青年效率观念、平权意识、全球眼光、多元知识的形成,并给学生的素质教育提供了发展机遇,同时,青少年将面临西方意识形态文化的渗透和潜在影响,受网络色情影响,患“网络性心理障碍”,还可能使一些青少年成为“数字化人”(杨雄,2000)。胡钰、吴倬等认为互联网对青年的价值观存在以下负面影响:一是意识形态西化(政治观);二是民族认同感弱化(国家观);三是行为取向无政府主义化(自由观);四是道德评判相对化(道德观);五是心理空间封闭化(交往观)(胡钰,吴倬,2001)。

还有人认为网络在为人们提供均等上网机会的同时孕育了信息贵族与信息贫民两大新的社会阶层,并由此产生了信息贫富不均的新的社会矛盾;网络在催生民主自由理念的同时也会助长民族虚无主义的价值取向;网络在使人们在领略全球多元文化交融、拓展世界眼光的同时也容易滋生道德相对主义;网络技术在倡导知识本位和能力本位价值观的同时却又为崇尚唯科技主义、唯物质主义和唯享乐主义的价值取向推波助澜;等等(李晓菲,2006)。

虽然互联网并不必然导致价值观的虚无,但学者们仍然表现出担忧。在很多人眼里,互联网是无序的世界,是价值缺乏和道德失范的“虚拟社会”。网络中出现了多元的价值观,其中不乏西方资产阶级的价值观,对我国构建和谐社会和社会主义核心价值观体系起到了阻碍作用。

第二节　互联网与心理健康服务

依靠互联网强大的信息技术支持，可以给网民群体提供更具针对性和适应性的心理健康服务，这是建设我国心理健康服务体系的重要内容，促进信息技术与心理健康服务的整合有助于创新心理健康服务模式，扩大服务规模，丰富服务类型，提高服务质量。然而，目前我国在心理健康服务网络化进程方面严重滞后，实践推进、统筹规划、管理规范等方面都亟待提高。我们尤为关注互联网对心理健康教育、心理健康咨询、心理健康治疗等各方面带来的革命性变化，并对心理健康信息传播与宣传的重要作用和价值予以强调。

一、互联网环境下心理健康信息传播与宣传

心理健康信息传播与宣传是目前在国内外较容易被忽视，且发展缓慢的领域。心理健康信息传播与宣传不同于教育和培训的地方在于，它的服务对象是无明确组织方式的大众，其目的是普及心理健康常识，培育大众的心理健康意识，最关键的是，它可以主动地对大众施以影响。对于网民而言，获取心理健康信息和知识的首选途径是互联网，因此，互联网也就成了心理健康信息传播的重要途径。目前的主要问题不是人们没有意识到互联网传播心理健康信息的重要性，而是相关机构未有意识、有组织地系统传播。

（一）心理健康信息传播与宣传的现状

从我们的实证角度来看，目前心理健康知识与信息分布呈现出多样化特点。

1. 心理健康网站的信息传播

很多正式与非正式的心理健康服务网站都自发地在网站上发布相关的心理健康知识，并按照婚恋、两性、焦虑、强迫、神经症、抑郁、失眠、亲子、人际、老年等等方式分类。这些知识信息往往是网站间相互转帖，或者是从心理学书籍中摘录相关内容。表述方式较为学术化，专业术语多，结构性差，对公众而言易阅读性和可理解性差。因而这样的信息传播还缺乏具体的理念与实践指导，还不能发挥出网络信息传播和知识传播的优势。在主动发挥影响的层面，现在的心理健康网站未能发挥应有的作用。

2. 散在的心理健康信息

散在指的是心理健康知识并不是系统地组织在一起，而是散落在其他各类主题网站中，与心理健康密切相关。例如各类心理知识讲座视频、各类心理健康咨询讲座视

频。这类型的网站并非专为心理健康信息传播而设立，但在客观上起到了传播心理健康知识的作用。以某视频网站中的《心理访谈》系列节目为例，单个视频的点击次数通常都在数千人次，其传播学价值不容小觑。再比如孕妇网站、育儿网站、教育网站、学校网站等中，也有散乱的心理健康知识介绍。

散在的心理健康信息是极为重要的，且应当鼓励在各类主题的网站中，适量地发布心理健康信息，培育大众的心理健康意识。

（二）心理健康信息传播与宣传的现实需要

心理健康重治疗更重预防，良好人格是心理健康的基础。而良好人格的塑造，则是一个更大范畴内的工作。正如黄希庭等指出的，心理健康是有层次性的，大致可分为心理疾病或障碍、心理机能正常和人格健全三个层次。其中，心理疾病或障碍属于不健康的层次；心理机能正常则属于低层次的心理健康，以心理适应为基本特征；而人格健全属于高层次的心理健康，表现为有高尚的目标追求，发展建设性的人际关系，从事具有社会价值的创造，渴望生活的挑战，寻求生活的充实与人生意义（黄希庭，郑涌，李宏翰，2006）。因此，心理健康服务不能仅仅针对前两者，更为重要的是健全人格的发展。

绝大多数人理解的心理健康指的是“心理机能正常”，即没有不健康的显著表现。然而从整体来看，心理健康与人格健全关系密切，没有健全人格为基础，心理机能正常往往都是暂时性的，缺乏持续性。健全人格的发展与社会文化及价值体系的构建密切相关。因此，心理健康信息传播与宣传要在宏观层面与构建社会主义核心价值体系挂钩。这就要求在传播心理健康信息的时候不能视野过于狭窄，在组织信息传播、建设心理健康网站等方面和先进的文化，和高尚的道德挂钩，丰富传播内容，提高传播效果。

通常，人们并不会主动在互联网上搜索浏览心理健康知识，同时由于信息素养不高，也不太容易搜索到可靠的心理健康信息与知识，因而较难形成良好的心理健康意识。大多数人有病才就医，即在出现心理疾病或障碍时才寻求帮助，此外对心理健康信息缺乏主动获取的意识。但那些受教育程度较高的人，对心理健康信息是普遍需求的。“39健康网”调查显示，51.55%的网民主张“多做心理健康宣传工作”。心理健康服务机构应当有意识地主动地传播心理健康信息，肩负起心理健康社会教育的责任。

心理健康信息传播与宣传可以理解为通过大众媒介发展心理健康社会教育的一部分，是心理健康服务体系建设的重要任务之一。然而，新的技术形态和新的传播策略并没有被自觉纳入心理健康意识培育体系中，大众传播策略和技巧没能受到重视。比如，结合数据推送技术，在用户使用实时交流软件的时候，就推送出相应的心理健康知识或链接，为那些需要心理健康知识的人提供方便的互联网信息接入点。也可以通过手机报的方式向大众推送心理健康知识,鼓励大众参与一些小型的心理测试,自我诊断健康状况,积累健康知识,逐渐培育起心理健康意识。值得注意的是,在我们的调查中对于是否愿意接收关于如何增进心理健康的免费手机报时,受访者的态度截然不同,差异明显,73%的人表示很乐意,19%的人表示很不乐意。很不乐意的原因尚不明确,估计与受访者将手机视为非常私人化的媒体,不喜欢被打扰有关。这提示我们在整合新媒体传播与心理健康服务时,还要考虑到受众保护隐私和个人空间的需要。

二、互联网环境下的心理健康教育

心理健康教育乃是有意识地通过系统的教育方式对大中小学生进行系统性的心理健康知识传播,有目的、有计划、有组织地培育其心理健康意识的活动。教育的对象通常都是学生,按照一贯的策略,对学生进行有目的、有计划、有组织的教育是现实可行的。网络教育可以作为一种有效的替代手段来丰富心理健康教育模式。

(一)互联网与心理健康教育

随着网络教育的蓬勃发展,人们看到了网络的巨大教育潜力。网络教育的主要优势体现在如下几点:

1. 扩大心理健康教育规模

从现在流行的网络教育思路来看,一种工业化的教育模式可以在大大节省教育成本的同时扩大教育规模。网络教育内容都是数字化的,可以拷贝无数次,因而也能一次制作多次复制,以满足不同数量学习者的学习需求。教师的授课视频、讲义、辅助资源都可以无限复制,扩大心理健康教育规模对网络而言轻而易举。

然而,我国目前并没有很好地利用网络来扩大心理健康教育规模。在我国有68所高校建立了网络教育学院,通常一个网络教育学院开设的网络课程有近千门。但据初步统计,我国68所网络教育学院均没有开设相应的心理健康网络课程。这是高校网络心理健康教育的重大缺失。成熟的网络教育平台中完全可以轻松容纳一至两门心理健康教育课程,通过名师授课视频、网页课程开发以及在线互动交流等内容,完成基本的教学任务。

2. 共享优势教育资源

传统的心理健康教育课程受制于时空的限制,很难做到优势资源共享。北京的优秀心理教育课程,在偏远地区就很难被共享。而在信息化、网络化的时代,分布在不同物理空间的人,都可以享受到同一种教育资源,从而实现了优势资源共享。同时,也避免了重复开发所带来的成本增加。

3.提高了心理健康教育的适应性

网络化的教学方法更富灵活性和创新性,学习者可以通过各种信息化的学习方式定制学习内容,通常教育者也会提供具有适应性的教学系统。丰富的教育资源也是网络心理健康教育的重要保证,基于资源的灵活学习体现出学习者的主动性。网络的交互特性还能提高心理健康教育主体的参与性。网络信息交互突破时空限制,允许学习者在任何时间、任何地点学习心理健康课程。

4.促进家、校、社会三方合作

目前我国的心理健康教育主要是学校教育的课程模式,而社会教育和家庭教育则相对匮乏。整个社会的劳动分工使得学校控制了心理健康教育的话语权,总体上学校教师比社会上的传媒从业者和家长都更懂心理健康教育。因而,一种由学校教育主导的三位一体的整合教育模式是可行的,尤其是在网络信息技术的支持下,这一实践在现在的基础教育中已自发产生,不少教师通过手机飞信向家长发布学生在校表现情况、家庭作业布置等信息。这一模式可以逐渐完善起来,以学校教师为主导,以信息技术为平台,同时对家长和学生进行心理健康教育。对社会教育的资料整合也已经初具规模,高校心理学家到传媒机构做节目、做顾问等宣传心理健康教育知识,在一定程度上促进了"家庭—学校—社会"心理健康教育体系的构建。

(二)心理健康教育网络平台建设

心理健康教育网络平台建设涉及如何建设心理健康教育的网络支助平台和资源等问题。因此,对网络教育平台的一般要求是:

1.拥有完善的支持工具

学员在接受网络教育或培训的过程中,无论是上传资料、下载资源,还是群体交流、个人浏览等都需要来自网络教育平台的工具支持,同时这些工具是简单易学、功能强大的集成产品。

2.拥有丰富的学习资源

网络教育培训平台的另一个必备要件即有经过筛选和组织过的心理健康服务资源,供学员在学习过程中查询、检索、观摩、分析。这一资源平台并不需要每一个网络教育培训平台独自建设,其应充分发挥互联网的资源共享特征,采取协作共享方式和其他网络教育培训平台共享,避免重复建设。也可以集中专门建设,然后以信息产品方式售卖给各个网络教育培训机构。

目前,较少企事业单位有专门的心理健康网络培训课程。这是当下企事业单位发展的一个社会问题，2010年度富士康中国工厂的“连跳自杀”事件提醒我们对企业员工进行心理健康教育与培训的重要性，同时也呼吁应该建立更完善、更及时的心理救助体系。

（三）基于自主探究的自我教育

除了接受正规的有组织的心理健康教育或培训外，互联网用户还可以基于互联网丰富的信息资源、便捷的信息工具发展出一种自主学习（self-oriented learning）或基于网络的探究性学习。

建立校本化的心理健康网站或网页，促进学生自我教育也是可行的策略。就大学生心理健康教育网络化而言，我国台湾地区做出了表率，吴娜娜、严由伟（2008）对台湾可调查的144所高校进行的普查发现，97.9%的台湾高校开发心理健康网页，且绝大多数网页为独立接口，而非仅能在校园网内访问的资源。总体来看，台湾高校心理健康网络教育基本普及，作用显著；栏目齐全，发展平衡；内容全面，颇具深度。

我们对大陆地区近千所高校的初步调查发现，心理健康服务网站和网页建设远不如台湾地区。在被调查的108所211大学的过程中，对其学生工作部（处）等相关部门网络进行访问与查询，除10余所高校网站无法或无权访问外，完全没有心理健康服务网站或网页的高校多达20所，占211高校总数的18.5%；仅提供心理咨询中心简介且无咨询联系方式的高校11所，占总数的10.2%；仅发布公文或未分类文章但有咨询联系方式的高校9所，占总数的8.3%；其余的高校都有专门的可以访问的心理健康网页。总体上来看，都有较为详细的分类，但分类方式不一样，内容普遍更新缓慢，访问量少。极少数高校提供在线心理健康服务，如西南大学的在线问答机制，而在别的高校网站则比较欠缺这种机制，更多的学校则只是简单地留下咨询人员的电子邮箱和联系电话，缺乏心理健康服务与互联网信息技术整合起来的思路和途径。

心理健康网络教育之所以没能有效地开展起来，一方面是从业者对互联网与心理健康服务的整合认识不足，另一方面是师生对心理健康及网络教育方式认识不足。有学者通过对福州和厦门4所高校近800名大学生的调查，发现大学生对校园网心理健康教育的关注度还不够，75.7%的学生没有感到校园网对其心理健康具有明显的意义或作用，指出高校开展网络心理健康教育的总体成效偏低（严由伟，2008）。

在心理健康的自我教育和自我发展过程中，信息素养是用户应当具备的基本素养。信息素养（information literacy）是信息化需要人们具备的一种基本能力。在心理健康的自我教育中，互联网可以提供丰富而有组织的心理健康知识信息以及咨询服务。但缺乏信息素养的人在信息海洋中容易迷失，较难获得可靠的、科学的心理健康知识，对于如何使用互联网促进自身心理健康，以及如何联系专业的在线咨询师没有成熟的策略。另外，对如何保护自身隐私也缺乏基本认知。

三、互联网环境下的心理咨询与治疗

网络心理咨询(internet counseling)并没有一个统一的名称，在线心理咨询(on-line counseling)、电子治疗(e-therapy)、计算机治疗(cyber therapy)、电话咨询(tele-counseling)等概念都被用于命名这种基于网络非传统模式的心理咨询方式。网络心理咨询是指具有相关资质的心理治疗师同其病人通过网络进行的专业治疗以及任何互动活动(Rochlen，Zack，Speyer，2004)。

互联网环境下的心理咨询可以说是在整个心理健康服务体系中发展得最为成熟的一个领域，在互联网兴起之后人们很快就注意到可通过互联网来进行替代性的心理咨询活动。作为心理咨询的一种新的实施途径，网络心理咨询在计算机与互联网技术迅速发展的基础上具有巨大的潜力。总体来说，学者已证实网络心理咨询和治疗是一种新兴的、有效的心理健康服务途径，它具有自己的优势，同时也存在不足。

(一)网络心理咨询与治疗的优缺点

1.网络心理咨询与治疗的优势

罗肯恩(Rochlen)、扎克(Zack)、斯派尔(Speyer)综述了多位学者的观点，对网络心理治疗的优势进行了较全面的概括：

(1)便捷性，方便快捷，准入性提高。网络心理治疗不仅方便了心理治疗医生为患者提供服务，同时也为患者寻求治疗提供了便利。对于受到时空限制、移动不便、接受传统心理治疗服务不便的患者尤其如此。此外对由于个人原因不愿意接受面对面治疗的心理问题患者来说，网络心理治疗是一种他们更乐于接受的方式。

(2)真实性，去抑制和接纳。网络交流的去抑制化在网络行为观察者当中引起了广泛的讨论。网络的去抑制化又称松绑效应(disinhibition effect)：在网路上看不到人，不认识人，大家平等，一切都像在玩游戏，因此人们在线上真的可以将自己完完全全“松绑”。在网络治疗过程中，松绑效应有助于患者对自己的心理问题进行有效、真实的表达和自我反省。传统的心理治疗过程当中，往往充斥着明显的个人伪装，患者行为没有去除社交场合的礼节表现，并且更趋向于开门见山地直奔主题，而非对自己心理历程的回忆，不利于医生找到患者的症结所在。有网络心理治疗专家认为，借助第一封电子邮件，这种基于文本形式的自我表露，有助于医患双方建立高度的亲密感和信任感，同时，当治疗师与患者之间有所相互了解，他们之间的差异感就消失了；治疗者被患者接纳，获得主观认同和信任后，求助者的心理问题就会被更加具体地表现出来。并且患者事后可以对电子邮件中的治疗重读、重演、重温，并从中获取信心，这会促使这种治疗方式的价值更加持久。书写也是心理治疗的一种方式。书写自身问题与困惑的沉思过程就当事人本身来说也是一种治疗。实际上，有学者提供实验证据来说明写下关于情绪的体验通常是有积极作用的。一个网上实习者也观察到，"在有人的时候，你也许说一个小时也抓不到问题要点。相反，一个接受网上疗法的人坐着沉默一个小时打出来的字比她在别人面前说的要多"(Griffiths，2001)。

(3)远程性，远程呈现与交往。基于文本的粘连性交流可以使顾客和治疗师体验到远程呈现的经验，这是一种没有任何共享的同一物理空间的纯精神际会。一些网络心理治疗的支持者还宣称，纯文本的交谈可以避免病患分散注意力，或避免一种浅表的交流并能获得更直接的精神交往。

(4)多元性，超文本化和多媒体化。网上疗法的另一好处是能够使用互联网给当事人迅速、便捷地提供相关的补充材料。所有的网上疗法形式都提供与信息有关的网站、录像剪辑、文件和评估工具的链接。传统疗法在治疗师的办公室进行，使治疗师局限于其书架上的任何资源，网上治疗却总是可以在无限制的资源背景下进行。

(5)持续性，持续关怀。对精神病人的持续关怀是一种人道主义，治疗与持续关怀是密不可分的。在病患的认知和感悟中，他与医生之间的关系不应当只是"服务消费者与提供者"的单一关系，这种关系实际上割裂了人与人之间的交往和互动，会让病患在心理上更添孤寂感，感受不到自身所处环境的社会支持。持续关怀说起容易做起来难，尤其是在现实生活中，但是互联网环境下可以通过信息工具的帮助，使得对精神病人的持续关怀成为可能。定期问询病人的精神状况，定期发布精神健康资讯、定期与病人家属保持沟通等等关怀方式都可以通过网络轻松达成，甚至可以借助网络的自动化发布和信息分发功能，长期关怀病人。

2. 网络心理咨询与治疗的缺陷

网络及网络环境对个体及其发展出来的关系总是既有益处，也有消极影响。但就网络心理治疗来说，很多特点既可能发挥积极作用，也可能产生消极作用。

共在感缺失。支持网络心理治疗的人认为医患不在同一物理空间，通过文本交流可以体验到"远程呈现"，但同时缺乏"在一起"的共在感，则容易让双方尤其是患者产生交流的虚幻感，缺乏共在的认同。共在感缺乏是当下网络社会交往的重要特征，因而在发展医患关系时还需审慎对待。我们不主张发展纯粹的基于网络的医患关系，而是将其与规律性的面对面交流结合起来。例如，美国就通常较少单独采取独立的网络服务方式，而是将其和传统面对面的咨询和治疗整合起来。例如，首次咨询和治疗采取面询方式，而后续的诊询则放在网上。

非言语信息缺乏。以文本交流为主的网上治疗过程存在一个显著的挑战就是缺少视觉线索，无法获得患者非语言行为的表达，这种局限可能会影响到网络心理治疗的效率。

对信息的误读。基于文本交流的网络心理治疗有时缺少足够的澄清信息，理解能力差和有偏执倾向的患者可能会误读治疗师的文字。同时，如果治疗师缺少文本交流方面的培训，就可能对患者逃避实际问题或者言外之意的研判不足。

延时性。网上治疗的另一个技术挑战是：它有时是异步的，比如基于电子邮件的治疗活动，这种异步传送特性改变了治疗过程的性质。治疗师会因为一些不明原因而推迟回复，然而患者会对此表示困惑。因此，即使时间延误可能是积极的原因导致的（比如那些时间是治疗师在思考），也可能增加患者的担忧和误解。除了延时，网络技术还可能因为技术设备和网络本身的问题而造成沟通不畅。在我们的考察中就目睹了一例因为综合因素（其中设备因素作为主要因素）而影响在线咨询的例子。分析失败后，顾客通过网络论坛讲述经历并发泄不满，有意义的是分析师本人站出来做出了回应和反思，客观上起到了缓和作用。由此看出，在线咨询有可能因为技术设备的故障和干扰而影响咨询活动的顺利开展，尤其是对顾客的二次伤害，这可以通过面询或者是电话咨询来进行替代。

治疗者和患者相关技能的不足。基于网络的心理治疗，需要治疗者和患者都必须具有相当的书面表达能力、熟练的打字技巧，需要具备计算机知识去操作媒介。因此，对于那些不能用书面语言清楚表达自己的患者来说，网络心理治疗就会失去了应用价值。网络媒介最适用于那些有能力且重视自我表达的患者。

不能及时进行危机干预。治疗师面对危机如何干预，是关于网络心理治疗的另一个热门话题，一些心理治疗专著的作者认为，当顾客有自杀倾向，而治疗师却只关心客户的当下安全时，这种情形会产生严重的问题。这些作者强调治疗师不可能即时地对电子邮件进行回复，因而安全可靠地处理危机几乎是不可能的。

治疗师和患者身份的不易核实。借助于网络，部分没有足够资历的专家更容易伪装自己，非法提供网络心理服务。病患往往没有机会真正全面地审查提供网络心理服务者的资料，病患的利益得不到有效保障。因此互联网的规范运行不能靠法律的调节，更要靠道德的约束。

核实患者身份是网上治疗的又一个挑战，这就是为什么专业的网上治疗经常将识别患者身份和紧急联络信息作为准入治疗的前提条件。大多的网站在客户进入该网络交流系统进行互动时,需要提供密码进行注册。

存在信息安全隐患。网络使得用户保密和隐私的问题近来广受关注。事实上当下很多的网络心理治疗服务都通过没有安全权限的网站进行,这意味着病人同治疗师的会话信息,尤其是那些隐秘和高度敏感的个人信息,极有可能被陌生人窃听或者截获,或者是由于这些信息被保存在没有安全权限的计算机上,而导致信息泄露和丢失。这是有些病人不愿接受网络心理治疗的一个原因。

网络心理治疗"不可为"。不可忽视的是网络化精神治疗的"不可为",有学者指出,当来访者的问题属于严重的社交人格障碍、妄想型精神分裂症等严重的心理问题时,将不能通过互联网来解决(Griffiths,2001)。

(二)心理咨询与治疗网络化的供需状况

国人受到传统社群文化观念隐私观念的影响较大,通常不太愿意将自己的心理困扰向陌生人袒露。调查研究表明,网民更愿意向亲友倾诉心理问题,而不是求助于专业心理医师(《中国网民心理健康调查白皮书》(2007))。这一观念在受教育水平较高的大学生群体中同样很普遍,调查证实,当前中国大学生仍旧倾向于向朋友倾诉心理困扰,而非求助于专业机构。但这丝毫不能说明心理咨询网络化没有市场,相反,由于网络咨询可以匿名和隐藏身份,反而使得国人少了身体在场的身份焦虑,从而更乐于接受这种新的咨询方式。

据我们的调查统计结果,各种类型的网站都在接纳不同的心理求助者,而心理求助者也在依托互联网获取心理健康信息或心理健康服务。百度贴吧"心理吧"共有主题43 000多个,发帖数达47万多篇;另外一个"心理咨询吧"主题数16 000多个,发帖数达14万多篇。亚马逊(Amazon)旗下亚历克莎(Alexa)子公司的网站访问量统计显示,中国心理咨询网的日均互联网协议约13 200个(注:日均IP访问量表示访问一个站点的IP数,局域网多台电脑公用一个IP访问的话算一个),日均页面浏览(PV)量约30 360次[注:日均PV访问量(Daily PageView),表示访问一个站点的页面浏览量,页面每被刷新或访问一次算一次PV]。其他心理健康服务网站诸如华夏心理网、中国心理网、525心理网等日均页面浏览量分别为10 100次、5 460次、8 640次。从网站的日均页面访问量就可以看出,网络用户对心理健康问题的关注度较高,需求较大。

网络用户的咨询需求巨大,俨然成为心理健康信息服务的一个巨大市场。华夏心理网拥有近10万活跃会员,中国心理网注册会员超过178万人,525心理网有27万注册用户。不少信息技术公司看中了这一潜在的市场，以上提及的网站其主体大多是公司，而非高校或政府机构。其发展和调节服从市场规律，这一点从网站经营重视广告推广可见一斑。

目前，我国心理健康服务网站已达数百家之多，其中较有代表性的综合网站及其服务主体、服务类型与特色参阅表13-1。

表13-1　我国心理健康服务网站、服务主体、服务类型及特色

网站名	服务主体	服务类型与特色
中国心理咨询网	深圳市心网信息咨询有限公司	心理课程、心理咨询、团体/组织内训服务、广告推广等
中国心理网	北京心海导航科技有限公司	心理咨询、心理测评（丰富）、教育与培训、广告推广等
华夏心理网	北京华夏赛科技术发展有限公司	信息发布，涉及心理咨询师国家职业相关系列培训、心理咨询相关岗位技能培训、行业企业心理服务等
39健康心理网	广州启生信息技术有限公司	健康信息发布、在线心理咨询、培训与教育信息发布 服务类型齐全、信息量大
中华精神卫生网（21健康网）	中华精神科学会全国网络协作组（全国44家单位），北京回龙观医院	公益性专业网站 专家系统、大型动态数据库、高级智能搜索、智能心理测试、多媒体远程诊断和专家智能咨询系统
525心理网	525网站	免费咨询（特色）、高级咨询、课程咨询服务、网络宣泄等

这些网站及其提供的心理咨询服务基本上能够满足网络用户的需求，这主要受益于网络信息传播与交流沟通的便捷性。但值得注意的是推动心理健康服务网站发展与建设的核心动力主要还是商业性的，表面上绝大多数网站都提供免费的信息服务和基于文本的异步咨询服务，但其效果并不理想。较好获取效果的网络咨询方式通常都是有偿服务，网站发布咨询师信息和联系方式，并为其他商业机构做广告推广。网络用户虽然在一定程度上享受到了免费服务，但是这些服务中公益性偏弱，其目的是吸引网络用户的注意力以及对心理问题的关注度。当然，互联网中也不乏纯公益性的心理健康服务网站，但是建设水平和服务质量与商业网站相去甚远。

作为商业性的心理健康服务网站其存在是合理的，也是需要的，但是对其进行有效的规范、管理和评估就极为重要，而这一点在国内几乎处于空白状态。

(三)网络化心理健康咨询的理论研究

1.预警

网络具有精神疾病“早发现”的优势。吉拉特(Gilat)和沙哈尔(Shahar)研究了电话热线帮扶、亲身帮扶交谈、互联网异步小组帮扶三种形式在对有自杀倾向的人进行首次危机干预时的作用,发现在互联网异步帮扶方式中,自杀的想法最容易被提前预警(Gilat,Shahar,2007)。

2.治疗效果研究

不少研究证实使用网络的确可以获得较满意的治疗效果。诺伊费尔德(Neufeld)等对33名成人有效样本使用SF-12健康量表测量,发现使用远程医疗平台进行基础心理健康辅导3—6个月,病人原有状况显著改善(Neufeld,Yellowlees,Hilty,Cobb,Bourgeois,2007)。克里斯特森(Christensen)比较了通过治疗师的、计算机实时的认知行为疗法(cognitive behaviour therapy,CBT),发现在治疗沮丧、焦虑以及恐慌方面并没有效果上的差异(Christensen,2007)。并且从成本效益以及求助者的时间安排角度考虑,计算机支持下的CBT(cCBT)更可取。还有一些研究指出存在过一些临床问题的患者包括恐惧障碍者、饮食障碍者、受到外在压力和悲伤创伤的患者,在参与各种在线治疗后症状得到了缓解,效果比较显著(Griffiths,2001)。

3.效果比较研究

还有一些研究关注的是网络的治疗方式与面对面治疗的比较。Cohen和Kerr在一个初步研究中,把接受面对面治疗或者是网络心理咨询的24个病人聚集在一起,两种情形中的心理咨询师遵循同一种形式:包括身份认证、提问、弄清楚病人的现存困惑。在测试结束时,对咨询师、治疗过程以及客户的焦虑程度进行了全面的评估,结论指出:两组不同情形下的病人,接受治疗后的焦虑程度均有类似程度降低,并且对专家意见、吸引程度、信任度的评价也很相似(Cohen,Kerr,1998)。

学者雷柏特(Leibert)等以客户身份对网络咨询进行了考察,其结果发现仅使用网络咨询的客户具有一定满意度,但不如那些已经接受过面对面咨询者的满意度高(Leibert,Archer,Munson,York,2006)。但罗斯金(Ruskin)等对远程和亲身两种方式对抑郁的治疗效果进行了比较研究,试图分析在两种不同治疗方式下病人的坚持性和满意度,并对治疗成本进行了比较,结论显示二者在治疗效果、病人满意度和坚持性、诊疗成本及其衍生成本等方面水平相当(Ruskin,Silver-Aylaian,Kling等,2004)。奥莱利(O′Reilly)等等的实验也进一步支持了罗斯金(Ruskin)等的研究结果(O′Reilly,Bishop,Maddox等,2007)。

4. 满意度研究

就顾客满意度而言，使用网络同样获得了较理想的结果。库次(Cruz)、库平斯基(Krupinski)、洛佩兹、温斯坦(Lopez, Weinstein)总结回顾了亚利桑那大学的远程精神治疗项目，历时5年，使用远程诊疗设备对分布在农村的206名病人进行了长期治疗。其中成年病患159人，占总数的77%，而儿科病人47人，占23%。即便是因为远程会诊的设备问题而使治疗过程出现障碍(服务提供方占18%，接收方占17%)，病患仍然对远程精神治疗表示满意，其中成人完成治疗的有81人，占51%，而儿科病患全部治愈。研究还认为，远程精神治疗缩小了农村和城市的服务鸿沟。此研究对我国发展农村远程精神治疗具有重要参考价值(Cruz, Krupinski, Lopez, Weinstein, 2005)。

5. 文化障碍

少数学者留意到远程精神治疗突破文化障碍的有益尝试。李(Lee)探讨了在韩国远程精神治疗与文化障碍之间的关系，该研究使用实时通信软件与93名曾经看过精神病医生的志愿者进行远程精神治疗实验，结果显示远程精神治疗有助于他们摆脱儒家文化礼仪的限制而自由表达想法。我们认为，受儒家文化熏染的中国人，同样可能通过远程精神治疗摆脱儒家文化的心理束缚(Lee, 2009)。

6. 国内相关研究

国内研究综述性分析性的居多，且综述性文章大同小异，集中于对国外心理咨询进行介绍和分析，但是其结论基本上都支持网络化心理健康服务的可行性。例如：李成齐对网络心理咨询进行了概述，对国外网络心理咨询的服务形式、特点、理论和技术、伦理等问题进行了介绍(李成齐，2007)。崔丽霞、雷雳等对国外网络心理咨询的疗效进行的综述介绍，揭示即使网络心理咨询存在一些问题，但是证明在不同程度上有效，并具有自己的一定优势(崔丽霞，雷雳等，2007)。杨晶和余林对国外网络心理咨询实践进行了较详细的介绍，包括服务站点类型、服务形式、通信工具、收费情况，并对网络心理咨询的应用范围和主要存在的问题进行了描述，其中主要问题包括保密性问题、资格许可问题、伦理问题、不完整信息问题以及来访者转嫁问题等(杨晶，余林，2007)。

有部分研究做了相关调查工作，如李伟健、孙炳海等对我国网络心理咨询进行了初步调查，他们对我国80家心理咨询网站的设置性质和主要服务方式(包括电子邮件或留言本、非视频网上即时交谈、视频网上即时交谈、在线心理测试与信息提供等)进行了统计，并探讨了网络心理咨询的特点，概括为匿名性/虚假性、自主性/不稳定性、快捷性/非言语信息缺失性(李伟健，孙炳海等，2004)。还有的学者则特别关注个别群体的网络心理健康咨询，张永红通过问卷和访谈形式调查了大学生对网络心理咨询的需求，发现大学生越来越青睐网络心理咨询，但同时也指出，“多数大学生在心理求助上仍没有超出传统观念的桎梏,网络心理咨询自身也存在一些缺陷”(张永红,2009)。

(四)网络化心理咨询的实践现状

目前普遍认为网络化心理咨询具有以下特征:①求助者能够匿名接受咨询;②网上咨询费用低廉甚至免费;③方便快捷且咨询时间安排相对自由宽松;④咨询过程可以被记录,便于咨询双方对咨询全程进行反复观摩,认真思考并全面分析。

1.咨询方式

主要的咨询工具包括电子邮件、BBS、聊天室、即时通信、音视频等。凯瑟琳(Kathleen)等的调查表明,从国外通信工具的使用频率和范围上来看,74%的网络心理咨询是通过异步的电子邮件提供的,45%的被调查站点使用实时聊天室交流,超过25%的站点提供了电子邮件和聊天室两种选择(Heinlen,Welfel,Richmond,Rak,2003)。国内从咨询方式看,一对一聊天室咨询最受欢迎,其次是电子邮件,仅有极少网民选择群体聊天室。

电子邮件咨询是指用电子邮件(E-mail,加密或非加密)进行非实时咨询服务。电子邮件咨询是一种点对点的私密性的异步咨询形式,主要是以文本为主。其特点是咨询双方安排时间灵活,并给咨询师预留了足够多的思考和处置时间。其缺点是会出现时间异步问题,由于咨询回复的延迟性,有可能在需要进行及时干预的时候,达不到理想效果。因而,电子邮件咨询适合长期的、慢性的、症状轻微的咨询项目。

BBS是指利用电子布告栏进行一对一、一对多或多对多的交流与咨询。电子公告板咨询同常是一种异步咨询方式,但是它是公开发布的,在有的网站上需要注册用户才可以看到咨询师的回复和建议。电子公告板咨询的最大好处是信息传播范围大,因为其他求助者也可以轻松看到咨询师的回复和建议,避免重复提问。

聊天室咨询是使用一种点对多的网络聊天室平台,在相对封闭的聊天室内,成员可以亲历求助、咨询的全过程,并可以参与其中。聊天室咨询对咨询师的引领与管理技巧要求很高。因为如果多个求助者同时发起询问,或者某些人有意或无意地影响对话,就可能降低咨询效果。

即时通信咨询主要指的是使用即时通信软件或平台进行心理咨询。新的技术发展,支持移动设备和网络互联,因而更加提升了咨询的便捷性。即时通信主要是点对点的方式,且以文本方式、图片、视频等为主,快捷而自由。

音视频咨询常常与网络即时通信软件或平台的音视频功能有关系,而新近的3G通信技术也支持移动设备与网络、移动设备之间的视频会议。音视频咨询是网络中最接近面对面咨询的方式,但受到视频拍摄范围和质量的影响,以及缺乏共在一场的心理体验,远不如面对面那样容易把握来访者的细微肢体语言。

新的信息技术不断涌现,例如新媒体技术、虚拟现实技术、人工智能技术等为心理咨询提供了更多的选择和模式。例如人工智能技术就支持人机对话模式,咨询者与计算机通过问答的形式完成简单的心理咨询过程,此过程不需要咨询师的参与,完全由计算机智能完成。

需要注意的是,采纳新技术不仅仅是在原来的咨询系统中添加了一个不起眼的技术元素,从系统论的角度来看,这一要素的加入改变了整个咨询系统的结构方式,并对咨询双方提出了更多的要求,即要有效地使用新技术辅助心理健康服务,咨询双方就必须具有相应的信息技术素养,并能对其中滋生的新问题保持基本的警觉和清醒的认识。

2.咨询费用

从工作报酬上看,70.3%的咨询师都是义务咨询,不超过50元/时的占了43.8%,50—100元/时的占21.9%,不确定收费标准的占了34.4%(邵波,刘伟,2004)。

国内资深的咨询师收费情况大致如下:网络文字方式咨询100至200元/时,(网络)语音或音视频咨询200至300元/时,面询300至400元/时,邮件咨询(单项咨询内容)100元/时以内。而新手咨询师则可能提供免费咨询服务,但其服务质量较难以保证。

在国外,海尔伦(Heinlen)等2003年的一项调查指出,136个站点样本所提供的各种网络心理服务之间的收费有较大差异(邵波,刘伟,2004)。罗切仑(Rochlen)等的研究还详细描述了当时大多数电子邮件(e-mail)形式的网络心理咨询的定价安排。咨询收费本身除了可以让咨询师可获取一定报酬,同时可以让来访者更重视咨询活动,更加配合。

3.站点基本情况

在国外,格里菲斯(Griffiths)曾根据网络站点所提供的服务类型,将其划分为信息和建议站点、传统援助机构在线站点和个人治疗师站点等三大类(引自《中国网民心理健康调查白皮书》(2007))。海尔伦(Heinlen)等的调查显示,虽然有51%的站点用“心理咨询服务”来描述他们的在线服务,但实际上大多数网络心理咨询站点是给他们事务所的业务做广告,或与目前的来访者以及同事进行交流,而真正用于对来访者进行专门治疗干预的站点数量可能不超过几百个(邵波,刘伟,2004)。在国内,主要是个人站点和高校站点两部分,但开通年限比较短,访问量比较低,大多数都是公益性网站。有个别网站实行部分收费制度,如中华精神卫生网、21健康网等。

关于网络心理咨询站点提供的服务类型,巴拉克(Barak)运用功能分类学方法将其归纳为十种应用形式:有关心理概念和问题的信息资源;心理测试和评估;通过电子邮件进行的个人咨询和治疗;通过聊天室、网络通话技术和视频会议进行的网络实时咨询;同步或异步的支持团体、讨论团体和团体咨询;等等(Barak,1999)。

（五）互联网与心理自测

网络心理咨询实现了“免费测试”。一方面有利于来访者对心理问题进行自我诊断。另一方面把心理咨询人员从繁琐的量化统计和解释工作中解放出来服务其他来访者。再者，通过心理测试，心理咨询人员还可以从中采集最新的、具有代表性的测试数据，为网络心理咨询及其研究打下基础（孙雅楠，2010）。通过互联网开展心理健康预防性服务并不是最佳途径，因为预防性服务主要解决的是“对心理异常疾患的早发现、早治疗、早复健、防止恶化”。互联网的预防性服务必须结合发展性服务，在心理健康信息与宣传、教育与培训阶段就鼓励人们通过互联网检测自己的心理健康状况，并及时与精神工作者取得联系。

互联网的技术平台也可以提供较为方便快捷的心理自测平台。目前，许多网站都开设有“心理测试”栏目，包括性格测试、爱情（或情感）测试、事业（或职场）测试、社交测试、能力测试、人格测试、兴趣测试和性心理测试等，这些测试通常都属于准专业测试。从网络搜索引擎的搜索结果中随机进入数个心理测试网站，大部分网站都开展专业性不太强的心理测试，在心理测试中融入了更多的娱乐性和趣味性，其结果可能有滥用和误读。

正规的综合型心理健康网站则把心理测量分为专业和准专业两大类，专业测试（如中国心理网测评中心，需要注册并提交相应的点数才能测试）则分为认识自我、职业测评、心理健康、学习能力、应激、人际关系、家庭功能、抑郁与焦虑等，采用的是较为成熟的科学量表，诸如症状自评量表（SCL-90）、明尼苏达多相人格调查表（MMPI）、焦虑自评量表（SAS）、抑郁自评量表（SDS）、艾森克人格问卷（EPQ）等，网络用户可以在线测试，系统会自动生成结果和建议，参阅图 13-1。

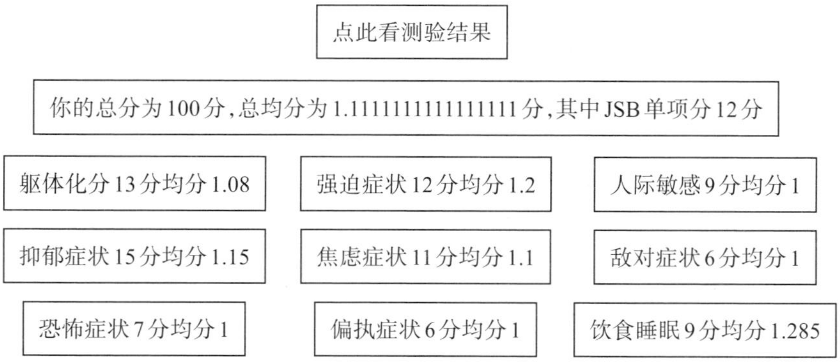

说明：本测量软件为株洲心理咨询中心常用量表样本，正式量表带全国最新常模，标准差和自动化的诊断参考结果。按中国常模结果，如果您的SCL90总分超过160分，单项均分超过2分就应作进一步检查，标准分为大于200分说明你有很明显的心理问题，可求助于心理咨询，大于250分则比较严重，需要作医学上的详细检查，很可能要做针对性的心理治疗或在医生的指导下服药。

图 13-1　中国心理咨询网在线心理测试实例（SCL-90）

个别专业测试网站风格单一，诸如“网上心理测验（www.psy-test-net）”网站，它通过外挂程序提供较为专业的心理测试，所用量表都是较为严格的科学量表，不过须下载插件（ATS高级测评服务管理系统），安装、注册和操作过程繁琐，且系统不稳定，用户会在繁琐的操作过程中体验到情绪受挫，进而影响以后的自觉测试行为。还有的网站发布类似的心理测试软件，可以帮助网络用户完成心理自测。

（六）网络心理治疗的其他重要问题

1.功能定位问题

对于网络心理治疗是作为传统面对面心理治疗的替代形式，还是作为辅助形式，心理治疗专家并没有表现出较大程度的关心。一篇关于心理专家对几种网络治疗形式认可度的电子邮件调查显示：大多心理专家似乎对几种基于网络的治疗形式同时表现出较低的认可度；然而，对于同一例抑郁症患者，在没有提到以往病史时，心理专家借助网络心理治疗手段的倾向高于提到以往病例的情况。因此，在目前，网络心理治疗仍作为传统面对面治疗的辅助形式，但是，借助于网络技术的这种治疗方式，显然更符合主流形式，在未来成为传统治疗的替代形式，值得期待。

2.伦理道德问题

随着网络技术应用于心理治疗领域，心理治疗师在对互联网的使用中，出现了一系列的问题。美国一些专业协会公布了关于使用网络提供心理治疗服务的道德规范，这些指南还有另一个特殊的作用，即澄清网络治疗的评估标准。在所有相关的伦理问题中，基于网络提供心理干预服务者的资质显然是最重要的，无论是借助网络提供心理治疗、测评还是仅仅提供信息。

3.教育培训问题

借助于互联网提供服务是一种特殊心理治疗模式，因此，对心理治疗师来说，自身的心理应当是健康的，而且，心理治疗者还很有必要接受相关的培训或者是具备提供心理咨询的相关经验。比如说：借助电子邮件形式进行的心理治疗，是治疗师基于文本的形式同病人进行沟通的，那么在此之前他就应该进行文本表达的培训，并具备相关技能，以助于取得良好的治疗效果。

第三节 心理健康服务网络化的实施推进与规范管理

一、心理健康服务网络化的实施现状

虽然理论上整体论述心理健康服务网络化的研究较少，但通过初步调查，不难发现我国心理健康服务网络化的发展框架已经建立——我国网络心理健康服务似乎呈现一种理论研究滞后于实践的总体情况。

（一）服务主体

中国心理健康服务网络化包含了公益性和商业性两个层面，包括政府、高校、医院、媒体、商业机构、行业协会等开设的服务性网站，还包括各个省、市、高校、医院、研究所和治疗机构开设的心理服务网站，其中办得最好、规模最大的是商业公司的网站。这些商业公司主要是信息服务型公司，通过和高校、医院、行业协会、精神卫生单位等合作，提供各种心理健康服务。

（二）服务对象

中国心理健康服务网络化的对象是学生、网民及潜在网民，这是由于网络化服务的媒介特征对服务对象的要求所决定的，即是网络化服务的受益群体只可能是网络的使用者和潜在使用者，不排除因为咨询和治疗的需要而将一部分人转化为网民。

（三）服务内容

互联网环境下的心理健康服务可以涵盖心理健康服务的四个主要方面，包括信息和宣传、教育与培训、咨询和保健、治疗与康复，并在各个方面与传统方式有机结合和互补，进而形成完善的服务体系。

目前主要集中在咨询和治疗这两个方面，对其他方面重视不足，网络的媒介特性未能充分发挥作用，网络与心理健康服务的整合度不够。

网站通常都提供各类信息服务、简单的知识介绍、常规的心理咨询等服务内容，部分网站还提供宣泄平台。其中心理咨询包括同步和异步两种形式，同步可以借助QQ、MSN、OICQ、Skype、UC等社会性软件以文字、音频和交互视频等形式开展，而异步主要使用BBS、电子邮件等技术平台。

（四）服务平台

网络作为媒体技术纳入到心理健康服务体系之中，它不仅仅只是作为一个重要的工具被引入，同时该工具亦重构了心理健康服务体系中各要素的关系，这就创造了一种新的服务模式，打造了一个全新的心理健康服务平台。

利用网络服务平台可以扩大心理健康服务规模，创新心理健康服务模式，提高心理健康服务质量，整合心理健康服务资源，辅助心理健康教育与培训。

（五）服务监管与投入

目前网络化的心理健康服务缺乏统一的行为准则和监管机制，但大多数咨询网站都遵循传统职业或行业规范，目前还未见专门针对网络化心理健康服务提出的规范文件或提议，监管评价也无法可依。

各服务网站的投入和运营情况仍然属于商业机密，目前还未能获得相应数据，有待进一步收集。通常而言，网站需要维持运营并升级硬件系统，需要一定的资金支持，而这些资金的来源往往是通过商业广告、风险投资以及从服务项目中抽取一定比例的管理经费。

（六）存在的问题

整体上看，国内基于互联网的心理健康服务以网站模式为主。这些网站的心理健康服务常常各自为政，服务水平参差不齐；缺乏相互协作和资源共享；服务重咨询而轻保健，缺乏统一的管理发展和协调机制。我国在这个领域的研究则相对滞后，对其服务质量、覆盖面、成效、接受度、满意度等研究并没有系统展开。

还有些机构或个人直接通过QQ、MSN、OICQ、Skype、UC等社会性软件开展心理咨询或心理辅导，提供心理健康服务。以UC为例，具有心理咨询性质的“房间”约30个；基于OICQ的“心理健康群”约700多个。但是大部分都非正式地组织，缺乏明确的服务主体或责任主体，其服务质量难以监控，但其影响却不可小视，需要进行一定的引导和规范。

二、心理健康服务网络化的推进与规范管理

国外对心理健康服务网络化的推动和管理主要是以各种专业行业组织为主体，提出推动心理健康服务网络化的相关建议，同时拟定规范性文本，约束和规范本组织内部

的成员，以提供符合伦理规范的网络化服务。

（一）国外经验

从发达国家所制定的心理健康服务网络化相关文件，不难发现它们不是通过国家立法或政府管理来促进和规范网络化的心理健康服务，而是通过各种心理协会制定规范性的文件，并对其成员的相关实践活动产生基本的引导和约束作用。

心理健康在线国际协会ISMHO（the international society for mental health online）发布“在线供给心理健康服务的建议原则（2000）”（suggested principles for the online provision of mental health services），该协会由美国、英国、德国、澳大利亚、奥地利、荷兰、挪威、新西兰、法国、瑞典等国的相关组织组成，文件由各国专家联合起草并认可。该文件从知情同意、标准操作程序、紧急状况等三大方面对基于网络的心理健康服务做出了具体规范。“知情同意”从过程（可能的误解、周期、咨询师隐私）、咨询师（姓名、资格、认证）、可能的收益、可能的风险、安全措施、替代途径、监护代理（适合未成年人或行为不能自理者）等多方面进行了详细阐述；“标准操作程序”则分别从能力范围、业务条件、在线服务结构、评估、顾客的机密、记录、指导方针等方面进行了规定；“紧急状况”则包括应对程序和当地的应急支援两个方面。

但就美国国内而言，就有五大主要的注册咨询师协会提供在线心理健康服务，它们是美国心理咨询委员会（American Counseling Association，简称ACA）、美国全国认证心理咨询师委员会（National Board for Certified Counselor，NBCC）、美国精神病学协会（APA）、美国社会工作者协会（NASW）、美国婚姻及家庭治疗协会（AAMFT）。在这里主要介绍NBCC和ACA较为专门化、系统化的网络心理健康服务伦理实践标准。

美国全国认证心理咨询师委员会（NBCC）2001年发布了“互联网咨询实践”（The Practice of Internet Counseling），分析面对面咨询和技术支持下的远程咨询差异，并在对咨询的本质、类型及其定义进行探讨的基础上，提出了“网络咨询的伦理实践标准”（standards for the ethical practice of web counseling），该标准在实施时与NBCC的伦理道德规范总则保持一致，对其成员的实践进行引导和规范。标准涉及网络咨询关系，网络咨询的机密性，合法性考量、执业资格与认证等三大部分，共计14个条目。

美国心理咨询委员会（ACA）也建立了专门的网络技术委员会，关注对网络咨询形式的研究（Elleven，Allen，2004）。1999年，ACA发布了“在线咨询的伦理标准”（ethical standards for internet online counseling），从机密性、建立在线咨询关系、合法考虑等三个方面对在线心理咨询进行了规范。“机密性”包括隐私信息、信息提示（专业咨询师网站的安全、专业咨询师认证、顾客验证)、顾客弃权、电子通信记录、顾客信息电子传送。“建立在线咨询关系”包括在线咨询的适当性、咨询计划、持续性覆盖、能力界限、未成年人与残疾人客户等内容。该机构在2005年发布了“ACA职业道德规范”(ACA Code of Ethics),其中“Section A.12”部分重点分析了心理咨询中的信息技术应用,分别探讨了技术应用的优势与局限、技术辅助服务、不恰当的服务、存储数据、法律与法规、援助、技术与知情同意、互联网站等多个相关内容,最后两项规定得非常细致。

除此之外,美国还有一些民间机构如美国总统心理健康新自由委员会(president's new freedom commission on mental health)也会向总统提交相关文件。在其向总统提交的“实现承诺:改变美国的心理卫生保健”(achieving the promise:transforming mental health care in America)文件中提出了改善美国心理卫生保健服务的六个目标,其中第六个目标即是通过(信息)技术来存取心理健康服务信息,以推动心理健康服务的信息化发展。其核心思想一是针对偏远地区的或得不到服务保证的美国人,通过远程信息技术来获取和协调心理健康服务;二是发展构建完备的电子健康记录和个人健康信息系统。[引自“Achieving the promise:transforming mental health care in America(Final report)”,2003]

(二)借鉴与启示

世界各国的相关行业协会都非常重视利用信息技术特别是互联网发展新的服务方式,并对其伦理道德规范做出严格的规定。关于伦理问题的研究,国内学者概括为以下几个主要问题(吴岚,张大均,余林,2006;颜剑雄,刘宏程,2008;毕红升,2007):

1.保密的问题

网络通信和资料的保密与安全是网络心理咨询所面临的重大问题。这是由计算机病毒以及黑客入侵等造成的资料破坏或丢失,需要保密的资料遭到泄露、复制、修改、删除等,计算机的公用与多用途性也容易造成咨询信息的泄漏、丢失。但网络心理咨询中可能出现的泄密与咨询师和来访者双方都是有关系的。

2.知情同意权

咨询师应对网络心理咨询的特征、形态、保密的程序、相关的限制加以说明,还需把咨询人员的专业资格、收费方式等信息事先告知来访者。当网络来访者为未成年人时,咨询师应获得其家长或监护人的同意。

3.咨访双方身份确认

网络咨询匿名性的特点使得网络沟通更直接、放松,因此也更适合那些不善于表露个人隐私或敏感问题的求助者。但在实际治疗中需要确认来访者的身份，主要出于对安全性考虑。另外还可以避免双重关系，因为双重咨访关系会影响疗效。

4.咨询师的资格和能力

在现有条件下，来访者难以通过网络对咨询师的身份和资格进行有效认证，并且难以判断咨询师所提供的信息是否真实有效。同时由于咨访双方可能分属不同的地域（如跨国心理咨询），而不同地方的法律对网络心理咨询的相关规定可能不一致，一旦出现纠纷，就难以给来访者提供有效的保障。

5.诊断评估困难

心理诊断本身是心理咨询的前提和必须信息，但由于当前的网络心理咨询主要通过在线的书面语言交流和利用E-mail进行沟通，缺乏对来访者口语和体态的观察，因而要做出临床上的判断要困难得多，由此带来咨询师在咨询与治疗上的失误，使得其所提供的咨询服务无法满足当事人的需要，甚至对其造成伤害。

6.网络本身对来访者的影响

首先是即时性问题，特别是通过BBS或E-mail等方式进行的咨询活动，其及时咨询的要求不能马上得到满足。其次，计算机多媒体的声光特性可能使咨询师或者来访者沉溺其中，造成对网络的滥用，异化或削弱网络咨询的作用。

7.网络咨询师的培训与发展

网络咨询师在独立从业前应完成一定的培训和获得认证（崔丽霞，郑日昌，滕秀杰，谭晟，2007）。首先要完成一定的基础知识培训。其次，督导和独立情况下进行若干小时的临床实践。最后还要通过认证考试。整个过程都是为了保证咨询师能够胜任网络咨询工作，为求助者提供最好的服务。

另外，国外这些规范还有一些共同特征是：(1)服从于更高级别的法律，避免违法；(2)重视规范的操作程序；(3)重视能力界限、替代方式和救助机制；等等。

8.启示

在监管方面，由于这些国家的从业者非常重视在行业内部的名声和协会的认同，因而这些规定对他们具有较高的约束力和指导作用。这些经验非常值得我国借鉴，但同时也暴露出服务行业化的最大问题，是西方人思维定势使然，即忽略整体上考虑心理健康服务网络化，将其简单视为仅与咨询和治疗有关系，而不重视防患于未然，忽视对公众的心理健康教育和心理保健。这一点，我国在考虑建设心理健康服务体系时不可盲目跟从，一定要发挥政府的主导作用，充分发挥行业的主体性，建构有中国特色的心理健康服务体系。

(三)中国特色与重点

受到政治体制和社会文化的差异性影响,在中国开展心理健康服务网络化除了考虑国外经验以外,还应考虑到以下一些问题:一是政府倡导与监管;二是执业资格认定;三是东方人的隐私观念;四是应急与救助机制。

1.政府倡导与监管

在中国,政府主导的公益性事业常常可以获得公共媒体、社会舆论、人民群众的广泛支持和响应。同时,在整体统筹、资源共享、规范协调等方面,政府具有的强大行政力量可以确保该项工作的有效开展。从另一方面来讲,这是我国行业自律和协调能力差的情况下不得不采取的替代措施。由政府倡导,可以调动全社会的力量参与到心理健康服务体系的构建中来,鼓励公共卫生机构、社会企业、组织团体积极推动心理健康服务网络化、信息化;鼓励城乡一体化,东西部互助协作,消除信息鸿沟;规范和管理赢利性服务;建立和健全服务规范及仲裁功能等方面的管理制度。

2.执业资格认定

无论是国内还是国外,网络心理咨询和服务的执业资格认定问题都是一个复杂的问题,因为顾客不可能对服务提供方的资历进行审查,而网络的开放性降低了服务提供者的准入门槛。正规的服务提供者与没有资历的人、伪装成咨询师的人混在一起,已有网络求助者遭遇心理咨询骗局等案例。因此,职业资格认定程序是必不可少的。政府的网站和信息平台应当发布和更新各种注册的咨询机构,起到资格认定和信息指引的作用。美国部分州政府就提供多种语言的信息平台,指引公众如何获取心理健康服务资源。这一经验,尤为值得我们借鉴。

3.东方人的隐私观念

东方人的隐私观念受到传统文化影响深远。如前所述,韩国学者李(Lee)就探讨了在韩国远程精神治疗与文化障碍之间的关系,结果显示,远程精神治疗有助于他们摆脱儒家文化礼仪限制而自由表达想法(李成齐,2007)。我们认为,受儒家文化熏染的中国人,同样可能通过远程心理咨询和精神治疗降低其心理束缚程度。

在我们看来,东方人的隐私观念主要表现为两方面,一方面是不愿意向他人诉说自己的隐私;另一方面,对他人的隐私感到好奇。这就从求助者和咨询者两方面影响了网络心理咨询的发展,求助者不愿意向咨询师说出自己的问题,不能全然地信任咨询师能够保密,而咨询师的保密职业操守,从整体上也还未能获得公众的认可。这或许不是事实,但却是文化偏见的后遗症。

4. 应急与救助机制

心理健康服务网络化并不能脱离现实救助机制的保证，在没有紧急救助机制保证的情况下，缺乏应急措施或可替代的服务方式，从而将顾客置于非常危险的境地。因而，心理健康服务网络化与社区化是心理健康服务体系建设中并行的两个部分，没有实体的社区化建制，就不可能构建可靠的应急与救助机制。相反，没有服务的网络化，就不可能做到信息资源共享，公众就不容易获得高水平的心理健康服务。

第五编　心理健康服务的效果与对策

第十四章　门诊心理治疗的效果评价研究

第一节　门诊心理治疗概述

我国现行的心理健康服务模式主要分为医学模式和教育与发展模式两种(梁宝勇,2004)。由于我国实行的是三级医疗卫生保健制度以及国内多数人对心理咨询的理解存在问题,医学模式成为我国起步最早、最先得到认可的一种心理健康服务形式(刘新民,2000)。在医疗卫生系统中,最早是各种精神卫生中心和综合医院精神科提供心理健康服务。随着改革开放,经济迅速发展,这种心理健康服务远远不能满足广大人民群众日益增长的复杂的心理问题需求。因此,在20世纪80年代初期,综合医院的心理咨询门诊开始出现。90年代卫生部将建立心理咨询门诊作为考核综合医院工作的内容,三级甲等医院都必须设立心理咨询门诊,因此心理咨询门诊数量得以迅速增长。

一、门诊心理治疗的界定

(一)门诊的范围

门诊是综合医院心理咨询门诊的简称。我国目前存在多种形式的心理咨询,以下做简单介绍,并由此对本文研究的门诊范围进行界定。

由于我国国情中特有的卫生保健制度使医学模式的咨询易于与医疗工作结合开展,心理学专业人才的缺乏导致临床医生尤其是精神科医生相对容易转行从事心理咨询和治疗,另外社会多数人认为心理咨询是诊治心理障碍或心理疾病的,因此我国最早形式的心理咨询和治疗是以医疗机构心理咨询门诊形式开设于综合医院,对象不限于精神病人,还涉及有心理障碍或心理问题的人。全国第一家综合医院心理咨询门诊1982年设于西安医学院附属一院,由陈佩璋开设,其后设立于综合医院的心理咨询门诊开始涌现。近年来在医院等级评审中,凡三级甲等医院必须设立心理咨询门诊,这使我国综合性医院的心理咨询门诊数量迅速提升。

本研究中“门诊”特指的是卫生部下属医疗机构开设的心理咨询门诊,它具体指三级甲等大型综合医院开设的心理咨询门诊。这类心理咨询门诊形式上具有如下特点:

专门的心理咨询室(不同于普通内科诊室,环境温馨舒适私密)、专业背景的心理咨询师、咨询时间在30分钟及以上以及咨询费用为100元/时左右。三级甲等以下综合医院开设的心理咨询门诊、社区心理咨询门诊以及精神病专科门诊基本不具备此类特点,本研究暂不讨论。

(二)门诊的服务对象

有关综合医院心理咨询门诊来访者情况调查的文献报道很多。其中关于来访者来访问题的研究文献均表明,来访者中80%以上有心理疾患,其中约10%为精神病性障碍(包括精神分裂症和心境障碍),其余为非精神病性障碍(主要是神经症性、应激相关的以及躯体形式的障碍与生理紊乱、与躯体因素有关的行为综合征等),只有不到20%为有心理问题的健康人(赵耕源,张晋碚,张亚哲等,1994;龚耀先,李庆珠,1996;戴王磊,2001;杨富英,邓慧琨,2005;范青,季建林,2006;黄晓琴,周春秀,章洋,2006;雪卡,邓燕华,李少华,2007;王丽颖,李晓虹,沈东郁等,2007),这与国外报道的心理咨询门诊来访者主要是有"生活问题"的健康人不同。

对于这种状况的原因分析如下:①由于心理咨询是从欧美发展起来的,欧美人的文化取向把心理咨询看成解决日常生活问题的一种有效途径和手段,而我国大量政治教育一般性的心理问题主要通过"自产自销"或日常生活的"心理帮助"解决,我国特有的思想工作在解决人们的心理问题中发挥着一定的作用,这在某种程度上减轻了心理咨询工作的压力(刘新民,2000);②针对有心理问题的健康人的心理咨询是按照教育和发展模式进行的,属于高层次需要,我国人民的社会生活到这一步还有一段过程,人们的教育和发展心理咨询意识尚未形成(刘新民,2000);③国人的心理卫生知识欠缺,对心理问题没有正确意识,致使出现严重的躯体和精神症状,影响日常生活工作后才被迫去心理咨询门诊,这也导致心理门诊就诊的心理病患者居多(何心展,陈传锋,沈斌表,2002);④中国社会几千年来"家丑不可外扬"的"优良"传统使大部分意识到自己可能患有精神疾病的患者不愿意去精神病院就医,而且社会舆论对精神疾病的认识存在误区,对精神病人持歧视态度,导致这部分患者及其家属选择综合性医院心理门诊接受诊治;⑤研究者在对来访者访谈中了解到目前国人的收入不高,而心理咨询和治疗收费相对偏高且完全自费,因此来访者多是有严重症状且自己通过其他方式已经不能解决;⑥现在社会心理咨询机构日益普及,满足了健康人的心理咨询需求。因此,医疗机构心理咨询门诊的来访者主要是非精神病性心理障碍患者。

（三）咨询门诊的实质

心理咨询是由受过专门训练的咨询者运用心理学的理论和技术，通过语言及非语言的交流，给来访者以帮助、启发和教育，使来访者改变其认识、情感和态度，解决其在生活、学习、工作等方面出现的问题，促进来访者人格的发展和社会适应能力的改善。心理治疗指受过专业训练的治疗者运用心理学的理论与技术，通过言语及非言语沟通方式（如行为训练、音乐、戏剧表演、游戏、手工劳动等），对患者的认知、情感、行为等方面给予影响，以消除、矫正或缓解症状，调整患者异常心态与行为模式，促进其人格向健康、协调方向发展的过程。

从以上定义看出两者是不同的：①工作对象不同。心理咨询的工作对象主要是正常人，正在恢复或已复原的病人。心理治疗则主要是针对有心理障碍的人进行工作。②适用范围不同。心理咨询着重处理的是正常人所遇到的各种问题，主要问题有日常生活中人际关系的问题、职业选择方面的问题、教育过程中的问题、婚姻家庭中的问题等等。心理治疗的适应范围则主要为某些神经症、某些性心理障碍、人格障碍、行为障碍、心身疾病、心因性心理障碍等。③工作环境不同，心理咨询一般在非医疗机构进行，而心理治疗在医疗的情境中进行。④所需时间不同。心理咨询用时较短。一般咨询次数为一次至几次；而心理治疗较长，治疗由几次到几十次不等，甚至经年累月才可完成。⑤涉入深度不同。心理咨询在意识层次进行，更重视其教育性、支持性、指导性工作，焦点在于找出已经存在于来访者自身的内在因素，并使之得到发展；或在对现存条件分析的基础上提供改进意见。心理治疗一般都采用深入性心理治疗，帮助患者弄清其发病原因和发病机制，克服病态心理，改善人格，提高适应能力。某些心理治疗学派在无意识领域工作，以期重建病人的人格（钱铭怡，2000）。⑥治疗目标不同。心理咨询直接针对某些有限的具体的目标进行；心理治疗的目标则比较模糊，总的来说是使人产生改变和进步。⑦心理咨询不涉及用药问题，而心理治疗则可根据具体案例酌情使用药物。

我国医疗机构开设的心理咨询门诊特点如下：①主要工作对象，对象不是健康人，而是有各种心理疾患的患者，他们来医院很少是为了解决日常的生活压力，解决应变能力或某些策略，而主要是看“病”，特别是心理现象躯体化产生的躯体症状（戴王磊，2001；柏涌海，殷雪平，2008）。②治疗目标，是帮助他们避免或消除不利心身健康的心理社会因素，或认识这些心理社会因素在已产生疾病中的作用，减轻或消除精神或情绪障碍的症状，解除精神痛苦，改善工作生活学习等社会功能。③从业人员要求，参照中国心理学会和中国心理卫生协会于1993年10月正式公布的“卫生系统心理咨询与心理治疗工作者条例”，该条例要求参加心理咨询和心理治疗工作者的资格主要有两个方面:一是大学心理学系或医学院校毕业或具有心理学或医学中级职称,并经过省级以上心理学会或心理卫生协会认可举办的心理咨询专业培训;二是应具备心理治疗、普通心理学、发展心理学、神经病学、精神病学、人格心理学、会谈及心理诊断技术、心理测验等方面的知识,非医学专业者应补修有关医学知识(如:内科、儿科和神经科等方面),多具有处方权。④工作方式,先对来访者进行医学诊断和心理学诊断(钟友彬,1995;洪炜,汤艳清,郭蓄芳,2004),然后采用各种心理治疗方法,可结合药物治疗。文献及笔者调查显示:西方心理治疗的各种流派之争在我国一开始就很好被避免,我国门诊心理治疗师客观地根据治疗者的特点和实际情况发展治疗理论和风格,博采众家之所长,采用折衷疗法的最多(郑日昌,张杉杉,张雯,2000;吕秋云,李雪霓,2004;蒋湘玲,2006)。

因此我国咨询门诊的实质是对非精神病性障碍的患者进行医学模式的心理咨询,是在咨询名义下进行的个人心理治疗,在心理咨询时必须结合心理诊断及疾病诊断,在心理治疗的同时给以适当的医学治疗和指导。

二、心理治疗效果评价研究

心理治疗中患者通过与治疗师的互动后会在某些方面发生变化,如何反映这种变化,并对原因和机制加以分析,从而判断心理治疗的效果即是心理治疗效果评价研究的内容(杨宏飞,2005)。按研究主题的不同,心理治疗的效果评价研究分结果研究和过程研究。结果研究是反映心理治疗使患者产生的变化,目的是鉴定治疗是否有效;而过程研究是在结果研究的基础上,对有效治疗的原因和机制加以分析,理解治疗改变的内在过程。随着该领域研究进展,结果研究进入对患者治疗效果的预测—监测—反馈—干预,而过程研究则发展为将结果研究和过程研究结合起来,形成新的过程—结果研究模式,以期回答波尔(Paul)在1967年就提出的心理治疗效果评价研究需要回答的问题——哪种疗法对哪种类型来访者在什么情况下起作用,为什么起作用和怎样起作用(Hayes,Laurenceau,Feldman,Strauss,Cardaciotto,2007)。

(一)结果研究

心理治疗结果研究发展至今,对于如何准确测量治疗效果这一问题进行着不断的探索和发展。但是很多研究都使用各自的自编量表,这对研究和实践的进一步发展非常不利,心理学家呼吁建立适用于各种咨询和治疗方法的效果评价模型。

最早的效果评价模型是斯特鲁普(Strupp)和哈德利(Hadley)提出的“心理健康效果评价的三维模型”,认为效果评价应由社会、患者和心理健康专业人员三方参与(Strupp,

Hadley,1977)。社会方重视行为的稳定性、可预测性和规范性,往往从经济的角度考虑心理治疗问题,对心理健康的专业知识比较缺乏,心理健康问题往往被转化为费用问题;患者首先希望自己感到满意和幸福,把心理健康看作自己的主观感受;专业人员往往从人格理论出发来判断心理健康;这三者的评价由于角度不同往往存在矛盾和差异。该模型主要从评价者的角度来考虑效果评价问题,充分顾及了主观幸福感对心理健康的作用,有一定的现实意义。但它忽视了效果评价中的其他因素,如评价内容、评价方法、评价时间等,使评价模型显得单一(杨宏飞,2005)。

罗森博特(Rosenblatt)和阿汀科森(Attkinsson)提出的效果评价三维模型包括"领域或内容"(domains or content,指临床状态、生活质量、功能状态、安全和健康)、"反映者"(respondents,指患者、家庭成员、工作人员和社区服务信息系统)和"社会背景"(social context,指与评价内容相关的背景,包括自我、家庭、工作单位或学校、社区的交往等方面)(Rosenblatt,Attkinsson,1993)。该模型把评价领域、反映者和社会背景列入效果评价维度,考虑到了不同人员以及不同背景对效果评价会产生的影响,但没有把评价时间考虑进来。

兰伯特(Lambert)等1994年提出心理咨询效果评价应从4个维度来评价(表14-1)(Lambert,Hawkins,2004)。"内容"反映患者个体知、情、行方面的变化,以及人际和社会角色心理层次的变化。"来源"指信息提供者,包括患者、咨询师、观察者、相关的他人和机构。"技术"指收集资料的方法,其中"总体评价"(Global Ratings)或"评估"(Evaluation)要求评价者通过反省对效果作总体判断,"描述"(Description)或称"特殊症状指标"(Specific Symptom Indexes)要求评价者报告某一或某些症状在咨询前后的变化,"观察"指记录行为,"状况"包括对心率、呼吸率、皮电等的生理测量和反映患者个人情况(如离异、分居等)的调查。"时间"反映被测内容的稳定性,其中"特征"是稳定性高的心理现象,"状态"是稳定性低的心理现象,"类型",它指被测内容随时间变化的情况,不同患者的类型是不同的,如有的变化先快后慢,有的先慢后快,有的比较稳定,有的不稳定。研究者认为该模型的维度比较集中,彼此之间有内在的联系,但维度中因素分类的合理性值得商榷。例如,"状况"中的生理测量和个人情况是两个完全不同的指标,纳入同一类别似乎欠妥。另外,时间维度的本质并不是概念性的,而是经验性的。只要某种变化得到长时间保持,它就是稳定的"特征",否则就是不稳定的"状态"。根据量表项目的词义来确定"特征"和"状态"不太合适,且这样的区分对效果评价没有意义,因为测量特征与测量状态本身并不能表示咨询是否有效(杨宏飞,2005)。

表14-1 Lambert效果评价的四维模式示意

内容	来源	技术	时间
个体:认知	患者	评估	特征
情感	咨询者	描述	状态
行为	观察员	观察	类型
人际	相关的他人	状况	
社会角色	机构		

麦克莱伦(McLellan)和杜若(Durell)提出从四个方面测量心理治疗效果:症状的减轻、健康和个人及社会功能的改进、治疗费用、公众健康和安全威胁的减少。该模型同时把症状的减轻、功能的改进、治疗费用、公众健康和安全威胁作为效果评价的指标,研究偏公共卫生方面(McLellan,Durell,1996)。

多切蒂(Docherty)和斯特里特(Streeter)认为可以从七个方面进行测量:症状、社会/人际功能、工作功能、满意感、治疗的利用、健康状态/总体健康状况与健康相关的生活质量(Docherty,Streeter,1996)。该模型更偏重于考察积极的心理功能,但对其他评价方面考虑不足。

我国学者杨宏飞根据心理咨询效果评价的核心问题提出心理咨询效果评价的4维模型(表14-2),该模型是在兰伯特(Lambert)四维模型基础上的改进(杨宏飞,2005)。它包括:①内容。可以从多种角度进行分类,"知、情、行"或者"知、情、意、行"是基于心理过程的分类,"个体、人际、社会角色功能"是基于社会性程度的分类。内容分类关键要体现科学的心理健康观。虽然对心理健康下确切的定义比较困难,但目前比较公认的基本看法是:心理健康不仅仅是没有消极的心理(如强迫、抑郁、敌意等),还需要有积极的心理(如乐观、幸福、满意等)。因此,心理咨询的效果评价既要反映消极心理,也要体现积极心理的变化。②报告者。包括患者、专业人员(指咨询师和受过训练的观察员)和知情者(指亲友、同事、同学、老师等)。③方法。分为两大类:实证方法和现象学方法。实证方法典型地表现为研究大量采用"事前—事后测验"和"干预组—非干预组"设计,它能提供内部和外部效度,但往往把问题数字化和简单化。现象学方法典型地表现为个案报告,能提供丰富复杂的个案变化情况,但难以提供良好的内部和外部效度。将两类方法结合,可以取长补短。④时间。该维度按照报告的时间来分类,每次咨询结束时所作报告为"即时报告",以后报告为"跟踪报告",有时患者需要进行多次咨询,则又有"中期报告"和结束时的"总结报告"。这样的区分更有利于效果评价,因为时间是检验效果的一个重要参数。该评价模型很好地概括了效果评价的各方面内容,是对以往模型的补充和完善。但该模型还没有被实际运用,因此实际操作中会出现一些疑问。

例如消极内容和积极内容的题项应怎样组合来测评患者,对这两部分内容测定时间有无区别(如消极在前,积极在后?),这需要在以后实践中继续探究。

表 14-2 杨宏飞效果评价的四维模型

内容	报告者	方法	时间
积极	患者	实证	即时
消极	专业人员	现象学	跟踪
	知情者		中期
			总结

建立心理咨询效果评价模型是促进心理咨询效果评价科学化的一条途径,通过心理咨询效果评价模型,研究者可以更准确地选择和设计合适的量表。如对于心理障碍的矫治,可以多选择些消极心理量表,而对于发展性心理辅导可以多选择些积极心理量表(杨宏飞,2005)。

(二)过程研究

心理治疗至今已发展至400余种,每种疗法都有其特定的理论和治疗技术,之所以认为该疗法有效,就是因为其独有的理论和技术。而结果研究的结论却一再告诉我们每种疗法疗效大致相似,没有差异(Lambert,Bergin,1994;Smith,1982)。自此引发两种研究主题之争,实证支持治疗和共同成分研究。实证支持治疗的基本假设前提是不同疗法拥有不同的治疗技术,正是这些技术对不同患者产生不同治疗效果,应该通过实证研究确定不同疗法适合治疗哪类患者。共同成分研究认为不同流派疗法之间的相似性要远大于它们之间的差异性,而疗法的效力更多来自这些共同成分而不是特殊技术,强调对共同成分展开研究以理解心理治疗起效机制。经多年的研究发展,两种冲突之争被简化为心理治疗是从事于关系(Alliance)(也称联盟)还是从事于技术(Techniques)(Barber,2009)。

1.关系取向

对共同成分的研究最终集中到治疗中患者与治疗师之间的关系。所有的心理治疗都强调治疗关系的重要性;而多项对患者进行的调查研究,让他们描述心理治疗过程中什么对他们有用、什么对他们没用,也都得出患者认为心理咨询中的相互关系的种种因素比使用心理治疗技术更为重要;在患者眼里,他们的心理治疗过程中他们与心理治疗师之间的相互关系起到最大的作用(Mcleod)。关系取向的观点认为寻求心理治疗的患者一般都存在与人交往的人际困难,这些人际问题来源于其成长过程中不良的人际互动并由此导致心理障碍。通过分析心理治疗提供的这种患者与治疗师之间建立的关系，以及分析在治疗过程中如何处理治疗关系，可提供给患者一种健康的人际交往模式，在这种关系中患者逐渐意识到自己的问题所在并逐一解决，最终患者能有效地处理现实中的人际问题，从而使得治疗产生效果（Hill，Knox，2009）。

哥德斯坦（Goldstein）和希金博特姆（Higginbotham）提出一个治疗关系作用过程的模型，这个模型包括四组呈线性关系的变量（图 14-1）（江光荣，2003）。这个模型整合了来访者中心理论和社会影响理论，它把罗杰斯（Rogers）理论的助长条件及其他一些因素视为关系的促进因素，把关系本身定义为双方的情感、态度体验、喜爱、尊重和信任，认为在这样性质的关系中治疗双方可以进行无障碍的交流，患者变得比较开放，可说服性也增加，由此导致患者最终的改变。

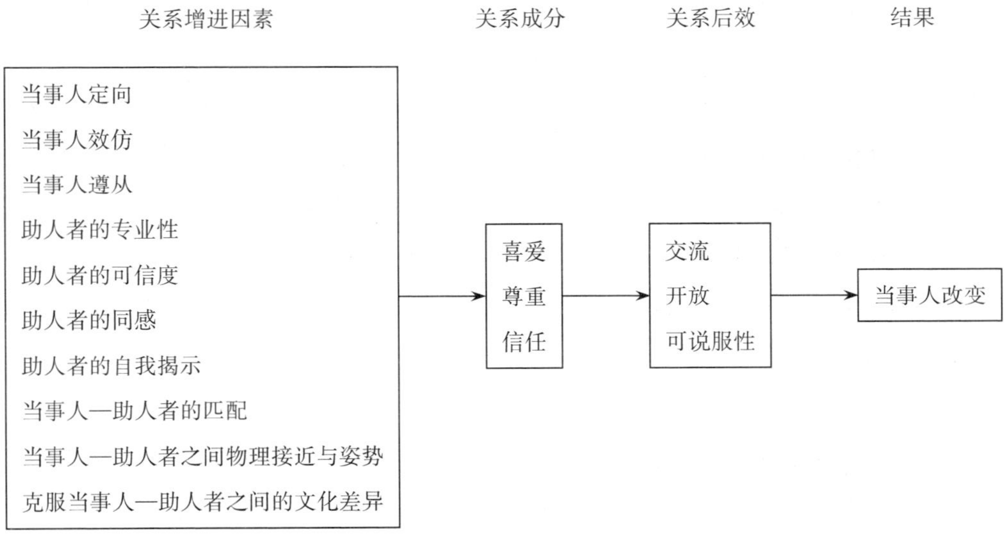

图 14-1　哥德斯坦和希金博特姆的关系效果模型

2.技术取向

技术是指治疗师为了促进患者产生变化以及达到治疗目的而专门采用的治疗手段，包括不同理论取向疗法的独特技术（涵盖从心理动力学、认知—行为、人本主义到系统以及整合的治疗范围）：临床解释、自由联想、面质、认知重构、药物治疗、空椅技术、生物反馈、系统脱敏、重构、家庭重塑、奇迹问题或其他的难题解决技巧（表 14-3）。

表 14–3 不同理论疗法的独有治疗技术

观点	治疗技术
心理动力学观点	澄清、面质、解释、镜像作用、脱敏作用、修通
认知行为观点	认知重建、脱敏、系统脱敏、暴露、认知和行为演练、技巧训练、模仿与强化
现象主意观点	共情式倾听、脱敏、现象消退、沉浸技术、空椅技术、浮想、演练
系统观点	联合、技能训练(如养育技能)、界限重构、脱敏、悖论、重新构架、演练
折中疗法	整合采用上述任何多种治疗方法使之适合文化、成本—效益要求

早期实证支持治疗的研究对象是某种疗法，把该疗法视为一个整体的治疗包(treatment package)来研究，现今技术取向的观点认为应该研究疗法中具体的某个干预技术，也就是把治疗包分解成个别的技术成分来进行研究。尽管这方面的研究很多，但现有的对治疗技术与效果关系的研究都没有得出因果关系的结论。例如多位研究者采用量表测量治疗师使用治疗技术时的忠实—胜任(adherence-competence)程度，并把该测量结果与最终治疗疗效联系起来研究，发现忠实程度与效果没有线性关系，而胜任则有显著相关；刻意使用某技术的效果不如无意识使用该技术时效果好；而且特定技术是否通过其理论所假设的方式起作用也没有得到证实(Burns，Spangler，2001a；Burns，Spangler，2001b)。对此，巴伯(Barber)提出应首先解决如何对技术下操作性定义以及怎样准确测量(Barber，2009)。

3. 临床观

兰伯特(Lambert)估计，一个临床医师的治疗观点以及干预策略和手段对心理治疗结果变异的作用仅占15%。Lambert(1992)研究发现，治疗师的干预给来访者留下的印象要比治疗师本身给他们的印象小得多(Mcleod)，因此支持兰伯特(Lambert)的观点："治疗师应该少花时间去找正确的干预方法或正确的治疗种类，而把更多的时间花在他们理应擅长的事情上——理解、倾听、建立关系以及鼓励来访者寻找能帮助他们自己的方法。"

三、我国门诊心理治疗效果评价研究现状

(一)内地(大陆)地区

在内地(大陆)地区，利用CNKI对其收录的所有文献分别用心理咨询和心理治疗作为检索词进行搜索，对收集到的文献进行简单分析发现：①关于心理咨询和治疗的文献逐年增多，但大部分都是对国外研究进行综述(高洁清，张承芬 2008；李成齐，2006；秦旻，郑涌，2009；王中杰，2005；吴明霞，郑涌，汤万文，2001)。②国内进行的心理咨询和

治疗研究主要集中在结果研究方面,最多见的门诊心理治疗效果调查研究,如某医院心理门诊对一定时间范围内患者的治疗结果回顾,效果评价一般由治疗师进行,且多是针对症状改善;其次是个案研究,报道某种疗法对某个案的治疗过程及效果;再次是前瞻性的准实验研究,如针对某种诊断心理治疗结合药物治疗与单纯药物治疗作对比的组间研究或是单组心理治疗效果的前后测对比研究;质量较高的随机对照试验(RCT)研究数量较少(崔维珍,王东明,于国勤,2004;胡庆菊,王继丰,孙红梅,2006;侯志瑾,弓建华,余淑君,常雪亮,2008)。③元分析研究显示,我国心理门诊进行的心理治疗有中等的效果(施加平,邵亦冰,张英萍,刘宣文,2008)。马惠霞对13年来心理咨询与治疗研究文献回顾也证实以上观点,即我国这方面的研究以个案和成批观察的报道为主,科学性设计的研究很少,高质量的RCT研究更少,对促进疗法疗效的干预研究和探究改变影响因素的实证研究没有(马惠霞,2002)。

(二)港台地区

港台地区关于心理治疗的研究很多,早期以结果研究为主,包括准实验研究(组间对比和单组前后测)和RCT研究,以及在此基础上进行的元分析研究。研究证实台湾地区进行的心理治疗总体有效,并探讨影响疗效的有关因素(余丽桦,陈永庆,张娟凤等,2002)。目前进行的主要是过程研究和理论本土化的研究,如许育光采用诠释学取向的循环建构方法对治疗关系进行研究(许育光,2005),韦(Wei)及其同事对台湾治疗关系预测因素的研究(Wei,Heppner,2005),谢佩玲和王丽斐以质化研究方法探索疗程中反移情经验的性质和转变(谢佩玲,王丽斐,2007),连廷嘉和徐西森对咨商历程中咨商员口语反应类型及当事人反应行为交互作用进行研究,建构出本土化咨商历程口语交互类型的归类、编码系统及其运作实务(连廷嘉,徐西森,2004)。

研究结论总结如下:①心理治疗在台湾香港总体有效,效度中等(余丽桦等,2002)。②对治疗的过程研究方面基本与国外研究结论一致,即来访者资源(自我力量、动机等)、治疗关系、期望效应和干预策略等使治疗起效。③在理论本土化方面的研究提示华人来访者更希望咨询师采用直接的问题解决咨询策略而不是国外研究得出的洞察力获得(Wei,Heppner,2005)。在治疗关系方面强调第一次会谈咨询师应该建立起可信(专业、魅力和可信赖)的老师形象,这样可以减少第一次治疗后来访者脱失(一次治疗后就不再来治疗);治疗脱失与第一次会谈治疗师与来访者间治疗联盟差有关(吴秉卫,2006)。

第二节　门诊心理治疗效果研究

心理咨询和治疗作为一种有效的助人手段，自20世纪80年代进入医疗领域，极大地满足了社会需求，它的作用已经越来越多地受到心理卫生界人士的重视和肯定。然而作为当前我国心理咨询和治疗主要服务形式的医疗机构心理咨询门诊的效果如何？门诊心理咨询效果的基本治疗因素是什么？它们又是如何发生作用的？从哪些方面进一步改进提高其治疗效果？本课题研究者针对这些问题，力图通过此项研究为心理治疗理论的本土化发展做出有益的探讨，进一步提高临床实践的科学性，促进我国心理健康服务的职业发展。

一、门诊心理治疗患者基本状况调查

研究收集成渝两地三家三级甲等综合医院心理咨询门诊2008年10月至2009年10月间前来心理咨询的患者资料，共计686人。从性别、年龄、教育程度、就业状况、家庭状况、收入、就诊原因及以往有无接受过心理咨询等方面进行资料整理统计，以此来了解门诊心理治疗患者的基本状况。

（一）患者的人口学变量分布

患者中417人为女性，占全部患者的60.8%，男性有269人，约占39.2%。患者年龄分布中以20至30岁（不含）这一年龄段最多（俗称80后），共占总人数的50.5%，其次为30至40岁这一年龄段（俗称70后），占22.1%（表14-4）。

表14-4　患者性别年龄构成表

性别	20岁以下	20—<30岁	30—40岁	40岁以上	总计	男女总数比例
男	53人	125人	60人	31人	269人	39.2%
女	53人	223人	90人	51人	417人	60.8%
总计	105人	346人	152人	83人		
男女各年龄段人数比例	15.3%	50.5%	22.1%	12.1%		

其他人口学变量见表14-5，患者家庭状况中，与父母居住者占46.8%，其次为与配偶居住25.4%，选择“其他”的主要为与同学、朋友或亲戚居住；患者以上班人群为主，占41.5%，其次为上学者，占31.9%，选择“其他”的主要是休病假在家和退休；按家庭人均月收入分五等级划分患者，患者集中在1 000—<2 500元段，其次为500—<1 000元

段和2 500—5 000元段。

表14-5　患者家庭、就业及收入情况构成表

家庭情况	总计/人	比例/%	就业情况	总计/人	比例/%	家庭人均月收入状况/元	总计/元	比例/%
独居	79	11.5	上班	285	41.5	<500	20	2.9
与父母居住	321	46.8	上学	219	31.9	500—<1 000	113	16.5
与配偶居住	174	25.4	待业	109	15.9	1 000—<2 500	237	34.5
与父母和配偶居住	68	9.9	休学	31	4.5	2 500—5 000	112	16.3
其他	44	6.4	其他	42	6.1	>5 000	99	14.4
						缺失	105	15.3

以上人口统计学资料分析结果反映出心理咨询门诊女性多于男性，比例约为1.5∶1，这与沈启莹等和杨富英等的调查结果一致（沈启莹，胡燕，李良杰，朱记军，耿德勤，2008；杨富英，邓慧琨，2005）。分析原因发现，一方面可能是女性出现心理问题的发生率高，另一方面可能是女性更愿意接受他人（例如心理咨询）提供的帮助。患者年龄分布主要以“80后”为主，占总人数的一半，其次为“70后”，占22.1%。很多该方面的文献调查均反映出这个趋势（杨富英，邓慧琨，2005；戴王磊，2001；黄晓琴，周春秀，章洋，2006），认为这是由于内在生理因素影响（如性激素分泌）使得“80后”心理稳定性相对较差、社会适应性差，同时由于学业、事业和婚恋三重压力使得他们的心理问题和心理疾病高发；而“70后”面临着事业、家庭、生活等诸多压力，心理问题也相对比较突出。文化程度构成方面，以“大学”为最多（47.5%），其次为高中（33.5%），初中及以下（12.3%），最后是硕士及以上（6.7%），这符合我国当前城市人口文化程度分布，同时也提示文化程度越高，对心理问题的关注程度也越高。心理咨询与治疗是基于西方哲学思想发展而来，完全不同于东方的哲学思想体系，理论及其文化的适应性可能是影响东方人接受心理咨询的一个重要因素。相对来说，20世纪70年代后出生的人更多受到我国改革开放后西方思潮的影响，文化程度稍高些（高中以上）对西方文化接受能力相对较好，因此这部分人更能接受来自西方的心理咨询和治疗，这也是这部分人群比例较高的原因之一。家庭情况构成中，以与父母居住为最多（46.8%），其次为与配偶居住（25.4%），这符合患者年龄状态，即青年多未婚，这是由于中国人习惯于与父母居住，中年则多与配偶组成家庭。患者中上班和上学的占大多数（73.4%），待业、休学及其他者占（26.6%），相对正

常人群中比例分布来看，患者中待业、休学及其他者比例较高，但不清楚究竟患病是导致这种状况的原因还是患病是这种状况的结果，这需要以后深入调查。就诊患者收入分布集中在家庭人均月收入1 000—<2 500元（34.5%）这一段，而500—<1 000元（16.5%）、2500—5 000元（16.3%）和5 000元以上（14.4%）没有太大差异，最少是500元以下（2.9%）。分析原因发现，一方面是由于家庭人均月收入可能主要集中在1 000—<2 500元这一段，另一方面由于国内门诊心理咨询为自费，费用至少在每小时100元以上，因此低收入家庭不可能承受这样的花费，这可能是500元以下收入者比例小的原因。

（二）患者的咨询过程相关情况统计

1.诊断情况

以ICD-10为分类标准，将患者就诊原因归于以下五类，其中以神经症性、应激相关的及躯体形式的障碍最常见，达到390人，占总人数的56.9%；其次是与生理紊乱和躯体因素有关的行为综合征（主要是睡眠障碍、性功能障碍和进食障碍），为133人，占19.4%；心境障碍为64人，占9.3%；人格与行为障碍为49人，占7.1%；其他分类为一般心理问题或未下医学诊断者，共50人，占7.3%。这和文献报道相似，即我国医院心理门诊患者就诊原因主要是非精神病性心理障碍。原因如前所述主要是人们在日常生活、学习、工作中缺乏心理卫生知识，不注重心理调适，长期压抑导致心理障碍，从而影响学习、生活和工作等，直至严重影响生活质量时才就诊求医。本研究对象为接受正规心理治疗的患者，一般是经过普通内科门诊转诊或推荐而来，属于问题相对较严重，非一般谈话开导能解决者，这也可以解释为什么一般心理问题所占比例低。

2.既往心理咨询情况

对该问题有81人（占总被试人数的11.8%）未填写，剩余605名患者中既往有过心理咨询经历的为313人（占总被试人数的45.6%），没有进行过心理咨询的292人（占总被试人数的42.6%）。在有过心理咨询经历的患者中，对过去咨询效果的评价中绝大多数（235人，占有咨询经历人次的75%）选择部分有效，48人（占有咨询经历人次的15.3%）选择无效，13人（占有咨询经历人次的4.2%）选择恶化，17人（占有咨询经历人次的5.4%）选择治愈。75%的患者反映治疗有效反映出我国门诊心理咨询是有效的，但75%这个数据肯定偏高，因为既往在门诊接受心理咨询效果不佳者极有可能不会再寻求心理治疗，这导致本调查样本有偏差。

3.当前药物治疗情况

290名患者（42.3%）在心理治疗过程中同时结合药物治疗，55名患者（8.0%）这方面信息缺失，341名患者（49.7%）未接受药物治疗，这反映我国心理治疗中药物治疗仍是不可缺少的治疗环节。

4. 咨询次数分布情况

对患者本次心理治疗是其接受的第几次会谈进行调查,大多数(59.8%)为第一次,12.2%缺失,答第二次的有10.0%,答第三到第六次8.2%,还有9.8%的被试回答是第七次及以上会谈。该数据和其他研究类似,反映出华人心理治疗的特色,即喜爱“一次性治疗”,治疗脱失率高(黄晓琴,周春秀,章洋,2006;Wei,Heppner,2005)。韩国学者李将镐对该现象进行研究,发现原因是东方人不习惯于在别人面前暴露自己的想法,对心理咨询和治疗感到没有实效,不能立竿见影(李将镐,1996)。

总之,本研究中,患者女性居多(占60.2%),年龄段集中在“80后”,其次为“70后”,文化程度以大学高中为主,绝大多数属于医学问题,其中以神经症为多。患者中一半有心理咨询经历,其对既往心理咨询效果的评价中大部分认为有一定效果。患者中约半数同时接受药物治疗。在咨询次数上,大多数为一次咨询。

二、门诊心理治疗满意度评价

(一)研究工具与研究方法

针对上述患者被试,由门诊护理人员在知情同意原则下组织患者在本次心理治疗开始前填写期望问卷;结束后,填写治疗联盟、会谈评价和心理治疗满意度问卷(各问卷工具以下将作详细介绍)。此外,本次调查所涉及治疗师共15人,其中精神病专业博士5人,心理学专业博士2人,精神病专业硕士4人,心理学专业硕士4人,均接受过至少两种心理咨询疗法的培训,从事临床心理咨询工作4年以上。对治疗师的调查显示均采用折衷疗法。

1. 自编门诊心理治疗满意度问卷

门诊心理治疗满意度问卷(client satisfaction questionnaires for outpatient psychotherapy)(以下简称满意度问卷)由4个自编题目组成。问卷采用4点评定量表,程度从“没有”、“少许”、“大部分”到“完全”,计分依次为1至4。问卷指导语为“下列4道题目,是您对本次心理咨询服务的评价,请在符合您的想法的答案上画圈”。将初试问卷施测于400名患者,回收合格问卷365份,合格率为91.25%。经过因素分析等问卷编制过程最终确定了单因素四个题项的最终问卷。其内部一致性可信度(Cronbach's α 系数)为0.771,表明问卷具有较好的同质信度。

2. 期望问卷修订版

本研究将期望界定为治疗前患者对治疗是否有效的预期(结果期望)和对治疗中自

己和治疗师角色和责任的认识(角色期望),并在我国医院心理门诊环境下修订效果期望问卷(CEQ)(Devilly,Borkovec,2000)和心理治疗期望问卷(修订)(PEI-R)(Bleyen,Vertommen,Vander Steene,Van Audenhove,2001),将其合并为门诊心理治疗期望问卷(psychotherapy expectations questionnaires for outpatients)(简称期望问卷)。

使用CEQ问卷和PEI-R问卷,将其合并,共计27个题项。其中CEQ问卷包含3题项,为5点利克特量表,该问卷简短易答(Devilly,Borkovec,2000)。PEI-R包含24题项的7点利克特量表,用于测量患者4种不同的角色期望——寻求赞同、寻求建议、寻求听众和寻求关系,常被用来调查患者在治疗过程中角色期望的改变(Bleyen,et,al.,2001)。合并的问卷采用5点评定量表,程度从“没有”、“少许”、“部分”、“大部分”到“全部”,计分从1至5分。问卷指导语为“下列题目是描述来访者对心理咨询的感觉和想法,答案按意愿程度逐级排列,请按您的意愿程度在所选答案上画圈”。

通过问卷修订过程发现,在我国医院心理门诊环境下得出患者心理治疗期望问卷由效果期望、建议—关系期望、听众—赞成期望3个因素构成,共15个题项。问卷具有良好的信度(问卷总的Cronbach's α系数为0.775,效果期望、建议—关系期望和听众—赞成期望各因素的Cronbach's α系数分别为0.812、0.875、0.652)和效度。

3.治疗联盟问卷修订版

本研究将治疗联盟(working alliance)界定为治疗者和患者对任务及目标的共识以及相互之间和谐或依赖的感受,包括建构目标、任务和联结。

使用治疗联盟问卷简式版(WAI-S)问卷,原问卷包括12个项目,其中第4、10题为反向计分题。问卷采用7点利克特评定量表,程度从“不是”、“很少”、“偶尔”、“有时”、“时常”、“常常”到“总是”,计分方式依序为1至7分(Tracey,Kokotovic,1989)。本研究采用台湾陈庆福修订的中文版,该中文版在台湾大量使用,信效度得到良好证实(吴秉卫,2006)。对WAI-S(台湾版)两处表述方式按照大陆的习惯进行修改(谘商改为咨询,谘商员改为咨询师)。施测由医院门诊护士组织患者在本次心理治疗结束后进行。问卷在本研究中有良好的信度(Cronbach's α系数为0.894)和效度(WAI-S与满意度相关系数为0.671)。

4.会谈评价问卷修订版

本研究将会谈评价界定为患者对本次会谈的感受,通过顺畅性和深度性两个向度来区别会谈质量的好坏。顺畅性向度包括放松的和舒服的以及与之相对的紧张的和痛苦的;深度性向度包括有力的和有价值的以及与之相对的无力的和无价值的。本研究在我国医院心理咨询门诊环境中对会谈评价问卷(SEQ-V)进行了修订(Stiles,Gordon,Lani,2002)。

SEQ-V在全世界广泛使用，拥有多种语言版本（Stiles，Gordon，Lani，2002）。该问卷的中文修订版在台湾大量使用（吴秉卫，2006），有良好的信效度。本研究在医院心理咨询门诊环境中对该问卷的会谈感受分问卷进行修订，该分问卷由20对语义相反的形容词构成10个项目，采用7点量表形式，计分方式为1至7分，其中2、4、6、8、10题为反向计分题。分数越高表明会谈质量越好。由医院心理咨询门诊护士组织患者在一次心理治疗完后填写。在本研究中，该问卷总的Cronbach's α系数为0.878，深度性和顺畅性这两个因素的Cronbach's α系数分别为0.722和0.819，表明本问卷的信度较好。会谈评价问卷作为过程变量与效果的中介变量，一再被证实与治疗联盟和治疗效果正相关。因此将会谈评价问卷与治疗联盟问卷和满意度问卷求相关，会谈评价总分及各因素与治疗联盟（0.594**）和满意度（0.602**）相关显著，且均达到中等程度，说明问卷具有很好的实证效度。

（二）患者满意度及其影响因素分析

用患者满意度对治疗效果进行评估，满意度得分的均值为2.99，标准差为0.69，将被试得分分为几个分段，其中6.3%的被试得分处于1—2区间（不满意），10.7%得分为2.33（有点不满意），16.1%得分为2.67（一般），30.6%得分为3（有点满意），31.8%的被试得分位于3（不含）至4（不含）区间（较满意），4.5%被试得分为4（满意）。

本研究显示，总的来说患者对所接受的心理治疗较满意（均值2.99高于2.5），这与范青和季建林以及赵玮琳等调查结果一致。其中评价有点满意以上的占总人数的66.9%，说明大多数患者对门诊心理治疗持肯定的态度，门诊提供的心理治疗服务一定程度上满足了患者需求（范青，季建林，2006；赵玮琳，吴京平，施穗琴，梁红英，2000）。

1.患者人口学变量对治疗满意度影响分析

考察人口统计学变量以及患者诊治相关因素对满意度的影响，结果如表14-6所示。性别、就业状况、诊断情况、咨询经历和结合药物治疗与否对患者心理治疗满意度没有影响。年龄对满意度的影响表现为40岁以上年龄段的满意度显著低于20岁以下和20—30岁这两个年龄段，呈现年龄越大满意度越低。这符合弗洛伊德的观点——年轻人在心理治疗中获益更多。究其原因，研究者认为青年尚没有完全、牢固地形成自己的思维方式和行为习惯，可塑性较大；他们的问题多为适应不良、情绪问题，受到消极情绪影响及负性行为的强化过程较短，且与幼年经验和体会相隔不远，较年长者容易挖掘，易从心理咨询中获益（李箕君，张宁，袁勇贵，2002）。

表14-6　各影响因素对满意度的差异分析

影响因素	F值	影响因素	t值
年龄	5.11^{**}	性别	1.33
教育程度	4.01^{**}	咨询经历	1.84
家庭情况	12.30^{***}	用药情况	1.46
就业状况	1.83		
收入水平	9.16^{***}		
诊断情况	0.02		

注：$^{*}p<0.05$；$^{**}p<0.01$

教育程度对满意度的影响表现为高中组和大学组满意度最高，其次是硕士研究生及以上组，最差是初中及以下组，呈现出教育程度居中的满意度高，教育程度两端的满意度低。韦纳（Weiner）总结与治疗效果偶尔有关的因素是患者曾经取得的成就和中等或以上的智力。对智力的看法是，心理治疗是以言语交流和观念交流为中心，具有言语和概念形成的能力在治疗中有助于治疗进程推进，但是较高智力并不意味着较好的效果。这正好可以解释初中及以下组从心理治疗中获益最少，所以满意度最低。而硕士及以上组可能因为要求更高，反而对心理咨询满意度相对较低。

家庭情况中独居者满意度显著低于其他四类，其次是与配偶居住者显著低于与父母居住者和与配偶及父母居住者，其他组显著低于与配偶及父母居住者，与父母居住者和与配偶及父母居住组无显著差异。该结果呈现出家庭结构越完整人口越多，患者心理治疗满意度越高的趋势。本节对满意度和治疗联盟关系的研究显示：满意度与治疗联盟显著相关（0.671），那么从某种意义上可以说治疗联盟决定患者治疗后的满意度。前面关于治疗联盟的综述中提到具有健康的目标、普遍满意的社会关系、人际态度无敌意或支配欲的患者倾向于发展积极的治疗联盟；采用独居方式者本身就可能代表着不良的社会人际关系，相对来说他们与治疗师建立高质量的治疗联盟较其他类型困难，所以对治疗的满意度最差。与配偶及父母居住者相对来说社会人际功能最好，与治疗师能够建立起良好的治疗关系，相应他们对治疗的满意度最高。

收入水平对满意度影响表现在家庭人均月收入低于500元组满意度显著低于其余四组，其次是2 500—5 000元收入者显著低于剩余三组（500—<1 000元、1 000—<2 500元、>5 000元），剩余三组差异没有显著性。研究发现收入状况对满意度有显著影响，最低收入者对心理治疗满意度最低，这和国外研究有区别，分析原因可能有两个：一是门诊心理咨询为自费，且费用不低，这对于低收入者是笔不小的负担，在某种程度上会降低患者满意度。国外由于心理治疗是保险付费（免费），因此与收入无关。二是收入最低者文化程度一般也最低，受教育程度影响导致满意度低。

2.会谈成分对治疗满意度影响分析

采用多元回归分析考察期望各因素对满意度的影响，结果显示在排除其他期望因素的作用后，效果期望与满意度中度显著相关(0.460)，说明患者治疗前对治疗效果期望越高，治疗后对治疗服务的满意度评价越高，这符合效果期望作为安慰剂本身就能产生治疗效果的论说；建议—关系期望与满意度中度显著相关(0.461)，听众—赞成期望与满意度没有显著相关(−0.082)。这和国外研究结论类似，即患者治疗前的角色期望决定患者对治疗是否满意，是否愿意坚持继续接受治疗，研究也多次证实满意度是患者治疗是否脱失的重要变量。总体来讲，本研究支持拉森(Larsen)等的患者满意度可能受到患者治疗前期望的影响之结果(Larsen，Attkisson，Hargreaves，Nguyen，2005)。

治疗联盟和满意度显著正相关(0.671)。采用多元回归分析，排除期望因素的影响后，治疗联盟仍与满意度显著正相关(0.332)。这说明治疗师与患者建立的良好关系是患者对治疗满意的决定因素，这可以从两方面来解释。患者与治疗师建立好治疗联盟了，会提升患者治疗效果，也就提升了满意度；另一方面，对治疗服务的满意和治疗获益是评价门诊心理治疗服务的不同内容，这从前面关于满意度和治疗即时效果的低相关(0.229)也可反映出，而患者能够区别对治疗服务的满意和治疗获益，而良好的治疗联盟从人际互动关系这方面提升患者对治疗服务的满意度。

采用多元回归分析考察会谈评价各因素对满意度的作用，在排除治疗联盟的影响后，会谈评价深度性与满意度显著正相关(r=0.233，p<0.001)，会谈评价顺畅性与满意度正显著相关(r=0.097，p<0.05)。这说明会谈质量影响患者对治疗服务的满意程度，而且患者认为会谈深度性比会谈顺畅性更能影响他评价的满意度，这间接说明治疗师干预技术水平也影响患者满意度。

三、门诊心理治疗剂量效果研究

本研究旨在了解我国门诊心理治疗需要多少次会谈才能产生临床显著性效果。该问题的回答一方面可作为评价门诊心理治疗效果的指标，另一方面可作为门诊心理治疗师与患者协商咨询次数的参考依据，有助于门诊心理治疗工作更好开展。

(一)研究工具与研究方法

患者为前述2008年10月至2009年10月间在成渝两地三家三级甲等综合医院心理咨询门诊接受连续心理咨询者(至少两次及以上)。治疗师同前述15位治疗师。

患者在第一次心理治疗之前及以后每次心理治疗前均完成心理治疗结果问卷。本着知情同意原则，由医院咨询门诊护士进行问卷收集工作。第一次测得心理治疗结果问卷分数作为患者治疗前心理状态的基线水平，以后每次咨询前测得的结果问卷分数均作为前面咨询的效果。问卷测试结果由护士收集后交给研究者，咨询师和患者均没告知测试结果。

利用SPSS15.0统计软件包进行统计处理，统计方法为描述性分析和生存分析。由于生存分析对数据要求较高，而本研究中患者心理咨询为自费，采用门诊挂号而非预约形式，导致患者脱失率高；患者完成问卷是本着自愿原则等，这导致资料收集很不完整，最终满足此要求的患者仅为55位。

（二）门诊心理治疗剂量效果研究

患者55位，其中男21人，女34人；年龄为18—47岁，M=29，SD=8.22；其中52.3%患者有过咨询经历，45.5%的被试同时接收药物治疗。其他人口统计学变量情况见表14-7。

表14-7 患者受教育程度、家庭、就业、收入及诊断情况构成表

教育程度		家庭状况		就业状况		收入		诊断	
初中及以下	12.7%	独居	17.1%	上班	27.9%	<500元	2.6%	神经症	29人
高中	34.5%	与父母和配偶居住	4.9%	上学	34.9%	500—<1 000元	25.6%	心理因素相关生理障碍	11人
大学	45.5%	与配偶居住	19.5%	待业	22.2%	1 000—<2 500元	35.9%	心境障碍	7人
硕士及以上	7.2%	与父母居住	56.1%	休学	6.7%	2 500—<5 000元	23.1%	人格问题	8人
		其他	2.4%	其他	6.7%	5 000元以上	12.8%		

55位患者临床显著性效果的生存分析资料见表14-8。根据该分析结果，如果所有患者均坚持接受5次心理治疗会谈，25%的患者会在第五次治疗结束后达到临床显著性效果；50%会在9次达到临床显著性效果；75%会在17次会谈后达到临床显著性效果。图14-2显示随着会谈次数增加，获得临床显著性效果的累积概率趋势。且研究中达到临床显著性效果的会谈次数与最初结果问卷分数（心理障碍严重程度）之间的相关不显著（r=0.08，p=0.56），即心理障碍的严重程度与达到临床显著性效果所需要的会谈次数没有关系。

表 14-8　55位患者生存分析表

治疗次数/次	截尾人数/人	临床显著性好转人数/人	累计临床显著性好转概率
2	3	2	0.036
3	11	6	0.152
4	6	1	0.178
5	4	4	0.304
6	3	0	0.304
7	5	1	0.351
9	0	3	0.567
11	2	0	0.567
13	1	0	0.567
15	1	1	0.711
20	1	0	0.711
总计	37(67.3%)	18(32.7%)	
50%患者达到临床显著性效果的会谈次数中位数:9次		50%患者达到临床显著性效果会谈次数均值:11次	

从本研究生存分析示意图14-2和表14-8可以看出,在10次会谈后由于数据过少,研究分析非常粗陋,结论可靠性较差,且因为数据缺失较多,统计方法只能受限于生存分析而不能使用其他如个人纵向生长模型等能在大样本和完整数据的基础上得出更精确的结论的方法。因此从当前国外研究形势看,为了对心理治疗结果有更深入的研究,需要在临床工作中常规收集患者心理治疗结果的数据,在此基础上,得出具有代表性的中国人心理治疗效果数据。

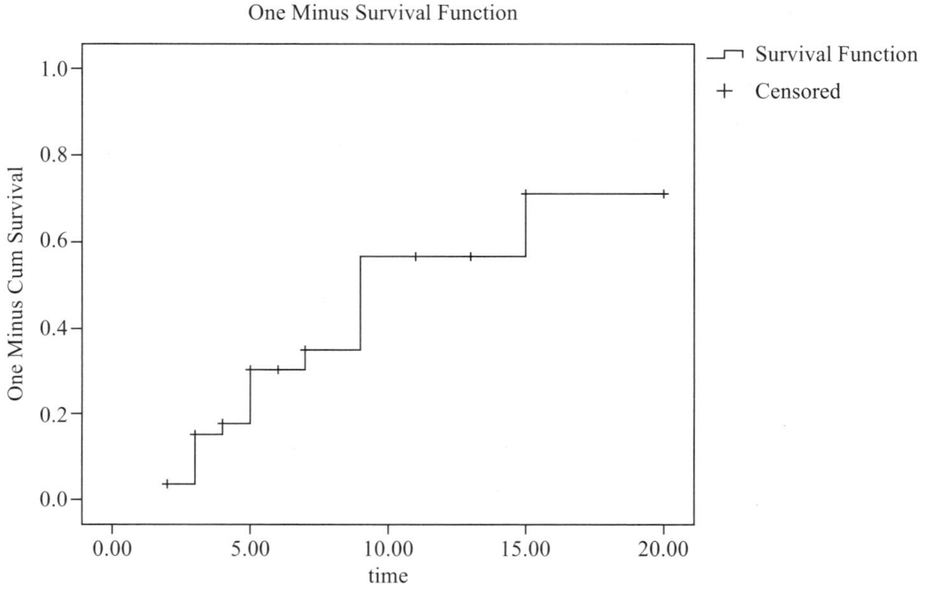

图14-2　不同会谈次数获得临床显著性效果的累积概率

第三节 会谈成分及其与治疗效果之间关系研究

心理治疗有效性得到确证后的研究重心转向治疗过程，以使找出其中导致患者好转的因素及其产生作用的机制。研究者对医院门诊心理治疗进行调查，发现一方面医院门诊心理治疗中治疗师往往是客观地根据治疗者的特点和患者的实际情况发展治疗理论和风格，治疗师多为折衷疗法支持者，在治疗过程中根据患者需要选择各种不同流派治疗技术；另一方面是我国门诊的心理治疗多为"开放性一次性治疗"。在此背景下，研究者把过程研究放在一次会谈中进行考察，并根据兰伯特(Lambert)的四因素模型(Lambert，1992)，设计泛理论会谈效果模型。

此外期望、治疗联盟、会谈评价这些成分作为咨询关系的一部分也不是孤立出现，它们也会受各种因素影响。基于前述调查中收集的数据，本节内容详细研究各个会谈成分的影响因素，并且最后通过结构方程模型探索它们与治疗效果之间的关系模型。

一、心理治疗期望的研究

本研究对综合医院心理咨询门诊患者期望进行调查分析，发现患者普遍对心理治疗效果抱有较高期望(M=3.55，SD=0.80)。在期望方式的选择上，患者更倾向于寻求建议—关系(M=3.79，SD=0.86)而不是寻求听众—赞成(M=2.97，SD=0.74)。该研究结论符合前面(期望问卷修订)提到的华人的文化倾向于依赖权威人物，在心理咨询中将咨询师看成长辈式的权威，通常在第一次咨询时就希望咨询师能为他们做出决定并立即解决问题。

(一)人口统计学变量与期望的关系

各人口学变量与期望之间的关系统计值如表14-9所示。本研究中性别对期望的三个维度均无显著影响，说明男性和女性在效果期望和方式期望上类似。

年龄与效果期望和听众—赞成期望没有显著关系，而年龄对建议—关系期望(r=0.18，p=0.002)有显著影响，表现为年龄越小越希望得到建议—关系。这和李箕君(2002)等研究结论类似，反映出年轻人涉世不深，缺乏经验，容易出现各种问题，因此期望从长辈般的治疗师那里得到建议和解决问题的方法。

教育程度对期望的3个维度影响不同，与效果期望有较弱的正相关(r=0.069，p=0.046)，与建议—关系期望有中等程度显著相关(r=0.307)，而与听众—赞成期望无关。

这正好体现一方面心理咨询作为舶来品，具有一定教育程度的患者对其更加了解，相信通过心理治疗能够获得帮助，因此持有更高些的效果期望和建议—关系期望；另一方面是教育程度高的患者更重视心理健康，期望从治疗师那里获得这方面的帮助。

研究发现家庭状况对期望3个维度均有显著影响。在效果期望和建议—关系期望方面，独居者的期望都明显低于其他家庭类型患者，而与配偶和父母居住的患者最高；而在听众—赞成期望上，独居者则显著高于与配偶和父母居住者；与父母居住者、与配偶居住者和其他在这三种期望维度上处于中间位置。这正好反映出独居者相对群居者来说，社会人际功能差，缺乏与人建设性的交流，他们不认为自己有问题，他们通过心理咨询寻求倾诉，得到对自己的肯定，因此不期望通过心理咨询来解决什么具体问题，所以他们也不对心理咨询效果抱有期望。相反与父母和配偶居住者相对社会人际功能较好，能认识到自己心理的问题并愿意通过心理咨询解决问题，因此患者更期望心理咨询有效，期望心理咨询能够给他们建议，帮助他们解决具体问题。

就业状况对期望的影响在建议—关系维度达到显著差异，休学者最想寻求建议，其次是上班和上学者，再次是其他，最后是待业者。休学者多为年轻学生，符合前面提到的年龄越小越期望寻求建议—关系。他们处于成长阶段，心理品质急剧变化，敏感好奇，渴望独立，争强好胜，但涉世不深，缺乏经验。这导致适应不良和情绪问题产生，特别是在读书这个问题上常常与家长的希望背道而驰，一方面产生逆反心理，另一方面又背负成绩的压力，期望治疗师能给他解决当前问题的方法。而待业者的问题相对来说不是通过简单几次心理咨询能够解决的，这里面既有个人问题又有社会原因，因此更少寻求建议—关系。

收入越低越希望得到建议和关系，这反映出低收入群体面对更多现实生活中的苦恼，期望能得到帮助支持，解决这些问题（$r=-0.184$，$p<0.001$）；相对来说高收入人群，他们的问题更来自内心深处的情感需要，更倾向于找人倾诉寻求赞同，这在对听众—赞成期望分析中得到验证（$r=0.161$，$p<0.001$）。

表 14-9　期望与人口学变量的关系统计检验值

期望	性别	年龄	教育	家庭	就业	收入
效果期望	$t=1.300$	$r=0.077$	$r=0.069^{*}$	$F=6.534^{***}$	$F=2.125$	$r=0.046$
建议—关系期望	$t=1.780$	$r=-0.180^{**}$	$r=0.307^{***}$	$F=5.987^{***}$	$F=8.269^{***}$	$r=-0.184^{**}$
听众—赞成期望	$t=1.399$	$r=0.094$	$r=0.028$	$F=4.570^{***}$	$F=1.736$	$r=0.161^{**}$

注：*表示$p<0.05$，**表示$p<0.01$，***表示$p<0.001$

（二）其他变量与期望的关系

各咨询相关变量与期望的关系统计值如表14-10所示，诊断对效果期望影响不显著，对建议—关系期望和听众—赞同期望有显著影响。在建议—关系期望维度，神经症和人格障碍之间差异达到显著性，神经症较人格障碍更倾向于寻求建议—关系；在听众—赞成维度，心理因素相关生理障碍和人格障碍者比神经症和心境障碍者更明显期望寻求听众—赞成，这符合神经症、人格障碍、心理相关生理障碍和心境障碍的病理特点。治疗前心理治疗结果问卷分数对效果期望和建议—关系期望影响显著，分数越高效果期望和建议—关系期望越低，而与听众—赞成期望无关。治疗前心理治疗结果问卷分数反映患者心理病理程度，分数越高，心理障碍越严重。心理障碍越严重，患者对心理治疗有效的预期越低，求治动机越低，寻求建议—关系的期望也越低。既往咨询经历对期望3个维度的影响都显著，没有咨询经历的人比有咨询经历的人对心理咨询持有更高的效果期望，而有咨询经历的人比没有咨询经历的人持有更高的建议—关系期望和听众—赞成期望。这说明没有经历过心理咨询者对心理咨询可能持有不太现实的想法，效果期望过高，而对自己在心理咨询中的角色没有太多概念，所以在建议—关系期望和听众—赞成期望方面得分低。药物使用对心理治疗的效果期望和建议—关系期望有显著影响，表现为没有用药的患者对心理治疗的效果期望更大，而用药的患者更倾向于寻找建议—关系。没有接受药物治疗的患者将自己问题的改善更多地寄托在心理治疗上，而接受药物治疗的患者则将期望部分寄托在药物治疗上；接受药物治疗者更倾向于寻求建议—关系，即请求得到解决问题的帮助，而这也许是治疗师给他们使用药物更多的原因，通过药物使用能更快地减轻他们的症状。

表14-10　期望与其他变量的关系统计检验值

期望	诊断	治疗前结果问卷	既往咨询经历	既往咨询效果评价	用药
效果期望	F=0.917	r=−0.105**	t=−5.113***	r=0.281***	t=4.644***
建议—关系期望	F=3.505*	r=−0.180**	t=3.817***	r=−0.051	t=−4.300***
听众—赞成期望	F=5.673**	r=0.040	t=2.106*	r=−0.080	t=−1.782

注：*表示p<0.05，**表示p<0.01，***表示p<0.001

二、治疗联盟的研究

本研究中治疗联盟平均得分（M=59.10，SD=12.34）超过总分中值48，说明患者对治疗联盟评价总体偏好。但同台湾（M=68.67，SD=10.51）同样研究（Wei，Heppner，2005）的治疗联盟得分情况相比又明显偏低。

（一）人口统计学变量与治疗联盟的关系

同前所述，人口统计学变量与治疗联盟的关系探索结果显示：男性和女性患者评价的治疗联盟没有显著性差异（t=1.356），这和国外的研究类似。年龄与治疗联盟显著弱相关，年龄越小对治疗联盟评价越高（$r=-0.134$，$p<0.01$）。对此较好的解释是年轻人更容易将治疗师看作长辈、老师和权威，而治疗师也相对更容易处理成长阶段的问题，因此双方容易建立好的治疗联盟。教育程度越高对联盟评价也越好（$r=0.228$，$p<0.001$），这正好符合前面提到的——心理治疗在国内刚普及，患者教育程度越高越能感受心理治疗中治疗师的共情、尊重和真诚，因此能恰如其分地评价治疗联盟。收入越低对联盟评价越高（$r=-0.125$，$p<0.01$），这可能是因为部分高收入人群希望通过心理治疗解决更高层次的需要，如自我实现，而这种要求是不容易满足也不是简单一两次咨询就会有效的，所以评价相对较低。家庭状况（$F=11.752$，$p<0.001$）和就业状况（$F=6.067$，$p<0.001$）对联盟有显著影响。与配偶和父母居住者对治疗联盟评价最高，其次为与父母居住者，再次为与配偶居住者，而独居者和其他方式者对联盟评价最低，这说明建立治疗联盟正如建立人际关系，而人际功能良好者易于建立好的治疗联盟，群居者的人际功能好于独居者，家庭结构完整者的人际功能好于家庭结构不完整者。待业者一定程度上可能是由于自身人际社会功能障碍导致不能就业，上班上学者人际社会功能要好于待业者，因此易于建立好的治疗联盟，相应对治疗联盟评价更高。

（二）其他变量与治疗联盟的关系

诊断对治疗联盟影响显著（$F=3.316$，$p<0.05$），事后检验发现神经症对治疗联盟评价最高而人格障碍对治疗联盟评价最低，其余居中，这符合这几种心理障碍的心理病理特点以及日常工作经验，也和林吉亚尔迪（Lingiiardi）等的研究结论相似，即神经症倾向于将治疗联盟评价为正，而人格障碍倾向于将治疗联盟评价为负（Lingiiardi，Filippucci，Baiocco，2005）。治疗前结果问卷得分越高，表明患者心理病理越严重。而霍瓦特（Horvath）和马克思（Marx）的研究发现患者心理功能越差，建立的治疗联盟也越差（Horvath，Marx，1990），这和本研究发现相似（治疗前问卷结果与治疗同盟相关系数r为-0.206，$p<0.001$）。患者既往咨询经历有无对治疗联盟的评价没有影响（t=0.987），但是既往咨询评价更高的对治疗联盟的评价也较高（$r=0.231$，$p<0.001$），这说明治疗联盟评价只受到当事人双方的影响，过去心理咨询有效说明该类患者更容易从心理咨询中受益，这类人一般来说也更容易建立好的治疗联盟，因此对治疗联盟评价更高。心理治疗中用药与否对治疗联盟评价没有显著影响（t=1.031），这更证明治疗联盟评价是一种特殊的人际评价，受到人际互动的影响，与药物治疗无关。

三、会谈评价的研究

本研究是对综合医院心理咨询门诊患者一次会谈治疗后完成的会谈评价进行分析,发现患者对本次会谈的评价(M=4.88,SD=1.13)总体向好(4.88>4),顺畅性的评分(M=5.00,SD=1.27)略高于深度性的评分(M=4.73,SD=1.18)。这说明患者总体上认为本次心理治疗是有效的,这和前面的满意度调查、治疗联盟的评价一致。患者对顺畅性评价略高于深度性,说明患者感受到会谈更愉快、舒服和安全,相对来说力量和价值稍少。

(一)人口统计学变量与会谈评价的关系

表14-11为各统计学变量的统计检测值。和前述会谈成分的研究几乎一致:年龄、受教育程度、家庭、就业主效应显著。年龄越小对会谈评价越高,教育程度高一些的患者会谈评价相应更高,独居者对会谈评价两维度评价都最低,而与配偶和父母居住者最高,休学者对会谈评价最高,其次为上学上班者,最低为待业者和其他。休学者一般为年轻人,符合前述年龄对会谈评价的影响;而待业者需要解决的问题更复杂,一方面有社会生存压力(就业难),另一方面这类患者肯定有其人际社会功能障碍,这才导致长期不就业或失业,所以他们较难从心理治疗中很快获益,而治疗师也很难在一次会谈中让他认识到问题所在,解决他的问题,或纠正其人格中深层次问题。收入对会谈评价没有影响,这说明尽管国内心理治疗为自费且费用不低,但患者还是能接受并客观给予评价。

表14-11 会谈评价与人口学变量的关系

维度	性别	年龄	教育	家庭	就业	收入
深度性	t=0.163	r=−0.180***	r=0.142**	F=11.026***	F=2.090	r=−0.080
顺畅性	t=1.346	r=−0.143**	r=0.144**	F=8.071***	F=7.279***	r=−0.001

注:*表示p<0.05,**表示p<0.01,***表示p<0.001

(二)会谈评价与其他变量的关系

从表14-12可见,不同诊断类型患者在会谈评价两个维度上没有差异,这和国外研究相同(Kivlighan,Angelone,1991)。治疗前结果问卷得分与会谈评价两个维度相关很低,深度性(0.055)不显著,顺畅性(0.093)显著(p<0.05),说明患者心理病理对会谈评价有评分降低的趋势。患者病情越严重,可能在会谈中沟通要困难些,因此对会谈顺畅性评价有低的趋势。没有咨询经历的人会谈评价两个维度均显著高于有咨询经历者,这

可能是由于既往没有咨询经历者心理病理较轻，与治疗师沟通互动更好，能很快从治疗中获益；而有咨询经历者本身可能问题严重，不容易从心理治疗中获益，所以反复咨询治疗效果不佳，而对会谈评价也低。这也可解释既往咨询效果评价越高者，对会谈评价较好。药物治疗与否不影响患者对会谈评价，这符合会谈评价是介于治疗师的技术性活动和不同咨询方式与咨询效果的中介变量，评价的是咨询师方面，不受药物影响。

表 14-12 会谈评价与其他变量的关系统计检测值

维度	诊断	治疗前结果问卷	既往咨询经历	既往咨询效果评价	用药
深度性	F=0.202	r=−0.055	t=2.682**	r=0.174**	t=1.755
顺畅性	F=0.233	r=−0.093*	t=2.655**	r=0.142*	t=0.717

注：*表示 p<0.05，**表示 p<0.01，***表示 p<0.001

四、会谈效果模型研究

（一）会谈成分的相关分析

从表 14-13 可见，效果期望和建议—关系期望与治疗联盟中等程度显著正相关，听众—赞成期望与治疗联盟无关；治疗联盟与会谈评价两个维度均达到中高程度显著正相关；效果期望和建议—关系期望与会谈评价两个维度均中等程度显著正相关，听众—赞成期望与会谈评价顺畅性维度相关不显著，与深度性弱负相关。

表 14-13 会谈成分相关分析

成分	治疗联盟	深度性	顺畅性
效果期望	0.518***	0.437***	0.328***
建议—关系期望	0.573***	0.406***	0.464***
听众—赞成期望	−0.001	−0.132*	0.002
治疗联盟		0.569***	0.596***

注：*表示 p<0.05，**表示 p<0.01，***表示 p<0.001

（二）会谈成分与治疗效果相关分析

对模型中各变量进行相关分析，会谈成分间关系已在前面详细列出，故在此省略。结果见表 14-14。表中 5 减去治疗前后问卷分数代表患者心理健康状态，分数越高，心理越健康。

表 14-14 会谈效果模型中的变量相关分析

计算模式	治疗联盟	效果期望	建议一关系期望	听众一赞成期望	深度性	顺畅性
5—治疗前主观幸福感得分	0.115**	0.115**	0.110	0.178**	—0.002	0.043
5—治疗前症状得分	0.115**	0.028	0.121*	−0.157**	0.003	0.016
5—治疗前功能得分	0.294***	0.155***	0.228***	0.038	0.129**	0.191***
5—治疗后主观幸福感得分	0.419***	0.276***	0.206**	0.214**	0.296***	0.327***
5—治疗后症状得分	0.251***	0.021	0.247***	−0.053	0.194***	0.211***
5—治疗后功能得分	0.348***	0.055	0.275***	0.003	0.186***	0.306***

注：*表示 $p<0.05$，**表示 $p<0.01$，***表示 $p<0.001$

（三）会谈成分关系模型

利用极大似然估计法进行假设理论模型的检验，得到各指标都拟合良好的最终模型，见图 14-3。从图 14-3 看到，由于期望和治疗联盟两变量存在共线性关系（可从两变量之间相关>0.5，治疗联盟的残差为−0.727 反映出），所以期望和治疗联盟的路径系数大于 1。在此种情况下，标准路径系数实为回归系数而不是相关系数，大于 1 是可以接受的（Jőreskog，1999）。

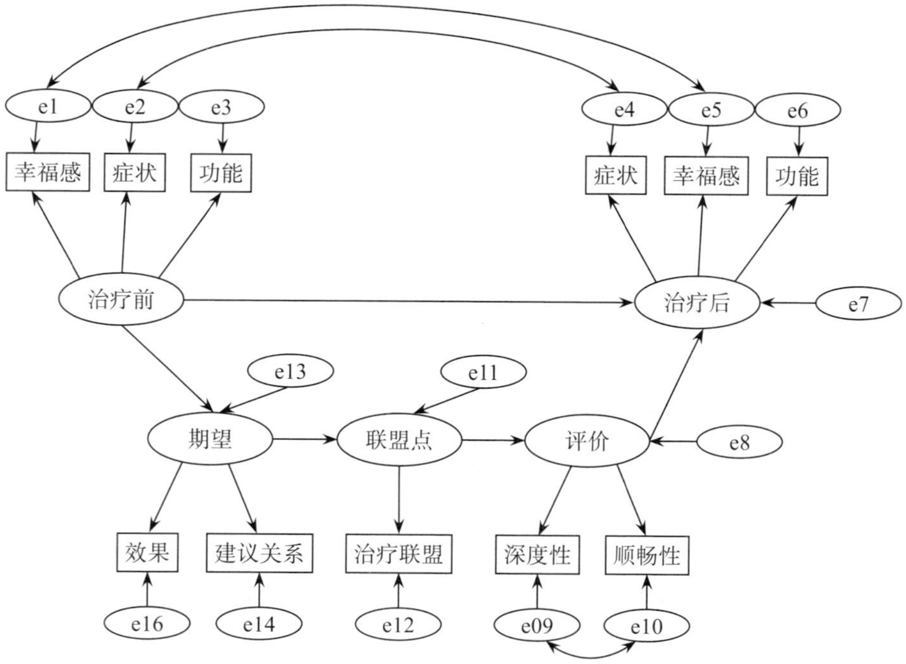

图 14-3 会谈效果结构方程模型

如图14-3所示，会谈效果模型中期望和治疗联盟对心理治疗后心理健康状态没有直接作用，而是通过会谈评价产生间接效应。患者会谈前的心理健康状态对一次心理治疗会谈后患者1周后的心理健康状态有最大正预测力，其直接效应为0.602，并且还通过影响患者的期望→治疗联盟→会谈评价这一途径产生间接效应(0.102)。这预示心理功能相对越好的患者其从治疗中获益更多。效果期望和建议—关系期望对患者会谈后一周心理健康状态也有正预测力(0.470)，说明患者对治疗效果越抱有期望，越是期望得到建议和帮助，治疗后效果越好。本研究发现效果期望和建议—关系期望都是通过治疗联盟→会谈评价的中介作用产生效应的，期望本身没有直接作用于会谈后心理状态，这说明患者期望越高，其治疗的主动参与性越强，这意味着与治疗师的治疗关系更好，进而提升治疗的深度性和顺畅性，最终产生治疗效果。仅仅只有期望而没有寻求心理治疗是不能为患者带来心理疾病的恢复的。这也间接说明安慰剂作用应该是心理治疗效果的一部分，脱离心理治疗的形式则安慰剂效应也就消失。这和以前研究者进行的关于"安慰剂治疗"的研究结论类似，即对照组患者相信他们接受的"安慰剂治疗"就是真正的心理治疗，他们能和真正的治疗组患者一样产生明显的症状缓解(Smith，1976)。路径模型中发现听众—赞成期望路径系数不显著，对治疗效果没有影响，这从听众—赞成期望与模型中其他变量的相关分析中也可得到证实。抱着听众—赞成期望的患者本身对治疗效果不抱期望，带着只是找个听众得到肯定的想法，没有对自己心理障碍的一个正确认识，因此不能积极主动参与到治疗中，不能和治疗师建立好的治疗联盟，在治疗中也就不能获益。过去研究一直发现治疗联盟与治疗效果有显著弱正相关，通过本研究发现治疗联盟对患者会谈后一周后的心理健康状态有正效应(0.346)，但不直接作用于患者会谈后一周的心理健康状态，而是通过会谈评价这个中介变量对患者治疗效果产生的作用。这一方面说明在心理治疗中建立高品质治疗联盟的重要性，另一方面也说明仅有好的治疗联盟还是不够的，还需要其他成分共同起作用。而这个其他成分则被包含在会谈评价中。会谈评价既不同于治疗过程变量也不同于最后的咨询效果，它被视为介于治疗师的技术性活动和不同咨询方式与咨询效果的中介变量(Stiles，1980)。其中"顺畅性"指会谈参与者感受到的会谈愉快、舒服和安全的程度；"深度性"指会谈参与者感受到的该次会谈的力量和价值，是工作导向的层面。会谈评价中包含治疗师方面的治疗联盟和提供的治疗技术的作用。本研究证实，治疗联盟促进会谈评价更深入和更顺畅，或者说当治疗师感到治疗联盟足够强大时，会采用一些治疗技术对患者进行更深入的咨询，同时在会谈深度加大的情况下，治疗联盟的存在不会影响治疗的顺畅进行。患者做出的会谈评价对会谈一周后患者的心理健康状态有显著直接正效应(0.387),这和国外的研究结论类似。这也说明一次有效的会谈就会对患者产生好的影响,心理治疗的效果是累积起作用。

第四节　研究结论及相应对策

一、研究结果总述

(一)关于治疗效果

1.治疗满意度

目前来访者满意度评价在国外许多公立和私立的心理服务机构应用非常普遍,它的数据通常用于政策和基础领域,并用作心理服务机构的评估标准之一。人们认为这些数据有很高的表面效度,比那些对临床显著变化所进行的复杂的、长期的、重复的测量更容易解释。本研究显示,医院心理咨询与治疗门诊患者所接受的心理治疗总结果相似,说明大多数患者对门诊心理治疗持肯定的态度,门诊提供的心理治疗服务一定程度上满足患者需求。

2.剂量效果研究

剂量效果研究是心理治疗结果研究中效果设计取向的主要形式,是对心理治疗中会谈次数和疗效之间关系的研究,适合本研究——对自然状态下门诊心理治疗效果进行评价。本研究生存分析结果显示对患者而言,经过5次会谈有25%的概率达到临床显著性改变,9次会谈后有50%的概率达到临床显著性效果,17次会谈后有75%的概率达到临床显著性效果。本研究结论可供门诊心理治疗师与患者协商会谈次数时作借鉴参考。

(二)关于会谈成分

1.期望

2000年以后,期望作为今后心理咨询过程研究和结果研究的核心变量日益受到业内研究者的重视(孙启武,江光荣;Greenberg,Constantino,Bruce,2006),本研究首次在我国综合医院心理咨询门诊患者中对期望采用修订的期望问卷进行调查分析,发现患者普遍对心理治疗效果抱有正向期望。在期望方式的选择上,患者更倾向于寻求建议—关系而不是寻求听众—赞成。该研究结论符合前面(期望问卷修订)提到的华人文化倾向于依赖权威人物，在心理咨询中将咨询师看成长辈式的权威，通常在第一次咨询时就希望咨询师能为他们做出决定并立即解决问题。

2.治疗联盟

本研究首次考察综合医院心理咨询门诊患者评价的治疗联盟质量及其与患者一般特征的关系，发现患者对治疗联盟的评价(59.1)高于中间值(48)，说明心理咨询门诊患者和治疗师之间建立了较好的治疗关系，也说明患者对治疗师给予的治疗是肯定多于否定的。但与台湾地区这方面的数据比较时，发现本研究患者评价的治疗联盟效果显著低于台湾的，评价的差异说明大陆心理治疗与台湾相比还是有一定差距。张宁(2001)等对国内心理咨询进行调查发现，超过50%来访者对心理治疗不十分信任，心理咨询的普及性和可接受性、从业人员的素质有待于进一步提高，进一步说明系统培训、资格认定及管理已迫在眉睫。心理治疗在国内刚开始普及，绝大多数患者对心理治疗的了解来源于媒体，这导致认识有偏差，对治疗联盟不能正确评价，需要通过加大宣传提高患者对心理治疗的正确认识以及需要治疗师在治疗中对患者进行恰当的“角色引导”，这样才能提高治疗联盟的治疗效果。

3.会谈评价

本研究对综合医院心理咨询门诊患者一次会谈治疗后的会谈评价进行分析，发现患者对本次会谈的评价总体向好(4.88>4)，顺畅性的评分(M=5.00，SD=1.27)略高于深度性的评分(M=4.73，SD=1.18)。这说明患者总体上认为本次心理治疗是有效的，这和前面的满意度调查、治疗联盟的评价一致。患者对顺畅性评价略高于深度性，说明患者感受到会谈更愉快、舒服和安全，相对来说力量和价值稍少。相对顺畅性而言，深度性更多反映干预技术的作用。前文综述中提到台湾地区研究发现治疗师的技术活动对会谈评价的深度性有影响。例如陈庆福等的多次研究表明咨询师的口语反应为较多自我揭露时，个案评价的会谈感受较具深度性；咨询师为封闭式探问及重述较多时，个案评价会谈缺乏深度，咨询师的技术活动对个案的会谈感受有很大影响。某种程度上会谈评价的深度性也可能受到患者的目标(期望通过会谈能得到具体建议和问题解决)实现与否的影响，这提示治疗师应注意在提高治疗联盟的前提下注重治疗技术的使用，毕竟心理治疗不等同于谈话加开药，还需要采用适合患者的特殊干预技术使患者从认知、情绪和行为等方面发生改变。

(三)关于会谈效果模型

根据会谈效果模型得出心理治疗的总效果为单次会谈效果累积，会谈前心理健康状态好的患者通过治疗后获益更多，这种获益部分是通过期望→治疗联盟→会谈评价中介的。期望是通过治疗联盟→会谈评价促进治疗效果的，其作用为间接效应。治疗联盟对治疗效果的正效应是通过会谈评价完全中介。会谈评价作为治疗效果的即时指标对其有正预测力。

本研究对临床工作的意义在于患者如果能在每次会谈后获益，心理健康状态提高，那么好的心理健康状态又会促进下一次会谈时患者的期望，增强的期望使患者更主动积极参与治疗，建立更强的治疗联盟。强大的治疗联盟导致治疗更深入和更顺畅，患者感受到本次会谈更有收获，然后患者的心理健康状态又得到进一步改善。如此良性循环，最终患者心理状态脱离原有的患病人群回归健康人群。这也与前面剂量效果研究——50%患者需要9次以上治疗才能达到临床显著效果是呼应的。因此，每次会谈对患者都很重要，治疗师应把握每次会谈机会，同时尽量将患者留在治疗中，让其坚持多次治疗不要过早脱失，这样才能让心理治疗发挥最好效果。对治疗师而言要把握好每次会谈，治疗期望和治疗联盟是非常重要的两个因素。普罗查斯卡（Prochaska）和诺克洛斯（Norcross）提出，来访者的动机，或者来访者的改变准备度，比年龄、问题严重程度、社会经济地位、自尊或社会支持网络等能更好地预测治疗结果，是建立强大治疗联盟的关键因素（Prochaska，Norcross，2001）。该模式适用于一切理论取向，它是文化中立的，可以提供有关动机和改变动力学的许多量化指标。普罗查斯卡（Prochaska）等研究表明：治疗师掌握来访者改变准备度，制定好治疗计划并照此执行，与不清楚患者改变准备度或没有治疗计划相比，更能使来访者坚持治疗以及在治疗中有所进步；适合各个准备度阶段的相应干预措施具有最佳成本—效益比值（Prochaska，DiClementi，Norcross，1992）。治疗期望是来访者发出的自我治疗的意识觉醒，是来访者改变准备度阶段转变的重要因素，期望使来访者积极参与协商治疗目标，以及在转变过程中对其自身及治疗师角色切实期待，因此治疗师应该有目的地诱导患者产生正确的治疗期望以及维持期望在较高水平。触发和提高安慰效应有很多方法，其中包括：治疗师关注患者的表现，对患者所说的事情积极倾听与澄清，或及时反馈；治疗师对患者表示兴趣与专注；治疗师显示出自信心和专业修养；治疗师对治疗计划和治疗结果充满信心。在治疗初期，安慰效应可以由经常面对面会晤而增强，尽管来访者后期逐渐进步，会晤减少，但安慰效应仍可持续存在。治疗师在治疗中两个主要特征帮助建立治疗联盟：专业技能和共情。前者包括治疗师的自信、有准备、有条理和合乎逻辑。共情不能简单视为和蔼或者愉快；把它看成接受和理解更合适。治疗师能够通过对治疗技术使用的调节、改变人际风格以及对破裂的联盟进行修补来减轻患者特征对治疗联盟的影响。研究显示，患者倾向于将治疗联盟看成稳定的，这意味着如果治疗初期患者对治疗联盟的评价积极，那么治疗结束时他们的评价多是积极的（Martin，Garske，Davis，2000）。因此，心理治疗初期（对本研究而言第一次会谈时）治疗师就应该有意识地与患者建立治疗联盟。在这样的氛围中患者才敢于“冒险”并采取行动，即使畏惧或痛苦也不退缩，带着期望坚持多次治疗，最终得到累积的治疗效果。

二、基于研究结果对咨询实践提出建议

（一）避免患者脱失

国外文献资料以及剂量效果研究结果表明，会谈效果模型中得出的心理治疗效果是多次会谈累计的结果，本研究中的门诊患者在接受5次会谈治疗后有1/4患者达到临床显著效果，9次会谈后半数患者可以获得临床显著效果，17次会谈后将会有3/4患者达到临床显著效果。而国内文献和本次调查都反映出国内咨询门诊患者多为“开放性一次性治疗”，患者脱失现象非常严重，这导致心理治疗不能给患者带来最佳效果。如何避免患者脱失是临床工作中面临的一个难题。从本研究结论来看，我们认为可以从两方面着手。

第一，治疗前对患者进行“角色牵引”，使其对心理治疗有正确认识。心理治疗作为“舶来品”进入中国多年，尽管国人已逐渐认可并接受此种治疗，但对心理治疗如何起作用以及治疗过程中自己和治疗师的角色和责任，认识上仍有偏差，常常认为一次心理治疗就应该将问题解决，将心理治疗神秘化、将治疗师权威化和万能化。然而真正的心理咨询和治疗实际是一个助人自助的过程，需要在多次治疗过程中在治疗师的引导下让来访者意识到问题所在，并通过治疗师提供的各种治疗技术使其达到认知重建和行为矫正，最终重归心理健康。为避免患者因错误看待心理治疗而脱失，治疗师在进行治疗之前应详细探询患者对治疗效果的期望（症状减轻、功能改善、人格改变等）和对治疗方式（疗程次数、治疗方法和治疗师与来访者的角色和责任）的期望，指出并讨论患者不现实的、过高或过低的期望，并对患者描述治疗过程、治疗结果，以及治疗师和患者应承担的角色和责任。因为患者开始治疗时对治疗的理解和态度将会影响心理治疗的进程和结果，因此治疗开始之前治疗师一定要让患者正确认识心理治疗。

第二，重视患者的治疗满意度。既往研究多次证实患者满意度是患者治疗脱失的重要变量（Larsen等，1979），患者对治疗是否满意决定其是否再来接受治疗。满意度除了受到患者对心理治疗的期望和认识的影响外，治疗联盟是满意度的最重要作用因素（r=0.671）。满意度评价不等同于心理治疗效果评价，也就是说患者对治疗服务的满意和患者治疗获益评价是门诊心理治疗服务的不同方面，即使患者暂时还没有治疗获益但他也能对治疗服务感到满意，因为患者能够区别治疗服务的满意和治疗效果的获益，

而良好的治疗联盟从人际互动关系这方面影响患者对治疗服务的满意度。从本研究的个案研究中我们就看到,该患者的治疗获益在后面,而之前的满意度也一直稳定较高,而患者认为是因为与治疗师建立了良好的信任关系。除了治疗联盟因素外,本研究还发现会谈评价对满意度有影响,尤其是会谈评价的深度性对满意度影响比顺畅性更显著。前面提到,会谈评价被视为介于治疗师的技术性活动和不同咨询方式与咨询效果的中介变量,其中"顺畅性"指感受到会谈愉快、舒服和安全的程度;"深度性"指会谈参与者感受该次会谈的力量和价值,是工作导向的层面。深度性对满意度的影响实质上是治疗师使用的治疗技术对满意度的影响,这也可以从本研究中的个案研究里得到印证,会谈患者给予差评就是因为治疗师没有探索患者的解释模式,而直接将自己的解释模式强加给患者,这导致患者感到治疗师没能理解自己。国外研究也证实来访者的解释模式和治疗师案例解析之间存在一定程度的差异,就能预测出从不遵医嘱或停滞不前到脱失等不同程度的治疗问题。因此恰当地使用适合患者的咨询方式和干预技术能够提高满意度。心理治疗最终获得显著效果是需要时间的,也许是漫长的过程,那么在这段还看不到效果的历程中,靠什么让患者相信治疗最终有效,留下来坚持治疗?那首先是患者对治疗师的信任建立的良好治疗联盟,其次是治疗师尽可能准确使用适合患者的治疗技术。

(二)重视每次会谈

如前所述,心理治疗效果是每次会谈效果的累积,会谈效果模型告诉我们,患者如果能在每次会谈后获益,心理健康状态提高,那么好的心理健康状态又会提升下一次会谈时患者的期望,增强的期望使患者更主动积极地参与治疗,建立更强的治疗联盟。那么要想提高治疗效率,或者说用更少的治疗次数使更多的患者达到临床显著效果,就必须重视每次会谈,争取每次会谈患者都有收获,这样就能通过较少的治疗次数得到临床显著效果,提高临床工作效率。

对治疗师而言要把握好每次会谈,治疗期望、治疗联盟以及治疗技术是非常重要的三个因素(Prochaska,Norcross,2001)。普罗查斯卡等研究表明:治疗师掌握来访者改变准备度,制定好治疗计划并照此执行,适合各个准备度阶段的相应干预措施具有最佳成本—效益比值(Prochaska,DiClementi,Norcross,1992)。

心理治疗初期(对本研究而言第一次会谈时)治疗师就针对患者的特定需要和不同反应,采用包括关注与投入、积极倾听、共情和鼓励等技术,与来访者之间形成相互接受、尊重和信任的关系。

治疗师恰当精准地使用适合患者的治疗技术通过影响会谈评价决定会谈效果。这意味着治疗师还应该重视治疗技术的培训和学习。但是治疗师的精力和注意力是有限的，尤其是在治疗初期刚接触患者时，治疗师应该怎么处理技术与关系的中心问题？这里我们引用兰伯特（Lambert）的观点“要想治疗师使用治疗技术没有失误是不可能的，对治疗师而言与其将精力放在寻找适合患者的治疗技术，不如更多重视如何与患者建立好的治疗联盟”（Lambert，1992）。

（三）临床工作中常规监测

汉森（Hansen）等研究发现即使在严格控制的实验研究中，由有经验的治疗师提供目前认为最佳的治疗，也不能够避免10%左右消极后果的发生。而在临床门诊中，无效和消极后果的比例更多，普遍认为占总数的一半（Hansen，Lambert，Forman，2002）。尽管心理治疗效果研究至今已数十年年，但导致消极后果的原因仍不明确，这导致无法从根源上杜绝。欧美国家对门诊心理治疗进行常规监测，收集患者治疗前和治疗整个过程中的各项指标，以供临床工作和心理治疗效果研究使用，首次使得临床治疗师与研究者相互合作，共同为提高心理治疗效果服务（秦旻，郑涌，2009）。

这种临床常规监测工作的实质是循效施治（outcome-informed care），即依据来访者报告的治疗效果提供相应的心理治疗措施和服务。其基本模式是每次治疗前采用来访者自评形式——用简短的标准效果问卷测量来访者心理状态以及各项来访者变量和治疗变量（治疗类型、次数等），在基于每一位来访者治疗过程中各变量连续监测得到的数据基础上，将大量数据汇总，然后用复杂统计模型进行处理，生成每一位来访者的期望复原曲线，再对比来访者每次治疗前心理状态测量值与其期望复原曲线，采用临床显著性标准判断其治疗效果，在治疗结束前把监测结果有针对性地反馈给治疗师。监测结果一般分为四类：痊愈、好转、无效和消极后果。当来访者被识别为无效或者消极后果时，该模式还向治疗师提供临床辅助工具（clinical support tools），帮助其判断治疗中哪些环节有问题，例如是治疗联盟破裂、治疗动机不足还是缺乏社会支持，然后将治疗建议如修改治疗计划或者及早改换治疗方式等提供给治疗师，协助其做出正确选择（Lambert，Whipple，Smart，Vermeersch，Nielsen，2001）。

对我国门诊心理治疗来说，要想提高门诊心理治疗服务质量，提高治疗效率，也应该实时监测常规患者治疗前各项特征和治疗中的效果及重要会谈成分，这样一方面可以在发现患者偏离正常治疗轨道时及时将信息反馈给治疗师，并辅助治疗师发现问题，及时调整治疗计划，提高治愈率；另一方面常规收集的患者数据可为心理治疗研究者提供大规模丰富研究资料，其可以从中发现国人心理治疗的特点，如国人的治疗期望类型、国人治疗联盟的形式、国人的治疗改变路径等等，为心理治疗本土化提供切实的依据。

第十五章　社区心理咨询的效果评价研究

第一节　社区心理咨询概述

一、社区心理咨询的界定

在我国，心理健康服务模式主要分为医学、教育、社会三种（黄希庭，郑涌，毕重增，陈幼贞，2007），通常我们将医学模式的心理健康服务称作心理治疗，教育模式的心理健康服务称作心理辅导，社会模式的心理健康服务称作心理咨询。虽然很多时候心理咨询、心理治疗和心理辅导被作为同一概念而不加区别地使用，但三者其实是存在差别的（见表15-1）。一般而言，心理咨询接待的咨询对象称作“来访者”（client），提供咨询服务的是“咨询师”或“咨询心理学家”（counseling psychologist），他们没有处方权，在咨询过程中他们更重视症状背后的心理过程，重视探寻和理解心理症状背后的潜意识冲突和社会心理应激的影响，遵循的是预防与发展的咨询模式；在医疗机构就诊的对象是“病人”或“患者”（patient），接受的是心理治疗，从事治疗的人一般是临床心理学家，称为“心理医生”或“精神科医生”（psychotherapist），他们具有医学背景，受过良好的生物医学训练，有处方权，擅长疾病的诊断，而且他们受生物医学的影响，多采取现象学的临床思维，重视症状的识别、临床综合征的归纳和精神科诊断的确立（Hershenson，Power，1997）；而学校的心理健康服务活动，主要是由担任心理学教学工作，有一定心理学学习背景的教师进行，是为在校学生提供的免费或象征性收取一点儿费用的心理辅导，遵循的是教育与发展的服务模式。

表15-1　三种心理健康服务形式的对比

心理健康服务	服务提供者	服务对象	服务模式	服务地点
心理咨询	心理咨询师、心理学家、社会工作者	有一般心理问题的正常人	预防与发展模式	社会场所
心理治疗	心理治疗师、精神科医师、临床心理科医师、神经科医师、心身医学科医师	心理障碍患者	诊断与矫正模式	医疗机构
心理辅导	心理辅导老师	在校有心理困惑的学生	教育与发展模式	学校

本章的研究主要针对社区心理咨询进行研究，它一方面是属于心理咨询层面的，这区别于医疗机构的心理治疗和学校的心理辅导活动；另一方面，它又是现代商业服务行业中比较特殊的一种活动。它的特殊既表现在心理咨询的专业活动上，又表现在提供这项服务的主体上，在本研究中关注的社会心理咨询是经工商注册的民营营利性组织机构提供的、面向民众的、针对预防和发展的一种心理健康服务。

二、民众对待社会心理咨询需求的研究

研究在统计了社会心理咨询机构推出的服务项目内容之后，增加了"精神分裂"一项，最后形成咨询需求调查的问卷，共15个项目，用以测试被试关于社会心理咨询的认识情况，问卷采用三级评分，1为不会需要，2为不确定，3为需要。使用该需求状况问卷，采用街头随机抽样调查方法，在重庆主城区进行调查，实施时间为2009年9月，共发放问卷1 400份，实际回收有效问卷1 162份，有效回收率83%，问卷调查对象的构成情况见表15-2。由于被试涉及的范围较广，除研究者亲自主持测试外，还招募有心理学背景的学生参与调查。研究者给主测人员提供统一的书面测试要求后，主测人员分区域进行调研，由被试当场填写后交由主测人员，最后由研究者汇总。

表15-2 问卷调查对象的构成情况表(人数和所占百分数)

年龄					职业					学历					
22岁以下	23至32岁	33至42岁	43至52岁	53岁以上	学生	事业单位	企业单位	军人	自由职业	小学以下	初中	高中	大学专科	大学本科	研究生
452人	44人	168人	82人	56人	443人	293人	23人	51人	172人	66人	85人	166人	337人	419人	89人
38.9%	34.8%	14.5%	70.1%	40.8%	38.1%	25.2%	17.5%	40.4%	14.8%	50.7%	70.3%	14.3%	29.0%	36.1%	70.7%

虽然很多社会人士明确表示不会在社会心理咨询机构求助心理问题，或者选择了不确定的观望态度，但仍然有部分民众提出了在社会心理咨询机构进行心理咨询的明确需求(表15-3)。

表 15-3 民众在社会心理咨询机构中的需求调查频数统计结果

服务项目	需要		不确定		不需要		服务项目	需要		不确定		不需要	
	N	%	*N*	%	*N*	%		*N*	%	*N*	%	*N*	%
抑郁	396	34.1	331	28.5	435	37.4	亲子关系	281	24.2	376	32.4	505	43.5
焦虑	299	25.7	337	29.0	526	45.3	人际关系	277	23.8	355	30.6	530	45.6
强迫	283	24.4	358	30.8	521	44.8	考试焦虑	185	15.9	313	26.9	664	57.1
物质滥用、成瘾	166	14.3	289	24.9	707	60.8	职业规划	260	22.4	383	33.0	519	44.7
体重控制	146	12.6	263	22.6	753	64.8	自我认识	309	26.6	344	29.6	509	43.8
睡眠障碍	251	21.6	332	28.6	579	49.8	精神分裂	566	48.7	209	18	387	33.3
性	220	18.9	362	31.2	580	49.9	学业工作压力	286	24.6	344	29.6	532	45.8
恋爱婚姻	264	22.7	379	32.6	519	44.7							

数据显示，在心理咨询中，人们对于抑郁、焦虑和强迫方面的神经症改善需求较强烈，对于压力处理、亲子关系、人际关系方面的心理问题比较关注，而且还有26.6%群体明确表示了自我认识方面的需求，这说明人们的需求已经从简单的心理问题处理上升到自我成长的高度。不过有将近一半的被试（48.7%）选择了要在社会心理咨询解决精神分裂的心理障碍，这一方面说明人们对于精神分裂的重视程度很高，求助欲望强烈；另一方面也说明民众对于社会心理咨询机构服务内容并不十分了解，这是造成人们对待社区心理咨询态度不够开明的原因之一，如果人们能更清楚地认识到社会心理咨询机构主要侧重预防和发展方面的心理服务，只处理一般心理问题和轻度的心理障碍和神经症的话，可能会更加认同社区心理服务。人们对于体重控制、物质滥用与上瘾方面的咨询需求度不高，这可能与我国民众对心理问题的定义有关，在我国抽烟、酗酒、体重超标等问题向来不与心理健康程度挂钩，不会把它们当作心理问题解决。人们对于心理健康的需求已日益凸显，尤其是对严重的心理疾病和障碍的关注度很高，心理障碍中抑郁和精神分裂的名称已为很多人熟知，但人们对于社会心理咨询机构能够提供的服务了解不够，大多数人并不能认识到心理咨询和心理治疗的区别，以为社会心理咨询机构也能提供心理治疗的服务。在社会心理咨询机构能够提供的服务当中，人们对于自

我认识、压力处理、亲子关系、人际关系方面的咨询服务比较关注，这说明社会心理咨询机构应该注重和加强这些领域的研究和服务，为民众提供高质量的咨询服务。

三、民众对待社会心理咨询态度的研究

虽然民众对心理咨询服务存在客观需求，但是需求并不能决定他们是否会走进心理咨询所寻求帮助。作为社会心理咨询机构的服务对象，他们对社会心理咨询的态度影响他们是否会求助于心理咨询机构，这种影响对咨询机构的发展有着重要影响。本研究参考费希尔（Fischer）和特纳（Turner）编制的寻求专业性心理帮助态度问卷（the attitude toward seeking professional psychological help，ATSPPH）并结合访谈，自编了民众对待社会心理咨询态度问卷，共33个题项，问卷采用5级评分，1为非常不赞同，5为非常赞同。将初试问卷施测于在重庆某高校选取的两个公选课班级的大学生，共158人，获得有效问卷146份，有效回收率为92.4%。经过探索性因素分析得到30个项目的正式问卷，包含"社会成见容忍性"（题项例如：如果我曾经在心理咨询中心咨询过，这也不是什么不可告人的秘密）、"咨询需求认知"（题项例如：如果我确认我已经患有心理障碍，我的第一个念头就是要去寻求社会心理咨询机构的帮助）、"机构信任性"（题项例如：我觉得社会心理咨询机构能解决我遇到的问题）和"人际开放性"（题项例如：如果我去社会心理咨询机构做咨询，我愿意跟心理咨询师谈论我的私事）4个因素。问卷具有良好的信度（问卷总的α系数为0.819，社会成见容忍性、咨询需求认知、机构信任性和人际开放性各维度的α系数分别为0.794、0.823、0.754、0.804）和效度。该问卷被用来进一步调查民众对待社会心理咨询的态度情况。

上述自编民众对待社会心理咨询态度的问卷同上述咨询内容需求同时施测，各区域问卷收集之后，由专人录入数据，最后由研究者统一汇集，使用SPSS16.0进行统计处理。由于研究对象的人口学资料构成、教育程度、职业类型不同，因此数据采用多因素方差分析（MANOVA）和t检验进行差异显著性检验。

（一）民众对于社会心理咨询态度的总体情况

表15-4是所有被试在问卷得分平均分数的描述性统计结果。从中可见，目前民众对待社会心理咨询的态度比较保守，尤其是在咨询需求认知和人际开放性两个维度上的态度更加保守，这一方面可能与我国心理咨询发展较晚，人们对其的了解不足有关；另一方面则可能与我国国民性格有很大关系。李强（2004）指出在中国传统文化潜移默化的影响下，中国人形成了应对心理困扰的独特方式，那就是先自我调节，后寻求外界

帮助，在求助外界帮助时，先求"自己人"，后求助于"外人"，这说明中国人具有不善于向外开放和表露自己的特性。

表 15-4 问卷描述性统计结果

维度	最低分	最高分	平均分	标准差	满分
社会成见容忍性	10	30	19.82	3.34	30
咨询需求认知	6	27	17.93	2.97	30
机构信任性	8	38	18.01	2.42	30
人际开放性	4	19	11.86	2.13	20
总分	28	93	67.62	7.47	110

（二）不同背景的民众对于社会心理咨询态度的多元方差分析

从年龄（5个阶段）、职业（5种类型）、学历（6种程度）和居住区域（9个区域）4个因素进行多元方差分析，对各个因素变量进行检验。表15-5是Pillai轨迹检验结果，数据表明，在年龄、职业、学历和居住区域4个变量中，其中学历和居住区域两个变量，以及职业和居住区域间的交互作用的影响对态度总分具有统计学意义，其次为职业变量，但并没有达到统计学意义。

表 15-5 多变量检验结果

效应	F	自由度	P
年龄	1.200	16.000	0.259
职业	1.159	16.000	0.084
学历	1.732	20.000	0.023*
居住区域	1.566	32.000	0.023*
年龄×职业	1.187	48.000	0.178
年龄×学历	0.982	80.000	0.524
职业×学历	0.998	80.000	0.485
年龄×职业×学历	0.866	64.000	0.766
年龄×居住区域	0.779	116.000	0.961
职业×居住区域	1.254	116.000	0.037*
年龄×职业×居住区域	0.993	108.000	0.504
学历×居住区域	1.089	156.000	0.218
年龄×学历×居住区域	1.104	160.000	0.182
职业×学历×居住区域	1.088	216.000	0.187
年龄×职业×学历×居住区域	1.118	32.000	0.297

注：*表示 $p < 0.05$

对态度问卷中4个维度分数及总分在年龄、职业、学历和居住区域4个变量及其不同组合形成的各个组间效应的检验结果，见表15-6。组间效应检验结果表明，学历变量对总分影响存在着非常显著的影响，并且学历、居住区域、年龄和职业交互作用，年龄、学历和居住区域交互作用对部分维度的影响存在着显著差异。影响的具体表现为学历因素在咨询需求认知上表现出显著差异，居住区域因素在社会成见容忍性上存在显著差异，年龄和职业的交互作用在人际开放性上存在非常显著的差异，年龄、学历和居住区域在人际开放性上存在显著差异。

表15-6 多元方差分析组间效应检验结果

效应	社会成见容忍性	咨询需求认知	机构信任性	人际开放性	总分
年龄	1.390	0.471	1.285	1.634	1.058
职业	1.624	0.432	1.993	1.000	0.596
学历	1.904	2.909*	2.169	1.662	3.168**
居住区域	2.278*	1.779	0.982	0.781	1.267
年龄×职业	0.607	0.897	0.806	2.256**	0.898
年龄×学历	0.980	0.938	1.063	1.172	1.122
职业×学历	1.214	1.144	0.879	1.240	1.383
年龄×居住区域	0.539	0.583	0.410	1.476	0.606
职业×居住区域	1.162	1.123	1.154	1.403	1.007
学历×居住区域	0.909	1.054	1.397	1.145	1.196
年龄×职业×学历	0.983	0.545	0.811	1.320	1.014
年龄×职业×居住区域	1.009	1.117	0.664	1.125	0.900
年龄×学历×居住区域	0.941	0.974	0.942	1.479*	0.943
职业×学历×居住区域	1.027	1.001	1.113	0.834	0.722
年龄×职业×学历×居住区域	0.571	1.673	1.802	1.589	1.884

注：*表示$p<0.05$，**表示$p<0.01$

运用事后检验多重比较发现（见表15-7），随着年龄的增加，人们对待社会心理咨询的态度越发保守，而且差异非常显著。这与李箕君等的研究结论年轻者较年长者更愿意接受心理咨询一致（李箕君，张宁，袁勇贵，2002），尤其23—32岁年龄阶段的群体对咨询需求的认知、人际开放性都高于其他年龄段，而且差异非常显著（$p<0.001$）；不同的职业群体对待社会心理咨询态度也大不一样，学生群体是态度最开明的群体，这可能与他们年轻喜欢接受新鲜事物有关，而且由于年龄和职业交互作用对人际开放性有显著影响，这说明年轻的群体，尤其是年轻的学生群体在人际开放性上态度非常积极，而最保

守的群体是军人，尤其是关于社会成见的容忍性方面，军人得分最低，而且差异非常显著($p<0.001$)，这可能与他们严格的纪律和作风有关；随着学历水平的提高，人们对待社会心理咨询的态度越发开明，研究生学历的群体在总体的态度上，以及咨询的需求认知和机构信任性上比其他学历群体更开明，而且差异非常显著($p<0.001$)，而大学生群体在社会成见容忍性和人际开放性上表现出更开明的态度；而不同居住区域的群体在态度上也表现出巨大差异($p<0.001$)，沙坪坝区居民在态度上是最开明的，由于年龄、学历和居住区域三者的交互作用对态度产生显著影响，这说明生活在沙坪坝这个教育区域的年轻学生群体态度较其他群体更加开明，而渝中区、沙坪坝和九龙坡区居民在机构信任性上态度较开明，这可能与这三个区域成立了社会心理咨询机构有关。

表 15-7　不同年龄、职业、学历、居住区域总问卷及维度平均分和标准差(M,SD)

类别		社会成见容忍性	咨询需求认知	机构信任性	人际开放性	总分
年龄	22岁及以下	20.18,3.32	17.87,3.00	18.13,2.32	11.96,2.10	68.14,7.26
	23—32岁	20.06,3.34	18.30,2.92	18.20,2.49	12.01,2.06	68.57,7.15
	33—42岁	19.36,3.29	17.67,2.97	17.66,2.53	11.67,2.30	66.36,7.67
	43—52岁	18.89,3.11	17.34,2.83	17.46,2.17	11.51,2.12	65.21,7.00
	53岁及以上	17.91,3.09	17.38,3.14	17.55,2.52	11.00,2.20	63.84,9.05
职业	学生	20.28,3.30	17.92,2.94	18.17,2.29	12.03,2.05	68.40,7.18
	事业单位	19.35,3.44	17.71,3.03	17.87,2.48	11.66,2.20	66.58,7.96
	企业单位	19.98,3.49	18.13,2.97	18.14,2.31	11.93,2.20	68.17,7.24
	军人	18.45,2.63	17.18,2.83	18.04,3.62	11.37,2.37	65.04,7.58
	自由职业	19.69,3.11	18.32,2.96	17.70,2.32	11.80,2.02	67.50,7.24
学历	小学及以下	17.88,3.02	16.99,3.35	17.26,2.84	11.29,2.13	63.41,8.67
	初中	19.66,3.58	17.77,2.95	17.45,2.66	11.60,2.25	66.47,8.40
	高中	19.21,3.18	17.48,2.99	17.39,2.22	11.22,2.14	65.30,6.91
	大学专科	20.03,3.24	18.05,2.68	18.35,2.28	12.06,1.96	68.50,6.81
	大学本科	20.24,3.32	17.98,3.10	18.15,2.44	12.07,2.14	68.43,7.35
	研究生	19.79,3.56	18.93,2.84	18.36,2.26	11.93,2.30	69.01,7.50
居住区域	渝中区	18.89,3.29	17.99,2.45	18.18,1.88	12.00,1.86	67.06,6.05
	沙坪坝区	21.04,3.83	18.48,3.44	18.55,2.92	12.48,2.41	70.54,9.11
	江北区	18.73,2.66	18.13,2.89	17.68,2.14	12.16,2.13	66.70,6.10
	南岸区	20.84,3.41	17.38,3.18	17.86,2.36	11.65,2.15	67.73,7.48
	九龙坡区	20.48,2.98	18.11,3.04	18.06,2.48	11.78,2.04	68.43,7.23
	大渡口区	18.36,3.76	16.72,3.40	17.92,2.63	11.12,2.65	64.12,9.10

续表

类别		社会成见容忍性	咨询需求认知	机构信任性	人际开放性	总分
	渝北区	20.05,3.42	17.63,2.98	17.90,2.58	11.64,2.14	67.21,6.34
	巴南区	19.46,3.04	18.64,2.61	18.15,2.26	11.71,1.80	67.95,6.34
	北碚区	18.59,2.45	17.71,2.39	17.84,2.30	11.31,1.88	65.44,5.78

（三）讨论与小结

本研究通过在重庆主城区发放问卷，对民众关于社会心理咨询的态度进行了研究，通过街头随机抽样调研的方式，样本包含了不同年龄阶段、不同职业背景和学历程度，生活在不同区域的被试，非常具有代表性。在对回收问卷进行数据分析后，发现整体上人们对待社会心理咨询的态度还比较保守。在对态度进行多元方差分析中发现，学历因素对态度的影响最大，而且年龄和职业的交互作用，年龄、学历和居住区域的交互作用都对态度产生影响，而且在比较了不同背景的群体之后，发现年轻群体比年长群体态度开明；学历高的群体比学历低的群体态度开明，大学生在社会成见容忍性和人际开放性上态度最积极，研究生学历的群体在咨询需求认知和机构信任性方面的态度最积极；而在职业比较中发现，军人对待社会心理咨询态度最为保守，尤其是在社会成见容忍性上非常保守；研究还发现群体的居住区域不同形成的态度也不同，沙坪坝区居民在整个重庆地区中对待社会心理咨询的态度最开明，这可能与教育氛围有很大关系，在前期研究中地区经济和教育水平对社会心理咨询机构发展关系重大，目前看来，教育水平与人们对待社会心理咨询的态度关系重大，要营造良好的适应社会心理咨询发展的氛围，也应该重视教育的发展，尤其是心理健康教育，而且提高全民文化素质、教育水平也有利于增强人们对心理咨询的认可，从而促进该行业的发展。

四、改变民众对待社会心理咨询态度的对策研究

要想吸引更多的来访者主动到咨询机构求助，我们需要首先纠正民众心中对心理咨询的不正确或者对其寻求帮助有不利影响的偏见态度，本研究进一步分析了通过宣传心理咨询知识，是否能够改变民众对待社会心理咨询的态度。

选取重庆某高校新入校的本科大学一年级学生进行实验，一方面这些学生新入校还未系统接受心理健康教育，另一方面这些学生来自全国不同地区，比较具有代表性。实验选择了两个平行班级共182人参加。

（一）研究材料与实施

本研究使用到的材料包括一份实验阅读材料和自编民众对待社会心理咨询的态度问卷。考虑到实验结果的推广性，本研究选取了一段美国心理学协会（APA）提供的关于心理健康和心理咨询的科普性介绍作为实验材料。随机选择一个班级的学生作为对照组，直接填写态度问卷；选择另一个班级的学生作为实验组，先组织阅读实验材料，然后进行问卷填写。实验于2009年9月军训期间施测，以班为单位统一指导进行团体测试，问卷当场收回，有效回收率达到100%。

（二）研究假设

以往研究发现，人们对心理污名（stigma）的关注是决定人们是否选取心理帮助的重要因素（Hobson，2008）；心理的认识是寻求专业性心理帮助态度的预测变量，当人们对心理疾病的认识越宽容，以及人们懂得更多的心理健康知识的时候，就越有积极的求助态度（Leong，Zachar，1999）；而人们对咨询机构和咨询师缺乏信任，害怕咨询环境和预见到的与咨询本身有关的压力，也是影响求助者寻求专业性心理帮助态度的一个不可忽视的因素（梅锦杰，隋玉杰，1998）；害怕向人诉说情绪痛苦，倾向于不自我表露痛苦信息的人，对寻求专业性心理帮助会抱有消极的态度（Komiya，Good，Sherrod，2000；Vogel，Wester，2003）。因此本研究假设如下：

假设一：人们对心理健康和咨询知识的了解，可以改变对社会心理咨询的积极态度；

假设二：人们对心理健康和咨询知识的了解，可以增强对社会成见的容忍性；

假设三：人们对心理健康和咨询知识的了解，可以加强对心理咨询需求的认识；

假设四：人们对心理健康和咨询知识的了解，可以增加对社会心理咨询机构的信任；

假设五：人们对心理健康和咨询知识的了解，可以扩大人们的人际开放性。

（三）结果与分析

1.同质性检验结果

实验虽然采取了随机方式选择了实验组和对照组，但两组被试人数上有差异，而且两组被试之前的生活经历差异是否在对待社会心理咨询态度上，在社会成见容忍性、心理咨询和机构了解程度、人际开放性方面造成差异并不清楚，所以使用Levene法先对实验对象进行同质性检验。结果显示在对心理咨询的社会成见容忍性（F=2.753，p=

0.099)、咨询需求认知(F=0.019,p=0.889)、机构信任性(F=0.011,p=0.915)、人际开放性(F=2.299,p=0.131)以及态度总分(F=0.065,p=0.799)五个方面实验组和对照组被试并无显著差异,不违背同质性的基本假设。

2.实验组和对照组比较结果

对实验组和对照组数据进行独立样本t检验发现,实验组被试在阅读了心理健康和咨询知识材料之后对待社会心理咨询态度普遍改变,而且在态度总分和咨询需求认知方面明显好于对照组,差异显著(见表15-8)。这一研究结果与以往研究一致,如索(So)等关于求助态度的研究中发现大学生因为获得更多关于心理健康的知识,所以就有较积极的求助态度(So,Gilbert,Romero,2005)。在了解了心理健康和心理咨询相关知识之后,被试关于心理咨询需求方面的认识有了显著提高,进而对社会心理咨询的态度更加开明;在社会成见容忍性、机构信任性和人际开放性三个方面,虽然实验组得分高于对照组得分,但差异未达到显著。因此本研究结果肯定了假设一和假设三的结论,人们对心理健康和咨询知识的了解,可以改变对社会心理咨询的积极态度,加强对咨询需求的认识,而假设二、四和五的结论未成立。

表15-8 实验组和对照组均值比较结果

测项	实验组(n=89)		对照组(n=93)		t值	p值
	M	SD	M	SD		
社会成见容忍性	24.48	2.56	23.84	3.41	1.438	0.152
咨询需求认知	21.07	3.07	19.95	3.19	2.414	0.017*
机构信任性	19.84	2.07	19.29	1.93	1.864	0.064
人际开放性	14.10	2.37	13.61	2.49	1.354	0.177
态度总分	79.49	7.42	76.64	7.78	2.253	0.013*

注:*表示$p<0.05$

3.讨论与建议

大学新生阅读和未阅读心理健康、心理咨询介绍材料,对他们对社会心理咨询的态度产生显著差异,实验证明,阅读了心理健康和心理咨询材料的大学生对待社会心理咨询态度上更积极,而且对心理咨询的需求认知更开明。虽然阅读心理健康和心理咨询材料并未证明相关知识的了解对社会成见的容忍性、机构信任性和人际开放性的提高上产生显著影响,但实验组群体得分仍然略高于对照组群体。造成这种研究结果的原因,一方面可能是社会成见的容忍、人际开放性的提高不是一蹴而就的事情,它们与个体长期的认识和个性有关;另一方面可能是阅读材料的片面性所致,只介绍了心理健康和心理咨询最基本的内容,对心理咨询机构等方面未进行介绍,所以有关机构信任性方面的改变效果不明显。通过这些研究,我们仍然可以看到加强心理健康和心理咨询相关知识的宣传教育,对改变民众的咨询态度是非常有效的方式,而且如果采取更加全面和系统的宣传方式的话,相信会产生更加显著的效果。

所以要改变民众对待社会上心理咨询的态度,让更多人可以积极接受心理咨询的服务,一方面需要机构加强自身建设,而且主动地通过公益活动宣传自己;另一方面政府机构也要加强引导和重视,比如在社区中开展心理咨询的讲座和知识宣传活动,发展心理健康普及刊物,完善咨询收费的社会保障体系等。当民众能够更清楚地了解心理咨询知识,更清楚社会心理咨询机构的服务,更轻松地面对咨询收费之后,相信就能够更积极地看待社区心理咨询机构及其提供的服务了。

第二节　社会心理咨询的服务现状与效果评估研究

本课题研究组针对社会心理咨询机构的咨询服务状况进行研究,选取了重庆市10家社会心理咨询机构进行调查以了解目前咨询服务过程的基本特点及咨询效果情况。

一、社会心理咨询的服务过程特点研究

(一)研究材料与实施

第一步:确定来访者。从大学生中招募自愿接受心理咨询并参与研究的来访者10名,每位大学生根据自己实际情况选择咨询问题,在咨询中由来访者使用录音设备进行全程咨询的录音。

第二步:确定咨询室及咨询师。10名自愿来访者随机进行分配,分别对应重庆市的一所社会心理咨询机构,并提前电话预约咨询,由机构安排咨询师提供咨询服务。

第三步:实施咨询,采集数据。为保证咨询过程的真实性,在咨询前不向咨询师透露咨询录音情况,在咨询结束后,征求咨询师的意见,由他们决定是否接受并保留录音文件,并签署书面的录音同意书。

第四步:录音文本转录。由专人将咨询录音整理成文字,然后由研究者对照录音,核查文本。校核后给每个录音文本编号,其中A、B、C、D、E、F、G、H、I、J分别代表10家社会心理咨询机构的咨询。为了维护来访者、咨询机构、咨询师权益,所有能够辨认出身份的信息均予以删除,如提到人名、地点、年龄等信息,将以“**”代表。由于其中一名咨询师不接受录音研究,要求来访者就地销毁录音文件,最后获得9份录音文本,共计

102857字.

第五步:来访者事后访谈。进一步了解录音中不能反映出的与咨询过程相关的信息。

(二)资料处理

使用琼斯(Jones,1985)编制的心理咨询过程分析Q量表(psychotherapy process Q-set,PQS)进行资料处理。研究证明PQS可以用于完整的咨询会谈的视频、录音、文稿等质性资料分析,最关键的是它是一套泛理论化的工具,所以非常适合用于比较使用不同咨询理论和方法的咨询师的研究中(Jones,Hall,Parke,1991;Lambert,Hill,1994),阿布隆(Ablon)和琼斯(Jones)曾使用PQS对比分析了人际互动治疗(interpersonal psychotherapy)和认知行为主义的治疗(Ablon,Jones,2002);西里加蒂(Sirigatti)使用PQS针对系统关系治疗(systemic-relational therapy)、认知行为主义治疗和简明策略治疗(brief strategic therapy)三种治疗方法进行对比研究(Sirigatti,2004)。PQS由100个项目组成,提供了质性分析的基本语言和标准格式,通过对心理咨询过程中三个基本方面的描述,包括来访者的态度、行为和解释的经验,咨询师的行为和态度以及会谈中的互动和氛围,来评价和区分咨询过程。100个项目按照咨询过程中的特征与描述的相反或一致分为1—9类,咨询过程中的特点与描述特征完全相反的归为1类,完全一致的归入第9类,不能确定的归入第5类,每一类有明确的项目个数规定(见图15-1)。

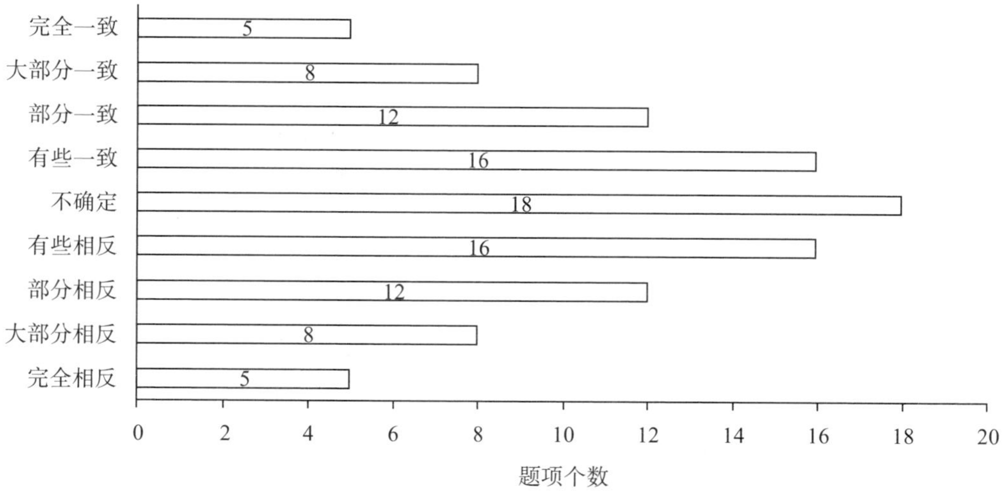

图15-1 PQS项目分类

PQS翻译由研究者与另一名心理学研究生进行,在翻译时注意了英语的习惯性用法与短语,并尽可能使翻译后的项目符合汉语的用法。两名研究者各自进行翻译工作,并对翻译后的每个项目进行讨论,直到达成一致。随后中文版的PQS再由一名外语学院教师独立翻译为英文。将原英文版PQS、回译英文版PQS和中文版PQS进行对比修改，直至三者表达基本一致后，最终确定PQS中文版工具。

使用PQS工具分析咨询录音文本时，采取由两位评分者同时对9份资料进行等级分类的方式，经计算两位评分者间的一致性在0.84到0.92，然后针对每一份资料中等级划分不一致之处进行讨论，并达成共识，然后将评分结果进行记录。

（三）结果和分析

1. 社会心理咨询的服务方式与时间安排

根据来访者事后访谈以及录音文本提供的信息，在此次咨询服务调查中来访者进行咨询的内容都属于一般性心理问题以及发展性咨询，虽然这些社会心理咨询机构提供的服务方式都是面谈，但面谈的时间安排以及咨询技术的使用都有相当大的差异（见表15-9）。

表15-9　社会心理咨询机构服务的基本情况

咨询室代码	咨询师性别	来访者咨询问题	咨询师使用的特殊技术	咨询方式及时间
A	男	职业规划（专业选择）	无	面谈，90分钟
B	男	家庭关系	角色扮演	面谈，90分钟
C	男	职业规划（考研）	投射（意象对话）	面谈，120分钟
D	女	恋爱	无	面谈，60分钟
E	女	人格发展（自卑）	无	面谈，60分钟
F	男	人际交往	无	面谈，170分钟
G	女	职业规划（留学）	心理测试（16PF）	面谈，60分钟
H	女	人际交往	投射（画人测试）	面谈，100分钟
I	女	挫折应对	投射（树木人格）	面谈，120分钟
J	女	职业规划（就业）	不详	面谈，108分钟

咨询师使用的特殊技术，是指除了面谈技术之外的其他咨询技术。由于J咨询机构的录音销毁，所以咨询师使用的技术不详，其余9家机构中共有5家机构在咨询中使用了特殊的咨询技术，其中一家机构咨询师使用了量表测量的辅助技术；有3家机构咨询师使用了投射技术，其中两位咨询师使用了图画投射，一位咨询师使用了意向对话技术；还有一家机构的咨询师使用了角色扮演技术。在前期网站信息调研上，还发现很多机构特别强调了咨询师的咨询技术，如催眠疗法、NLP、意象对话心理治疗、萨提亚家庭治疗、音乐疗法、呼吸疗法、色彩疗法、芳香疗法、森田疗法、完形疗法结合灵气按摩、瑜伽养生、全息疗法、藏御火疗等疗法，甚至还有咨询机构将周易中的精髓与西方的心理

分析理论融合起来,创造出具有中国特色的八角心理分析专用沙盘。这些特殊技术的介绍和使用,很可能与我国公民对待心理咨询的心理态度有关,他们一方面的人际开放意识不高,不太喜欢直接表达自己,而另一方面对于心理咨询抱有好奇心,因此很多咨询师会特别使用一些咨询技术。同时男性咨询师在使用特殊技术频率上高于女性咨询师。

在咨询时间上,有研究指出心理咨询中面谈时间最好安排在50分钟/次,这是因为咨访双方都能集中精神,而不感到疲劳的限度一般在一次60分钟左右(李英,王超2003),但调查的10家机构中,最短的一次咨询时间是1个小时,最长的一次咨询达到了约3个小时,而且普遍的咨询时间都是在1.5至2个小时之间,有7家机构都远超出了50分钟一次咨询的时间设置。这可能与咨询提供者的能力、利益相关,也可能与来访者大多只进行一次咨询便结束的现状有关,因此咨询师便会在一次咨询中通过延长时间来增加咨询内容。

2.社会心理咨询服务过程的一般特点

将9家社会心理咨询机构的PQS评分情况进行汇总并计算平均分,来说明社会心理咨询在服务过程中的一般特点(见图15-2),在来访者、咨询师和咨访关系互动三方面的情况中,因为来访者都比较配合,在咨询中没有挑衅和测试咨询关系限度的事情,或向咨询师表达愤怒或攻击性情绪发生,所以重点针对咨询师和咨访双方互动中的特点进行分析。

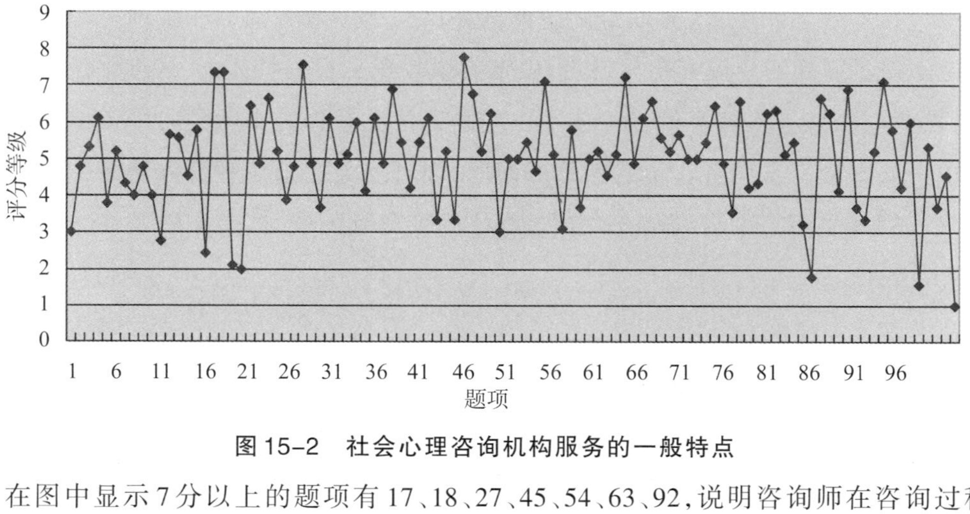

图15-2　社会心理咨询机构服务的一般特点

在图中显示7分以上的题项有17、18、27、45、54、63、92,说明咨询师在咨询过程中一般会积极地对咨访双方的互动进行控制,而且能够采取支持的立场,向来访者传达无条件接纳的态度,但他们都倾向于给予来访者明确的建议和指导,这可能一方面与中国来访者不了解心理咨询理念,依赖咨询师做决定有关,另一方面也说明中国心理咨询师无形中扮演了教育家的角色。

而3分以下的题项有11、16、19、20、84、96、100,这说明整体上,咨询师的职业道德良好,没有与来访者保持咨询以外或不正当的咨访关系,这与张爱莲等关于我国心理咨询和治疗业伦理调查的研究结果一致(张爱莲,钱铭怡,姚萍,2007);咨询师在咨询过程中一般不会与来访者讨论有关性的问题,这可能与中国人羞于谈性的特点有关,也可能与来访者都是大学生的身份有关;咨询师在咨询过程中没有询问或关注来访者身体功能和生理方面的症状,这可能与心理咨询师更多关注心理层面,容易忽略生理层面问题有关;几乎所有的咨询师在咨询过程中未就咨询的安排、费用以及终止问题与来访者进行谈论,这可能与社会心理咨询通常以一次咨询为主的特点有关,而费用问题有些机构是在预约中进行了说明因此在咨询中没有提及,但有些机构却一直未与来访者沟通有关收费的问题。

(四)小结

在实地咨询过程中发现,社区心理咨询机构的服务面向了社会广大群体,无需特殊身份即可进行咨询,在服务中有以下特点:(1)咨询服务通常是一次咨询为主,咨询师不会与来访者预约或安排长期的咨询计划;(2)咨询服务时间一般较长,大概会持续1.5至2小时左右;(3)咨询服务中,大多咨询师会使用到特殊的心理咨询技术;(4)大多数机构咨询师提供服务时,能够采取支持的立场,向来访者传达无条件积极接纳的态度,与来访者塑造良好的咨访关系,并取得来访者信任;(5)大多数咨询师在咨询过程中都倾向于给予来访者明确的建议和指导,咨询中带有说教意义;(6)整体上,咨询师的职业道德良好,没有与来访者保持咨询以外或不正当的咨访关系;(7)中国的心理咨询师在咨询过程中一般不会与来访者讨论有关性的问题,而且不关注来访者身体功能和生理方面的症状;(8)几乎所有的咨询师在咨询过程中未就咨询的安排、费用以及终止问题与来访者进行谈论。

二、社会心理咨询的服务效果评价

前期研究中发现,社会心理咨询机构的咨询师在咨询过程中具有不同的特点,如使用了多元的咨询技术,与来访者建立了程度不同的咨访关系,本研究的目的就是评价社会心理咨询机构提供的服务效果,考察咨询服务的质量。

（一）研究材料与实施

第一步：在自愿来访者接受咨询之前，发放咨询前来访者状况自评问卷，根据兰伯特（Lambert）等在咨询效果评定指标的研究（Lambert, Burlingame, Umphress, Hansen, Vermeersch, Clouse, Yanchar, 1996），该问卷主要考察来访者改变的三方面，即个人症状、人际关系和社会功能，并对总体情况进行了综合考察，每个部分都采取0—9分的十级自评；

第二步：翻译修订阿特基森（Attkisson）和兹维克（Zwick）编制的来访者满意度问卷（the client satisfaction questionnaire-8, CSQ-8）（Attkisson, Zwick, 1982），该问卷具有很高的信效度（Eveline, Vincent, 2005; Plante, Couchman, Hoffman, 1998），而且研究显示评价来访者满意度对于咨询效果的评价是非常方便和有效的方法（Edlund, Young, Kung, Sherbourne, Wells, 2003），来访者较高的满意度与症状的改善有显著的正相关（Garland, Haine, Lewczyk, 2007），并且来访者满意度的数据常常用作心理服务机构的鉴定标准之一（Bickman, 2000）。CSQ-8共有8个项目，其中第2、4、5、8反向计分，问卷采用4点评定量表，程度从“非常满意”、“比较满意”、“不太满意”到“完全不满意”，分数范围为8—32分，分数越高说明满意度越高；修订后的来访者满意度问卷有良好的信度（Cronbach’s α 为0.789）和效度。

第三步：在自愿来访者咨询结束后，填写咨询后来访者状况自评问卷、CSQ-8和工作同盟中文版问卷（working alliance inventory, WAI）（张倩, 2009），WAI包括12个项目，其中4、10题为反向计分题，问卷采用7点评定量表，程度从“不是”、“很少”、“偶尔”、“有时”、“时常”、“常常”到“总是”，它包含3个分量表：目标、任务和情感联系，每个分量表又包含4个不重叠的题项，每个分量表得分是4—28分，如果需要可以加总，总分的分数范围是12—84分，分数越高代表咨访关系越积极，研究显示WAI信效度良好。

使用SPSS16.0对数据进行处理，主要统计处理方法有t检验和相关分析等。

（二）心理咨询服务的效果评价

杨宏飞在综合国外咨询效果评价研究结论基础上提出，咨询效果评价的核心问题是谁报告变化，什么在变化，用什么方法报告变化，什么时间报告变化，所以心理咨询效果评价主要涉及评价依据、评价者和评价时间三方面，评价依据主要考察来访者心理症状、人际行为适应以及社会功能方面的改变（杨宏飞, 2005）；评价者一般也有三类，一是来访者，二是咨询师，三是第三方人员；评价时间有短期内进行和中长期的评价方式（胡契, 2006）。因为本研究是对社会心理咨询的服务情况进行考察，评估结果与咨询师的利益有切身关系，而且在真实的咨询场景中进行的咨询无法安排第三方评价者，所以在本研究中效果的主体采取来访者自评的方式;评价依据通过三个标准来判断,一是来访者咨询前后个人情绪、人际关系和社会功能方面的改变,二是来访者对于咨询的满意度,三是咨访关系状况,萨夫兰(Safran)和穆兰(Muran)指出咨访关系的质量在预测积极治疗效果方面比治疗类型更重要(Safran,Muran,1996)。考虑到来访者的问题都属于一般心理问题,评价时间确定为咨询后一周。

1.三种效果评价标准的相关性

对来访者的改变、咨询满意度和咨访工作同盟关系三种指标进行相关分析,结果见表15-10。从中可见,来访者总的改变、咨询满意度和咨访工作同盟关系三个指标高度相关,说明这些指标能很好的反映咨询效果。

表15-10 几种效果评价指标的相关分析

效果评价指标	个人改变	人际改变	社会改变	总的改变	CSQ	WAI
个人改变	1	0.389	0.847**	0.870**	0.619	0.606
人际改变	—	1	0.125	0.426	0.258	0.504
社会改变	—	—	1	0.705*	0.544	0.557
总的改变	—	—	—	1	0.819**	0.673*
CSQ	—	—	—	—	1	0.782*
WAI	—	—	—	—	—	1

注:*表示$p<0.05$,**表示$p<0.01$

2.来访者咨询前后状况的改变

对比咨询前后来访者自我状态评估数据,发现9位来访者在咨询前后个人情绪方面、人际关系方面、社会功能方面以及总体状况上都发生了改变。表15-11显示,9位来访者有8位来访者的状况改变是积极的,在咨询后的状况好于咨询前状况,说明咨询产生了良好的效果,而且A、D、G三家机构的服务让来访者改变较大,说明效果非常理想;但有1位来访者在咨询后状况反而恶化,在个人方面和总体情况上,咨询后状况低于咨询前水平,说明C机构提供的咨询服务不仅没有取得良好效果,而且对来访者产生了负面影响。

表15-11 九位来访者咨询前后状态

代码	个人		人际		社会功能		总体	
	咨询前	咨询后	咨询前	咨询后	咨询前	咨询后	咨询前	咨询后
A	3	7	6	7	1	6	4	7
B	6	8	8	8	6	8	7	9
C	8	7	8	8	8	8	8	4

续表

代码	个人		人际		社会功能		总体	
	咨询前	咨询后	咨询前	咨询后	咨询前	咨询后	咨询前	咨询后
D	3.5	7.5	5.5	7.5	5	8.5	5	8.5
E	4	5	5	6	5	5.5	5	6
F	5	7	5	6	6	6	5	6
G	5	8	7	7	3	7	4	7
H	7	7	7	8	7	7	7	8
I	8	9	8	9	7	9	8	9

对来访者咨询前后的改变状况进行配对样本t检验，结果见表15-12。从中可见，经过心理咨询来访者在个人、人际、社会和总体上都发生了积极改变，而且在个人和社会方面的改变差异显著，在人际方面的改变差异非常显著，不过在总体上的差异尚未达到显著水平。

表15-12　来访者咨询前后状态*t*检验结果

	个人				人际				社会				总体			
	咨询前		咨询后		咨询前		咨询后		咨询前		咨询后		咨询前		咨询后	
	M	SD	M	SD	M	SD	M	SD	M	SD	M	SD	M	SD	M	SD
	5.50	1.87	7.28	1.09	6.61	1.27	7.39	0.99	5.33	2.18	7.22	1.23	5.89	1.62	7.17	1.66
t	−3.108				−3.500				−2.957				−1.724			
p	0.014*				0.008**				0.018*				0.123			

注：*表示$p<0.05$，**表示$p<0.01$

3.咨询满意度与咨访关系状况

来访者关于咨询满意度和工作同盟关系得分见表15-13，其中满意度最高的达到29分，最低只有17分，满意度25分及以上的机构有5家，说明大部分来访者对社会机构提供的咨询服务是满意的，咨询效果是理想的；工作同盟最高得分75分，最低得分47分，其中60分以上的有5家机构，说明大部分来访者对咨询中的咨访关系是满意的，说明咨询效果不错。其中A、D、G、I四家机构在CSQ和WAI得分中都取得了较高的分数，机构C在两项得分上都是最低，这与前面PQS分析结果比较一致。研究进一步对咨询服务的相关特点，包括性别因素、咨询技术的使用以及咨询时间的长短与效果之间的关系进行探讨。

表 15-13 咨询服务特点与CSQ、WAI得分

代码	咨询师性别	来访者性别	特殊技术	咨询时间	CSQ得分	WAI得分			
						目标	任务	情感联系	总分
A	男	女	无	90分钟	25	19	19	23	61
B	男	男	有	90分钟	29	21	20	16	57
C	男	女	有	120分钟	17	16	12	19	47
D	女	女	无	60分钟	28	24	24	27	75
E	女	女	无	60分钟	23	19	19	15	53
F	男	女	无	170分钟	24	23	21	18	62
G	女	女	有	60分钟	27	26	21	22	69
H	女	女	有	100分钟	24	18	20	20	58
I	女	女	有	120分钟	29	25	25	25	75

（三）其他因素与咨询效果的关系探讨

1.性别因素与咨询效果的关系探讨

将男女咨询师在咨询效果标准上的得分均值进行比较（见表15-14），在各个标准上女性咨询师得分都高于男性咨询师，但差异并未达到显著标准，这可能与样本量过少有关。这可能与女性更加敏感，更容易与来访者产生共情的特点有关，而以往研究也发现能积极关心来访者，准确的“共情”，与来访者产生共鸣的咨询师在咨询时能取得良好的效果（Truax，Mitchell，1971）。

表 15-14 不同性别咨询师咨询效果比较

测项	男性咨询师		女性咨询师		*t*	*p*
	M	SD	M	SD		
个人改变	1.75	2.06	1.80	1.64	−0.041	0.969
人际改变	0.50	0.58	1.00	0.71	−1.139	0.292
社会改变	1.75	2.36	2.00	1.77	−0.182	0.861
总的改变	0.50	3.11	1.90	1.25	−0.931	0.383
CSQ	23.75	4.99	26.20	2.59	−0.959	0.370
WAI	56.75	6.85	66.00	10.05	−1.563	0.162
目标	19.75	2.99	22.40	3.65	−1.169	0.281
任务	18.00	4.08	21.80	2.59	−1.710	0.131
情感联系	19.00	2.94	21.80	4.66	−1.040	0.333

将咨询师与来访者性别进行配对，咨访性别相同的归为一类，不同的归为一类，咨询效果的比较结果见表15-15。从中可见，咨询师和来访者性别相同的咨询效果指标的均值得分都高于性别不同的效果得分，但两者之间差异不显著，这可能与样本量过少有关。咨访双方的性别相同可能更能让来访者感觉安心，而且同性别之间的交流比异性之间的交流更轻松。

表15-15　不同性别配对的咨询效果比较

测项	性别相同		性别不同		t	p
	M	SD	M	SD		
个人改变	1.83	1.472	1.67	2.517	0.129	0.901
人际改变	0.83	0.753	0.67	0.577	0.333	0.749
社会改变	2.00	1.581	1.67	2.887	0.231	0.824
总的改变	1.92	1.114	0.00	3.606	1.264	0.247
CSQ	26.67	2.582	22.00	4.359	2.067	0.078
WAI	64.50	9.711	56.67	8.386	1.185	0.275
目标	22.17	3.312	19.33	3.512	1.189	0.273
任务	21.50	2.429	17.33	4.726	1.810	0.113
情感联系	20.83	4.792	20.00	2.646	0.275	0.791

2.特殊技术与咨询效果的关系探讨

大多咨询师会在咨询中使用一些特殊的心理咨询技术和测验，这些技术的使用与咨询效果之间的关系见表15-16。从中可见，使用了特殊技术的咨询效果指标得分均值都高于未使用特殊技术的咨询效果，而且使用了特殊技术的咨询使得来访者人际方面的咨询前后改变显著高于未使用特殊技术的咨询。这一方面可能与来访者对心理咨询的好奇心有关，特殊技术的使用让来访者更信服咨询的有效性，从而产生改变；另一方面特殊技术作为各个治疗流派的相应的治疗技术，也许对于某些心理问题有特殊的效果（夏勉，江光荣，2005）。

表15-16　特殊技术使用与否的咨询效果比较

测项	使用特殊技术		未使用特殊技术		t	p
	M	SD	M	SD		
个人改变	1.00	1.58	2.75	1.50	−1.686	0.136
人际改变	0.40	0.55	1.25	0.50	−2.401	0.047*
社会改变	1.60	1.67	2.250	2.40	−0.481	0.645
总的改变	0.60	2.70	2.13	1.32	−1.026	0.339
CSQ	25.20	5.02	25.00	2.16	0.074	0.943

续表

测项	使用特殊技术		未使用特殊技术		t	p
	M	SD	M	SD		
WAI	61.20	10.96	62.75	9.11	−0.226	0.827
目标	21.20	4.32	21.25	2.63	−0.020	0.984
任务	19.60	4.72	20.75	2.36	−0.441	0.673
情感联系	20.40	3.36	20.75	5.32	−0.121	0.907

注：* 表示 $p<0.05$

3.咨询时间与咨询效果的关系探讨

将每次咨询的时间长短与咨询效果做相关分析，结果显示咨询时间与咨询效果的各项指标之间存在着负相关(个人改变维度，$r=-0.374$；人际改变维度，$r=-0.086$；社会改变维度，$r=-0.526$；总的改变，$r=-0.466$；CSQ，$r=-0.278$；WAI，$r=-0.152$)，说明咨询时间越长的咨询其效果越差，这也说明在咨询过程中要加强时间的设置，最好可以保证每次咨询50分钟时间。

4.小结

目前心理咨询过程中，从业人员的咨询技巧和素质的专业资格核定并不十分严格，因此咨询师是否能够帮助来访者解决问题，咨询是否能够取得效果，是本研究重点考察的内容。通过来访者咨询前后改变状况、来访者对咨询满意度以及咨访工作同盟关系三种指标，本研究对9家社会心理咨询机构进行了咨询服务效果的评价。

9家机构中的8家机构的咨询师提供的咨询服务让来访者产生了积极的改变，有一家机构使来访者情况恶化；大部分机构的服务都取得了良好的效果，在来访者满意度和工作同盟关系上得分较高。虽然前期研究发现社会机构的心理咨询师在咨询过程中倾向于给予来访者明确的指导和建议，但这种咨询方式的咨询效果还不错，这与艾略特(Elliott)等对咨询师的反应方式与即时效果的关系研究结果——来访者认为咨询师解释和建议最有帮助——一致(Elliott，Barker，Caskey等1982)。在探讨与咨询效果相关的因素上，发现女性咨询师的咨询效果普遍优于男性咨询师，咨访双方相同性别的咨询效果优于不同性别的咨询效果，使用特殊咨询技术的咨询效果优于不使用特殊咨询技术的咨询效果，咨询时间过长咨询效果越差。在目前我们还不能够找到监督和鉴定心理咨询服务质量的权威机构的情况下，这些研究结果对衡量社会心理咨询运作状况和完善心理咨询服务体系提供了支持。

第三节　研究结论及相应对策

一、关于民众态度及改变条件

本研究通过在重庆主城区采取街头随机抽样调研的方式，对重庆主城区居民对社会心理咨询的态度进行了研究，样本包含了不同年龄阶段、不同职业背景和学历程度，生活在不同区域的被试。数据分析结果发现，整体上人们对待社会心理咨询的态度比较保守。在对态度进行多元方差分析后发现，学历因素对态度的影响最大，而且年龄和职业的交互作用，年龄、学历和居住区域的交互作用都对态度产生影响，而且在比较了不同背景的群体之后，发现年轻群体比年长群体态度开明；学历高的群体比学历低的群体态度开明，大学生在社会成见容忍性和人际开放性上态度最积极，研究生学历的群体在咨询需求认知和机构信任性上态度最积极；而在职业比较中发现，军人对待社会心理咨询态度最为保守，尤其是在社会成见容忍性上非常保守；研究还发现群体的居住区域不同形成的态度也不同，沙坪坝区居民在整个重庆地区中对待社会心理咨询态度最开明，这可能与教育氛围浓厚有很大关系。

在前期研究中发现地区经济和教育水平与社会心理咨询机构的发展关系密切，而居民的居住区域与态度之间的关系，再次证实了教育因素的重要性，要营造良好的适应社会心理咨询发展的氛围，就应该重视教育的发展，尤其是心理健康教育。

所以在态度改变条件中，本研究就知识教育的作用进行了实证性研究。实验证明，阅读了心理健康和心理咨询材料的大学生对待社会心理咨询的态度更积极，而且对心理咨询的需求认知更开明。虽然并未证明了解心理学知识能提高对社会成见的容忍性、机构信任性和人际开放性，但实验组群体得分仍然略高于对照组群体，这可能是因为社会成见的容忍性、人际开放性的提高不是一蹴而就的事情，它们与个体长期的认识和个性有关；另一方面可能是因为阅读材料的片面性，只介绍了心理健康和心理咨询最基本的内容，对心理咨询机构等方面未进行介绍。通过这些研究，可以看到加强心理健康和心理咨询相关知识的宣传教育，对改变民众的咨询态度是非常有效，采取更加全面和系统的宣传方式，相信会产生更加显著的效果。

二、关于咨询服务特点及效果

通过招募自愿来访者进行实地咨询的方式，对重庆市10家社会心理咨询机构的服务特点及效果进行了研究。通过整合这些机构的服务情况，发现社会心理咨询机构确实面向了社会广大群体，无需特殊身份即可进行咨询，大多咨询师会使用到特殊的心理咨询技术，咨询师能够采取支持的立场，向来访者传达无条件积极接纳的态度，与来访者塑造良好的咨访关系，并取得来访者信任，但在咨询过程中都倾向于给予来访者明确的建议和指导，咨询中带有说教意义。整体上，咨询师的职业道德良好，没有与来访者保持咨询以外或不正当的咨访关系。社会心理咨询机构提供的服务通常是以一次咨询为主，咨询的时间较长，每次大概会持续1.5至2小时，而且咨询师一般不会与来访者预约或安排长期的咨询计划。在咨询中社区心理咨询机构及从业人员在伦理原则上应更加注意，如在咨询开始前，咨询机构应将咨询师的专业资格与经验、受过的训练与教育、证书、收费标准等信息向来访者详细说明；在咨询中咨询师应告知来访者有关咨询过程、所需时间、咨询的限制、可能的危险与益处等（陈雅婷，王智弘，2007）。

通过来访者咨询前后改变状况、来访者对咨询满意度以及咨访工作同盟关系3种指标，本研究对9家社会心理咨询机构进行了咨询服务效果的评价。其中8家机构的咨询师提供的咨询服务让来访者产生了积极的改变，有一家机构使来访者情况恶化；大部分机构的服务都取得了良好的效果，在来访者满意度和工作同盟关系上得分较高。虽然前期研究发现社会心理咨询师在咨询过程中倾向于给予来访者明确的指导和建议，但这种咨询方式的咨询效果还不错，这与艾略特（Elliott）等对咨询师的反应方式与即时效果的关系研究结论一致，来访者认为咨询师解释和建议是最有帮助的结果（Elliott，Barker，Caskey等1982）。在探讨与咨询效果相关的因素上，发现女性咨询师的咨询效果普遍优于男性咨询师，咨访双方相同性别的咨询效果优于不同性别的咨询效果，使用特殊咨询技术的咨询效果优于不使用特殊咨询技术的咨询效果，咨询时间过长咨询效果越差。因为参与调查的只有10位被试，而且招募的来访者都是大学生，所以导致样本量过少而且单一，研究主要进行了评价方式和咨询影响因素的探讨，具体的研究结果还有待于进一步验证。

第十六章　学校心理辅导的效果评价研究

第一节　学校心理辅导概述

由于很多学生在学习、生活和适应社会等方面遇到越来越多的困难和挫折，导致各种心理问题和心理障碍的发生。学校心理辅导作为学生最易获得的心理帮助途径，在保持学生心理健康方面起到了不可忽视的作用。但在学校心理辅导相关主题的研究中，以理论性研究居多，调查实证性研究偏少，而对于学校心理辅导效果评价方面的研究则更少，且研究方法单一，没有一套专门针对学校心理辅导效果的评价工具。鉴于此，本课题研究组对学校心理辅导效果进行了系统的探究，并主要针对中学的心理辅导效果进行了考察，为学校心理辅导，特别是中学心理辅导提供相应的理论基础，并对其辅导工作提供实践指导，提高辅导效果。

一、学校心理辅导概述

（一）学校心理辅导的界定

在我国教育领域，有学校心理辅导、心理健康教育和心理咨询等类似的概念。一般认为，心理健康教育是指以心理学的理论和技术为主要依托，并结合学校日常教育、教学工作，根据学生生理、心理发展的特点，有目的、有计划地培养（包括自我培养）学生良好的心理素质，开发心理潜能，进而促进学生身心和谐发展和素质全面提高的教育活动（张琴，刘永莹，2007）。心理咨询则是通过人际关系，运用心理学方法，帮助当事人自强自立的过程（钱铭怡，2000）。对于学校心理辅导，我国教育工作者和相关研究人员对其内涵及实施途径各抒己见，形成丰富而未统一的认识，它与相关概念关系如何也尚未明确。综合看来，对学校心理辅导主要有以下三种观点：

1. 学校心理辅导包括心理健康教育与心理咨询

学校心理辅导包括心理健康教育和心理咨询（黄训美，2003）。现代学校心理辅导模式把心理教育与心理咨询两条基本途径相结合，把心理辅导课程、教育教学中渗透心理辅导、个别咨询、团体咨询等多种形式相结合（叶存春，2001）。这类认识未对学校心理辅导加以定义，而是直接谈到其实施途径。从中可以看出，学校心理辅导是一个内涵丰富、外延广泛的概念，它包括了在学校情境中所实施的一切有助于学生心理健康发展的活动。

2. 学校心理辅导等同于心理健康教育，包括心理咨询

从定义上来看，学校心理辅导是指学校有目的、有组织地对学生施以直接的或间接的影响，以提高学生的整体素质，完善学生的自助能力，健全学生的人格，激发学生的潜能，从而促进学生的心理健康与和谐发展的一种教育活动。目的是提升学生心理健康水平和矫治心理问题（陈晓荆，2000）。学校心理辅导是指学校教育者按照教育目的的要求，依据心理科学的理论并借助心理科学的方法和手段，有目的、有计划、系统地进行的旨在培养学生良好心理品质，促进学生心理健康发展的教育活动（佟月华，2002）。在实施途径上，众多学者均认为学校心理辅导可以通过课堂教学、学科渗透、活动宣传、心理咨询、环境建设等途径实现（杨忠旺，胡义秋，2004；俞少华，张亚林，2002；俞少华，张亚林，罗爱兰，胡凯，2003；徐学俊，2000；张建平，赵晓燕，2002；丁艳红，周婷，2002；刘越，2002）。

可见，无论从定义还是实施途径上学校心理辅导与心理健康教育在实质上没有差异，而心理咨询是心理辅导实施途径之一。

上述两种认识均是从教育学角度进行的思考，它们都认为学校心理辅导是一项系统而全面的维护学生身心健康的教育活动，它渗透在学校教育的各个方面、各个层次、各个角落，具有发展性、预防性和矫正性目标，它的实施途径多样，心理咨询只是其中之一。

3. 学校心理辅导等同于心理咨询，心理健康教育包括学校心理辅导

在对心理辅导的心理学定义中，罗杰斯提出的——心理辅导是一个过程，辅导者与当事人的关系能给予后者一种安全感，使其可以从容地开放自己、正视自己过去曾否定的经验，然后把那些经验融合于已经转变了的自己，作出统合，就是国外一种具有代表性的定义（钱铭怡，2000）。国内如林孟平认为，辅导是一个过程，在这个过程中，一位受过专业训练的辅导员，致力于与当事人建立一种具有治疗功能的关系，来协助对方认识自己、接纳自己，进而欣赏自己，以使其克服成长的障碍，迈向自我实现（林孟平，1999）。郑日昌指出，辅导即为咨询（郑日昌，2000）。由此，我国一些教育学工作者认为：学校心理辅导是学校心理辅导教师运用心理学专业知识和技能，为学生提供一定的咨询服务，帮助学生正确认识自己与环境，寻找最佳的人生发展模式，对面临的问题采取最优的策略，以期促进学生潜能实现，增强社会适应力，提高其心理素质的方法与学问（张道祥，2002）。学校心理辅导是指学校内的心理辅导人员对前来求助的学生从心理上进行指导和帮助的活动（刘晓明，褚丽萍，2000）。学校心理辅导是学校辅导人员运用其专业知

识和技能，给学生以合乎其需要的协助与服务，帮助其了解自己、认识环境，解决其所遇到的心理问题，使其健康成长的过程（吴增强，沈之菲，2000）。学校心理辅导是一个过程，在这个过程中，一位受过专业训练的人，致力于与当事人建立一个具治疗功能的关系（刘华山，1998）。学校心理辅导是一种专业，辅导工作者应受过完整的训练，不仅具有辅导的（爱心、耐心），还要有辅导的知识、技能与实践的经验（徐光兴，2000）。学校心理辅导是学校心理健康教育的一项辅助工作，是达到学校心理健康教育整体目标的重要途径之一，它着眼于学生心理问题的预防和调适，避免对当事人进行价值干预和导致意识形态上的冲突（余勇，2006）。

可以看出，学者们认为学校心理辅导工作属于专业性很强的工作，需要专业水平较高的人员担任。学校心理辅导即为心理咨询，它包括在心理健康教育之中。

2001年《教育部关于加强普通高等学校大学生心理健康教育工作的意见》指出，“心理健康教育要以课堂教学、课外教育指导为主要渠道和基本环节，形成课内与课外、教育与指导、咨询与自助紧密结合的心理健康教育工作的网络和体系……要重视开展大学生心理辅导或咨询工作。高等学校开展心理辅导或咨询工作，对于解决学生的心理问题，具有重要的作用。各高等学校要积极创造条件建立心理健康教育工作体系，开展心理辅导或咨询工作”。在2002年《中小学心理健康教育指导纲要》中指出“开展心理健康教育的途径和方法可以多种多样”，比如个别咨询与辅导。开设心理咨询室（或心理辅导室）进行个别辅导是教师通过与学生一对一的沟通方式，对学生在学习和生活中出现的问题给予直接的指导，排解心理困扰，并对有关的心理行为问题进行诊断、矫治的有效途径。由此可见，在教育部印发的学校心理健康教育相关文件中，未将学校心理辅导与心理咨询做出严格的区分，学校心理辅导等同于心理咨询，并且是心理健康教育的途径之一。

根据以上分析，本研究采用第三种看法，将学校心理辅导界定为在学校情境中，辅导者通过与当事人建立起一种特殊的人际关系，运用心理学知识与技术来调动当事人自身积极性，恢复心理和谐，实现心理的成长和能力的发展。它具有矫正功能和发展功能，是心理健康教育的途径之一。

（二）我国学校心理辅导效果评价研究现状

在大陆（内地）地区，学校心理辅导的效果研究主要集中在团体辅导方面，而对于个体心理辅导效果评价方面少有研究。且都是在实施实验或准实验干预的情况下进行辅导效果的研究（李云，李晓光，李文卿，赵海川，2003；汪照清，王龙珍，秦玲玲，朱莲，2005；张金砚，1998；杨丽，刘盈，吴枫，2005），研究设计多是采用实验组对照组后测设计或前后测准实验设计。少有在学校心理辅导自然情境下的效果评价研究。

港台地区则大多针对某一特定疗法的效果进行研究，如段秀玲、张雪吟运用现实疗法分别对高中行为偏差学生与小学儿童自尊提升的辅导进行研究（段秀玲，2002；张雪吟，2005）。此外，在疗效因素及辅导过程方面也进行了探索。主要是探讨某一特定疗法的有效因素，如史庄敬对人际困扰大学生的焦点解决团体辅导效果的有效因素研究（史庄敬，2006）；周玉真对亲职团体的焦点解决团体辅导效果及疗效因素的研究（周玉真，1996）；陈秉华等将萨提亚家庭治疗模式运用于未满足期待的当事人，探究其在改变历程中的关键因素（陈秉华，蔡秀玲，赖念华，2001）。林旖旎研究了在辅导过程的不同阶段（起始阶段、工作阶段、结束阶段）使用不同辅导形态（个案中心、关系中心、问题解决）辅导效果的差异。由此看出，学校心理辅导所采用的研究方法呈现多样化趋势，既有量的研究，也包括质的研究（林旖旎，2001）。

（三）研究内容的确定

鉴于大陆（内地）地区缺乏学校自然情境下个体心理辅导效果研究，本课题研究针对学校自然情境下的个体心理辅导效果进行探索。考虑到在我国的学校心理辅导领域中，对咨询流派的区分并不十分重视，辅导者多采用的是认知疗法和行为疗法，且有很多辅导者采取的是综合疗法。因此，本研究将采用共同成分取向对我国学校心理辅导效果进行评价，并且和门诊心理治疗效果评价研究一致，将研究置于杨宏飞的四维评价模型框架下，在“内容”“报告者”“方法”“时间”等四个维度去进行评价设置。主要研究内容包括：在结果研究范围内进行学校心理辅导的总体效果评价，并探讨心理辅导中共同成分与辅导效果之间的关系；在过程研究的范围内对两个国外新近的研究成果在我国学习心理辅导情境下进行验证与探讨，并考虑最后对个案进行研究，对前面的研究进行验证或补充。

二、中学心理辅导对象状况调查

本研究旨在对中学心理辅导情况进行调查，了解来访学生的特点、规律、原因等。收集了重庆市巴蜀中学、重庆外国语中学、重庆市第三十七中学，浙江省台州中学、浙江临海第六中学，上海市成桥中学，成都棕北中学、成都十陵中学的心理辅导中心在2008年3月至2009年2月间前来咨询的学生辅导资料，计826人。其中482人为女生，约占全部来访学生的58.4%，男生有344人，约占41.7%。来访学生中高三学生最多，共占总人数的22.8%，其次为初三学生，占18.6%（表16-1）。

表 16-1 来访学生年级构成表

阶段	重庆市巴蜀中学	重庆外国语中学	重庆市第三十七中学	浙江台州中学	浙江临海六中学	上海市成桥中学	成都棕北中学	成都十陵中学	总计	比例（%）
初一	18	20	11	25	15	11	12	8	120	14.5
初二	12	11	9	18	10	9	13	7	89	10.8
初三	22	22	12	25	19	18	23	13	154	18.6
高一	16	20	5	23	17	19	16	11	127	15.4
高二	21	17	17	24	21	17	19	12	148	17.9
高三	32	20	18	29	26	24	22	17	188	22.8
总计	121	110	72	144	108	98	105	68	826	100.0

（一）来访者咨询问题情况

根据收集资料，将咨询问题分为学习、自我、人际关系、社会适应、综合问题等五个方面。学习方面，主要是指与学习相关的心理问题，包括厌学、学习指导等。自我方面，主要指自我意识不够清晰，不能清楚地认识到自身的优点和缺点，不能悦纳自我，不能正确面对成败得失，控制行为的能力也较薄弱等问题。人际关系方面，主要指交往障碍的问题。社会适应，主要指社会适应能力较差，不能正确处理生活、学习中所出现的各种困难和挑战等问题。综合问题则是以上两个或多个方面问题的综合。来访学生中以综合问题人数最多，有266人，其余依次为学习189人，自我143人，人际关系126人，社会适应102人。

（二）咨询次数与时间分布

学生来访次数在1—5次之间，以1次、2次居多，其中来访1次的331人，2次的262人，3次、4次、5次分别为131人、57人、45人。

而来访人数最多的月份出现在6月和12月，即期末考试前期。其余月份来访人数分别为1月32人、3月73人、4月64人、5月85人、9月85人、10月92人、11月105人（图16-1）。在2008年3月至2009年2月期间，由于假期原因，来访人数为0。

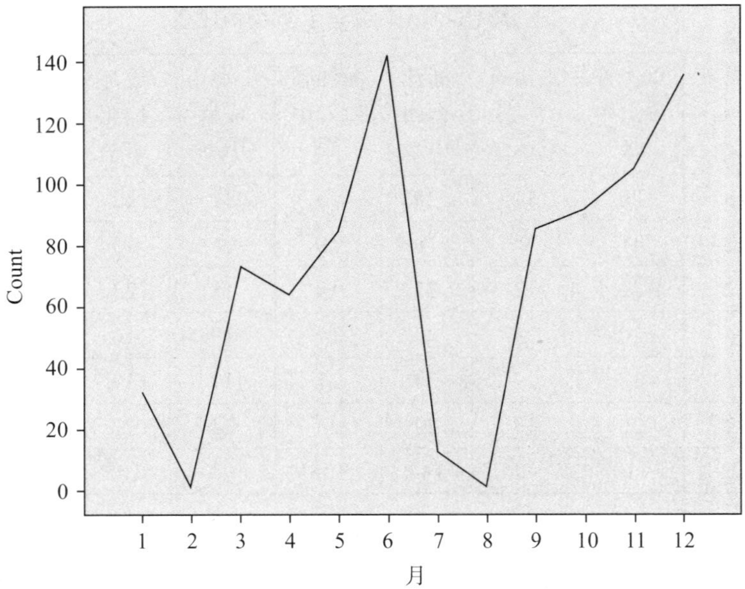

图 16-1　来访时间分布

第二节　学校心理辅导效果评价研究

一、心理辅导效果总体概况

(一)研究工具

1.症状问卷 Y-OQ30.1 修订版

青少年结果问卷 Y-OQ30.1(Youth Outcome Questionnaire 30.1)是由伯林盖姆(Burlingame)等编制的专门针对青少年咨询结果的量表(Burlingame, Jasper, Peterson 等, 2001)。量表分别从躯体化、社会孤立、行为问题、分心和抑郁等方面对青少年心理问题的症状表现进行测量。本研究首先经过严格的翻译以及回译过程来保证问卷的中文版能完全表达原版题项的意义,再对中国被试施测所得数据进行因素分析等重新探索中文版问卷的问卷结构。

问卷翻译阶段选取重庆市外国语中学高中学生 42 人。问卷评价阶段选取重庆市巴蜀中学、重庆外国语中学、重庆市第三十七中学,浙江省台州中学、浙江临海第六中学,上海市成桥中学,成都棕北中学、成都十陵中学学生为问卷调查对象,共 1 500 人,回收问卷 1 379 份,剔除回答不完整问卷,获得有效问卷 1 295 份,有效回收率为 86%。其中男生633名,女生662名;初一共计255名,初二167名,初三235名,高一284名,高二238名,高三115名。最后修订结果说明本研究所使用中文版问卷与原问卷有相同结构,且有良好的信度(问卷总的Cronbach's α系数为0.801,躯体化、社会孤立、攻击、行为问题、注意分散和抑郁各因素的Cronbach's α系数分别为0.869、0.834、0.802、0.786、0.742、0.721)。采用迪纳(Diener)等的生活满意度量表(The Satisfaction with Life Scale, SWLS)进行校标效度检验(Diener, Emmons, Larsen, Griffin, 1985)。理论上,个体的心理健康状况应与其对生活的满意度呈显著相关,就Y-OQ30.1量表而言,因其测查心理症状的严重程度,因此Y-OQ30.1应与SWLS呈负相关关系。校标效度分析结果显示生活满意度量表与Y-OQ30.1各维度(躯体化,$r=-0.281$, $p<0.01$;社会孤立,$r=-0.245$, $p<0.01$;攻击,$r=-0.196$, $p<0.01$;行为问题,$r=-0.271$, $p<0.01$;注意分散,$r=-0.328$, $p<0.01$;抑郁,$r=-0.404$, $p<0.01$)及总问卷之间相关($r=-0.395$, $p<0.01$)非常显著,且为负相关。这说明Y-OQ30.1具有较好的校标效度。

2.健康问卷SOS-10的修订

使用施瓦兹(Schwartz)结果量表-10(Schwartz Outcome Scale-10, SOS-10),SOS-10问卷是由布莱斯(Blais)等编制的用于测量个体心理健康状况的量表(Blais, Lenderking, Baer, de Lorell, Peets, Leahy等1999)。SOS-10只包含"健康"这1个维度,共有10个项目,分别从身体状况、人际关系、未来希望、生活兴趣、趣味制造、心理健康、自我原谅、生活进展、矛盾处理和心态平和等10个方面进行7级自我评价。经过严格的翻译以及回译过程来保证问卷的中文版能满意表达原版题项的意义,最后得到包含2个因子的中文版问卷,因素1主要体现出在生活中所感受到的愉悦,所以将它命名为"愉悦感",因素2主要体现出在生活中各方面所感受到的满意,所以将它命名为"满意感"。问卷具有良好的信度(Cronbach's α系数为0.753)和效度(SOS-10应与SWLS相关系数为0.501)。

3.青少年发展问卷的编制

本研究将发展性指标界定为个体获得的有利于自身未来发展的优良品质。并根据开放式问卷调查结果以及国外有关问卷,如青少年力量问卷(VIA-Y),并结合我国实际情况,自行编制了有41个项目的青少年发展预测问卷。采用利克特(Likert)7级评分法,根据各品质符合自身情况的程度,从"从不这样"、"很少这样"、"偶尔这样"、"有时这样"、"时常这样"、"常常这样"到"总是这样",分别从1到7记分。问卷也同前述症状问卷Y-OQ30.1、健康问卷SOS-10一起施测,经过对所得数据的分析得到有5个因素35个项目的正式问卷(youth development scale, YDS),5个因素分别命名为关系品质、活力品质、追求品质、约束品质和超越品质。问卷具有良好的信度(问卷总分的Cronbach's α系数为0.796,关系品质、活力品质、追求品质、约束品质和超越品质各因素的Cronbach's α系数分别为0.891、0.854、0.801、0.763和0.712)和效度(YDS与SWLS相关系数为0.624,在0.01水平上显著)。

(二)研究方法

将上述3个效果评价问卷施测于前述826名在2008年3月至2009年2月间前来寻求心理咨询帮助的中学生,回收问卷772份,剔除回答不完整的问卷,获得有效问卷643份,有效回收率为78%。其中334人为女生,男生有309人;初一92名学生,初二71名,初三128名,高一101名,高二119名,高三132名。

采用前测—后测准实验设计,正式咨询之前给每位来到辅导室的学生发放3种结果问卷,;在咨询结束时,再次发放3种结果问卷。对咨询结束的认定:若来访学生在两周内未前来咨询,或再次咨询时所针对的问题不同,则认定为前段咨询结束。此外,在第2、3次咨询前让来访学生填写SOS-10,但对重庆第三十七中学来访学生,让其中一部分学生在每次咨询后一天通过电话或电子邮件填写SOS-10,研究者给辅导老师提供反馈,反馈信息包括量表总分、维度得分以及项目得分与前次SOS-10分数的差异分数,和得分较低(<4)的项目;另一部分学生则不必填写。用SPSS16.0软件统计包对前后两次结果问卷结果进行平均数差异检验。

(三)心理辅导效果评估结果

1.症状问卷评估效果

用Y-OQ30.1对辅导效果进行评估,结果表明在攻击、注意分散、抑郁,以及总体问卷上效果显著(表16-2)。症状上,在攻击、注意分散和抑郁等方面辅导前后差异显著,说明来访学生在这三方面有明显改善,对来访学生进行个体心理辅导能够降低学生的攻击性,增强自制力,提高注意品质并降低学生的抑郁水平,使学生心情能有所放松和开朗起来。在辅导前后,躯体化、社会孤立和行为问题等方面变化不明显。躯体化一般发生在心理问题较为严重时,其心理问题无从解决,较长时间得不到缓解,便以躯体化的方式表现出来。对这类问题的辅导在短时间内是不太可能获得较好的效果的。偷窃、撒谎、破坏公共财物等行为问题涉及个体的品行这一较为稳定的心理特征,也不太可能经过短时间的心理辅导而发生改变。而降低社会孤立水平也与改变个体的人性基本观点、增强人际技能、提高自信心以及不断的实践等诸多方面相关联,因此也不可能在较短的时间内得到改善。

表 16-2 心理辅导前后 Y-OQ30.1 比较

项目	心理辅导前(M,SD)	心理辅导后(M,SD)	t
躯体化	5.46,2.10	5.11,2.40	0.91
社会孤立	6.87,2.84	5.99,2.67	1.97
攻击	5.09,2.50	4.27,1.63	2.32*
行为问题	11.13,4.04	10.56,4.50	0.84
注意分散	7.09,2.58	5.73,1.66	2.28*
抑郁	12.10,4.37	10.84,4.12	2.03*
Y-OQ30.1	44.34,15.20	39.79,13.61	2.08*

注：*表示 $p<0.05$

2. 健康问卷评估效果

用SOS-10对辅导效果进行评价，结果表明，在未来希望、生活兴趣、趣味制造、心理健康、自我原谅、生活进展、矛盾处理、心态平和等项目，以及愉悦感和满意感，问卷总分上辅导效果都很显著（表16-3）。在健康层次上，愉悦感和满意感在辅导前后差异均显著，说明辅导能有效提高来访学生在生活中的快乐和满意水平。具体来说，除身体状况项目和人际关系项目在辅导前后无显著差异之外，在未来希望、生活兴趣、趣味制造、心理健康、自我原谅、生活进展、矛盾处理和心态平和等项目上，其水平均有明显提高。身体状况与人际关系项目的结果与Y-OQ30.1量表中的躯体化因素和社会孤立因素结果是一致的，这也表明身体状况的改善、体质的增强、人际关系方面问题的解决需要一个长期的过程。而通过辅导则可以明显提高来访学生对未来的希望水平，增加其对生活的兴趣，更加易于自我接纳，推动其学习生活的进展，并提高其矛盾处理能力，使其心态更为平和。

表 16-3 心理辅导前后 SOS-10 比较

项目	心理辅导前(M,SD)	心理辅导后(M,SD)	t
身体状况	4.47,1.85	4.66,1.67	1.16
人际关系	4.85,1.78	5.16,1.63	1.93
未来希望	5.37,1.88	5.74,1.59	2.71**
生活兴趣	4.97,1.80	5.37,1.55	2.44*
趣味制造	5.01,1.79	5.32,1.59	2.06*
心理健康	5.01,1.76	5.31,1.60	2.05*
自我原谅	4.31,1.60	4.71,1.69	2.96**
生活进展	4.09,1.73	4.63,1.59	3.05*
矛盾处理	4.28,1.88	4.69,1.77	2.47*

续表

项目	心理辅导前(M,SD)	心理辅导后(M,SD)	t
心态平和	4.26,1.87	4.63,1.78	2.45*
愉悦感	20.21,5.70	21.59,4.86	2.65*
满意感	26.43,7.98	28.63,7.53	2.99**
SOS-10	46.63,12.96	50.22,11.73	3.00**

注:*表示$p<0.05$,**表示$p<0.01$

3.发展问卷评估效果

用青少年发展问卷(YDS)对辅导效果进行评价,结果表明只在超越品质一个维度上效果显著(表16-4)。发展上,辅导前后来访学生在超越品质维度上差异显著,这可能是由于凡是来访的学生必在其学习或生活中出现问题或困难,辅导在表现层面上是帮助或引导学生解决各种具体的问题,其所有的过程都是一个激发面对困难的勇气、灌注对未来的希望的过程,即在辅导过程中可以形成或提高其面对困难的各种品质。而在关系品质、活力品质、追求品质或约束品质方面,辅导前后差异不明显,原因可能是由于这些维度包括的的内容广泛,对心理辅导的效果的反馈不够敏感;也可能是因为这些维度的品质的提高不是短期内就能见效的,它们的改善与提高需要一个长期的过程。

表16-4　心理辅导前后YDS比较

项目	心理辅导前(M,SD)	心理辅导后(M,SD)	t
关系品质	60.71,11.78	63.31,10.94	1.46
活力品质	34.59,7.90	35.92,7.84	1.01
追求品质	27.81,6.18	28.34,6.00	0.51
约束品质	18.90,5.44	19.95,4.53	1.14
超越品质	28.12,6.65	30.88,6.13	2.28*
YDS	170.14,32.27	180.39,30.31	1.92

注:*表示$p<0.05$

二、人口学变量与辅导效果的关系

(一)来访者因素的影响

1.学生性别差异

如表16-5,本研究显示,在症状方面的攻击和自我原谅上,男生在辅导前后差异显著,而女生则没有明显差异,这说明在攻击与自我原谅的辅导上男生效果好于女生。而在抑郁、未来希望、生活兴趣和关系品质方面，女生在辅导前后差异显著，而男生则没有明显差异，这显示在这几方面女生的辅导效果好于男生，其原因可能是来访学生本身在某些方面存在问题，经过辅导后其症状得以改善，如在攻击上，男生辅导前平均得分为6.52，女生只有3.89；又如在抑郁方面女生在辅导前的平均得分为13.84，男生则为10.65。此外，也可能是由于性别心理差异所致，如在自我原谅上，女生的辅导效果差于男生，可能是因为男性在遇到问题时采取向外的攻击形式反应较多，而女性则易于出现向内的自责倾向，所以女性较男性不易原谅自我；又如在关系品质方面，女生的辅导效果好于男生，这可能是因为一般女性较之男性更注重关系的和谐。

表16-5 辅导效果的学生性别比较

项目	男		女		$t_{男}—t_{女}$
	辅导前(M,SD)	辅导后(M,SD)	辅导前(M,SD)	辅导后(M,SD)	
躯体化	5.97,2.26	5.68,2.60	5.02,1.88	4.65,2.14	0.43—0.95
社会孤立	3.14,1.69	2.89,1.45	4.05,2.33	3.59,1.89	0.84—1.20
攻击	6.52,2.93	4.90,1.85	3.89,1.10	3.73,1.19	2.17*—1.14
行为问题	13.00,4.42	11.29,4.70	9.57,2.93	9.95,4.29	1.45—0.49
注意分散	7.84,3.00	6.84,2.81	6.05,2.46	5.27,2.36	1.17—1.88
抑郁	10.65,3.32	9.89,4.03	13.84,4.87	10.97,4.00	1.21—2.15*
Y-OQ30.1	47.12,15.57	41.49,14.00	42.72,12.46	37.76,10.92	1.83—1.00
身体状况	4.50,1.85	4.86,1.72	4.12,1.90	4.39,1.84	1.70—1.25
人际关系	4.80,1.75	5.17,1.62	4.91,1.84	5.15,1.66	1.71—1.01
未来希望	5.40,1.56	5.69,1.49	5.33,2.19	5.79,1.71	1.71—2.09*
生活兴趣	5.09,1.62	5.34,1.51	4.85,1.99	5.39,1.62	1.14—2.32*
趣味制造	5.20,1.47	5.37,1.42	4.82,2.08	5.27,1.77	0.90—1.95
心理健康	4.97,1.77	5.31,1.64	5.06,1.77	5.30,1.57	1.53—1.35
自我原谅	4.27,1.50	4.78,1.60	4.24,1.71	4.67,1.85	2.36*—1.85
生活进展	3.91,1.56	4.49,1.48	4.27,1.91	4.79,1.71	2.17*—2.12*
矛盾处理	4.34,1.75	4.74,1.72	4.21,2.02	4.64,1.85	1.67—1.81
心态平和	4.20,1.58	4.69,1.54	4.30,1.83	4.58,2.12	1.14—1.40
愉悦感	20.49,5.05	21.57,4.89	19.91,6.39	21.61,4.89	1.55—2.17*
满意感	26.60,7.60	28.77,7.82	26.24,8.47	28.48,7.33	2.00—2.22*
SOS-10	46.80,11.65	50.34,12.13	46.15,14.24	50.09,11.48	2.15*—2.22*
关系品质	62.21,11.85	63.04,10.59	59.35,11.73	64.45,11.42	0.16—2.14*
活力品质	36.00,8.06	36.82,8.03	33.32,7.66	35.10,7.71	0.42—1.00
追求品质	27.32,5.96	27.86,5.61	28.26,6.43	28.77,6.40	0.35—0.37

续表

项目	男		女		$t_{男}$—$t_{女}$
	辅导前(M,SD)	辅导后(M,SD)	辅导前(M,SD)	辅导后(M,SD)	
约束品质	18.93,5.04	20.14,4.09	18.87,5.85	19.77,4.95	1.20—0.60
超越品质	28.27,6.71	30.58,6.79	27.87,6.70	31.51,5.49	2.12*—2.53*
YDS	172.86,31.56	180.14,30.02	167.68,33.21	180.61,31.06	0.96—1.70

注:*表示$p<0.05$

2.初中学生与高中学生辅导效果比较

症状方面,初中学生辅导效果好于高中学生,主要体现在社会孤立和抑郁两方面;健康方面,初中学生在身体状况、心理健康、生活进展、满意感等方面辅导效果显著,好于高中学生,而高中生在自我原谅和矛盾处理上辅导效果好于初中生;发展方面,初中生的关系品质辅导效果好于高中生(表16-6)。本研究将学生划分为初中学生和高中学生来考察学生年龄对辅导效果的影响。结果显示在社会孤立、抑郁、身体状况、心理健康、生活进展和关系品质等诸多方面均发现对初中学生的辅导效果好于高中学生,而只在自我原谅和矛盾处理两方面高中学生的辅导效果好于初中学生。原因可能是初中学生正处在被称为"过渡期"的特殊年龄阶段,其身心发育处在"半幼稚、半成熟的时期,是独立性和依赖性、自觉性和幼稚性错综矛盾的时期",而高中学生虽然也处在"过渡期",但其思维发展水平较之初中学生更高,看待问题、分析问题会更为全面、深刻,其成熟度高于初中学生;另一方面,高中学生的压力,特别是学业压力大于初中学生。所以,高中学生更易于全面看待自己,更能较好地处理矛盾,这就使得在自我原谅和矛盾处理方面,高中学生更容易获得较好的辅导效果;而在社会孤立、抑郁、身体状况、心理健康、生活进展和关系品质等方面,初中学生比高中学生更易于改变,获得更好的辅导效果。

表16-6 辅导效果初高中学生比较

项目	初中		高中		$t_{初}$—$t_{高}$
	辅导前(M,SD)	辅导后(M,SD)	辅导前(M,SD)	辅导后(M,SD)	
躯体化	5.56,2.00	4.85,2.52	5.38,2.27	5.35,2.21	1.35—0.06
社会孤立	3.76,2.00	2.74,1.50	3.62,2.19	3.32,1.77	2.74**—0.67
攻击	4.91,2.09	4.08,1.62	5.26,2.86	4.44,1.64	1.91—1.44
行为问题	10.85,3.18	10.59,5.39	11.41,4.78	10.53,3.47	0.27—0.91
注意分散	6.56,2.50	5.74,2.90	7.18,3.16	6.24,2.45	1.31—1.45
抑郁	11.88,3.95	9.82,3.79	12.32,4.80	11.85,4.24	2.72**—0.48
Y-OQ30.1	43.52,12.75	37.82,14.97	45.15,17.46	41.76,12.00	2.03—1.00
身体状况	4.24,1.88	4.71,1.80	4.29,1.88	4.56,1.78	2.06*—1.33

续表

项目	初中		高中		$t_{初}$—$t_{高}$
	辅导前(M,SD)	辅导后(M,SD)	辅导前(M,SD)	辅导后(M,SD)	
人际关系	4.71,2.01	5.18,1.83	5.00,1.54	5.15,1.42	1.93—0.71
未来希望	4.85,2.15	5.29,1.92	5.88,1.41	6.18,1.03	1.94—1.97
生活兴趣	4.71,1.98	5.18,1.68	5.24,1.58	5.56,1.42	1.76—1.73
趣味制造	4.94,1.72	5.35,1.50	5.09,1.88	5.29,1.70	1.62—1.27
心理健康	4.97,1.83	5.41,1.58	5.06,1.71	5.21,1.63	2.13*—0.74
自我原谅	4.44,1.64	4.79,1.74	4.18,1.57	4.62,1.67	1.92—2.22*
生活进展	3.62,1.83	4.26,1.71	4.56,1.52	5.00,1.39	2.29*—2.00
矛盾处理	4.56,1.93	4.76,1.78	4.00,1.81	4.62,1.79	1.19—2.18*
心态平和	4.21,1.89	4.68,1.84	4.47,1.80	4.65,1.52	1.85—0.43
愉悦感	19.21,6.54	21.00,5.49	21.21,4.60	22.18,4.12	2.00—1.82
满意感	25.47,8.42	28.47,8.11	27.38,7.52	28.79,7.03	2.54*—1.60
SOS-10	44.38,14.14	49.47,12.98	46.59,11.30	50.97,10.48	2.50*—2.12*
关系品质	60.79,12.62	66.28,10.15	60.63,11.11	64.37,11.76	2.16*—1.35
活力品质	33.28,8.88	36.62,7.23	35.23,8.46	35.87,6.72	1.74—0.37
追求品质	26.82,6.02	27.48,5.26	28.77,6.27	29.17,6.63	0.43—0.28
约束品质	18.62,4.81	20.17,3.75	19.17,6.05	19.73,5.23	1.48—0.38
超越品质	27.55,7.32	30.17,6.49	28.67,6.01	31.57,5.78	1.32—1.99
YDS	167.07,34.15	180.72,26.73	173.10,30.62	180.07,33.87	1.81—0.91

注：*表示 $p<0.05$，**表示 $p<0.01$

(二)辅导者因素对辅导效果的影响

1.辅导师性别差异

辅导效果是否在辅导老师的性别上具有不同表现？本研究显示，在社会孤立、活力品质和超越品质上，男辅导老师的辅导效果好于女辅导老师；而在抑郁、未来希望和自我原谅上，女辅导老师的辅导效果好于男辅导老师。但在症状量表的总平均分、总体健康状况总平均分和发展量表总平均分上，均未出现辅导老师的性别差异。为何在某些具体的维度上会出现这种性别差异？这是否说明特定性别的辅导老师对某些特定的问题的辅导效果好于另一性别的辅导老师？这可以在未来做进一步的研究。但本研究者认为出现这种情况的原因很可能在于抽样与参与研究的辅导老师的个体特点，如咨询风格、性格及自身所擅长的咨询问题等方面，即在准实验中对辅导效果产生影响的其他因素并未加以控制所致(表16-7)。

表 16-7 辅导效果的辅导师性别比较

项目	男		女		$t_{男}$—$t_{女}$
	辅导前(M,SD)	辅导后(M,SD)	辅导前(M,SD)	辅导后(M,SD)	
躯体化	5.63,2.22	5.12,2.34	5.28,1.99	5.11,2.48	0.93—0.34
社会孤立	3.75,2.18	2.79,1.43	3.62,2.02	3.26,1.84	2.42*—0.88
攻击	5.42,2.96	4.27,1.68	4.77,1.96	4.26,1.60	1.98—1.22
行为问题	11.54,4.72	11.06,5.24	10.74,3.29	10.09,3.68	0.42—0.85
注意分散	6.60,2.96	5.58,2.37	6.87,2.84	5.99,2.67	1.54—1.97
抑郁	12.30,5.21	11.00,4.46	12.10,4.37	10.84,4.12	1.26—2.03*
Y-OQ30.1	45.27,17.96	39.82,14.56	44.34,15.20	39.79,13.61	1.47—1.98
身体状况	4.41,1.86	4.78,1.83	4.14,1.89	4.50,1.75	1.51—1.97
人际关系	5.16,1.69	5.50,1.50	4.58,1.84	4.86,1.69	1.78—1.11
未来希望	5.44,1.80	5.81,1.57	5.31,1.97	5.67,1.62	1.71—2.13*
生活兴趣	4.94,1.83	5.38,1.64	5.00,1.79	5.36,1.50	1.78—1.65
趣味制造	4.69,1.87	5.06,1.74	5.31,1.69	5.56,1.42	1.59—1.30
心理健康	5.06,1.68	5.47,1.52	4.97,1.84	5.17,1.66	1.78—1.07
自我原谅	4.44,1.63	4.78,1.68	4.19,1.58	4.64,1.73	1.78—2.36*
生活进展	3.97,1.66	4.41,1.58	4.19,1.82	4.83,1.59	1.63—2.67
矛盾处理	4.22,1.68	4.56,1.72	4.33,2.06	4.81,1.83	1.48—1.96
心态平和	4.44,1.85	4.72,1.76	4.50,1.88	4.61,1.61	1.22—0.47
愉悦感	20.22,5.81	21.75,5.28	20.19,5.68	21.44,4.52	1.87—1.86
满意感	26.53,7.69	28.72,7.56	26.33,8.33	28.56,7.61	1.84—2.40*
SOS-10	46.44,12.28	50.47,12.01	46.53,13.56	50.00,11.65	2.15*—2.23*
关系品质	62.93,10.12	67.43,10.05	58.71,12.93	63.39,11.51	1.65—1.80
活力品质	35.29,5.92	38.89,6.89	33.23,7.77	33.97,9.40	2.11*—0.39
追求品质	28.46,4.64	30.32,5.56	26.55,5.90	27.23,7.32	1.35—0.46
约束品质	20.11,4.79	20.61,4.20	17.81,5.82	19.35,4.79	0.40—1.16
超越品质	28.93,5.31	32.21,6.07	27.39,7.68	29.68,6.02	2.33*—1.18
YDS	175.71,26.19	189.46,28.30	165.10,36.61	172.19,30.15	1.90—0.90

注：*表示 $p<0.05$

2. 辅导师工作年限

理论上，辅导老师的从业年限是影响其辅导效果的一个重要因素，工作年限较长的辅导老师应比工作年限较短的辅导老师更能帮助来访学生解决问题，因其经验更为丰富，咨询技术应用更为娴熟。本研究也显示了这一结果，在攻击、行为问题、心理健康、自我原谅和超越品质等方面均发现工作年限在5年以上的辅导老师的辅导效果比工作年限在5年以下的辅导老师要好，并且在症状量表的总平均分上也显示出这一点。曾有研究调查了国人对咨询师的期望，在调查结果中就有“娴熟的技术”和“有丰富的经验”（张宁等，2001），这说明咨询师的经验是否丰富，技术运用是否娴熟会影响当事人在接受咨询过程中的期望变化情况，最终也影响到咨询的结果。但是在矛盾处理和关系品质这两方面，本研究却发现相反的情况，工作年限较短的辅导老师的辅导效果要好于工作年限较长的辅导老师。其原因也可能是抽样和辅导老师的个人特点所致（表16-8）。

表16-8 辅导效果的辅导师工作年限比较（M，SD）

项目	0-5年		5年以上		t_{0-5}—$t_{5以上}$
	辅导前(M,SD)	辅导后(M,SD)	辅导前(M,SD)	辅导后(M,SD)	
躯体化	5.35,2.03	5.03,2.43	5.56,2.19	5.21,2.40	0.68—0.61
社会孤立	3.59,1.81	3.15,1.74	3.79,2.35	2.91,1.58	1.18—1.97
攻击	4.82,2.18	4.41,1.54	5.35,2.78	4.12,1.72	1.01—2.13*
行为问题	11.03,5.43	10.29,3.10	11.97,4.69	10.09,3.34	0.74—2.08*
注意分散	6.79,2.69	6.00,2.77	6.94,3.02	5.97,2.61	1.47—1.34
抑郁	11.65,3.45	11.09,4.20	12.56,5.14	10.59,4.08	0.81—1.91
Y-OQ30.1	42.50,12.48	40.71,15.58	46.18,17.50	38.88,11.48	0.69—2.09*
身体状况	4.35,2.09	4.68,1.70	4.18,1.64	4.59,1.88	1.57—1.84
人际关系	5.03,1.73	5.41,1.48	4.68,1.84	4.91,1.75	1.49—1.21
未来希望	5.68,1.84	6.09,1.64	5.06,1.89	5.38,1.88	1.99—1.82
生活兴趣	5.35,1.69	5.74,1.14	4.59,1.84	5.00,1.83	1.78—1.67
趣味制造	5.26,1.73	5.65,1.35	4.76,1.84	5.00,1.75	1.81—1.09
心理健康	5.32,1.80	5.47,1.50	4.71,1.68	5.15,1.69	0.76—2.08*
自我原谅	4.29,1.66	4.68,1.66	4.32,1.55	4.74,1.75	1.81—2.43*
生活进展	4.56,1.67	5.09,1.26	3.62,1.69	4.18,1.77	2.08*—2.20*
矛盾处理	4.56,1.78	5.12,1.55	4.00,1.95	4.26,1.90	2.20*—1.22
心态平和	4.59,1.88	4.74,1.58	4.35,1.84	4.59,1.78	0.59—1.07
愉悦感	21.32,5.56	22.88,3.33	19.09,5.70	20.29,5.78	2.12*—1.61
满意感	27.68,8.09	29.76,6.13	25.18,7.78	27.50,8.66	1.92—2.29*
SOS-10	48.71,12.76	52.65,8.62	44.26,12.79	47.79,13.90	2.31*—2.06*
关系品质	60.97,12.63	66.60,9.01	60.45,11.04	63.97,12.66	2.05*—1.39
活力品质	34.70,8.61	36.03,6.91	34.48,7.24	35.79,8.83	0.72—0.70
追求品质	26.90,6.17	27.87,6.25	28.75,6.15	28.83,5.81	0.73—0.04
约束品质	18.97,5.79	20.67,4.40	18.83,5.14	19.21,4.62	1.35—0.28

续表

项目	0-5年		5年以上		t_{0-5}—$t_{5以上}$
	辅导前(M,SD)	辅导后(M,SD)	辅导前(M,SD)	辅导后(M,SD)	
超越品质	28.67,6.43	30.37,6.35	27.55,6.94	31.41,5.95	1.06—2.10*
YDS	170.20,34.07	181.53,27.08	170.07,30.90	179.21,33.77	1.55—1.15

注:*表示$p<0.05$

三、共同成分与辅导效果的关系

本研究目的在于探讨心理辅导中的共同成分与辅导效果之间的关系,并建立共同成分与辅导效果的关系模型。

(一)研究工具

本节研究除了利用第二节所用三个学校辅导效果评价问卷之外,同样使用了另外一些共同成分问卷,具体如下:

1.辅导关系分问卷WAI-S的修订

本研究把辅导关系界定为当事人与辅导师之间交互的建构,包括三个成分:辅导师和当事人对目标的共识(目标)、在任务上的共同努力(任务)和相互之间和谐或依赖的感受(关系)。研究目的是在我国的中学心理辅导中心环境下修订工作关系问卷简短版(WAI-S),作为后继研究的问卷基础。

问卷翻译阶段选取重庆外国语中学曾接受过心理辅导的高中学生36人。问卷评价阶段选取重庆市巴蜀中学、重庆外国语中学、重庆市第三十七中学,浙江省台州中学、浙江临海第六中学,上海市成桥中学,成都棕北中学、成都十陵中学的心理辅导中心在2007年5月至2008年1月间前来咨询的学生为问卷调查对象。共682人。

682名参与者中,回收问卷612份,剔除回答不完整问卷,获得有效问卷505份,有效回收率为74%。其中男生226名,女生279名,初中学生221名,高中学生284人。

使用WAI-S问卷,问卷包括12个项目,其中4、10题为反向计分题。问卷采用7点评定量表,程度从“不是”、“很少”、“偶尔”、“有时”、“时常”、“常常”到“总是”。通过严格的翻译以及回译过程来保证问卷的中文版能完全表达原版题项的意义,最后修订结果说明本研究所使用中文版问卷有良好的信度(问卷总的Cronbach's α系数为0.755,任务、关系和目标各因素的Cronbach's α系数分别为0.817、0.744、0.704)和效度。

2.当事人分问卷的编制

本研究认为当事人人格与对辅导结果的期待是辅导产生效果的重要影响因素，其中人格包括年轻、有吸引力、善谈、成功和聪慧等特征，期待分为期望和信念两个成分。本研究的目的是在我国的中学心理辅导中心环境下编制当事人问卷，作为后继研究的问卷基础。

在查阅文献与访谈的基础上，自行编制当事人问卷。问卷分为人格与期待两部分，人格分问卷24个项目，其中7、8、21、22题为反向记分题。期待分问卷6个题目。问卷采用利克特7级评分法，从“从不这样”、“很少这样”、“偶尔这样”、“有时这样”、“时常这样”、“常常这样”到“总是这样”。将初试问卷施测于来访学生，对初试问卷进行探索性因素分析，确定人格分问卷为包含“善谈”、“成功”、“年轻”、“吸引”和“聪慧”5个因素的正式问卷；期待分问卷在进行数据因素分析后得到一个因素，将它命名为“期待”。问卷具有良好的信度（当事人人格分问卷的Cronbach's α系数为0.776；当事人期待分问卷的Cronbach's α系数为0.778）和效度。

3.辅导师分问卷的编制

本研究认为辅导师态度会对辅导效果的产生形成重要影响，辅导师态度包括真诚、关注、共情和指导等四个方面。本研究的目的是在我国的中学心理辅导中心环境下编制辅导师态度问卷，作为后继研究的问卷基础。

在查阅文献与访谈的基础上，自行编制辅导师态度问卷。共26个题目。其中，13、19、21、27、33、34、36、38为反向计分题。问卷采用7点评定量表，从“不是”、“很少”、“偶尔”、“有时”、“时常”、“常常”到“总是”。将初试问卷施测于来访学生，根据题项与问卷总分的相关以及因素分析理论考察问卷项目的适合性。最后共删去9个题目，得到4个因素17个题目的正式问卷，分别将4个因素命名为“共情”、“真诚”、“指导”和“关注”。问卷具有良好的信度（Cronbach's α系数为0.756）和效度。

4.环境力量分问卷的编制

本研究认为在辅导之外的一些环境因素也会对当事人的改变产生影响。本研究的目的是在我国的中学心理辅导中心环境下编制环境力量问卷，作为后继研究的问卷基础。

自编环境力量问卷，共4个题目。其中，5、26为反向计分题。问卷采用7点评定量表，从“从不这样”、“很少这样”、“偶尔这样”、“有时这样”、“时常这样”、“常常这样”到“总是这样”。将初试问卷施测于来访学生，对初试问卷进行探索性因素分析，得到1因子的旋转因素负荷矩阵，将此因素命名为“环境力量”。环境力量问卷具有良好的信度（Cronbach's α系数为0.731）和效度。

5.辅导策略分问卷的编制

本研究将辅导策略界定为辅导师在实施咨询时所使用的技术的共同方面,包括行为管理、认知改变和情绪体验三个因素。本研究的目的是在我国的中学心理辅导中心环境下编制辅导策略问卷,作为后继研究的问卷基础。

基于本研究对辅导策略的界定,以前人的重要研究成果为基础并结合访谈,自编辅导策略问卷,共15个题目。问卷采用7点评定量表,从“不是”、“很少”、“偶尔”、“有时”、“时常”、“常常”到“总是”。将初试问卷施测于来访学生,对初试问卷进行探索性因素分析,得到3因子14个题目的问卷,分别将3个因素命名为“认知改变”、“情绪体验”和“行为管理”。问卷具有良好的信度(问卷总的Cronbach's α系数为0.784,认知改变、情绪体验和行为管理各因素的Cronbach's α系数分别为0.847、0.804、0.749、0.713)和效度。

(二)研究方法

被试群体同前,即:在每位来到辅导室的学生正式咨询之前发放3种结果问卷的同时我们也发放了共同成分问卷中的当事人问卷部分;在咨询结束时,发放3种结果问卷时也发放当事人问卷人格部分、辅导师态度问卷、辅导关系问卷、环境力量问卷和辅导策略问卷。所得数据使用SPSS16.0进行处理,并用Amos7.0统计建构辅导共同成分对辅导效果影响的结构方程模型。

(三)共同成分与心理辅导效果的结构方程模型结果

利用极大似然估计法进行假设理论模型的检验,若原假设模型拟合不佳,则对路径进行调整直到得到和调查数据拟合较好的模型为止。以下是各个最终模型结果。

1.共同成分与症状效果的结构方程模型

以线性结构方程式来探讨共同成分各个变量与症状效果之间的关系,各个变量之间的影响效果经分析,可区分为直接影响、间接影响和总影响,而总影响等于直接和间接影响效果两者之和。因此本研究仅针对直接和间接影响两部分加以说明,详细数据见图16-2。

直接影响:由图16-2可知,本研究发现辅导策略、环境力量对当事人均有直接显著的影响,其标准化路径系数分别为0.54和0.77($p<0.001$),当事人与辅导师态度对辅导关系均有直接显著的影响,其标准化路径系数分别为0.39和0.44($p<0.01$),而当事人、辅导关系和辅导师态度对症状效果有直接的影响,其标准化路径系数分别为0.39($p<0.01$)、0.35($p<0.01$)和0.44($p<0.01$)。

间接影响：辅导策略和环境力量可通过当事人间接影响症状效果，辅导师也可通过辅导关系间接影响症状效果。

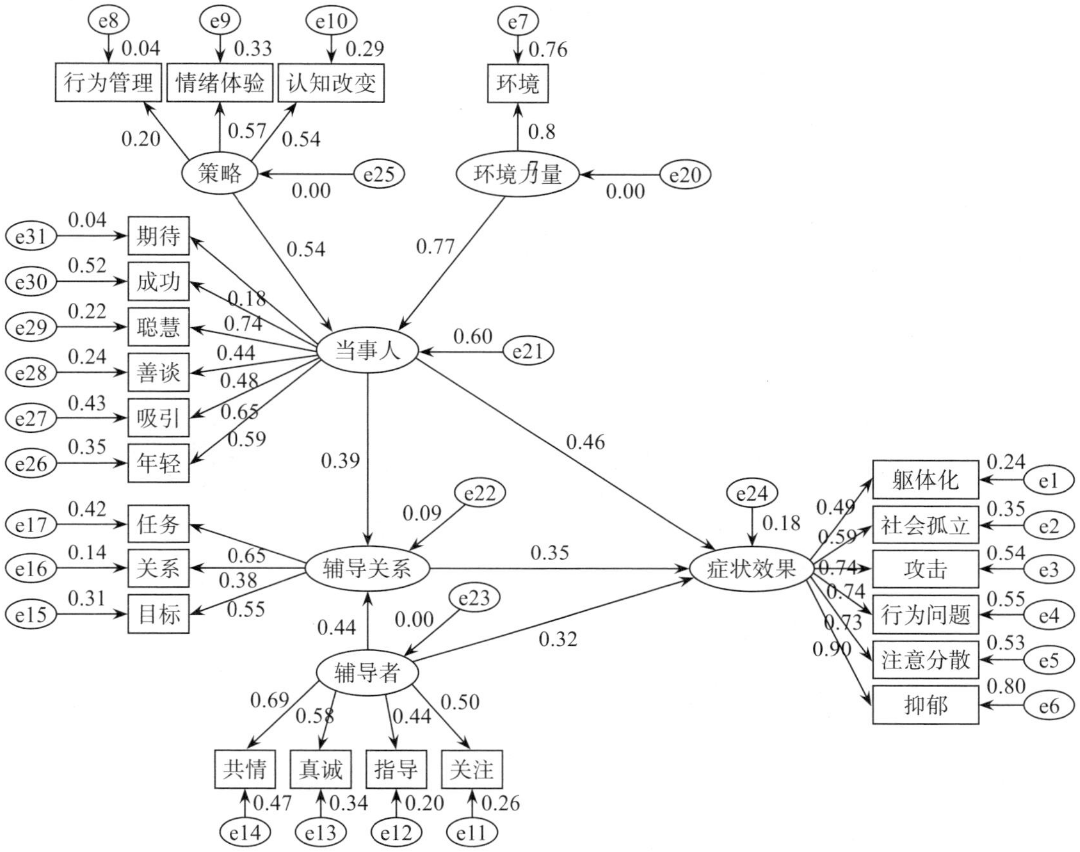

图 16-2　共同成分与症状效果之间的关系模型

2. 共同成分与健康效果的结构方程模型

直接影响：由图 16-3 可知，本研究发现辅导策略、环境力量对当事人均有直接显著的影响，其标准化路径系数分别为 0.56 和 0.78（$p<0.001$），当事人与辅导师态度对辅导关系均有直接显著的影响，其标准化路径系数分别为 0.37 和 0.35（$p<0.01$），而当事人、辅导关系和辅导师态度对症状效果有直接的影响，其标准化路径系数分别为 0.56（$p<0.001$）、0.44（$p<0.01$）和 0.35（$p<0.01$）。

间接影响：辅导策略和环境力量可通过当事人间接影响症状效果，辅导师也可通过辅导关系间接影响症状效果。

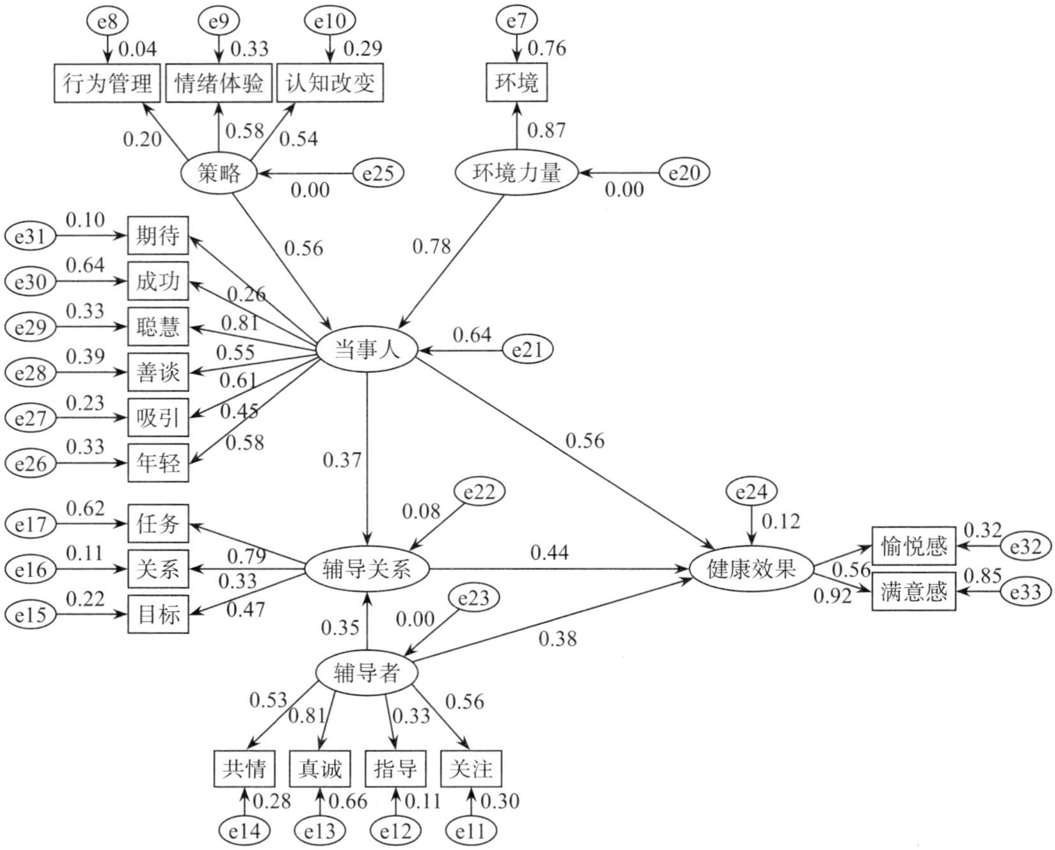

图 16-3 共同成分与健康效果之间的关系模型

3. 共同成分与发展效果的结构方程模型

直接影响：由图 16-4 可知，本研究发现辅导策略、环境力量对当事人均有直接显著的影响，其标准化路径系数分别为 0.27（$p<0.01$）和 0.84（$p<0.001$），当事人与辅导师态度对辅导关系均有直接显著的影响，其标准化路径系数分别为 0.33 和 0.32（$p<0.01$），而当事人、辅导关系和辅导师态度对症状效果有直接的影响，其标准化路径系数分别为 0.56（$p<0.001$）、0.44（$p<0.01$）和 0.32（$p<0.01$）。

间接影响：辅导策略和环境力量可通过当事人间接影响症状效果，辅导师也可通过辅导关系间接影响症状效果。

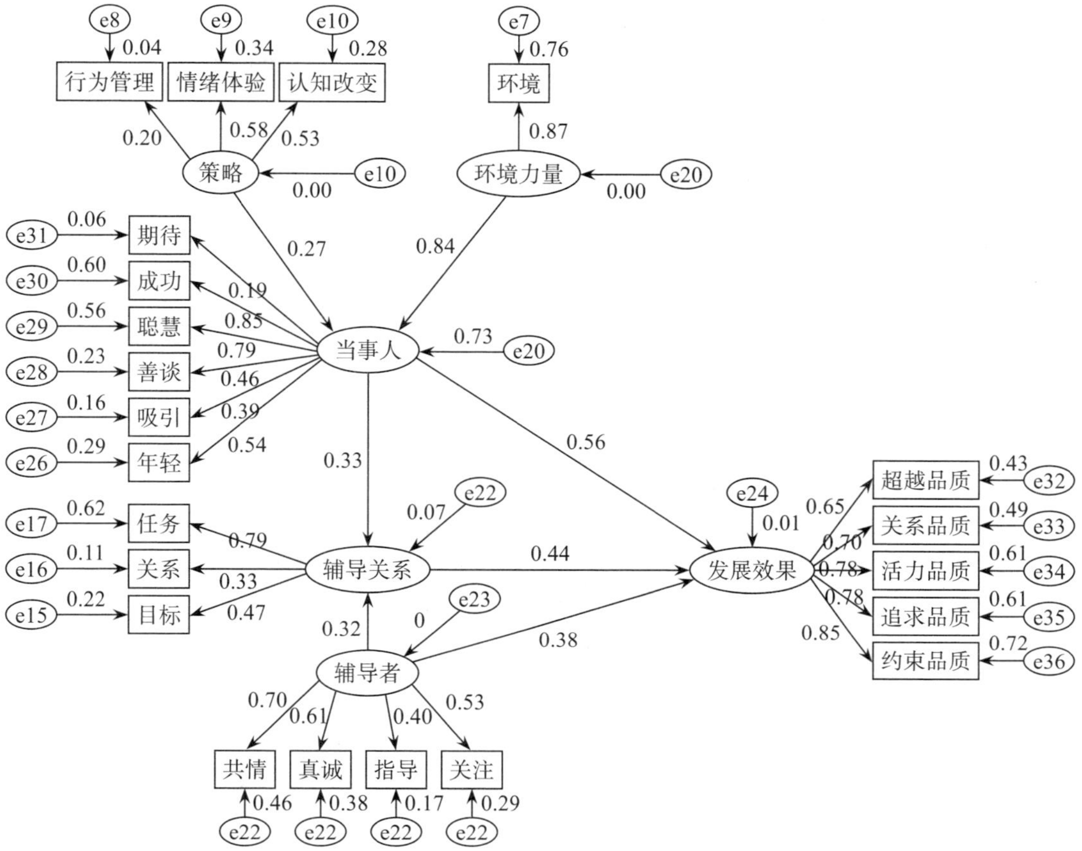

图 16-4　共同成分与发展效果之间的关系模型

4. 总结

本研究表明，当事人的人格与期待、辅导关系和辅导师态度对辅导效果有直接的影响，而且辅导策略、环境力量可通过当事人对辅导效果起间接的影响作用，辅导师态度可通过辅导关系对辅导效果产生间接影响。此研究结果显示辅导关系对效果的作用非常突出，这与已有文献结论一致（Lambert，Bergin，1994）。所以在进行辅导时，辅导师应注重与当事人良好辅导关系的建立。其次，当事人的人格与期待和辅导师态度对辅导效果也有重要的影响，良好的人格和较高的期待，以及辅导师适当的态度有助于在辅导中形成良好的辅导关系，所以，辅导师应非常注意自己的态度，而当事人也应注意到自己的人格特点与对辅导的期待程度会对辅导结果产生直接或间接的影响，辅导效果的产生并不完全决定于辅导师和其他外界因素，不能完全将希望寄托在这些外界因素上，个人应在平时注意自己人格的培养，同时在接受辅导时保持较高的期待水平。再次，辅导策略与环境力量并不直接影响结果，而是以当事人为调节变量对辅导结果产生影响，这再次说明当事人自身的重要作用，同时也说明辅导策略与环境力量对辅导效果也有着不可忽视的影响。辅导师应注意自身专业知识、技术的学习与运用的熟练程度。

根据共同成分与辅导效果关系模型和人口学变量与辅导效果的关系的研究结果，本研究进一步提出了学校心理辅导效果的影响因素模型，如图16-5所示。对来寻求咨询帮助的学生进行采访的个案研究也支持了该模型的合理性。

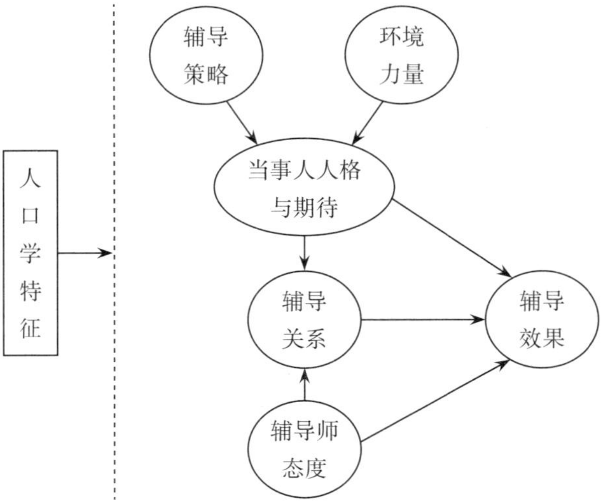

图16-5 学校心理辅导效果影响因素模型

第三节 学校心理辅导的相关研究

一、早期反应效应研究

在心理治疗的一些研究中发现了一个现象，即在治疗中早期有些当事人的反应好于另一些当事人，而这种早期反应会比延迟反应带来更好效果，包括即时效果和长期效果（Renaud，Brent，Baugher，M.等1998；Lambert，M.J.，Morrell，2002）。这种早期反应的现象在其定义和测量上还缺乏统一的看法。本研究根据早期反应的现象内涵，将早期反应效应规定为：对于来访次数为1次的要求$X_2>X_1$。对于来访次数在2次及以上的需满足以下两个条件：①$\overline{X_2-X_1}>X_2-X_1$，且$\overline{X_3-X_1}>X_3-X_1$；②$X_3 \geqslant X_2>X_1$，或$X_3>X_2 \geqslant X_1$。$X_1$为第一次会谈前SOS-10分数，$X_2$为第二次会谈前SOS-10分数或结果分数，$X_3$为第三次会谈前SOS-10分数或结果分数，$\overline{X_2-X_1}$为第二次会谈前SOS-10分数与第一次会谈前SOS-10分数之差的平均数，$\overline{X_3-X_1}$为第三次会谈前分数与第一次会谈前分数之差的平均数。本研究旨在探讨学校心理辅导环境下是否存在早期反应现象？有早期反应与无早期反应的当事人相比，两者在会谈结束时结果如何？

(一)研究工具与研究方法

本研究选取重庆市巴蜀中学、重庆外国语中学，浙江省台州中学、浙江临海第六中学，上海市成桥中学，成都棕北中学、成都十陵中学的心理辅导中心在2008年3月至2009年2月间前来咨询的学生为问卷调查对象，共754人，使用问卷、施测方法同前。754名参与者中，问卷完整者501人，其中296人为女生，约占59.08%，男生有205人，约占40.92%。

(二)早期反应辅导效果检验

经计算，求得$\overline{X_2-X_1}$=2.54，$\overline{X_3-X_1}$=3.50，根据标准将当事人分为两类，对其效果进行t检验，结果表明，早期反应组在心理健康、愉悦感、满意感，以及SOS-10总问卷上效果好于无早期反应组（表16-9），这说明在学校心理辅导中也存在着早期反应的现象。

表16-9 早期反应组与无早期反应组辅导效果健康状况比较

项目	早期反应组(M,SD)	无早期反应组(M,SD)	t
身体状况	0.56,0.73	0.24,0.44	1.41
人际关系	0.22,0.44	0.12,0.33	0.68
未来希望	0.33,0.50	0.12,0.33	1.32
生活兴趣	0.56,0.53	0.18,0.53	1.74
趣味制造	0.67,0.71	0.24,0.56	1.70
心理健康	0.67,0.87	0.12,0.33	2.34*
自我原谅	0.56,0.53	0.24,0.44	1.66
生活进展	0.67,0.50	0.47,0.62	0.81
矛盾处理	0.78,0.67	0.41,0.62	1.40
心态平和	0.22,0.44	0.12,0.33	0.68
愉悦感	1.78,1.30	0.65,0.79	2.78*
满意感	3.44,1.67	1.59,0.94	3.66**
SOS-10	5.56,1.13	2.24,0.75	8.99***

注：*表示$p<0.05$，**表示$p<0.01$，***表示$p<0.001$

进一步对早期反应组与无早期反应组在SOS-10初始分、会谈次数与共同成分上进行比较，结果表明，两组只在SOS-10初始分与当事人成分上呈现显著差异，早期反应组得分明显高于无早期反应组（表16-10）。

表 16-10　早期反应组与无早期反应组在SOS-10初始分、会谈次数与共同成分上的比较

项目	早期反应组(M,SD)	无早期反应组(M,SD)	t
SOS-10初始分	54.11,5.33	48.00,6.41	2.44*
辅导关系	60.00,4.95	57.06,3.31	1.82
当事人人格与期待	104.33,8.25	94.18,9.93	2.62*
辅导师态度	71.24,12.58	63.11,9.99	1.67
环境力量	17.67,3.43	14.47,4.06	2.01
辅导策略	64.00,10.36	56.78,9.76	1.72
会谈次数	1.52,0.66	1.76,0.81	0.79

注：*表示$p<0.05$

因为早期反应组与无早期反应组同时存在于同一个辅导老师辅导的来访学生中，所以来访学生感知到的辅导师态度、辅导关系和辅导策略应该是差别不大的，它们并不是造成两者最后效果差异的原因，两组在环境力量与会谈次数上的相似也表明不是由于辅导外的原因和会谈次数的多少造成效果差异。而当事人的人格与期待，以及SOS-10初始得分上的差异与效果差异的关系让我们有这样一种认识：来访时心理健康状况较好的、具有较高期待的、年轻的、有吸引力的、善言谈的、聪慧的和成功的当事人，其辅导效果好于来访时心理健康状况较差的、期待不高的、不年轻的、不太具有吸引力、不善言谈、不太聪明和不成功的当事人。这个结果显示，良好的人格与较高的期待对辅导效果具有重要的作用。但如何提高无早期反应学生的辅导效果是未来研究的一个方向。在本研究中发现，来访学生的会谈次数一般都较少，早期反应组平均1.52次，无早期反应组平均1.76次。这意味着早期反应组的学生在对辅导发生回应后就不再来接受辅导。由于是在自然状态下的研究，那些有快速反应的学生在自觉有改善后即离开辅导，这与已有的研究结果一致(Kadera，Lambert，Andrews，1996)，而那些并未自觉有改善的学生为何其在辅导内的停留时间也很短，其最重要的原因可能就是他们没有在辅导中发现自身的变化改善，因而过早地认为辅导没有效果而离开。在前面的分析中，我们发现这部分学生正是需要帮助的，他们未能在辅导早期就体验到改善是由于其心理健康状况、人格与期待的水平都较低的原因，所以要想有改善则应该接受更多的辅导。如何增加这部分学生在辅导内的停留时间，是心理学理论工作者与临床工作者都应思考的一个问题。

二、会谈结果反馈与辅导效果

咨询师提供每次会谈后当事人的即时结果信息能提高最终的咨询效果和增加会谈次数，是国外研究者在对咨询进行质量管理，提高咨询效果的努力中的一个重要发现。本研究旨在探讨学校心理辅导环境下给辅导师提供每次会谈的量表测量结果，是否能提高辅导效果，以及增加当事人会谈次数。

(一)研究工具与研究方法

选取重庆市第三十七中在2008年3月至2009年2月间前来咨询的学生为实验对象。共72人，删除问卷回答不完整者及未回复E-mail和未通过电话答题的学生后为51人。其中，初一8人、初二7人、初三7人、高一2人、高二13人、高三14人，男生22人，女生29人。

在研究对象中选择一部分学生，方法为选择来访顺序为单数的学生，在初次会谈时，征得来访学生的同意后，留下其联系电话或E-mail，辅导师将联系方式告知研究者，并告知第一次会谈前SOS-10分数情况。每次会谈后辅导师告知研究者，在随后一天中研究者联系来访学生让其对SOS-10做答，研究者给辅导老师提供反馈，反馈信息包括量表总分、维度得分以及项目得分与前次SOS-10分数的差异分数，和得分较低(<4)的项目。用SPSS16.0进行数据分析，主要统计方法为平均数差异t检验。

(二)会谈结果反馈辅导效果检验

有反馈组21人，无反馈组30人。用最终结果分数减去第一次会谈前分数得到效果分数，经平均数差异t检验后，结果表明在SOS-10各项目、维度及问卷总分上，辅导效果两组差异不显著，且会谈次数差异不显著，这与国外的研究结果不一致(Lambert，Whipple，Smart 等 2001；Okiishi，Lambert，Eggett，Nielsen，Dayton，2006；Lambert，Whipple，Vermeersch，Smart，Hawkins，Nielsen，Goates，2002)。这有可能与在学校辅导中会谈次数都偏少有关。在本研究中，两组的评价会谈次数为1.80次和1.63次，这样很少次数的会谈很可能还未能使反馈的效果得以发生，会谈就已结束，即辅导老师根据反馈信息所进行调整的辅导策略还未得以实施，学生就已离开。其次，无反馈组实际上也能得到一些反馈，在实际的辅导中，每次会谈前辅导老师一般都会询问来访学生情况有无变化，这时辅导老师便得到了前次会谈的结果反馈。当然在反馈的时间上两组是不同的，反馈组是在进行下一次会谈的较长时间之前得到反馈，而无反馈组是在会谈开始时得到反馈的，反馈组的辅导老师可以有充裕的时间对学生的情况进行分析并对辅导进行调整。

即便如此，由于两组都得到了一定的反馈，所以也可能造成两组结果差异不显著。在这种情况下，要想使反馈组辅导效果更好，就应该提高反馈的质量，这也可能是效果无差异的第三个原因，反馈组提供的反馈信息质量尚待提高。本研究中，反馈信息包括量表总分、维度得分以及项目得分的差异分数，和得分较低(<4)的项目，反馈信息较为全面。但差异分数都是与上次会谈相比而得，与再之前的会谈差异情况则没有提供；另外，反馈信息都是基于个体，没有与总体的情况比较，若能根据多次测量，掌握大样本在多次会谈中的进展情况，绘制一条平均改变曲线，将个体的改变与总体的相比较，则能得到更多的信息。反馈是否确能提高辅导效果，这还需在未来的研究中再加以考证。

第四节　研究结论及相应对策

一、学校心理辅导效果评价现状

(一)关于辅导效果

1. 总体效果

在以往的研究中，学校心理辅导效果的评价总是从症状或总体健康的单一层面去进行评价，本研究试图构建综合、系统的评价指标体系，在对心理健康进行程度的分析后，认为可以从症状、总体健康和发展等三个层次去评价个体心理健康状况，因而辅导效果的评价也可以从这三个层次上进行，这样可以更清晰地显示在不同健康层次上心理辅导的具体效果如何，也便于相互间的比较。本研究表明，心理辅导在症状与健康层面上效果显著，但在发展层面上辅导前后无显著差异，说明辅导可以明显减轻当事人症状，增进健康，但对发展品质的提高没有明显效果。这可以表明学校心理辅导在总体上是有效的，而由于品质的形成与改善需要一个长期的过程，所以在发展品质上，心理辅导难于在短期内呈现出效果。具体来讲，本研究中，在症状层面上，攻击、注意分散和抑郁等方面辅导前后差异显著；在辅导前后，躯体化、社会孤立和行为问题等方面变化不明显。总体心理健康层面上，愉悦感和满意感在辅导前后差异均显著，说明辅导能让来访学生感受到快乐和满意，在未来希望、生活兴趣、趣味制造、心理健康、自我原谅、生活进展、矛盾处理和心态平和等项目上，其水平均有明显提高，只有身体状况和人际关系项目差异不显著。在发展品质层面上，辅导前后来访学生在超越品质维度上差异显著，而在关系品质、活力品质、追求品质或约束品质方面，辅导前后差异不明显。

2.辅导效果的人口学特征

除了辅导中的共同成分之外,辅导双方的人口学特征也可能对辅导效果产生重要影响。目前国内尚无对心理辅导效果进行人口学变量分析的研究。总体而言,辅导效果的一些因素在当事人性别、当事人年级、辅导师性别和辅导师工作年限上存在着差异。本研究发现,在症状层面,男女中学生在攻击与抑郁上存在显著性别差异,男生的攻击辅导效果好于女生,而女生的抑郁辅导效果好于男生。在躯体化、社会孤立、行为问题和注意分散等方面,以及总问卷上男女生不存在显著性别差异。健康层面上,女生的愉悦感和满意感维度,以及未来希望和生活兴趣项目的辅导效果好于男生,而在自我原谅项目上,男生的辅导效果好于女生。在身体状况、人际关系、趣味制造、心理健康、生活进展、矛盾处理和心态平和等项目,以及总体问卷上性别差异不显著。在发展品质层面,在各维度及总问卷上均不存在显著性别差异。出现差异,本研究分析认为有可能与辅导前问题严重程度及性别心理差异有关。因为在辅导前自身问题较为严重,在经过辅导后变化比较明显,而自身问题程度很轻的在辅导后变化也不会太大;因为男性女性各自在心理上有一定的倾向性,不同性别在某些方面可能会更易于改变或更不易于改变,所以,会发现辅导效果在某些方面存在着性别差异。原因很可能并不限于此,是否辅导效果会存在普遍意义上的性别差异,若有,那么又为什么会存在这些性别差异,如何能利用这种性别差异提高辅导效果,这可以作为一系列的研究问题,在未来进行深入探讨。

本研究发现,在症状层面,初中学生辅导效果好于高中学生,主要体现在社会孤立和抑郁两方面;在躯体化、攻击、行为问题、注意分散等方面以及总问卷上,两者无显著差异。在健康层面,初中学生在身体状况、心理健康和生活进展等项目,以及满意感的维度上辅导效果显著好于高中学生,而高中生在自我原谅和矛盾处理项目上辅导效果好于初中生;在人际关系、未来希望、生活兴趣、趣味制造、生活进展等项目,愉悦感维度,以及总问卷上,两者无明显差异。在发展品质层面,初中生的关系品质辅导效果好于高中生。在活力品质、追求品质、约束品质、超越品质等维度,及总问卷上,差异不显著。总体而言,初中学生的辅导效果要好于高中学生。本研究通过分析,将此差异的原因归结于年龄心理差异及不同年龄阶段群体所面对的责任、压力情况差异。这样的结果似显示了年龄越大、越稳定、越成熟的当事人,更不易于发生改变,辅导力度应该加大。此研究结果也提示,在个体年龄较小的阶段就应注意培养其良好的心理素质,提高其心理健康水平,因为这一阶段的可塑性更强,个体形成良好的心理习惯与品质也更容易。而且注重低龄学生群体心理素质的培养对其以后心理问题的发生有很好的预防作用,对其个人的顺利发展也有促进作用。

虽然人们对咨询师的期望与要求并不偏向于某类性别，而只是对咨询师的心理品质、知识、技术和能力提出了期望（张宁等，2001），但男女咨询师的确在一些方面存在着差异。有研究表明，男性咨询师的自主、支配需要显著高于女性咨询师（王香玲，高文斌，2007），男性咨询师自我表露的主动性高于女性咨询师（徐露凝，李林英，2008），而男女咨询师的人格也存在差异（吴小立等，2006）。这些差异会由于具体所面对的当事人的不同而对辅导效果产生影响。在本研究中，男性辅导师在社会孤立、活力品质和超越品质上的辅导效果好于女辅导老师；而女性辅导师在抑郁、未来希望和自我原谅上的辅导效果好于男辅导老师。但在症状量表的总平均分、总体健康状况总平均分和发展品质量表总平均分上，均未出现辅导老师的性别差异。本研究分析认为出现这种差异的原因可能在于抽样与辅导师的个体特点所致。

曾有研究表明，从业年限是影响心理咨询和治疗师专业能力的主要因素之一，从业年限越短的辅导师难以胜任自己工作的比例越大（赵静波等，2009）。本研究发现，辅导效果在工作年限上存在差异。工作年限5年以上的辅导师在攻击、行为问题、Y-OQ30.1总问卷、心理健康、自我原谅、满意感、超越品质等方面辅导效果优于工作年限在5年以内的辅导师。这与以往的研究结果是相一致的，工作年限越长，辅导师在工作中积累的经验也就越多，其专业能力也就越强，就更能产生效果。但本研究也发现工作年限在5年以内的辅导师在矛盾处理、愉悦感、关系品质方面好于工作年限在5年以上的辅导师。本研究认为其可能是抽样和辅导老师的个人特点所致。

（二）关于作用途径

兰伯特（Lambert）虽提出了心理咨询效果的共同成分模型，但至今并无研究对此理论构想进行实证验证。本研究在文献分析的基础上，适当修改了兰伯特（Lambert）的模型，提出了影响辅导效果的五因素，即辅导关系、当事人人格与期待、辅导师态度、辅导策略和环境力量，构建了影响因素与效果的关系理论模型。并尝试在中学心理辅导领域对此模型进行检验。在对实测数据进行模型拟合分析后，调整了部分路径，再次拟合，显示拟合良好。本研究发现辅导效果产生过程有三条直接影响路径和六条间接影响路径，三条直接影响路径为：辅导关系→效果、当事人的人格与期待→效果、辅导师态度→效果。六条间接影响路径为：辅导策略→当事人→效果；辅导策略→当事人→辅导关系→效果；环境力量→当事人→效果；环境力量→当事人→辅导关系→效果；当事人→辅导关系→效果；辅导师→辅导关系→效果。从这九条路径中可以看到辅导关系是效果影响因素中一个核心的成分，它既可以直接影响效果，也可以是当事人、辅导策略、环境力量和辅导师等其余四因素的调节变量。所以，良好辅导关系是需要特别用心去建立的。而当事人的人格与期待、辅导师态度、辅导策略和环境力量均成为辅导效果产生的路径节点。此结果说明辅导效果的产生是综合因素作用的结果，辅导师在对专业知识与技能进行深入学习与应用的同时，也应注意在辅导关系和态度上下功夫，注重自身素质的完善。而当事人也应该意识到自己本身就是改变力量的来源之一，注重日常生活中的自我学习和提高。

（三）关于早期反应

对心理咨询或治疗改变的一般假设是，改变是逐渐发生的、渐进的。然而，国外已有研究发现一些心理咨询或治疗的过程并非是渐进性的，早期反应就是国外心理治疗研究领域所发现的非渐进改变的一个现象，即在治疗中早期有些当事人的反应好于另一些当事人，而这种早期反应会比延迟反应带来更好的即时的或长期的治疗效果。本研究希望考察在学校心理辅导领域是否也存在这种现象。本研究发现，在我国学校心理辅导领域存在着“早期反应”的现象，但由于当事人会谈次数偏少，这种现象确切地应称为快速反应现象。而快速反应组具有哪些特点呢？通过对快速反应组与无快速反应的当事人在辅导师态度、辅导关系、辅导策略、环境力量、会谈次数、当事人的人格与期待，以及SOS-10初始得分的比较分析后发现，两组只在当事人的人格与期待，以及SOS-10初始得分上存在显著差异，快速反应组的得分明显高于无快速反应组。这一结果表明，快速反应组具有较好的心理状态和人格特征，这些特点有助于他们较快解决自身问题，发生转变，从而取得辅导效果。这从另一方面也说明，无快速反应组是更需要获得辅导帮助的人群，但他们却因一些原因而过早地离开辅导，如何更好地帮助这些本应获得更多帮助的人，是摆在心理理论工作者与临床工作者面前的一个实际问题。

（四）关于会谈反馈效应

辅导师提供每次会谈后SOS-10问卷分数与上次会谈分数差异情况的信息能否提高最终辅导效果并延长会谈次数？本研究的结果是否定的，这与国外研究结果不一致（Lambert等2001；Okiishi等2006；Lambert等2002）。未能呈现反馈效应的原因可能是：其一，学校辅导中会谈次数偏少，很可能反馈的效果还未能得以产生，会谈就已结束。其二，由于每次会谈前辅导师的询问，无反馈组实际上也能得到一些反馈。其三，本研究的反馈信息质量有待提高。

对于第一个原因，本研究认为在学校心理辅导领域研究此效应需要在鉴别当事人具体情况的基础上进行，因为早期反应现象研究揭示了，那些具有早期反应现象的当事人并不需要长时间留在辅导内,因其已达到辅导的目的;而那些无早期反应现象的、自身心理状态与人格特征较差的当事人才是切实需要较长时间帮助的。对于第二个原因反映出的问题,可以结合第三个原因折射出的问题的解决而得以解决,因为在提高反馈信息质量上,常模信息基础上的反馈信息,与日常辅导中谈话式回馈信息有着本质差别。虽然在本研究中并未使反馈效应得以验证,但此领域的研究值得在未来再加以深化,其中一个重要的原因就在于它对于在前面早期反应效应研究中所发现的那部分无早期反应的当事人的辅导效果提高与辅导内停留而言,或许是一个重要的措施。

二、基于研究结果对心理辅导提出建议

(一)重视发展性心理辅导

布朗(Brown)等在一项研究中建立了Y-OQ-30.1在正常、轻微、一般、严重等各个症状程度时的分数范围:正常(0—38)、轻微(39—51)、一般(52—64)、严重(65—120)。以此为参考,Y-OQ30.1所测的症状平均分数在辅导前为44.34,位于轻微水平,总体而言,来访学生并无明显症状。平均分数较低的是SOS-10分数与YDS分数,这说明来访学生身上出现的更多的是一般性健康问题与心理发展品质问题。这与国内的有关研究结果是相似的(马建青,1998)。从辅导效果上来讲,症状性辅导效果与一般健康辅导效果总体都比较明显,而代表个体潜能的发展性心理品质则在辅导后并无明显提高。所以我们认为发展性心理辅导应作为学校心理辅导的主要内容。

国外对发展性心理辅导的代表性定义如布洛克尔所指出的:“发展性心理辅导关心的是正常个体在不同发展阶段的任务和应对策略,尤其重视智力、潜能的开发和各种经验的运用,以及各种心理冲突和危机的早期预防和干预,以便帮助个体顺利完成不同发展阶段的任务。”国内对发展性心理辅导的代表性定义如马建青所提出的:发展性心理咨询则是指根据个体身心发展的一般规律和特点,帮助不同年龄阶段的个体尽可能地圆满完成各自的心理发展课题,妥善地解决心理矛盾,更好地认识自己和社会,开发潜能,促进个性的发展和人格的完善(郑日昌,陈永胜,1991)。发展性心理辅导模式强调辅导的对象是那些在应付日常生活中的压力和任务方面需要帮助的正常人,辅导师的任务就是要使辅导对象学会应对的策略和有效的实施步骤,最大程度地发挥他们原已存在的潜力,或形成更强的适应能力。

发展性心理辅导主张辅导的核心是成长问题,而不是健康问题。它把青年学生在学习、生活及人际关系中出现的种种问题看成个人成长道路上的问题,而不是个人心理上的变态与疾病。因此,发展性心理辅导模式的建构,是以青年学生的发展需要为基础

的，是顺应青年学生心理发展水平的模式。正如美国《哲学百科全书》认为的，现代心理辅导具有以下几方面的重要特征："着重于正常人；对人的一生提供有效的帮助；强调个人的力量与价值；强调认知因素，尤其是理性在选择和决定中的作用；研究在制定目标、计划以及扮演社会角色方面的个性差异；充分考虑情境和环境的因素，强调人对于环境资源的利用以及必要时改变环境。(张人骏，1987)"这些尤其表现在学校心理咨询中，也就是说，发展性咨询模式的特征特别适合于学校的环境和学校的要求。

(二)针对结构方程模型中共同成分的一些建议

辅导师在整个辅导过程中占据着重要的地位，发挥着主导作用。辅导师是良好辅导关系的建立者，是辅导策略的实施者，而辅导关系与辅导策略均是辅导效果产生的重要原因，同时辅导师自身的人格与态度等品质也是促使当事人产生改变的一个重要因素。所以辅导师应加强专业知识与技能的学习与自身人格修养，其中，辅导师的自我成长与发展意识对于一名有效的辅导师而言可能是最为重要的。辅导师是作为一个完整的人而进入到辅导之中的，他带进辅导中的不仅是专业的知识与技能，可能更多的是他自己在曾经的学习与经历中所形成的一种人格魅力、生活价值观，以及看待问题的角度与方法等，这就需要辅导师具有较强的自我成长与发展意识，在不断的学习与生活中完善自我。另一方面，由于辅导师需要长时间面对负性事件与情绪，可能会给自己情绪带来消极的影响，若长期得不到排解，则会影响到辅导师自身的心理健康状况，比如其可能体验到心力耗竭。特别是有些辅导师对自己要求很高，要求自己一定要能处理当事人发生的任何危机，一定要有高度的工作热情和责任感等(黄政昌，2003)。他们往往忽视自身的成长，总是给自己添加很多压力和责任，结果只能是辅导师丧失对自身能力的肯定，产生消极情绪。所以，辅导师应具备有自我宽解的能力，具有自我成长与发展的意识，以一种发展的眼光来看待自己的不足，同时努力改进。

(三)注重学生的人格教育

来访学生自身人格特点是辅导效果产生的因素之一，早期反应效应研究的结果表明学生优秀的人格特质在其解决自身心理问题时发挥了重要作用。人格是由诸多活跃的心理倾向和稳定的心理特征所构成的个体独特的反应系统，使个体具有独体的思想、意识、情感和行动的方式，决定了个体与自身以及外界的沟通交流的形式，是人格使人成为一个复杂而完整的人。从教育的终极目的来讲，要做到成"人"的教育，要令最初只具备生物性的个体成为生物性与社会性相统一的、具有丰富的思想意识与行为方式的、完整的人。因此,最高层次的教育应是人格的教育。人格教育是一种着眼于发展者的心理品质教育,其宗旨是使个体形成一个健全的、完善的人格,把知、情、意统一协调起来,建立一种健全的心理结构。一个人从发育成长到融入社会的过程,就是不断丰富完善自己人格的过程,而在此期间,尤其是对可塑性较强的青少年来讲,如果能使个体接受系统、科学的人格,将对他们构建自己的健全人格起着决定性的影响和作用。虽然我国正在提倡素质教育,并全面进行新课程的改革,但升学考核以知识性科目分数为准的制度使得教师和家长不能转变教学观念和方向,未能将更多精力转向关注孩子的精神世界和内心深处,而仍然停留在过于注重他们的知识世界。在未来,对青少年的人格教育将任重而道远。

第十七章　中国心理健康服务体系构建的建议

第一节　中国心理健康理论与服务的发展

总的说来,我国国民对心理健康服务有着普遍而较强的需求,但由于需求者出于各种原因怯于寻求专业帮助,而服务者又限于各种条件无法提供高质足量的服务,我国的心理健康服务基本上还处在起步阶段,有很大的发展空间。

一、心理健康理论与服务的中国化

本课题研究结果显示,我国心理健康服务从业者所使用的理论主要来自国外,以认知理论、精神分析/心理动力学理论、人本-存在主义理论和行为主义理论等西方传统理论流派为主,然而不同文化背景下的个体具有不同的思维方式、价值观念、心理特征,行为方式等。本书稿讨论了社会文化对心理咨询的影响,其中详细表述了中国特色的文化背景对心理咨询的需求方以及心理咨询服务的影响:虽然中国的中庸辩证等思维对纠正人们的不合理信念有积极作用,但中国传统文化还是有很多不利于心理咨询工作开展的因素。例如中国传统文化的社会取向性导致中国人倾向于忽略自身内在的精神需要,因此出现更多的心理问题躯体化现象;中国儒家重视内省,这种内向思维使得中国人普遍欣赏的性格是知足、忍耐、感情不外露等,遇到心理问题倾向于作内部归因,因此中国人更喜欢依靠自身的力量而不是求助于心理健康机构来化解个人心理问题;传统上有把心理健康与道德品质联系起来的倾向,给精神疾病带来极大的污名化,也阻碍了中国人的心理求助活动的实施;传统的伦理纲常过于重视等级森严的家长制习俗,这使得国人对心理咨询师的期待也含有更多的依赖和服从,心理咨询师直接就问题给出指导和建议被认为是适合中国人的心理问题解决方法,等等。

针对中国文化背景下的国民性格,我国心理学家提出了从我国的实际出发,积极开展心理健康相关理论的研究,同时对西方舶来理论进行改造,并积极应用于心理治疗实践。如王登峰等已根据对我国大众的调查建立了有别于西方大五人格模型的中国人人格七因素模型(王登峰,崔红,2008)。今后我们一方面要从理论上继续探究国人的人格结构、心理健康机制,并在此基础上构建和完善中国化的心理健康标准。另一方面,要以中国的传统文化和现代文化为背景,研究当代人的心理健康问题,在我国特有文化的范围内描述、解释中国人心理问题的原因、形成机制、表现特点和改善的方法。针对中国人特有的特点,进一步构建完善有中国特色的心理健康服务体系。

总之,心理咨询在不同文化背景下的工作开展需要考虑特殊的文化背景。中国需要以端正国民对心理健康的科学态度为前提,在权威指导与西方平等独立的咨询理念中做好理论协调,然后才能积极有效地开展符合中国国情的心理咨询工作。此外,不仅要求兼顾文化背景,中国国情,还要求心理健康服务兼顾中国经济发展状况所决定的大众的经济承受能力、中国社会主义体制的工作管理等情况。本章结合书稿调查内容,针对未来的心理咨询工作开展提出了大胆的对策与建议,以期对中国未来心理咨询的发展有所帮助。

二、需求方的需求满足

(一)促进心理健康服务需求的行为外化

心理咨询行业的发展必须首先大力开发需求市场,本研究显示:虽然国民的心理健康服务需求态度都倾向积极,儿童、妇女、老人等各群体认为有固定的机构为己提供心理健康服务"必要和很有必要"的累计比率介于61.2%—70.6%,但是人们对待社会心理咨询的态度问卷调查则显示人们对社区咨询比较保守,尤其是在咨询需求认知和人际开放性两个维度上的态度更加保守。这说明国人的心理健康需求在很大程度上并没有外化为求助行为,他们似乎更愿意背负着感情上的需求自己默默克服困难。

这种现象有诸多原因,一方面可能与我国心理咨询发展较晚,人们对其了解不足有关;另一方面则可能与我国国民性格有很大关系。这种现象提示我们:心理咨询行业的发展首先要促进国民心理健康需求的行为外化。目前心理健康的服务形式多是一对一的咨询,只有教育系统中设有少量的心理健康教育课程(这可能也是受教育水平较高的人对心理咨询的态度更为开明的原因),而处于教育系统之外的人,要么就要直接去接受一个像黑箱一样神秘的、一对一的封闭咨询,要么几乎对心理健康方面的信息完全没有了解。心理咨询师是个什么样的职业?心理咨询师能帮助人什么,不能帮助人什么?对心理咨询师吐露心声是否安全?心理咨询师的要求有哪些是来访者可以拒绝的?这些接近、了解心理咨询的基本疑问假如没有日常生活中的铺垫,单凭在心理咨询机构接待处的一面之词,自然难以使人一下子放开心怀。加之中国保守的国民性格,贸然接受一个陌生神秘,又要完全坦诚的心理服务必然有阻力,尽管有吸引力但却无人愿去以身试"险"。

因此，我们需要扩大宣传教育，借助媒体、网络等载体，积极地宣传心理咨询服务的性质、心理咨询的服务范围以及服务方式，让老百姓正确看待心理咨询，为心理问题的污名化正名。

（二）服务方式的突破

正如前述，目前心理健康服务的主要手段仍然是心理咨询。但是正如本课题调查显示，心理咨询服务采用的是专业人员与来访者一对一的高成本服务方式，其收费也从每小时84.76元（公立医院最低收费平均分）到每小时459.59元（私立心理咨询机构最高收费平均分）不等，这对于我们年人均可支配收入17 175元（月均1 431.25元）的城镇居民来说也是一笔相当高的支出，更何况年人均纯收入5 153元（月均429.42元）的农民；另一方面其咨询师队伍的培养壮大是需要长时间积累的系统工程，因此开展更多低收费且易于团体服务的服务方式至关重要。

1. 科普宣传

在本研究中针对国民需求服务方式的调查显示，国民所需心理健康服务（或称排解心理问题的方式）优先顺序从高到低依次为：与亲属讨论、向亲戚朋友咨询、科普宣传、与心理专家面谈、社区健康教育与促进、与医生面谈、网络服务、与精神专家面谈、电话咨询、书信咨询、自我反思；而青少年学生的服务途径居于前5位的方式为科普宣传、健康教育、向同学朋友咨询、与心理专家面谈、与家人讨论。值得注意的是科普宣传在两个排序中都占了相当靠前的位置，位于“与心理专家面谈”之前。

在科普宣传如此巨大的市场需求之下，其并未得到心理健康服务人员足够的重视，例如，目前部分高校有其自办的心理健康报，但其管理极不规范；在心理学的教学工作中也并不受重视。

2. 团体辅导

本课题关于服务方式的调查有部分缺失，比如针对团体互助小组（即团体辅导）的心理健康服务方式就未列入服务方式需求的调查选项之中，而这种服务方式在国外的心理健康服务体系中其实占据重要部分。团体辅导服务方式灵活，一组需求者中只需一到两个专业领导者即可，因此也是一种相较于咨询来说成本较低的心理健康服务。

3. 寓教于乐

最后，针对几乎无力承担额外消费的农村地区人员，尤其是留守在农村的老人、妇女、儿童（其文化水平障碍可能限制其阅读报章杂志的能力），可以尝试通过心理剧的表演与传播来宣传心理健康知识。一方面现代社会视频表演可以通过电视、光盘、网络等各种途径快捷传播，比如电视上经常出现的心理专家与来访者面对面的电视节目（如中央电视台的《心理访谈》、地方卫视的《情感密码》等节目)，一定程度上对心理健康知识的传播起到了重要作用，这类宣传服务有很大的需求空间。另一方面，若能将这种现场表演与当地重大节日中的民俗民风结合起来更可能事半功倍。

总之，心理健康服务的方式是多种多样的，但是目前我国的心理健康服务主流却只有咨询一种方式，咨询的特点限制了心理健康服务市场需求充分表露，而这种市场的未开发甚至造成一种心理健康服务“供过于求”的假象，使得心理学学习者、从业者会大量转行，变成另一难题。如何更好地利用心理学知识灵活服务心理健康是当前心理健康从业者需要着重解决的问题。

(三)适当服务方式的发展性服务内容的开展

心理咨询更倾向于治疗性服务，对于具有保守性格的中国国民来讲更是如此，人们通常都是遇到严重心理问题时才会求助于心理咨询，然而心理健康服务早已有发展性服务的理念提出。本课题组针对学生心理问题辅导效果的研究结果显示，相对于辅导后会有明显改善的症状性辅导和一般健康辅导来说，代表个体潜能的发展性心理品质则在辅导后并无明显提高，这说明发展性心理辅导应作为学校心理辅导的主要内容，而不适合采用心理咨询的服务方式。基于该研究，我们相信针对广大国民的心理健康服务内容的有效程度与其服务方式之间也有重要关系，而前述我国目前服务方式单一的现状，也必然导致其有效服务内容的单一倾向(即：通过个体咨询能得到充分满足的国民心理健康服务需求内容较少，还有很多服务内容因为其服务方式的限制而未能充分满足)。

关于学生的发展性心理辅导，有研究者指出，未来高校心理健康教育的模式应该是以大学生身心全面发展为主、治疗为辅的发展性高校大学生心理健康教育模式，将全体大学生作为心理健康教育的对象，重在建设、立足教育，以课堂教学、课外教育指导为主要渠道和基本环节，形成课内与课外、教育与指导、咨询与自助紧密结合，对大学生共同的成长成才过程给予指导，同时兼顾少数有心理障碍的大学生心理的治疗与行为的矫正(江立成，魏婷，2007)。而在服务方式上，朋辈辅导在高校心理健康服务工作实施中具有更强的可行性及其优点(季丹丹，郝乐祥，2010)。

关于中学生的心理健康问题，我国目前已经有专门针对中小学生的心理健康教材，且多数中学都已有配备一到两位心理辅导老师，但升学考核以知识性科目分数为主的制度使教师和家长不能转变教学观念和方向，未能将更多精力转向关注孩子的精神世界和内心深处，而仍然停留于注重他们的知识世界。在未来，对青少年的人格教育仍将任重而道远。此外，关于青少年的心理健康辅导也应包含一个重要的部分——生涯发展辅导。目前仅有部分高校开展类似选修课以及组织学生进行能力倾向测验等，然而生涯发展规划作为人生前三十年最重要的事务之一不只是大学生才需要的，事实上，假如有很好的服务体系来帮助人们从小就不断了解自身的优缺点、帮助他们根据自身特点了解相关职业特征的话，必然有更多的不受学历限制的有才华的人涌现出来。因此在大学和中小学开展生涯规划的课程是相当必要的。

最后，本研究对城市社区人群心理健康需求服务内容的频次统计表明，社区民众希望获得的心理健康服务内容依次为家人健康、子女教育与亲子关系、自身的身心问题、人际关系、婚恋和感情、生计与生活、社会与环境适应、精神疾病预防、危机干预、物质依赖。其中子女教育与亲子关系、人际关系、社会与环境适应等大多都属于发展性心理辅导的内容。有这些心理健康服务需求的人不一定有不健康的心理症状，他们可能只是希望做得更好，希望获得更好的生活及追求更多幸福。

三、服务方的质量提高

本研究显示，辅导师在整个辅导过程中占据着重要的地位，发挥着主导作用。辅导师是良好辅导关系的建立者，是辅导策略的实施者，而辅导关系与辅导策略均是辅导效果产生的重要原因，同时辅导师自身的人格与态度等品质也是促使当事人改变产生的一个重要因素，所以应该加强对心理健康服务人员的专业知识与技能培训，以及其人格特质方面的修养提高。

（一）行业准入标准的提高

1. 专业背景

在对心理健康服务从业人员的专业背景和受教育程度方面，发达国家和地区的要求不尽相同。比如，美国对心理咨询师申请人要求的最低进入水平是硕士，且必须是临床心理学或咨询心理学专业毕业（江光荣，夏勉，2005）；而临床心理学专业毕业者若要独立从业，则必须具有博士学位。在加拿大具有临床心理学博士或硕士学位者均可独立从事临床心理学工作（姚萍，钱铭怡，2008）。在台湾地区，由于选择临床心理学课程的学生人数经常超过预期，为了解决学生数量与教学质量之间的矛盾，经过长期探讨，后来决定采取“保质弃量”的人才培育策略，将临床心理工作人员培育工作的重点放到硕士层次，将临床心理师考试资格也提高到“硕士且具有一年精神医院实习经验”的高标准。在台湾的专业人员考试里采取如此高标准是前所未有的（柯永河，2008）；相对来说，大陆地区心理咨询师的准入标准较低。

我国心理咨询师资格考试，尽管对参考人员的专业背景和受教育程度及培训小时数也有规定，但许多机构在执行时却失之过宽：基础知识的门槛较低，多数培训都是短期速成，很难达到本应达到的效果；且因利益相关，某些培训机构为了多招学员，提高通过率，甚至出现帮助学员造假等行为。因此，我们有必要借鉴发达国家和地区的经验，同时结合我国实际情况，制定适当的心理健康服务人员资格证应试条件，并严格执行。

2.人格特质

如果说专业背景和受教育程度对于心理健康服务人员来说很重要，那么个人特质在某种意义上可以说更为重要。有学者这样描述心理咨询从业者应具备的人格特征："在他接受培训之前，他应该已经是关心人的、富于同情心的、聪明的、敏感的人。培训可以提高他关心人和共情的能力，但是，如果他开始的时候不具备这样的能力，那么培训很难给予他这样的能力。（王丽颖，2008）"麦康瑙希（McConnaughy，1987）也强调，有效的心理咨询更依赖咨询师的人格特征，而不是知识与技巧。由于人格特质对于心理咨询的重要性，美国学者蒲柏（Pope）和克莱恩（Kline）呼吁，在心理咨询培训项目招生以及对心理咨询专业的学生进行评估过程中应考虑人格与特质等因素（Pope，Kline，1999）。英国学者托尼克罗夫特（Thornicroft）和坦塞拉（Tansella）也提到，对于心理健康服务从业人员的人格特征和态度因素是有必要考虑的，这在受训对象选择阶段是最重要的，接下来才是培训的内容和形式（Thornicroft，G.，Tansella，1999）。在招聘阶段也应注意人格特征和态度因素的识别，尽量不任用不合适的候选人。

在英国，要获得"注册心理咨询师"资格认证，就需要满足个人特质方面的要求（王丹君，2007）。英国心理咨询和心理治疗协会《关于咨询和治疗的伦理规范和执业完善框架》中，也有对心理咨询和治疗从业人员个人品质方面的要求，包括共情、诚实、正直、达观、尊重、谦虚等（石国兴，2004）。在德国，由于有许多人希望参加心理治疗的培训，申请者需要经过严格的考核和筛选，例如申请参加精神分析培训者需要经过三次访谈式的评估，通过者方可参加培训；申请参加行为治疗的培训也需要经过两天的考核筛选。因此，进入心理治疗培训者，通常都是心理学系或教育学系毕业生中的优秀者（钱铭怡，严俊，肖泽萍，赵旭东，施琪嘉，2010）。

与上述发达国家对心理健康服务人员的严格要求相比，我们目前在这方面几乎是空白。事实上，拥有一支高素质的心理健康服务人员队伍，不仅是对心理健康服务对象的保护，也关系到从业人员的绩效与工作满意度，关系到心理健康服务事业的发展。为此，有关部门和专业组织有必要进行探讨，制定出切实有效的措施，在培训和招聘等环节，对想要从事心理健康服务的人员进行筛选，并最终能形成各方公认的心理健康服务从业人员甄选制度。

(二)采取心理健康服务人员分层次培养模式

我国目前的心理咨询师培训属于非学历培训,即满足准入条件的人(拥有一定学历的各种专业背景的人)都必须通过相关单位组织的培训,参加心理咨询师国家资格证书考试,取得心理咨询师的从业资格。心理学专业的学位证书等不能等同于心理咨询师从业资格证书。目前我国的心理咨询师培训采用的是“一劳永逸”制,即一旦取得国家心理咨询师资格证书,再无须参加硬性的必修培训。国家针对心理咨询师的培训以及国家咨询师资格并无详细的政策规定出台,咨询师在通过职业资格培训后再参加培训多是根据自己兴趣以及经济能力等自主选择。这使得我国的心理咨询师队伍素质参差不齐,很多并非心理学背景且没有参加咨询师继续教育培训的咨询师的素质让人堪忧。是否需要规定心理咨询师在取得职业资格证书之后仍然有必修的继续教育培训课程?这是目前心理咨询师的培训与管理首要需要回答的问题。本课题调查结果显示:从当前心理健康从业人员对接受培训的评价来看,从业人员对参加培训的积极性很高,但各种继续教育培训时间过短,且培训标准混乱,培训机构水平参差不齐,培训目标人群定位混乱,培训性质区分不清,因而培训效果受到质疑。因此急需出台相关的管理政策及强有力的管理机构来规范心理咨询师的继续教育培训,并将学历教育与非学历继续教育结合。

然而针对心理咨询师的培训管理,首先提到一个问题:我们将采用哪种培训模式来培养咨询师?美国对临床心理学从业者的培训模式有“Boulder模式”(科学家-实践者模式)和“Vail模式”(实践者模式)两种。科学家-实践者模式由美国心理学会于1949年确立,该模式要求临床心理学家既要有扎实的心理学理论知识,又要有较丰富的临床经验和较娴熟的临床技能;1973年美国心理学会又确立了实践者模式,这种培养模式降低了对学生科学研究方面的培养要求,更多地强调对学生进行实践操作技能的培养(姚萍,钱铭怡,2008)。在澳大利亚,由于临床心理学专业的很多学生对研究不感兴趣,只对实习感兴趣,也使科学家-实践者培训模式的应用受到了限制(赵艳丽,陈红,刘艳梅,陈敏燕,王润强,2008)。我国目前的情况似乎是学历教育基本在培养科学家,非学历继续教育在培养实践者,因此非心理学专业背景的人直接参加国家心理咨询师资格考试遵循实践者模式培养,而心理学教育背景者则成为科学家-实践者模式培养的成品。

我们多在强调实践者模式培训的缺乏,却没有考虑科学家模式培训的去留。有研究者主张心理咨询与治疗作为一种专业性的工作,必须有相关研究的支撑,才能使其更好地发展。就像有学者提到的那样,心理治疗作为一种服务,只有对来访者采用了最好的治疗方法和技术的时候,才能达到最有效助人的目的。而只有通过科学的研究才能确定治疗师是否应用了“最好”的方法和技术(张岚,2005)。

总结发达国家培训模式的发展历程,并结合目前国内心理健康服务人员的构成现状,我们认为,我国未来应考虑采取心理健康服务人员分层次培养模式,大部分从业人员以掌握心理健康服务实践技能为主,小部分从业人员应具备对心理健康服务理论的研究能力。在心理健康服务的教育培训中,我们要努力兼顾普及和提高理论研究与实践服务两个目标,一方面要培养普及型及实践型心理健康服务人才,以满足我国广大基层民众的需要,另一方面要注重培养高水平的理论研究型心理健康服务人才(徐华春,黄希庭,2007)。

在实习培训方面,首先,目前缺乏实习培训一个重要原因是实习培训的成本问题。心理咨询行业是一个朝阳行业,相对于国民收入来说较高的心理咨询培训费用仍不能满足一个全职的心理咨询师培训与生活之需,这使得资深心理健康从业人员不得不依靠别的方式来“创收”,比如开展收费较高的实习培训课程。另一方面,新入行的咨询师则无力承担心理咨询的进修费用。其次,心理咨询师培训的管理存在自相矛盾的地方,比如:心理咨询工作人员的聘用一般都要求有心理咨询资格证书,然而心理咨询资格证书的考取却要求有心理咨询工作经历,这种循环要求也让不少立志考取心理咨询资格证书的人不得不通过伪造实践经历获取入行资格。总之,咨询实践的实习培训不仅是咨询师培养的标准问题,也是心理咨询师管理的问题。在英国,根据BACP(british association for counseling and psychotherapy,2007)公布的认证标准,申请心理咨询师认证的申请人必须完全满足的8项认证标准中就包含“培训和督导实习申请人”,这为那些实习申请人要参加450小时正常的心理咨询培训提供了有力的支持,也更好地帮助咨询师完成了知识与技能代际之间的传承。这种将对从业人员的管理纳入到对下一代咨询师的基础培训的做法值得我们借鉴与学习。

(三)心理咨询从业者的管理与监督

2009年7月武汉电视台《都市写真》栏目播放了一期节目,介绍了这样一个故事:一个花季女孩因母亲生病问题情绪变得烦躁,于是寻求一位心理咨询师疏导情绪,结果心理咨询师不仅要求对来访者进行封闭治疗,而且擅自为来访者开药,治疗3个月,花费了9 000多元之后,家人将女孩接回在家中,结果发现女孩连家人都不认识了,而且胡言乱语,犹如魔鬼缠身。而同时,心理咨询所关了门,在湖北省职业技能鉴定指导中心查询咨询师的职业资格,资料显示他于2007年拿到了高级心理咨询师资格证,但中心工作人员声称他们只负责发放职业资格证书,获证人并不受其管理。受害人及其家属难以申诉并保护自己权益的情景,给我们敲响了沉重的警钟。

在心理咨询行业较发达的美国,心理咨询的伦理问题被高度关注,有严格的伦理守则(杨凡,钱铭怡,2009)。比如,对来访者保密的要求以及什么情况下打破保密限制,对使用和解释心理测验的伦理标准,对人做试验的伦理要求,对个案记录的法律和保密要求等都有详细规定,每年不乏被告到法庭的咨询师。张爱莲等对145有从业经验者的调查发现,我国的被调查者职业伦理意识总体较强,但在知情同意方面的意识较弱,比如“不向来访者透露测试的目的”,“未经来访者同意进行录音”,“不向来访者说明保密原则受限的情况”,“向自己的学生或被督导者提供咨询”等(张爱莲,钱铭怡,姚萍,2007)。这说明目前我国社会心理咨询机构管理上存在巨大盲区,这些机构如何提供咨询服务、服务效果如何都没有明确的部门进行监管;而缺乏监管、缺乏信度、缺乏认同的心理咨询服务又制约着自身行业的发展。

我国必须制定心理咨询与治疗伦理规范,加强政策教育和行业伦理规范教育,统一现有的培训标准。如相关管理部门建立伦理专业委员会,建立健全职业伦理守则,包括如何处理保密例外情况、双重关系、知情同意等,提升我国的心理咨询从业者的职业伦理意识;坚持来访者利益至上的原则;聘请专业素质较高的人员为心理健康从业人员提供培训资源,有针对性地加强对从业人员的职业伦理教育;等等。此外,针对大众的心理咨询性质的科普宣传也能帮助来访者更多地了解心理咨询这一行业,来访者自身素质的提高也能更好地对心理咨询师进行监督。

(四)增加专职心理健康服务人员的比例

增加专职心理健康服务人员看似一个数量问题,实则与整个心理健康服务队伍的质量密切相关。在我们的访谈研究中,受访专业人员认为,专职从事心理健康服务对于从业人员精力的投入、专业水平的提升等都更为有益。关于我国心理健康服务从业者培训动机的调查也发现,在提高自我的动机上,专职从业者强于兼职者(陈红,王泉川,钱铭怡,梁毅,黄希庭,2009)。而且我们关于心理健康服务人员胜任特征的调查表明,专职心理健康服务人员在胜任特征问卷总分和多数具体胜任特征条目上平均得分都显著高于兼职心理健康服务人员。然而根据市场经济学理论,专职服务人员的增加需要有足够的市场需求来匹配,除了通过逐步地开拓市场需求创造专职心理健康服务岗位这一途径外,也应该有其他加快这一进程发展的方法。

正如我们提到的“由于风险人群或心理疾病患者心理问题的产生是多种因素共同作用的,他们对心理健康服务的利用也受多种因素制约”。因此,我们认为心理健康服务应该尝试进行跨领域的合作,比如和医疗援助计划、住房安置机构、教育系统、儿童机构、刑事司法系统、惩戒所等的横向合作。可以要求某些离婚案的当事双方必须先接受关于婚姻家庭治疗的服务,在治疗服务无效的前提下才能提起诉讼;违反治安管理处罚条例等情节轻微的除处以罚金拘役等惩罚之外,可强制要求其参加一定时期的心理健康辅导等。这些举措在国外执行得很好,例如以参加心理咨询为条件的保释等,而中国目前这方面几乎完全空白,由政府强制要求的心理健康服务可以服务那些受限于经济条件的弱势人群,这对改善整体国民的心理健康状况非常重要。

四、心理健康服务效果的提高

本课题研究结果显示,避免患者脱失对心理咨询取得满意的效果非常重要,并详细讨论了如何避免患者脱失的政策,如治疗前对患者进行“角色牵引”使其对心理治疗有正确认识,重视患者的治疗满意度等;做好临床工作中的常规监测,可以及时发现患者偏离正常治疗轨道而及时反馈给治疗师,并辅助治疗师发现问题,及时调整治疗计划,提高治愈率。此外,互联网可以帮助实现对来访者的持续关怀,因此若能将网络与现实咨询结合起来,不仅可以实现咨询工程中的及时监测,还可以对有需要的来访者形成持续关怀。

课题组针对门诊心理治疗效果评价的研究提出了一个具有较好拟合度的会谈效果模型。根据会谈效果模型得出,心理治疗的总效果为单次会谈效果累积,会谈前心理健康状态好的患者通过治疗后获益更多,获益部分是通过期望→治疗联盟→会谈评价中介。期望是通过治疗联盟→会谈评价促进治疗效果,其作用为间接效应。治疗联盟对治疗效果的正效应是通过会谈评价完全中介。会谈评价作为治疗效果的即时指标对其有正预测力。针对学校心理辅导效果评价的研究也得出一个综合模型,指出当事人的人格与期待、辅导关系和辅导师态度对辅导效果有直接的影响,而且辅导策略、环境力量可通过当事人对辅导效果起间接的影响作用,辅导师态度也可通过辅导关系对辅导效果发生间接影响。该两个共同成分取向的研究为心理咨询效果的提高提供了一定的参考。

五、心理健康服务与和谐社会

中共十六届六中全会通过的《中共中央关于构建社会主义和谐社会若干重大问题的决定》(以下简称《决定》),明确了构建社会主义和谐社会的任务、目标和途径,并把心理和谐与社会和谐作为一个主要问题提出来。这是我们党历史上第一次把心理和谐、心理健康问题提到如此的高度。《决定》明确指出:“注重促进人的心理和谐,加强人文关怀和心理疏导,引导人们正确对待自己、他人和社会,正确对待困难、挫折和荣誉。加强心理健康教育和保健,健全心理咨询网络,塑造自尊自信、理性平和、积极向上的社会心态。”心理和谐是个体心理健康的重要标志，而个体的心理健康或心理和谐是和谐社会建设的必要基础。

为构建和谐社会，心理学可以在三个领域做出贡献：首先是对心理健康和主观幸福感的研究领域，因为个人健康和幸福既包括个人的适应，也包括对各种差距的接受与容忍，因此其是和谐社会的标志性特征；心理学服务于构建和谐社会的第二个领域涉及个人的成长与成功，即不同的个体，依据其个人素质（包括能力结构、兴趣爱好、个性特点等）应该选择什么样的职业（学习什么专业）最容易获得成功，以及不同年龄、职业的个体如何更好地适应社会环境等，重视和尊重个体差异是构建和谐社会过程中一个非常重要的方面；心理学服务于构建和谐社会的第三个领域涉及团体动力学，即不同社会团体（阶层）的内部如何有效交流与沟通以及不同团体（阶层）之间如何有效交流和沟通的问题（王登峰，黄希庭，2007）。以上实际上是对心理健康服务提供的服务内容做分类，这是从服务结果分析心理学对和谐社会的贡献途径，而好的心理健康服务效果必然需要有良好的心理健康服务体系予以保证。

心理健康服务可以通过其良好的服务效果来促进和谐社会的构建，而和谐社会的构建其实也理应包含完善的心理健康服务体系。从心理学角度来看，构建和谐社会的主要任务，就是在不断提高经济社会发展水平的同时，致力于：(1)通过政策、法律、市场等形式和机制确保社会各个阶层、团体、个人之间的差别，特别是经济收入、社会地位、福利待遇等方面的差别，一方面符合公平、公正和正义的原则，同时又能够保持在一个能够被最广大的群体所接受的水平上，避免过分的两极分化；(2)社会能够保障每一个社会成员均有机会通过自己的努力，不断提高或改变自己的社会地位；(3)通过对个人信仰、价值观和生活态度的引导和教育，培养个体的进取心和挫折承受能力，从而提高增进自我和谐、人际和谐及与自然和谐相处的能力（王登峰，黄希庭，2007）。其中第一条就提出和谐社会的构建要避免过分的两极分化。在目前尚未完善的心理健康服务体系中，作为主要心理健康服务方式的心理咨询因其高成本似乎是富人才能享受的奢侈服务。心理学理论研究领域花费大量的人力物力去调查农民工、农村留守老人、留守妇女以及留守儿童等的心理健康状况，然而在调查之后需要跟进的服务却似乎全无。心理咨询的方式可能不适合这些弱势群体，但和谐社会需要保证他们能够得到适合于他们的心理健康服务，比如采取合适的方法对农村儿童教育以及亲子关系方面进行指导，对辍学儿童给予适当的职业规划帮助等。和谐社会需要保证每一个人都有通过自己的努力能够获得平等的发展机会，保证每一个人都有机会不断地提高或者改变自己的社会地位，换句话说：目前心理健康服务的奢侈化本身就是构建和谐社会所需要解决的问题之一。

第二节 对策建议

中国心理健康服务体系的建设必须贯彻落实科学发展观,坚持以人为本、全面实施素质教育,建议以发展性服务和预防性服务为主,积极探索心理健康理论与心理健康服务的中国化。使心理健康服务为预防心理疾病、促进精神疾患康复、提高国民心理素质方面的改变产生积极作用。如提高国民幸福感,改善有严重情绪障碍的儿童和成人的发展状况,降低自杀率等。

一、形式多样地满足民众心理健康服务的需求

采取多种多样的途径提供心理健康服务,如基于社区的临床服务、半住院服务、住院治疗、居家治疗、基于家庭的服务、治疗寄养服务、案例管理服务、健康图书馆、自助团体等。倡导人性化服务理念,满足心理服务对象的多方面需求,提高服务对象对所接受服务的满意度。确保心理健康服务的可获得性,建立大众共享的心理健康服务系统,加强心理健康、常见心理障碍知识的宣传,加强心理健康教育和咨询,提高全社会对心理健康服务工作重要性的认识,推行健康、文明生活方式,增强公民的挫折容忍力、心理调适能力,预防精神障碍发生,提高全民心理健康水平和幸福感水平。

二、努力建立协调统一的心理健康服务的管理体制

建立政府领导、多部门合作和社会参与的心理健康服务工作体制、组织管理和协调机制。涉及心理健康服务内部的协调、心理健康服务部门与整个卫生部门的协调、心理健康服务的内外协调。应明确各服务机构主体在心理健康服务中的领导隶属关系、职责分割,整合已有资源,建立相对稳定的协调机制。此外,要加强心理健康服务信息管理,即国民心理健康及其服务状况信息的收集、分析、报告、更新、管理、运用。信息的收集和分析可以为心理健康服务的科学研究和领导决策提供可靠依据。

三、着力提高服务质量

心理健康服务队伍建设方面,提高行业准入标准,采取心理健康服务人员分层次培养模式,提高专职心理健康服务人员的比例,提高服务人员的业务水平和工作能力,规

范其职业行为，为心理健康服务提供人力资源保障和继续教育、培训项目，促进心理健康服务人员的专业成长。心理健康服务机构建设方面，完善现有精神卫生工作机构功能，拓展提供精神卫生服务渠道，逐步形成结构适宜、布局合理、功能完善、规模适度的精神卫生服务体系和网络。

四、建立高效规范的心理健康服务运行机制

明确心理健康服务对象（服务对象的普遍性，各类重点人群的健康服务，服务对象对服务的可获得性、多样性、延续性、经济性、社会公平性等的评价）、心理健康服务运行模式、心理健康服务主要功能（教育、评估、预防、咨询、心理治疗、危机干预、护理、康复、重大自然灾害与人为事故下的心理救助）、心理健康服务途径、心理健康服务各部门和机构的协调合作。

五、形成政府主导多元出资的心理健康服务的投入机制和合理的收费价格机制

确保心理健康服务的社会公平。要消除不同文化、年龄、性别、种族、民族和社会经济地位的群体在服务获得和服务质量上存在的差距方面的内容，特别是为弱势群体、没有参与保险的儿童、涉及司法刑罚的个体、农村和边远地区的社区提供便捷的、有效的心理健康服务。提高健康生活的质量和年限，即帮助各年龄段的个体提高生活期待、改善生活质量，消除不同人群间的健康差距。

六、建立严格有效的心理健康服务监管体制

建立起对心理健康服务的监督、评估和问责制度，确保政府及卫生行政部门有能力对心理健康服务机构的规划方案、服务资源、服务过程和效果进行评估，确保心理健康服务机构对本机构人员的服务过程和效果进行定期的考核和评估。

七、建立可持续发展的心理健康服务的创新机制和人才保障机制

应积极开展与心理健康服务有关的精神病学、临床心理学、咨询心理学、心理辅导

等领域的科学研究和人才培养，加强国内外学术交流，促进新的治疗措施的开发和服务方式的改进，借鉴和推广国际先进科学技术及成功服务经验，为服务者和决策者提供科学技术支持。积极采取措施改进心理健康服务人员的工作条件和生活待遇，在学校专业技术职务评聘中增加心理健康教师系列，妥善解决心理健康教师的专业技术职务晋升问题，形成一支稳定的、高素质的、与我国心理健康服务相适应的专业人员队伍。

八、出台心理健康服务的相关法律

建议出台心理健康服务的相关法律、法规和政策，形成与国民经济和社会发展水平相适应的心理健康服务的保障体系。由政府或主管部门制定有关心理健康服务全国性或地域性基本制度、法律、政策，重要社会生活领域（医护、学校、军队、社区等）心理健康服务的法律、法规，针对特殊人群（残障人、精神病患者、物质成瘾者、涉及司法刑罚的个体等）的心理健康服务的法律、法规，有关心理健康服务人员的资格、培训标准与职业服务规范，新闻媒体对自杀事件报道的职业规范，与心理健康服务有关的社会控制（如毒品、农药管理）方面的制度和规定，从而使心理健康技术更好地为大众的健康、和谐社会的建设服务。

参考书目

中文书目

《中国大百科全书(光盘版)》,北京:中国大百科全书出版社,2000年。

《中国互联网从业人员健康状况调查白皮书》,《39健康网》,2007年。

《中国网民健康状况调查白皮书》,《39健康网》,2009年。

《中国网民心理健康调查白皮书》,《39健康网》,2010年。

北京市人大常委会:《北京市精神卫生条例》,《北京人大网》,2006年。

蔡禾:《社区概论》,高等教育出版社,2005年。

樊富珉:《大学生心理健康教育研究》,北京:清华大学出版社,2002年,第96-104页。

菲尔德曼,黄希庭:《心理学与我们》,北京:人民邮电出版社,2008年。

费孝通:《乡土中国:生育制度》,北京:北京大学出版社,1998年。

国家人口计生委流动人口服务管理司:《2009年中国流动人口生存发展状况——基于五大城市流动人口监测结果》,《中华人民共和国国家人口与计划生育委员会流动人口服务管理司网》,2010年。

国家统计局:《2005年全国1%人口抽样调查主要数据公报》,《中华人民共和国国家统计局网》,2006年。

国家统计局:《2007年中国全面建设小康社会进程统计监测报告》,《中华人民共和国国家统计局网》,2008年。

国家统计局:《第二次全国农业普查主要数据公报(第五号)》,《中华人民共和国国家统计局网》,2008年,

国家统计局:《中华人民共和国2009年国民经济和社会发展统计公报》,《中华人民共和国国家统计局网》,2010年。

国家统计局农村司:《2009年农民工监测调查报告》,《中华人民共和国国家统计局网》,2010年。

卫生部:《综合医院分级管理标准(试行草案)》,1990年。

国务院办公厅转发卫生部等部门:《关于进一步加强精神卫生工作指导意见的通知》,国办发〔2004〕71号。

国务院人口普查办公室编:《中国2000年人口普查资料》,北京:中国统计出版社,2002年。

国务院研究室课题组编:《中国农民工调研报告》,北京:中国言实出版社,2006年。

何肇发:《社区概论》,广州:中山大学出版社,1991。

黄希庭,张志杰:《心理学研究方法》,北京:高等教育出版社,2005年。

黄希庭,郑涌:《大学生心理健康教育(第二版)》,上海:华东师范大学出版社,2009年。

黄希庭,郑涌:《大学生心理健康与咨询(第2版)》,北京:高等教育出版社,2007年。

黄希庭:《黄希庭心理学文选》,重庆:西南师范大学出版社,2000年。

黄希庭:《健全人格与心理和谐》,重庆:重庆出版社,2010年。

黄希庭:《人格心理学》,杭州:浙江教育出版社,2002年。

黄希庭:《心理学导论(第二版)》,北京:人民教育出版社,2007年。

黄希庭等:《健全人格与心理和谐》,重庆:重庆出版社社,2010年。

黄希庭主编:《中国高校哲学社会科学发展报告:1978-2008·心理学》,桂林:广西师范大学出版社,2008年。

李凌,蒋珂:《健康心理学:人类健康与疾病的心理解读》,上海:华东师范大学出版社,2008年。

林崇德,姜璐,王德胜:《中国成人教育百科全书》,海口:南海出版公司,1994年。

林崇德,杨治良,黄希庭:《心理学大词典》,上海:上海教育出版社,2003年。

林崇德:《发展心理学》,杭州:浙江教育出版社,2002年。

林孟平:《辅导与心理治疗》,上海:上海教育出版社,2005年。

刘华山:《学校心理辅导》,合肥:安徽人民出版社,1998年。

鲁龙光:《心理疏导疗法》,南京:江苏科技出版社,1996年。

陆学艺:《社会学》,北京:北京知识出版社,1996年。

孟慧:《职业心理学》,北京:中国轻工业出版社,2008年。

钱铭怡:《心理咨询与心理治疗》,北京:北京大学出版社,2000年。

全国卫生专业技术资格考试专家委员会编:《卫生专业技术资格指南——精神病学专业、心理治疗学专业》,北京:知识出版社,2003。

人力资源社会保障部编:《2009年度人力资源和社会保障事业发展统计公报》,《中央政府门户网站》,2010年。

上海市人大常委会:《上海市精神卫生条例》,《中国上海网》,2001年。

唐忠新:《中国城市社区建设概论》,天津:天津人民出版社,2000年。

卫生部,民政部,公安部,中国残疾人联合会:《中国精神卫生工作规划(2002—2010年)》,卫疾控发[2002]96号。

卫生部,中共中央宣传部等:《关于印发<全国精神卫生工作体系发展指导纲要(2008年-2015年)>的通知》,《卫生部办公厅网》,2008年。

卫生部:《卫生部印发<紧急心理危机干预指导原则>》,《中国新闻网》,2008年。

卫生部办公厅:《关于印发<精神卫生宣传教育核心信息和知识要点>的通知》,卫办疾控发〔2007〕84号。

卫生部办公厅:《关于印发<灾后不同人群心理卫生服务技术指导原则>的通知》,《卫生部疾病预防控制局(全国爱国卫生运动委员会办公室)网》,2008年。

吴增强,沈之菲:《学校心理辅导研究》,上海:上海科学技术文献出版社,2000年。

武汉市卫生局:《武汉市精神卫生条例》,《中国武汉网》,2010年。

谢建社:《社区工作教程》,南昌:江西人民出版社,2006年。

徐光兴:《学校心理学——心理辅导与咨询》,上海:华东师范大学出版社。

杨国枢,黄光国,杨中芳(编):《华人本土心理学》,重庆:重庆大学出版社,2008年。

叶敬中,贺聪志:《静默夕阳:中国农村留守老人》,北京:社会科学文献出版社,2008年。

张敦福:《现代社会学教程》,北京:高等教育出版社,2001年。

赵淑英主编:《健康教育与健康促进学》,西安:世界图书出版西安公司,2005年。

赵玉芳主编:《妇女心理健康与防治》,重庆:西南师范大学出版社,2009年。

郑日昌,陈永胜:《学校心理咨询》,北京:人民教育出版社。

郑日昌,江光荣,伍新春:《当代心理咨询与治疗体系》,北京:高等教育出版社,2006。

郑涌主编:《老年心理健康与防治》,重庆:西南师范大学出版社,2009年。

中共中央办公厅,国务院办公厅:《中共中央办公厅、国务院办公厅转发民政部关于在全国推进城市社区建设的意见的通知》,中办发[2000]23号。

中国共产党第十六届中央委员会:《中共中央关于构建社会主义和谐社会若干重大问题的决定》,北京:人民出版社,2006年。

中国互联网络信息中心(CNNIC),《第28次中国互联网络发展状况统计报告》,2011年。

中国疾病预防控制中心,《两会特刊:精神卫生专辑》,中国新闻出版社,2007年。

中国科学院心理研究所:《2007国民心理健康状况研究报告公布》,《中国科学院网站》,2008年。

中国社会科学院城市发展与环境研究所:《城市蓝皮书:中国城市发展报告NO.3》,北京:社会科学文献出版,2010年。

中国心理学会编著:《2008-2009心理学学科发展报告》,北京:中国科学技术出版社,2009年。

中国心理学会与中国心理卫生协会:《卫生系统心理咨询与心理治疗工作者条例》,1992年。

中华人民共和国国家统计局:《中国统计摘要》,北京:中国统计出版社,2006年。

中华人民共和国国家统计局编:《2009中国统计年鉴》,北京:中国统计出版社,北京教育电子出版社。

中华人民共和国民政部规划财务司:《2009年民政事业发展统计报告》,《中华人民共和国民政部规划财务司网》,2010年。

中华人民共和国卫生部:《全国精神卫生工作体系发展指导纲要(2008年-2015年)》,2008年。

中华人民共和国卫生部编:《2009中国卫生统计年鉴》,北京:中国协和医科大出版社。

钟友彬:《中国心理分析:认识领悟心理疗法》,沈阳:辽宁人民出版社,2008年。

周文建,宁丰:《城市社区建设概论》,北京:中国社会出版社,2001。

朱敬先:《健康心理学:心理卫生》,北京:教育科学出版社,2002年。

译著书目(按拼音序)

艾维和担德列亚著/汤臻等译:《心理咨询与治疗理论:多元文化视角》,北京:世界图书出版公司北京公司,2008。

奥格登著/严建雯,陈传锋,金一波等译,黄希庭审校:《健康心理学》,北京:人民邮电出版社,2007年。

麦克里奥德著/潘洁译:《心理咨询导论(第三版)》,上海:上海社会科学出版社,2006。

皮格瑞姆著/张庆伟等译:《心理健康关键概念手册》,北京:高等教育出版社,2006年。

沙夫著/董建中译:《心理治疗与咨询理论:概念与案例(第4版)》,北京:中国人民大学出版社,2009年。

世界卫生组织/兆瑞臻,吴焱,何晨红,王晓琪译:《2008年世界卫生报告》,世界卫生组织和中国卫生部联合发布,2009年。

英文书目

Corsini, R.J., Wedding, D.Current psychotherapies(7th ed).Belmont, CA:Thomson Brooks/

Cole., 2005.

Donnelly, J.W., Eburne, N., Kittleson, M.Mental health: Dimensions of self-esteem, emotional well-being.Boston:Allyn and Bacon, 2001.

Gelder, M.G., López-Ibor, J.J., Andreasen, N.New Oxford textbook of Psychiatry.Oxford University Press, 2000.

Gibson, R.L., Mitchell, M.H.Introduction to Counseling and Guidance(7th ed.).New York: MacMillan, 2007.

Hosman, C., Jane-Llopis, E., Saxena, S.Prevention of mental disorders:An overview on evidence-based strategies and programs.Oxford, Oxford University Press, 2004.

Jimerson, S.R., Oakland, T.D., Farrell, P.T.The handbook of international school psychology.Thousand Oaks, CA:Sage Publications, 2007.

Kaplan, R.M., Saccuzzo, D.P.Psychological testing:Principles, applications, and issues.Belmont, CA:Thomson Wadsworth, 2005.

Karen, G.D., Frank, Y.W.Community Psychology(3rd ed.).Boston:Allyn and Bacon, 2003.

Levin, B.L., Hennessy, K., Petrila, J.Mental health services: A public health perspective (3rd ed.).New York:Oxford University Press, 2010.

Maruish, M.E.The use of psychological testing for treatment planning and outcomes assessment.New Jersey:Lawrence Erlbaum Associates, 2004.

Menninger, R., Nemiah, J.American psychiatry after World War II:1944-1994.Washington, DC:American Psychiatric Press, 2000.

Moodie, R., Hulme, A.Hands on health promotion.Melbourne, VIC:IP Communications, 2004.

Norcross, J.C., Goldfried, M.R.Handbook of psychotherapy integration(2nd ed.).New York: Oxford University Press, 2005.

Oei, T.P.S.Behavior therapy and cognitive behavior therapy in Asia.Glebe, New South Wales:Edumedia, 1998.

Plante, T.Contemporary clinical psychology.New York:Wiley, 2005.

Rogers, A., Pilgrim, D.A Sociology of mental health and illness(3rd Edition).Maidenhead: Open University Press, 2005.

Thornicroft, G., Tansella, M.The mental health matrix:A manual to improve services.New York:Cambridge University Press, 1999.

Tseng, W.S.Handbook of cultural psychiatry.San Diego, Academic Press, 2001.

Van Deurzen, E.Existential counseling, psychotherapy in practice.London; Thousand Oaks: Sage Publications, 2002.

Weiner, I.B., Stricker, G., Widiger, T.A.Handbook of psychology:Clinical psychology.Hoboken:John Wiley, Sons Inc, 2003.

WHO.Atlas:mental health resources in the world.Geneva, 2001.

WHO.Creating an environment for emotional and social wellbeing.Geneva, 2003.

WHO.Investing in mental health.Geneva, 2003.

WHO.Mental health:new understanding, new hope.Geneva, 2001.

WHO.Promoting Mental Health—concepts, emerging evidence, practice.Geneva, 2004.

参考文献

安范红，熊俊.(2004).385名下岗工人的心理健康状况对比分析.四川精神卫生，17(2)，101-102.

安芹，贾晓明，李波.(2006).中国心理咨询与治疗专业人员枯竭量表的初步编制.中国临床心理学杂志，14(4)，334-337.

奥格登.(2007).健康心理学(严建雯等译).北京:人民邮电出版社.

白亮.(2006).文化适应对少数民族大学生心理健康的影响.民族教育研究，17(3)，81-84.

白友涛.(2001).社区的分类及其建设.社会转型与社区发展——社区建设研讨会论文集，174-179.

柏国平，陈满秀，王程燕.(1998).112例家庭暴力虐待案例分析.中国临床心理学杂志，6(3)，179-180.

柏涌海，殷雪平.(2008).综合性医院开设心理咨询的历史、现状与展望.医疗管理，28(9)，34-36.

北京东方鼎电子有限公司.(2000).中国大百科全书(光盘版)·社会学卷·家庭社会学条目.北京:中国大百科全书出版社.

毕红升.(2007).网络心理咨询业的开展与伦理困境.中国医学伦理学，20(5)，124-126.

卞旭，栗治强，董强，周秀云.(2008).大学生心理求助态度研究.萍乡高等专科学院学报，25(2)，78-82.

卜永生，陈瑾，苏明.(2008).2007年淮安市楚州区部分农村留守妇女心理压力状况调查.预防医学论坛，14(12)，1137-1139.

蔡琛.(2007).中学生网瘾与心理健康问题分析与探索——基于对武汉市中学生的调查.科教文汇，(10)，88+98.

蔡春凤，周宗奎.(2009).产前母亲心理压力对儿童心理行为发展影响的研究述评.心理科学进展，17(4)，753-758.

蔡禾.(2006).社区概论.北京：高等教育出版社.

蔡迎春，张向葵.(2006).四种训练方式对不同认知风格大学生人际信任改善的影响研究.宁波大学学报：教育科学版，28(4)，37-41.

曹国选.(2009).农村留守老人如何走出困境.乡镇论坛(29),30-31.

曹杭英.(2010).传统文化对心理治疗中咨访关系的影响.陇东学院学报,21(1),95-97.

曹蕾.(2005).外资企业员工心理理健康状况及相关因素研究(硕士学位论文).苏州大学,苏州.

曹玉萍,张亚林,郭果毅,袁丁,孙圣琦.(2007).湖南省不同地区家庭暴力发生现况的比较.中国心理卫生杂志,21(12),849-852.

曹玉萍,张亚林,杨世昌,王国强,张宇,黄国平.(2009).不同地区家庭暴力诱发因素分析.中国公共卫生,25(1),106-108.

曾维希,张进辅.(2007).少数民族大学生在异域文化下的心理适应.西南大学学报(人文社会科学版),33(2),82-86.

曾院珍,宋凤宁.(2010).城市民营心理咨询的现状调查及发展对策研究.经济与社会发展,08(6),120-122.

常保瑞,方建东.(2010).大学生就业焦虑心理的调查与分析.温州职业技术学院学报,10(1),75-77.

常永才.(2000).心理咨询与辅助的一种新趋势:对文化因素的日益重视:对海外多元文化心理咨的评介.民族教育研究,(4),59-63.

车慧.(2010).对进城农民工现状的调查研究.贵州政协报,2010-01-08,03版.

陈秉华,蔡秀玲,赖念华.(2001).按萨提尔模式建构未满足期待改变历程模式.亚洲辅导学报,(1),5-34.

陈传锋,何心展,宋修竹,田宾.(2004).社区心理健康教育及服务调查.中国康复理论与实践,10(6),364-366.

陈传锋,贺豪振,严建雯.(2007).城市化进程中被征地新居民的心理反应与需求状况研究.心理科学,30(1),89-91.

陈传锋,黄希庭,陈利东.(2004).被征地农民的心理健康研究.中国康复理论与实践,10(12),783-785.

陈传锋,武雪婷,严建雯.(2007).国外社区心理健康服务研究综述.宁波大学学报:教育科学版,29(5),10-15.

陈春园,秦亚洲,朱国亮.(2005).农村留守妇女心头有“三座大山”.半月谈,(11).

陈丹,王明涛.(2010).辽宁省综合医院精神卫生服务现状调查.现代医院管理,8(3),23-25.

陈耕春,赵诚民,王斌.(1999).286例下岗职工的心理健康及体育锻炼状况的调查研究.西安体育学院学报,16(3),82-85.

陈光,王辉.(2008).教师心理健康状况的检视与思考.世界教育信息,(5),48-50.

陈海鸥.(2002).1999年以来淮安市青少年犯罪状况调查.青少年犯罪研究,(2),66-70.

陈恒彬.(2007).对农村留守儿童问题的调查与分析——以山东省莱州市400名留守儿童为例.西安石油大学学报(社会科学版),16(3),100-104.

陈红,王泉川,钱铭怡,梁毅,黄希庭.(2009).我国心理健康服务从业者培训动机现状调查.中国心理卫生杂志,23(8),533-537.

陈华,朱晓彤,季建林.(2004).上海电话心理咨询常见问题10年分析.中国心理卫生杂志,18(5),318-320.

陈慧.(2003).留学生中国社会文化适应性的社会心理研究.北京师范大学学报(社会科学版),(6),135-142.

陈健.(2008).农村空巢老人的情感需求及其所得精神支持的研究(硕士学位论文).中南大学,长沙.

陈江英,刘敏岚.(2007).特殊下岗人员的健康状况及社会启示.临床和实验医学杂志,6(5),19-20.

陈静,黄彩辉.(2009).不同学历层次护生幸福感的调查研究.临床护理杂志,8(5),2-4.

陈敏燕,陈红,钱铭怡.(2009).国内心理健康服务从业者继续教育培训的需求现状及相关因素.中国心理卫生杂志,23(11),763-766

陈麒.(2006).中国心理咨询发展的历史回顾与前景趋势.中国临床康复,10(46),158-160.

陈思路,倪晓莉.(2006).农村居民心理健康现状及其研究综述.中国医学伦理学,19(5),117-118.

陈铁铮.(2009).农村留守老人生存状况及社会支持体系研究(硕士学位论文).湖南师范大学,长沙.

陈侠,黄希庭,白纲.(2003).关于网络成瘾的心理学研究.心理科学进展,11(3),355-359.

陈晓荆.(2000).大学生心理辅导的构建.福州师专学报,20(5),62-64.

陈学诗.(2005).中国心理卫生的沿革与任务.中国心理卫生杂志,19(10),649-650.

陈雅婷,王智弘.(2007).私人开业心理谘商诊所的营销伦理.应用伦理研究通讯,11(44),15-21.

陈宇红.(2009).大学生就业压力、应对方式与心理健康的相关分析.广东青年职业学院学报,23(76),25-28.

程科,黄希庭.(2009).健全人格取向的大学生心理健康结构初探.心理科学,32(3),514-516.

程科,王洪.(2010).当代大学生对心理健康服务的需求.保健医学研究与实践,7(1),17-20.

程卫兵,赵锡荣.(2010).高职院校心理卫生服务的现状及对策.网络财富,(4),86-89.

程灶火.(2000).心理治疗的发展趋势.中国临床心理学杂志,(3),192-194.

仇剑崟,谢斌.(2005).上海社区居民精神卫生知识知晓和服务需求调查.中国健康心理学杂志,13(2),81-85.

褚远辉,尹绍清.(2008)."二年级现象:"贫困大学生心理健康教育的新视角.黑龙江高教研究,(9),120-122.

崔丽娟,刘琳.(2003).互联网对大学生社会性发展的影响.心理科学,26(1),64-66.

崔丽娟,吴明证.(2002).寄养家庭属性对寄养儿童生活满意度的影响研究,心理科学,25(4),429-431.

崔丽娟,杨志勇.(2002).家庭寄养对孤儿社会成长作用的研究.心理科学,25(1),37-39.

崔丽霞,雷雳,蔺雯雯,郑日昌.(2007).网络心理咨询的疗效与展望,心理科学进展,15(2),350-357.

崔丽霞,郑日昌,滕秀杰,谭晟.(2007).网络心理咨询职业伦理研究概况及展望.中国心理卫生杂志,21(7),510-512.

崔维珍,王东明,于国勤.(2004).帕罗西汀合并认知行为疗法治疗惊恐障碍疗效分析.山东精神医学,17(4),236-237.

戴王磊.(2001).综合性医院心理门诊5年情况分析.健康心理学杂志,9(4),248-249.

邓远平,林赞歌.(2010).公立小学流动人口子女心理健康状况调查与分析.内蒙古师范大学学报(教育科学版),23(2),33-37.

邓云龙,戴吉.(2010).心理健康标准的中国文化解读尝试.中国临床心理学杂志,18(1),124-126.

邓志军,蔡水清.(2005).当前大学生心理求助的特征、影响因素及教育对策.宜春学院学报(社会科学),27(5),114-117.

丁道群.(2005).网络空间的自我呈现——以网名为例.湖南师范大学教育科学学报,4(3),97-100.

丁艳红,周婷.(2002).建立和完善大学生心理辅导体系探析.西北农林科技大学学报,2(3),87-89.

董霏,罗园园.(2006).医生心理健康状况与应对方式的初步研究.职业与健康,22(3),161-165.

杜李琴,王晓刚,杜李民.(2007).广东省外来农民工总体幸福感调查.保健医学研究与实践,4(4),57-59.

杜鹏,丁志宏,李全棉,桂江丰.(2004).农村子女外出务工对留守老人的影响.人口研究(6),44-52.

段继业.(2009).中国传统民间文化中的心理健康维护体系.南京晓庄学院学报,25(2),92-97.

段素梅,秦红霞,沈树周.(2009).高校贫困生与非贫困生心理健康状况的调查与分析.安徽科技学院学报,23(1),85-87.

段秀玲.(2002).现实治疗团体对高中行为偏差学生人格特质辅导效果之研究.咨商与辅导,(204),49-55.

樊富珉,黄蘅玉,冯杰.(2002).心理咨询与治疗工作中督导的意义与作用.中国心理卫生杂志,16(9),648-652.

樊富珉,吉沅洪.(2008).日本心理健康服务体系的培训与管理现状及发展趋势.中国心理卫生杂志,22(8),588-593.

樊富珉.(2002).大学生心理健康教育研究.北京:清华大学出版社.

范方,桑标.(2005).亲子教育缺失与“留守儿童”人格、学绩及行为问题.心理科学28(4),855-858.

范青,季建林.(2006).中国心理咨询的发展及现状.上海精神医学,18(1),45-46.

范仁本.(2002).1988年以来云南省青少年犯罪问题分析.青少年犯罪研究,(3),2-12.

范珊红.(2007).西安市城市社区老年抑郁症状发生率现况调查及危险因素的病例对照研究(硕士学位论文).第四军医大学,西安.

范巍,冯颖.(2005).职业女性角色态度与幸福感研究.人类工效学,11(3),47-49.

方淑琼.(2002).单亲家庭对大学生成长的影响及其对策.肇庆学院学报,23(1),89-92.

费尔德曼.(2008).心理学与我们.北京:人民邮电出版社.

费孝通.(1998).乡土中国:生育制度.北京:北京大学出版社.

冯冬燕,阮世民,孙晓华.(2007).基于配偶生活事件的下岗失业人员压力研究.西安电子科技大学学报(社会科学版),17(5),14-19.

冯冬燕,王敏艳.(2008).西安市下岗失业人员主观幸福感影响因素研究.西安工程大学学报,22(5),610-613.

冯洪,谢家兴,李秋红,张红云,邱红.(2006).脑卒中患者家属心理健康水平及其影响因素.中国康复理论与实践,12(8),679-681.

冯正仪,贾守梅,胡雁,王君俏.(2005).社区老年抑郁病人支持性心理干预的需要性分析.中国全科医学,8(1),30-31.

冯正直,戴琴.(2008).中国军人心理健康状况的元分析.心理学报,40(3),358-367.

付翠,汪新建.(2007).心理治疗范式演进中的文化轨迹.自然辩证法通讯,29(3),11-15.

付艳芬,黄希庭,尹可丽,张爱莲,苏丹.(2010).从心理学文献看我国心理咨询与治疗理论的现状.心理科学,33(2),439-442.

傅宏.(2003).美国学校咨询标准及其特点.中国心理卫生杂志,17(1),67-68.

傅荣.(1996).论心理咨询的理论模式.湖南师范大学社会科学学报,(2),70-74.

傅素芬,陈红卫,夏泳.(2005).心理健康教育与服务对社区居民心理健康水平的作用研究.中国全科医学,8(21),1773-1774.

傅忠道.(2001).社区工作基础知识问答.北京:中国青年出版社.

甘调.(2010).甘肃省农村留守妇女需要关注.中国信息报,2010-05-06,08版.

甘怡群,钱铭怡,陈红,张智丰,钟杰,姚萍,等.(2007).中国心理健康服务从业者的职业压力现状及影响因素.心理科学,30(5),1046-1051.

高北陵,胡赤怡,宛军,杜勤,戴晓阳,陈向一.(2003).深圳市警察心理素质研究Ⅲ.心理健康与应对方式调查.中国心理卫生杂志,17(7),479-481.

高成阁,耿庆茹,伏炜,王兰花,卢彦军,路小亮,等.(2006).农村已婚妇女心理健康状态及相关因素研究.中国医学伦理学,19(2),89-90.

高洁清,张承芬.(2008).心理治疗中的反馈研究进展.济南大学学报(社会科学版),18(1),87-89+92.

高俊娜,董宣.(2000).天津市253名离退休人员心理卫生的多维评价研究.中国老年学杂志,20(3),131–132.

高隽,钱铭怡.(2008).欧洲心理咨询与治疗领域的培训状况.中国心理卫生杂志,22(5),372–375.

高山.(1999).调查显示三成中学生心理有问题.中国青年报,1999–11–22.

高文斌,王婷,刘正奎,王香玲.(2007).农村留守儿童抑郁的特点及影响因素.中国行为医学科学,16(3),238–240.

高雄英,王琴,刘娟.(2006).孕妇心理健康状况分析及对策.中华医护杂志,3(6),552–553.

高艳华,王敏.(1995).中小学生心理健康影响因素的研究.健康心理学,(4),41–43.

高玉珍.(2007).网络虚拟社区对青少年社会化的作用——以小型网络虚拟社区为例(硕士学位论文).吉林大学,长春.

耿耀国,李飞,苏林雁,曹枫林.(2006).初一网络成瘾学生情绪与人格特征研究.中国临床心理学杂志,14(2),153–155.

宫宇轩.(1994).社会支持与健康的关系研究概述.心理学动态,2(2),35–37.

龚耀先,李庆珠.(1996).我国临床心理学工作现状调查与展望.中国临床心理学杂志,4(1),1–9.

关梅林,曹慧,丁平,张建新.(2007).北京警察心理问题高发群体的聚类分析.中华行为医学与脑科学杂志,16(7),639–641.

郭棣华,林福永,童家期.(1994).职业性接触混苯对神经行为功能的影响.中华劳动卫生职业病杂志(1),42–43.

郭梅华,张灵聪.(2009).西方国家社区心理健康服务及其借鉴.牡丹江大学学报,18(4),113–115.

郭星君,郭李君.(2007).97例农村老年人自杀原因分析.实用医药杂志,24(7),849–850.

郭晔,杨苗苗.(2007).女大学生就业前期心理健康状况的研究.荆门职业技术学院学报•教育学刊,22(1),74–77.

郭一丹.(2005).农民工的工作与生存状况,社会科学报,2005–12–1

国家统计局农村社会经济调查总队编.(2012).中国农村统计年鉴:中国统计出版社.

国家统计局人口与就业统计司与劳动和社会保障部规划财务司编.(2006).中国劳动统计年鉴–2005.中国统计出版社。

国家卫生部.(1990).综合医院分级管理标准(试行草案).

国务院办公厅转发卫生部等部门.(2004).关于进一步加强精神卫生工作指导意见的通知,国办发〔2004〕71号.

国务院人口普查办公室编.(2002).中国2000年人口普查资料:中国统计出版社.

国务院研究室课题组编.(2006).中国农民工调研报告:中国言实出版社.

韩红.(2009).农村留守女孩性安全现状堪忧.人民政协报,2009-05-27,08版.

韩慧琴,曾勇,刘彩萍,赵旭东,谢斌.(2008).昆明市社区居民精神卫生服务需求调查与分析.中国健康心理学杂志,16(11),1258-1260.

郝雁丽.(2007).家庭暴力对妇女心理健康和社会支持水平的影响及小组辅导效能探讨.陕西学前师范学院学报,23(3),60-63.

郝志红,梁宝勇.(2007).大学生寻求专业性心理帮助态度的预测因素研究.中国临床心理学杂志,15(3),321-325.

何本方.(1994).中国成人教育百科全书•社会•历史.见林崇德,姜璐,王德胜(编),中国成人教育百科全书(pp.530-531).海口:南海出版公司.

何朝阳,孔凡莲,肖霞.(2005).云南晋宁县农民心理健康状况调查.环境与职业医学,22(3),268-270.

何宏灵,刘灵,杨玉凤.(2006).单亲家庭儿童个性和学习成绩研究.中国现代医学杂志,16(3),476-478.

何宏灵,刘灵,杨玉凤.(2006).西安市小学生SARS心理状态分析.实用预防医学,13(1),18-20.

何伋,栾清明,谢传革,杜翠瑛,成义仁.(2002).离退休老年人生活质量及心理状态调查.中国心理卫生杂志,16(3),177-178+168.

何江江,徐凌忠,孙辉,周成超,王兴洲,张希玉,等.(2008).威海市农民工心理健康状况及影响因素分析.中国公共卫生,24(8),942-944.

何心展,陈传锋,沈斌表.(2002).不同阶层心理健康观念及需求状况的调查研究.应用心理学,8(2),35-38.

何渊.(2006).上海市大学生就业取向与就业心理状况分析报告.中国青年研究,(1),47-50.

何源.(2010).麻木的IT"公民"——293个公司人的压力和心理调查.计算机世界,24.

何肇发.(1991).社区概论.广州:中山大学出版社,1.

何作顺.(2005).第九章:学校健康教育与健康促进.见赵淑英主编(Ed.),健康教育与健康促进学(pp:79-94).西安:世界图书出版西安公司.

贺庆莉.(2009).从汶川地震反思我国突发灾难事件后的心理援助服务.湖南第一师范学院学报(3),143-145.

贺西征,许爱萍,卢乐萍.(2002).军队退休老人心理健康状况及生存质量相关因素分析.中国临床康复,6(21),3239.

贺志武,张丹.(2009).基于SCL—90的大学新生心理健康状况及其响因素分析—以西安某高校2008级学生为例.西安文理学院学报:社会科学版,12(3),103-106.

洪炜,汤艳清,郭蓄芳.(2004).心理治疗中诊断的概念与意义.中国心理卫生杂志,18(8),595-598.

侯阿冰.(2008).少数民族价值观的结构特征及变迁研究(博士学位论文).西南大学,重庆.

侯佳伟,陈卫,张银锋.(2009).改革开放30年:中国青少年人口发展历程及其趋势.青年探索,(2),64-69.

侯俊,胡刚.(2000).混苯作业人员症状自评量表的评定分析.人类工效学,6(3),36-39.

侯敏,唐茂芹.(2010).更年期女性心理健康研究进展.国际精神病学杂志,37(1),28-31.

侯玉波,朱滢.(2002).文化对中国人思维方式的影响.心理学报,34(1),106-111.

侯志瑾,弓建华,余淑君,常雪亮.(2008).心理咨询与治疗文章(1993-2007)内容分析.中国临床心理学杂志,16(5),557-560.

胡发军,张庆林.(2009).大学新生SCL-90调查结果的元分析.西南大学学报(自然科学版),31(2),152-155.

胡广玉,多军.(2010).某市老年人心理和精神健康状况及影响因素分析.中国医药指南,8(4),46-47.

胡海国,叶英堃,张苙云,叶元丽.(1986).精神疾病流行病学与社区精神医疗行政—精神病盛行率与社区精神医疗人力之探讨,中华心理卫生学刊,3(1),1-13.

胡健,许又新.(1989).综合医院内科门诊神经症的临床研究.中国心理卫生杂志,3(2),49-54.

胡凯,肖水源.(1999)."中国道家认知疗法"对老庄哲学身心修养模式的发展.湖南医科大学学报(社会科学版),(2),26-30.

胡佩诚.(1996).200对夫妇家庭暴力调查.中国心理卫生杂志,10(4),171-172.

胡契.(2006).心理治疗效果的评价及其影响因素.中国康复医学杂志,21(3),263-264.

胡庆菊,王继丰,孙红梅.(2006).心理治疗合并阿普唑仑治疗失眠症的对照研究.中国行为医学科学,15(4),348.

胡荣华,葛明贵.(2008).对408名城市农民工心理健康状况的调查.中国卫生事业管理,(3),196-198.

胡胜利.(1994).高中生心理健康水平及其影响因素的研究.心理学报,26(2),153-160.

胡艳.(2008).农村留守儿童心理健康状况的调查研究.南昌大学.

胡义秋,刘衔华,谢光荣.(2008).105名留守农民的心理健康调查.医学与哲学(人文社会医学版),29(10),52-53.

胡钰,吴倬.(2001).互联网对青年价值观的负面影响.青年研究,(1),28-33.

湖南省妇联办公室.(2010).湖南农村留守妇女调研报告.中国妇运,(3),37-40.

皇甫丽,张卫.(2004).住院冠心病患者心理健康水平及相关因素调查分析.中国健康心理学杂志,12(3),188-190.

黄爱国,杜文东,陈建国.(2006).鲁龙光心理疏导疗法简介.中国行为医学科学,15(2),182-183.

黄国平,张亚林,曹玉萍,柳娜,杨世昌.(2007).家庭暴力施暴行为与生活事件、社会支持和施暴态度的关系.中国心理卫生杂志,21(12),845-848.

黄蘅玉.(2006).心理咨询中督导者的能力.中国心理卫生杂志,(5),345-347.

黄红娟.(2005).城市社区老年人服务现状考察与发展对策分析(硕士学位论文).安徽大学),合肥.

黄惠昭,林庆,张旭伟,李华莹,谢素贞.(2004).中等职业学校学生心理健康状况调查分析.卫生职业教育,22(6),78-80.

黄嘉音.(1951).心理治疗三百例.家出版社.

黄坚厚.(1976).青年的心理健康(第二版).台北:台湾中华书局.

黄佩,仝海威,李慧慧.(2011).国外网络自我展示策略研究述评.中国青年研究,(3),113-116.

黄佩蓉.(2009).浅谈精神卫生服务体系的完善——以长期住院精神病人现状为核心的分析.中国医学伦理学,22(3),72-73+81.

黄巧荣.(2009).加拿大注重高校职业咨询师专业发展.上海教育,9,44-45.

黄希庭,张志杰.(2010).心理学研究方法.北京:高等教育出版社.

黄希庭,郑涌,毕重增,陈幼贞.(2007).关于中国心理健康服务体系建设的若干问题.心理科学,30(1),2-5.

黄希庭,郑涌,李宏翰.(2006).学生健全人格养成教育的心理学观点.广西师范大学学报(哲社版),42(3),90-94.

黄希庭,郑涌.(1999).当代中国大学生心理特点与教育.上海:上海教育出版社

黄希庭.(2000).我国大学生需要结构的调查.见编西南师范大学心理学系,黄希庭心理学文选(347-357).重庆:西南师范大学出版社.

黄希庭.(2007).心理学导论(第二版).北京:人民教育出版社.

黄希庭.(1987).试论心理学研究的方法论原则.西南师范大学学报(哲社版),1,1-7.

黄希庭.(2002).人格心理学.杭州:浙江教育出版社.

黄希庭.(2008).心理学基础.上海:华东师范大学出版社.

黄希庭.(2010).健全人格与心理和谐.重庆:重庆出版社.

黄希庭主编.(2008).中国高校哲学社会科学发展报告1978-2008:心理学.桂林:广西师范大学出版社.

黄小虹,张泽华.(2001).76例离退休人员心理评估及心理治疗对策.西南国防医药,11(2),149-150.

黄晓琴,周春秀,章洋.(2006).综合医院心理咨询门诊来访者临床特征研究.安徽医药,10(11),849-851.

黄宣银,王荣科,向虎,文红,黄国平,刘玉,高亚礼.(2009).四川省精神卫生服务机构现况调查.四川精神卫生,(2),81-84.

黄雪卡,邓燕华,李少华.(2007).综合医院心理咨询门诊患者心理障碍调查分析.国际医药卫生导报,13(18),133-136.

黄训美.(2003).高校心理辅导定位探析.福州大学学报,17(2),96-99.

黄政昌.(2003).心理师的自我照顾与滋养.咨商与辅导,(205),36-41.

季丹丹,郝乐祥.(2010).朋辈心理辅导:高校心理健康教育的新途径.太原师范学院学报(社会科学版),9(3),130-131..

贾凤芹,吴燕.(2008).苏州市青年农民工心理健康状况与影响因素研究.中国民康医学,20(23),2823-2826.

贾慧英,王建英.(2007).农村老年人心理健康状况分析.中国公共卫生,23(6),763-764.

贾颖婕,王政科,徐巧萍,谢红涛,孙莉,杨佩娣等.(2007).上海市心理健康咨询服务机构从业人员现状分析.中国心理卫生杂志,21(4),288.

江光荣,夏勉.(2005).美国心理咨询的资格认证制度.中国临床心理学杂志,13(1),

114-121.

江光荣，张春燕.(2007).中小学生辅导需要调查.教育研究与实验，(5)，57-64.

江光荣，王铭.(2003).大学生心理求助行为研究.中国临床心理学杂志，11(3)，180-184.

江光荣，夏勉.(2006).心理求助行为:研究现状及阶段-决策模型.心理科学进展，14(6)，888-894.

江光荣.(2003).心理治疗关系之作用机制研究述评.心理科学进展，11(5)，555-561.

江立成，魏婷.(2007).我国高校大学生心理健康教育现状与发展趋势.合肥工业大学学报(社会科学版)，21(3)，1-6.

江佩，阮昆良，陈铮.(2008).社会心理咨询机构的现状调查.保健医学研究与实践，5(1)，24-28.

姜海燕.(2007).大学生社会支持与心理求助的关系研究(硕士学位论文).华中科技大学，武汉.

姜振华，胡鸿保.(2002).社区概念发展的历程.中国青年政治学院学报，(4)，121-124.

蒋奖，许燕，张姝玥，陈浪.(2004).心理咨询师工作倦怠调查.中国心理卫生杂志，18(12)，854-855+853.

蒋强.(2001).汉族、回族、藏族和维吾尔族大学生心理健康观和心理健康状况比较研究(硕士学位论文).西北师范大学，兰州.

蒋善，张璐，王卫红.(2007).重庆市农民工心理健康状况调查.心理科学，30(1)，216-218.

蒋索，何姗姗，邹泓.(2006).家庭因素与青少年犯罪的关系研究述评.心理科学进展，14(3)，394-400.

蒋湘玲，郭敏.(2003).心理、精神疾病与遗传因素.海南医学，14(4)，69-70.

蒋湘玲.(2006).医院门诊心理咨询与治疗分析.中国热带医学，6(9)，1708-1709.

蒋月，林艳琴，潘峰，陈宝贵.(2006).中国家庭暴力问题实证研究——以福建省为例.金陵法律评论•春季卷，10(1)，37-67.

蒋宗顺，刘柳英，徐璇，罗宪福.(2008).妇幼心理卫生现状及其社区干预模式研究综述.中国医疗前沿:学术版，3(10)，39-40.

金艾裙，王弘.(2009).芜湖市高校大学生心理健康状况调查.中国校医，23(4)，

393–394.

金参花.(2009).韩国心理健康从业者的教育及专业人员资格证管理状况.中国心理卫生杂志,23(5),305–310.

金勇,郭力平.(1998).心理健康观的历史演进.心理科学,21(5),3–5.

金玉龙.(2009).再苦不能苦孩子——留守儿童现状透视.贵州民族报,2009–11–23,04版.

景怀斌.(1998).中国人心理调节模式及其文化心理原因研究.社会心理研究,(4),2.

景怀斌.(2006).儒家式应对思想及其对心理健康的影响.心理学报,38(1),126–134.

景怀斌.(2007).儒家思想对于现代心理咨询的启示.心理学报,39(2),371–380.

鞠鑫.(2009).高校心理咨询师的角色压力与职业倦怠分析.惠州学院学报(社会科学版),29(5),106–109.

康洁,熊和平.(2005).浙江省农民工心理健康透视及其对策.宁波职业技术学院学报,9(4),11–14.

康来云.(2004).农民工心理与情绪问题调查及其调适对策.求实,(7),85–88.

柯永河.(2008).台湾临床心理学的滥觞、发展与愿景.应用心理研究,12(40),29–58.

乐国安,纪海英.(2007).文化与心理学关系的三种研究模式及其发展趋势.西南大学学报(人文社会科学版),33(3),1–5.

雷雳,杨洋.(2007).青少年病理性互联网使用量表的编制与验证.心理学报,39(4),688–696.

雷雳,杨洋,柳铭心.(2006).青少年神经质人格、互联网服务偏好与网络成瘾的关系.心理学报,38(3),375–381.

雷雳.(2010).青少年“网络成瘾”探析.心理发展与教育,26(5),554–560.

李炳全.(2007).文化与心理治疗.医学与哲学(人文社会医学版),28(2),53–55.

李波,贾晓明,安芹.(2006).国内心理咨询和治疗培训的调查研究.中国健康心理学杂志,14(5),514–516.

李波,钱铭怡,钟杰.(2005).大学生社交焦虑的羞耻感等因素影响模型.中国心理卫生杂志,19(5),304–306.

李博,张怀明,郝娜,李洪春,牛发祥,储莉,李云芳.(2007).社会支持对部队离退休老年人心理健康状况影响的问卷分析.解放军保健医学杂志,9(4),229–231.

李成.(2007).性别歧视与性别平等:法律与现实的比较研究(硕士学位论文),四川大学,成都.

李成齐.(2006).心理治疗效果的元分析研究综述.国际中华应用心理学杂志,3(1),44-46.

李成齐.(2007).网络心理咨询研究综述.中国特殊教育,(5),86-91.

李崇培,王明德,李心天,徐淑莲,王景和,张增慧,宋维真,张瑶,陈仲庚,王如璋,刘美兰,涂荫松,张伯元,古裕祥,冯恒灿,陈永明.(1958).神经衰弱的快速治疗北京大学神经衰弱学生(80人)四周快速治疗经验的介绍.中华神经精神科杂志4(5),351-356.

李春波,马宝和,昂秋青,徐声汉.(2005).上海市某区警察心理健康状况和生活质量的时点调查.中国健康心理学杂志,13(3),173-175.

李春波,陈涤宇,吴文源,赵小虎,杨振燕.(2003).焦虑症患者精神病理机制的功能性磁共振成像初步研究.上海精神医学,15(S1),10-13+5.

李春莉,余平,李津渝,黎刚,胡建刚,余秋波.(2010).重庆市高校贫困生心理健康状况研究.现代预防医学,37(17),3281-3283.

李春艳,贺聪志.(2010).农村留守老人的政府支持研究.中国农业大学学报(社会科学版),27(1),113-120.

李代秀,张集慧,鲁建瑞,陈波.(2006).包头市外来打工群体心理健康状况调查分析.中国健康心理学杂志,14(2),152-153.

李德明,陈天勇,李贵芸.(2004).北京市科教系统离退休老年人的心理状况调查.中国老年学杂志,24(9),779-780.

李德明,陈天勇,吴振云,肖俊方,费爱华,汪月峰,周林古,张放.(2006).城市空巢与非空巢老人生活和心理状况的比较.中国老年学杂志,26(3),294-296.

李东山,沈崇麟.(1991).中国城市家庭一五城市家庭调查双变量和三变量资料汇编.北京:社会科学文献出版社.

李芳芳.(2006).对阳新县留守儿童教育问题的思考(硕士学位论文).华中师范大学,武汉.

李宏利,雷雳,王争艳,张雷.(2001).互联网对人的心理影响.心理学动态,9(4),376-381.

李宏伟,柯韵徽.(2001).网络对青年大学生心理健康的影响.合肥工业大学学报(社会科学版),15(S1),39-42.

李怀玉.(2009).城市化进程中流动儿童心理健康问题探讨——来自河南省郑州市的调查与思考.中州学刊,(5),127-130.

李辉,张大均,廖全明.(2004).云南少数民族中小学生心理健康问题及对策研究.西南师范大学学报(人文社会科学版),30(2),38-44.

李慧民.(2003).犯罪青少年心理健康与家庭因素分析.中国公共卫生,19(4),496-497.

李积国.(2009).让农村留守老人安度晚年.农民日报,2009-08-28,03版.

李箕君,张宁,袁勇贵.(2002).不同性别、年龄的来访者对心理咨询的态度比较.健康心理学杂志,10(1),73-75.

李建明.(2006).认知及心理健康因素对大学涩会难过心理求助的影响研究(硕士学位论文).第一军医大学,广州.

李将镐.(1996).对东方心理咨询的模式的探索.心理科学,19(3),180-182.

李静.(2010).内江市农村留守老年人心理健康调查分析与心理干预.亚太传统医药,6(2),138-139.

李娟,吴振云,韩布新.(2008).我国老年人心理健康状况研究.2008学术前沿论坛·科学发展:社会秩序与价值建构——纪念改革开放30年论文集(上卷).北京:北京师范大学出版社.

李凌,蒋珂.(2008).健康心理学:人类健康与疾病的心理解读.上海:华东师范大学出版社.

李敏,胡华,汪涛,陈艳.(2002).情绪教育对军校医学生心理健康和心理防御方式的影响.中国组织工程研究,6(19),2917-2917.

李楠,杨洋.(2008).广东农村留守妇女生存现状、问题及对策.河北大学学报(哲学社会科学版),33(4),54-60.

李强,高文珺,许丹.(2008).心理疾病污名形成理论述评.心理科学进展,16(4),582-589.

李强.(2000).中国心理病理与求助方式的文化根源初探.社会心理研究,(3),40-45.

李强.(2001).中国人心理疾患与传统文化.江西社会科学(增刊),(1),44-47.

李强.(2001).社会支持与企业下岗人员心理健康.社会心理研究,(2),9-12.

李强.(2003).社会转型期我国心理健康问题的成因与干预.理论与现代化,(6),31-35.

李强.(2004).当前我国社会分层结构变化的新趋势.江苏社会科学(6),93-99.

李强.(2004).浅析当代中国人心理求助行为的主要误区.社会阅览,(7),43-45.

李荣春，董洪波，吴力华.(1995).447名离退休干部的SDS、SAS分值与心理因素.河北精神卫生，8(1)，38-39.

李蓉蓉，韩向明.(2003).退休职工在人际关系取向上的心理需求.中国心理卫生杂志，17(6)，403.

李时平.(2006).加强心理健康服务刻不容缓.人民日报.2006-03-12，008版.

李彤，刘计荣，蒋风萍.(2009).北京某高校2008级大学新生心理健康状况分析.中国学校卫生，30(10)，943-944.

李伟健，孙炳海，桑晓芳，孟静婷.(2004).我国大陆地区网络心理咨询的现实考察与未来展望.中国行为医学科学，13(6)，702-703.

李小君.(2007).调查表明：五大问题困扰留守儿童，人民日报，2007-11-01，013版.

李小琳.(2004).原发性肺癌患者的心理行为特征调查.中国临床康复，8(12)，2366.

李晓菲.(2006).网络对大学生价值观影响透视.教育科学，22(5)，57-59.

李晓虹，杨蕴萍，李波，安芹，张辉.(2006).北京市199名心理门诊从业人员状况调查.中国临床心理学杂志，14(4)，410-413.

李晓虹，杨蕴萍.(2005).北美临床心理学家的从业资格和能力要求.中国临床心理学杂志，13(3)，370-372.

李晓虹，杨蕴萍.(2005).心理治疗与心理咨询的职业化发展及现状.国外医学精神病学分册，32(2)，93-96.

李秀兰，陈静.(2009).社区糖尿病患者生活满意度与心理健康状态调查.河北中医，31(8)，1238-1240.

李学容.(2005).离异单亲家庭子女心理健康现状调查与分析.重庆教育学院学报，18(2)，80-82.

李英，王超.(2003).关于心理咨询中时间设置的思考.健康心理学杂志，11(4)，267-269.

李永文，陈龙，马煊，曹伟跃.(2004).对不同工人群体SCL-90的元分析.中国临床心理学杂志，12(3)，299-301+303.

李钰静，骆宏.(2009).心理咨询效果评估量表中文版的信度和效度.中国心理卫生杂志，23(2)，105-107+116.

李云，李晓光，李文卿，赵海川.(2003).某校初中生心理健康教育效果评价.中国学校卫生，24(6)，634.

李兆良，高燕，冯晓黎，冀慧玲，李伟娟.(2006).网络成瘾大学生心理健康状况调查.

中国公共卫生,22(6),664.

连廷嘉,徐西森.(2004).谘商历程中谘商员口语反应类型及其当事人反应行为之分析研究:一个本土化归类系统的初探研究.中华辅导与谘商学报,(15),1-38.

梁宝勇.(2004).从两种咨询模式看我国心理咨询师的培养.心理科学,27(6),1494-1496.

梁成洪.(2005).职业女性心理健康状况探略.广西社会科学,(12),183-185.

梁宁建,吴明证,杨轶冰,奚珣.(2006).大学生网络成瘾与幸福感关系研究.心理科学,29(2),294-296.

梁毅,陈红,王泉川,钱铭怡,黄希庭.(2009).中国心理健康服务从业者的督导现状及相关因素.中国心理卫生杂志,23((10),685-689.

梁兆晖,郝元涛,王耀富,欧爱华.(2010).老年人群心理健康与个人收入关系的研究.中国老年学杂志,30(10),1414-1416.

廖全明,苏丹,黄希庭.(2007).目前国内常用心理健康量表的回顾与反思.心理学探新,27(4),74-77.

廖全明.(2008).中小学生心理健康服务体系现状及对策研究(博士学位论文),西南大学,重庆.

廖全明.(2009).我国中小学生心理健康服务从业人员及工作状况调查.心理学探新,29(3),77-81.

廖全明.(2010).中小学生心理健康服务内容现状调查.现代中小学教育,(3),62-65.

林崇德,杨治良,黄希庭.(2003).心理学大辞典.上海:上海教育出版社.

林崇德.(2009).发展心理学.北京:人民教育出版社.

林丁盛,郭永松,齐朝阳,吴丽霞.(2004).社区人群对精神病人关爱态度的调查.医学与社会,17(5),7-9.

林惠辰,林毅.(2002).石家庄市青少年犯罪问题研究综述.青少年犯罪研究,(3),46-49.

林娟,金爽,李瑞兰,潘宝玉,李玉娥,江平湖.(2007).社区老年糖尿病患者心理健康状况分析及护理.齐齐哈尔医学院学报,28(3),364-365.

林丽莲,欧生意,郑如聪.(2004).两组退休老人心理生理健康的对比研究.心血管康复医学杂志,13(1),59-61.

林孟平.(1999).中国的心理辅导与治疗迈向专业化之路.教育研究与实验,(3),39-45.

林孟平.(2005).辅导与心理治疗.上海:上海教育出版社,305.

林少菊,彭科莲,张范湄.(2001).湖南省家庭暴力中女性犯罪的调查与分析.湖南公安高等专科学校学报,13(5),19-24.

林伟,黄子杰,林大熙.(2004).医学生网络使用情况及其与情绪状态的相关分析.中国心理卫生杂志,18(7),501-503.

林旖旎.(2001).台湾女大学生评估心理谘商师于不同谘商阶段使用不同谘商型态的有效度.亚洲辅导学报,(1),35-60.

林芝,翁艳燕.(2004).民工子弟学校初中生心理健康状况调查.中国心理卫生杂志,18(2),116.

蔺桂瑞.(2002).心理咨询员的个人成长.中国青年政治学院学报,21(2),57-60.

凌小凤.(2007).广西农村壮族人群心理健康状况调查研究(硕士学位论文).广西医科大学,南宁.

刘彩萍,谢斌,韩慧琴,赵旭东,曾勇.(2008).上海、昆明两城区居民精神卫生知识知晓与服务需求对比研究.上海精神医学,20(3),152-155.

刘畅.(2007).西安地区大学毕业生就业心理紧张调查与分析.陕西理工学院学报(社会科学版),25(2),86-90.

刘传江,徐建玲.(2006)."民工潮"与"民工荒"——农民工劳动供给行为视角的经济学分析.财经问题研究,(5),73-80.

刘刚,马登杰.(2007).昌吉市农民心理状态调查报告——以昌吉市六工镇为例.昌吉学院学报,(1),14-17.

刘华山.(1998).学校心理辅导.合肥:安徽人民出版社.

刘晋洪,张泉水,夏莉,陈家建,张秀芬,黄晓宇.(2007).深圳市外来工心理卫生需求调查与分析.中国社会医学杂志,24(2),129-131.

刘晶洁,马欢,吴晨,刘盈.(2005).警察的孤独感状况及其相关因素分析.中国临床心理学杂志,13(4),425-426.

刘敬周,徐军,杨昆,相修建.(2003).滕州市部分下岗职工心理健康状况调查.预防医学论坛,9(3),261-262.

刘立新,董竹娟,张宏宇.(2009).妨碍大学生专业心理求助行为的原因探讨.中国青年研究,(3),51-53.

刘秋玲.(2007).职业女性心理健康的现状调查研究.中国民康医学,19(3),218+220.

刘盛敏,陈永胜.(2007).西方社区心理学若干理论问题探讨.宁波大学学报:教育科学版,29(5),16-18.

刘衔华,罗军,刘世瑞,周恒彩.(2008).在岗农民工及留守农民心理健康状况调查.中国公共卫生,24(8),923-925.

刘小华,陈锦.(2004).不同居住方式的攀钢退休职工心理状况比较.华西医学,19(4),594-595.

刘晓明,褚丽萍.(2000).试论学校心理辅导.吉林教育科学:普教研究,(5),15-16.

刘欣,徐海波.(2003).15年来中国心理卫生杂志有关大学生心理健康研究的总结.中国心理卫生杂志,(2),124-126.

刘新民.(2000).关于我国当前心理咨询模式的若干思考.医学与哲学21,(4),48-50.

刘学军,苏林雁,何伯玲.(2001).电子游戏依赖儿童的智力、个性、行为特征研究.中国临床心理学杂志,9(4),268-270.

刘艳.(2005).大中小学教师心理健康状况的调查研究.教育探索,(2),99-101.

刘艳.(1996).关于“心理健康”的概念辨析.教育研究与实验,(3),46-48.

刘毅.(1995).论民族文化与民族的心理卫生及健康.西北师大学报(社会科学版),32(6),57-63.

刘翼灵,贾晓明.(2003).1997-2002年高校心理咨询研究成果与问题探讨.北京理工大学学报(社会科学版),5(5),36-38.

刘影,张灵聪.(2010).中国沿海大中城市社区心理健康服务需求现状调查.内江师范学院学报,25(6),88-91.

刘玉娟,叶浩生.(2002).多元文化的心理咨询与治疗理论刍议.心理学探新,22(2),18-22.

刘玉珊,徐洁净.(2007).留守儿童,一个不得不说的话题,平顶山日报,2007-05-22,01版.

刘越.(2002).学校心理辅导的若干认识.南京人口管理干部学院学报,18(1),58-60.

刘云,冯江平,卢庭瑞.(2007).我国研究生症状自评量表(SCL-90)的元分析.中国健康心理学杂志,15(12),1073-1075.

刘正奎,高文斌,王婷,王晔.(2007).农村留守儿童焦虑的特点及影响因素.中国临床心理学杂志,15(2),177-179.

卢莉,薛云珍,梁执群,徐勇,张克让.(2006).SARS患者心理健康状况调查.中国健康教育,22(9),701-702+706

卢勤,李旭,邵昌玉.(2010).2009级大学新生心理健康状况研究——以成都市某高校为例.教育与教学研究,24(3):46-49

卢勤.(2010).家庭因素对大学生心理健康的影响.西华大学学报(哲学社会科学版),29(1),112-115+125.

卢世臣,张秀芹.(2001).离退休老干部的抑郁情绪与心理护理.现代护理,7(2),26-27.

卢斯汉,胡荣欣,杨翠芳,贾卫东,江达威.(2007).艾滋病疑病症患者心理卫生状况分析.中国临床心理学杂志,15(3),293-294.

鲁龙光.(1996).心理疏导疗法.南京:江苏科技出版社.

鲁萍.(2009).新生代农民工城市适应现状研究——基于武汉市的调查分析.中国商界(下半月),(6),339-340.

陆明康,陆林福.(1992).2500例精神分裂症的常见症状分布及时代文化前景对比分析.中华神经精神科杂志,25(5),291-295.

陆学艺.(1996).社会学.北京:北京知识出版社.

陆志德,王道,曹艺宁,熊晓翎,李永芳.(2005).40岁后在岗与下岗职工心理状况的对比分析.国际中华神经精神医学杂志,6(2),104-105.

罗伯特·费尔德曼.(2008).心理学与我们(黄希庭等译).北京:人们邮电出版社.

罗大华,郑红丽.(2008).青少年犯罪成因实证研究.青少年犯罪问题,(6),4-10.

罗国安,蓝日堂,周可达,黄和仁.(2003).1988—2000年广西青少年犯罪状况分析.青少年犯罪研究,(2),5-10.

罗力萌.(2009).农村留守老人的生存状况及其改善对策研究——以邵阳市HC镇为例(硕士学位论文).湖南师范大学,长沙.

罗鸣春,邓梅.(2006).中等职业学校学生心理健康状况调查.中国心理卫生杂志,20(7),456.

罗鸣春,黄希庭,苏丹.(2010).儒家文化对当前中国心理健康服务实践的影响.心理科学进展,18(9),1481-1488.

罗鸣春,黄希庭,严进洪,付艳芬,尹可丽.(2010).中国少数民族大学生心理健康状况的元分析.心理科学,33(4),779-784.

罗鸣春,苏丹,孟景.(2009).中国传统文化中心理健康思想传承的四个途径.西南大学学报:社会科学版,35(3),7-12.

罗鸣春,苏丹.(2008).国外健康促进政策对我国心理健康服务体系建设的启示.西南大学学报(社会科学版),34(5),48-53.

罗鸣春.(2005).中等职业学校学生心理健康状况调查研究(硕士学位论文).云南师范大学,昆明.

罗鸣春.(2010).中国青少年心理健康服务需求现状研究(博士学位论文).西南大学,重庆.

罗晓路,廖全明,郝敬习.(2009).我国中小学生心理健康服务方法现状调查.心理科学,32(4),974-976+973.

罗应婷,杨钰娟.(2010).SPSS统计分析从基础到实践:电子工业出版社.

骆伯巍,高亚兵.(1999).当代中小学生心理健康现状的研究.教育理论与实践,19(2),42-47.

骆焕荣,黄锋锐,张雪静,邓筱璇,徐少玲.(2006).城市农民工心理状态调查分析.中国民康医学,18(6),504-505.

吕秋云,李雪霓.(2004).心理咨询和心理治疗的现状及面临的挑战.心理与健康,(7),4-6.

马拉塞尔,撒普,西勃罗夫斯基.(1991).跨文化心理学.吉林:吉林文史出版社.

马惠霞.(2002).循证医学与心理治疗.中国临床康复,6(21),3151-3153.

马建青.(1998).发展性咨询:学校心理咨询的基本模式.当代青年研究,(5),7-11.

马挺,梁锦照,林绍良,伍宗星.(2009).某山村农民心理健康状况调查.职业与健康,25(7),724-725.

马圆圆.(2008).山东省滨州市农村妇女心理健康状况及影响因素研究.山东女子学院学报,(1),42-45.

马章淳,林赟.(2006).不同学历护士状态-特质调查分析.四川医学,27(4),367-368.

梅锦荣,隋玉杰,曾建国.(1998).大学生的求助倾向.中国临床心理学杂志,6(4),210-215.

孟广彦,刘青先.(2004).精神卫生工作的现状,问题及对策.济南市医学会第三届精神卫生专业学术会议.中华医学会;济南市医学会;山东精神医学杂志社.

孟国荣,李学海,姚新伟,朱紫青.(2005).1783名普通人群精神卫生知识知晓率调查结果及分析.上海精神医学,17(S1),19-20.

孟慧.(2008).职业心理学.北京:中国轻工业出版社,141-143.

孟丽红,张玉亮.(2003).浅谈中国传统文化与当代心理治疗.中国健康心理学杂志,11,(5),347-348.

莫雷.(2004).青少年暴力:一个全球关注的问题.华南师范大学学报(社会科学版)(5),89.

尼葛洛庞帝.(1997).数字化生存(胡泳等译).海口:海南出版社.

农工党中央.(2010).关注农村留守妇女构建农村和谐社会.前进论坛,(4),23.

欧爱华,郝元涛,梁兆晖,老膺荣,周罗晶,任毅,温丽群,肖静.(2007).中老年人心理健康状况初探.贵阳医学院学报,32(2),190-192.

潘华虹.(2008).亲情缺失引发留守儿童心理问题,中国人口报,2008-05-15,01版.

潘家华,魏后凯.(2011).城市蓝皮书:中国城市发展报告No.4.北京:社会科学文献出版社.

潘伟刚,黄希庭,鲁小周.(2010).消极生活事件的积极效应:意义发现.西南大学学报(社会科学版),36(2),8-13.

庞玉珍,孟丽君.(2010).社会转型视角下中国环境难题的破解——以D市为例.中共青岛市委党校.青岛行政学院学报,(1),70-73.

裴涛,陈瑜,张宁.(2010).学校心理咨询师职业耗竭相关因素分析.中国学校卫生,31(8),937-938.

裴秀英,罗小年,童峰.(1999).不同文化程度老年患者心理健康浅析.健康心理学杂志,7(4),480.

彭大鹏,廖继超.(2008).社区概念的变化及其在中西历史经验上的差异.中共四川省委党校学报,(3),71-74.

彭富春.(2010).关注国民心理健康问题.团结报.2010-3-13,02版

彭义升,李娟,戴必兵.(2009).北京市高校离退休老人心理健康状况及其相关因素.中国老年学杂志,29(21),2782-2785.

蒲清平,高微,王会丽,徐爽.(2010).贫困大学生心理健康实证研究.重庆大学学报(社会科学版),16(1),158-162.

齐艳.(2002).国内临床心理护理的研究进展.现代护理,8(2),114-116.

祁乐瑛.(2002).汉藏族大学生心理品质的跨文化比较研究(硕士学位论文).华东师范大学,上海.

钱铭怡(1994).心理咨询与心理治疗.北京:北京大学出版社.

钱铭怡,陈瑞云,张黎黎,张智丰.(2008).我国心理治疗专业技术人员的预测和规划研结题报告(子课题负责人:钱铭怡),中国科协软科学课题:精神卫生(心理治疗)专业技

术人员的培养研究子课题(项目负责人:谢斌).

钱铭怡,陈瑞云,张黎黎,张智丰.(2010).我国未来对心理咨询/治疗师需求的预测研究.中国心理卫生杂志,24(12),942-947.

钱铭怡,严俊,肖泽萍,赵旭东,施琪嘉.(2010).德国的心理治疗培训和管理.中国心理卫生杂志,24(2),81-85.

钱铭怡,钟杰.(2005).我国心理咨询与心理治疗行业的发展及存在的问题.上海:中国心理学会第十届全国学术会议.

钱铭怡,陈红,秦漠,钟杰,姚萍,徐凯文,易春丽,张智丰,王易平.(2008).国内六大区心理治疗和咨询管理状况的调查.心理科学,31(2),441-446.

钱铭怡.(2000).心理咨询与心理治疗.北京:北京大学出版社.

钱铭怡.(2002).借鉴国外经验有效开展心理健康教育.中国高等教育,(8),18-20.

中国科学技术协会主编,中国心理学会编著(2009).2008-2009心理学学科发展报告,北京:中国科学技术出版社.

钱胜,王文霞,王瑶.(2008).232名河南省农民工心理健康状况及影响因素.中国健康心理学杂志,16(4),459-461.

秦旻,郑涌.(2009).心理治疗的消极后果.心理科学进展,17(6),1316-1326.

秦漠,钱铭怡,陈红,钟杰,姚萍,徐凯文,易春丽,张智丰,王易平.(2008).国内心理治疗和咨询专业人员及工作状况调查.心理科学,31(5),1233-1237.

秦瑞莲,曹晓平.(1997).辽宁省三千名大学生SCL-90测定结果分析.中国心理卫生杂志,11(5),295.

秦树文.(2008).农村"留守儿童"现象分析与对策研究——以河北省尚义县、怀安县为例(硕士学位论文).中国农业科学院,北京.

秦佑凤,胡姝婧(2008).心理咨询效果问卷(OQ-45)在中国部分人群的试用报告.中国临床心理学杂志,(2),138-140.

秦源.(2009).意象对话心理疗法的发展与现状(硕士学位论文).北京林业大学,北京.

邱莲.(2003).大学青年教师心理健康状况的调查结果.四川精神卫生,16(3),146-148.

邱莲.(2003).农村老年人心理健康状况调查.中国老年学杂志,23(8),517-518.

曲洪芳,陈书勤,李国海,陈霁,包和华.(2007).更年期综合征妇女心理健康状况分析.中国健康心理学杂志,15(8),703-704.

全国高等学校心理健康教育数据分析中心.(2007-1).高校心理健康教育工作调研报告.

全国卫生专业技术资格考试专家委员会编.(2001).2003年卫生专业技术资格考试指南精神病学专业、心理治疗学专业.北京:知识出版社.

饶淑园.(1998).跨世纪人才心理素质探讨.惠州大学学报(社会科学版),18(1),68-71.

桑标,贡晔.(2001).网络依赖与心理健康的关系——一项以大学生为对象的调查研究.当代青年研究,(5),31-35.

桑海云.(2010).江苏欠发达地区农村籍大学生心理健康现状调查及建议.现代教育管理,(1),99-102.

沙夫着.(2009).心理治疗与咨询理论:概念与案例(第4版)(董建中译),北京:中国人民大学出版社.

上官子木.(1994).心理疾患的社会文化根源.北京社会科学,(2),132-139.

尚晓原.(1989).中国国民的自我抑制型人格商品经济中的市民心态剖析.昆明:云南人民出版社.

尚秀花,高朝辉,杨霞.(2007).军队离退休干部社会支持度与心理抑郁相关性研究.解放军医院管理杂志,14(9),687-688.

邵波,刘伟.(2004).基于WEB的在线心理咨询服务的现状及存在问题的思考.情报科学,22(2),196-199.

申秋红,肖红波.(2010).农村留守老人的社会支持研究.南方农业,(3),5-8.

申泰华,徐小艳,杨里,龙云芳,李飞.(2005).某制鞋厂工人心理健康状况调查.中国职业医学,32(1),61-62.

申志英,李国军.(2008).转型时期大学生心理健康教育的实施策略.中国高等医学教育,(6),7-8.

沈启莹,胡燕,李良杰,朱记军,耿德勤.(2008).1023例综合性医院心理咨询者特点分析.徐州医学院学报,28(3),169-172.

师凤莲.(2008).农村社区:概念的误解与澄清.浙江学刊,(5),148-151.

施加平,邵亦冰,张英萍,刘宣文.(2008).国内心理治疗效果的文献计量学分析.中国健康心理学杂志,16(2),233-235.

石国兴.(2004).英国心理咨询的专业化发展及其问题.心理科学进展,12(2),304-311.

史庄敬.(2006).焦点解决团体谘商效果与疗效因素研究 ——以人际困扰大专生为例(博士学位论文).国立屏东教育大学,台湾.

帅晓玲.(2009).重庆市巫溪县农村留守儿童现状调查研究.法制与社会,(24),277.

思今.(2007).农民工生存状况调查,中国审计报,2007-10-26,05版.

宋利彩.(2007).代表委员建言改善留守妇女生存状况,中国妇女报,2007-03-16,03版.

宋美燕,朱丽霞,林碧莲,黄荔萍,戴小燕.(2008).冠心病患者的心理健康状况及其影响因素调查.护理学杂志:综合版,23(5),54-56.

苏勃,温宝荣.(2007).109名临床医生心理需求调查.中国医药导报,4(30),99-100.

眭衍波,陈龙,裴华,张凤阁,张本,马文有.(2003).煤矿矿工的人格,应激与心理健康状况调查.中国临床心理学杂志,11(4),273-275.

孙崇勇.(2007).东北地区农民工心理健康状况的调查与分析.四川精神卫生,20(1),17-19.

孙建中,李曼琴,吴兰兰.(1999).安徽民工心理卫生调查.健康心理学杂志,7(1),80-81.

孙启武,江光荣.(2008).心理咨询中的期望.概念辨析及理论视角.心理科学进展,16(6),913-918.

孙雅楠.(2010).网络心理咨询的应用探究.南昌教育学院学报(心理教育),25(2),20-21.

孙颖心,王佳佳.(2007).不同养老方式老年人心理健康状况的研究.中国老年学杂志,27(4),376-377.

谭斌.(1996).恩施市高中生抑郁症状初步调查.恩施医专学报,13(2),26-27.

谭红卫,杨延安,聂善建.(2005).某部坑道驻训官兵焦虑及抑郁症状调查.人民军医,48(12),688-689.

谭贤政.(2003).五大心理咨询理论的操作过程比较.桂林师范高等专科学校学报(综合版),17(2),68-70.

谭中岳,李子勋,钟杰气.(2003).心理咨询与治疗中的道德与伦理问题.中国心理卫生杂志,17(7),508-511.

汤捷,苏胜华,钟荧,静进,吴耀东,薛宇,尹小蜂,邹向涛,庄道荣,庄帝坤,黄晖,陈琦.(2006).珠海市某社区农民工健康状况调查分析.中国健康教育,22(10),731-734.

唐济湘,易欢琼,关念红,张晋碚,刘金来.(1999).高校离退休老人心理状况与幸福度的相关性研究.中国公共卫生,15(8),747-748.

唐忠新.(2000).中国城市社区建设概论.天津:天津人民出版社,11-21.

陶丽敏,沈娟.(2009).社区老年人心理健康状况及影响因素调查.健康教育与健康促进,4(4),9-10.

陶维娜,徐相蕊,王冰.(1996).4~16岁儿童行为问题及其相关因素的调查研究.中国儿童保健杂志,(3),141.

滕丽新,黄希庭,陈本友.(2009).英国老年人心理健康服务体系的现状及启示.西南大学学报(社会科学版),35(3),18-23.

田宏碧,陈家麟.(2003).中国大陆心理健康标准研究十年的述评.心理科学,26(4),704-708.

田金花.(2007).朝鲜族大学毕业生跨文化适应能力研究——以延边大学为例(硕士学位论文).延边大学,延吉.

田可新,唐茂芹,吴昊,李雪静,王秀梅.(2005).大学生人际信任与心理健康的相关研究.中国行为医学科学,14(7),657-659.

田思路.(2005).从应激理论看失业对人心理状态的影响.河南大学学报(社会科学版),45(4),155-158.

田振,郭伟,张科学,陈娇娇,周苏,陈玮,等.(2010).社会转型期农村"空巢"老人生活满意度分析.中国老年学杂志,30(6),820-822.

佟月华.(2002).关于建立中小学心理辅导体系的思考.教育探索,(1),76-77.

万黎,吴文源,李春波,刘健,王冰,李玉珊.(2002).焦虑症患者应激时情绪反应及脑功能状况.中国心理卫生杂志,16(6),373-376.

万梅.(2008).关于来华留学生跨文化适应问题研究的综述.现代教育科学,(6),19-21.

万霞.(2009).论农村留守妇女的生存境况及其改善方略—以湖南省溆浦县为例(硕士学位论文).湖南师范大学,长沙.

汪凤炎.(2008).中国心理学思想史.上海:上海教育出版社.

汪连春,侯召香,王国才,孔维波,王卫宪,张剑锋,等.(2009).什邡地震灾区救援军人心理健康状况调查.中国公共卫生管理,25(4),440-441.

汪清,李阿特.(2010).大学生"新失业群体"心理健康状况调查与分析.吉林省教育学院学报,26(3),26-28.

汪新建,吕小康.(2004).作为文化工具的心理治疗.自然辩证法通讯,26(6),15-20.

汪新建.(2005).当前心理咨询师培养中出现的问题及其对策.中国心理卫生杂志,19(10),709-711.

汪照清,王龙珍,秦玲玲,朱莲.(2005).某综合高中学生心理健康状况与心理干预效果分析.中国学校心理卫生,26(4),318-319.

王彬,夏惠英.(2006).关于部分本、专科生就业心理的调查报告.湖北经济学院学报(人文社会科学版),3(7),140-141.

王成美,袁兆荣.(2001).110名干部离退休时心理状态调查分析.山东精神医学,14(3),188.

王春光.(2001).新生代农村流动人口的社会认同与城乡融合的关系.社会学研究(3),63-76.

王丹君.(2007).英国心理咨询及心理治疗协会的心理咨询师认证及其他.中国心理卫生杂志,21(10),704-709.

王道阳,高洪波,姚本先.(2009).改革开放30年青少年心理健康研究进展.当代青年研究,(2),72-76.

王德臣,李洁,郭忠琴,王凯荣,李英华.陶茂萱.(2010).银川市5类城市职业人群心理、生理及社会支持状况调查.中国健康教育,(4),247-249+253.

王登峰,崔红.(2008).中西方人格结构差异的理论与实证分析——以中国人人格量表(QZPS)和西方五因素人格量表(NEOPI-R)为例.心理学报,40(3),327-338.

王登峰,黄希庭.(2007).自我和谐与社会和谐——构建和谐社会的心理学解读.西南大学学报(人文社会科学版),33(1),1-7.

王枫,况成云,王娟,陈端颖.(2010).农村老年人主观幸福感及其影响因素研究.中国卫生事业管理,(5),349-350.

王建平.(2007).网络编辑心理健康状况的调查研究.甘肃社会科学,(5),29-30.

王建中,樊富珉.(2002).北京市大学生心理卫生状况调研.中国心理卫生杂志,16(5),331-333.

王金道.(2004).大学教师与中小学教师身心健康状况的比较研究.中国临床心理学杂志,12(2),174-175.

王军,张寿宝,李永超,王鸿芬,成玉美.(2009).社区居民心理卫生服务需求调查.神经疾病与精神卫生,9(1),71-73.

王俊成.(2009).濮阳市精神卫生服务现状与对策研究(硕士学位论文).北京中医药大学,北京.

王凯,李丽红,廖万威,宋平,赵蓉.(2009).深圳市社区居民心理卫生需求调查与分析.实用预防医学,16(6),1948-1949.

王康.(1988).社会学词典.山东:山东人民出版社,214.

王立皓，童辉杰.(2003).大学生网络成瘾与社会支持、交往焦虑、自我和谐的关系研究.健康心理学杂志，11(2)，94-96.

王丽萍，张本，姜涛，张顺，于振剑，王长奇，岳玲梅，苗丽玲，马文有，张凤阁，王思臣.(2009).唐山地震孤儿30年后心理健康状况调查.中国心理卫生杂志，23(8)，558-563.

王丽颖，李晓虹，沈东郁，林涛，黄建军，王倩，杨蕴萍.(2007).首都地区心理门诊就诊人群状况调查(1).中国临床心理学杂志，15(2)，211-213.

王丽颖.(2008).心理咨询师该拥有怎样的特质？心理与健康，(4)，20-21.

王连芝，曹秀萍，王秀兰.(2006).癌症患者女性家属心理状况调查.齐鲁护理杂志，12(10A)，1921-1922.

王琳.(2008).重庆市高校心理健康服务体系的现状调查.(硕士学位论文).西南大学，重庆.

王玲，郑雪，赵玲.(2004).珠江三角洲地区离异家庭初中生的心理健康及相关因素研究.中国临床心理学杂志，12(3)，253-255.

王玲凤，傅根跃.(2003).农村老年人心理健康状况的调查分析.中国临床心理学杂志，11(2)，128-129.

王玲凤.(2009).城市空巢老人心理健康状况的调查.中国老年学杂志，(22)，2932-2935.

王米渠.(1986).中医心理治疗.重庆：重庆出版社.

王庆华，方秀新，郝玉玲，郑文姣，沙凯辉.(2008).围绝经期妇女生活质量与心理状况的相关研究.解放军护理杂志，25(18)，22-24.

王荣响，郭继志，姜良美.(2008).服刑人员心理卫生服务及干预探讨.中国社会医学杂志，25(1)，27-29.

王爽，高健.(2007).交往频度对退休老人心理健康水平和主观幸福感的影响.职业与健康，23(15)，1287-1291.

王爽，吴文杰，贺婧菲.(2009).对青少年犯罪的实证研究.西部法学评论，(2)，129-135.

王文甫，欧阳亚涛.(1990).102例在校大学生首发精神分裂症的临床特点.中国神经精神疾病杂志，(5)，25-27.

王文基.(2006).“当下为人之大任”—戴秉衡的俗人精神分析.新史学，17(1)，91-142.

王香玲，高文斌.(2007).心理咨询师的需要特点和人格特点调查.中国临床心理学杂志,15(4),443-444.

王晓欢.(2006).城市化进程中农村“空巢”家庭养老问题研究——来自湖南省的调查(硕士学位论文).湖南师范大学,长沙.

王兴周.(2008).新生代农民工的群体特性探析——以珠江三角洲为例.广西民族大学学报(哲学社会科学版),30(4),51-56.

王艳华,宁延珍,许承文,刘萍.(1995).离退休高级知识分子心理健康水平及影响因素的调查研究.中国临床心理学杂志,3(3),160-162.

王雨吟,钱铭怡,姚萍,钟杰,易春丽,徐凯文,张智丰,陈红,王易平.(2011).心理健康专业服务人员对机构管理和建构的看法与实际情况的调查.中国心理卫生杂志,25(3),164-169.

王中杰.(2005).咨询师的个人特质对心理咨询效果的影响.中国心理卫生杂志,19(11),787-788.

苏北坡,韦文青.(2009).农村留守老人的“冷锅冷灶”.中国医药报,2009-11-05,A05版.

韦耀阳.(2005).高中生人际信任、社会支持与孤独感关系的研究.菏泽学院学报,27(2),79-82.

韦政通.(1986).儒家与现代化.台北:水牛图书出版事业有限公司.

卫生部,民政部,公安部,中国残疾人联合会.(2003).中国精神卫生工作规划(2002-2010年).上海精神医学,15(2),125-128.

卫生部,中国疾病预防控制中心.(2005-09-29).<中国普通人群精神卫生知识知晓率调查>结果(2002.12-2003.2).

卫韦华,宋常青.(2007).“我最怕放假,家里总是冷冷清清”,中国社会报,2007-08-22,03版.

魏晨.(2007).新生代农民工的城市社会融入研究.湖北广播电视大学学报,27(2),66-67.

魏翠妮.(2006).农村留守妇女问题研究一以苏皖地区为例(硕士学位论文).南京师范大学,南京.

魏赓,刘协和,何侠,伍金白珍.(2004).西藏精神卫生服务现状的初步调查.中华精神科杂志,37(2),42.

魏建良,谢阳群.(2008).宁波市进城务工青年心身症状调查.中国心理卫生杂志,22(3),201.

魏俊彪,胡春博.(2008).大学生身体自我与自我价值感的关系.中国临床心理学杂志,(4),403-405.

魏娜,刘枫.(2005).北京市万名农民健康需求现况调查.中国健康教育,21(12),927-931.

魏玉东,武新.(2007).辽宁省城市下岗失业人员生活状况调查报告.辽宁工程技术大学学报(社会科学版),9(5),484-486.

沃建中,马红中,刘军.(2002).走向心理健康•发展篇.北京:华文出版社.

邬俊福.(2010).城乡老年人亲子支持与主观幸福感的相关研究.中国健康心理学杂志,18(7),822-824.

吴秉衞.(2006).过早结案/共同决议结案的个案——谘商员所知觉工作同盟、晤谈感受差异之研究(硕士学位论文).国立屏东教育大学,台湾.

吴惠芳,叶敬忠.(2010).丈夫外出务工对农村留守妇女的心理影响分析.浙江大学学报(人文社会科学版),40(3):138-147.

吴惠芳.(2009).流动的丈夫留守的妻.中国农业大学学报(社会科学版),26(4),167-169.

吴均林,周指明,巫云辉,朱岩.(2004).社区心理卫生服务需求调查.中华医院管理杂志,20(11),688-691.

吴均林,周指明,巫云辉,陈劲,何艳,..李淼.(2004).城市社区心理卫生服务现状研究.中国公共卫生管理,20(4),389-390.

吴岚,张大均,余林.(2006).试论网络心理咨询中的伦理问题及其应对策略.西南师范大学学报(人文社会科学版),32(4),68-73.

吴莉莉,李俊林.(2007).武汉市建筑业农民工健康知识需求分析.中国公共卫生管理,23(6),554-556.

吴梅丽,周满霞,林小锋,卢有亮.(2009).家庭经济状况对大学新生心理的影响——以广州大学城2006届新生为例.四川教育学院学报,25(3),15-17.

吴明霞,郑涌,汤万文.(2001).心理治疗效果研究的进展.心理学动态,9(2),151-156.

吴娜娜,严由伟.(2008).中国台湾高校网络心理健康教育的现状和启示.教育探索,(1),117-118.

吴小立,王玲,关念红,叶明志,张晋碚,陶炯,张明.(2006).不同性别心理咨询师培训学员心理行为特点分析.中华行为医学科学,15(11),1028-1030.

吴小叶,高彩霞.(2008).贵州省黔东南地区留守儿童心理状况调查报告——对凯里市、麻江县、雷山县部分少数民族乡镇留守儿童的调查.贵州民族学院学报(哲学社会科学版),(5),111-115.

吴兴陆,元名杰.(2005).农民工迁移决策的社会文化影响因素探析.中国农村经济,(1),26-32.

吴雪梅,朱秀.(2009).单亲家庭初中生自卑感的调查.校园心理,7(6),382-384.

吴增强,沈之菲.(2000).学校心理辅导研究.上海:上海科学技术文献出版社.

吴增强.(2000).世纪之交的上海学校心理辅导.上海教育科研,(4),23-26.

吴长法,储争流,戚海燕,李本友.(2009).113名高校学生干部心理健康调查研究.中国校医,23(1),37-38.

吴振强,崔光辉,张秀军,孙良,陶芳标,孙业桓.(2009).留守老年人孤独状况及影响因素分析.中国公共卫生,25(8),960-962.

吴振云,李娟,许淑莲.(2003).不同养老方式下老年人心理健康状况的比较研究.中国老年学杂志,23(11),713-715.

武克文,赵星萍.(2009).1998年—2007年住院精神疾病病种构成情况分析.当代医学,15(27),103-104.

夏冬红.(1997).语言与无意识——拉康理论评述.山东大学学报(哲学社会科学版),(4),51-55.

夏勉,江光荣.(2005).心理咨询效果的研究进展.中国心理卫生杂志,19(3),217-218.

夏勉,江光荣.(2007).个人责任归因对心理求助行为的影响.中国临床心理学杂志,15(2),217-219.

夏勉,江光荣.(2007).归因、自我效能和社会容认度对心理求助行为的影响.心理学报,39(5),892-900.

夏瑞雪,高学德.(2008).从文化角度探讨心理咨询理论的本土化.甘肃联合大学学报(社会科学版),24(1),120-123.

夏学銮.(2001).社区建设是迈向现代化的必由之路.(eds.)转型期的中国社会工作——中国社会工作教育协会2001年会议论文集(pp.279-287).上海:华东理工大学出版社.

向虎,黄宣银,文红,黄国平,刘玉,王荣科,王天贵,安燕波,高亚礼,陈晓芳,吴先萍.(2010).四川省精神卫生服务机构人力资源状况调查.四川精神卫生,23(2),31-33.

向慧,张亚林,陶嵘.(2006).国外临床心理学家胜任特征研究概况.中国临床心理学杂志,14(3),328-330.

肖水源,刘飞跃.(2010).精神卫生服务评估的基本框架.中国心理卫生杂志,24(12),887-892.

肖泽萍,施琪嘉,童俊,秦伟,温培源.(2001).谁适合作心理治疗师?—对心理咨询与心理治疗专业人员资格的讨论.中国心理卫生杂志,15(2),142-143.

肖征.(2008).大学生网络心理健康调查与研究.辽宁行政学院学报,10(10),245-246.

谢建社.(2006).社区工作教程.南昌:江西人民出版社,.

谢晶,张厚粲,李秀玲.(2009).父母教养方式、自我概念与大学生网络成瘾的关系.思想教育研究,(1),47-50.

谢佩玲,王丽斐.(2007).心理治疗师反移情经验之历程研究.教育心理学报,38(4),461-480.

谢少齐.(2009).护士职业倦怠的原因及策略.中国医药导报,(35),102-103.

陶映荃.(2010).5万样本揭示中国城市劳动力人口亚健康状况.工人日报.2010-01-06,07版.

忻仁娥,张志雄,等.(1992).全国22个省市26个单位24013名城市在校少年儿童行为问题调查——独生子女精神卫生问题的调查,防治和Achenbach's儿童行为量表中国标准化.上海精神医学,新4(1),47-55.

邢海燕,王建华,高向华,卢超其,包文婷.(2009).普通高校大学生心理健康状况调查分析.现代预防医学,36(23),4496-4497+4500.

邢华燕,常青,沈键,崔冬梅,石斌.(2005).河南农村老年人心理健康状况.中国老年学杂志,25(5),506-507.

邢会荣.(2007).军队离退休老干部心理健康测评分析.中国老年保健医学,5(5),10-12.

熊毅.(2009).道家认知疗法的理论与方法研究(硕士学位论文).广州中医药大学,广州.

修慧兰,汤梅,姚萍.(2006).心理辅导,心理咨询与心理治疗的异同:辅导是什么?辅导工作如何进行?中国心理卫生杂志,20(3),201-202.

徐本华,庞彦翔.(2004).大学生人际信任与抑郁的相关研究.临床心身疾病杂志,10(2),106-108.

徐光兴.(2000).学校心理学——心理辅导与咨询.上海:华东师范大学出版社.

徐虹.(2003).企业下岗职工心理健康状况的调查研究.中国成人教育,(8),94-95.

徐华春,黄希庭.(2007).国外心理健康服务及其启示.心理科学,30(4),1006-1009.

徐慧兰,肖水源,陈继萍.(2001).下岗工人心理健康状况研究.中国临床心理学杂志,9(4),263-265.

徐慧兰,肖水源,陈继萍.(2001).下岗工人心理健康状况影响因素研究.中国临床心理学杂志,9(3),178-181.

徐露凝,李林英.(2008).中国21个省市心理治疗师的自我表露调查.中国组织工程研究与临床康复,12(24),4758-4762.

徐青,徐沙贝,陈祉妍.(2003).心理咨询与治疗中的费用问题讨论.中国心理卫生杂志,17(11),796-799.

徐小平.(2008).城市社区老人心理健康服务现状调查——来自重庆市主城社区的调查数据.社会工作下半月(理论),(12),33-36.

徐晓军.(1999).社区走向阶层化.社会,(8),34-35.

徐学俊.(2000).构建中小学心理辅导体系的研究.教育研究,(12),43-48.

徐玉斌,衡彦明.(2006).不同家庭收入的高校大学生就业心理对比分析.河南职业技术师范学院学报(职业教育版),(5),81-84.

许传新.(2009).西部农村留守妇女的身心健康及其影响因素——来自四川农村的报告.南方人口,24(2),49-56.

许军,罗乐宣,钟先阳,王跃平,陈建.(2007).深圳特区不同经济收入人群自测健康研究.现代预防医学,34(1),11-13.

许思安,郑雪,和秀梅.(2007)."大七"人格结构模型下的汉族、纳西族人格结构比较.心理学探新,27(2),73-76.

许小澜,陆文明,马奉南,刘福龙,李万勇.(2010).创新社会管理促进生存发展,预防减少新生代农民工犯罪——江苏省苏州市相城区法院关于新生代农民工犯罪问题的调研报告,人民法院报,2010-07-22,008版.

许又新,赵旭东.(1997).我国心理治疗的现状和对策.中国心理卫生杂志,11(1),9-10.

许又新.(1996).孔子和老子的思想在心理治疗中应用的可能性.心理与健康,(3),4-6.

许育光.(2005).断开与复合—一段治疗关系的叙说、反思与探究.辅导与咨商学报,27(2),33-52.

薛德旺,费立鹏,杨功焕.(2003).社区中75例精神分裂症自杀死亡者的特征.中国心理卫生杂志,17(4),279-281.

薛瑞泽.(2001).河南省大学生就业心理调查研究.洛阳工学院学报(社科版),19(2),80-84.

严由伟.(2008).大学生对校园网心理健康教育的关注度.中国心理卫生杂志,22(1),26.

阎书昌,李艳丽,韩布新.(2008).中国不同职业群体心理健康研究进展.石家庄学院学报,10(3),77-81.

阎占定,向夏莹.(2009).城市化过程中失地农民生活方式变化特点分析——以武汉市为例.中南民族大学学报(人文社会科学版),29(6),81-84.

颜剑雄,刘宏程.(2008).网络心理咨询的实施及面临的问题.社会心理科学,23(5),510-513.

颜世富.(1996).中国传统情绪疗法及其应用.心理科学,19(5),265-268.

颜旭,谢贤健,张稆丹,陈科屹,查竞龙,柳华庭.(2009).内江市城市化进程对环境的影响.内江师范学院学报,24(增刊),225-229.

杨德森,张亚林,肖水源,周亮,朱金富.(2002).中国道家认知疗法介绍.中国神经精神疾病杂志,28(2),152-154.

杨德森.(1996).中国人的心理与中国特色的心理治疗.中原精神医学杂志,2(2/3),65-73.

杨凡,钱铭怡.(2009).美国心理咨询和治疗中的保密、保密的局限及相关研究.中国心理卫生杂志,23(8),543-548..

杨凤池.(2002).关于社区心理卫生服务模式的探索.中国全科医学,5(11),849-850.

杨富英,邓慧琨.(2005).996例门诊心理咨询者心理测验结果分析.现代临床医学生物工程学杂志,11(4),310-312.

杨桂凤,杨桂芝,王小娟,李芳,张鹏宇,郜琳,杨志宏.(2008).秦皇岛农村老年人心理健康状况及相关因素调查.现代预防医学,35(24),4810-4811.

杨国枢.(2008).华人社会取向的理论分析.见杨国枢,黄光国,杨中芳,华人本土心理学(上).重庆:重庆大学出版社.

杨宏飞.(2005).心理咨询效果评价的组织和概念图式简介.心理科学,25(5),588-590.

杨宏飞.(2005).心理咨询效果评价模型初探.心理科学,28(3),656-659.

杨金辉,王学立,彭正龙,吕桦.(2003).淮南市1160名高中生心理健康状况.中国学校卫生,24(3),264-265.

杨晶,余林.(2007).网络心理咨询的实践及其存在的问题.心理科学进展,15(1),140-145.

杨静.(2009).农村留守老人成犯罪目标,北京日报,2009-04-16,14版.

杨菊贤,黄晓红.(2002).心理障碍的诊断与鉴别诊断.中国全科医学(11),859-860.

杨军红.(2005).来华留学生跨文化适应问题研究(博士学位论文).华东师范大学,上海.

杨来启,吴兴曲,张彦,李鸣,刘光雄,高永利,邓自和,何江平,何明.(2007).非典时期一线医务人员远期心理健康状况调查研究.中国健康心理学杂志,15(6),567-569.

杨丽,刘盈,吴枫.(2005).大学生心理健康调查及心理干预效果评估.中国临床心理学杂志,13(1),102-104+108.

杨美荣,苑杰,朱小茼,张艳丽,董科.(2010).社会支持对肾病患者心理健康状况的影响.山东医药,50(12),56-57.

杨妙英.(2009).农村老年人的社会支持研究——对留守老人与非留守老人的比较(硕士学位论文).湖南师范大学,长沙.

杨曦,张旭,章皎洁,李炎,胡泽卿.(2007).家庭因素对青少年犯罪的影响.神经疾病与精神卫生,7(2),105-107.

杨晓华.(2006).公安民警MMPI测查结果.福建公安高等专科学校学报,(3),32-39.

杨晓军,陈浩.(2007).中国育龄妇女孩次递进比分析.南方人口,22(3),26-30.

杨鑫辉.(2000).心理学通史.第一卷,中国古代心理学思想史.山东教育出版社.

杨鑫辉.(1997).中国传统心理治疗的科学性.中国临床心理学杂志,(2),122-124.

杨雄.(2000).网络对我国青年的影响评价.青年研究,(4),7-14.

杨忠旺,胡义秋.(2004).大学生心理健康教育发展模式建构.湖南人文科技学院学报,(5),145-146.

姚本先,闵永胜.(2008).传统文化视野中的心理健康标准探讨.中国卫生事业管理,(11),779-780.

姚从容.(2010).人口城市化与全球变暖——基于气候变化与人口变动的研究述评.现代经济探讨,(3),88-92.

姚坚,阮冶,高长青,罗诚,杨家义.(2009).昆明市精神卫生服务现状调查.四川精神卫生,22(1),33-35.

姚坚,高长清,周莉.(2008).昆明市金星社区居民心理咨询知晓率调查.中国健康心理学杂志,16(10),1098-1099.

姚萍,钱铭怡.(2008).北美心理健康服务体系的培训与管理状况.中国心理卫生杂志,22(2),144-147.

姚萍.(2006).论心理治疗与其他心理服务业.中国心理卫生杂志,20(3),204-205.

姚树桥,朱熊兆.(2001).二十一世纪临床心理学的臆测.中国临床心理学杂志,9(1),69-72.

姚引妹.(2006).经济较发达地区农村空巢老人的养老问题——以浙江农村为例.人口研究,30(6),38-46.

叶斌.(2006).影响力模式:对中国人心理咨询和治疗模式的探索(博士学位论文).华东师范大学,上海.

叶存春.(2001).论中学心理辅导模式.云南师范大学学报,2(2),60-63.

叶敬中,贺聪志.(2008).静寞夕阳:中国农村留守老人.北京:社会科学文献出版社.

叶晓楠.(2008).5800万农村留守儿童期待关爱,人民日报海外版,2008-02-28,04版.

中国大百科全书出版社《简明不列颠百科全书》编辑部译编.(1991).简明不列颠百科全书(八).北京:中国大百科全书出版社.

中国大百科全书总编辑委员会《心理学》编辑委员会,中国大百科全书出版社编辑部编.(2000).中国大百科全书(光盘版)·心理学卷·健康心理学条目.北京:中国大百科全书出版社.

中国大百科全书总编辑委员会《心理学》编辑委员会,中国大百科全书出版社编辑部编.(2000b).中国大百科全书(光盘版)·心理学卷·跨文化心理学条目.北京:中国大百科全书出版社.

中国大百科全书总编辑委员会《心理学》编辑委员会,中国大百科全书出版社编辑部编..(2000c).中国大百科全书(光盘版)·心理学卷·生理心理学条目.北京:中国大百科全书出版社.

中国大百科全书出版社编辑部,中国大百科全书总编辑委员会《教育》编辑委员会编.(1998).中国大百科全书·教育卷·遗传与心理发展条目.北京:中国大百科全书出版社.

中国大百科全书总编辑委员会《哲学》编辑委员会,中国大百科全书出版社编辑部编.(1987).中国大百科全书·哲学卷·遗传条目.北京:中国大百科全书出版社.

佚名.(2006).心理健康服务亟待加强.光明日报.2006-12-21,06版.

殷大奎.(2002).齐心协力脚踏实地全面推进新世纪精神卫生工作——全国第三次

精神卫生工作会议报告.中国心理卫生杂志,16(1),4-8.

尹可丽,黄希庭,付艳芬.(2009).从心理学杂志相关文献看我国心理咨询与治疗方法的现状.心理科学,32(4),783-787.

尹延梅,岳静玲,程淑英.(2009).更年期女性伴发抑郁情绪的现状研究.中国健康心理学杂志,17(9),1106-1107.

于爱英,唐小伟,姚斌,蒲国永,党军.(2006).某部科技人员心理健康状况调查.解放军预防医学杂志,24(6),415-418.

于德华,吴文源,张明园.(2003).综合医院精神科设置状况及其作用的对照研究.上海精神医学,5(S1),6-9+20.

于连政,侯书文,刘奇男,潘百灵,林刚,李建平,冯毅平.(2007).辽宁省中学生心理健康状况及其环境影响因素.中国学校卫生,28(2),129-130.

于守臣,宋彦.(1994).1414名中学生心理健康状况调查.中国心理卫生杂志,8(1),7-8.

余芳华,杨秀芬,朱金娣.(2010).16岁以上独生子女心理健康状况调查.中国医学创新,7(9),167-168.

余继军,邓圩,王伟健,曲昌荣,朱磊,钱伟等.(2010).“开放在大都市的山菊花”——新生代农民工调查(上),人民日报,2010-02-22,01版.

余丽桦,陈永庆,张娟凤,黄惠玲,林耀盛,陈九五.(2002).台湾地区谘商与心理治疗效果的集成分析研究.高雄医学大学医学科学杂志,18(1),5-16.

余青云,张海钟.(2009).污名对大学生心理求助行为的影响.社会心理科学,(4),52-56.

余一文,杜亚松.(2007).上海中学生网络成瘾心理健康状况的调查.上海精神医学,19(1),1-3.

余勇.(2006).学校心理健康教育与学校心理辅导的关系.武汉市教育科学研究院学报,4(6),5-6.

余玉姣.(2008).家庭暴力导致上肢骨折患者的心理干预.湖北中医杂志,30(3),52.

俞少华,张亚林.(2002).我国大学生心理辅导现状.中国心理卫生杂志,16(2),131-132.

俞少华,张亚林,罗爱兰,胡凯.(2003).大学生心理辅导模式的研究.中国心理卫生杂志,17(4),219-222.

袁方,朱洌烈,白湘云.(2009).领导干部心理健康和工作压力状况研究.中国行政管理(11),77-80.

袁也丰,陈建云,涂灵.(2001).更年期妇女心理健康状况调查分析.江西医学院学报,(6),93-95.

岳春艳,王丹,李林英.(2006).老年人心理健康状况及与社会支持的相关性.中国临床康复,10(18),53-55.

臧公余,颜旭.(2009).文化震荡下当代大学生心理行为表现与调适.扬州大学学报(高教研究版),13(3),52-54.

翟洪昌,史清敏,黄希庭.(2000).影响中学生自我价值感形成的诸因素研究.心理科学,23(4),408-411.

詹劲基,苏展,静进,邰昌松,丘天详,王铁强,万孝先.(2008).女性外来务工者心理健康状况及影响因素分析.中国公共卫生,24(8),949-950.

张爱莲,钱铭怡,陈红,李逸龙.(2010).山东省心理健康服务现状调查与分析.山东理工大学学报(社会科学版),26(4),95-100.

张爱莲,钱铭怡,姚萍.(2007).心理咨询与治疗伦理调查及与美国相关调查的比较.中国心理卫生杂志,21(1),55-61.

张爱莲,黄希庭.(2009).美、加、澳大学心理咨询中心的鉴定标准及启示.心理学探新,29(1),18-22.

张爱莲,黄希庭.(2010).国外心理健康服务人员胜任特征.心理科学进展,18(2),331-338.

张保利,宋亚军,李相桦,兰志敏,李居艳,李娟,冯锋,杨甫德.(2010).北京市城市社区老年人心理健康状况及其相关因素分析.中国临床保健杂志,13(4),404-406.

张春莉.(2008).李悦娥代表呼吁:重视和关爱农村留守妇女,人民政协报,2008-03-12,B01版.

张大荣,沈渔村,周东丰,张鸿燕,刘靖,阮燕.(1994).进食障碍患者血DST及尿MHPG.SO4排出量的测定.中国心理卫生杂志,8(3),97-100.

张道祥.(2002).高校中的心理辅导.滨州师专学报,18(3),70-72.

张敦福.(2001).现代社会学教程.北京:高等教育出版社,186.

张海钟.(2006).中国城乡跨文化心理学与心理测量量表的本土化.宁夏大学学报(人文社会科学版),28(1),120-122.

张华,崔玉霞.(2005).社区老年人心理健康状况调查分析.山东精神医学,14(3),183-184.

张建.(2005).看心理医生的人太少了.环球时报·生命周刊,2005-12-06,14版.

张建平,赵晓燕.(2002).关于建立学校心理辅导系统的构想.昌吉学院学报,(2),

81-82.

张金砚.(1998).小学心理辅导研究实验报告.教育科学研究,(4),20-21.

张婧忻,黄丽.(2007).家庭暴力对女性心理健康的影响及干预.法制与社会,(6),312-313.

张静,张琳琳.(2006).“儒道互补”思想对当代心理咨询与治疗的启示.哈尔滨工业大学学报(社会科学版),8(5),128-131.

张静.(2009).家庭因素与青少年人际信任的关系研究述评.毕节学院学报,27(5),109-112.

张岚.(2005).心理治疗与研究.中国心理卫生杂志,19(1),67-68.

张理茜,蔡建明,王妍.(2010).城市化与生态环境响应研究综述.生态环境学报,19(1),244-252.

张玲,姜洪蕾,冯树梅,樊永固,王家惠,高芳堃.(2005).心理社会因素对离退休中老年人心理健康的影响.中国老年学杂志,25(12),1447-1449.

张明园,蔡国钧,瞿光亚,迟玉芬.(1988).精神疾患与社会支持.中华神经精神科杂志,21(4),228-231.

张宁,李箕君,袁勇贵.(2001).对心理咨询及咨询师的期望与要求的研究.中国心理卫生杂志,15(4),250-252.

张宁,李箕君,袁勇贵.(2001).心理咨询的现状调查.健康心理学杂志,9(5),389-391.

张倩.(2009).学校心理辅导的效果评价研究.(博士论文).西南大学,重庆.

张琴,刘永莹.(2007).论研究生心理健康教育及其心理健康服务体系的构建.四川教育学院学报,23(6),11-13.

张琴.(2008).孕妇心理健康状况及其影响因素分析.中国妇幼保健,23(8),1064-1066.

张泉水,刘晋洪,陈家建,黄晓宇,张秀芬.(2006).深圳市外来工心理卫生服务需求研究.中国健康心理学杂志,14(4),406-407.

张人骏,朱永新,袁振国.(1987).咨询心理学.北京:知识出版社.

张日升,徐洁,张雯.(2008).心理咨询与治疗研究中的质性研究.心理科学,31(3),681-684.

张瑞凯,戴军,李红武.(2010).社区心理健康服务实施现状及发展困境——基于北京164个社区的实证研究.社会工作(下半月),(5),42-45.

张淑华,陈仪梅.(2008).失业者的认知评价、应对与心理健康的关系研究.社会心理科学,23(3-4),145-151.

张树森,李小麟,黄虹.(1998).精神疾病与社会支持(100例精神疾病对照研究).华西医学,13(2),129-130.

张顺,王良锋,孙业桓.(2007).小学"留守儿童"社交焦虑现状流行病学调查.现代预防医学,34(3),441-443.

张素云,李云志,黄醒华.(2006).孕产妇性格类型对围产期及产褥期后心理的影响.中华围产医学杂志,9(1),6-9.

张伟波,张国芳,沈文龙,赵军,刘寒,欧毅等.(2010).徐汇区社区卫生服务机构心理卫生服务能力现状调查分析.中国初级卫生保健,24(3),27-29.

张卫强,孙天胜,赵京,韩聚强,杨永红,李恕军,马亚群.(2009).汶川地震中救灾部队的身体和心理健康流行病学调查.中国预防医学杂志,10(12),1096-1098.

张希慧.(2000).对254起家庭暴力案件的分析——关于我省反家庭暴力地方性法规的立法思考.湖南省政法管理干部学院学报,(6),61-62.

张翔,王旭峰.(2003).当代大学生人际信任与交往焦虑因素分析——以南昌地区为个案调查中心.江西师范大学学报(哲学社会科学版),36(4),87-92.

张向葵,丛晓波.(2005).社会文化因素对心理健康问题的影响.心理与行为研究,3(3),229-233.

张向葵,高丽,李梅.(2006).我国不同群体心理健康现状的新调查.宁波大学学报(教育科学版),28(4),24-30.

张小屏.(2006).农村留守儿童教育问题研究——基于贵州省大方县部分农村的调查.(硕士论文).贵州大学,贵阳.

张兴荣,董炳良,何明,杨亮明,涂卫平,金志远.(1989).城市离退休人员心理生理改变情况的研究.中国社会医学,(2),26-29.

张旭,周国成,石震宇.(1997).广西汉、壮、瑶族中学生性格差异的比较研究.心理科学,20(2),174-176.

张雪吟.(2005).现实治疗团体咨商对提升国小儿童自尊之辅导效果研究(博士学位论文).国立屏东教育大学,台湾.

张亚林,杨德森,肖泽萍,冯永铭,张宏根,周洪祥等.(2000).中国道家认知疗法治疗焦虑障碍.中国心理卫生杂志,14(1),62-63.

张亚林,杨德森.(1998).中国道家认知疗法——ABCDE技术简介.中国心理卫生杂志,12(3),188-192.

张艳华,于晶,常波.(2009).沈阳市城市居民主观幸福感研究.辽宁大学学报(哲学社会科学版)(3),125-132.

张永红.(2009).大学生对网络心理咨询的认知、应用调查与分析.现代教育科学,(2),114-116.

张宇迪,陈呈超.(2006).聋生心理健康状况的初步调查.中国特殊教育,5(5),28-32.

张长军,王振英,范茂林,刘康洪.(2004).不同妊娠期女性心理卫生状况调查.临床心身疾病杂志,10(2),118-119.

张志群,郭兰婷.(2004).单亲家庭学生心理状况调查.中国公共卫生,20(5),598-599.

张致弟,马玉玲,陈金生.(2003).改革开放以来青海省青少年犯罪分析.青少年犯罪问题,(6),4-8.

张智丰,易春丽,钱铭怡,钟杰.(2009).医疗与教育领域心理健康服务机构管理情况比较.中国临床心理学杂志,17(6),773-776.

章国曙.(2009).新生代农民工城市适应问题研究——基于福建省的调查分析(硕士学位论文).福建师范大学,福州.

长子中.(2010).行走城市,新生代农民工更难.中国经济导报,2010-05-08,B07版

世界卫生组织.(2009).2008年世界卫生报(兆瑞臻,吴焱,何晨红,王晓琪译).世界卫生组织和中国卫生部联合发布.

赵白帆,刘梅.(2002).云南省心理咨询师职业资格培训班学员情况及分析.卫生软科学,16(6),40-42.

赵成,李官鸿,于碧涛,杨长荣,龚昌富,孙江涛.(2010).九龙坡区居民精神卫生知识知晓率及服务需求状况分析.中国健康心理学杂志,18(2),134-136.

赵峰.(2010).农村留守儿童心理健康状况及教育对策.首都师范大学学报(社会科学版),(3),128-130.

赵凤敏,郭素芳,王临虹,张彤,吴久玲,王蕾.(2007).农村地区已婚妇女家庭暴力知晓情况调查.中国公共卫生,23(1),1-3.

赵富才.(2009).农村留守儿童问题研究(博士学位论文).中国海洋大学,青岛.

赵耕源,张晋碚,张亚哲,黄铎香,蔡香山,潘集阳,肖小琴,洪文香.(1994).综合医院心理咨询的研究.中山医科大学学报,13(4),68-72.

赵静波,季建林,程文红,张岚,王玲,孙丽华,周晓琴,杨海波,付深省,宋鸽.(2009).心理咨询和治疗师的专业能力和情感能力的多中心调查.中国心理卫生杂志,23(4),229-233+241.

赵敏.(2007).农民工心理问题解析.昌吉学院学报,(2),24-27.

赵玮琳,吴京平,施穗琴,梁红英.(2000).综合医院1898人次心理咨询分析.医学文选,19(1),74-75.

赵幸福,张亚林,付文青,李龙飞,周云飞,李鹤展.(2007).家庭暴力施暴者的心理健康状况.中国健康心理学杂志,15(11),1034-1035.

赵幸福,张亚林,傅文青,周云飞,李鹤展,袁国桢.(2008).家庭暴力施暴者的社会心理多因素Logestic回归分析.中国临床心理学杂志,16(2),210-212.

赵旭东,丛中,张道龙.(2005).关于心理咨询与治疗的职业化发展中的问题及建议.中国心理卫生杂志,19(3),221-225.

赵旭东,钱铭怡,严俊,肖泽萍,施琪嘉.(2009).德国的心理治疗培训和管理中国卫生部2008赴德国、奥地利考察团.中国心理学会.(eds.)第十二届全国心理学学术大会论文摘要集(pp.603)

赵艳丽,陈红,刘艳梅,陈敏燕,王润强.(2008).澳大利亚临床心理学的培训和管理.中国心理卫生杂志,22(3),224-226.

赵耀.(2007).失业女性心理状况调查与研究.山东女子学院学报,(1),15-19.

赵玉芳,毕重增.(2008).突发公共事件的心理健康服务体系的建构.心理科学,31(5),1263-1264.

郑红渠,张庆林.(2007).中小学教师心理健康状况的调查研究.宁波大学学报:教育科学版,29(4),12-16.

郑洪利,鞠晓辉,尹海兰,王兆红.(2010).青岛市新市民主观幸福感现状研究.山东省团校学报:青少年研究,(1),47-50.

郑日昌,陈永胜.(1991).学校心理咨询.北京:人民教育出版社.

郑日昌,高翔,刘视湘.(2008).心理健康测评和全人教育模型.教育测量与评价:理论版,(1),4-8.

郑日昌,江光荣,伍新春.(2006).当代心理咨询与治疗体系.高等教育出版社.

郑日昌,张杉杉,张雯.(2000).心理咨询与治疗在中国的发展现状.中国心理卫生杂志,14(1),68.

郑日昌.(2000).心理辅导的新进展.心理学报,23(5),599-602.

郑日昌.(2008).阴阳辩证内心和谐.中小学心理健康教育,(5),4-5.

郑泰安.(1997).华人常见的心理症与社会心理问题.见曾文星(编),华人的心理与治疗(pp.160-163).北京:北京医科大学中国协和医科大学联合出版社.

郑显亮,顾海根.(2008).网恋大学生心理健康与社会支持现状调查.中国公共卫生,24(11),1281-1282.

郑衍玲.(2009).某高校学生干部心理健康状况的调查分析.社区医学杂志,7(4),61-63.

郑永安,张英群,高广元.(2009).网络环境下青少年心理健康教育研究.陕西行政学院学报,23(4),22-25.

中国疾病预防控制中心.(2007).两会特刊:精神卫生专辑.北京:中国新闻出版社.

中国心理学会.(2007).中国心理学会临床与咨询心理学工作伦理守则(第一版).心理学报,39(5),947-950.

中国心理学会.(2007).中国心理学会临床与咨询心理学专业机构和专业人员注册标准(第一版).心理学报,39(5),942-946.

中国心理学会与中国心理卫生协会.(1993).关于公布《公共卫生系统心理咨询与心理治疗工作者条例》的说明.心理学报,25(2),223-224.

中华人民共和国国家统计局.(2009).中国统计摘要.北京:中国统计出版社.

中华人民共和国劳动和社会保障部.(2001-11).心理咨询师(试行)国家职业标准.北京:中央广播电视大学出版社.

中华人民共和国卫生部编.(2010)中国卫生统计年鉴2009.北京:中国协和医科大出版社.

钟钢,杨正强,张青.(2007).四川省政协呼吁关爱农村留守老人.人民政协报,2007-06-18,A02版.

谭中岳,李子勋,钟杰.(2003).心理咨询与治疗中的道德与伦理问题.中国心理卫生杂志,17(7),508-511.

钟文娟,方鹏骞,汪莹,郭石林,林诗语.(2008).不同收入社区居民精神卫生服务需求的调查分析.中国卫生经济,27(3),43-44.

钟友彬.(1991).中国国内心理治疗与咨询工作概况.中国心理卫生杂志,5(1),38-40.

钟友彬.(1995).心理咨询工作中的医学诊断和心理诊断.中国临床心理学杂志,3(1),53-55.

钟友彬.(1992).认识领悟疗法的要点及其对强迫症的治疗.上海精神医学,新4(3),161-163.

钟友彬.(2008).中国心理分析:认识领悟心理疗法.沈阳:辽宁人民出版社

周德民,吕耀怀.(2003).虚拟社区:传统社区概念的拓展.湖湘论坛,(1),68-69.

周德新.(2007).论自杀行为的社会评价.湘潭师范学院学报:社会科学版,29(6),41-42.

周璠.(2009).民俗治疗心理浅析.太原学院学报(社会科学版),10(1),17-20.

周晖.(2008).2000万农村留守老人精神需求难满足.中国劳动保障报,2008-12-03,001版.

周丽,彭朝琼,袁碧涛.(2009).深圳市单亲家庭儿童心理健康状况调查.中国社会医学杂志,26(2),103-105.

周敏娟,姚立旗,江力勤,王力健,姚瑶,王韵芬.(2001).110例离异家庭初中生心理卫生及适应状况的对照研究.中国行为医学科学,10(4),358-360.

周敏娟,姚立旗,王蕾敏,王韵芬,姚瑶,徐芳.(2003).综合干预对离异家庭青少年个性和心理状况的影响.中国学校卫生,24(4),343-344.

周敏娟,姚立旗,王蕾敏,姚瑶,王韵芬,沈月琴.(2003).离异家庭青少年心理、社会支持度的干预研究.中国行为医学科学,12(1),87-89.

周庆行,曾智,聂增梅.(2007).农村留守妇女调查——来自重庆市的调查.中华女子学院学报,(1),63-66.

周卫华,任传波.(2000).15年儿童少年精神疾病诊断与治疗变迁.健康心理学杂志,8(5),547-549.

周文建,宁丰.(2001).城市社区建设概论.北京:中国社会出版社,19-23.

周喜华.(2009).中学教师工作压力及心理健康状况调查.中国公共卫生,(12),1503-1504.

周小骥.(2007).成都市农村留守儿童生活现状调查与分析(硕士学位论文).四川大学,成都.

周晓琴,方兰琴,蒋武,程灶火.(2010).外资企业员工心理健康状况和生活质量调查.中国健康心理学杂志,18(1),34-36.

周兴旺.(2006).留守儿童:容易“受伤”的孩子,中国社会报,2006-06-14,03版.

周颖华,吴均林.(2009).武汉市大学生心理卫生服务利用现状调查.医学与社会,22(8),66-67.

周玉真.(1996).焦点解决亲职团体之团体效果与疗效因素分析.教育心理学报,39(1),1-21.

周指明,巫云辉,吴均林,陈智聪,朱岩.(2004).深圳社区居民心理卫生服务需求研究.医学与社会,17(5),32-34.

周庄.(2008).农村留守老人期盼更多关爱,徐州日报,2008-08-24,03版.

朱建军.(2006).意象对话心理治疗.北京:北京大学出版社.

朱婧.(2005)."社区"解读.社科纵横,20(5),57-59.

朱敬先(1994).健康心理学.台湾:五南图书出版公司.

朱敬先.(2002).健康心理学:心理卫生.北京:教育科学出版社.

朱考金.(2003).城市农民工心理研究——对南京市610名农民工的调查与分析.青年研究,(6),7-11.

朱永红,叶圣义.(2007).永嘉农村留守老人吃上"大锅饭",农民日报,2007-05-12,05版.

朱玉华,杜亚松,江文庆.(2006).上海中学生网络成瘾与情绪状态的相关研究.上海精神医学,18(2),69-71.

邹积志.(2007).威海市精神卫生服务情况调查.社区医学杂志,5(17),62-63.

邹永胜.(2008).当前江西省青少年犯罪的现状和特点分析.江西行政学院学报,10(4),52-56.

祖淑梅.(2008).农村居民心理健康状况及其影响因素研究(硕士学位论文).山东大学,济南.

佐斌.(2001).西方社区心理学的发展及述评.心理学动态,9(1),71-76.

39健康网.(2009-12).2009第三届中国网民健康状况白皮书(2009).

39健康网.(2010-8).2010第四届中国网民健康状况白皮书(2010).

39健康网.(2007-11).中国互联网从业人员健康状况白皮书.取自于http://news.39.net/xwzt/jkdc2bg/.

39健康网.(2008-10).2008第二届中国网民健康状况白皮书(2008).取自于http://news.39.net/39dt/0811/3/701833.html.

39健康网.(2010-7).中国网民心理健康调查白皮书(2007).取自于http://dc.39.net/079/27/131240.html.

北京市人大常委会.(2006).北京市精神卫生条例.取自于https://www.med66.com/new/201208/dm201208024804.shtml.

陈啸宏.(2006).在2006年“世界精神卫生日”活动上的讲话.卫生部办公厅.来源https://www.docin.com/p-603063656.html.

费立鹏.(2007).我国自杀状况及其对策.北京心理危机研究与干预中心.北京回龙观医院,来源:https://www.docin.com/p-19726436.html?qq-pf-to=pcqq.discussion.

国家人口计生委流动人口服务管理司.(2010).2009年中国流动人口生存发展状况——基于五大城市流动人口监测结果,中华人民共和国国家人口与计划生育委员会流动人口服务管理司网.来源:http://www.chinapop.gov.cn/stjzz/ldrkfwgls/gzdt/201004/t20100402_199844.html.

国家统计局.(2006).2005年全国1%人口抽样调查结果主要数据公报,Available from http://www.stats.gov.cn/tjsj/tjgb/rkpcgb/qgrkpcgb/200603/t20060316_30326.html.

国家统计局.(2008).第二次全国农业普查主要数据公报(第五号),Available from http://www.stats.gov.cn/tjsj/tjgb/nypcgb/qgnypcgb/200802/t20080227_30465.html.

国家统计局.(2008-12-18).2007年中国全面建设小康社会进程统计监测报告,中华人民共和国国家统计局网.来源:http://www.stats.gov.cn/tjsj/zxfb/200812/t20081218_12533.html.

国家统计局.(2010-02-25).中华人民共和国2009年国民经济和社会发展统计公报,中华人民共和国国家统计局网,来源:http://www.gov.cn/gzdt/2010-02/25/content_1541240.htm.

国家统计局农村司.(2010).2009年农民工监测调查报告,Available from http://www.stats.gov.cn/ztjc/ztfx/fxbg/201003/t20100319_16135.html.

郭鹏.(2010).石家庄市:各中小学首设心理教师岗位.心园春中小学心理健康教育资源网来源:http://www.psyedu.net/news_view.asp?id=238.

杭州市人大常委会.(2006).杭州市精神卫生条例.取自于http://www.chinajs120.com/jswsr/flfg/2014/0926/60487.html.

教育部.(2002).中小学心理健康教育指导纲要.取自于http://www.moe.gov.cn/s78/A06/jcys_left/moe_710/s3324/201001/t20100128_81970.html.

刘静,张正尤.(2010-4-28).中国成年人17.5%有精神障碍,男性酗酒风险大.中国新闻网.来源:http://www.chinanews.com/jk/jk-xljk/news/2010/04-28/2253196.shtml.

马雅静.(2006).我国精神疾病呈上升趋势,北京抑郁症者达4%—8%.科技日报.2006-07-09.来源http://www.china.com.cn/txt/2006-09/04/content_7128521_2.htm.

宁波市人大(含常委会).(2006).宁波市精神卫生条例.取自于http://www.npc.gov.cn/

zgrdw/npc/xinwen/dfrd/guangdong/2006-02/22/content_345172.htm.

人力资源社会保障部编.(2010).2009年度人力资源和社会保障事业发展统计公报.中央政府门户网站.来源:http://www.gov.cn/gzdt/2010-05/21/content_1611039.htm.

上海市人大常委会.(2001).上海市精神卫生条例.上海人大网.来源:http://www.spcsc.sh.cn/shrdgzw/node4/node22/node36/n116/u1ai58838.html.

社论.(2010).精神病治疗需要更多公共投入.新京报.2010-06-22.来源:http://www.bjnews.com.cn/opinion/2010/06/22/44482.html.

世界卫生组织.(2008).发展中世界的成百万精神障碍患者不能获得必要的治疗和护理.世界卫生组织网.来源:https://www.who.int/mediacentre/news/releases/2008/pr37/zh/.

世界卫生组织.(2006-10-10).中国神经精神疾病负担到2020年将上升.新华网.来源:https://business.sohu.com/20061010/n245719105.shtml.

卫生部,中共中央宣传部等.(2008).关于印发《全国精神卫生工作体系发展指导纲要(2008年-2015年)》的通知.来源:http://www.110.com/fagui/law_201545.html.

卫生部办公厅.(2007).关于印发<精神卫生宣传教育核心信息和知识要点>的通知.来源:http://www.110.com/fagui/law_191729.html.

卫生部办公厅.(2008).关于印发<灾后不同人群心理卫生服务技术指导原则>的通知.卫生部疾病预防控制局(全国爱国卫生运动委员会办公室)网.来源:http://www.nhc.gov.cn/jkj/s5888/200807/65a0fc7ce1af4611a140053bad487b1b.shtml.

卫生部.(2008).卫生部印发《紧急心理危机干预指导原则》.来源:http://www.chinanews.com/jk/kong/news/2008/05-20/1255901.shtml.

卫生部等.(2008-04).卫生部、中共中央宣传部、国家发展和改革委员会、教育部、公安部、民政部、司法部、财政部、人事部、劳动和社会保障部、文化部、国家食品药品监督管理局、全国总工会、共青团中央、全国妇联、中国残疾人联合会、全国老龄工作委员会办公室关于印发《全国精神卫生工作体系发展指导纲要(2008年-2015年)》的通知.来源:http://www.nhc.gov.cn/jkj/s5888/200805/81047a30f3c34141b12481de35930d78.shtml.

武汉人大.(2010).武汉市精神卫生条例.武汉人大官网.来源:http://www.whrd.gov.cn/html/lfgz/dfxfg/2015/0825/10394.shtml.

余乐.(2010).调查称中国精神障碍患者达1.73亿90%未治疗.武汉晚报,2010-07-24.来源:https://china.huanqiu.com/article/9CaKrnJo0p3.

张荔予.(2006).据部分地区调查结果推测:我国至少有一亿精神障碍患者.健康报,2006-09-11.来源 http://www.jkb.com.cn/news/industryNews/2011/0611/211301.html.

张倩.(2010-04-01).我国精神病患者犯罪持续上升,法律盲区执法尴尬.青年周末.来源:http://news.sohu.com/20100401/n271271027.shtml.

中共中央办公厅,国务院办公厅.(2000).中共中央办公厅、国务院办公厅转发关于在全国推进城市社区建设的意见(中办发[2000]23号).南京民政局.来源:http://mzj.nanjing.gov.cn/njsmzj/njsmzj/200801/t20080125_1063642.html.

中国共产党第十六届中央委员会.(2006).中共中央关于构建社会主义和谐社会若干重大问题的决定.中国政府网.来源:http://www.gov.cn/govweb/gongbao/content/2006/content_453176.htm.

中国互联网络信息中心.(2014).第28次中国互联网络发展状况统计报告.中国网信网.来源:http://www.cac.gov.cn/2014-05/26/c_126548728.htm.

中国互联网络信息中心.(2011).第27次中国互联网络发展状况统计报告.中国网信网.来源:http://www.cac.gov.cn/2014-05/26/c_126548718.htm.

中国科学院心理研究所.(2008).2007国民心理健康状况研究报告公布.中国科学院网站,来源:http://www.cas.cn/xw/zyxw/yw/200906/t20090629_1862525.shtml.

中华人民共和国国家统计局编.(2009).2009中国统计年鉴.中国统计出版社.来源:http://www.stats.gov.cn/tjsj/ndsj/2009/indexch.htm.

中华人民共和国民政部.(2010).2009年民政事业发展统计公报.中华人民共和国民政部网.来源:http://www.mca.gov.cn/article/sj/tjgb/201903/20190300015915.shtml.

Edelman.(2008).思维改变生活.(黄志强,殷明译).上海:华东师范大学出版社.

Ivey,A.E.,D'Andrea,M.(2008).心理咨询与治疗理论:多元文化视角(汤臻等译),北京:世界图书出版公司北京公司.

Mcleod,J.(2006).心理咨询导论(第三版)(潘洁译),上海:上海社会科学出版社.

Pilgrim.(2006).心理健康关键概念手册(张庆伟等译).北京:高等教育出版社.

Trull,T.J.,Phares,E.J.(2005).临床心理学(丛中等译).北京:中国轻工业出版社.

Weiner.(2007).心理治疗的法则(周博林等译).成都:四川人民出版社.

Weingourt,R.(2002).日本的家庭暴力与女性的精神健康.国外医学护理学分册,21(3),130-131.

Abhal,S.,Shanhab,F.(1996).Income,environment and health:A household level study of Aligarh City,India.Habitat International,20(1),77-91.

Ablon,J.S.,Jones,E.E.(2002).Validity of controlled clinical trials of psychotherapy.Findings from the NIMH treatment of depression collaborative research program.American Journal of

Psychiatry, 159, 775–783.

Albert, M., Cohen, C.(1992).The test for severe impairment:an instrument for assessment of patients with severe cognitive dysfunction.The Journal of the American Geriatrics Society, 40(5), 449 - 453.

Albright, J.M.(2008).Sex in America Online:An Exploration of Sex, Marital Status, and Sexual Identity in Internet Sex Seeking and Its Impacts.The Journal of Sex Research, 45(2), 175–186.

Alessandri, M., Heiden, L., Dunbar–Welter, M.(1995).History and Overview.In Heiden, Lynda&Hersen, Michel(eds.), Introduction to Clinical Psychology.New York:Plenum Press.

Angier, N.(1996).Maybe it's not a gene behind a person's thrill–seeking ways.The New York Times, p.A22.

Angold, A., Erkanli, A., Farmer, E.M.Z., et al.(2002).Psychiatric disorder, impairment, and service use in rural African American and white youth.Archives of General Psychiatry, 59, 893–901.

Aoun, S., Pennebaker, D., Wood, C.(2004).Assessing population need for mental health care:A review of approaches and predictors.Mental Health Services Research, 6, 33–46.

APA.(2003).Ethical Principles of Psychologists and Code of Conduct.American Psychology Association, .

Appell, M.L.(1963).Self–understanding for the guidance counselor.Journal of Counseling and Development, 42(2), 143–148.

Arcury, T.A., Gesler, W.M., Preisser, J.S., et al.(2005).The effects of geography and spatial behavior on health care utilization among the residents of a rural region.Health Services Research, 40(1), 135 - 155.

American Counseling Association.(1995).American Counseling Association code of ethics and standards of practice.Counseling Today, 37(12), 33–40.

Attkisson, C.C., Zwick, R.(1982).The client satisfaction questionnaire:Psychometric properties and correlations with service utilization and psychotherapy outcome.Evaluation and Program Planning, 5(3), 233–237.

Aubrey, R.F.(1983).The odyssey of counseling and images of the future.The Personnel and Guidance Journal, 61, 78.

Barak, A.(1999).Psychological applications on the internet:A discipline on the threshold of a new millennium.Applied and Preventive Psychology, 8(4), 231-245.

Barber, J.P.(2009).Toward a working through of some core conflicts in psychotherapy research.Psychotherapy Research, 19(1), 1-12.

Bartzokis, G., Nuechterlein, K.H., Lu, P.H, et al.(2003).Dysregulated brain development in adult men with schizophrenia:A magnetic resonance imaging study.Biological Psychiatry, 53(5):412-21.

Baumerster, A.A., Francis, J.L.(2002) Historical development of the dopamine hypothesis of schizophrenia.Journal of the History of the Neurosciences, 11(3), 265-277.

Beck, A., Davis, D., Freeman, A.(2004).Cognitive Therapy of Personality Disorders(2nd Ed).New York:Guilford Press.

Benjamin, L.(2007).A Brief History of Modern Psychology.Chicago:The University of Chicago Press, 98(4):842-843.

Bents, H., Kammerer, A.(2008).Psychotherapy training focusing on cognitive-behavioral therapy.Presentation on symposium of the German Chinese Academy for Psychotherapy, Heidelberg, Germany, December 3rd.

Bergaust, W., Bruseth, M., Havik, O.E., et al(1985).Hva kjennetegner god psykoterapi? en spørreskjemaundersøkelse blant norske psykologer.Tidsskrift for Norsk Psykologforening, 22(6), 302-312.

Bergeman, C.S., Chipur, H.M., Plomin, R., et al.(1993).Genetic and environmental effects on openness to experience, agreeableness, and conscientiousness:An adoption/twin study. Journal of Personality, 61(2), 159-179.

Betdy, A.G., Josef, I.R.(2006).Community Mental Health Response to Crisis.Journal of Clinical Psychology, 62(8), 1029-1041.

Bickman, L.(2000).Are you satisfied with satisfaction?Mental Health Services Research, 2(3), 125.

Bitter, J., Corey, G.(1995).Family Systems Therapy.In Gerald Corey(ed.), Theory and Practice of Counseling and Psychotherapy.Belmost, CA:Brooks/Cole.

Blais, M.A., Lenderking, W.R., Baer, L., et al.(1999).Development and initial validation of a brief mental health outcome measure.Journal of Personality Assessment, 73(3), 359-373.

Blatner, A.(1997).The Implications of Postmodernism for Psychotherapy.Individual Psychology, 53(4), .476-482.

Bleyen, K., Vertommen, H., Vander Steene, G., et al.(2001).Psychometric properties of the psychotherapy expectancy inventory-revised(PEI-R).Psychotherapy Research, 11(1), 69-83.

Bond, M.H.(2004).Culture and aggression:From context to coercion.Personality and Social Psychology Review, 8(1), 62-78.

Boorstein, S.(1996).Transpersonal Psychotherapy.Albany:State University of New York Press.

Bootzin, R.R, Acocella, J.R.(1988).Abnormal Psychology.(5th Edition).New York:Random House, Inc..

Bornstein, M.H., Hahn, C.-S., Suwalsky, J.T.D., et al.(2003).Socioeconomic status, parenting, and child development(p.29-82).(Monographs in parenting series).Lawrence Erlbaum Associates Publishers

Boswell, J.F., Castonguay, L.G., Pincus, A.L.(2009).Trainee theoretical orientation:Profiles and potential predictors.Journal of Psychotherapy Integration, 19(3), 291-312.

Bracken, P.J., Greenslade, L., Griffen, B., et al.(1998).Mental health and ethnicity:an Irish dimension.British Journal of Psychiatry, 172, 103-105.

Bradley, R.H., Corwyn, R.F.(2002).Socioeconomic status and child development.Annual Review of Psychology, 53, 371-99.

British Association for Counselling and Psychotherapy.(2006).Counsellor Training Courses.Retrived from:http://www.bacp.co.uk/education/training.html2.

Brody, G.H., Kim, S., Murry, V.M.(2003).Longitudinal direct and indirect pathways linking older sibling competence to the development of younger sibling competence.Developmental Psychology, 39(3), 618-628.

Brunero, S., Lamont, S.(2010).Health behaviour beliefs and physical health risk factors for cardiovascular disease in an outpatient sample of consumers with a severe mental illness:A cross-sectional survey.International Journal of Nursing Studies, 47(6), 753-760.

Burlingame, G.M., Jasper, B.W., Peterson, G., et al.(2001).Youth-Life Status Questionnaire.Wilmington, DE:American Professional Credentialing Services.

Burns, D.D., Spangler, D.L.(2001).Can we confirm our theories?can we measure causal effects?reply to kazantzis et al.(2001).Journal of Consulting and Clinical Psychology, 69(6), 1084-1086.

Burns, D.D., Spangler, D.L.(2001).Do changes in dysfunctional attitudes mediate changes in depression and anxiety in cognitive behavioral therapy?Behavior Therapy, 32(2), 337–369.

Burton, L.C., Steinwachs, D.M., German, P.S., et al.(1995).Preventive services for the elderly:would coverage affect utilization and costs under medicare?American Journal of Public Health, 85(3), 387 – 391.

Carter, R.T. (1990).The relationship between racism and racial identity among white Americans:An exploratory investigation.Journal of Counseling and Development, 69(1), 46–50.

Cavaleri, M.A., Gopalan, G., McKay, M.M., et al.(2010).The effect of a learning collaborative to improve engagement in child mental health services.Children and Youth Services Review, 32(2), 281 – 285.

Chang, H.–Y., Chiou, C.–J., Chen, N.–S.(2010).Impact of mental health and caregiver burden on family caregivers' physical health.Archives of Gerontology and Geriatrics, 50, 267 – 271.

Chen, P.H.(2009).A counseling model for self–relation coordination for Chinese clients with interpersonal conflicts.The Counseling Psychologist, 37(7), 987–1009.

Christensen, H. (2007).Computerised therapy for psychiatric disorders.The Lancet, 370 (9582), 112–113.

Cloninger, C.R.(1994).Turning point in the design of linkage studies of schizophrenia. American Journal of Medical Genetics, 54(2), 83–92.

Cochrane, R.(1977).Mental illness in immigrants to England and Wales:an analysis of mental hospital admissions, 1971.Social Psychiatry, 12, 25–35.

Kaplan, H.I., Sadock, B.J.(1985).Comprehensive Textbook of Psychiatry(4th ed).London: Willams and Wilkins.Baltimore.

Cohen, G.E., Kerr, B.A.(1998).Computer–mediated counseling:An empirical study of a new mental health treatment.Computers in Human Services, 15(4), 13 – 26.

Colman, R.A., Thompson, R.A.(2002).Attachment security and the problem–solving behaviors of mothers and children.Merrill–Palmer Quarterly, 48(4), 337–359.

Commision on Accreditation.(2010).Accreditation Operating Procedures of the Committee on Accreditation.Washington, DC:American Psychological Association.

Compas, B., Gotlib, I.(2002).Introduction to Clinical Psychology:science and practice. New York, NY:McGraw–Hill Higher Education, 2002.

Conte, H.R., Plutchik, R., Picard, S., et al.(1991).Can personality traits predict psychotherapy outcome?Comprehensive Psychiatry,32(1),66–72.

Cooper C.L., Fragher E.B.(1993).Psychological stress and breast cancer:The interrelationship between stress events, coping strategies, and personality.Sychological Medicine, 23(3), 653–62.

Corsini, R.J.(2001).Handbook of innovative psychotherapies(2nd ed.).New York:Wiley.

Corsini, R.J.(2005).Introduction In Corsini, R.J., Wedding, D.(Eds.), Current psychotherapies(7th ed).Belmont, CA:Thomson Brooks/Cole., 1–14.

Cossa, F.M., Fabiani, M., Farinato, A., et al.(1999).The preliminary neuropsychological battery:An instrument to grade the cognitive level of minimally responsive patients.Brain Injury.13(8),583 – 592.

Cruz, M., Krupinski, E.A., Lopez, A.M., et al.(2005).A review of the first five years of the University of Arizona telepsychiatry programme.Journal of Telemedicine and Telecare, 11(5), 234–239.

Cuijpers, P., van Straten, A., Smit, F.(2006).Psychological treatment of late–life depression:A meta–analysis of randomized controlled trials.International Journal of Geriatric Psychiatry, 21, 1139 – 1149.

Cuijpers, P., van Straten, A., Warmerdam, L., et al.(2008).Characteristics of effective psychological treatments of depression;A meta– regression analysis.Psychotherapy Research, 18(2), 225 – 236.

de Mello, M.F., de Jesus, Mari J., et al.(2005).A systematic review of research findings on the efficacy of interpersonal therapy for depressive disorders.European Archives of Psychiatry and Clinical Neuroscience, 255:75 – 82.

Degreef, G., Ashari, M., Bogerts, B.(1992).Volumes of ventricular system subdivisions measured from magnetic resonance images in first–episode schizophrenic patients.Archives of General Psychiatry, 49, (7):531–537.

Department of Health.(2001).National Service Framework for Older People.London:Stationery Office.

Devilly, G.J., Borkovec, T.D.(2000).Psychometric properties of the credibility/expectancy questionnaire.Journal of Behavior Therapy and Experimental Psychiatry, 31, 73–86.

Diener, E., Emmons, R.A., Larsen, R.J., et al.(1985).The Satisfaction with Life Scale. Journal of Personality Assessment, 49(1), 71–75.

Docherty, J.P., Streeter, M.J.(1996).Measuring outcomes.In:L.I.Sederer B.Dickey(Eds.), Outcome assessment in clinical practice.Baltimore, M.D., USA:Williams and Wilkins.

Donnelly, J.W., Eburne, N., Kittleson, M.(2001).Mental health: Dimensions of self-esteem and emotional well-being.Boston:Allyn and Bacon.

Dunifon, R., Kowaleski-Jones, L.(2002).Who is in the house?Race differences in Cohabitation, single parenthood, and child development.Child Development, 73(4), 1249-1264.

Dworkin, J.B., Larson, R.(2001).Age trends in the experience of family discord in single-mother family across adolescence.Journal of Adolescence, 24(4), 529-534.

Eastman, N.(2004).Mental health law and proposals for reform.Psychiatry, 3(11):31-34.

Edlund, M.J., Young, A.S., Kung, F.Y., et al.(2003).Does satisfaction reflect the technical quality of mental health care?Health Services Research, 38, 631 - 645.

Elbedour, S., Bart, W., Hektner, J.(2007).The relationship between monogamous/polygamous family structure and the mental health of Bedouin Arab adolescents.Journal of Adolescence, 30, 213 - 230.

Elhali, J.D., Voorhees, S., Ford, J.D., et al.(2009).Sociodemographic, perceived and objective need indicators of mental health treatment use and treatment-seeking intentions among primary care medical patients.Psychiatry Research, 165(1-2), 145-153.

Elleven, R.K., Allen, J.(2004).Applying technology to online counseling:Suggestions for the beginning e-therapist.Journal of Instructional Psychology, 31(3).223-227.

Elliott,R.(1991).Five dimensions of therapy process.Psychotherapy Research,1,92 - 103.

Elliott, R., Barker C.B., Caskey N., et al.(1982).Differential helpfulness of counselor verbal response modes.Journal of Counselling Psychology, 29(4), 354-361.

Emmelkamp, P.M.G. (1994).Behavior therapy with adults.In:S.L.Garfield&A.E.Bergin (Eds), Handbook of psychotherapy and behavior change.4th ed.New York:Wiley, 379-427.

Engel, G.L.(1977).The need of a new medical model:a challenge for biomedicine.Science, 196(4268), 129 - 136.

Engel, G.L.(1980).The clinical alication of the biopsychosocial model.American Journal of Psychiatry, 137, (5):535-544.

Erwin, E.(2006).Randomized clinical trials in psychotherapy outcome research.Philosophy of Science, 78, 135-152.

Evans, R.(1999).Clinical psychology born and raised in controversy.APA Monitor, 30(11).

Evans, S.W., Axelrod, J.L., Sapia, J.L.(2000).Effective school-based mental health interventions: Advancing the social skills training paradigm. The Journal of School Health, 70 (5),.191-194.

Eveline, F.D., Vincent, M.H. (2005).The client satisfaction questionnaire:Psychometric properties in a dutch addict population.European Addiction Research, 11, 157-162.

Fan, A.Z., Mallawaarachchi, D.S.V., Gilbertz, D., et al.(2010).Lifestyle behaviors and receipt of preventive health care services among hypertensive Americans aged 45 years or older in 2007.Preventive Medicine, 50(3), 138 - 142.

Faroqi-Shah, Y., Thompson, C.K(2003).Effect of lexical cues on the production of active and passive sentences in Broca's and Wernicke's aphasia.Brain and Language, 85(3), 409-426.

Fernando, S., Ndegwa, D., Wilson, M.(1998).Forensic Psychiatry, Race and Culture.London:Routledge.

Fischer, E.H., Turner, J.L.(1970).Orientations to seeking professional help:Development and research utility of an attitude scale.Journal of Consulting and Clinical Psychology, 35(1), 79-90.

Fitzpatrick, R., Chambers, J, Burns, T, et al.(2010).A systematic review of outcome measures used in forensic mental health research with consensus panel opinion.Health Technology Assessment, 14(18):1-94.

Folstein, M.F., Folstein, S.E., McHugh, P.R. (1975). 'Mini- Mental State':A practical method for grading the cognitive state of patients for the clinician.Journal of Psychiatric research, 12(3), 189-198.

Ford, T.(2008).Practitioner review:how can epidemiology help us plan and deliver effective child and adolescent mental health services?Journal of Child Psychology and Psychiatry, 49 (9), 900-914.

Frost, E.O., Steketee, G.(2002).Cognitive a roaches to obsessions and compulsions:Theory, assessment, and treatment.New York:Pergamon Press.

Froyd, J.E., Lambert, M.J.(1989).A survey and critique of psychotherapy outcome measurement[electronic version].Paper presented at the Western Psychological Association Conference.Reno, NV.

Gabbard, G.(2005).Psychodynamic Psychiatry in Clinical Practice(4th Ed).Washington,

DC:American Psychiatric Press.

Garcia, M.M., Shaw, D.S., Winslow, E.B.(2000).Destructive sibling conflict and the development of conduct problems in young boys.Developmental Psychology, 36(1), 44-53.

Garfield, S.L., Kurtz, R.(1977).A study of eclectic views.Journal of Consulting and Clinical Psychology, 45(1), 78-83.

Garfield, S.L., Kurtz, R.(1974).A survey of clinical psychologists:Characteristics, activities, and orientations.The Clinical Psychologist, 28(1), 7-10.

Garland, A.F., Haine, R.A., Lewczyk, B.C.(2007).Determinates of youth and parent satisfaction in usual care psychotherapy.Evaluation and Program Planning, 30(1), 45 - 54.

Garrido, M.M., Kane, R.L., Kaas, M, et al.(2009).Perceived need for mental health care among community-dwelling older Adults.Journals of Gerontology Series B-Psychological Sciences and Social Sciences, 64(6), 704-712.

Gary, R.(1996).Outcome assessment of psychotherapy.American Psychologist, 51(10), 1005-1006.

Gelder, M.G., Geddes, J.R., Andreasen, N.C.N., et al.(2000).New Oxford textbook of psychiatry.London:Oxford University Press.

George, M.S., Trimble, M.R., Ring, H.A., et al.(1993).Obsession in obsessive-compulsive disorder with and without Gilles de la Tourette's syndrome.American Journal of Psychiatry, 150(1), 93-97.

Gerrig, R., Zimbardo, P.(2002).Psychology and life(16th ed).Boston, Allyn and Bacon.

Gibson, R.L., Mitchell, M.H.(1999).Introduction to counseling and guidance(5th ed).Upper Saddle River, New Jersey:Merrill.

Gibson, R.L., Mitchell, M.H.(2008).Introduction to Counseling and Guidance(7th ed.). New York:MacMillan, 4-20.

Gilat, I., Shahar, G.(2007).Emotional First Aid for a Suicide Crisis:Comparison between Telephonic Hotline and Internet.Psychiatry:Interpersonal and Biological Processes, 70(1), 12-18.

Gilbody, S.M., House, A.O., Sheldon, T.A.(2002).Outcomes research in mental health-Systematic review.British Journal of Psychiatry, 181, 8-16.

Gilliland, B.E., James, R.K.(2003).Theories and Strategies in Counseling and Psychotherapy(5th ed.).Massachusetts:Allyn and Bacon.

Goodyear, R.K., Watkins, C.E., Patterson, C.H.(1983).The counselor's counselor.Personnel and Guidance Journal, 61, 594.

Granic, I., Lamey, A.(2000).The self-organization of the internet and changing model of thought.New Ideas in Psychology, 18(1), 93-107.

Greenberg, R.P., Constantino, M.J., Bruce, N.(2006).Are patient expectations still relevant for psychotherapy process and outcome?Clinical Psychology Review, 26(6), 657-678.

Griffiths, M.(2001).Online therapy:A cause for concern?.The Psychologist:Bulletin of the British Psychological Society, 14, 244-248.

Groth-Marnat, G.(2003).Handbook of Psychological Assessment(4th ed).Hoboken, NJ: John Wiley&Sons.

Haines, M.M., McMunn, A., Nazroo, J.Y., et al.(2002).Social and demographic predictors of parental consultation for child psychological difficulties.Journal of Public Health Medicine, 24(4), 276-284.

Hall, J.E., Hurley, G.(2003).North American Perspectives on Education, Training, Licensing, and Credentialing.Handbook of Psychology.John Wiley&Sons, Inc.

Hall, J.E., Hurley, G.(2003).North American perspectives on education, training, licensing, and credentialing.In Weiner, I.B., Stricker, G., Widiger, A.T.eds.Handbook of Psychology: Clinical

Hannigan, B., Edwards, D., Burnard, P.(2004).Stress and stress management in clinical psychology:findings from a systematic review.Journal of Mental Health, 13(3), 235-245.

Hansen, N.B., Lambert, M.J., Forman, E.M.(2002).The psychotherapy dose-response effect and its implications for treatment delivery services.Clinical Psychology:Science and Practice, 9, 329-343.

Hatfield, D.R., Ogles, B.M.(2007).Why some clinicians use outcome measures and others do not.Administration and Policy in Mental Health and Mental Health Services Research, 34(34), 283-291.

Hayes, A.M., Laurenceau, J., Feldman, G., et al.(2007).Change is not always linear:The study of nonlinear and discontinuous patterns of change in psychotherapy.Clinical Psychology Review, 27(6), 715-723.

Heinlen, K.T., Welfel, E.R., Richmond, E.N., et al(2003).The scope of webcounseling:A survey of services and compliance with NBCC standards for the ethical practice of webcounseling.Journal of Counseling and Development, 81(1), 61-69.

Herr, E.L. (1985).AACD:An association committed to unity through diversity.Journal of Counseling and Development, 63(7), 395-404.

Hershenson, D.B., Power, P.W. (1997).Mental health counseling:theory and practice.New York:Pergamon General Psychological Series.

Hickman, E.E., Arnkoff, D.B., Glass, C.R., et al. (2009).Psychotherapy integration as practiced by experts.Psychotherapy:Theory, Research, Practice, Training, 46(4), 486-491.

Hill, C.E., Knox, S. (2009).Processing the therapeutic relationship.Psychotherapy Research, 19(1), 13-29.

Hill, N.E.(2001).Parenting and academic socialization as they relate to school readiness:The roles of ethnicity and family income.Journal of Educational Psychology, 93(4), 686-697.

Hobson, H.(2008).The effects of mental health education on reducing stigma and increasing positive attitudes toward seeking therapy.Master Thesis, Humboldt State University, Psychology:Counseling.

Hook, J.N., Worthington, E.L., Davis, D.E., et al.(2010).Empirically Supported Religious and Spiritual Therapies.Journal of Clinical Psychology, 66(1), 46-72.

Horvath, A.O., Marx, R.W.(1990).The development and decay of the working alliance during time-limited counselling.Canadian Journal of Counselling, 24(4), 240-260.

House, J.S., Landis, K.R., Umberson, D.(1988).Social relationships and health.Science, 241(4865), 540-545.

Howard, K.I., Kopta, S.M., Krause, M.S., et al.(1986).The dose-effect relationship in psychotherapy.American Psychologist, 41(2), 159-164.

Hwang, K.K. (2009).The development of indigenous counseling in contemporary Confucian communities.The Counseling Psychologist, 37(7), 930-943.

Hwang, K.K., Chang, J. (2009).Self- cultivation culturally sensitive psychotherapies in Confucian societies.The Counseling Psychologist, 37(7), 1010-1032.

Irwin, C.E, Adams, S.H, Park, M.J, et al. (2009).Preventive care for adolescents:few get visits and fewer get services.Pediatrics, 123(4), e565 - e572.

Iwakabe, S. (2008).Psychotherapy integration in Japan.Journal of Psychotherapy Integration, 18(1), 103-125.

Jablensky, A.(2005).Categories, dimensions and prototypes:Critical issues for psychiatric classification.Psychopathology, 38(4), 201-205.

Jacovaa, C, Kerteszb, A, Blairb, M, et al.(2007).Neuropsychological testing and assessment for dementia.Alzheimer's and Dementia, 3(4), 299-317.

Jahoda, M.(1958).Current concepts of positive mental health.New York, Basic Books.

Jayaratne, S.(1978).A study of clinical eclecticism.Social Service Review, 52, 621-631.

Jimerson, S.R., Oakland, T.D., Farrell, P.T.(2007).The handbook of international school psychology.Thousand Oaks, CA:Sage Publications.

Johansson, P., Høglend, P.(2007).Identifying mechanisms of change in psychotherapy:mediators of treatment outcome.Clinical Psychology and Psychotherapy, 14(1), 1-9.

Johnson, S., Cooper, C., Cartwright, S., et al.(2005).The experience of work-related stress across occupations.Journal of managerial psychology, 20(2), 178-187.

Jones, E.E.(1985).Manual for the psychotherapy process Q-sort.Unpublished manuscript, University of California, Berkeley.

Jones, E.E., Hall, S., Parke, L.A.(1991).The process of change:The Berkeley Psychotherapy Research Group.In Beutler, L.Crago, M.(Eds.), Psychotherapy research:An international review of programmatic studies.Washington, DC:American Psychological Association.

Jones, E.E., Zoppel, C.L.(1982).Impact of client and therapist gender on psychotherapy process and outcome.Journal of Consulting and Clinical Psychology, 50(2), 259-272.

Jőreskog, K.G.(1999).How large can a standardized coefficient be?Retrieved from http://www.ssicentral.com/lisrel/techdocs/HowLargeCanaStandardizedCoefficientbe.pdf.

Kaasinen, V., Rinne, J.O.(2002).Functional imaging studies of dopamine system and cognition in normal aging and Parkinson's disease.Neuroscience and Biobehavioral Reviews, 26(7), 785-793.

Kadera, S.C., Lambert, M.J., Andrews, A.A.(1996).How much therapy is really enough?A session by session analysis of the psychotherapy dose effect relationship.Journal of Psychotherapy Practice and Research, 5, 132-151.

Kaplan, R.M., Saccuzzo, D.P.(2005).Psychological Testing:Principles, applications, and issues.Belmont, CA:Thomson Wadsworth.

Karavasilis, L., Doyle, A.B., Markiewicz, D.(2003).Associations between parenting style and attachment to mother in middle childhood and adolescence.International Journal of Behavioral Development, 27(2), 155-164.

Karen, G.D., Frank, Y.W.(2003).Community Psychology, 3rd ed.Boston:Allyn and Bacon.

Kaslow, N.J., Dunn, S.E., Smith, C.O.(2008).Competencies for psychologists in academic health centers(AHCs).Journal of Clinical Psychology in Medical Settings, 15, 18–27.

Kaufman, N.K., Rohde, P., Seeley, J.R., et al.(2005).Potential mediators of cognitive–behavioral therapy for adolescents with comorbid major depression and conduct disorder.Journal of Consulting and Clinical Psychology, 73(1), 38–46.

Kawachi, I., Kennedy, B.(1997).Socioeconomic determinants of health:health and social cohesion.Why care about income inequality?British Medical Journal, 314, 1037 - 1040.

Kelly, E.L.(1961).Clinical psychology—1960:Report of survey findings.Newsletter:Division of Clinical Psychology of the American Psychological Association, 14(1), 1–11.

Kessler, R.C., Amminger, G.P., Aquilar–Gaxioka, S., et al.(2007).Age of onset ofmental disorders:a review of recent literature.Current Opinion in Psychiatry, 20(4), 359 - 364.

Keyes, C.L.M.(2007).Promoting and protecting mental health as flourishing:a complementary strategy for improving national mental health.American Psychologist, 62(2), .95–108.

Keys, S.G., Bemak, F., Lockhart, E.J.(1998).Transforming school counseling to serve the mental health needs of at–risk youth.Journal of Counseling and Development, 76(4), 381–388.

Kinderman, P., Lobban, F.(2000).Evolving formulations:Sharing complex information with clients.Behavioural and Cognitive Psychotherapy, 28, 307–310.

King, L.A.(2001).The health benefits of writing about life goals.Personality and Social Psychology Bulletin, 27(7), .798–807.

Kivlighan, D.M., Angelone, E.O.(1991).Helpee introversion, novice counselor intention use, and helpee–rated session impact.Journal of Counseling Psychology, 38(1), 25–29.

Komiya, N., Good, G.E., Sherrod, N.B.(2000).Emotional openness as a predictor of college students\"attitudes toward seeking psychological help.Journal of Counseling Psychology, 47(1), 138–143.

Kopta, S.M.(2003).The dose–effect relationship in psychotherapy:A defining achievement for Dr.Kenneth Howard.Journal of Clinical Psychology, 59(7), .727–733.

Kraut, R., Patterson, M., Lundmark, V., et al.(1998).Internet paradox:a social technology that reduces social and involvement and psychological well–being?.American Psychologist, 53(9), 1017–1031.

Kung, Winnie, W.(2003).Chinese Americans' help seeking for emotional distress.Social

Service Review, 77(1), 114–134.

Lam, C.B., Chan, D.K.– S. (2007).Theuse of cyberpornography by young men in Hong Kong:some psychosocial Correlates.Archives of Sexual Behavior, 36, 588–598.

Lam, D., Watkins, E., Hayward, P., et al.(2003).A randomised controlled study of cognitive therapy for relapse prevention for bipolar affective disorder.Archives of General Psychiatry, 60(2), 145 - 152.

Lambert, M.J. (1992).Psychotherapy outcome research:Implications for integrative and eclectic therapists.In J.C.Norcross, M.R.Goldfried, (Eds.), Handbook of psychotherapy integration.(pp.94–123).New York:Basic.

Lambert, M.J.(2005).Early response in psychotherapy:further evidence for the importance of common factors rather than 'placebo effects'.Journal of Clinical Psychology, 61(7), 855–869.

Lambert, M.J.Hill, C.E.(1994).Assessing psychotherapy outcomes and processes in Handbook of psychotherapy and behavior change.Edited by Bergin, A.E Garfield, S.L.New York, Wiley.

Lambert, M.J., Anderson, E.M.(1996).Assessment for the time–limited psychotherapies. Annual Review of Psychiatry, 15, 23–42

Lambert, M.J., Bergin, A.E. (1994).The effectiveness of psychotherapy.In Bergin, A.E., Garfield, S.L.(Eds.), Handbook of psychotherapy and behavior change:an empirical analysis. (pp.143–189)New York:John Wiley.

Lambert, M.J., Bergin, A.E. (1994).The effectiveness of psychotherapy.In:Bergin, A.E., Garfield, S.L.ed.Handbook of pyshotherapy and Behavior change.(4th ed.)(pp.143–189).New York:John Willey Sons, pp.143–189.

Lambert, M.J., Burlingame, G.M., Umphress, V., et al.(1996).The reliability and validity of the outcome questionnaire.Clinical Psychology Psychotherapy, 3(4), 249–258.

Lambert, M.J., Cattain–Thompson, K.(1996).Current findings regarding the effectiveness of counseling:Implications for practice.Journal of Counseling and Development, 74(6), .601–608.

Lambert, M.J., Hawkins, E.J.(2004).Measuring outcome in professional practice:Considerations in selecting and using brief outcome instruments.Professional Psychology:Research and Practice, 35(5), 492–499.

Lambert, M.J., Hawkins, E.J.(2004).Use of psychological tests for assessing treatment outcomes.In M.E.Maruish(Ed.), The Use of psychological testing for treatment planning and outcomes sssessment.(pp.171–196).New Jersey:Lawrence Erlbaum Associates.

Lambert, M.J., Masters, K.S., Ogles, B.M.(1991).Outcome research in counseling.In:Watkins, C.E., Schneider, L.J.(eds).Research in counseling.(pp.51–83).Hillsdale, NJ:Erlbaum.

Lambert, M.J., Morrell, B.(2002).Do early responders to psychotherapy maintain treatment gains?Journal of Clinical Psychology, 58(9), 1157–1172.

Lambert, M.J., Whipple, J.L., Smart, D.W., et al.(2001).The effects of providing therapists with feedback on patient progress during psychotherapy:Are outcomes enhanced?Psychotherapy Research, 11(1), 49–68.

Lambert, M.J., Whipple, J.L., Vermeersch, D.A., et al.(2002).Enhancing psychotherapy outcomes via providing feedback on client progress:A replication.Clinical Psychology&Psychotherapy, 9, 91–103.

Larsen, D.L., Attkisson, C.C., Hargreaves, W.A., et al.(1979).Assessment of client/patient satisfaction:Development of a general scale.Evaluation and Program Planning, 2(3), 197–207.

Larsson, B.P.M., Kaldo, V., Broberg, A.G.(2009).Similarities and differences between practitioners of psychotherapy in Sweden:A comparison of attitudes between psychodynamic, cognitive, cognitive - behavioral, and integrative therapists.Journal of Psychotherapy Integration, 19(1), 34–66.

Lee, O.(2009).Telepsychiatry and cultural barriers in Korea.Studies in Health Technology and Informatics, 144, 145–148.

Lee.E.J., Murry, V.M., Brody, G., et al.(2002).Maternal resources, parenting, and dietary patterns among rural African American children in single parent families.Public Health Nursing, 19(2), 104–111.

Legatt, M.S.(2007).Minimizing collateral damage:family support and other strategies.The Medical Journal of Australia, 187, S61 - S63.

Leibert, T., Archer, J.Jr., Munson, J., et al.(2006).An exploratory study of client perceptions of Internet counseling and the therapeutic alliance.Journal of Mental Health Counseling, 28(1), 69–83.

Leighton, D.C., Harding, J.S., Macklin, D.B., et al.(1963).Psychiatric findings of the stirling county study.The American Journal of Psychiatry, 119(11), 1021–1026.

Lencer, R., Malchow, C.P., Trillenberg-Krecker, K, et al.(2000).Eye-tracking dysfunction(ETD) in families with sporadic and familial schizophrenia.Biological Psychiatry, 47(5), 391-401.

Leong, F.T.L., Zachar, P.(1999).Gender and opinions about mental illness as predictors of attitudes toward seeking professional psychological help.British Journal of Guidance Counselling, 27(1), 123-132.

Lilienfeld, S., Lynn, S. J, Lohr, J. M, et al.(2002).Science and Pseudoscience in Clinical Psychology.New York:Guilford Press.

Lingiardi, V., Filippucci, L., Baiocco, R.(2005).Therapeutic alliance evaluation in personality disorders psychotherapy.Psychotherapy Research, 15(1-2), 45-53.

Link, B.G., Phelan, J.C.(2001).Conceptualizing stigma.Annual Review of Sociology, 27(1), 363-385.

Linley, A., Stephen, J, Sue, H, et al.(2006).Positive psychology:Past, present, and(possible)future.The Journal of Positive Psychology, 1(1), 3-16.

Loesch, L.C.(1988).Assessing counselor performance.Highlight:An ERIC/CAPS Digest. ERIC/CAPS, 2108 School of Education, University of Michigan, Ann Arbor, MI 48109-1259.

Loo, C., Tong, B., True, R.(1989).A bitter bean:mental health status and attitudes in Chinatown.Journal of Community Psychology, 17(4), 283-296.

Lumley, J., Austin, M.P., Mitchell, C.(2004).Intervening to reduce depression after birth: A systematic review of the randomized trials.International Journal of Technology Assessment in Health Care, 20(2), 128 - 144.

Lyons, J.S., Rogers, L.(2004).The U.S.child welfare system:A de facto public behavioral health care system.Journal of the American Academy of Child and Adolescent Psychiatry, 43(8), .971-973.

Ma, J., Wang, Y., Stafford, R.S.(2005).U.S.adolescents receive suboptimal preventive counseling during ambulatory care.Journal of Adolescent Health, 36(5), 441.

Macmillan.(2000).An odd kind of fame:Stories of Phineas Gage.Cambridge, MA:MIT Press.

Mangione-Smith, R., DeCristofaro, A.H, Setodji, C.M, et al.(2007).The quality of ambulatory care delivered to children in the United States.The New England Journal of Medicine, 357, 1515 - 1523.

Margison, F.R., Barkham, M., Mellor-Clark, J., et al.(2000).Measurement and psychotherapy: Evidence-based practice and practice-based evidence. British Journal of Psychiatry, 177, 123-130.

Maris, R.W.(2002).Suicide.The Lancet, 360, 319-326.

Marteinsdottiri, I., Furmark, T., Tillfors, M, et al..(2001).Personality traits in social phobia.European Psychiatry, 16, 143-150.

Martin, D.J., Garske, J.P., Davis, M.K.(2000).Relation of the therapeutic alliance with outcome and other variables:A meta-analytic review.Journal of Consulting and Clinical Psychology, 68(3), 438-450.

McConnaughy, E.A.(1987).The person of the therapist in psychotherapeutic practice.Psychotherapy, 24(3), 303-314.

McFarlane, W.R., Dushay, R.A., Deakins, S.M., et al.(2000).Employment outcomes in family-aided assertive community treatment.American Journal of Orthopsychiatry, 70(2), 203 - 214.

McLellan, A.T., Durell, J..(1996).Outcome evaluation in psychiatric and substance abuse treatments:Concepts, rationale, and methods.In:L.J.Sederer&B.Dickey(Eds.), Outcome assessment in clinical practice.Baltimore, M.D., USA:Williams and Wilkins.

McMillan, M.(2004).The Person-Centred Approach to Therapeutic Change.London, Thousand Oaks:SAGE Publications.

Meier, S.T., Davis, S.R.(1990).Trends in reporting psychometric properties of scales used in counseling psychology research.Journal of Counseling Psychology, 37(1), 113-115.

Menninger, R., Nemiah, J.(2000).American psychiatry after World War II:1944-1994. Washington, D.C:American Psychiatric Press.

Merrick, E.L., Horgan, C.M.(2010).Mental Health Services:A Public Health Perspective (Vol.38):Oxford University Press.

Michele, A.S., Carol, R.G., Diane, B.A.(2007).Decision Making and Psychotherapy Integration: Theoretical Considerations, Preliminary Data, and Implications for Future Research. Journal of psychotherapy integration, 17(3), 225-250.

Minami, T., Brown, J.(2009).Outcomes-informed care. Retrieved from http://www.psychoutcomes.org/bin/view/COMMONS/Outcomes Informed Care.

Misher, E.G., Scotch, N.A.(1967).Current issues in Psychiatry(1st ed).New York:Science House.

Mohr, D.C.(1995).Negative outcome in psychotherapy:a critical review.Clinical Psychology:Science and Practice,2(1),1-27.

Mosher, L.R., Burti, L.(1989).Community mental health:Principles and practice W W Norton&Co, New York, NY.Retrieved from https://www.proquest.com/books/community-mental-health-principles-practice/docview/617510037/se-2?accountid=48841

Muller, F.J.(2008).Psychotherapy in Argentina:Theoretical orientation and clinical practice.Journal of Psychotherapy Integration,18(4),410-420.

Mulrow, C., Aguilar, C., Endicott, J., et al.(1990).Association between hearing impairment and the quality of life of elderly individuals.Journal of the American Geriatric Society,38(1),45 - 50.

Mundt, C., Backenstrass, M.(2005).Psychotherapy and classification:Psychological, psychodynamic, and cognitive aspects.Psychopathology,38(4),219-222.

Myers, J.E.(1992).Wellness, prevention, development:The cornerstone of the profession. Journal of Counseling&Development,71(2),136-139.

Nasreddine, Z.S, Phillips, N.A, Bedirian, V., et al.(2005).The Montreal Cognitive Assessment, MoCA:A brief screening tool for mild cognitive impairment.Journal of the American Geriatrics Society,53,695-699.

Neufeld, J.D., Yellowlees, P.M., Hilty, D.M., et al.(2007).The e-Mental Health Consultation Service:Providing Enhanced Primary-Care Mental Health Services Through Telemedicine. Psychosomatics,48(2),135-141.

New Freedom Commission on Mental Health.(2003).Achieving the promise:transforming mental health care in America(Final report).US Department of Health and Human Services,2003. Retrieved from:http://www.mentalhealthcommission.gov/reports/FinalReport/toc.html.Accessed August 10,2009.

Newman, C.F., Leahy, R.L., Beck, A.T., et al.(2002).Bipolar disorder:A cognitive therapy a roach.Washington, DC:American Psychological Association.

No author.(2009).Psychology:a reality check.Nature,461,847.

No author.(2005).World Book Encyclopedia, Deluxe Edition.Chicago:World Book.

No author.(2006).Albert Ellis is often referred as the"grandfather"of CBT for his influential work in this field.What is CBT?, Association for Behavioral and Cognitive Therapies.

No author.(2009).DSM-5 Publication Date Moved to May 2013.American Psychiatric Association.

Norcross, J.C. (2005). A primer on psychotherapy integration. In J.C. Norcross&M.R. Goldfried (Eds.). Handbook of psychotherapy integration (2nd ed.). New York: Oxford University Press.

Norcross, J.C., Prochaska, J.O. (1983). Clinicians'theoretical orientations: Selection, utilization, and efficacy. Professional Psychology: Research and Practice, 14(2), 197–208.

Norcross, J.C., Prochaska, J.O. (1983). Psychotherapists in independent practice: Some findings and issues. Professional Psychology: Research and Practice, 14(6), 869–881.

Norcross, J.C., Wogan, M. (1983). American psychotherapists of diverse persuasions: Characteristics, theories, practices, and clients. Professional Psychology: Research and Practice, 14(4), 529–539.

Norcross, J.C., Bike, D.H., Evans, K.L. (2009). The Therapist's Therapist: A Replication and Extension 20 Years Later. Psychotherapy, 46(1), 32–41.

Norcross, J.C., Hedges, M., Castle, P.H. (2002). Psychologists conducting psychotherapy in 2001: A study of the division 29 membership. Psychotherapy, 39(1), 97–102.

Norcross, J.C., Hedges, M., Prochaska, J.O. (2002). The face of 2010: A Delphi poll on the future of psychotherapy. Professional Psychology–Research and Practice, 33(3), 316–322.

Norcross, J.C., Hedges, M., Castle, P.H. (2002). Psychologists conducting psychotherapy in 2001: A study of the division 29 membership. Psychotherapy, 39(1), 97–102.

Norcross, J.C., Karg, R.S., Prochaska, J.O. (1997). Clinical psychologists in the 1990s: Ⅰ. The Clinical Psychologist, 50(2), 4–9.

Norcross, J.C., Karg, R.S., Prochaska, J.O. (1997). Clinical psychologists in the 1990s: Ⅱ. The Clinical Psychologist, 50(3), 4–11.

Norcross, J.C., Karpiak, C.P., Lister, K.M. (2005). What's an integrationist? A study of self–identified integrative and (occasionally) eclectic psychologists. Journal of Clinical Psychology, 61(12), 1587–1594.

Norcross, J.C., Karpiak, C.P., Santoro, S.O. (2005). Clinical Psychologists Across the Years: The Division of Clinical Psychology From 1960 to 2003. Journal of Clinical Psychology, 61(12), 1467–1483.

Norcross, J.C., Prochaska, J.O. (1988). A study of eclectic (and integrative) views revisited. Professional Psychology: Research and Practice, 19(2), 170–174.

Norcross, J.C., Prochaska, J.O., Farber, J.A. (1993). Psychologists conducting psychotherapy:New findings and historical comparisons on the psychotherapy division membership.Psychotherapy:Theory,Research,Practice,Training,30(4),692–697.

Norcross,J.C.,Karg,R.T,Prochaska,J.O.(1997).Clinical psychologists in the 1990s:Part I.The Clinical Psychologist,50(2),4–9.

Nugent,F.A.(1981).Professional counseling.Monterey,CA:Brooks/Cole.

Ogrodniczuk,J.S.,Piper,W.E.,Joyce,A.S.(2011).Effect of alexithymia on the process and outcome of psychotherapy:A programmatic review.Psychiatry Research,190(1),43–48.

Okiishi,J.C.,Lambert,M.J.,Eggett,D.,et al.(2006).An analysis of therapist treatment effects:Toward providing feedback to individual therapists on their clients'psychotherapy outcome. Journal of Clinical Psychology,62(9),1157–1172.

Olds,D.L.(2002).Prenatal and infancy home visiting by nurses:from randomized trials to community replication.Prevention Science,3(3),153 - 172.

O'Reilly,R.,Bishop,J.,Maddox,K.,et al.(2007).Is telepsychiatry equivalent to face–to–face psychiatry?Results from a randomized controlled equivalence trial.Psychiatric Services,58 (6),836–843.

Orlinsky,D.E.,Grawe,K.,Parks,B.K.(1994).Process and outcome in psychotherapy—no cheinmal.In:A.E.Bergin,S.L.Garfield(Eds.),Handbook of psychotherapy and behavior change (4th ed.).New York:Wiley,270 - 378.

Pachana,N.A.,O D'onovan,A.,Helmes,E.(2006).Australian clinical psychology training program directors survey.Australian Psychologist,41(3),168–178.

Parente,S.T.,Salkever,D.S.,DaVanzo,J.(2005).The role of consumer knowledge of insurance benefits in the demand for preventive health care among the elderly.Health Economics,14 (1),25 - 38.

Parker,G.,Roy,K.,Eyers,K.(2003).Cognitive behavior therapy for depression?Choose horses for courses.American Journal of Psychiatry,160(5),825 - 834.

Patel,V.,Kleinman,A.(2003).Poverty and common mental disorders in developing countries.Bulletin of the World Health Organization,81(8),609–615.

Paul,B.,Shim,J.(2008).Gender,Sexual Affect,and Motivations for Internet Pornography Use.International Journal of Sexual Health,20(3),187–199.

Pearsall,D.F.(1997).Psychotherapy outcome research in child psychiatric disorders.Canadian Journal of Psychiatry,42,595–601.

Peavy, G.M., Salmon, D.P., Rice, V.A., et al.(1996).Neuropsychological Assessment of severely demented elderly:The Severe Cognitive Impairment Profile.Archives of Neurology.53(4), 367 - 372.

Pert, C.B. (2002).The wisdom of the receptors:Neuropeptides, the emotions, and body-mind.Advances in Mind-body Medicine, 18(1), 30-35.

Peter, J., Valkenburg, P.M.(2006).Adolescents'Exposure to Sexually Explicit Material on the Internet.Communication Research, 33(2), 178-204.

Phelan, J.C., Link, B.G., Stueve, A., et al.(2000).Public conception of mental illness in 1950 and 1996:what is mental illness and is it to be feared?Journal of Health and Social Behavior, 41(2), 188-207.

Pinkney, J.W. (1992).Inventory of College Adjustment Scales.Measurement and Evaluation in Counseling and Development, 25(1), .42-45.

Plänkers T.(2008).Training at the Frankfurt Psychoanalytic Institute.Presentation on symposium of the German Chinese Academy for Psychotherapy, Frankfurt, Germany, December 2nd.

Plante, T.(2005).Contemporary Clinical Psychology.New York:Wiley.

Plante, T.G., Couchman, C.E., Hoffman, C.A. (1998).Measuring treatment outcome and client satisfaction among children and families:A case report.Professional Psychology:Research and Practice, 29(1), 52-55.

Pope, V.T., Kline, W.B.(1999).The personal characteristics of effective counselors:What 10 experts think.Psychological Reports, 84(3), 1339-1344.

Price, M.(2008).Culture matters:Accounting for clients'backgrounds and values makes for better treatment.Monitor on Psychology, 39(7), 52

Price, R., Kompier, M.(2004).Work stress and unemployment:risks, mechanisms, and prevention.In:Hosman, C., Jane-Llopis, E., Saxena, S. (eds), Prevention of mental disorders:an overview on evidence-based strategies and programs.Oxford, Oxford University Press.

Prochaska, J.O.Norcross, J.C.(2001).Stages of change.Psychotherapy, 38(4), 443-448.

Prochaska, J.O., Norcross, J.C.(1983).Contemporary psychotherapists:A national survey of characteristics, practices, orientations, and attitudes.Psychotherapy:Theory, Research and Practice, 20(2), 161-173.

Prochaska, J., DiClementi, C., Norcross, J.(1992).In search of how people change.American Psychologist, 47, 1102-1114.

Pumariega, A.J, Winters, N.C., Huffine, C.(2003).The evolution of systems of care for children's mental health:Forty years of community child and adolescent psychiatry.Community Mental Health Journal,39(5),.399-425.

Putnam, R.(2001).Social capital.Measurement and consequences.ISUMA: Canadian.Journal of Policy Research,(2),41-51.

Qain, M., Chen, Z.(1993).An investigation of the situation of psychotherapy and counseling in China.In Proceeding of the Second Congress of Afro-Asian Psychology(pp.652-657).Peking University Press Beijing.

Qian M.(2002).Psychotherapy in Asia:China.In Alfred Pritz(ed.)Globalized psychotherapy(pp.465-479).Facultas Verlags-und Buchhandels AG, Vienna, Austria.

Qian, M.(2004).Psychotherapy in China.In G.Shankar(ed).Psychotherapy, Yoga and traditional therapies of East and West.New Delhi, India:Jagdamba Publishing Company, 5-12.

Qian, M., Chen, Z.(1998).Behavior therapy in the People's Republic of China.In T.P.S. Oei(Ed.), Behavior therapy and cognitive behavior therapy in Asia.Glebe, New South Wales: Edumedia.

Qian, M., Wang, A.(2006).The Development of Behavioral Therapy and Cognitive Behavioral Therapy in P.R.China.Japanese Association of Behavioral and Cognitive Therapies, 31(2), 111-125.

Qian, M., Chen, R., Chen, H., et al.(2012).Counselling and psychotherapy services in more developed and developing regions in china:A comparative investigation of practitioners and current service delivery.International Journal of Social Psychiatry, 58(5), 536-543.

Qian, M., Gao, J., Yao, P., et al.(2009).Professional ethical issues and the development of professional ethical standards in counseling and clinical psychology in China.Ethics&Behavior, 19(4), 290-309.

Qian, M., Smith, C.W., Chen, Z., et al.(2001).Psychotherapy in China:A review of its history and contemporary directions.International Journal of Mental Health, 30(4), 49-68.

Reisner, A.(2005).The common factors, empirically validated treatments, and recovery models of therapeutic change.The Psychological Record, 55, 377-399.

Renaud, J., Brent, D.A., Baugher, M., et al.(1998).Rapid response to psychosocial treatment for adolescent depression: A two-year follow-up. Journal of the American Academy of Child&Adolescent Psychiatry, 37(11), 1184-1190

Robiner, W.N.(2006).The mental health professions: Workforce supply and demand, issues, and challenges.Clinical Psychology Review, 26, 600-625.

Rochlen, A.B., Zack, J.S., Speyer, C. (2004).Online therapy:Review of relevant definitions, debates, and cureent empirical support.Journal of Clinical Psychology, 60(3), 269-283.

Rogers, A., Pilgrim, D.(2005).A Sociology of Mental Health and Illness (3rd Edition). Maidenhead:Open University Press.

Roizen, N.J, Patterson, D.(2003).Down's syndrome.The Lancet, 361, 1281-1289.

Rosenblatt, A., Attkinsson, C.C.(1993).Assessing outcomes for sufferers of severe mental disorder:A conceptual framework and review.Evaluation and Program Planning, 16, 347-363.

Rosenheck, R.(2000).The delivery of mental health services in the 21st century:Bringing the community back in.Community Mental Health Journal, 36(1), 107-124.

Routh, D.(2000).Clinical Psychology Training:A History of Ideas and Practices Prior to 1946.American Psychologist, 55(2), 236-241

Rowan, J.(2001).Ordinary Ecstasy:The Dialectics of Humanistic Psychology.London, UK: Brunner-Routledge.

Ruskin, P.E., Silver-Aylaian, M., Kling, M.A., et al.(2004).Treatment outcomes in depression:Comparison of remote treatment through telepsychiatry to in-person treatment.American Journal of Psychiatry, 161(8), 1471-1476.

Ryan R.M., Deci E.L.(2000).Self-determination Theory and the Facilitation of Intrinsic Motivation, Social Development, and Well-being.American Psychology, 55(1), 68-78.

Saegert, S., Evans, G.W.(2003).Poverty, housing niches, and health in the United States. Journal of Social Issues, 59(3), 569-589.

Safran, J.D., Muran, J.C.(1996).The resolution of ruptures in the therapeutic alliance.Journal of Consulting and Clinical Psychology, 64(3), 447-458.

Sashidharan, S.P.(1993).Afro-Caribbeans and schizophrenia:the ethnic vulnerability hypothesis re-examined.International Review of Psychiatry, 5, 129-144.

Saxton, J., McGoingle-Gibson, K., Swihart, A., et al.(1990).Assessment of the severely impaired patient:description and validation of a new neuropsychological test battery.Psychological Assessment:A Journal of Consulting and Clinical Psychology, 2(3), 298 - 303.

Schaffer, D.(1996).A Participant's Observations:Preparing DSM-IV.The Canadian Journal of Psychiatry, 41, 325 - 329.

Scherer, K. (1997). College life online: Healthy and unhappy internet use. The Journal of College Student Development, 38(6), 655-665.

Schneider, B.H, Atkinson, L. (2001). Child-Parent Attachment and children's Peer Relations LA Quantitative Review. Developmental Psychology, 37(1), 86-100.

Scott, J., Garland, A., Moorehead, S. (2001). A pilot study of cognitive therapy in bipolar disorders. Psychological Medicine, 31(3), 459 - 467.

Seligman, M., Rashid, T., Parks. (2006). A Positive Psychotherapy. American Psychologist, 61(8), 774-788.

Selkoe, D.J. (2002). Alzheimer's disease is a synaptic failure. Science, 298, 798-791.

Sexton, T.L. (1996). The relevance of counseling outcome research: current trends and practical implication. Journal of Counseling and Development, 74, 596-600.

Sheldon, K.M. (2002). The self-concordance model of healthy goal-striving: when personal goals correctly represent the person. In E.L.Deci&R.M.Ryan (Eds.). Handbook of self-determination research. (pp.65-86). Rochester NY: University of Rochester Press.

Siedliecki, S.L., Good, M. (2006). Effect of music on power, pain, depression and disability. Journal of Advanced Nursing, 54(5), 553-562.

Silfverhielm, H., Kamis-Gould, E. (2000). The Swedish mental health system. Past, present, and future. International journal of law and psychiatry, 23(3-4), 293-307.

Sirigatti, S. (2004). Application of the Jones' Psychotherapy Process Q-Sort. Brief Strategic and Systemic Therapy European Review, 1, 194-207.

Smith, D. (1982). Trends in counseling and psychotherapy. American Psychologist, 37, 802-809.

Smith, J.C. (1976). Psychotherapeutic effects of transcendental meditation with controls for expectation of relief and daily sitting. Journal of Consulting and Clinical Psychology, 44 (4), 630-637.

Smith, M.L. (1982). What research says about the effectiveness of psychotherapy. Hospital Community Psychiatry, 33, 457-461.

Smith, M.L., Glass, G.V. (1977). Meta-analysis of psychotherapy outcome studies. American Psychologists, 32(9), 752-760.

Smith, J.A. (1981). The idea of health: A philosophical inquiry. Advances in Nursing Science, 3(3), 43-50

So, D.W., Gilbert, S., Romero, S.(2005).Help-Seeking Attitude Among African American College Student.College Student Journal, 39(4), 806-816.

Staufenberg, H.(2008).Training at the institute for analytic child and adolescent psychotherapy in Frankfurt.Presentation on symposium of the German Chinese Academy for Psychotherapy, Frankfurt, Germany, December 2nd.

Stein, B.D., Jaycox, L.H., Kataoka, S.H., et al.(2003).A mental health intervention for schoolchildren exposed to violence—A randomized controlled trial.Journal of the American Medical Association, 290(5), 603 - 611.

Stevens, A., Gillam, S. (1998).Needs assessment:From theory to practice.BMJ, 316 (7142), 1448-1152.

Stiles, W.B.(1980).Measurement of the impact of psychotherapy sessions.Journal of Consulting and Clinical Psychology, 48(2), 176-185.

Stiles, W.B., Gordon, L.E., Lani, J.A.(2002).Session evaluation and the Session Evaluation Questionnaire.In G.S.Tryon(Ed.), Counseling based on process research:Applying what we know(pp.325-343).Boston, MA:Allyn Bacon.

Stocker, C.M;Burwell, R.A, Briggs, M.L.(2002).Sibling conflict in middle childhood predicts children,s adjustment in early adolescence.Journal of Family Psychology, 16(1), 50-57.

Stru, H.H., Hadley, S.W.(1977).A tripartite model of mental health and therapeutic outcomes:With special reference to negative effects in psychotherapy.American Psychologist, 32 (3), 187-196.

Super, D.E.(1955).Transition:From vocational guidance to counseling psychology.Journal of Counseling Psychology, 2(1), 3-9.

Tabone, J.K., Thompson, R., Wiley, T.R.A.(2010).The impact of early mental health services on child behavioral outcomes:Comparisons between and within trajectory groups.Children and Youth Services Review, 32, 292 - 297.

Tata, S.P., Leong, F.T.L.(1994).Individualism-collectivism, social-network orientation, and acculturation as predictors of attitudes toward seeking professional psychological help among Chinese Americans.Journal of Counseling Psychology, 41(3), 280-287.

Taylor, J.E., Harvey, S.T.(2010).A meta-analysis of the effects of psychotherapy with adults sexually abused in childhood.Clinical Psychology Review, 30, 749 - 767.

Thompson, R.(2005).The course and correlates of mental health care received by young children:Descriptive data from a longitudinal urban high-risk sample.Children and Youth Services Review,27,39 - 50.

Thompson, R., May, M.A.(2006).Caregivers'perceptions of child mental health needs and service utilization:An urban 8-year old sample.Journal of Behavioral Health Services and Research,33(4),474 - 482.

Thornicroft, G., Tansella, M.(1999).The Mental Health Matrix:A Manual to Improve Services.New York:Cambridge University Press.

Tracey, T.J., Kokotovic, A.M.(1989).Factor structure of the working alliance inventory. Psychological Assessment,1,207-210.

Træen, B., Nilsen, T.S., Stigum, H.(2006).Use of Pornography in Traditional Media and on the Internet in Norway.The Journal of Sex Research,43(3),245-254.

Training Accreditation Committee.(2018).Accreditation of Training Institutes for ECP Award:Questionnaire&Procedures.European Association of Psychotherapy.

Trauer, T., Tobias, G., Slade, M..(2008).Development and evaluation of a patient-rated version of the Camberwell assessment of need short appraisal schedule(CANSAS-P).Community Mental Health Journal,44(2),113-124.

Truax, C.B., Mitchell, K.M.(1971).Research on certain therapist interpersonal skills in relation to process and outcome.In A.E.Bergin S.L.Garfield(Eds.), Handbook of psychotherapy behavior change(1st ed.).New York:Wiley.

Trzepacz, P.T., Baker, R.W.(1993).The Psychiatric Mental Status Examination.Oxford, U.K.:Oxford University Press.

Tseng, W.S.(2001).Handbook of cultural psychiatry.San Diego, Academic Press.

Tsuang, M.(2000).Schizophrenia:Genes and environment.Biological Psychiatry, 47, 210-220.

Van Deurzen, E.(2002).Existential Counseling&Psychotherapy in Practice.London;Thousand Oaks:Sage Publications.

Vannoy, S.D., Hoyt, W.T.(2004).Evaluation of an anger therapy intervention for incarcerated adult males.Journal of Offender Rehabilitation, 39(2), 39-57.

Vanzandt, C.E.(1990).Professionalism:A matter of personal initiatives.Journal of Counseling and Development, 68, 243-245.

Vasco, A.B.(2008).Psychotherapy integration in Portugal.Journal of Psychotherapy Integration, 18(1), 70-73.

Vinden, P.G.(2001).Parenting attitudes and children understanding of mind—A comparison of Korean American and Anglo—American families.Cognitive Development, 16, 793-809.

Vitiello, B., Rohde, P., Silva, S., et al.(2006).Functioning and quality of life in the Treatment for Adolescents with Depression Study(TADS).Journal of the American Academy of Child and Adolescent Psychiatry, 45, 1419 - 1426.

Vogel, D.L, Wester S.R.(2003).To seek help or not to seek help:The risk of self-disclosure.Journal of Counseling Psychology, 50(3), 351-361.

Wahl, O.E.(1995).Media Madness:Public Image of Mental Illness.New York:Rutgers University Press.

Walker, L., Moodie, R., Herrman, H.(2004).Promoting mental health and wellbeing.In Moodie, R., Hulme, A.(eds).Hands on health promotion.Melbourne, VIC;IP Communications.

Wearden, A.J., Tarrier, N.et al.(2000).A review of expressed emotion research in health care.Clinical Psychology Review, 20(5), 633-666.

Wei, M.F.Heppner, P.P.(2005).Counselor and client predictors of the initial working alliance:A replication and extension to Taiwanese client - counselor dyads.The Counseling Psychologist, 33, 51-71.

Westen, D., Novotny, C.A, Thompson-Brenner, H.(2004).The next generation of psychotherapy research:reply to Ablon and Marci(2004), Goldfried and Eubanks-Carter(2004), and Haaga(2004)."Psychological Bulletin, 130(4), 677 - 683.

Whater, J.H., White, F.J., Hall, S.K., et al.(2002).How practical are recommendations for dietary control in phenylketonuria?The Lancet, 360, 55-57.

WHO.(1948).Constitution of the world health organization.Geneva.

WHO.(1951).Technical report series(number 31).Geneva.

WHO.(2001a).Mental health:new understanding, new hope.The World Health Report.Geneva.

WHO.(2001b).Atlas:mental health resources in the world.Geneva.

WHO.(1997).Life skills education in schools.Geneva.

WHO.(2001c).Basic documents.43rd Edition.Geneva.

WHO.(2003a).Creating an environment for emotional and social well-being:an important responsibility of a health promoting and child-friendly school.Geneva.

WHO.(2003b).Investing in mental health.Geneva.

WHO.(2004).Promoting Mental Health—concepts, emerging evidence, practice.Geneva.

Widiger, T., Trull, T.(2007).Plate tectonics in the classification of personality disorder: shifting to a dimensional model.American Psychologist, 62(2), 71–83.

Wilson, P., Provost, S.(2006).Psychology in Australian universities.International Journal of Psychology, 41(1), 3 - 9.

Wogan, M., Norcross, J.C.(1983).Dimensions of psychotherapists'activity:A replication and extension of earlier findings.Psychotherapy:Theory, Research&Practice, 20(1), 67–74.

Wright, J., Williams R., Wilkinson, J.(1998).Health needs assessment:Development and importance of health needs assessment.BMJ, 316(7140), 1310 - 1313.

Wu, S.(2003).Sickness and preventive medical behavior.Journal of Health Economics, 22, 675 - 689.

Yip, K.S.(2004).Taoism and its impact on mental health of the Chinese communities.International Journal of Social Psychiatry, 50(1), 25–42.

Young, K.S.(1997–8).What makes on–line usage stimulating?Potential explanation for pathological Internet use.In Symposia Paper presented at the 105th Annual meeting of the American Psychological Association.

Young, K.S.(1998).Internet Addiction:The emergence of a new clinical disorder.CyberPsychology Behavior, 1(3), 237–244.

Young, M.(2005).Helping Someone Who is Different.In Learning the Art of Helping(3rd ed).Uer Saddle River, NJ:Pearson Education.

Yu, S.M., Bellamy, H.A., Kogan, M.D., et al.(2002).Factors that influence receipt of recommended preventive pediatric health and dental care.Pediatrics, 110(6), e73.

Zhang, Y., Young, D., Lee, S., et al.(2002).Chinese Taoist cognitive psychotherapy in the treatment of generalized anxiety disorder in contemporary China.Transcultural Psychiatry, 39(1), 115–129.

Zunino, N., Agoos, E, Davis, W.N.(1991).The impact of therapist gender on the treatment of bulimic women.International Journal of Eating Disorders, 10(3), 253–263.

后 记

本书是我担任首席专家的教育部哲学社会科学重大研究课题攻关项目“中国心理健康服务体系现状及对策研究”(05JZD00031)的最终结题成果。

2005年12月20日,教育部社会科学研究与思想政治工作司发文,批准下达了中标通知。

2006年4月8日,开题报告会在西南大学举行。教育部社科司科研处何健副处长、市社科规划办毛洪勋主任、市委宣传部理论处苟欣文处长、市教委宣教处何勇平处长等领导和西南大学副校长黎小龙教授、宣传部部长陈跃教授等出席会议。开题会由社科处处长徐辉教授主持。在开题会上,我就研究现状,研究目的与内容,研究方法,拟突破的重点、难点和创新点,以及研究时限、经费分配和成果等向大会作了报告。与会领导和来自西南大学、北京大学、华中师范大学、陕西师范大学、南开大学、南京大学、北京师范大学、华南师范大学、燕山大学、武汉大学、山西大学、贵州毕节学院、上海社科院、中国人民解放军总医院、中科院心理研究所、四川大学等单位的相关专家、课题组成员和相关专业的研究生共100余人就课题展开了热烈的讨论。

教育部哲学社会科学研究重大课题攻关项目是教育部“高校哲学社会科学繁荣计划”的重要组成部分,要求项目研究目标明确,重视学科交叉与渗透,鼓励联合攻关,力争取得具有重大学术价值和社会影响的标志性成果。我们以此为目标,整合了全国各地多方力量,踏踏实实而又富于创造性地开展了研究工作。本课题分为目标体系、理论构建、方法学、教育培训和管理监督等五个子课题,分别由华中师范大学刘华山教授、西南大学郑涌教授、西南大学张大均教授、西南大学陈红教授和北京大学钱铭怡教授负责。过程中,各子课题组付出了辛勤的劳动,取得了一定的成果,也遇到了不少困难。我特别提请各子课题负责人注意下列问题:(1)本课题既涉及对策应用研究,也涉及理论研究。其中最主要的理论问题是如何建设一个能够促进中国和谐社会构建的心理健康服务体系的问题。这是一个宏观的理论,而不是什么是心理健康的理论问题。(2)本课题研究的是中国心理健康服务体系,而不是外国心理健康服务体系,也不是医疗服务体系。但在研究中应当借鉴国外心理健康服务体系,也可以借鉴其他行业如医疗服务体系。因此本研究必须要有文献综述,要与国际接轨。(3)本课题研究的是中国心理健康服务体系,而不是学校的心理健康服务体系。各子课题调查对象的取样(或对问题的论证)应能反映“中国人”这个概念。倘若课题组成员有余力、经费和时间,要求开展对中国某一人群的心理健康服务体系现状和对策研究(例如,“中国西部民族地区心理健康服务体系的现状及对策研究”和“重庆市心理健康服务体系现状及对策研究”),总课题组支持这种努力,将其纳入本课题的研究。(4)本研究是国内一项全新的课题,需要脚踏实地地考察中国人的社会、文化、历史和其他相关背景,创造性地进行概念分析、方法设计和理论构建,而不要盲目套用其他国家的现成概念、方法和理论。要正确处理创新与借鉴前人、他人经验的关系。(5)各子课题应充分发挥独立思考和创造精神。各子课题的研究内容各有侧重,分工协作;但不要因过虑与其他子课题的交叉重叠而影响独立思考和创造性的发挥。(6)本课题成果的质量,以对国家、对社会贡献大小及被政府决策部门采纳为衡量的主要标准。

整个研究取样5万余人,历经5年完成。这本最终成果结题专著由我构思、统筹并负责组织和协调调研工作。各章的研究执行与撰写者是:前言,黄希庭、郑涌、毕重增、陈幼贞;第1章,陈本友、黄希庭;第2章,陈本友、黄希庭、刘华山;第3章,付艳芬、黄希庭;第4章,杨帅、黄希庭;第5章,王晓刚、彭晓玲、黄希庭;第6章,李琼、黄希庭;第7章,罗鸣春、黄希庭;第8章,张爱莲、黄希庭;第9章和第10章,钱铭怡、钟杰、杨寅、陈瑞云;第11章,尹可丽、尹天子、黄希庭;第12章,陈红、张妍、王泉川、梁毅、陈敏燕;第13章,赵剑、黄希庭;第14章,秦旻、郑涌;第15章,周婧、郑涌;第16章,张倩、郑涌;第17章,黄希庭、郑涌、贵永霞。郑涌和苏丹协助我做了初步的统稿工作。最后,全书由我统稿和定稿。

黄希庭

2011年9月于西南大学有容斋